Handbuch Geldanlage

Stefanie Kühn, Markus Kühn

Handbuch Geldanlage

Stiftung Warentest

Inhaltsverzeichnis

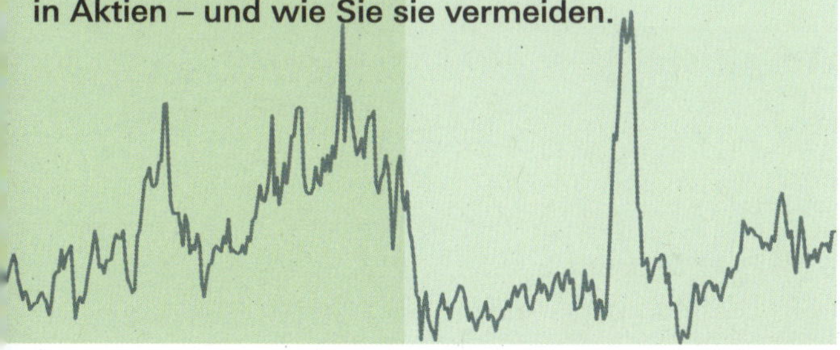

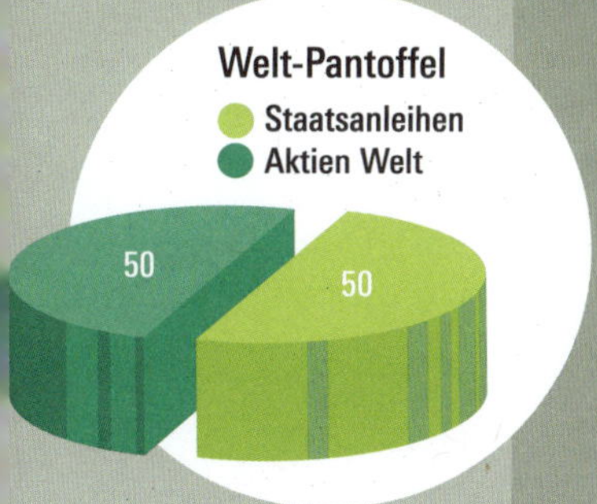
Welt-Pantoffel
Staatsanleihen
Aktien Welt
50
50

3 ANGEBOTE VERGLEICHEN
SOLLZINSSATZ. Die Bank muss angeben, wie der Kredit zu verzinsen ist. Da zusätzliche Kreditkosten nicht berücksichtigt sind, ist der Sollzinssatz für den Kreditvergleich aber nur eingeschränkt relevant.
EFFEKTIVZINSSATZ.

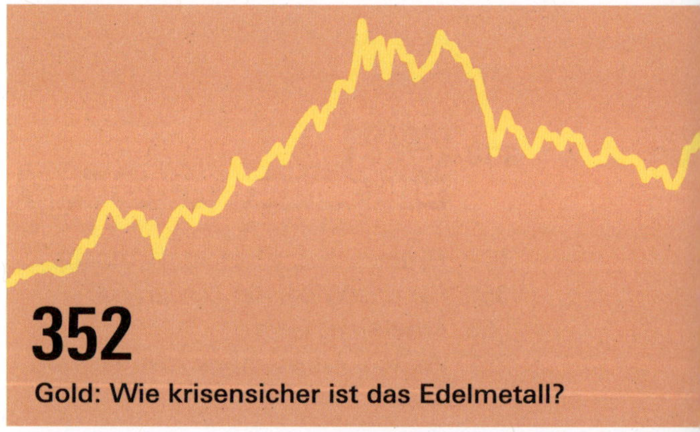

316 Zertifikate und Derivate

350 Gold und andere Rohstoffe

372 Weitere Geldanlagen

Hilfe

Die ersten Schritte

Das ist wichtig bei der Geldanlage

Der Erfolg der Geldanlage hängt in erster Linie davon ab, wie gut sie geplant ist. Die Auswahl der Einzelprodukte ist erst der zweite Schritt.

Die weltweite Ausbreitung des Coronavirus („2019-nCoV“) in den ersten Monaten des Jahres 2020 ließ die Aktienkurse steil abrutschen. Die wirtschaftlichen Folgen dieser Pandemie werden vermutlich noch über Jahre spürbar sein. Angesichts einer derartigen Krise stellt sich für viele die Frage: Worauf kommt es beim Thema Geldanlage eigentlich an?

Wichtiger denn je ist ein solides Grundwissen über die vielen Anlagemöglichkeiten, die sich in einer global vernetzten Welt ergeben. Denn gerade auch in Krisensituationen an den Finanzmärkten hat sich in der Vergangenheit gezeigt, dass der langfristige Erfolg der Geldanlage nicht von irgendwelchen Finanzprodukten abhängt, die beispielsweise hohe Renditen oder besondere Krisensicherheit versprechen. Ihre Geldanlagen müssen zu Ihren Zielen und Erwartungen passen. Dann werden Sie die besten Ergebnisse erzielen. Eine genaue Analyse Ihrer persönlichen Ausgangssituation sollte am Anfang jeder Anlageentscheidung stehen. Wo stehen Sie heute finanziell? Wofür wollen Sie sparen, wann benötigen Sie das Geld wieder, wie sicher sollen Ihre Anlagen sein, und welche Rendite streben Sie an?

All diese Fragen zu klären und dann die richtigen Entscheidungen zu treffen, erfordert einen gewissen Aufwand. Aber schließlich arbeiten Sie hart für Ihr Geld, und das Gleiche sollte Ihr Geld für Sie tun.

Das magische Dreieck der Geldanlage

Die ideale Geldanlage brächte eine hohe Rendite, wäre absolut sicher und könnte jederzeit wieder ohne Verlust zu Geld gemacht werden. Leider gibt es diese eine Geldanlage nicht. Sie können zwar aus einer unüberschaubaren Anzahl an Finanzprodukten auswählen. Aber bei keiner Anlageform sind optimaler Ertrag, maximale Sicherheit und jederzeitiger Zugriff gleichzeitig zu erreichen.

Ein bekanntes Modell, um diese Zielkonflikte zu beschreiben, ist das „Magische Dreieck der Geldanlage“. Dieses hat nichts mit Zauberei zu tun, sondern veranschaulicht, dass bei jeder Anlage grundsätzlich drei verschiedene Ziele verfolgt werden. Diese sind Rendite, Sicherheit und Verfügbarkeit einer Anlage, Fachleute sprechen von Liquidität. Sie bilden die Eckpunkte des magischen Dreiecks. Oft muss man bei einer Anlage Abstriche bei einem Ziel machen, wenn ein anderes stärker im Vordergrund steht. So besteht beispielsweise zwischen den Zielen Rendite und Sicherheit regelmäßig ein Konflikt, da der Preis für höhere Renditechancen fast immer ein höheres Risiko und damit eine weniger sichere Anlage ist.

Man könnte das magische Dreieck noch um weitere Eckpunkte erweitern:

- Bequemlichkeit. Wie viel Aufwand möchten Sie mit der Auswahl und Verwaltung einer Geldanlage in Kauf nehmen?
- Ethische Gesichtspunkte. Welche Auswirkungen hat das Investment etwa auf die Umwelt, zukünftige Generationen oder die Menschen eines Landes?
- Steuern. Auch Steuersparmöglichkeiten werden vereinzelt als Eckpunkt eines magischen Vielecks angesehen.

Diese Zielkonflikte zeigen, dass es bei der Auswahl der richtigen Anlageform vor allem auf eines ankommt: Sie muss zu Ihren Anlagezie-

len passen. Sie müssen wissen, zu welchem Zweck und wie lange Sie Ihr Geld anlegen wollen. So haben unter anderem Ihr Alter, Ihr Familienstand und Ihre persönlichen Lebensumstände Einfluss auf die Wahl der für Sie passenden Geldanlagen.

Ihre persönlichen Anlageziele können zum Beispiel sein:

- Ich möchte die Familie absichern
- Ich möchte für bestimmte Anschaffungen sparen
- Ich möchte fürs Alter vorsorgen
- Ich möchte Geld für die Ausbildung meiner Kinder zurücklegen
- Ich benötige Eigenkapital, weil ich ein Haus oder eine Wohnung kaufen möchte
- Ich möchte Rücklagen für Notfälle bilden
- Ich möchte vorzeitig in den Ruhestand gehen
- Ich plane eine Weltreise
- Ich möchte ein Unternehmen gründen

Wenn Sie sich im Klaren über Ihre Spar- und Anlageziele sind, wissen Sie auch, welcher Eckpunkt des magischen Dreiecks für Sie Priorität hat und wo Sie bereit sind, Einschränkungen in Kauf zu nehmen. So ist beispielsweise beim Ziel „Altersvorsorge" die Verfügbarkeit der Anlage nicht so wichtig, wohl aber die Rendite und die Sicherheit.

Die Rendite einer Anlage

Die Rendite oder auch Rentabilität einer Anlage zeigt ihren Erfolg. Vereinfacht gesagt ist dies der Ertrag, den das eingesetzte Kapital innerhalb einer bestimmten Zeit erwirtschaftet. Die Rendite wird üblicherweise auf ein Jahr umgerechnet und in Prozent angegeben.

Je nachdem, um welche Art der Anlage es sich handelt, kann die Rendite schon von Anfang an feststehen, oder sie ergibt sich erst mit der Veräußerung der Anlage. Bei den meisten festverzinslichen Produkten lässt sich die Rendite vorab berechnen, wenn Anleger sie bis zum Laufzeitende halten. Denn die für die Renditeberechnung notwendigen Angaben wie Rückzahlungstermin und jährliche Ausschüttungen sind von Anfang an festgelegt. Anders sieht es im Aktien- oder Fondsbereich aus. Diese haben keine feste Laufzeit, sodass die Rendite nur zu einem bestimmten Stichtag oder beim Verkauf rückwirkend bestimmt werden kann. Die Rendite einer Aktienanlage hängt insbesondere von der Wertentwicklung und den Ausschüttungen ab. Letztere, die sogenannte Dividende, ist wiederum vom Jahresgewinn des Unternehmens abhängig.

Generell gilt: Je größer die Renditechancen, desto größer das Risiko. Bei Anlagen, bei denen auch die Substanz an Wert gewinnen kann – zum Beispiel bei Aktien und Immobilien –, sind höhere Erträge möglich als bei Festzins-

Das bringt der Zinseszinseffekt bei Einmalanlagen

So viel Euro haben Sie bei einer Anlagesumme von 10 000 Euro nach … Jahren Laufzeit bei einem Zinssatz von … Prozent.

Laufzeit in Jahren	Anlageergebnis einer Einmalanlage von 10 000 Euro bei einem Zins von						
	0,5 %	1,0 %	2,0 %	3,0 %	4,0 %	5,0 %	6,0 %
1	10 050	10 100	10 200	10 300	10 400	10 500	10 600
2	10 100	10 201	10 404	10 609	10 816	11 025	11 236
3	10 151	10 303	10 612	10 927	11 249	11 576	11 910
4	10 202	10 406	10 824	11 255	11 699	12 155	12 625
5	10 253	10 510	11 041	11 593	12 167	12 763	13 382
6	10 304	10 615	11 262	11 941	12 653	13 401	14 185
7	10 355	10 721	11 487	12 299	13 159	14 071	15 036
8	10 407	10 829	11 717	12 668	13 686	14 775	15 938
9	10 459	10 937	11 951	13 048	14 233	15 513	16 895
10	10 511	11 046	12 190	13 439	14 802	16 289	17 908
11	10 564	11 157	12 434	13 842	15 395	17 103	18 983
12	10 617	11 268	12 682	14 258	16 010	17 959	20 122
13	10 670	11 381	12 936	14 685	16 651	18 856	21 329
14	10 723	11 495	13 195	15 126	17 317	19 799	22 609
15	10 777	11 610	13 459	15 580	18 009	20 789	23 966
16	10 831	11 726	13 728	16 047	18 730	21 829	25 404
17	10 885	11 843	14 002	16 528	19 479	22 920	26 928
18	10 939	11 961	14 282	17 024	20 258	24 066	28 543
19	10 994	12 081	14 568	17 535	21 068	25 270	30 256
20	11 049	12 202	14 859	18 061	21 911	26 533	32 071

anlagen, bei denen nur ein Zinsertrag fließt, der Substanzwert aber gleich bleibt. Aktien und Immobilien können dafür aber an Wert verlieren, wenn es schlecht läuft. Suchen Sie eine sehr sichere Anlage, bei der Verluste ausgeschlossen sind, müssen Sie daher auf Renditechancen verzichten. Kommt es Ihnen hingegen auf hohe Ertragschancen an, müssen Sie mögliche Verluste in Kauf nehmen.

Im Zweifel für die Verfügbarkeit

Bei zwei Anlagen mit annähernd gleicher Sicherheit und gleichen Ertragschancen sollten Sie grundsätzlich die mit der höheren Liquidierbarkeit wählen, also diejenige, die Sie schneller wieder zu Geld machen können.

Ein häufig anzutreffender Glaubenssatz ist: „Ein Prozent mehr oder weniger Rendite – was macht das schon?“ Wenn Sie Ihre Erinnerung an Zinseszins-Berechnungen, die Sie sicherlich im Mathematikunterricht gemacht haben, hervorholen und anwenden, werden Sie sehen, dass ein Prozent mehr Rendite eine ganze Menge ausmachen kann. Auch ohne Rechenkünste können Sie den Zinseszins einer Anlage leicht mit Rechentools im Internet berechnen, wie zum Beispiel unter www.zinsen-berechnen.de/zinsrechner.php.

Einen Überblick über die Bedeutung des Zinseszinses gibt Ihnen die Tabelle „Das bringt der Zinseszinseffekt bei Einmalanlagen“. Sie sehen daraus, dass Sie bei einer Anlagesumme von 10000 Euro schon nach zehn Jahren leicht mehr als 1000 Euro extra verdienen können, wenn Sie nur ein Prozent mehr Rendite erzielen. Legen Sie noch länger an, kann sich der Zinseszinseffekt besonders gut auswirken. Legen Sie 20 Jahre lang an und erzielen jährlich 4 Prozent Rendite, erhalten Sie insgesamt 11911 Euro Zinsen. Bei 3 Prozent Rendite wären es nur 8061 Euro. Bezogen auf Ihr eingesetztes Kapital von 10000 Euro würden Sie bei 4 Prozent Verzinsung 38,5 Prozent (3850 Euro) – nicht nur 1 Prozent – mehr Geld zurückbekommen, als wenn Sie nur für 3 Prozent anlegen würden. Deshalb unterscheiden Fachleute zwischen Prozent und Prozentpunkt. Genau genommen beträgt der Unterschied zwischen 3 und 4 Prozent Rendite nicht ein Prozent, wie man gern umgangssprachlich sagt, sondern einen Prozentpunkt. Und ein Prozentpunkt mehr oder weniger Rendite macht eine ganze Menge aus – eben weit mehr als ein Prozent.

Wenn Sie wissen wollen, wie rentabel Ihre Anlagen wirklich waren, dürfen Sie nicht nur auf die Erträge, die sogenannte Bruttorendite, schauen. Denn einen Teil der Bruttorendite zehren Kosten (zum Beispiel Depotgebühren, Kauf- und Verkaufsgebühren, Provisionen) wieder auf. Auch das Finanzamt will in Form von Steuern an Ihrem Anlageerfolg beteiligt werden. Was Ihnen danach verbleibt, ist die Nettorendite Ihrer Anlagen nach Steuern. Ist diese niedriger als die allgemeine Steigerung der Lebenshaltungskosten (Inflation), haben Sie letztlich sogar Geld verloren.

Das bleibt von Ihrer Investition nach Abzug der Inflation – ein Beispiel:

Anlagebetrag	10 000,00 €
minus Kaufgebühren	– 50,00 €
Tatsächliche Anlage	**9 950,00 €**
3 % Zinsen auf 9 950 Euro	**298,50 €**
minus Abgeltungsteuer auf Zinsen	– 78,73 €
minus Verkaufsgebühren von 0,5 % auf die tatsächliche Anlage	– 49,75 €
minus Kaufkosten	– 50,00 €
Ertrag nach Kosten und Steuern	**120,02 €**
Nettorendite nach Steuern in Prozent	1,2 %
Inflationsrate	– 0,8 %
Ergebnis nach Inflation	**0,4 %**

Manchmal schreiben Banken und Finanzdienstleister in ihren Werbebroschüren von der „durchschnittlichen Wertentwicklung“ einer Anlage. Diese ist grundsätzlich höher als die Rendite. Hier wird der Zinseszinseffekt zur Beschönigung der Ertragsstärke des angebotenen Produktes missbraucht.

Sie sollten auch nicht den Fehler machen, bei mehrjährigen Anlagen die Wertentwicklungen einfach zu addieren. Hat beispielsweise eine Aktie im ersten Jahr eine Wertentwicklung von 20 Prozent erzielt und im zweiten Jahr einen Verlust von 10 Prozent, beträgt die Gesamtperformance nur 8 Prozent – nicht, wie viele meinen (20 Prozent minus 10 Prozent =) 10 Prozent. Denn bei einem angenommenen Kaufkurs von 100 Euro stieg der Wert auf 120 Euro im ersten Jahr und fiel dann auf 108 Euro, was einer Wertsteigerung von 8 Prozent entspricht.

Sicherheit und Risiken

Unter Sicherheit verstehen die meisten Anleger die Wahrscheinlichkeit, das eingesetzte Kapital am Ende der Laufzeit oder bei einem Verkauf wieder vollständig zurückzubekommen. Einige Beispiele aus der jüngeren Vergangen-

Gut zu wissen

Achten Sie auf den Effektivzins. Lassen Sie sich nicht von der „durchschnittlichen Wertentwicklung" oder von „Bonuszahlungen" blenden. Achten Sie auf die effektive Rendite beziehungsweise den Effektivzins. Nur so können Sie beurteilen, ob eine Anlage rentabel ist. Banken rechnen manchmal anders: Wird eine zweijährige Anlage von 10 000 Euro mit 3 Prozent verzinst, beträgt ihre Rendite eben 3 Prozent. Der Anleger erhält nach zwei Jahren 10 609 Euro (10 000 x 3 Prozent = 300 Euro für das erste, 10 300 x 3 Prozent = 309 Euro für das zweite Jahr). Die durchschnittliche Wertentwicklung beträgt aber 3,045 Prozent. Dazu werden die Zinsen von 609 Euro durch die Zahl der Jahre geteilt und ausgeblendet, dass sich das effektiv eingesetzte Kapital durch die gutgeschriebenen Zinsen jedes Jahr um die anteiligen Jahreszinsen erhöht. Bei einer längeren Laufzeit vergrößert sich der Unterschied zwischen durchschnittlicher Wertentwicklung und Rendite. Können Sie die tatsächliche Rendite nicht selbst ermitteln, fragen Sie Ihren Berater danach und lassen Sie sich die Höhe des Kapitals einschließlich der Erträge am Ende der Laufzeit ausrechnen.

heit zeigen, dass scheinbar sichere Anlagen wertlos werden können. So hat etwa niemand gedacht, dass eine große amerikanische Bank wie Lehman Brothers pleitegehen könnte und deshalb von ihr begebene Zertifikate wertlos werden könnten. Auch Zahlungsausfälle bei europäischen Staatsanleihen hielt bis zum Ausbruch der Euro-Krise keiner für möglich.

Kapitalverluste können auch andere Gründe haben, die je nach Anlageklasse (Aktien, Festzinsanlagen, Immobilien, etc.) unterschiedlich ausgeprägt sind. So kann vielleicht nicht der gesamte Kapitaleinsatz gefährdet sein, dafür besteht möglicherweise die Gefahr, dass die Erträge geringer ausfallen als erwartet (Ertragsrisiko). Das kann beispielsweise der Fall sein, wenn die Gewinne und damit die Dividende bei einem Aktienunternehmen zurückgehen oder eine Immobilie nur zu einem geringeren Mietpreis weitervermietet werden kann. Bei börsennotierten Wertpapieren müssen Sie einkalkulieren, dass diese im Wert schwanken können (Kursrisiko). Daneben besteht bei Anlagen in fremder Währung ein Währungsrisiko. Ändert sich der Wechselkurs der fremden Währung zum Euro, beeinflusst das den Wert Ihres Investments.

Grundsätzlich gilt, dass mit den Renditechancen von Anlagen auch deren Risiken steigen. So bieten Anlagen, die solche Risiken aufweisen, auch entsprechende Chancen. Entwickelt sich ein Unternehmen besonders gut, steigen in der Regel die Dividenden (Ertragschance) und der Aktienkurs (Kurschance). Ein Währungsrisiko stellt gleichzeitig eine Währungschance dar und Ihre Rendite steigt, wenn der Euro-Wechselkurs nach dem Kauf einer ausländischen Aktie fällt. Sie erhalten dann beim Verkauf in Euro mehr Euros für Ihre Aktie.

Sie müssen bei jeder Geldanlage genauer hinschauen, welche Risiken (und damit auch Chancen) diese aufweist, und abwägen, ob Sie lieber mehr Sicherheit oder mehr Rendite haben wollen.

Verfügbarkeit – Liquidität

Die größten Zielkonflikte im magischen Dreieck der Geldanlage bestehen in der Regel zwischen den Ertragsaussichten und der Sicherheit einer Anlage. Daneben spielt aber auch die Liquidität eine entscheidende Rolle bei der Suche nach der individuell passenden Anlageform. Je liquider Ihre Geldanlagen sind, umso schneller können Sie wieder über sie verfügen. Der Haken dabei ist, dass liquidere Anlagen oft niedrigere Renditen erwarten lassen. Zum Beispiel erhalten Sie grundsätzlich höhere Zinsen bei Festzinsanlagen, je länger Sie Ihr Geld festlegen. Für das höchst liquide Girokonto erhalten Sie in der Regel keine Zinsen.

Einen Teil Ihres Vermögens müssen Sie liquide halten, um Ihre täglichen Rechnungen und auch die außerplanmäßigen bezahlen zu können. Dafür benötigen Sie eine Notfallreserve. Wenn Sie nicht liquide genug sind, weil Sie Ihr gesamtes Geld in langlaufende Anlagen gesteckt haben, besteht die Gefahr, dass Sie sich für ungeplante Ausgaben Geld leihen und dafür Verzugs- und Überziehungszinsen zahlen müssen, die höher sind als die Renditen Ihrer Geldanlagen. Achten Sie daher auf eine Balance zwischen Liquidität und Renditechancen Ihrer Anlagen.

Mehr dazu siehe „Eine Notfallreserve ist Pflicht", S. 19.

Neben Anlagen, bei denen Sie von vornherein wissen, dass Sie erst nach einer bestimmten Zeit wieder an Ihr Geld kommen, gibt es Anlagen, die Sie zwar täglich verkaufen und zu Geld machen können, aber es ist ungewiss, zu welchem Preis. Eine Aktie ist sehr liquide, da sie börsentäglich verkauft werden kann – der Preis in der Zukunft ist jedoch unbekannt. Es kann daher sein, dass die Aktie gerade tief im Minus steckt, wenn Sie das Geld zu einem bestimmten Zeitpunkt in nicht allzu ferner Zukunft brauchen. Möchten Sie beispielsweise liquide bleiben, weil Sie nach einer Immobilie für sich und Ihre Familie suchen, wäre ein Aktieninvestment daher nicht die für Sie passende liquide Anlage.

Wie bequem soll es sein?

Für manchen Anleger sind ein geringer Aufwand sowie die leichte Verständlichkeit wichtige Faktoren bei der Entscheidung für eine Geldanlage. Das magische Dreieck der Geldanlage wird sozusagen um den Punkt „Bequemlichkeit" zum Viereck erweitert. Eine bequeme Geldanlage zeichnet sich grundsätzlich dadurch aus, dass Sie diese und das Marktumfeld während der Laufzeit kaum beobachten müssen. Beispiele für solche Anlagen sind Festzinsanlagen bei Banken und Sparkassen. Diese kann ein Anleger nach dem Abschluss grundsätzlich einfach bis zum Ende der Laufzeit liegen lassen. Würde er mit seinem Geld hingegen ein Portfolio aus Einzelaktien aufbauen, sollte er dieses regelmäßig beobachten, um auf Marktveränderungen oder Unternehmensnachrichten reagieren zu können.

Anleger müssen bei bequemen Produkten meist bereit sein, teilweise erhebliche Abstriche bei der Rendite in Kauf zu nehmen. Zumindest innerhalb der gleichen Produktart sollten sich aber auch bequeme Anleger die Mühe machen, die besten Angebote zu finden, denn auch dort können die Ertragsaussichten stark voneinander abweichen. So kann beispielsweise das Festzinsangebot der Hausbank wesentlich schlechter sein als das einer Direktbank.

Nicht alle Eier in einen Korb

Vorsichtige Sparer und Anleger, die mit riskanteren Anlageformen einmal Verluste erlitten haben, neigen dazu, ihr Kapital ausschließlich in eine Anlageform zu stecken, die sie für sicher halten. Doch wer sein ganzes Geld auf einem Sparbuch oder in deutschen Staatsanleihen parkt, begeht womöglich einen schweren Anlagefehler. Will er beispielsweise für sein Alter vorsorgen, könnte die erwirtschaftete Rendite viel zu niedrig sein, um im Ruhestand davon leben zu können.

Viele Untersuchungen haben bestätigt, dass Anleger das Risiko ihrer Geldanlagen senken können, wenn sie „nicht alle Eier in einen Korb legen". Fällt der Korb runter, sind alle Eier kaputt. Hat man die Eier (das zur Verfügung stehende Geld) auf mehrere Körbe (Anlageklassen und -produkte) verteilt, ist das Verlustrisiko wesentlich geringer. Das ist der Kern der modernen Portfoliotheorie, für die Harry Markowitz 1989 den Nobelpreis für Wirtschaftswissenschaften erhielt. Markowitz wies nach, dass eine vernünftige Streuung des Kapitals auf verschiedene Anlageformen und -länder das Verlustrisiko eines Portfolios vermindern und dabei sogar die Renditechancen erhöhen kann. Auch wenn es verschiedene Kritikpunkte an der Portfoliotheorie gibt und Teile davon sogar als überholt gelten, ist diese Kernaussage weiterhin richtig.

Der erste Überblick

Bevor Sie Geld investieren, sollten Sie wissen, was Sie schon besitzen und wie viel Sie überhaupt zum Anlegen übrig haben. Starten Sie mit einer Bestandsaufnahme und einer Notfallreserve.

Bevor Sie mit dem Investieren beginnen, müssen Sie erst einmal herausfinden, wie viel Geld Ihnen dafür überhaupt zur Verfügung steht. Haben Sie eine bestimmte Summe geerbt und wollen diese jetzt anlegen, kennen Sie den Anlagebetrag natürlich. Im ersten Schritt sollten Sie überlegen, ob Sie eventuelle Kredite ablösen können. Meist bietet das die höchste Rendite. Das ziehen Sie vom zur Verfügung stehenden Geld ab, der Rest ist Ihr Anlagebetrag.

Anders ist es, wenn Sie auf ein Ziel hin sparen. Wollen Sie beispielsweise für die Altersvorsorge regelmäßig sparen, ist es sinnvoll, sich zunächst darüber klar zu werden, wie viel Sparen Sie sich leisten können. Eines der wichtigsten Hilfsmittel dazu ist ein Haushaltsbuch. In dieses schreiben Sie über ein paar Monate alle Ihre Ausgaben und Einnahmen. Das, was am Monatsende regelmäßig übrigbleibt, ist Ihr möglicher Sparbetrag.

Das Führen eines Haushaltsbuches hat aber meist noch den zusätzlichen Effekt, dass Sie herausfinden, wo „Geldfresser" in Ihrem Alltag versteckt sind. Das können beispielsweise Abonnements für Zeitschriften sein, die Sie gar nicht mehr lesen, oder Beiträge für Vereine, die Sie schon lange nicht mehr besuchen. Durchforsten Sie Ihre Ausgaben kritisch danach, auf welche Posten Sie verzichten oder welche Ausgaben Sie senken könnten.

Haushaltsbücher finden Sie im Buch- und Schreibwarenhandel. Es muss nicht das klassische Buch sein. So finden Sie im Internet kostenlose Haushaltsbuch-Programme. Mit diesen können Sie sich dann unter anderem auch grafische Auswertungen Ihres Einnahme-/Ausgabeverhaltens erstellen lassen.

Es reicht aber nicht, zu wissen, wie hoch Ihr monatliches Sparpotenzial ist, um mit der Geldanlage loszulegen. Sie sollten sich auch einen Überblick darüber verschaffen, welche Anlagen Sie schon besitzen. Häufig schließen Sparer bei ihrer Bank einfach neue Produkte ab, wenn sie mal wieder etwas Geld übrig haben, ohne sich darüber im Klaren zu sein, wie sich dies auf ihre Gesamtvermögensverteilung und die persönliche Risikoeinstellung auswirkt. Um Chancen und Risiken Ihres vorhandenen Vermögens richtig beurteilen und anschließend optimieren zu können, sollten Sie daher zunächst eine Bestandsaufnahme machen.

Größere Unternehmen sind gesetzlich verpflichtet, regelmäßig Bilanzen über ihre Vermögenswerte und Verbindlichkeiten aufzustellen. Dabei werden die Vermögensgegenstände und Darlehen geordnet erfasst und bewertet. Das Gleiche können und sollten auch Privatanleger tun.

So bringen Sie Ordnung in Ihre Kapitalanlagen

Tragen Sie alle Ihre Vermögensgegenstände zusammen und ordnen Sie sie nach den folgenden Anlageklassen:

- **1. Liquidität**
  a. Girokonto
  b. Tagesgeldkonto
  c. Geldmarktfonds

- **2. Festverzinsliche Anlagen**
  a. Festgelder/Sparbriefe
  b. Anleihen (Staatsanleihen, Unternehmensanleihen, Pfandbriefe)
  c. Bausparverträge
  d. Rentenfonds

▸ 3. Aktieninvestments
a. Einzelaktien
b. Aktienfonds/ETF
c. Zertifikate auf Aktien und Aktienindizes

▸ 4. Immobilien
a. Vermietete Immobilien
b. Offene Immobilienfonds

▸ 5. Sonstige Vermögenswerte
a. Kapitallebensversicherungen
b. Private Rentenversicherungen

▸ 6. Beteiligungen
Zum Beispiel geschlossene Immobilienfonds, Schiffsfonds, Containerfonds, Bürgerbeteiligungen

▸ 7. Rohstoffanlagen
a. Goldanlagen
b. Rohstoffzertifikate / ETC

Nicht aufzuführen brauchen Sie Vermögenswerte, die Sie nicht zur Kapitalanlage besitzen. Dazu gehört insbesondere das Eigenheim. Denn dieses besitzen Sie in der Regel nicht als Kapitalanlage, sondern weil Sie sich darin wohlfühlen wollen. Sie werden Ihr Familienheim wohl kaum veräußern, um das Geld in andere Kapitalanlagen umzuschichten.

Ebenfalls nicht in die Vermögensbilanz aufnehmen sollten Sie Vermögenswerte, die sich kaum bewerten oder nur zu einem niedrigen Preis veräußern ließen, wie Antiquitäten oder Briefmarkensammlungen. Auch der Hausrat oder das Auto gehören nicht in die Bilanz, diese sind kein Kapitalanlagevermögen, sondern Dinge, die Sie zum täglichen Leben benötigen.

Wenn Sie gerade dabei sind, Ihr Vermögen zu ordnen, bietet es sich an, dass Sie die Unterlagen Ihrer Anlagen in Ordnern zusammenfassen, die Sie entsprechend den Anlageklassen unterteilen und beschriften. Sortieren Sie unwichtige Schreiben wie Werbung aus und legen Sie sich eine Systematik zu, auf die Sie jederzeit zurückgreifen können. Ordnen Sie zukünftig alle wichtigen Schreiben und Unterlagen in diese Ordner (neueste Schreiben immer nach oben), und Sie behalten stets den Überblick über Ihre Finanzanlagen.

Gut zu wissen

Das Eigenheim als Vermögenspuffer. Das eigene Heim kann gerade in den derzeitigen Niedrigzinsphasen eine gute Geldanlage sein, bei der die Rendite in erster Linie aus ersparten Mietkosten besteht. Denken Sie aber daran, dass eine Immobilie immer auch Kosten verursacht. Die Werbung für „mietfreies Wohnen im Alter" ist nur eine Seite der Medaille. Es wird leicht vergessen, dass ein Eigenheim oft mit seinem Eigentümer in Rente geht und dann größere Sanierungen anstehen. Oft lässt sich ein Haus oder eine Wohnung nicht so einfach verkaufen, wie sich das der Eigentümer vorstellt – zumindest nicht zum erhofften Preis. Sehen Sie daher das Eigenheim als Puffer bei Ihrem Gesamtvermögen an.

So bewerten Sie Ihre Anlagen

Grundsätzlich sollten Sie alle Ihre Anlagen mit deren aktuellen Werten ansetzen. Dazu können Sie bei Aktien, Fonds und Anleihen einen aktuellen Depotauszug heranziehen. Für sonstige Bankanlagen nutzen Sie die entsprechenden Kontoauszüge. Haben Sie Kapitallebens- oder Rentenversicherungen, erhalten Sie gewöhnlich eine jährliche Mitteilung über die aktuellen Rückkaufswerte. Wenn nicht, fordern Sie diese an.

Bei Immobilien ist es naturgemäß schwieriger, den aktuellen Verkehrswert zu bestimmen. Hier können Sie vorsichtig schätzen, welchen Preis Sie bei einem Verkauf erzielen könnten. Dazu können Sie vergleichbare Immobilien heranziehen, die bei den großen Im-

Die Bilanz: Ein Beispiel

Auf der linken Seite unter „Aktiva" finden Sie die Vermögensverwendung, auf der rechten unter „Passiva" die Vermögensherkunft.

Wie ist das Vermögen angelegt? (Aktiva)

	in Euro	in %
Liquidität	**8000**	**4%**
Girokonto	3000	
Tagesgeldkonto	5000	
Festverzinsliche Anlagen	**30000**	**15%**
Rentenfonds	20000	
Festgeld	5000	
Bundesanleihe	5000	
Aktieninvestments	**21000**	**10%**
Aktienfonds	17000	
Einzelaktien	4000	
Immobilien	**110000**	**54%**
Vermietete Eigentumswohnung	110000	
Sonstige Vermögenswerte	**19000**	**9%**
Kapitallebensversicherung	19000	
Beteiligungen	**0**	**0%**
Schiffsfonds etc.	0	
Rohstoffanlagen	**16000**	**8%**
Rohstoffzertifikat	5000	
Goldbarren/-münzen	11000	
Summe	**204000**	

Wo kommt das Vermögen her? (Passiva)

	in Euro	in %
Verbindlichkeiten	**30000**	**15%**
Darlehen ETW	30000	
Nettovermögen (Eigenkapital)	**174000**	**85%**
Summe	**204000**	

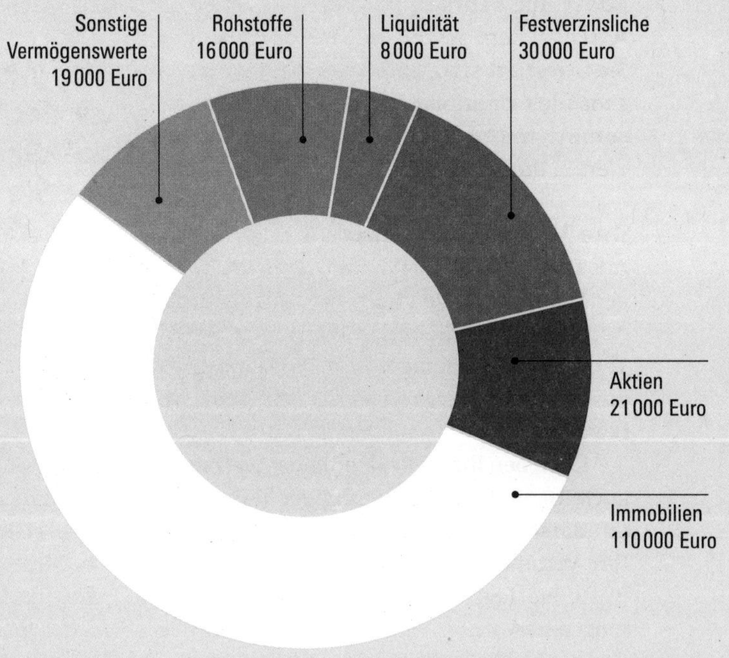

mobilienportalen im Internet zum Verkauf stehen. Oder Sie nutzen die dort angebotenen Immobilienbewertungen, die kostengünstig einen recht guten Orientierungswert finden. Natürlich könnten Sie auch einen Sachverständigen oder Makler mit der Bewertung beauftragen, was entsprechend teurer wäre.

Auch Beteiligungen sind während der Laufzeit schwer zu bewerten, da sie sich vor Ende der Laufzeit kaum veräußern lassen. Manchmal gibt es Nachfrage nach bestimmten „gebrauchten" geschlossenen Fonds. Im Internet (www.zweitmarkt.de) führt die von den Börsen Hamburg und Hannover initiierte „Fondsbörse Deutschland" als größte Handelsplattform auf dem Zweitmarkt für geschlossene Fonds Anbieter und Käufer zusammen. Die Kaufpreise liegen meist weit unter den ursprünglichen Investitionssummen. Sollte Ihre Beteiligung hier geführt werden, können Sie den Kurs, mit dem sie gehandelt wird, als Grundlage für Ihre Bewertung nehmen. Wird beispielsweise ein Anteil an dem geschlossenen Fonds, bei dem Sie investiert sind, zum Kurs von 30 Prozent gehandelt, multiplizieren Sie Ihre Investitionssumme mit 30 Prozent und tragen diesen Wert in Ihre Bilanz ein.

Ihre Vermögensbilanz

Alle Ihre Kapitalanlagen und deren Werte tragen Sie auf der linken Seite Ihrer Bilanz bei den Aktiva ein. Diese Seite der Bilanz zeigt, wie Ihr Vermögen derzeit angelegt ist. Wie eine Bilanz aussehen kann, zeigt die Grafik „Die Bilanz: Ein Beispiel".

Um neben Ihrem Brutto-Gesamtvermögen auch Ihr Netto-Gesamtvermögen (Eigenkapital) darstellen zu können, müssen Sie noch Ihre Verbindlichkeiten in die rechte Seite der Bilanz eintragen. Diese Seite zeigt, wo Ihr Vermögen herkommt. Setzen Sie auch hier die aktuellen Darlehensstände an. Aus der Differenz von Aktiva und Verbindlichkeiten errechnet sich Ihr Nettovermögen.

Wenn Sie die einzelnen Anlageklassen, zum Beispiel Ihre Aktieninvestments, ins Verhältnis zur Summe Ihrer Aktiva setzen, können Sie anhand der Prozentwerte leicht erkennen, wie Ihre Vermögensverteilung, die sogenannte Asset-Allocation, aussieht. In unserem Beispiel machen die Aktieninvestments rund 10 Prozent aus ((21 000 Euro / 204 000 Euro) x 100).

Wenn Sie mit Excel oder OpenOffice Calc arbeiten, können Sie sich mit der Diagramm-Funktion ein anschauliches Kuchendiagramm Ihrer Vermögensverteilung darstellen lassen.

Eine Notfallreserve ist Pflicht

Bevor Sie aber mit der Umschichtung Ihrer Geldanlagen oder dem Sparen anfangen, sollten Sie sicherstellen, dass Sie eine ausreichende Notfallreserve besitzen. Denn nicht immer läuft alles im Leben nach Plan. Arbeitslosigkeit, eine längere Krankheit oder aber auch mehrere teure Haushaltsgeräte, die ausgerechnet zur gleichen Zeit ihren Dienst versagen, können für Ihre Finanzen ganz schön Stress bedeuten.

„Als Faustregel für die Höhe der Notfallreserve können Sie die Summe veranschlagen, die Sie benötigen, um drei bis fünf Monate ohne Einkommen bewältigen zu können.

Bilden Sie für solche Fälle eine Notfallreserve, auf die Sie jederzeit zugreifen können. Denn müssen Sie Ihr Girokonto überziehen oder gar einen Kredit aufnehmen, zahlen Sie dafür meist viel höhere Zinsen, als Sie mit Ihren Geldanlagen verdienen können. Als Faustregel für die Höhe der Notfallreserve können Sie die Summe veranschlagen, die Sie benötigen, um drei bis fünf Monate ohne Einkommen bewältigen zu können.

Es ist nicht empfehlenswert, die Notfallreserve auf Ihrem Girokonto zu parken. Denn dort ist das Geld zum einen mit Ihren normalen Ein- und Ausgaben vermischt. Es ist dann

Checkliste

Passen Ihre Anlagen noch zu Ihnen?

Ihre Anlagen müssen zu Ihnen und Ihrer Lebenssituation passen. Wichtige Kriterien dabei sind:

- ☐ **Ihre Ziele:** Wie viel Geld wollen Sie langfristig anlegen und über welche Summen möchten Sie schon in den kommenden Jahren verfügen?
- ☐ **Ihre Einstellung:** Entscheiden Sie, wie viel Zeit und Energie Sie in Ihr Geld stecken möchten, und suchen Sie entsprechende Anlageprodukte aus.
- ☐ **Ihre Risikomentalität:** Wie riskant dürfen Ihre Anlagen sein? Beachten Sie dabei aber, dass Sie bei der Beurteilung von Risiken nicht nur auf mögliche Wertschwankungen, sondern auch auf die Geldwertstabilität schauen müssen.

schwieriger, den Überblick zu behalten, wie hoch Ihre Reserve genau ist. Zum anderen sind Girokonten meist unverzinst. Nutzen Sie daher für Ihre Notfallreserve besser ein Tagesgeldkonto. Dort ist es ebenfalls jederzeit verfügbar und Sie bekommen Zinsen, auch wenn sie derzeit eher mager ausfallen.

Wenn Sie noch nicht über eine Notfallreserve verfügen und diese erst ansparen müssen, machen Sie sich am besten einen Plan. Sie wissen ja bereits, wie viel Sie monatlich sparen können. Würde es mit dieser Sparrate länger als sechs bis zwölf Monate dauern, die erforderliche Reserve aufzubauen, überlegen Sie, ob demnächst vielleicht Anlagen fällig werden, die Sie auf dem Notfallkonto anlegen können. Ist eine solche Umschichtung nicht möglich, weil Sie gerade am Anfang Ihrer Sparerkarriere stehen, versuchen Sie (mithilfe Ihres Haushaltsbuches) weitere Sparpotenziale zu finden.

Jetzt können Sie weitere Anlagen planen

Ist die Notfallreserve unter Dach und Fach, können Sie Ihre weiteren Geldanlagen planen. Oft sind Anleger, die das erste Mal eine Bilanz ihres Vermögens erstellen, überrascht, welches Übergewicht einzelne Anlagen im Verhältnis zum Gesamtvermögen haben. So kann zum Beispiel ein Anleger, der sich für sehr risikoscheu hält, feststellen, dass er eine sehr hohe Aktienquote hat oder dass diese gar nicht so hoch ist und es keinen Grund gibt, sich Sorgen zu machen.

Wie Sie bereits wissen, verringert eine sinnvolle Streuung der Anlagen das Gesamtrisiko des Anlagevermögens eines Investors. Erinnern Sie sich an das magische Dreieck der Geldanlage? Je höher die Renditechancen einer Anlage, umso höher auch grundsätzlich das Risiko. Im folgenden Abschnitt „Welche Anlagen für welchen Anlegertyp“ erfahren Sie, wie eine sinnvolle Aufteilung des Vermögens je nach Risikoeinstellungen und Lebenssituation aussehen kann. Stellen Sie nach der Lektüre fest, dass Sie zu viele riskante Anlagen haben, sollten Sie eine Umschichtung in Betracht ziehen – also überlegen, ob Sie riskante Anlagen verkaufen und dafür sicherere Anlagen kaufen.

Möglicherweise reicht es aber für Sie aus, zukünftig mehr in sicherere Anlagen zu investieren, sodass sich deren prozentualer Anteil erhöht. Ebenso kann es sein, dass Sie feststellen, dass Sie zukünftig mehr in renditeträchtigere Anlagen investieren sollten. Den Betrag, den Sie zum regelmäßigen Sparen einsetzen können, haben Sie ja bereits ermittelt, oder Sie sind mithilfe eines Haushaltsbuches gerade dabei.

Welche Anlagen für welchen Anlegertyp?

Es gibt eine Vielzahl von Anlageformen. Umso wichtiger ist es zu überlegen, welche zu Ihnen passen, bevor Sie sich an die Auswahl der einzelnen Produkte machen.

Auch wenn sich die Anlageziele des magischen Drei- oder Vielecks nicht alle in einer Anlageform vereinigen lassen, können Sie natürlich verschiedene Anlagen so kombinieren, dass Ihr Gesamtportfolio Ihren Anlagezielen möglichst nahe kommt. Ihre Risikotragfähigkeit und Ihre Risikobereitschaft bestimmen dabei die Zusammenstellung Ihrer Anlagen wesentlich.

Ihre Risikotragfähigkeit als objektives Risikomaß

Ihre Risikotragfähigkeit wird maßgeblich davon bestimmt, wie viel Zeit Sie noch für das Erreichen Ihrer Ziele haben, wie hoch Ihr Einkommen und wie hoch Ihr Gesamtvermögen bereits ist. Je mehr Vermögen Sie schon besitzen, umso größere absolute Verluste können Sie in der Regel wegstecken, ohne dass Ihre Existenz oder Ihr Lebensstandard gefährdet sind. Sind Sie noch nicht in der glücklichen Lage, finanziell weitgehend ausgesorgt zu haben, spielt Ihr Anlagehorizont, also der Zeitraum, für den Sie investieren können und wollen, eine wesentliche Rolle bei der Beurteilung, welches Risiko Sie mit Ihren Anlagen eingehen können.

Stehen Sie beispielsweise am Anfang Ihrer beruflichen Karriere und wollen für Ihr Alter vorsorgen, können Sie größere Schwankungen Ihrer Geldanlagen aussitzen oder Verluste im Laufe Ihres Arbeitslebens noch ausgleichen. So könnten Sie beispielsweise auch zu einem höheren Anteil in Aktien und Investmentfonds investieren, die in ihrer Wertentwicklung schwanken. Denn selbst wenn die Börsen einige Monate oder gar Jahre schlecht laufen würden, könnten Sie eine solche Phase überbrücken und Ihre Anlagen erst verkaufen, wenn diese sich wieder auf einem ordentlichen Niveau eingependelt hätten.

Wenn Sie hingegen bereits den Ruhestand vor Augen haben, können Sie mögliche Verluste und Wertschwankungen nicht mehr so einfach aussitzen. Dann brauchen Sie die Gewähr, dass in wenigen Jahren der benötigte Geldbetrag vorhanden ist. Der Schwerpunkt Ihrer Anlagen muss dann eher auf Investments liegen, bei denen der Zahlungszeitpunkt und die Höhe der Auszahlungen feststehen. Wie Sie bereits wissen, bieten Anlagen, die diese Kriterien erfüllen, aber geringere Renditechancen.

Typische Beispiele unterschiedlicher Anlagehorizonte sind:

- **Kurzer Anlagehorizont:** Sie sind beispielsweise gerade auf der Suche nach einer Immobilie, die Sie selbst nutzen möchten. Sobald Sie das richtige Objekt gefunden haben, möchten Sie es kaufen. Dann muss das Geld sofort zur Verfügung stehen. In einem solchen Fall steht die Liquidität einer Anlage bis zu diesem Zeitpunkt klar im Vordergrund.
- **Mittlerer Anlagehorizont:** In wenigen Jahren sind Ersatzinvestitionen oder Sanierungsarbeiten fällig, wie ein neues Auto, eine neue Küche oder eine Dach- oder Heizungssanierung. Auch hier können Sie sich kaum schwankungsreiche Anlagen leisten, die zum Zeitpunkt der notwendigen Anschaffung oder Reparatur möglicherweise nur mit Verlust flüssig gemacht werden können.

Checkliste

Wie schätze ich meine Risikotragfähigkeit ein?

- ☐ Welcher Verlauf meiner Geldanlagen (zum Beispiel mehrjähriger Börsenabschwung um x Prozent, Zahlungsausfall eines Anleiheschuldners) würde meine Existenz gefährden?
- ☐ Welcher Verlauf meiner Geldanlagen würde meine persönlichen Ziele (zum Beispiel Hausbau, Ausbildungsfinanzierung, Ruhestand) gefährden?
- ☐ Hätte ich im Verlustfall genügend Zeit, den Verlust durch sonstiges Einkommen (zum Beispiel Arbeitseinkommen, Mieteinnahmen, Erbschaft) zu verkraften und wieder auszugleichen?

- **Langfristiger Anlagehorizont:** Beginnen Sie mit der Geburt Ihrer Kinder mit dem Sparen für deren Ausbildung, haben Sie noch lange Zeit, Schwankungen der ertragreicheren Anlagen auszusitzen und gegebenenfalls in sicherere Anlagen umzuschichten.

Ihre Risikobereitschaft ist subjektiv

Auch wenn Sie bereits ein beträchtliches Vermögen angespart oder geerbt haben oder Ihr Anlagehorizont noch viele Jahre umfasst, möchten Sie möglicherweise dennoch keine größeren Schwankungen mit Ihren Investments hinnehmen. Die Bereitschaft eines Anlegers, Risiken bei der Geldanlage einzugehen, ist immer ganz individuell und wird unter anderem von der Erziehung, den Einstellungen und den Erfahrungen mit Geldanlagen beeinflusst. Hat ein Anleger schon einmal viel Geld mit Aktien verloren, zum Beispiel nach dem Platzen der New-Economy-Blase Anfang des Jahrtausends oder beim Börsencrash im Rahmen der US-Immobilien- und Finanzkrise 2008, hat er vielleicht für sich die Entscheidung getroffen, dass Aktien nichts für ihn sind. Hat er hingegen mit guten Aktientipps innerhalb kurzer Zeit hohe Gewinne eingefahren, ist er eventuell eher bereit, für seine Altersvorsorge oder die Ausbildung der Kinder in risikoreichere Anlagen zu investieren.

Ihre Risikobereitschaft können nur Sie bestimmen

Denken Sie immer daran: Während Ihnen ein Berater helfen kann, die objektive Risikotragfähigkeit zu ermitteln, können nur Sie selbst Ihre Risikobereitschaft benennen. Sätze wie „Das Risiko können Sie schon eingehen" sind fehl am Platz, wenn es um die Risikobereitschaft geht.

Schätzen Sie sich realistisch ein

Die Fragen in den beiden Checklisten können Ihnen Anhaltspunkte geben, wie hoch Ihre „Risikotragfähigkeit" und Ihre „Risikobereitschaft" sind. Ihre ehrlichen Antworten auf diese Fragen geben Ihnen ein Gefühl dafür, wie Ihr Risikoprofil in etwa aussehen könnte. Rechnen Sie bei der Einschätzung Ihrer Risikobereitschaft nicht nur in Prozent, sondern auch in absoluten Zahlen.

Beispiel: Sie wollen 50 000 Euro in einem Aktienfonds anlegen und sind der Meinung, dass Sie eine Schwankungsbreite und damit zwischenzeitliche Wertminderungen von 30 Prozent gut aushalten können. Überlegen Sie sich dann auch, was das in konkreten Zahlen bedeuten würde. Würde Ihr Aktienfonds nach dem Kauf 30 Prozent verlieren, wäre er nur noch 35 000 Euro wert. Sie hätten also – zumindest auf dem Papier – 15 000 Euro und damit den

Checkliste

Wie groß ist meine Risikobereitschaft?

- ☐ Welche Erfahrungen habe ich in der Vergangenheit mit meinen Anlagen gemacht?
- ☐ Habe ich schon einmal größere Verluste erlitten?
- ☐ Was war der Grund für diese Verluste (zum Beispiel ein Börsencrash, Aktienverkäufe zum falschen Zeitpunkt, zu hektisches Agieren, unüberlegter Kauf eines Finanzproduktes oder: mangelnde Streuung – die Hauptursache für schlechte Erfahrungen)?
- ☐ Wie habe ich mich dabei gefühlt, als die Verluste eingetreten sind?
- ☐ Auch wenn ich es mir leisten könnte: Ab welchen zwischenzeitlichen Verlusten (zum Beispiel Schwankungen bei Aktienkursen) könnte ich „nachts nicht mehr schlafen"?
- ☐ Ziehe ich es vor, höhere Renditechancen zu haben, auch wenn es dann nicht sicher ist, dass ich mein Anlageziel erreiche, oder ist es mir wichtiger, mein Ziel ganz sicher zu erreichen, auch wenn ich dafür auf Renditechancen verzichten muss?
- ☐ Welchen Aufwand kann und will ich mit der Auswahl und Kontrolle meiner Geldanlagen betreiben?

Wert eines Kleinwagens verloren. Könnten Sie in diesem Fall noch ruhig schlafen und darauf vertrauen, dass eine solche zwischenzeitliche Wertschwankung normal ist und Sie langfristig eine hohe Chance auf eine gute Rendite haben? Müssen Sie sich diese Frage ehrlicherweise mit „Nein" beantworten, sollten Sie überlegen, einen konservativeren Fonds auszuwählen oder einen geringeren Betrag in den anvisierten Fonds anzulegen und den Restbetrag auf risikoärmere Anlagen aufzuteilen.

Welche Anlagen passen zu Ihrer Risikobereitschaft?

Wichtig ist jetzt, dass Sie Ihre Anlagen passend zu Ihrer Risikobereitschaft ausrichten. Fachleute sprechen von Asset Allocation. Sie verhindert, dass Anleger wahllos Produkte kaufen, die ihnen gerade angeboten werden.

Finanztest unterscheidet drei Risikostufen: defensiv, ausgewogen oder offensiv. Defensiv bedeutet sicherheitsorientiert, offensiv risikobereit, ausgewogen liegt dazwischen und ist für viele eine gute Lösung. Überlegen Sie also anhand Ihrer Risikotragfähigkeit und Ihrer Risikobereitschaft, zu welcher Gruppe Sie zählen. Nachfolgend finden Sie einige Beispiele, welche Präferenzen Anleger in den verschiedenen Risikoklassen häufig haben. Beachten Sie, dass dies nur eine grobe Übersicht sein kann, da Geldanlage immer eine sehr individuelle Angelegenheit ist und Ihre Anlagen zu Ihren Bedürfnissen passen müssen.

▸ Defensive Anleger

Anleger in dieser Risikoklasse sind nicht bereit, größere Verlustrisiken einzugehen. Ihr vorrangiges Ziel ist der Kapitalerhalt. Renditeaspekte werden diesem Ziel weitgehend untergeordnet. Zur Verfügung stehende Geldmittel könnten schwerpunktmäßig in sichere festverzinsliche Sparanlagen investiert werden. Das sind insbesondere einlagengesicherte Festgelder, Sparbriefe sowie bestimmte Rentenfonds. Da eine gewisse Aktienquote das Risiko der Gesamtanlagen streuen und sogar verringern kann, können sicherheitsorientierte Anleger bis zu 25 Prozent aktienbasierte Anlagen beimischen. Um das Risiko auszuschließen, die falschen Aktien auszuwählen, sollten sie dabei aber weltweit anlegende Aktienfonds und ETF Einzelwerten vorziehen.

▶ **Ausgewogene Anleger**
Sie wünschen eine Rendite ihrer Anlagen, die über dem sicheren Zinsniveau liegt. Um mittel- bis langfristig höhere Erträge zu erzielen, sind sie bereit, gewisse Verlustrisiken einzugehen. Sie wünschen eine ausgewogene Mischung zwischen ertragsorientierten Anlagen mit niedrigerem Risiko und chancenorientierten Anlagen mit höherem Risiko. Je nach Anlagehorizont können sie bis zu 50 Prozent in Aktien und Aktienfonds anlegen. Für vermögende Anleger kommen auch vermietete Immobilien in Betracht. Die Basis ihrer Anlagen bilden aber ebenfalls festverzinsliche Sparanlagen, Rentenfonds und Anleihen bonitätsstarker Schuldner.

▶ **Offensive/risikobereite Anleger**
Sie haben einen hohen Ertragswunsch deutlich über Zinsniveau und wollen die Chancen auf überdurchschnittliche Wertsteigerungen ihrer Anlagen wahrnehmen. Anlagen mit erhöhtem und hohem Risiko überwiegen die sicheren, festverzinslichen Anlagen klar. Offensive Anleger können Aktienquoten von um die 75 Prozent vertragen. Auch Investments in Derivate und Rohstoffe sind möglich. Offensive Anleger sollten immer prüfen, ob sie sich eine solche subjektive Risikoeinstellung leisten können, sie also die entsprechende Risikotragfähigkeit besitzen.

Nehmen Sie sich für die richtige Zusammenstellung Zeit. Was viele, auch Fortgeschrittene, nicht beachten: Die Aufteilung von Aktien und Zinsanlagen hat einen größeren Einfluss auf den Verlauf der Geldanlage als die Auswahl einzelner Produkte.

Dabei sollten Sie auch bedenken: Voraussetzung für eine Anlage in Fonds und riskantere Anlagen sollte sein, dass Sie das Geld nicht kurzfristig brauchen.

Wo finden Sie Beratung und Informationen?

Selbst finanziell gebildete Anleger benötigen manchmal Hilfe von Experten oder zusätzliche Auskünfte. So finden Sie die richtigen Berater und Informationen.

Auch wenn Sie sich schon gut mit Finanzthemen auskennen, brauchen Sie vielleicht doch hin und wieder den Rat und die Unterstützung eines professionellen Finanzberaters. Eine gute Finanzberatung hilft Ihnen, Fehler bei Ihrer Geldanlage zu vermeiden und die für Ihre Ziele richtigen Finanzanlagen und Produkte zu finden. Darüber hinaus erspart Ihnen eine gute Beratung Zeit, die Sie sonst selbst in den Aufbau Ihres Finanzwissens und die Recherche nach den passenden Produkten stecken müssten.

Provisionen sind die häufigste Vergütungsart in der Anlage-, Kredit- und Versicherungsberatung. Man unterscheidet im Wesentlichen zwischen Abschluss- und Bestandsprovisionen. Die Abschlussprovision wird Kunden beim Kauf eines Produktes berechnet. Damit werden insbesondere die Kosten des Vertriebes bezahlt. Die Bestandsprovision erhalten die Vermittler des Finanzproduktes für die laufende Betreuung und Verwaltung des Produktes.

In Deutschland gibt es eine große Vielfalt an Finanzdienstleistern, aus denen Sie auswählen können. Ein wichtiges Kriterium bei der Auswahl sollte für Sie sein, ob Sie in erster Linie eine Beratung zu Finanz- oder Versicherungsthemen suchen oder ob für Sie der Kauf konkreter Finanzprodukte im Vordergrund steht. Ihnen sollte klar sein, dass Sie im Finanzdienstleistungsbereich meist Beratern und Verkäufern von Finanzprodukten in einer Person gegenüberstehen. Verdienen solche Finanzvermittler nur dann etwas an Ihnen, wenn sie Ihnen ein Produkt vermitteln, können sie in Interessenskonflikte kommen. Denn raten sie von einem Produkt ab, verdienen sie nichts. Es besteht überdies die Gefahr, dass sie Ihnen nicht das beste Produkt empfehlen, sondern das, bei dem der Produktanbieter (zum Beispiel die Fonds- oder Versicherungsgesellschaft) die höchste Provision zahlt. Verfügen Berater und Verkäufer nur über ein eingeschränktes Angebot, müssen Sie zudem damit rechnen, dass sie Ihnen Produkte aus dem eigenen Angebot empfehlen, obwohl andere Anbieter bessere oder besser zu Ihnen passende Angebote hätten.

Banken und Sparkassen

Die meisten, die hierzulande eine Anlageberatung suchen, wenden sich an den Berater ihrer Hausbank. Auch wenn die Zahl der Bankfilialen zurückgeht, müssen sie dafür keine weiten Wege auf sich nehmen. Verschiedene Untersuchungen von Finanztest haben aber leider immer wieder gezeigt, dass Banken und Sparkassen oft Produkte empfehlen, die nicht optimal zu den Zielen der Anleger passen. Zwar werden Bankberater in der Regel von der Bank bezahlt und verdienen somit auch etwas, wenn Kunden nach einem Beratungsgespräch kein Produkt abschließen, doch häufig erhalten sie einen vom Verkaufserfolg abhängigen Bonus.

Die Bank als Arbeitgeber des Beraters erhält Provisionen vom Produktanbieter oder verdient an den Abschluss- und Verwaltungsgebühren hauseigener Produkte und hat daher natürlich ein Interesse am Verkauf der Produkte. Regelmäßig gibt es auch Berichte über Bankberater, denen ihre Arbeitgeber Vorgaben machen, welche Produkte sie zu vermitteln haben, damit die Umsatzziele der Bank erreicht werden können. Der Bankberater ist daher meist abhängig von den Vorgaben seiner Bank und oftmals eher Verkäufer von Finanzprodukten als Finanzberater.

Finanz- und Versicherungsmakler

Makler im Finanzdienstleistungsbereich beraten je nach Schwerpunkt und entsprechender behördlicher Erlaubnis zu Finanzanlagen, Versicherungen und Finanzierungen. Sie sind rechtlich selbstständig, werden im Auftrag des Kunden tätig und sind von Produktanbietern grundsätzlich unabhängig. Makler sollten Ihnen eine umfassende und bedarfsgerechte Beratung auf der Grundlage einer breiten Markt- und Produktübersicht anbieten können. Bezahlt werden Makler über Provisionen des Produktanbieters. Das bedeutet, sie erhalten in der Regel eine Provision aus den vom

Gut zu wissen

Mehrere Gespräche
Anleger sollten möglichst mehrere Beratungsgespräche führen. Im Vergleich können sie oft schnell erkennen, welchen Gehalt ein solches Gespräch hatte oder ob es nur darum ging, ein bestimmtes Produkt zu verkaufen.

Kunden gezahlten Produktpreisen (Abschlussprovision) und/oder laufenden Beiträgen (Bestandsprovision).

Vertreter

Bei den Vertretern kann man zwischen Ausschließlichkeits- und Mehrfachvertretern unterscheiden. Ausschließlichkeitsvertreter sind Versicherungsvermittler, die an ein Versicherungsunternehmen gebunden sind und nur Produkte dieser Versicherung vermitteln. Mehrfachvertreter sind Versicherungs-, Finanzanlagen- oder Kreditvermittler, die als selbstständige Gewerbetreibende Produkte verschiedener Anbieter vermitteln und dafür Provisionen erhalten. Sie bieten nur Produkte von Anbietern an, mit denen sie Vertriebsverträge abgeschlossen haben. Dadurch unterscheiden sie sich vom Makler, der prinzipiell auf den gesamten Markt an Produktanbietern zugreifen kann. Makler stehen grundsätzlich auf der Seite des Kunden, Vertreter auf der Seite des Unternehmens, das sie vertreten.

Allfinanzvertriebe

Das Besondere an Allfinanzvertrieben – zum Beispiel Deutsche Vermögensberatung, MLP, Swiss Life Select (vormals AWD), OVB – ist, dass sie alles vermitteln: Haftpflicht- und Krankenversicherungen genauso wie Rentenversicherungen und fast jede Art der Geldanlage. Viele Kunden schätzen das, weil es ihnen Wege erspart und der Finanzvermittler sie im Idealfall unter Berücksichtigung ihrer gesamten wirtschaftlichen Situation berät. Ob sie jedoch im Rahmen dieser Rundumberatung immer die günstigsten Finanzprodukte angeboten bekommen, ist fraglich. Denn die Berater sind selbstständige Gewerbetreibende. Sie leben von den Provisionen, die sie für Vertragsabschlüsse erhalten. Wie bei anderen provisionsfinanzierten Beratern auch besteht die Gefahr, dass sie unpassende Produkte empfehlen, wenn diese mehr Provision einbringen. Kunden haben zudem oft kaum eine Chance zu durchschauen, was die angebotenen Produkte sie kosten würden.

Unabhängige Beratung auf Honorarbasis

Eine Alternative zu den genannten Finanzvermittlern, -maklern und -vertretern ist eine Beratung, bei der die Berater nicht von den Anbietern bezahlt werden, sondern von den Kunden. Das leisten die Beratung der Verbraucherzentralen und sogenannte Honorarberater.

- **Die Verbraucherzentralen** bieten unabhängige telefonische, schriftliche und persönliche Beratungen zu verschiedenen Finanzthemen wie Geldanlage, Versicherungen, private Altersvorsorge und Finanzierung an. Jedes Bundesland hat eigene Beratungsstellen, deren Angebote sich leicht unterscheiden, ebenso wie ihre Preise. Für eine knapp zweistündige Beratung müssen Sie ungefähr mit 150 bis 200 Euro rechnen. Über die Internetadresse www.verbraucherzentrale.de gelangen Sie schnell auf die Homepage der Verbraucherzentrale Ihres Bundeslandes.

- **Honorarberater** sind selbstständige Berater, die sich verpflichten, keine Provisionen von Produktanbietern anzunehmen. Stattdessen werden sie ausschließlich durch ihre Kunden bezahlt. Dafür gibt es verschiedene Modelle wie zum Beispiel Stundensätze, Festpreise oder eine prozentual vom Anlagevolumen abhängige

Übliche Provisionen im Finanzvertrieb

Produkte	Abschlussprovision [1]	Jährliche Bestandsprovision [1]	Kosten in Euro
Wertpapieranlagen			**Bei einer Anlage von 10 000 Euro [2] (Abschlusskosten / jährliche Bestandsprovision)**
Aktienfonds	4 – 6,5	0,25 – 0,5	400 – 650 / 25 – 50
Rentenfonds	3 – 5	0,1 – 0,25	300 – 500 / 10 – 25
Mischfonds	4 – 5	0,1 – 0,4	400 – 500 /10 – 40
Offene Immobilienfonds	4 – 5	0,25 – 0,5	400 – 500 / 25 – 50
Zertifikate	0,5 – 5	–	50 – 500
Versicherungen			**Bei einer Beitragssumme von 36 000 Euro (= 100 Euro Monatsbeitrag über 30 Jahre) [2] (Abschlusskosten / jährliche Bestandsprovision)**
Kapitallebensversicherung	1 – 4	0,1 – 2,5	360 – 1 440 / 1,20 – 30
Rentenversicherung	1 – 4	0,1 – 2,5	360 – 1 440 / 1,20 – 30
Fondspolice	1 – 4	0,1 – 2,5	360 – 1 440 / 1,20 – 30
Geschlossene Fonds / Beteiligungen			**Abschlusskosten bei einer Anlage von 50 000 Euro [2]**
Geschlossene Immobilienfonds	6 – 10	–	3 000 – 5 000
Umweltfonds	6 – 11	–	3 000 – 5 500
Schiffsfonds	8 – 15	–	4 000 – 7 500
Containerfonds	3 – 8	–	1 500 – 4 000
Infrastrukturfonds	6 – 8	–	3 000 – 4 000
Flugzeugfonds	7 – 9	–	3 500 – 4 500

1 In Prozent der Anlage-/Beitragssumme. 2 Bei höheren Anlage- beziehungsweise Beitragssummen erhöhen sich die Beträge, die an den Verkäufer/Vermittler fließen, entsprechend – unabhängig vom Beratungsaufwand.

Gebühr. Der Kunde muss die Beratung auch dann bezahlen, wenn er der Empfehlung des Beraters nicht folgt oder dieser ihm vom Kauf eines Produktes abrät. Nur so können Honorarberater neutral beraten. Da sie nicht von Anbieterprovisionen leben müssen, haben sie kein Interesse daran, Kunden ein überteuertes oder nicht bedarfsgerechtes Produkt zu empfehlen.

Falls Sie davor zurückschrecken, für eine Finanzberatung ein Honorar zu bezahlen, weil Sie dies von Ihrem Versicherungsvertreter oder Ihrer Bank bisher nicht gewohnt sind, schauen Sie sich die Tabelle „Übliche Provisionen im Finanzvertrieb" an. Dann sehen Sie, dass eine Honorarberatung für Sie häufig um ein Vielfaches günstiger sein kann als eine scheinbar kostenlose Beratung bei einem Provisionsvertrieb. Auch wird Ihnen dann schnell klar, dass eine Honorarberatung nicht nur für Superreiche, sondern grundsätzlich für jeden geeignet ist.

Natürlich ist eine Beratung gegen Honorar kein Allheilmittel, mit der Sie garantiert immer die besten Anlagevorschläge erhalten. Eine gute Finanzberatung hängt nicht nur davon ab, wer den Berater bezahlt, sondern vor allem von dessen Kompetenz und Einstellung. Auch unter den Provisionsberatern gibt es selbstverständlich einige, die sich ausschließlich nach dem Kundeninteresse richten und gute Beratung leisten.

Das sollten Sie beim Beratungsgespräch beachten

Sie können einiges dazu beitragen, dass ein Beratungsgespräch zielführend verläuft und Sie passende Anlagevorschläge erhalten, wenn Sie folgende Regeln beherzigen:

- **Vorbereitung.** Bereiten Sie sich gut auf das Gespräch vor. Ihr Berater wird Sie fragen, wie viel Geld Sie anlegen wollen, wie lange, für welchen Zweck, und er will wissen, welches Risiko Sie dabei eingehen können. Zudem wird er Sie – das ist seine Pflicht – nach Ihren persönlichen und finanziellen Verhältnissen fragen. Nehmen Sie Unterlagen, aus denen sich Ihre finanzielle Lage ergibt, wie zum Beispiel Depotauszüge und Vermögensübersichten, zum Gespräch mit.

- **Produkte.** Der Berater sollte Ihnen die Produkte, die er Ihnen vorschlägt, genau erklären und die Vor- und Nachteile aufzeigen. Wenn Sie etwas nicht verstanden haben, fragen Sie nach. Es gibt keine „dummen" Fragen. Es ist die Aufgabe des Beraters, Ihnen alles so zu erklären, dass Sie es verstehen.

- **Empfehlungen.** Bei nicht ganz unabhängigen Beratern von Banken und Finanzvertrieben kommt es regelmäßig vor, dass der Berater Ihnen lieber Produkte aus dem eigenen Haus als die der Konkurrenz anbietet. Fragen Sie nach, wie hoch die Vertriebsprovisionen sind, die der Berater oder die Bank kassiert. Der Berater muss Ihnen das sagen. So können Sie Interessenkonflikte erkennen.

- **Auswahl.** Lassen Sie sich mehrere Empfehlungen geben. Sie sehen dann, welches Produkt Ihnen besser gefällt. Ohnehin ist es klüger, sein Geld auf mehrere Anlagen aufzuteilen.

- **Kosten.** Sie sollten wissen, was für Kosten auf Sie zukommen, wenn Sie eine Geldanlage abschließen. Ein billiges Produkt ist zwar nicht unbedingt besser. Die Kosten sollten aber in einem vernünftigen Verhältnis zu den Ertragschancen stehen.

- **Entscheidung.** Lassen Sie sich Zeit. Es gibt keinen Mangel an Geldanlagen. Ob Sie heute, morgen oder übermorgen unterschreiben, spielt keine Rolle. Ein guter Berater wird Sie nicht drängen. Kaufen Sie grundsätzlich nur Finanzprodukte, die Sie verstehen, und vertrauen Sie auf Ihren gesunden Menschenverstand, wenn Ihnen etwas komisch vorkommt.

So stufen Banken ihre Kunden ein

Finanz- und Bankberater müssen bei Anlageempfehlungen zu Wertpapieren auch die Risikotragfähigkeit und Risikobereitschaft des Anlegers ermitteln und berücksichtigen. Sie stufen dazu die Anleger in fünf, bisweilen auch sechs oder sieben Risikoklassen ein und leiten daraus ab, welche Anlageklassen und -produkte für sie überhaupt infrage kommen. Die Bezeichnungen sind von Bank zu Bank unterschiedlich. Hier ein Kurzüberblick darüber, welche Produktempfehlungen sich hinter den Risikoklassen der Banken verbergen können:

- **Klasse 1: Sicherheitsorientiert.** Infrage kommen zum Beispiel Zinsanlagen wie

Tages- oder Festgeld, kurzlaufende Euro-Rentenfonds sowie Euro-Anleihen mit sehr guter Bonität.

- **Klasse 2: Konservativ.** Dazu passen festverzinsliche Wertpapiere bester Qualität, deutsche Rentenfonds, kurzlaufende Fonds in Hartwährungen wie Euro, US-Dollar und Schweizer Franken, international gestreute Rentenfonds, überwiegend in Hartwährungen, sowie offene Immobilienfonds.

- **Klasse 3: Ertragsorientiert.** Hier finden sich beispielsweise Wandel- und Optionsanleihen, deutsche Aktienfonds, deutsche Standardaktien, international gestreute Aktienfonds sowie Länderfonds in europäischen Hartwährungen.

- **Klasse 4: Spekulativ.** Diese Klasse umfasst zum Beispiel deutsche Aktien-Nebenwerte, spekulative Anleihen, Optionsscheine, Optionen und Futures.

- **Klasse 5: Sehr spekulativ.** Das Geld kann in Investitionen ausländischer Aktien-Nebenwerte, sehr spekulative Anleihen, Optionsscheine aller Art sowie Optionen und Futures fließen.

Die Risikoklassen der Banken besagen allerdings nur, in welche Produkte die Gelder der Kunden – je nach Einstufung – fließen dürfen. Sie sagen noch nichts darüber aus, zu welchen Anteilen dies geschieht. Häufig bieten die Banken drei oder vier Standardstrategien an von sicherheitsorientiert bis spekulativ. Auch hier sind die Bezeichnungen der Geldinstitute nicht einheitlich.

Änderungen bei Wertpapiergeschäften durch Mifid II

Mit der Umsetzung der europäischen Finanzmarktrichtlinie Mifid II (Markets in Financial Instruments Directive) in deutsches Recht traten am 3. Januar 2018 neue Regelungen in Kraft. Mit Mifid II soll europaweit ein neuer rechtlicher Rahmen für das Wertpapiergeschäft zwischen Anleger und Bank vorgegeben werden und dadurch Transparenz und Anlegerschutz erhöht werden. Die wesentlichen Neuregelungen durch Mifid II sind:

- Das bisherige Beratungsprotokoll bei Banken wurde durch eine sogenannte Geeignetheitserklärung ersetzt. Die Unterschiede beider Dokumente sind relativ gering. Während das Beratungsprotokoll vor allem den Beratungsprozess beschrieben hat, ist die Geeignetheitserklärung ein Ergebnisprotokoll, mit dem der Berater darlegen soll, warum das empfohlene Produkt für den Anleger geeignet ist.
- Banken und viele andere Finanzdienstleister müssen Telefongespräche zu Wertpapiergeschäften jetzt aufzeichnen (sogenanntes Taping). Die Aufzeichnungen müssen gespeichert und in der Regel fünf Jahre aufbewahrt werden.
- Anleger sollen noch genauer über die bei einem Wertpapiergeschäft anfallenden Kosten informiert werden. Dazu erhält jeder Kunde vor der Unterschrift eine genaue Aufstellung der entstehenden Kosten sowohl in absoluter Größe in Euro als auch in Prozent des Anlagebetrages. Es werden sowohl die Kosten der Dienstleistungen (zum Beispiel Transaktionskosten, Verwahrungskosten) als auch die Kosten des Finanzinstrumentes (zum Beispiel Management- und Performancegebühren) aufgelistet.
- Anleger erhalten vierteljährlich Aufstellungen über den aktuellen Stand der von ihnen gehaltenen Finanzinstrumente.
- Für alle neuen Finanzinstrumente müssen die Anbieter einen Zielmarkt bestimmen. Dieser Zielmarkt dient als Grundlage der Risiko- und Bedürfnisanalyse im Beratungsgespräch und soll sicherstellen, dass die angebotenen Finanzprodukte den Bedürfnissen der Anleger entsprechen.

Produktinformationsblatt und Wesentliche Anlegerinformationen

Kurz und verständlich, die wichtigsten Fakten auf einen Blick. So sollen verschiedene gesetzlich vorgeschriebene Informationsblätter – auch „Beipackzettel“ genannt – Anleger über Finanzprodukte informieren. Seit dem 1. Juli 2011 müssen Banken und andere Finanzdienstleister Kunden neben dem Beratungsprotokoll bei Anlageberatungen zu Wertpapieren ein Produktinformationsblatt aushändigen. Dieses soll maximal drei Din-A4-Seiten umfassen und muss

- die Art des Finanzprodukts,
- seine Funktionsweise,
- die mit dem Produkt verbundenen Risiken sowie
- die mit der Anlage verbundenen Kosten

beschreiben.

Produktinformationsblätter gibt es zu Aktien, Anleihen und Zertifikaten, zu Pfandbriefen und Bundeswertpapieren.

Für Investmentfonds gibt es ein eigenes Produktinformationsblatt, die „Wesentlichen Anlegerinformationen“, auch „Key Investor Information Document“ (KIID) genannt. Es wird von den Fondsgesellschaften erstellt und muss ebenfalls auf zwei Seiten über die wichtigsten Details wie Ziele und Anlagepolitik, Risiko- und Ertragsprofil, Kosten und die frühere Wertentwicklung des Fonds aufklären. Es muss den Kunden vor dem Kauf eines Fonds ausgehändigt werden, damit sie es in Ruhe lesen können.

Vermögensanlagen-Informationsblatt

Für geschlossene Fonds, Genussrechte und sonstige Vermögensanlagen, die seit Juni 2012 auf den Markt gekommen sind, müssen Anbieter ein Vermögensanlagen-Informationsblatt (VIB) erstellen und bei der Bundesanstalt für Finanzdienstleistungsaufsicht (Bafin) hinterlegen. Die BaFin prüft allerdings den Inhalt des VIB während des Prospektprüfungsverfahrens nicht. Dieses darf höchstens drei Din-A4-Seiten stark sein und muss ohne die Lektüre weiterer Dokumente allgemein verständlich sein, damit Anleger Angebote leichter vergleichen und auswählen können. Das VIB muss während der gesamten Dauer des öffentlichen Angebots in der aktuellen Fassung auf der Webseite des Anbieters zugänglich sein.

Hintergrund des VIB ist, dass viele Anleger die oft mehr als 100 Seiten starken Verkaufsprospekte für Beteiligungsmodelle wie Windräder, Bürotürme, Seniorenheime oder Studentenappartements nicht lesen. Die Blätter müssen den Anbieter, die Art der Vermögensanlage, die Anlagestrategie, die Anlagepolitik und die Anlageobjekte nennen. Sie müssen zudem Risiken, die Aussichten für die Kapitalrückzahlung und Erträge unter verschiedenen Marktbedingungen sowie Kosten und Provisionen aufführen. Hinzu kommen Pflichthinweise, etwa auf die Stelle, bei der der ausführliche Verkaufsprospekt kostenlos erhältlich ist.

Aus der Qualität des Informationsblattes lässt sich zwar nicht auf die Qualität der Anlage schließen. Wenn Sie es aber nicht verstehen, können Sie sicher sein, dass die Vermögensanlage nichts für Sie ist. Bei Produkten, für die ein VIB erstellt werden muss, sollten Sie sowieso eher zurückhaltend sein, da diese die versprochenen Renditeziele oftmals nicht erreichen.

Ex-post-Kostenausweis

Seit 2019 müssen Finanzdienstleister ihren Kunden jährlich einen Ex-post-Kostenausweis vorlegen, der alle Produkt- und Dienstleistungskosten eines Depots enthält. Darin wird angegeben, welche Kosten absolut und in Prozent zum angelegten Vermögen entstanden sind.

Interessant ist der Kostenausweis vor allem für Anleger, die gemanagte Fonds besitzen. Es werden auch Kauf- und Verkaufskosten eingerechnet, die im vergangenen Jahr angefallen sind. Die Kosten müssen aber nicht noch einmal extra gezahlt werden, sie wurden bereits vom Fondsvermögen entnommen beziehungsweise bei den Kauf- und Verkaufsspesen direkt abgezogen.

So finden Sie die richtige Bank und das passende Depot

Wenn Sie die Kosten Ihrer Geldanlagen senken, erhöhen Sie automatisch die Rendite – und das ganz ohne Risiko. Mit der Wahl der passenden Bank können Sie mitunter bis zu mehrere Hundert Euro pro Jahr sparen.

Es ist manchmal schon komisch. Da beschweren sich Anleger über die niedrigen Zinsen, die ihre Bank ihnen für Zinsanlagen wie Sparbuch und Festgeld zahlt, nehmen es aber ohne Murren hin, hohe Depotgebühren und Transaktionskosten zahlen zu müssen.

Bei den Kosten rund um Ihre Wertpapiere besteht ein immenses Sparpotenzial, wenn Sie bereit sind, zu der für Sie passenden Direktbank zu wechseln oder zumindest bei Ihrer Filialbank auf Onlinebanking umzusteigen. Auch bei Zinsanlagen wie Tagesgeld oder Festgeld bieten die Direktbanken meist deutlich bessere Konditionen. Ein Konto bei einer Direktbank zu eröffnen macht keine große Mühe.

Egal, ob Sie Fonds, Aktien, Anleihen oder andere Wertpapiere erwerben möchten: als Privatanleger können Sie sie nicht selbst an der Börse handeln. Für den Kauf und Verkauf von Wertpapieren benötigen Sie grundsätzlich eine Bank, die als Vermittler zwischen Anleger und Börse dient. Überdies müssen Ihre Wertpapiere in einem Depot verwahrt werden, das ebenfalls von Ihrer Bank geführt wird. Beim Kauf und Verkauf stellt Ihnen Ihre Bank Transaktionskosten, auch Orderkosten genannt, in Rechnung.

Ein Konto bei einer Direktbank zu eröffnen macht keine große Mühe, siehe Checkliste „So eröffnen Sie ein Konto bei einer Direktbank“, S. 66.

Optimieren Sie Ihre Depotgebühren

Ihre Wertpapiere – diese erkennen Sie grundsätzlich daran, dass sie eine Wertpapierkennnummer (WKN) oder Isin besitzen – müssen in einem Depot verwahrt werden, das bei Ihrer Bank geführt wird. Dafür zahlen Kunden von Filialbanken häufig über 50 Euro im Jahr, bei großen Depots mit hohen Werten von 100 000 Euro und mehr auch bis zu mehreren Hundert Euro. Wesentlich günstiger ist das Depot bei Direktbanken. Dort ist die Aufbewahrung Ihrer Aktien, Fonds, Anleihen und Zertifikate meist kostenlos. Nur manche Anbieter knüpfen die Gratisverwahrung an Bedingungen wie etwa ein Mindestdepotvolumen, die Transaktionshäufigkeit, die Eröffnung eines Girokontos oder die Nutzung des Onlinepostfaches.

Isin ist die Abkürzung für „International Securities Identification Number“. Sie dient der weltweit eindeutigen Zuordnung von Wertpapieren, die an einer Börse gehandelt werden. Im Jahr 2003 wurde die Wertpapierkennnummer (WKN) durch die zwölfstellige Isin abgelöst. Die Isin beginnt mit einem Ländercode, der dem Anleger zeigt, in welchem Land das Wertpapier aufgelegt wurde. DE etwa steht für Wertpapiere aus Deutschland, FR für Frankreich, GB für Großbritannien, IE für Irland, LU für Luxemburg oder US für USA. Häufig kommen Anleger aber noch mit der kürzeren WKN weiter, wenn sie nur diese zur Hand haben.

So nagen die Kosten an Ihrer Rendite

So hoch sind Ihre Einbußen nach 20 Jahren bei einer angenommenen jährlichen Rendite von 6 Prozent – je nachdem, welcher Prozentsatz im Jahr für die Kosten abgeht.

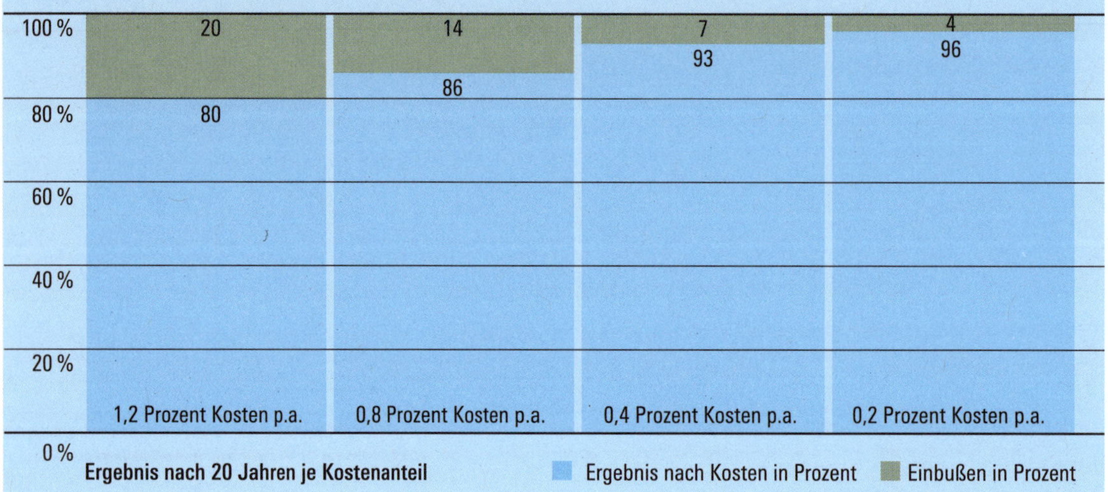

Achten Sie bei den Direktbanken auch darauf, welche sonstigen Kosten dort anfallen werden, insbesondere welche Kauf- und Verkaufskosten sie in Rechnung stellen. Als Faustregel gilt: Wer viel handelt, sollte vor allem ein Auge auf die Kosten haben, die die Bank für den Kauf und Verkauf von Wertpapieren berechnet. Wer wenig handelt, sollte auf möglichst geringe Depotgebühren achten.

Ein Wechsel zu einem kostenlosen Wertpapierdepot bei einer Direktbank ist einfacher, als viele denken. Es reicht, den Antrag bei der neuen Bank auszufüllen und das alte Konto zu kündigen. Es reicht hingegen nicht, nur die Wertpapiere zu übertragen, denn auch ein leeres Depot kostet Depotgebühren. Um den Übertrag der Wertpapiere kümmert sich die neue Bank. Einige Banken bieten mit dem Depotübertrag gleichzeitig den Service an, das alte Depot abzuwickeln, dabei Fondsanteil-Bruchstücke zu verkaufen und das Depot zu löschen.

Banken dürfen für den Übertrag einzelner Wertpapiere oder eines ganzen Depots kein Geld verlangen. Der Übertrag kann dennoch Kosten verursachen. Denn die Banken verwahren die Wertpapiere ihrer Kunden bei einer Verwahrstelle und reichen die Kosten, die ihnen die Verwahrstellen in Rechnung stellen, an die Kunden weiter. In der Praxis geschieht dies in der Regel aber ausschließlich bei ausländischen Wertpapieren. Mehr dazu siehe Checkliste „Darauf sollten Sie beim Depotübertrag achten".

Sparen Sie bei den Orderkosten

Wenn Sie regelmäßig Wertpapiergeschäfte tätigen, ist ein Wechsel zu einer preiswerten Direktbank ein Gebot der Vernunft – egal ob es sich um Fonds, Einzelaktien oder andere Wertpapiere handelt. Denn während Filialbanken beispielsweise für eine Aktienorder (Kauf- oder Verkaufsauftrag) durchschnittlich etwa 1 Prozent der Kauf- oder Verkaufssumme als Gebühren in Rechnung stellen, kostet dies bei

Checkliste

Darauf sollten Sie beim Depotübertrag achten

Die Depotbank zu wechseln ist sehr leicht. Sie müssen aber einige Feinheiten beachten, um unliebsamen Überraschungen vorzubeugen.

- ☐ **Handelssperre:** Der Übertrag kann je nach Anbieter zwischen ein paar Tagen und mehreren Wochen dauern. In dieser Zeit haben Sie keinen Zugriff auf Wertpapiere und Fonds, können also nichts verkaufen. Ist Ihnen das bei bestimmten Wertpapieren zu heikel, sollten Sie sich vorher von ihnen trennen.
- ☐ **Bestandsschutz:** Für Wertpapiere, die vor dem 1. Januar 2009 gekauft wurden, mussten Anleger bis Ende 2017 keine Abgeltungsteuer auf Kursgewinne zahlen. Der Bestandsschutz bleibt auch beim Depotwechsel erhalten. Das gilt jedoch nicht mehr für Investmentfonds. Seit 1. Januar 2018 gibt es für „Altfonds" nur noch einen Freibetrag auf Kursgewinne bis 100 000 Euro. Heben Sie daher die Kaufunterlagen Ihrer Altfonds auf, um später nachweisen zu können, dass Sie diese vor 2009 angeschafft haben, falls diese Informationen beim Depotwechsel nicht korrekt weitergegeben wurden.
- ☐ **Verlustübertrag:** Sie können Verluste, die Sie bei Börsengeschäften erlitten haben, mit künftigen Gewinnen verrechnen lassen. Damit sparen Sie Abgeltungsteuer. Auch ausländische Quellensteuern können Sie anrechnen lassen. Dazu benötigen Sie einen Verlustübertrag von Ihrer alten Bank.
- ☐ **Freistellungsauftrag:** Denken Sie daran, den Freistellungsauftrag bei der alten Bank zu löschen und bei der neuen Bank neu zu stellen.
- ☐ **Investmentfonds:** Bruchstücke von gemanagten Fonds lassen sich nicht ins neue Depot übertragen. Anleger können sie aber ohne Zusatzkosten an die Fondsgesellschaft zurückgeben. Wählen Sie dafür beim Verkauf mittels Onlinebanking in der Ordermaske die Fondsgesellschaft als Handelsplatz aus.

den günstigsten Direktbanken nur einen Bruchteil. Bei Anleihen stellen Filialbanken in der Regel 0,5 Prozent in Rechnung. Außerdem gibt es bei Filialbanken – im Unterschied zu den Direktbanken – fast nie eine Obergrenze für die Transaktionskosten.

Beispiel: Ein Anleger zahlt um die 100 Euro Ordergebühren, wenn er in einer Bankfiliale für 10 000 Euro Aktien kauft. Investiert er 30 000 Euro, berechnet die Bank rund 300 Euro für den Auftrag.

Auch für Anleger, die ihre Bank nicht wechseln wollen, gibt es häufig erhebliches Sparpotenzial, wenn sie sich für das Onlinebanking freischalten lassen. Sie haben dann bei jedem Wertpapierauftrag die Wahl, entweder den Berater in der Filiale zu beauftragen oder die Daten selbst am Computer einzugeben. Filialorders kosten bei derselben Bank mitunter ein Mehrfaches der Internetorders. Bei Sparkassen sind zudem oft die Preise im Onlinebanking im Gegensatz zur Filialorder gedeckelt.

Bei den Transaktionskosten sind die Preismodelle der Banken sehr unterschiedlich. Je öfter Sie regelmäßig Wertpapiere handeln, umso größer ist grundsätzlich Ihr Einsparpotenzial, wenn Sie die passende Bank für Ihre Ziele wählen. Vergleichen Sie vor einem Bankwechsel die Kosten, die bei verschiedenen Anbietern voraussichtlich auf Sie zukommen.

Auch für Anleger, die ihre Bank nicht wechseln wollen, gibt es häufig erhebliches Sparpotenzial, wenn sie sich für das Onlinebanking freischalten lassen.

Wie Sie beim Fondskauf Gebühren sparen können, erfahren Sie unter „So kaufen Sie günstig Fonds" ab S. 258.

Folgende Gebührenmodelle sind verbreitet:

- **Feste Prozentsätze:** Die Ordergebühren berechnen sich, wie im vorigen Beispiel, als fester Prozentsatz vom Auftragsvolumen.
- **Preisstaffel:** Je nach Wert eines Wertpapierauftrags wird eine bestimmte Gebühr verlangt.
- **Prozentsätze mit Mindest- und Maximalgebühr:** Der Preis wird nach einem Prozentsatz vom Auftragsvolumen berechnet. Liegt er allerdings unter der Mindestgebühr, wird diese fällig. Hier müssen Anleger, die kleinere Summen investieren wollen, aufpassen. Beträgt die Gebühr beispielsweise 1 Prozent bei einer Mindestgebühr von 35 Euro und beträgt der Anlagebetrag 1000 Euro, zahlt der Anleger prozentual 3,5 Prozent Ordergebühren – viel zu viel.
- **Flatrate:** Hier zahlen die Kunden unabhängig vom Auftragsvolumen immer eine feste Gebühr pro Handel. Sie müssen also nicht lange herumrechnen, um den Orderpreis zu ermitteln. Da Flatfees außerdem meist am unteren Ende der Preisskala aller Gebührenmodelle liegen, können Anleger hier kaum etwas falsch machen.

Neben den Ordergebühren, die bei einem Wertpapierauftrag an die Bank gezahlt werden müssen, fallen beim Börsenkauf in der Regel noch Fremdspesen wie Börsenplatzgebühr oder Maklercourtage an. Viele Banken reichen die Fremdspesen direkt an die Anleger weiter. Manche verlangen Pauschalpreise, die aber nicht immer alle Fremdspesen enthalten. Je nach Börsenplatz und Wertpapiergattung fallen die Fremdspesen unterschiedlich aus. Bei einer 5000-Euro-Order liegen sie meist zwischen 2 und 6 Euro.

▶ Finanztest untersucht regelmäßig die Depot- und Kaufgebühren der Banken. Welche Banken in den Tests aktuell gut abschneiden, können Sie unter www.test.de Suchwort „Depotgebühren" nachschauen.

Börsenwissen für Einsteiger

Wertpapiere werden an Börsen gehandelt. Daher sollte jeder Anleger eine Vorstellung davon haben, wie eine Börse funktioniert.

Eine Börse ist im Grunde nichts anderes als ein organisierter Markt, auf dem spezielle Waren gehandelt werden. Sie lässt sich in unterschiedliche Teilmärkte gliedern: den Aktienmarkt, den Renten- oder Anleihemarkt, den Terminmarkt und die Devisenbörse – je nachdem, welches Finanzprodukt gehandelt wird. Anders als auf einem Wochenmarkt oder einem Internetmarkt wie Ebay findet der Handel an der Börse aber nicht direkt zwischen Käufer und Verkäufer statt, sondern zwischen dafür zugelassenen Händlern. Wichtig für Anleger ist vor allem der Aktien- und Anleihemarkt, also die Wertpapierbörse.

Zentrale Aufgaben der Börse

Unternehmen benötigen ausreichend Kapital für ihre Investitionen, etwa um neue Produkte zu entwickeln und zu produzieren oder um neue Standorte aufzubauen und zu expandieren. Dafür ist viel Geld nötig, das nicht allein über Darlehen von Banken zur Verfügung gestellt werden kann. Auch Banken und Staaten benötigen laufend Kapital. Auf der anderen Seite gibt es Millionen Menschen, die ihr Geld in renditeträchtige Anlagen investieren wollen. Um sich Kapital zu verschaffen, geben Unternehmen, Banken und Staaten Wertpapiere heraus, in die Anleger ihr Geld investieren können. Die Funktion einer Börse besteht nun darin, Angebot und Nachfragen nach diesen Wertpapieren an einem zentralen Ort während fester Handelszeiten zu bündeln. Dadurch ergeben sich ein liquiderer Handel sowie marktgerechtere und transparentere Preise der angebotenen Wertpapiere.

Der börsliche Handel wird durch staatliche Aufsichtsbehörden (in Deutschland: die Bundesanstalt für Finanzdienstleistungsaufsicht, Bafin) und durch Handelsüberwachungsstellen der Börsen kontrolliert. Um Marktmanipulationen zu verhindern, dürfen in Deutschland nur registrierte Börsenmakler und die Händler der Banken direkt an der Börse tätig werden.

Privatanleger dürfen nicht selbst an der Börse handeln, sondern brauchen einen Mittler. Sie kaufen die Wertpapiere bei ihrer Bank, und diese leitet die Order an die Börse weiter.

Es gibt mehr als eine Börse

Auch wenn Fachleute häufig von „der" Börse sprechen, wenn sie den Aktien- oder Anleihenmarkt meinen, gibt es weltweit natürlich zahlreiche Wertpapierbörsen. In den verschiedenen Ländern der Welt sind aber die organisierten Börsen jeweils auf wenige Standorte beschränkt. Das gewährleistet, dass die Zahl der jeweiligen Marktteilnehmer hoch ist und der Handel konzentriert werden kann. Selbst in den USA gibt es nur wenige Börsenplätze. Die wichtigsten Finanzplätze der Welt zeigt die ➚ Tabelle „Die größten Börsenplätze". Die nach Umsatz und Marktkapitalisierung größte Börse der Welt ist die New York Stock Exchange (NYSE).

Siehe Tabelle „Die größten Börsenplätze", S. 36.

Die weltweite Vernetzung und Verteilung der Börsen rund um den Globus führen dazu, dass Anleger Aktiengeschäfte heute praktisch rund um die Uhr abschließen können. Wenn beispielsweise der Xetra-Handel in Frankfurt um 17.30 Uhr geschlossen wird, hat in New York der Handel gerade erst begonnen (15.30 Uhr bis 22.00 Uhr unserer Zeit). Kaum ist der New Yorker Handel beendet, startet er schon wieder in Tokio (1.00 Uhr bis 7.00 Uhr unserer Zeit).

▸ Regionalbörsen in Deutschland

In Deutschland gibt es acht Wertpapierbörsen, eine Warenterminbörse, eine Wertpapierter-

Die größten Börsenplätze

Weltweit gibt es rund 60 bedeutende Börsen. Die Top Ten bilden die folgenden Börsen:

Ort	Land	Börse	Marktkapitalisierung in Mrd. US-$
New York	USA	NYSE	20679
New York	USA	Nasdaq	9757
Tokio	Japan	Tokyo Stock Exchange	5297
Shanghai	China	Shanghai Stock Exchange	3919
Hong Kong	China	Hong Kong Stock Exchange	3819
Paris, Amsterdam, Brüssel, Lissabon	Niederlande (Sitz)	Euronext	3730
London	Großbritannien	London Stock Exchange	3638
Shenzhen	China	Shenzhen Stock Exchange	2405
Bombay	Indien	Bombay Stock Exchange	2083
Bombay	Indien	National Stock Exchange of India	2056

Quelle: Statista; **Stand:** Dezember 2018

minbörse und eine Devisenbörse. Die größte und wichtigste ist die Frankfurter Wertpapierbörse mit ihren Handelsplätzen Börse Frankfurt und Xetra. Außerdem gibt es noch Regionalbörsen. Die nach Frankfurt zweitgrößte ist die Börse Stuttgart, die speziell im Anleihen-Handel stark ist. Eine bedeutende Stellung im Handel von Investmentfonds hat auch die Börse Hamburg, die von der Börsen AG gemeinsam mit der Börse Hannover betrieben wird. Weitere Regionalbörsen finden sich in Berlin, Düsseldorf, München. Die Tradegate Exchange in Berlin und die European Energy Exchange in Leipzig sind zwar auch (spezialisierte) Wertpapierbörsen, sie werden aber nicht als Regionalbörsen bezeichnet.

▸ Parketthandel ist bald Vergangenheit

Auch wenn Börsensendungen im Fernsehen gerne aus den Börsensälen übertragen werden, wo früher die Händler und Börsenmakler auf dem „Börsenparkett" untereinander schreiend und wild gestikulierend gehandelt haben, sind die meisten Börsen der Welt heute keine sogenannten Präsenz- oder Parkettbörsen mehr, sondern moderne Computerbörsen. Computerprogramme übernehmen die Berechnung der Preise der Wertpapiere und wickeln den Handel ab.

Wertpapiere, die in Papierform den Besitzer wechseln, gibt es kaum noch.

Ein solches System ist zum Beispiel das elektronische Xetra-System der Deutschen Börse AG, über das über 90 Prozent des gesamten Aktienhandels an deutschen Börsen abgewickelt werden. Den „klassischen" Parketthandel, bei dem sich die Händler Preise zuriefen, hat die Deutsche Börse in Frankfurt am Main vor eini-

Tages-Chart am Beispiel einer BMW-Aktie über 5 Jahre

Ein Kurs-Chart zeigt grafisch die Preisveränderung eines Wertpapiers (hier: BMW-Aktie) über einen bestimmten Zeitraum.

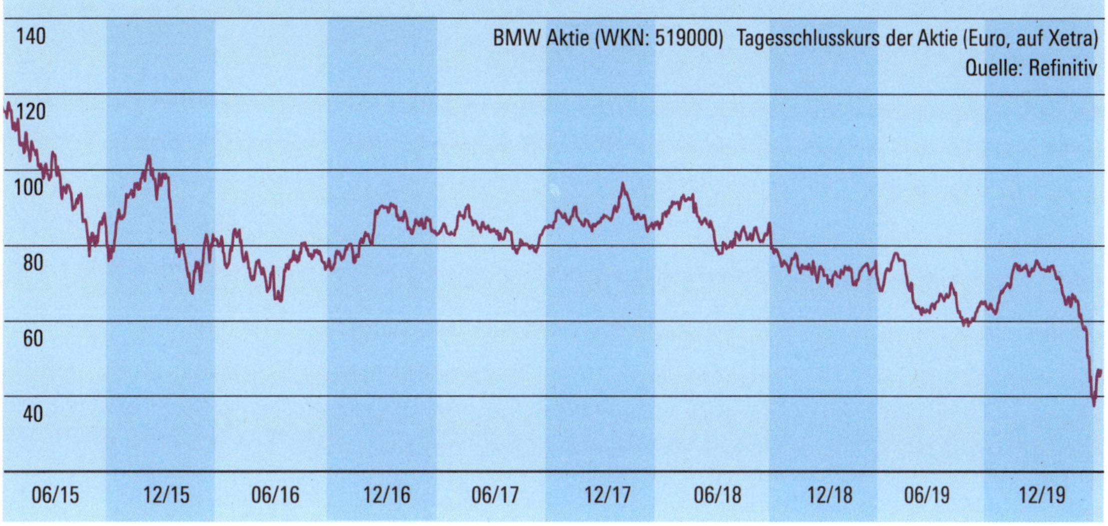

gen Jahren eingestellt. Aktien, Anleihen, Fonds und andere Anlagen werden dort aber weiter im Parketthandel über Spezialisten gehandelt. Daneben gibt es in Deutschland weitere Parketthandelsplätze an den Regionalbörsen.

Weder im Computer- noch im Präsenzhandel werden heute an einer Wertpapierbörse physische Waren ausgetauscht. Wertpapiere in Papierform, die den Besitzer wechseln, gibt es kaum noch. Die Papiere werden vielmehr virtuell ausgetauscht, indem sie aus dem Depot des Verkäufers aus- und in das des Käufers eingebucht werden. Der Kaufpreis wird vom Käuferkonto abgebucht und dem Verkäuferkonto gutgeschrieben.

Angebot und Nachfrage bestimmen den Preis

Der Kaufpreis an der Börse wird nach dem Prinzip von Angebot und Nachfrage ermittelt. Je höher die Nachfrage nach einem Wertpapier ist, umso höher steigt sein Preis. Angebot und Nachfrage können sich mitunter im Sekundentakt ändern. Aufgabe der Börsenmakler und elektronischen Handelssysteme ist es, aus den verschiedenen Preisvorstellungen den Preis zu ermitteln, zu dem ein größtmöglicher Umsatz zustande kommt, also die größtmögliche Anzahl an Kauf- und Verkaufsaufträgen erfüllt werden kann. Den Preis, zu dem ein Wertpapier an der Börse gehandelt wird, nennt man auch „Kurs“ oder „Börsenkurs“.

Trägt man in einem Koordinatensystem auf der y-Achse den Preis des Wertpapiers und auf der x-Achse den Zeitverlauf ein, erhält man den Kurs-Chart eines Wertpapiers. Aus diesem kann man erkennen, wie sich sein Preis in einem bestimmten Zeitablauf verändert hat.

Indizes schaffen Vergleichbarkeit

Weltweit gibt es Millionen von Wertpapieren. Wollen Anleger einen allgemeinen Marktüberblick über unterschiedliche Wertpapierbereiche und die Stimmung an den Märkten erhalten, können ihnen Indizes dabei helfen. Diese zeigen die Entwicklung einer bestimmten Anzahl von Wertpapieren über einen bestimmten Zeitraum an und können Indikator für einen Gesamt- oder Teilmarkt, eine Branche oder Region sein.

Die Grundidee eines Index ist einfach: Eine bestimmte Anzahl von Aktien oder Anleihen wird zu einem Korb zusammengefasst, die Einzelkurse werden addiert und durch die Anzahl der enthaltenen Wertpapiere geteilt. Man erhält dann einen Durchschnittskurs des Wertpapierkorbes. Dieser Kurs wird als Indexstand bezeichnet. Er ändert sich entsprechend den Kursänderungen der enthaltenen Einzelwerte ständig.

Damit ein Index ein einigermaßen realistisches Bild der Markttendenz geben kann, muss er auch die unterschiedliche Bedeutung der einzelnen Indexmitglieder widerspiegeln. Die Unternehmen an der Börse haben ein unterschiedlich großes Gewicht. In einem Aktienindex, der sowohl milliardenschwere Großkonzerne als auch kleine Unternehmen enthält, werden daher die Anteile der einzelnen Unternehmen am Index unterschiedlich gewichtet. Kriterien sind bei Aktien unter anderem der Börsenwert des Unternehmens oder die Zahl der durchschnittlich pro Tag gehandelten Anteile. Bei Anleihen-Indizes ist häufig die Höhe des Emissionsvolumens ein Ordnungsmerkmal.

Indizes lassen sich fast für jede Anlageklasse bilden. Neben Wertpapierindizes auf Aktien und Anleihen gibt es Indizes bei Immobilien und Rohstoffen. Innerhalb der einzelnen Klassen lassen sich nahezu beliebige Unterklassen bilden.

Aktienindizes werden beispielsweise nach folgenden Kriterien gebildet:

- **Regionen:** wie Afrika, Asien, Emerging Markets, Europa, Eurozone, Latein-, Nordamerika, Welt
- **Länder:** wie Brasilien, China, Deutschland, Griechenland, Japan, Russland, USA
- **Sektoren:** wie Autos, Banken, Chemie, Gesundheit, Industrie, Technologie, Versorger
- **Strategien:** wie Dividenden, Nachhaltigkeit

Anleihen-Indizes gibt es unter anderem für

- Geldmarktpapiere
- Pfandbriefe
- Staatsanleihen
- Unternehmensanleihen

Rohstoffindizes fassen einzelne Rohstoffsegmente wie Agrargüter, Energierohstoffe, Industrie- und Edelmetalle zusammen.

Was sollten Sie bei der Steuer beachten?

Natürlich will auch das Finanzamt etwas von Ihren Anlageerfolgen abhaben. Bei Kapitaleinkünften greift es mit der Abgeltungsteuer direkt an der „Quelle" Ihrer Erträge zu.

Seit 2009 macht das Finanzamt keinen Unterschied mehr: Sowohl für Zinsen als auch für Dividenden und Gewinne aus dem Verkauf von Wertpapieren gilt die Abgeltungsteuer von 25 Prozent plus Solidaritätszuschlag und gegebenenfalls Kirchensteuer. Wie der Name Abgeltungsteuer bereits andeutet, handelt es sich hierbei um eine Quellensteuer, bei der der Steuerabzug an der Quelle der Einkünfte – der auszahlenden Bank – vorgenommen wird. Das macht eine gesonderte Steuerveranlagung überflüssig, da die Steuer durch den Vorwegabzug bereits abgegolten ist.

Bei diesen Abzügen bleibt es selbst dann, wenn Anleger insgesamt so viel Einkommen versteuern müssen, dass ihr persönlicher Steuersatz über 25 Prozent liegt. Ist ihr persönlicher Steuersatz niedriger, müssen sie dagegen nur den niedrigeren Satz für ihre Kapitaleinkünfte zahlen. Um in den Genuss des niedrigeren Steuersatzes zu kommen, müssen sie ihre Erträge allerdings über die Steuererklärung mit dem Finanzamt abrechnen.

Steuerfreie Kapitalerträge

Kapitalerträge sind nicht ab dem ersten Euro steuerpflichtig. Sie können jedes Jahr Kapitalerträge bis zur Höhe des Sparerpauschbetrages von 801 Euro (Ehepaare 1602 Euro) von der Abgeltungsteuer freistellen lassen. Dazu müssen Sie Ihrer Bank einen Freistellungsauftrag erteilen. Sie können den Freibetrag auch auf verschiedene Kreditinstitute aufteilen. Vermeiden sollten Sie jedoch, dass Sie mehr verteilen als die 801 Euro (1602 Euro), die Ihnen über den Pauschbetrag gewährt werden – denn das Finanzamt kontrolliert die Summe der über alle Banken erteilten Freistellungsaufträge. Der Freistellungsauftrag bei einer Bank gilt für sämtliche Erträge aus Geld- und Wertpapiergeschäften dort, also zum Beispiel für Zinsen des Tagesgeldkontos und Dividenden und Veräußerungsgewinne auf Wertpapiere.

Darüber hinaus gibt es einen Bestandsschutz für Kursgewinne bei Wertpapieren, die vor 2009 gekauft wurden: Bei einem Verkauf realisierte Kursgewinne von vor 2009 gekauften Aktien oder Anleihen bleiben steuerfrei. Eine Ausnahme sind Fonds. Hier haben sich die Regeln mit der Investmentsteuerreform ab 2018 geändert. Gewinne aus Verkäufen von Fonds, die vor 2009 gekauft wurden, waren nur bis Ende 2017 steuerfrei. Seit 2018 bleibt Anlegern aber ein Freibetrag von insgesamt 100 000 Euro auf ihre Gewinne aus diesen Altbeständen. Für Wertsteigerungen, die ein solcher Uralt-Fonds ab 2018 erzielt hat und die bei Verkauf realisiert werden, zahlen Anleger trotzdem erst dann Steuern, wenn ihr 100 000-Euro-Freibetrag verbraucht ist.

So berechnet sich die Abgeltungsteuer

Zu den Kapitalerträgen, die unter die Abgeltungsteuer fallen, zählen neben Zinsen, Dividenden und Verkaufsgewinnen zum Beispiel auch Währungsgewinne aus Anleihen oder Mieteinnahmen aus offenen Immobilienfonds. Auch ausländische Kapitalerträge (zum Beispiel Dividenden einer ausländischen Aktiengesellschaft) eines in Deutschland ansässigen Anlegers unterliegen dem Steuerabzug, wenn die Bank des Anlegers, die diese Kapital-

Gut zu wissen

NV-Bescheinigung erspart Steuerveranlagung. Haben Sie hohe Zinsen und andere Kapitalerträge, aber ein geringes Gesamteinkommen, weil vielleicht Ihre Rente gering ist, können Sie sich von der Bank steuerfrei viel mehr auszahlen lassen, als es der Sparerpauschbetrag erlaubt. Wenn nämlich Ihr gesamtes Einkommen so niedrig ist, dass Sie keine Steuern zahlen müssen, können Sie beim Finanzamt eine Nichtveranlagungsbescheinigung (NV-Bescheinigung) beantragen und diese Ihrer Bank vorlegen. Die Bank führt dann keine Abgeltungsteuer mehr ab. Auch Schüler und Studenten können das oft nutzen. Antragsformulare für eine NV-Bescheinigung gibt es beim Finanzamt oder online unter www.formulare-bfinv.de.

erträge auszahlt, ihren Sitz in Deutschland hat. Wurde im Ausland bereits eine ausländische Steuer erhoben, kann diese häufig auf die Abgeltungsteuer angerechnet werden.

Auch für ausländische thesaurierende Fonds wird seit 2018 ein Quellenabzug vorgenommen. Thesaurierend heißt, dass diese Fonds die Erträge wie Zinsen oder Dividenden nicht ausschütten, sondern dem Fondsvermögen zuschlagen. Laufende Erträge aus einem ausländischen thesaurierenden Fonds unterlagen bis Ende 2017 nicht dem Quellensteuerabzug, sondern mussten nachträglich in der Steuererklärung angegeben werden. Das galt selbst dann, wenn die Fondsanteile in einem inländischen Depot verwahrt wurden. Auch das hat sich mit der Investmentsteuerreform geändert. 2018 wurde für thesaurierende Fonds eine sogenannte Vorabpauschale eingeführt, die die Depotbank automatisch abzieht.

Beispiel: Ein alleinstehender Anleger hat 100 000 Euro in eine Anleihe investiert und erhält daraus eine Zinszahlung von 3 Prozent. Er ist bereits vor Jahren aus der Kirche ausgetreten, zahlt also keine Kirchensteuer. Seiner Bank, bei der die Anleihe im Depot liegt, hat er einen Freistellungsauftrag über 801 Euro erteilt.

So berechnet die Bank die Abgeltungsteuer:

Zinsen	3 000,00 €
– Sparer-Pauschbetrag	801,00 €
Steuerpflichtige Kapitalerträge	**2 199,00 €**
Abgeltungsteuer (25 % von 2 199 Euro)	549,75 €
Solidaritätszuschlag (5,5 % von 549,75 Euro)	30,24 €

Das bleibt dem Anleger von seinen Kapitaleinkünften nach Steuern:

Zinsen	3 000,00 €
– Abgeltungsteuer	– 549,75 €
– Solidaritätszuschlag	– 30,24 €
Kapitaleinkünfte netto	**2 420,01 €**

So verrechnen Sie Verluste bei mehreren Banken

Wenn Sie bei einer Bank mit Wertpapieren Verluste und Gewinne erzielen, verrechnet diese sie grundsätzlich miteinander. Bei Verlusten mit Einzelaktien besteht jedoch eine Besonderheit: Sie können nur mit Gewinnen aus Aktiengeschäften, nicht jedoch zum Beispiel mit Gewinnen aus Fonds verrechnet werden. Dazu führt die Bank einen Verlusttopf „Aktien“ und einen Verlusttopf „Sonstige“.

Haben Sie Depots bei verschiedenen Banken und möchten Verluste mit Wertpapieren bei einer Bank mit Gewinnen bei einer anderen Bank verrechnen, geht das nur im Rahmen Ihrer Einkommensteuererklärung. Denn Banken verrechnen Ihre Gewinne und Verluste nicht untereinander. Das Finanzamt legt bei der Steuerveranlagung dann die Differenz zugrunde und erstattet oder verrechnet zu viel gezahlte Abgeltungsteuer bei der Einkommensteuerberechnung. Je nach Depothöhe und

Anlageerfolg beziehungsweise -misserfolg können das mehrere Tausend Euro Abgeltungsteuer sein, die Sie so in einem Jahr sparen können.

Um Verluste im Rahmen der Einkommensteuererklärung geltend machen zu können, benötigen Sie eine sogenannte Verlustbescheinigung der Bank, bei der die Verluste entstanden sind. Den Antrag auf eine Verlustbescheinigung müssen Sie bis zum 15. Dezember des laufenden Jahres bei der jeweiligen Bank stellen. Den Antrag können Sie nicht widerrufen, wenn er einmal gestellt ist. Die Bank setzt dann den bei ihr geführten Verlusttopf auf null zurück, damit es nicht zu einer doppelten Verlustverrechnung auf Bankseite kommt. Ohne Antrag würde die Bank einen verbleibenden Verlust ins Folgejahr übertragen und mit Gewinnen, die bei ihr anfallen, verrechnen.

Verlustverrechnung online einsehen

Viele Banken bieten Ihnen online die Möglichkeit, den Stand der Verlustverrechnungstöpfe einzusehen (meist unter dem Unterpunkt „Steuern"). Prüfen Sie, ob bei einer Bank Verluste aufgelaufen sind, die noch nicht verrechnet wurden.

Manchmal ist dennoch eine Steuererklärung erforderlich

Wenn Sie vergessen haben, Kapitalerträge mithilfe des Freistellungsauftrages vom Steuerabzug freizustellen, erleiden Sie übrigens keinen Schaden. Über die Steuererklärung können Sie zu viel gezahlte Steuern zurückholen. Sie haben durch den Freistellungsauftrag lediglich einen Liquiditätsvorteil, weil Ihr Geld nicht erst ans Finanzamt geht. Sie erhalten Ihr Geld also schneller. Bei Sparern, die insgesamt den Pauschbetrag von 801 Euro beziehungsweise 1602 Euro nicht überschreiten, ist die Vergabe von Freistellungsaufträgen aber in jedem Fall sinnvoll, denn sie ersparen sich so das Ausfüllen der Anlage KAP der Steuererklärung.

Es kann sein, dass Anleger ihre gesamte gezahlte Abgeltungsteuer mit der Anlage KAP der Steuererklärung zurückholen können, weil sie insgesamt ein so niedriges Einkommen haben, dass sie für ihre Kapitaleinkünfte gar keine Steuern zahlen müssen. Darauf sollten zum Beispiel Rentner achten und mit der Einkommensteuererklärung die Günstigerprüfung beantragen.

Weitere Einzelheiten zur Besteuerung von Fonds siehe „Besonderheiten bei der Steuer", S. 206.

Der Freibetrag von 100 000 Euro, der Ihnen bei ab 2018 erzielten Veräußerungsgewinnen von vor 2009 gekauften Fonds zusteht, wird von Ihrer depotführenden Bank beim Abgeltungsteuerabzug nicht berücksichtigt. Sie müssen den Freibetrag in der Veranlagung geltend machen.

Die Anlage KAP ist auch für manche Pflicht: zum Beispiel für alle, die noch Kirchensteuer für ihre Kapitaleinkünfte schulden oder ausländische Kapitalerträge versteuern müssen. Letzteres betrifft zum Beispiel Fondsanleger mit einer Depotführung bei einem ausländischen Kreditinstitut.

Solidaritätszuschlag wird abgeschafft

Ab dem 1. Januar 2021 soll der Solidaritätszuschlag nach einem Beschluss der Regierungskoalition für fast alle Steuerzahler abgeschafft werden. Auf sehr hohe Einkommen (96 409 Euro für Alleinstehende und 192 818 Euro für Verheiratete) ist der Solidaritätszuschlag von 5,5 Prozent weiterhin zu entrichten. Für Kapitalanleger soll jedoch nach der derzeitigen Planung der Soli weiter in voller Höhe unabhängig von der Höhe der Kapitaleinkünfte erhoben werden. Haben sie ihren Sparerpauschbetrag von 801 Euro (1602 Euro bei Ehegatten) ausgeschöpft, zieht die Bank weiterhin 25 Prozent Abgeltungsteuer sowie 5,5 Prozent Solidaritätszuschlag darauf ab.

Zinsanlagen

Sparangebote der Banken und Sparkassen

Wenn Sie Geldanlagen ohne Kursschwankungen, aber mit festen Zinserträgen suchen, sind die Produkte der Banken und Sparkassen eine gute Option. Mit etwas Know-how können Sie noch sichere Anlagen finden, mit denen Sie trotz Niedrigzinsen der an Ihrem Vermögen nagenden Inflation ein Schnippchen schlagen.

Die Deutschen lieben Zinsanlagen

Untersuchungen zeigen immer wieder, dass hierzulande das meiste Geld in den Sparangeboten bei Banken und Sparkassen sowie in Lebensversicherungen angelegt ist.

Nach wie vor sind Zinsanlagen bei Banken und Sparkassen der Deutschen liebste Anlageform. Aktien und andere Wertpapiere liegen als Anlageklasse weit abgeschlagen dahinter. Grund für diese Vorliebe ist vermutlich das Bedürfnis der Sparer, ihr Geld vor allem sicher, im Sinne von „ohne Wertschwankungen", anzulegen. Denn jeder kennt im Zweifel jemanden, der jemanden kennt, der mit Aktien Geld verloren hat. Ein weiterer Grund dürfte sein, dass Zinsanlagen, die nicht an der Börse gehandelt werden, relativ wenige Vorkenntnisse erfordern und auch in Gelddingen Unerfahrene mit dieser Sparform leicht zurechtkommen.

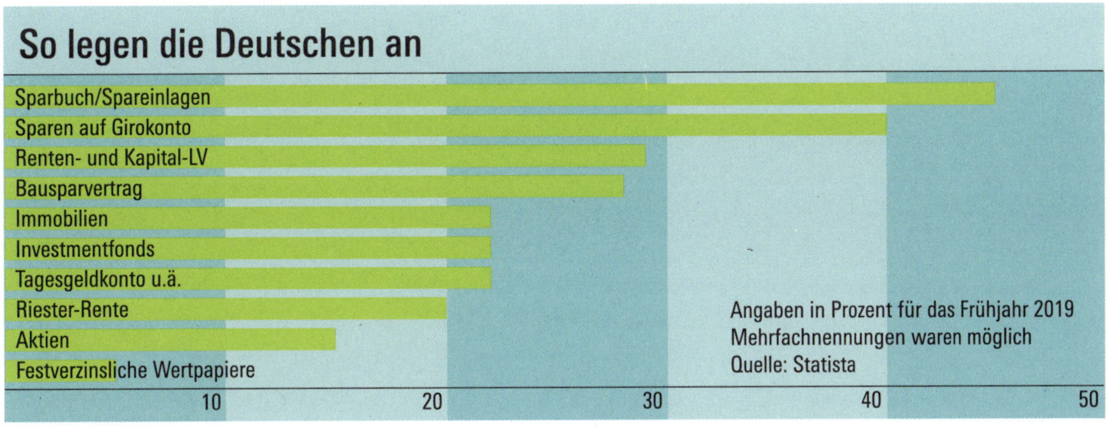

Auch Zinsanlagen erfordern Grundwissen

Ob Sparangebote der Banken und Sparkassen oder börsengehandelte festverzinsliche Wertpapiere: Zinsanlagen sind eine Möglichkeit, sein Geld sicher und unkompliziert anzulegen. Die Funktionsweise der meisten Zinsanlagen ist einfach und älter als das Geld selbst: Ein Anleger leiht sein Geld als Darlehen (in Form eines Einmalbetrages oder regelmäßiger Sparbeträge) einer anderen Person, einem Unternehmen oder einer Institution für eine bestimmte oder unbestimmte Zeit. Dafür erhält er vom Empfänger des Darlehens ein Entgelt, nämlich den vorher vereinbarten Zins. Der Darlehensnehmer kann nun mit dem Geld arbeiten. Ein Unternehmen kann beispielsweise in neue Anlagen investieren, eine Bank kann das Geld zu einem höheren Zins an andere Unternehmen und Privatpersonen verleihen. Der Anleger als Darlehensgeber kann nach Ablauf der vereinbarten Zeit oder nach der Kündigung des „Darlehens" sein Geld vom Darlehensnehmer zurückverlangen. Sofern der Darlehensnehmer zahlungsfähig ist, erhält er dann sein Geld zurück.

Der Vorteil für die Kunden ist bei dieser Art von Anlage, dass sie genau bestimmen können, wann sie ihr eingesetztes Kapital zurückbekommen und mit welcher Rendite sie rechnen können. Anders als beispielsweise bei Aktien, deren Ertrag wesentlich von ihrer nicht vorhersehbaren Wertentwicklung abhängt, stehen bei vielen Zinsanlagen die Zinserträge und der Rückzahlungsbetrag zum Laufzeitende von vornherein fest. Aus diesem Grund gelten Zinsanlagen als sichere Anlage. Werden die Zinserträge zwischenzeitlich nicht ausgezahlt, profitieren Anleger überdies üblicherweise vom Zinseszinseffekt.

Wie bei allen Geldanlagen ist es wichtig, die Funktionsweise einzelner Zinsanlagen zu verstehen, um das für Sie passende und beste Produkt auswählen zu können. Viele Menschen besitzen aber noch nicht einmal das finanzielle Grundwissen zum Thema Zinsanlagen, wie die Ratingagentur Standard & Poor's im Jahr 2015 mit einem einfachen Test ermittelt hat.

Bei diesem Test, den in Deutschland nur 66 Prozent der Befragten bestanden haben, waren fünf einfache Fragen zu beantworten. Eine Frage lautete: „Stelle Dir vor, Du hast 100 Euro auf Deinem Konto und die Bank fügt jedes Jahr 10 Prozent hinzu. Wie viel Geld besitzt Du dann nach fünf Jahren auf dem Konto, wenn Du in der Zwischenzeit nichts abhebst – 150 Euro, mehr als 150 Euro oder weniger als 150 Euro?" Die Antwort lautet „Mehr als 150 Euro". Da die Bank bereits nach dem ersten Jahr 10 Prozent zu den angelegten Zinsen als Zinsertrag hinzufügt, liegt im zweiten Jahr eine höhere Summe auf dem Konto, die sich dann wiederum mit 10

Was ist Inflation?

Wie Inflation Ihr Vermögen vernichten kann, sehen Sie in der nachfolgenden Tabelle. Sie sehen, wie sich die Kaufkraft von heute 1 000 Euro bei unterschiedlichen Inflationsraten über die Jahre entwickelt.

Jahr	1,0 %	2,0 %	3,0 %	4,0 %
0	1 000 €	1 000 €	1 000 €	1 000 €
1	990 €	980 €	971 €	962 €
2	980 €	961 €	943 €	925 €
3	970 €	942 €	915 €	889 €
4	961 €	924 €	888 €	855 €
5	951 €	906 €	863 €	822 €
6	942 €	888 €	837 €	790 €
7	933 €	871 €	813 €	760 €
8	923 €	853 €	789 €	731 €
9	914 €	837 €	766 €	703 €
10	905 €	820 €	744 €	676 €
15	861 €	743 €	642 €	555 €
20	820 €	673 €	554 €	456 €
25	780 €	610 €	478 €	375 €
30	742 €	552 €	412 €	308 €
35	706 €	500 €	355 €	253 €

Quelle: Eigene Berechnungen

Prozent verzinst. Der Anleger erhält am Ende rund 161 Euro ausgezahlt. Sicher hatten Sie die Lösung parat.

Es gibt noch einen Punkt, den Sie immer im Hinterkopf behalten sollten: Zinsanlagen sind nur „nominalwertsicher". Das bedeutet, Sie bekommen am Ende der Laufzeit zwar immer den einbezahlten nominellen Geldwert zurück. Ob Sie sich mit diesem Betrag aber noch so viel leisten können wie zu dem Zeitpunkt, als Sie das Geld angelegt haben, ist nicht sicher. Verantwortlich dafür ist die Inflation. Je höher diese ausfällt, umso teurer wird die allgemeine Lebenshaltung. Ist die Inflationsrate höher als der Zins, den Sie für Ihr angelegtes Geld bekommen haben, verlieren Sie letztlich Geldwert, obwohl Sie in eine vermeintlich sichere, also schwankungsarme Anlage investiert haben.

Offensichtlich hatten einige Deutsche auch bei einer entsprechenden Frage des Tests von Standard & Poor's Probleme: „Stelle Dir vor, die Preise für alle Waren verdoppeln sich in den kommenden zehn Jahren. Dein Einkommen verdoppelt sich auch. Kannst Du Dir dann in den nächsten zehn Jahren mehr leisten als heute, genauso viel oder weniger?" Die richtige Antwort ist „Genauso viel". Auf Zinsanlagen übertragen bedeutet das, dass Sie sich von der Rückzahlung einer Zinsanlage, bei der Sie für fünf Jahre 10 000 Euro zu 1 Prozent angelegt haben, also von 10 510,10 Euro, noch genauso viel leisten können wie vor fünf Jahren, wenn die Inflationsrate in dieser Zeit 1 Prozent betrug. Lag die Inflation allerdings bei 2 Prozent, benötigen Sie nun 11 040,81 Euro, um die gleichen Güter zu kaufen, und hätten also

Tagesgeldzinsen und Inflation

Die rote Linie zeigt die Verzinsung von Tagesgeldkonten mit guten Konditionen. Meist gelang es den Tagesgeldkonten trotz niedriger Zinsen, die Inflation zu schlagen, aktuell jedoch nicht.

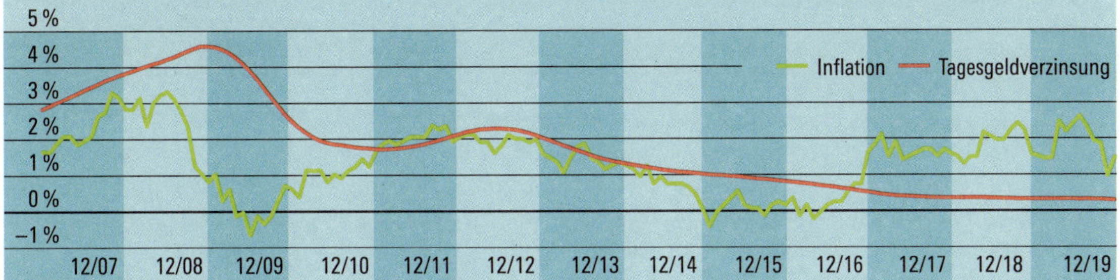

Quelle: Eigene Erhebung; Statistisches Bundesamt. Stand: 31. Dezember 2019

letztlich Vermögen verloren. Außerdem sind hier Steuern noch nicht berücksichtigt.

Das Statistische Bundesamt ermittelt die Inflationsrate in Deutschland anhand der Preisentwicklung eines repräsentativen Warenkorbes, der viele verschiedene Güter und Dienstleistungen umfasst. Da nicht jeder Verbraucher im gleichen Umfang Waren kauft oder Dienste in Anspruch nimmt, wie sie in diesem Korb gewichtet sind, weicht die individuelle Inflationsrate jedes Menschen natürlich von der statistischen ab. Steigen beispielsweise Mieten in einem Jahr besonders, trifft dies Mieter mehr als Eigenheimbesitzer. Aber auch wenn die offizielle Inflationsrate nur ein Durchschnittswert ist, müssen Sie – vor allem im Hinblick auf Ihre Altersvorsorge – bei Geldanlagen die Inflation im Hinterkopf haben.

*Beispiel: Hätten Sie 1 000 Euro zur Verfügung, könnten Sie sich bei einer angenommenen Inflation von jährlich 2 Prozent in 10 Jahren davon nur noch Güter leisten, die heute 820 Euro wert wären. In 35 Jahren wäre Ihr Geld nur noch die Hälfte – also 500 Euro – wert **(siehe Tabelle „Was ist Inflation?“).***

Nach der Finanzkrise im Jahr 2008 haben die Notenbanken weltweit die Märkte mit Geld geflutet und das allgemeine Zinsniveau heruntergeschraubt. Die Folge: Eine Zinssituation, wie wir sie derzeit fast weltweit vorfinden, hat es in der Vergangenheit noch nicht gegeben. Die Rendite von Bundesanleihen mit zehn Jahren Restlaufzeit war jahrzehntelang höher als die Inflationsrate. Die Differenz der beiden Raten betrug teilweise 5 bis 6 Prozentpunkte. Im Jahr 2011 kippte diese Differenz, der sogenannte Realzins, erstmals ins Negative. Derzeit ist die Inflation höher als die durchschnittliche Tagesgeldverzinsung, wie die Grafik „Tagesgeldzinsen und Inflation“ zeigt. Das allgemeine Zinsniveau wird zumindest in Europa voraussichtlich noch einige Zeit niedrig bleiben.

Manche Banken und Sparkassen erheben ab bestimmten Beträgen bereits Minuszinsen für bei ihnen angelegtes Geld. Sie müssen daher schon suchen und genau hinschauen, wenn Sie noch ordentliche Zinsanlagen finden wollen, deren Rendite möglichst nah an das Inflationsniveau herankommt. Zinsanlagen sind aber gut planbar und weisen nur geringe Schwankungen auf. Deshalb gehören sie zu den Basisanlagen – für jeden Anleger.

Das Sparbuch – der Klassiker

Trotz Minizinsen ist das Sparbuch gemessen an seiner Verbreitung noch immer die beliebteste Form der Geldanlage der Deutschen.

Über 40 Prozent der Bundesbürger besitzen ein Sparbuch oder Spareinlagen, 22 Prozent ein Tagesgeldkonto, so eine Erhebung des Verbands der Privaten Bausparkassen aus dem Jahr 2019. Für viele ist es sogar immer noch eine der Hauptsparanlagen.

Ein Sparbuch ist anders als das Girokonto nicht für den Zahlungsverkehr bestimmt. Es weist grundsätzlich eine Kündigungsfrist von mindestens drei Monaten auf. Kreditinstitute können ihren Kunden aber gestatten, bis zu einem Betrag von 2000 Euro je Kalendermonat über ihr Sparguthaben zu verfügen. Hebt der Sparer höhere Beträge ab und hält er die Kündigungsfrist nicht ein, kann die Bank Vorschusszinsen berechnen. Diesen „Strafzins" darf sie allerdings nicht höher ansetzen als ein Viertel des zuletzt gezahlten Habenzinses – und das auch nur für die Dauer der nicht eingehaltenen Kündigungsfrist, also maximal für drei Monate.

Im Sparbuch werden alle Zins-Gutschriften, Ein- und Auszahlungen sowie der Kontostand vermerkt. Es ist ein „qualifiziertes Legitimationspapier" im Sinne des BGB. Im Klartext heißt das: Sie sollten gut darauf aufpassen. Denn die Bank darf an jeden, der es vorlegt, Geld auszahlen, auch wenn im Sparbuch Ihr Name vermerkt ist. Sie darf es nur dann nicht, wenn Beträge vor Ablauf der Kündigungsfrist abgehoben werden sollen oder wenn ein Sperrvermerk eingetragen ist. Ein Beispiel für einen solchen Sperrvermerk wäre, dass der Sparer noch unter 18 ist und das Geld erst ausbezahlt werden darf, wenn er volljährig ist. In diesen Fällen muss die Bank die Identität der Person prüfen, die das Sparbuch vorlegt.

SPARBUCH

Geeignet für Kinder und Jugendliche. Sie können damit erstmalig den Umgang mit Banken und dem Thema Sparen lernen.

PRO

Die Eröffnung eines Sparbuchs ist einfach, es entstehen keine Eröffnungs- oder Verwaltungskosten. Die Anlage auf dem Sparbuch ist über die Einlagensicherung geschützt.

CONTRA

Banken und Sparkassen zahlen nahezu keine Zinsen auf Sparbücher. Kostenfrei können Sie nur bis 2000 Euro pro Monat abheben oder müssen eine dreimonatige Kündigungsfrist einhalten.

SparCard und Online-Sparbuch statt echtem Buch

Seit einigen Jahren haben Banken und Sparkassen bei Neuabschlüssen die klassischen Sparbücher durch Online-Sparkonten mit oder ohne Sparkarten ersetzt. Mit Sparkarten können Sie wie mit ec- oder Maestro-Karten am Geldautomaten Geldbeträge abheben und Ihren Kontostand abrufen. Meist können Sie Ihr Geld auch auf ein anderes Sparkonto umschichten oder Wertpapiere kaufen. Es ist aber nicht möglich, Geld auf andere Konten als das festgelegte Referenzkonto zu überweisen.

Kaum verzinst, aber mitunter nützlich

Es ist ganz einfach, ein Sparbuch zu eröffnen: Nahezu jede Bank und Sparkasse hat sie im Angebot. Sie müssen lediglich Ihren Personalausweis vorlegen und mindestens einen Euro einzahlen, und schon sind Sie im Besitz eines Sparbuchs. Das kostet Sie ebenso wie die Kontoführung keinen Cent. Die einfache Handhabung und die Kostenfreiheit haben aber ihren Preis. Sparbuch-Sparer erhalten häufig fast keine Zinsen mehr für ihr Erspartes. Nach Abzug der Inflation ist ein Sparbuch als Geldanlage daher ein sicherer Geldvernichter. Ein Tagesgeldkonto bietet in der Regel attraktivere Zinsen bei gleicher Sicherheit und besserer Verfügbarkeit.

Dennoch gibt es zwei Bereiche, in denen Sie das Sparbuch nutzen können: zur Anlage einer Mietkaution und um Ihre Kinder und Enkel an den Umgang mit Geld zu gewöhnen.

- **Für Kinder:** Mit einem Sparkonto können Kinder erste Erfahrungen mit dem Sparen, der Sparkarte und Banken machen. Minderjährige können ein Sparbuch selbst eröffnen und darauf ihr Taschengeld sparen. Wird ihr Vermögen aber größer, sollten auch sie zusammen mit ihren Eltern über andere Geldanlageformen nachdenken.
- **Für Mieter:** Auch für Mieter und Vermieter hat das Sparkonto noch Bedeutung. So hat der Vermieter gemäß Gesetz die ihm überlassene Mietkaution bei einem Kreditinstitut zu dem für Spareinlagen mit dreimonatiger Kündigungsfrist üblichen Zinssatz anzulegen. Mieter und Vermieter können aber auch eine andere Anlageform vereinbaren. Tun sie dies nicht, wird der Vermieter seiner Anlagepflicht mit der Eröffnung eines Mietkautions-Sparkontos gerecht. Die (wenigen) Zinsen aus dieser Anlage stehen dem Mieter zu.

Tagesgeldkonten

Tagesgeldkonten sind flexibel wie ein Girokonto und meist besser verzinst als ein Sparbuch. Sie eignen sich insbesondere, wenn Sie Geld kurzfristig parken möchten, sowie für die Notfallreserve.

Ein Tagesgeldkonto hat keine festgelegte Laufzeit. Es wird als reines Guthabenkonto geführt und ist in der Regel nicht für den allgemeinen Zahlungsverkehr vorgesehen. Der Zinssatz ist nicht für einen bestimmten Zeitraum festgelegt, sondern variabel. Die Bank kann jederzeit entscheiden, dass sie ihn erhöht oder senkt. Dabei orientieren sich die Anbieter von Tagesgeldkonten zum Beispiel am Leitzins der Europäischen Zentralbank. Der variable Zins unterscheidet Tagesgeld insbesondere von Festgeld, bei dem der Zins für eine bestimmte Dauer festgeschrieben ist. Mitunter garantieren Banken aber Neukunden auch bei Tagesgeldkonten einen festen Zinssatz für eine gewisse Zeit oder kündigen im Voraus Zinsänderungen an. Die Gutschrift der Zinsen erfolgt je nach Bank monatlich, quartalsweise oder jährlich.

Durchgesetzt haben sich Tagesgeldkonten mit der Etablierung von Direktbanken im deutschen Bankenwesen. Diese Banken sind für Kunden nur per Internet oder Telefon erreichbar und haben im Gegensatz zu den Filialbanken keine Schalter vor Ort. Sie unterlie-

TAGESGELD

Geeignet für Anleger, die kurzfristig sicher Geld anlegen möchten. Tagesgeld ist eine vergleichsweise rentable Parkposition bis zur Wiederanlage. Hier sollten Sie Ihre Notfallreserve halten. Interessante Angebote finden sich nur bei Direktbanken.

PRO

Ihr Geld ist täglich verfügbar und Sie erhalten meist höhere Zinsen als auf einem Sparbuch. Die Anlage ist über die Einlagensicherung geschützt.

CONTRA

Die Bank kann den Zinssatz im Prinzip täglich ändern. Für die längerfristige Anlage (mit Ausnahme der Notfallreserve) sind Festgeldkonten besser geeignet.

gen aber den gleichen bankenaufsichtsrechtlichen Bestimmungen wie Filialbanken. Oft sind Direktbanken Tochtergesellschaften von Finanzkonzernen. Aber auch einige Autobanken, die sich früher auf die Finanzierung von Neu- und Gebrauchtwagen beschränkt haben, sind in den Markt eingestiegen und bieten Tages- und Festgelder an. Die Direktbanken haben oft eigene Bezeichnungen für ihre Tagesgeldangebote. Sie heißen unter anderem „Direkt“-, „Extra“-, „Geldmarkt“- oder „Abrufkonto“. Direktbanken nutzen Tagesgeldkonten häufig als Lockmittel, um mit besseren Zinssätzen als Filialbanken Kunden zu werben. Da Direktbanken kein Filialnetz unterhalten müssen, sind ihre Verwaltungskosten geringer. Diesen Vorteil können sie in Form höherer Zinsen an ihre Kunden weitergeben.

Sie können über Ihr Guthaben auf einem Tagesgeldkonto täglich frei und unbegrenzt verfügen. Eine Ausnahme bilden Banken, die eine Mindestanlage für Tagesgeldkonten fordern. Meist können Sie das Geld auf dem Tagesgeldkonto nur auf ein von Ihnen festgelegtes Referenzkonto überweisen – in der Regel Ihr Girokonto. Überweisungen auf fremde Konten und Lastschriften sind also nicht möglich.

Bei einigen Direktbanken sind die Tagesgeldkonten mit einer Bankkarte ausgestattet, mit der Sie dann an Geldautomaten über das Guthaben verfügen können.

Nicht alle Banken bieten Tagesgeldkonten auch als Gemeinschaftskonten an, die für Ehepaare oder Lebensgemeinschaften interessant sind. Sie können dort aber natürlich zwei Einzelkonten eröffnen.

Tagesgeld für die Notfallreserve und als Parkposition

Ein Tagesgeldkonto eignet sich hervorragend für die Anlage Ihrer Notfallreserve. Weil Sie an das Guthaben jederzeit herankommen, können Sie teure Dispozinsen auf Ihrem Girokonto vermeiden. In Zeiten höherer Ausgaben buchen Sie einfach Geld vom Tagesgeld- auf das Girokonto um. Denn auch die beste Geldanlage bietet keine höhere Rendite, als Sie in Form von Dispozinsen bei einer Überziehung des Girokontos zahlen müssen.

Aber auch wenn Sie in der glücklichen Lage sind, dass Ihr Girokonto monatlich hohe Guthabenstände aufweist, sollten Sie ein Tagesgeldkonto nutzen. Denn Girokonten bieten in der Regel keine Verzinsung von Guthaben. Überweisen Sie dann lieber regelmäßig den Überhang Ihres Girokontos auf ein besser verzinstes Tagesgeldkonto. Dort können Sie das Geld parken, bis Sie eine bessere langfristigere Anlagemöglichkeit ausgemacht haben.

Banken räumen Ihnen einen Überziehungsrahmen auf dem Girokonto ein, wenn Sie regelmäßige Geldeingänge haben. Derzeit verlangen sie dafür Dispozinsen zwischen rund 4 und 13 Prozent. Im Schnitt zahlen Verbraucher knapp 10 Prozent, also viel mehr, als Sie mit einer sicheren Geldanlage für den Überziehungsbetrag verdienen könnten. Aktuelle Informationen finden Sie unter www.test.de/thema/dispozinsen.

Dauerhaft gute Angebote ersparen häufige Kontowechsel

Einige Banken versuchen zunächst, ihren Marktanteil mit hohen Kampfzinsen beim Tagesgeld zu erhöhen, und fallen wieder ins Zins-Mittelmaß zurück, sobald sie ihr Ziel erreicht haben. Wenn Ihre Bank den Tagesgeld-Zins senkt, können Sie Ihr Konto jederzeit auflösen und das Guthaben zu einem anderen Anbieter übertragen. Wollen Sie sich aber häufiges Wechseln ersparen, sollten Sie für Ihr Tagesgeldkonto Banken ins Auge fassen, die mit einem konstant guten Zinsniveau aufwarten können.

▶ **Finanztest bezeichnet Tagesgeldkonten als „dauerhaft gut", die in den letzten zwei Jahren regelmäßig unter den 20 besten des Dauerzinstestes rangierten. Welche aktuell dazugehören, können Sie in den monatlich erscheinenden Finanztest-Heften oder auf unserer Homepage unter www.test.de/zinsen nachlesen.**

Festgeldkonten

Höhere Zinsen als beim Tagesgeld können Sie bei Festgeldkonten erwarten. Der Preis dafür ist allerdings eine geringere Flexibilität.

Wenn Sie für eine gewisse Zeit auf Ihr Geld verzichten können, bieten sich Festgelder an. Dort können Sie einen höheren Zinsertrag erzielen als mit Sparbüchern und Tagesgeldkonten.

Festgeld gehört zu den sogenannten Termingeldern oder Termineinlagen. Das sind zeitlich befristete Kontenanlagen mit einer Zinsgarantie. Beim Festgeldkonto vereinbaren Sie mit einer Bank eine feste Laufzeit für die Geldanlage. Die meisten Kreditinstitute bieten dafür standardisierte Zeiträume von 30, 60, 90, 180 Tagen oder auch ein bis zehn Jahre. Während der Laufzeit können Sie in der Regel nicht auf den angelegten Sparbetrag zugreifen. Wenn Festgeldanbieter eine vorzeitige Verfügung zulassen, „bestrafen" sie Anleger mit rückwirkend niedrigeren Zinsen oder Gebühren.

Der Mindestanlagebetrag für ein Festgeldkonto unterscheidet sich je nach Anbieter. Meist müssen Sie mindestens zwischen 500 und 5000 Euro mitbringen. Von früheren

FESTGELD

Geeignet für Sparer, die Geld mittelfristig sicher anlegen wollen. Festgelder sind Anlagen ohne Kurs- und Wertschwankungen.

PRO

Die Eröffnung und Verwaltung eines Festgeldkontos ist einfach und kostenfrei. Die Zinssätze liegen grundsätzlich über denen von Sparbüchern und Tagesgeldkonten. Die Anlage ist über die Einlagensicherung geschützt.

CONTRA

Während der Laufzeit können Sie in der Regel nicht über das Geld verfügen.

Siehe Checkliste „So eröffnen Sie ein Konto bei einer Direktbank", S. 66.

DM-Zeiten, in denen Banken Termineinlagen häufig erst ab 50 000 Mark oder mehr anboten, sind wir heute damit weit entfernt. Festgelder sind jetzt auch für normale Privatanleger und nicht nur für besonders vermögende oder institutionelle Kunden interessant.

Üblicherweise gilt bei Festgeldanlagen: Je länger Sie Ihr Geld anlegen, umso höher ist der Zinssatz, den die Bank Ihnen zahlt. Anders als beim Tagesgeld steht beim Festgeld der Zinssatz für die gesamte vereinbarte Laufzeit fest. Auch wenn die Marktzinsen in der Zwischenzeit steigen, können Sie das Geld nicht in eine besser verzinste Anlage umschichten. Im derzeit niedrigen Zinsniveau ist es daher nicht ratsam, sein Geld länger als drei bis fünf Jahre in einem Festgeld zu binden. Überlegen Sie vor dem Abschluss einer Festgeldanlage auch immer, ob Sie genügend Geld haben, über das Sie kurzfristig verfügen können. Denn bei einem finanziellen Engpass können Sie während der Laufzeit nicht auf das Guthaben zugreifen, wenn die Bank nicht mitspielt.

Besser Online-Festgelder wählen

Adäquate Festgeldangebote, also solche, mit denen Sie nach Berücksichtigung der Inflation noch einen gewissen Ertrag erzielen, finden Sie heutzutage nur bei Direktbanken im Internet. Die Festgeldangebote der Filialbanken können mit ihren Onlinekonkurrenten in der Regel nicht mithalten. Die Eröffnung eines Festgeldkontos bei einer Direktbank erfolgt wie die eines Tagesgeldkontos (↗ Checkliste „So eröffnen Sie ein Konto bei einer Direktbank"). Ihre Identität müssen Sie je nach Anbieter mittels PostIdent-, WebIdent- oder VideoIdent-Verfahren belegen.

Aufpassen bei Laufzeitende und Zinszufluss

Bevor Sie sich für ein vermeintlich lukratives Festgeldangebot entscheiden, sollten Sie sich unbedingt schlau machen, ob der Zinszufluss tatsächlich jährlich erfolgt. Es gibt einige Anbieter, die den ausgewiesenen Nominalzins ohne Zinseszins erst am Ende einer mehrjährigen Laufzeit zahlen. Bei dieser Anlage ist der effektive Zins beziehungsweise die Rendite pro Jahr dann niedriger als angegeben. Finanztest hält diese Angebote für unseriös, weil sie dem Kunden eine höhere Ertragskraft vortäuschen, als die Anlage tatsächlich besitzt.

Beachten Sie auch, dass Sie bei manchen Festgeldanbietern rechtzeitig vor Laufzeitende kündigen sollten. Sonst legen diese das Geld nach dem Ende der Laufzeit automatisch wieder neu an – und zwar zu den dann gültigen und möglicherweise schlechteren Konditionen. Die Banken nennen das „Prolongation". Sie kommen dann wieder für längere Zeit nicht an Ihr Geld. Die meisten Banken behandeln fällig gewordene Termineinlagen aber wie Guthaben auf dem Girokonto, sodass Sie wieder frei darüber verfügen können. Dafür gibt es keine oder nur eine geringe Verzinsung, bis eine neue Vereinbarung getroffen wird. Manche Festgeldanbieter fragen bei ihren Kunden auch rechtzeitig an, wie sie mit dem fällig werdenden Geld verfahren sollen. Notieren Sie sich am besten sicherheitshalber immer das jeweilige Ende der Laufzeiten Ihrer Festgeldanlagen und teilen Sie der Bank rechtzeitig mit, was mit der Anlage bei Fälligkeit geschehen soll.

Zinsportale – Nicht nur auf den Zins schauen

Neben Direktbanken, die im Internet Festgelder anbieten, gibt es Internetplattformen, die Sparern gut verzinste Zinsangebote bei ausländischen Banken vermitteln, die sonst nicht für sie erreichbar wären. Dazu müssen die Kunden nur einmal ihre Identität nachweisen und ein Verrechnungskonto bei der deutschen Partnerbank des Portals eröffnen.

Plattformen wie „Weltsparen", „Zinspilot" oder „Savedo" vermitteln überwiegend Zinsangebote ausländischer Banken. Früher waren dies überwiegend Angebote von Auslandsbanken in Ländern mit schwacher Wirtschaftsleistung wie Kroatien, Portugal oder Bulgarien. Mittlerweile umfasst das Angebot aber auch Bankangebote aus weiteren Ländern der EU oder des Europäischen Wirtschaftsraumes. Obwohl seit 2008 in allen EU-Staaten eine gesetzliche ➚ Einlagensicherung bis zur Höhe von 100 000 Euro besteht, sollten Anleger sich gut überlegen, ob sie im jeweiligen Land im Pleitefall der Bank mit einer zeitnahen Entschädigung rechnen könnten. Denn selbst wenn formal der Entschädigungsanspruch des deutschen Sparers besteht, muss die Einlagensicherung des jeweiligen Landes das auch stemmen können. Eine verbindliche gemeinsame europäische Einlagensicherung gibt es bisher nicht. Deutsche Bankenverbände bezweifeln, dass die Sicherungsfonds aller EU-Länder genug Geld aufbringen können, um Sparer rasch zu entschädigen. Können sie das nicht, bleibt Anlegern nur zu hoffen, dass die Regierung des jeweiligen Landes oder die Europäische Union einspringt. Sparer müssten zumindest mit einer Verzögerung bei der Entschädigung rechnen.

Mit der neuen EU-Richtlinie zur Harmonisierung der Einlagensicherungssysteme soll dieses Risiko vermindert werden. Danach müssen die Banken aller EU-Länder bis Ende 2023 einen Betrag in Höhe von 0,8 Prozent der geschützten Einlagen in ihre nationalen Sicherungsfonds einzahlen. Aber auch dann könnte immer noch der Crash einer Bank in kleinen Ländern wie Malta oder Lettland zu Problemen führen.

Die Zinsportale werben auf ihren Internetseiten damit, dass ihre Angebote besonders bequem abgeschlossen und verwaltet werden

Gut zu wissen

Zinseinkünfte sind in dem Jahr zu versteuern, in dem sie zufließen. In der Regel werden Zinsen bei Festgeldern jährlich gezahlt und sind dann auch im Jahr der Zahlung zu versteuern, sofern die Sparer den Sparerpauschbetrag von 801 Euro beziehungsweise 1 602 Euro bei Ehepaaren überschreiten. Es gibt aber auch Festgeldangebote, bei denen die Zinszahlung „gesammelt" am Ende der Laufzeit erfolgt. Hier besteht die Gefahr, dass Sie im Jahr der Auszahlung Ihren Sparerpauschbetrag überschreiten. Alles, was darüber liegt, müssen Sie mit dem Abgeltungsteuersatz von 25 Prozent zuzüglich Solidarzuschlag und gegebenenfalls Kirchensteuer versteuern, während Sie in den Vorjahren hingegen unter Umständen Ihre Freibeträge verschenkt haben. Ab 2021 soll der Solidaritätszuschlag weitestgehend abgeschafft werden.
Finanztest berücksichtigt bei seinen Zinsvergleichen nur mehrjährige Angebote mit steuerlich jährlich zufließenden Zinsen. Sie finden sie unter www.test.de/zinsen.

Mehr dazu siehe „Die europäische Einlagensicherung", S. 60.

Gute und schlechte Geschäfte mit Zinsportalen

Von mehr als der Hälfte aller Anlage-Banken auf Zinsportalen rät Finanztest ab.

Anbieter		Check24 [1]	Deutsche Bank Zinsmarkt	IKB Zinsportal	Savedo	Weltsparen	Zinspilot
Kostenloses Verrechnungskonto bei ...		Sutor Bank	Deutsche Bank (Aktivkonto)	Raisin Bank ▽	FinTech Group Bank▽	MHB Bank ▽	Sutor Bank
Anzahl von Banken für Anlagen in Euro		22	3	3	13	68	25
Davon:	Deutsche Banken	2	2	Keine	2	8	2
	Ausländische Banken, die in die Zinsvergleiche von Finanztest aufgenommen wurden	5	1	2	1	21	5
	Ausländische Banken, von denen Finanztest abrät	15	Keine	1	10	39	18

▽ = Einlagensicherung ist auf 100 000 Euro pro Person begrenzt.
1) Angebot weitgehend identisch mit Zinspilot.

Stand: Januar 2020

können. Doch bei genauerem Hinsehen finden sich bei manchen Angeboten Haken, die Sparern das Leben schwermachen. Wenn Sie Zinsportale nutzen wollen, achten Sie auf diese Haken:

1. Bei vielen Auslandsbanken ohne deutsche Niederlassung wird auf Zinszahlungen eine Quellensteuer erhoben. In Ländern wie Irland oder Tschechien reicht eine Erklärung, um den Steuerabzug zu vermeiden. In Polen, Portugal und Bulgarien kann der Kunde mit einer Bescheinigung seines heimischen Finanzamtes die Quellensteuer reduzieren, aber nicht ganz vermeiden. Er kann sie über die Steuererklärung allenfalls mit anderen Zinseinkünften verrechnen lassen.
2. Einige Banken, die Zinsportale im Programm haben, zahlen keinen Zinseszins für mehrjähriges Festgeld. Das schmälert die Rendite. Legt ein Sparer zum Beispiel bei einer solchen Bank 10 000 Euro für fünf Jahre zu 2,5 Prozent an, bekommt er am Ende der Laufzeit nicht rund 1 314 Euro Zinsen, sondern lediglich 1 250 Euro. Die Rendite beträgt statt 2,5 Prozent nur 2,38 Prozent.
3. Bei einigen Angeboten wird der gesamte Zins für eine mehrjährige Anlage erst zum Laufzeitende in einer Summe ausgezahlt und steuerpflichtig. Sparer laufen damit viel schneller als bei jährlicher Versteuerung Gefahr, den Sparerpauschbetrag von 801 Euro pro Jahr (Alleinstehende) oder von 1 602 Euro (Paare) zu überschreiten. Sie müssen dann rund 26 Prozent Abgeltungsteuer und Solidaritätszuschlag an das Finanzamt abführen. Hätte der Sparer mit dem fünfjährigen Festgeld aus dem Beispiel (siehe Punkt 2) einen Freibetrag von 250 Euro pro Jahr zur Verfügung, würde er ihn vier Jahre lang nicht nutzen. Im fünften Jahr müsste er von den 1 250 Euro Zinsen 1 000 Euro versteuern. Seine Rendite nach Steuern fiele auf 1,9 Prozent.

Nicht nur auf die Zinsen schauen

Nicht jedes Angebot der Zinsportale ist empfehlenswert. Finanztest berücksichtigt in seinen Zinsvergleichen nur Angebote von Banken aus Ländern mit einer Topbewertung internationaler Ratingagenturen. Daher sind dort beispielsweise Zinsangebote von Banken aus Rumänien und Bulgarien nicht vertreten, obwohl diese oft vergleichsweise hohe Zinsen anbieten.

Kündigungsgelder
Neben den Festgeldern als Unterart der Termineinlagen gibt es vereinzelt noch sogenannte Kündigungsgelder, bei denen lediglich die Kündigungsfrist vereinbart wird. Bis zur Kündigung wird die Einlage variabel verzinst. Nach der Kündigung wird der Anlagebetrag bis zum Ablauf der Kündigungsfrist je nach Bank und Vertrag fest mit dem bei Kündigung geltenden Zinssatz verzinst oder es bleibt bei der variablen Verzinsung.

Kombiprodukte aus Tages- und Festgeldkonto
Neben reinen Tagesgeld- und Festgeldkonten gibt es einige Kombiprodukte. Diese fordern meist eine Mindestanlage zwischen 500 und 5 000 Euro. Der Tagesgeldanteil, der 20 oder 50 Prozent beträgt, ist frei verfügbar, trotzdem ist der Zins – anders als bei einem normalen Tagesgeld – garantiert. Die Zinshöhe hängt von der Laufzeit des nicht verfügbaren Festgeldanteils ab. Mit solchen Angeboten haben Anleger die Option, mit dem frei verfügbaren Teil ihres Geldes auf Marktzinserhöhungen zu reagieren und dieses gegebenenfalls umzuschichten.

Sparbriefe

Sparbriefe sind nicht börsengehandelte Wertpapiere, die Banken und Sparkassen herausgeben. Sie sind eine Alternative zu Festgeldern.

Wer höhere Beträge über einen längeren Zeitraum sicher zu einem festen Zinssatz anlegen möchte, hat mit Sparbriefen eine gute Alternative zum Festgeld. Die beiden Anlageformen unterscheiden sich nur wenig. Zwar nehmen Sparbriefe, anders als Festgelder, rein rechtlich eine Zwischenstellung zwischen einer klassischen Kontenanlage und einem festverzinslichen Wertpapier ein. Sie werden aber nicht an der Börse gehandelt, sondern können wie Festgelder täglich direkt von der Bank gekauft werden. Die Laufzeiten der Sparbriefe liegen üblicherweise zwischen einem und zehn Jahren. Sie müssen Sparbriefe am Laufzeitende nicht kündigen. Das Kapital wird dann automatisch fällig und auf das Konto ausbezahlt, das Sie beim Abschluss angeben. Der Erwerb, die Verwahrung und die Einlösung von Sparbriefen sind kostenfrei.

Banken bieten mitunter Sparbriefe mit einer Nachrangabrede an. Solche Sparbriefe bieten zwar leicht höhere Zinsen als „normale" Sparbriefe, unterliegen aber nicht der gesetzlichen Einlagensicherung. Im Falle eines Zahlungsausfalles der Bank werden zuerst andere Gläubiger bedient. Hier müssen Sie auf das Kleingedruckte achten.

Lassen Sie sich nicht verwirren

Manche Banken nennen ihre Festgelder auch Sparbriefe. Sparbriefe hingegen bezeichnen manche Anbieter als Inhaberschuldverschreibungen. Fragen Sie

SPARBRIEFE

Geeignet für Sparer, die einen größeren Betrag mittelfristig sicher anlegen wollen. Sparbriefe sind Anlagen ohne Kurs- und Wertschwankungen.

PRO

Der Erwerb und die Verwaltung eines Sparbriefs sind einfach und kostenfrei. Die Zinssätze liegen grundsätzlich über denen von Sparbüchern und Tagesgeldkonten. Die Anlage ist über die Einlagensicherung geschützt.

CONTRA

Während der Laufzeit können Sie in der Regel nicht über das Geld verfügen.

stets genau nach, was sich hinter der angebotenen Anlage verbirgt.

Es gibt drei verschiedene Varianten von Sparbriefen:

1. Sparbriefe mit jährlicher Zinszahlung schütten die Zinsen meist nach Ablauf eines Laufzeitjahres an den Kunden aus. Selten sind Angebote, bei denen die Zinsen zu diesem Termin dem Kapital zugeschlagen und wiederangelegt werden.
2. Aufgezinste Sparbriefe werden zum Nennwert herausgegeben, sammeln die Zinsen über mehrere Jahre an und zahlen sie am Ende der Laufzeit zusammen mit dem angelegten Kapital zurück. Legen Sie beispielsweise 5000 Euro zu 1,7 Prozent an, erhalten Sie nach fünf Jahren rund 5440 Euro zurück.
3. Abgezinste Sparbriefe funktionieren wie die aufgezinste Variante, nur quasi umgekehrt. Zins und Zinseszins werden beim Kauf vom Nennwert abgezogen, und bei Fälligkeit erhalten Sie den vollen Nennwert zurück. Bei gleicher Laufzeit und Verzinsung wie im vorigen Beispiel müssen Sie etwa 4595 Euro anlegen, um am Ende 5000 Euro zurückgezahlt zu bekommen.

Ihre Rendite ergibt sich bei den auf- und abgezinsten Sparbriefen aus der Differenz zwischen Kaufpreis und Einlösungsbetrag zum Laufzeitende. Da die Zinsen in einer Summe gezahlt werden, sind sie dann auch steuerpflichtig. Vor allem wer noch andere Kapitaleinkünfte hat, überschreitet damit schnell den Sparerpauschbetrag von 801 Euro (Single) beziehungsweise 1602 Euro (Verheiratete), während er ihn in anderen Jahren vielleicht nicht komplett ausschöpft. In solchen Fällen eignen sich oft jährlich auszahlende Sparformen besser.

Banksparpläne

Wenn Sie ohne Kursrisiken regelmäßig etwas zur Seite legen wollen, lässt sich auch im aktuellen Zinsniveau mit einem Banksparplan eine ganz ordentliche Summe ansparen.

Eines vorweg: Mit einem Banksparplan kann man keine hohen Renditen erzielen, dafür sind die möglichen Zinserträge zu gering. Wenn Sie aber ohne Risiko monatlich etwas zur Seite legen wollen, ist ein Banksparplan wesentlich besser geeignet als ein Sparschwein oder Sparstrumpf.

Ein Banksparplan ist eigentlich ein simples Finanzprodukt. Sie zahlen regelmäßig einen konstanten Betrag auf ein Konto und erhalten dafür Zinsen. Doch der Teufel steckt im Detail. Die Sparpläne der Banken unterscheiden sich in der Ausgestaltung stark. Sie sollten sich daher vor dem Abschluss mit den Zins-, Bonus- und Ausstiegsbedingungen befassen.

Welche Variante wählen?

Die erste Frage, die Sie sich stellen sollten, lautet: Wie lange soll der Sparplan laufen? Denn bei manchen Verträgen ist ein vorzeitiger Ausstieg nicht möglich oder führt zu erheblichen Ertragsverlusten. Eine falsche Entscheidung kann Sie dann teuer zu stehen kommen. Zwar geht fast jeder davon aus, dass er regelmäßig einzahlt und bis zum Ende dabeibleibt. Andernfalls würde er sich ja kaum für diese Sparlösung entscheiden. Doch Schicksalsschläge, neue Lebensplanungen oder finanzielle Engpässe lassen sich nun einmal nicht planen.

Danach müssen Sie sich überlegen, ob Sie einen Sparplan mit festem oder variablem Zins abschließen wollen. Entscheiden Sie sich für ein Angebot, bei dem die Zinshöhe für die gesamte Laufzeit feststeht, können Sie zwar genau berechnen, welche Summe Sie am Ende erhalten werden. Damit ist dann aber auch klar, dass Sie von eventuellen Erhöhungen des allgemeinen Marktzinses in den kommenden Jahren nicht profitieren können. Gerade bei Laufzeiten von deutlich über zehn Jahren sollten Sie diese Unsicherheit nicht vom Tisch wischen. Nur zur Erinnerung: Vor 15 Jahren lag die Umlaufrendite, eine gängige Messlatte für die durchschnittliche Verzinsung von Bundeswertpapieren, bei mehr als 5 Prozent. Zurzeit dümpelt sie weit unter 1 Prozent. Auch wenn derzeit keine größere Zinswende in Sicht ist, ist sie auf längere Sicht nicht auszuschließen.

Es gibt die folgenden Sparplan-Varianten:

▸ Sparpläne mit fester Laufzeit

Angeboten werden je nach Anbieter Sparplan-Laufzeiten zwischen 3 und 25 Jahren. Die monatliche Mindestsparrate liegt meist bei 25 oder 50 Euro. Wollen Sie doch vor Ablauf der vereinbarten Laufzeit aus dem Sparplan aussteigen, sind Sie meist auf den guten Willen der Bank angewiesen. In der Regel müssen Sie dann hohe Einbußen in Kauf nehmen. So wird teilweise der Zins rückwirkend auf einen geringeren Zinssatz zurückgesetzt oder es entfällt der Schlussbonus. Unterbrechen Sie die Ratenzahlung, wird das teilweise mit geringeren Zinsen auf die zukünftigen Raten sanktioniert. Wir empfehlen Ihnen diese Sparpläne daher nur, wenn Sie keine Zweifel daran haben, dass Sie bis zum Ende durchhalten.

▸ Sparpläne mit Kündigungsrecht bei festem Zins oder einer Zinstreppe

Bei diesen Angeboten stehen die Erträge fest, den Ausstiegszeitpunkt können Sie bestimmen. Dafür müssen Sie üblicherweise eine Kündigungsfrist von drei Monaten einhalten. Meist gibt es eine Mindestlaufzeitzeit, und die maximale Laufzeit beträgt zwischen fünf und zehn Jahren.

BANKSPARPLÄNE

Geeignet für Anleger, die regelmäßig sicher sparen wollen. Wer nicht weiß, wie lange er sparen will, wählt ein Angebot mit vorzeitiger Kündigungsmöglichkeit.

PRO

Es handelt sich um eine sichere Anlage, die zum längerfristigen, regelmäßigen Sparen erzieht.

CONTRA

Die angebotenen Zinsen sind derzeit nach Abzug von Inflation und Steuern sehr gering. Wenn Sie mehr als zehn Jahre sparen möchten, sind Fondssparpläne eine gute Alternative. Sie haben höhere Risiken, aber auch höhere Ertragschancen.

▸ Sparpläne mit variablen Zinsen und Kündigungsrecht

Die überwiegende Zahl dieser Sparpläne ist an einen Referenzzins gebunden. Die Bank überprüft meist zwei- bis viermal im Jahr die Zinshöhe und passt sie der Marktlage an. Wie hoch die Rendite über die gesamte Sparplandauer ausfällt, hängt damit insbesondere von der Entwicklung des Referenzzinses ab. Als Referenzzins ziehen manche Banken statt des bekannten EZB-Leitzinses oder der Umlaufrendite auch weniger bekannte Zinsreihen oder kompliziert zu berechnende Mischformeln heran. Daneben zahlen viele dieser Banken Bonuszinsen, die mit der Laufzeit oder mit dem Guthaben ansteigen. Aber Achtung: Die steigenden hohen Bonuszinssätze beziehen sich meist nur auf die Sparleistung oder die Zinsen des jeweiligen Sparjahres und nicht auf das durch laufende Einzahlungen jährlich wachsende Kapital.

Beispiel: Sie zahlen monatlich 25 Euro und erhalten darauf 1 Prozent Zinsen. Zum Ende des 15. Jahres ist ein Bonuszins von 25 Prozent versprochen. Nach 15 Jahren beträgt Ihr angespartes Kapital rund 4855 Euro. Sie erhalten aber nicht 1213,75 Euro Bonus (25 Prozent von 4855 Euro), sondern lediglich 75 Euro (12 x 25 Euro Jahressparrate x 25 Prozent).

Rechnen Sie nach

Sie sehen, so einfach ein Banksparplan in seiner Grundform ist, so schwierig kann es sein, den passenden zu finden. Unter www.test.de/sparplanrechner finden Sie im Internet einen Rechner, mit dem Sie die Rendite für die meisten Sparpläne mit Zinstreppe oder Bonusstaffel berechnen können.

Für Kinder interessant

Besonders interessant sind Banksparpläne für Eltern oder Großeltern, die ihren Kindern oder Enkeln eine Starthilfe ins Erwachsenenleben mitgeben wollen. Läuft der Sparplan auf den Namen des Kindes, fallen in der Regel nicht einmal Steuern auf die Zinserträge an, wenn diese unter dem Freibetrag von 801 Euro bleiben. Hat Ihr Kind höhere Kapitaleinkünfte als 801 Euro, aber liegen seine gesamten Einkünfte (zum Beispiel aus Vermietung und Verpachtung) unter dem Grundfreibetrag von 9408 Euro, lohnt es sich, beim Finanzamt eine Nichtveranlagungsbescheinigung zu beantragen. Dann können Sie sich den Aufwand der jährlichen Steuererklärung für das Kind sparen. Wird das Kind volljährig, kann es dann aber auch allein über das Guthaben verfügen. Nehmen die Eltern ihrem Kind das Guthaben vor seiner Volljährigkeit wieder weg, weil sie nur seinen Freibetrag ausnutzen, das Gutha-

Das wird aus monatlich 150 Euro

Wenn Sie monatlich 150 Euro sparen, kann daraus je nach Zinssatz und Spardauer einiges werden. Dafür sorgt der Zinseszinseffekt.

Einzahlungs-dauer in Jahren	Gesamtertrag bei 0,3 Prozent Zinsen p.a.	Gesamtertrag bei 0,7 Prozent Zinsen p.a.	Gesamtertrag bei 1,0 Prozent Zinsen p.a.
5	9069 €	9161 €	9232 €
7	12735 €	12917 €	13055 €
10	18275 €	18648 €	18944 €
18	33294 €	34532 €	35498 €

ben und die Zinsen aber selbst einkassieren, ist dies Steuerhinterziehung. Außerdem könnte das Finanzamt von zwei schenkungssteuerpflichtigen Vorgängen ausgehen: der ursprünglichen Schenkung an das Kind und der Rückschenkung vom Kind an die Eltern.

Besser als eine Ausbildungsversicherung

Wer Geld für die Ausbildung eines Kindes zurücklegen möchte, ist mit einem Banksparplan besser bedient als mit einer Ausbildungsversicherung. Denn die Versicherungslösung umfasst auch eine Lebensversicherung des Einzahlers und ist damit mit erheblichen Abschluss- und Vertriebskosten verbunden, die den Ertrag schmälern. Bei einer Ausbildungsversicherung ist ein vorzeitiger Ausstieg zudem oft ein Minusgeschäft.

Das Sparen über einen Banksparplan ist anders als die Ausbildungsversicherung nicht mit Nebenkosten verbunden.

Generell sollten Sie Versichern und Ansparen besser stets trennen. Versichern können Eltern ihre Kinder für den Fall ihres Todes deutlich günstiger und besser mit einer Risiko-Lebensversicherung als mit einer Ausbildungsversicherung. Und das Sparen über einen Banksparplan ist anders als die Ausbildungsversicherung nicht mit Nebenkosten verbunden. Zudem können Sie ein Angebot wählen, das Ihnen einen vorzeitigen Ausstieg oder die Änderung der Rate erlaubt. Bessere Ertragschancen als Banksparpläne haben im derzeitigen Zinsniveau allerdings langfristig Aktienfondssparpläne.

Die europäische Einlagensicherung

Spätestens seit der Finanzkrise ist Sparern bewusst geworden, wie wichtig es ist, dass ihr Geld bei einer Bankpleite sicher ist. Niemand will sein Erspartes verlieren, nur weil die Bank sich verspekuliert hat.

In Deutschland und anderen Ländern der Europäischen Union sind Einlagen, also Tages-, Festgeld- und Girokonten sowie Sparguthaben und Sparbriefe bis zu 100 000 Euro pro Kunde und Bank gesetzlich geschützt. Bei Gemeinschaftskonten verdoppelt sich der Schutz auf 200 000 Euro. Eigenständige Töchter von Banken gelten dabei als eigene Banken. Handelt es sich aber um Niederlassungen, gilt für sie keine Extrasicherung. Bei Banken aus anderen EU-Ländern, die deutschen Sparern Zinsangebote machen, muss im Pleitefall die nationale Einlagensicherung des jeweiligen Heimatlandes einspringen.

Gut zu wissen

Was ändert der Brexit?
Auch wenn die Briten am 31. Januar 2020 aus der Europäischen Union ausgetreten sind, müssen sich Sparer mit Tagesgeld- und Festgeldkonten in Großbritannien keine Sorgen um ihre Einlagen machen. Geht eine britische Bank pleite, ersetzt die staatliche britische Einlagensicherung FSCS jedem Kunden weiterhin sein Geld. Beachten Sie aber, dass die FSCS nur maximal 85 000 britische Pfund absichert. Die Entschädigungshöhe in Euro hängt damit vom Umrechnungskurs Pfund/Euro ab. Bei einem Umrechnungskurs Pfund/Euro von derzeit beispielsweise 1,12 würden Sie maximal ungefähr 95 000 Euro erhalten. Einzelne britische Banken werden auch ihre Geschäftstätigkeit auf in Deutschland lizenzierte Banken übertragen. In einem solchen Fall würde die deutsche Einlagensicherung greifen.

Verbesserte Einlagensicherung seit Mitte 2015

Mit dem Gesetz zur Umsetzung der neuen Einlagensicherungsrichtlinie, das am 3. Juli 2015 in Kraft getreten ist, wurde der gesetzliche Schutz für Erspartes noch erweitert, und bürokratische Hürden im Falle einer Bankenpleite wurden entschärft. So kann sich der Einlagenschutz sogar für bis zu sechs Monate auf 500 000 Euro erhöhen, wenn besondere Lebensumstände zu einem hohen Kontostand geführt haben. Als besondere Fälle, die einen erhöhten Kontostand rechtfertigen, gelten Heirat, Scheidung, Renteneintritt, Ruhestand, Kündigung, Entlassung, Geburt eines Kindes, Krankheit, Pflegebedürftigkeit, Invalidität, Behinderung, Tod und der Verkauf einer privat genutzten Immobilie.

Überdies müssen Anleger, die Geld bei deutschen Zweigstellen von Banken mit Sitz in der EU haben, sich im Pleitefall ihrer Bank um nichts mehr kümmern. Sie werden von der deutschen Einlagensicherung bis zur Höhe von 100 000 Euro inklusive Zinsen entschädigt. Die Einlagensicherung des Herkunftslandes muss das Geld an das deutsche Sicherungssystem überweisen. Aufwendige Entschädigungsanträge, die häufig in einer Fremdsprache gestellt werden mussten, Iden-

titätsbestätigungen und Nachweise über die Höhe des Guthabens entfallen. Diese Kundendaten übermittelt die betroffene Bank künftig an die Einlagensicherung in Deutschland. Seit Juni 2016 erhalten Sparer ihr Geld binnen sieben Werktagen zurück. Vorher durfte das noch 20 Werktage dauern.

Anders ist das bei Banken, die keine Niederlassung in Deutschland haben, wie zum Beispiel bei der Crédit Agricole Consumer Finance aus Frankreich, der Amsterdam Trade Bank und der Yapi Kredi Bank aus den Niederlanden oder der Advanzia Bank aus Luxemburg. Hier hätten Anleger im Fall einer Insolvenz weiterhin direkten Kontakt mit der jeweiligen nationalen Einlagensicherung.

Auch bei den Banken, bei denen sich die deutsche Einlagensicherung um die Abwicklung mit der ausländischen Einlagensicherung kümmert, springt sie aber nicht ein, wenn die ausländische Sicherung die Entschädigungssumme nicht überweist. In diesem Fall müssten Sparer hoffen, dass der jeweilige Staat der Pleitebank mit Unterstützungskrediten hilft oder die EU und damit letztlich die Steuerzahler die fehlenden Mittel im Sicherungsfonds des Landes ausgleichen. Wie lange Sie dann auf Ihr Geld warten müssten, ist ungewiss. Mit einer gemeinsamen EU-Einlagensicherung ist wohl vor 2024 nicht zu rechnen – wenn es überhaupt dazu kommt.

Wir empfehlen Ihnen daher, Ihr Geld nur bei Banken anzulegen, die aus EU-Ländern mit einer guten Wirtschaftskraft kommen. Hier besteht eine größere Sicherheit, dass der jeweilige Staat im Pleitefall einspringen kann. Finanztest nimmt in seine Zinsvergleiche auch nur Institute auf, hinter denen eine vertrauenswürdige Einlagensicherung steht. Einen Hinweis auf die Finanz- und Wirtschaftsstärke eines Landes geben die Bonitätsnoten, die die führenden Ratingagenturen für diese Länder vergeben. Welche Länder aus Sicht von Finanztest sicher sind, sehen Sie in der ➚ Grafik „Wo es sichere Zinsen gibt".

Welche Länder aus Sicht von Finanztest sicher sind, sehen Sie in der Grafik „Wo es sichere Zinsen gibt", S. 61.

Von den Angeboten folgender Banken aus dem EU-Ausland beziehungsweise aus dem Europäischen Wirtschaftsraum (EWR) raten wir derzeit (Stand 01/2020)ab:

- **Bulgarien:** Bulgarian-American Credit Bank, Fibank, International Asset Bank, TBI Bank
- **Estland:** Bigbank, Coop Bank, Holm Bank, Inbank, LHV
- **Griechenland:** Piraeus Bank; Aegean Baltic Bank (ABBank), Praxia Bank
- **Irland:** AIB Allied Irish Banks
- **Italien:** Südtiroler Sparkasse, FCA Bank, Banca Popolare di Cortona (bpc), Banca di Cividale (CiviBank), Banca Farmafactoring (BFF), Banca Finint, Banca Progetto, Banca Sistema, Banca UBAE, bpf Bank, GBM Banca, illimity Bank, Imprebanca, Solution Bank, ViViBanca
- **Kroatien:** Banka Kovanica, J&T Banka Kroatien, KentBank, Podravska Banka
- **Lettland:** AS Privatbank, Baltic International Bank, Blue Orange, CBL Bank, RIB Regional Investment Bank (RIB), Rietumu Bank, Signet Bank
- **Liechtenstein:** Union Bank
- **Litauen:** Medicinos Bancas, Siauliu Bankas
- **Malta:** Ferratum Bank, APS Bank, BNF Bank, Crederox Bank, Fimbank, Izola Bank, Novum Bank
- **Polen:** Alior Bank, Boś Bank
- **Portugal:** Banco BAI Europa, Banco BNI Europa, Banco de Investimento Global (BiG), Banco Finantia, Banco Portuges de Gestao, Banco Privado Atlantico – Europa, Haitong Bank, Novo Banco
- **Rumänien:** Alpha Bank Romania, First Bank, Libra Internet Bank
- **Slowakei:** Poštová banka, Privatbanka
- **Spanien:** Banco Finantia Spain
- **Tschechien:** Expobank, J&T Banka
- **Zypern:** RCB Bank

Zusätzliche Sicherungen in Deutschland

Die Einlagensicherung innerhalb der Europäischen Union hat mit dem Schutz von 100 000 Euro pro Person und Bank ein hohes Niveau. Dieses wird aber von den Sicherungssystemen deutscher Banken noch übertroffen. Auf die zusätzlichen Sicherungen haben Sparer aber anders als gegenüber der gesetzlichen Einlagensicherung keinen Rechtsanspruch.

Viele private Geldhäuser (Großbanken, Privatbanken) sind Mitglied im freiwilligen Einlagensicherungsfonds des Bundesverbands deutscher Banken. Dieser Fonds garantiert für Sparer Einlagen in Höhe von derzeit mindestens 1 Million Euro, häufig deutlich mehr. Wie hoch die Sicherung genau ist, hängt von der Größe der Bank ab. Seit dem 1. Januar 2015 sind pro Anleger 20 Prozent des „haftenden Eigenkapitals" einer Bank geschützt. Diese Sicherung wird in mehreren Schritten bis zum Jahr 2025 auf 8,75 Prozent gesenkt.

Doch diese Absenkung muss Sparern keine Angst machen. Für den Normalanleger ist es gleichgültig, ob seine Bank ein- oder zweistellige Millionenbeträge absichert. Für ihn zählt nur, dass seine Einlagen komplett geschützt sind. Dazu reicht eine Einlagensicherung in realistischer Höhe aus. Die Senkung der Sicherungsgrenzen zielt vor allem auf institutionelle Anleger. Sie soll unter anderem verhindern, dass das im internationalen Vergleich sehr solide deutsche Sicherungssystem übers Wochenende als Geldparkplatz von Großinvestoren missbraucht wird.

Wie sicher ist meine Bank?

Unter www.einlagensicherung.de können Sie eine Abfrage starten, ob Ihre Bank Mitglied des Einlagensicherungsfonds des Bundesverbands deutscher Banken ist, und sich über die maximale Einlagensicherungshöhe informieren.

Öffentliche Banken, zu denen unter anderem die Deutsche Kreditbank (DKB), eine Tochter der Bayerischen Landesbank, gehört, sind im Bundesverband Öffentlicher Banken (VÖB) organisiert und unterhalten eine eigene Einlagensicherung in unbegrenzter Höhe. Über die Höhe des Einlagensicherungsfonds des VÖB macht der Bundesverband aber keine Angaben.

Bei den Sparkassen, Landesbanken und -bausparkassen sowie den Genossenschaftsbanken (Volks- und Raiffeisenbanken, Bausparkasse Schwäbisch-Hall, Sparda- und PSD-Banken) ist das jeweilige Absicherungssystem so konzipiert, dass die einzelnen Mitglieder einem in finanzielle Schwierigkeiten geratenen Institut zu Hilfe eilen, bevor es zahlungsunfähig wird. Diese Solidargemeinschaft sichert im Gegensatz zum Sicherungsfonds der privaten Banken auch die von diesen Instituten ausgegebenen Schuldverschreibungen ab. Diese haben zwar meist eine Wertpapierkennnummer (WKN), sind aber nicht börsengehandelt. Börsengehandelte Inhaberschuldverschreibungen und Zertifikate anderer Emittenten, wie seinerzeit die Zertifikate der Lehman-Bank, sind auch hier nicht gesichert. Bis heute musste kein Institut aus diesem Sektor Insolvenz anmelden.

Einlagensicherung bei Fremdwährungskonten

Spätestens seit dem Beginn der Eurokrise haben Anleger verstärkt nach Anlagen in US-Dollar, norwegischen Kronen oder Schweizer Franken Ausschau gehalten. Beliebt sind dabei außer Anleihen vor allem Fremdwährungskonten. Sie funktionieren oft ähnlich wie Tagesgeld. Seit dem 3. Juli 2015 unterliegen auch Fremdwährungskonten, gleich in welcher Währung sie geführt werden, der gesetzlichen Einlagensicherung von 100 000 Euro je Kunde. Bisher fielen nur Konten, die auf eine Währung der EU lauteten, unter den gesetzlichen Schutz. Gehört die Bank zusätzlich einer freiwilligen Einlagensicherung an, bezieht sie sich auch auf Fremdwährungskonten.

Im Unterschied zu Tagesgeld zahlen Kreditinstitute für Konten in ausländischer Währung nicht immer Zinsen. Ohnehin steht bei solchen Anlagen die Spekulation oder die Streuung von Währungen im Vordergrund. Höhere Zinserträge können von Wechselkursschwankungen schnell wieder aufgefressen werden – und gegen Wechselkursverluste bietet die Einlagensicherung keinen Schutz.

Sparangebote der Wohnungsgenossenschaften

Wohnungsgenossenschaften zahlen oft bessere Zinsen als Banken und Sparkassen. Zwar können hier nur Mitglieder sparen, aber der Beitritt lohnt sich mitunter nicht nur für Wohnungssuchende.

Eine Wohnungsgenossenschaft – auch Baugenossenschaft, Bauverein oder Wohnungsbaugenossenschaft genannt – ist ein Zusammenschluss von Personen mit dem Ziel, seine Mitglieder mit preisgünstigem Wohnraum zu versorgen. In Deutschland gibt es über 1800 Wohnungsgenossenschaften mit mehr als 3 Millionen Mitgliedern und über 2 Millionen Wohnungen. Der Wohnraum, den sie zur Verfügung stellen, ist stärker sozial und ökologisch geprägt als im übrigen Wohnungsmarkt. Einige Wohnungsgenossenschaften bieten ihren Mitgliedern und deren Angehörigen auch Zinsanlagen mit teilweise attraktiven Zinssätzen an.

Begrenztes Angebot

Wenn Sie in der Nähe einer Wohnungsgenossenschaft mit Spareinrichtung wohnen, können Sie Mitglied werden und dort Geld anlegen – zumindest theoretisch. Denn da der alleinige Geschäftszweck einer Genossenschaft darin besteht, ihren Mitgliedern bezahlbaren Wohnraum zu stellen, bestimmt insbesondere die Investitionsplanung der Genossenschaft, ob zusätzliche Spargelder benötigt werden. Die meisten Genossenschaften stehen auch nur Sparern aus deren regionalen Einzugsgebieten offen.

Wenn Sie die Sparangebote der Wohnungsgenossenschaften nutzen möchten, müssen Sie „Pflichtanteile" daran erwerben. Einige Genossenschaften verlangen zusätzlich eine Aufnahmegebühr, bevor Sie dort Geld anlegen können. Nur das Geld für die Pflichtanteile gibt es bei einem Austritt wieder zurück. Die Kündigungsfristen für die Anteile zum Geschäftsjahresende betragen je nach Genossenschaft zwischen drei Monaten und zwei Jahren. Ein nettes Zubrot für Anleger ist es, wenn die Genossenschaft zusätzlich eine jährliche Dividende zahlt. Dies hängt allerdings vom geschäftlichen Erfolg der Genossenschaft ab und kann daher auch ausfallen.

Wie steht es mit der Sicherheit der Spareinlagen?

Spareinlagen bei Wohnungsgenossenschaften unterliegen nicht der gesetzlichen europäischen Einlagensicherung. Doch der Immobilienbestand der Genossenschaft sorgt für ein hohes Maß an Sicherheit. Die Genossenschaften dürfen keine zweckfremden Kredite vergeben und nicht mit Einlagen spekulieren, sodass die Risiken überschaubar sind. Die Jahresabschlüsse der Genossenschaften mit Spareinrichtung werden von der Bundesanstalt für Finanzdienstleistungsaufsicht kontrolliert, und im Pleitefall springt der Selbsthilfefonds des Bundesverbands deutscher Wohnungs- und Immobilienunternehmen ein.

Nicht verwechseln sollten Sie Wohnungsgenossenschaften mit anderen Wohnungsgesellschaften, die um Kapitalanleger werben, wie zum Beispiel privaten Wohnbauunternehmen oder Mietshäuser-Syndikaten.

Die besten Angebote finden

Vergleichsportale und Produktfinder im Internet helfen Ihnen, Angebote mit den höchsten Zinsen zu finden. Lassen Sie sich aber nicht von Lockangeboten blenden, die nur scheinbar zu hohen Renditen führen.

Wenn Sie immer die besten echten Zinsschnäppchen ausnutzen wollen, müssen Sie etwas Zeit investieren. Mithilfe des Internets ist es zwar keine große Mühe, gute Angebote zu finden und zu vergleichen. Oft sind diese aber zeit- und betragsmäßig limitiert. Das bedeutet, sie gelten häufig nur für eine gewisse Dauer und nur für begrenzte Anlagesummen. Mitunter müssen Sie häufiger neue Bankverbindungen eröffnen, wenn die Angebote nach einer gewissen Zeit auslaufen. Daneben gibt es aber auch Anbieter, die dauerhaft gute Zinsen bieten.

Keine Scheu vor Direktbanken

Gute Zinsen finden Anleger vor allem bei Onlinebanken. Viele dieser Anbieter im Internet haben nur eine kleine Produktpalette, und die Kunden können meist nur online oder telefonisch auf ihre Konten zugreifen. Die Scheu mancher Sparer vor diesen Anbietern ist unbegründet. Direktbanken sind reguliert und überwacht wie Filialbanken, und die Eröffnung eines Tages- oder Festgeldkontos ist nur mit geringem Aufwand verbunden (Checkliste „So eröffnen Sie ein Konto bei einer Direktbank“). Dass sich dieser Aufwand lohnt, verdeutlicht ein einfaches Beispiel.

Beispiel: Ein Sparer hat die Wahl, seine Notfallreserve in Höhe von 20000 Euro bei seiner Haus- und Filialbank für 0,05 Prozent Zinsen liegen zu lassen oder ein Tagesgeldkonto bei einer Direktbank zu eröffnen, die ihm 1,05 Prozent bietet. Bei seiner Hausbank bekäme der Sparer nach einem Jahr bei stabilen Zinsen 10 Euro Zinsen überwiesen, bei der Direktbank 200 Euro mehr.

Er müsste sich dazu nur ein gutes Tagesgeldkonto im Internet heraussuchen und das Eröffnungsprozedere durchführen. So leicht lassen sich 200 Euro pro Jahr selten verdienen.

Und wenn er zusätzlich ein Festgeldkonto oder ein Wertpapierdepot bei seiner Direktbank eröffnen möchte, kann er das einfach online erledigen. Eine neue Legitimation ist nicht mehr erforderlich.

Der Finanztest-Produktfinder

Die besten Tages- und Festgeldangebote im Internet finden Sie mit den Produktfindern von Finanztest unter www.test.de/zinsen. Der Produktfinder Tagesgeld vergleicht dort die Angebote und Konditionen von rund 90 Großbanken, bundesweiten und überregionalen Privatbanken sowie in- und ausländischen Onlinebanken. Der Produktfinder Festgelder und Sparbriefe enthält die Zinskonditionen für Laufzeiten zwischen einem Monat und zehn Jahren von über 700 ausgewählten langlaufenden Festgeldangeboten. Alle 14 Tage werden die Datenbanken aktualisiert.

Siehe Checkliste „So eröffnen Sie ein Konto bei einer Direktbank“, S. 66.

Sie können im Produktfinder verschiedene Filter einstellen, um die Suche zu optimieren. So können Sie unter anderem einstellen, dass nur die Top-5-Angebote angezeigt werden oder nur Angebote, die auch für Minderjährige gelten oder als Gemeinschaftskonten geführt werden können. Zinsangebote, die Sie dann besonders interessieren, können Sie in einer Vergleichsmaske direkt miteinander vergleichen und den Vergleich speichern oder als PDF ausdrucken.

Um in die Auswertung aufgenommen zu werden, müssen die Zinsangebote bestimmte Kriterien erfüllen:

Checkliste

So eröffnen Sie ein Konto bei einer Direktbank

Ein Tagesgeld- oder Festgeldkonto bei einer Direktbank zu eröffnen ist einfach:

- ☐ **Angebot.** Suchen Sie das Produkt, mit dem Sie starten wollen, beispielsweise ein Tagesgeldkonto. Wenn Sie dieses anklicken, finden Sie neben den Informationen zum Tagesgeld schnell einen Button „Konto eröffnen" oder einen ähnlichen Link.
- ☐ **Unterlagen.** Lassen Sie sich dann durch das Menü für die Neueröffnung führen. Viele Direktbanken bieten hier inzwischen sehr übersichtliche Masken an. Manchmal müssen Sie nur Ihre Adressdaten angeben und bekommen die Kontoeröffnungsunterlagen dann per Post. Meist lassen Banken Sie alles direkt am PC eingeben, und Sie können mit den ausgedruckten Unterlagen den nächsten Schritt, die Legitimation, angehen.
- ☐ **Legitimation.** Jede Bank ist gesetzlich verpflichtet, die Identität ihrer Kunden zu überprüfen. Meist bedienen sich Direktbanken dazu des Post-Ident-Verfahrens. Dazu nehmen Sie Ihre Kontoeröffnungsunterlagen sowie Ihren Personalausweis mit zu einer Postfiliale. Der Postmitarbeiter überprüft die Angaben in Ihrem Ausweis und leitet die Unterlagen an die Direktbank weiter. Manche Banken bieten alternativ eine Identitätsprüfung per Video Chat an. Dazu benötigen Sie nur einen PC oder ein Smartphone mit schneller Internetverbindung und Web Cam. Ein Mitarbeiter der Bank oder eines externen Dienstleisters führt dann die Identitätsprüfung durch, bei der Sie Ihren Ausweis in die Kamera halten müssen.
- ☐ **Eröffnungspaket.** Wenn die Eröffnungsunterlagen samt Identifizierung bei Ihrer neuen Bank vorliegen, wird Ihnen ein „Eröffnungspaket" mit den wichtigsten Informationen zur Bank zugesandt. Die für Sie relevanten Daten sind dabei natürlich die Kontonummer, Ihre persönliche Identifikationsnummer (PIN) und die entsprechenden Unterlagen zum gültigen TAN-Verfahren. Mit den Transaktionsnummern (TANs) geben Sie einzelne Transaktionen frei. Sobald Ihnen Ihre Kontonummer mitgeteilt wurde, können Sie Geld auf Ihr neues Konto überweisen.

▸ Nur Angebote ohne Tricks

Finanztest prüft alle Zinsangebote auf bedenkliche Nebenbedingungen. Angebote mit verbraucherunfreundlichen Bedingungen werden nicht in die Datenbank aufgenommen. Dazu gehören zum Beispiel Lockangebote mit sehr kurzen Laufzeiten oder niedrigen Anlagebeträgen, Angebote mit Zusatzkosten und so genannte Kombi-Produkte, bei denen üblicherweise nur die Hälfte des Anlagebetrages in eine kurzfristige Zinsanlage fließt – und die andere Hälfte in Investmentfonds.

▸ Die Einlagensicherung muss stimmen

Zudem kommen nur Zinsangebote von Instituten in den Produktfinder, bei denen eine ausreichende Einlagensicherung für den Pleitefall gewährleistet ist. So werden zum Beispiel nur Banken aus EU-Staaten und Ländern des Europäischen Wirtschaftsraumes (EWR) aufgenommen, deren Einlagensicherung sich in Krisen bewährt hat. Eine Sicherungsgrenze von 100 000 Euro pro Kunde und Bank ist das Minimum. Eine Ausnahme sind Banken aus Großbritannien, denn dort sind nur 75 000 Pfund (rund 89 000 Euro bei einem Wechselkurs von 1,18) über die Einlagensicherung gedeckt. Auch bei schwedischen Banken wird nur bis maximal 950 000 Schwedische Kronen erstattet.

▸ Dauerhaft gute Tagesgelder

Bei den Tagesgeldern werden im Produktfinder dauerhaft gute Angebote gekennzeichnet. Das sind Tagesgeldkonten, die in den vergangenen 24 Monaten dauerhaft zu den 20 besten Angeboten gehört haben. Bei solchen Tagesgeldern ist die Wahrscheinlichkeit hoch, dass nicht kurz nach Eröffnung des Kontos die Zinsen drastisch gesenkt werden, weil der Anbieter seine „Produktoffensive" beendet. Wenn Sie nicht ständig neue Konten eröffnen wollen, um von Topangebot zu Topangebot zu hüpfen, sind Sie mit den als „dauerhaft gut" bezeichneten Banken gut beraten.

Natürlich spricht nichts dagegen, immer wieder Konten bei Direktbanken zu eröffnen, die die aktuell höchsten Zinsen bieten. Mit einer solchen Strategie legen Sie Ihr Tagesgeld immer optimal verzinst an. Wenn Sie sich auf dauerhaft gute Angebote konzentrieren, entgehen Ihnen vielleicht ein paar Euro, Ihr Aufwand verringert sich aber stark.

30 SEKUNDEN FAKTEN

4,75 %

war der höchste Leitzinssatz der EZB seit Einführung des Euro im Jahr 2001. Der Leitzins ist das wichtigste Element zur Steuerung der Geldpolitik. Er wird von den Zentralbanken festgelegt.

0,0 %

beträgt der Leitzins seit März 2016. So sollen billige Kredite erleichtert und die Wirtschaft in Schwung gebracht werden.

1,7 %

betrug die durchschnittliche Inflationsrate seit Einführung des Euro im Euroraum. Die niedrigste Rate (– 0,6 %) wurde im Januar 2015 gemessen, die höchste im Juli 2008 (4,1 %).

Quelle: EZB

Zinsangebote finden, wenn Sie nicht online sparen wollen

Wenn Sie kein Onlinekonto führen möchten, sind die meisten Spitzenreiter bei den Zinsangeboten für Sie nicht erreichbar. Hausbanken wie Sparkassen und Volksbanken zahlen so gut wie keine Zinsen für Festzinsanlagen. Denn aufgrund der Niedrigzinspolitik der Europäischen Zentralbank können sich Banken fast kostenlos Geld von ihr leihen und sind auf Einlagen ihrer Kunden nicht angewiesen.

Sparer, denen aber ein persönlicher Kontakt zu ihrer Bank wichtig ist oder die sich mit Internetbanking nicht beschäftigen möchten, sollten zumindest die Konditionen von Banken vergleichen, bei denen Geld per Telefon oder in einer Filiale zu besseren Zinssätzen angelegt werden kann. Das können beispielsweise kleinere Banken sein oder Direktbanken, die einige Filialen in größeren Städten unterhalten. Wenn Sie telefonisch ein Konto bei einer Direktbank eröffnen möchten, rufen Sie dort einfach an, um die Unterlagen anzufordern. Die Bank schickt sie Ihnen zu, und wenn Sie sie ausgefüllt haben, gehen Sie zur Post und lassen wie beim Onlinekonto von einem Post-Mitarbeiter Ihre Identität prüfen.

In der Zeitschrift Finanztest werden monatlich die besten Tagesgeld- und Festgeld-Anbieter veröffentlicht. Konten, die nur online eröffnet werden können, sind gekennzeichnet. Bei den anderen Anbietern finden Sie eine Kontakt-Telefonnummer.

Lockangebote erkennen

Lockangebote sind nicht per se schlecht, Sie sollten diese aber als solche erkennen können, wenn Sie sie nutzen wollen.

Jäger oder Fotografen benutzen manchmal künstliche Tierkörper, um Wildtiere anzulocken. Auch Banken, Sparkassen und Bausparkassen greifen mitunter zu Lockmitteln. Spezielle Zinsangebote sollen (potenzielle) Kunden locken.

Um neue Kunden bei Tagesgeld- oder Festgeldkonten zu gewinnen, bieten Banken, Sparkassen und Bausparkassen häufig Sonderkonditionen bei den Zinssätzen. Diese liegen deutlich über dem aktuellen Marktdurchschnitt und lassen Zinssparer hellhörig werden. Das Kalkül der Banken: Wenn Kunden erst einmal ein Konto eröffnen und das Angebot nutzen, bleiben sie danach auch langfristig Kunden. Denn die meisten haben keine Lust, sich wieder eine neue Bank zu suchen.

Nur: Die auf den ersten Blick traumhaften Zinsangebote sind meist mit einem oder mehreren Haken versehen.

Hoher Zins nur für Neukunden

Meist gilt der Spitzenzins für Tagesgeldkonten ausschließlich für Neukunden und ist zeitlich beschränkt. Ist diese Frist vorbei, zahlt die Bank nur noch einen niedrigen Standardzins. Haben Sie bereits ein Tagesgeldkonto bei der Bank, kann aber vielleicht noch Ihr Partner ein neues Konto eröffnen und so die Bedingungen erfüllen. Lösen Sie Ihr Konto nach Ablauf der guten Zinsen auf, gelten Sie meist nach einer Frist von einigen Monaten bis zu mehreren Jahren wieder als Neukunde und können Lockangebote nutzen.

Die „falsche Zinstreppe"

Der Topzins eines Lockangebots gilt häufig nur für einen kleinen Anlagebetrag. Darüber hinausgehende Beträge verzinst die Bank deutlich niedriger. Die Bank wendet also eine „falsche" oder umgekehrte Zinstreppe an. Deshalb ist die Rendite für höhere Anlagesummen sehr gering, und Sie haben Mühe, wegen der unterschiedlichen Zinssätze Ihre Rendite pro Jahr auszurechnen. Problematisch ist dabei auch, dass viele Sparer dies erst bei der ersten Zinszahlung merken. Wer auch da nicht aufpasst, bekommt es gar nicht mit.

Beispiel: Ein Sparer legt 50 000 Euro bei einer Bank an, die mit 1,5 Prozent Zinsen pro Jahr wirbt. Der Haken: Die 1,5 Prozent gibt es nur für Beträge bis 5 000 Euro. Für den Teil des Guthabens, der zwischen 5 000 und 25 000 Euro liegt, zahlt die Bank 0,5 Prozent, für alle Beträge über 25 000 Euro nur 0,25 Prozent. Für die Gesamtanlage von 50 000 Euro errechnet sich dann nur noch eine sehr geringe Rendite von 0,475 Prozent.

Nur für Depotwechsler

Einige Banken knüpfen ihre Topangebote daran, dass der Anleger nicht nur Neukunde ist, sondern darüber hinaus mit seinem vollständigen Wertpapierdepot, das er bei einer anderen Bank hat, zu ihnen wechselt. Manchmal reicht es, wenn ein bestimmter Mindestwert an Wertpapieren zum neuen Anbieter umzieht oder wenn ein Wertpapierdepot beim neuen Anbieter eröffnet wird. Selbst wenn das Depot kostenfrei ist, verdient die Bank dann am Kauf und Verkauf von Wertpapieren.

Trotzdem finden sich in diesem Bereich oft gute Angebote. Wer sowieso mit seinem Depot zu einer Direktbank umziehen möchte, kann ein solches Angebot mitnehmen.

Kombiangebote Festgeld und Fonds

Wenn Banken mit besonders hohen Festgeldzinsen locken, handelt es sich oft um Kombiangebote: Nur wenn der Kunde gleichzeitig einen weiteren Betrag in Investmentfonds anlegt, erhält er den befristeten höheren Zins aufs Festgeld.

Der Kunde zahlt sich den höheren Festgeldzins quasi selbst. Denn er muss für den Fondskauf in der Regel den vollen Ausgabeaufschlag bezahlen.

Der Haken dabei ist, dass bei den meisten Kombiangeboten nur wenige Fonds zur Auswahl stehen – und diese zählen nicht unbedingt zu den Besten. Zudem zahlt sich der Kunde den höheren Festgeldzins quasi selbst. Denn er muss für den Fondskauf in der Regel den vollen Ausgabeaufschlag bezahlen, der bei Aktienfonds um die 5 Prozent beträgt. Über die Börse oder bei Fondsvermittlern könnte er die Fonds viel günstiger kaufen. Kombiangebote lohnen sich allenfalls für Anleger, die langfristig in Fonds anlegen und sich damit auch beschäftigen möchten. Wenn Sie den Fonds ohnehin bei Ihrer Bank kaufen und den Ausgabeaufschlag zahlen wollen, können Sie den höheren Festgeldzins mitnehmen. In jedem Fall sollten Sie aber auf unserer Homepage unter www.test.de/fonds die Qualität des Fonds prüfen. Schneidet er unterdurchschnittlich ab, ist es besser, auf das Angebot zu verzichten.

Mehr zum Ausgabeaufschlag und zum Fondskauf, siehe „Der Weg zum Fonds", S. 249.

Zins ist nicht immer gleich Rendite

Banken sind leider nicht verpflichtet, bei Zinsangeboten die Rendite oder den Effektivzins zu nennen. So gibt es immer noch Angebote, bei denen Banken bei mehrjährigen Anlagen die Zinsen erst am Ende der Laufzeit ohne Zinseszins auszahlen, statt die Zinserträge am Ende des Jahres dem Sparkapital zuzuschlagen und dann mitzuverzinsen.

Beispiel: Legen Sie 50 000 Euro auf fünf Jahre zu 1,8 Prozent Zins an, erhalten Sie ohne Zinseszins 54 500 Euro ausbezahlt, was einer Gesamtrendite von nur 1,74 Prozent entspricht. Würden die Erträge mitverzinst, bekämen Sie hingegen 54 664 Euro und damit immerhin 164 Euro mehr.

Wären die Banken verpflichtet, die Rendite oder den Effektivzins zu nennen, würden Angebote ohne Zinseszins vermutlich schnell vom Markt verschwinden, da diese dann leicht mit anderen Angeboten verglichen werden könnten.

Anleihen: Zinsen von Staaten und Firmen

Anleihen sind eine Alternative zu den Sparanlagen der Banken. Wie diese eignen sie sich als Sicherheitsbaustein für die Geldanlage. Nicht immer sind sie aber besser verzinst als die Bankangebote. Auch sind nicht alle Anleihen sicher. Anleger finden viele riskantere Papiere – die höhere Renditechancen bieten.

Was sind Anleihen?

Anleihen funktionieren im Grunde ganz einfach. Ein Anleger leiht dem Staat oder einem Unternehmen Geld. Er erhält dafür Zinsen und bekommt am Ende der Laufzeit sein Geld zurück. Trotzdem gibt es ein paar Punkte, auf die er achten sollte.

Staaten haben die Möglichkeit, sich Geld am Kapitalmarkt zu beschaffen, wenn sie neben den Steuereinnahmen Mittel zur Finanzierung ihrer laufenden Ausgaben und größerer Investitionen brauchen. Sie können börsennotierte Wertpapiere herausgeben (emittieren) und so Kapital aufnehmen. Die Käufer der Wertpapiere – private Anleger, professionelle Investoren wie Banken oder Versicherungen oder auch andere Staaten – leihen dem Herausgeber der Wertpapiere ihr Geld. Ihre rechtliche Stellung ist die eines Gläubigers, ähnlich der eines Darlehensgebers bei einem Darlehensvertrag. Nicht nur Staaten, auch Banken,

Unternehmen und andere Institutionen können über die Ausgabe von Anleihen Fremdkapital aufnehmen.

Für diese Wertpapierart gibt es verschiedene synonyme Begriffe. „Anleihe“ ist wohl der gebräuchlichste. Daneben spricht man auch von:

- **Rentenpapieren** (der Begriff hat nichts damit zu tun, dass Anleihen besonders für den Ruhestand geeignet sind, sondern kommt aus der Finanzmathematik, wo regelmäßige, feste Zahlungen als Renten bezeichnet werden),
- **Schuldverschreibungen**
- **Obligationen**
- **Bonds** (aus dem Englischen)

Der Anleger wird Gläubiger

Das Grundprinzip von Anleihen ist einfach: Sie sind verbriefte, das heißt in einer Urkunde festgehaltene, Schuldverschreibungen. Wer eine Anleihe erwirbt, wird zum Gläubiger und stellt dem Herausgeber der Anleihe (in der Fachsprache „Emittent“ genannt), Geld zur Verfügung. Dieser verpflichtet sich im Gegenzug, für die Überlassung des Geldbetrags Zinsen zu zahlen und das Kapital nach einem bestimmten Zeitraum zurückzuzahlen.

Von diesem Grundprinzip – fester Geldbetrag, feste Zinsen – gibt es aber zahlreiche unterschiedliche Ausgestaltungen und auch Abweichungen. Es gibt beispielsweise Anleihen mit variabler Verzinsung, dabei hängen die Zinsen, die der Herausgeber zahlt, von der Entwicklung eines Referenzzinses ab, der am Kapitalmarkt gebildet wird. Neben der „klassischen“ Anleihe als Instrument der Fremdfinanzierung existieren außerdem Schuldverschreibungen, die Zwischenformen der Eigen- und Fremdfinanzierung darstellen, wie zum Beispiel Wandelanleihen, die in Aktien umgewandelt werden können, Hybridanleihen mit langen oder endlosen Laufzeiten sowie Genussscheine.

Die Vertragsdetails jeder Anleihe legt der Emittent in den Emissionsbedingungen fest und fasst sie in einem Emissionsprospekt zusammen. Anleger sollten vor dem Kauf einer Anleihe einen Blick in diese Dokumente werfen oder ihren Berater dazu befragen.

Nennwert und Zinskupon

Da der Gesamtwert einer Anleiheemission meist einen mehrfachen Millionenwert ausmacht, wird diese in viele kleine Teilschuldverschreibungen gestückelt. Den verbrieften Betrag jeder Stückelung bezeichnet man als „Nennwert“ oder „Nominalbetrag“. Er ergibt sich, indem man die Gesamtschuldsumme durch die Anzahl der auszugebenden Anleihen dividiert. Übliche Stückelungen bei Anleihen sind 0,01, 100, 500 und 1000 Euro. Es gibt aber auch Stückelungen von 10 000 oder gar 100 000 Euro. Als Anleger müssen Sie darauf achten und Ihren Anlagebetrag daran orientieren. Beträgt der Nennwert einer Anleihe beispielsweise 1000 Euro, können Sie nur 1000 Euro oder ein Vielfaches davon in dieser Anleihe anlegen. Der Nennwert ist auch der Wert, den der Herausgeber als Anleiheschuldner (Emittent) am Ende der vereinbarten Laufzeit wieder an den Anleger zurückzahlen muss.

In den Anleihebedingungen ist genau festgelegt, wie hoch die Zinsen sind, die Sie meist dafür erhalten, dass Sie dem Emittenten das Geld zur Verfügung stellen, und zu welchen Terminen sie gezahlt werden müssen. Üblich sind jährliche Zinstermine, die Zinszahlung kann aber auch viertel- oder halbjährlich erfolgen. Die Zinsen werden jeweils auf den Nennwert berechnet.

Früher, als es noch physische, gedruckte Anleiheurkunden gab, war jeder Anleiheurkunde ein Zinsscheinbogen beigefügt, der aus verschiedenen Zinskupons bestand. Diese mussten dann zum jeweiligen Zinstermin abgeschnitten und der Bank vorgelegt werden, die daraufhin die Zinsen auszahlte. Heute werden Zinsen nicht mehr manuell ausgegeben, sondern automatisiert auf das Konto des Anlegers überwiesen. Der Begriff „Zinskupon“ oder kurz „Kupon“ für den Zinssatz einer Anleihe ist aber noch heute üblich.

Beispiel: Hat eine Anleihe einen „Zinskupon" von 2 Prozent jährlich und besitzt der Anleger zwei Teilschuldverschreibungen mit einem Nennwert von 10 000 Euro, so erhält er jährlich 400 Euro (2 x 2 Prozent von 10 000 Euro) Zinsen.

Laufzeit und Rückzahlung

In den Anleihebedingungen ist geregelt, wann der Emittent dem Anleger den geliehenen Geldbetrag wieder zurückzahlen muss. Den Zeitraum bis zur Rückzahlung bezeichnet man als (Rest-)Laufzeit. Anleger können aus einem breiten Spektrum an Laufzeiten wählen. Experten unterteilen die verschiedenen Zeiträume zur besseren Orientierung in

- kurzfristige Papiere (sogenannte Kurzläufer), die in weniger als drei Jahren fällig werden,
- mittelfristige Papiere (drei bis sieben Jahre) und
- Langläufer, deren Laufzeiten länger – mitunter bis zu 30 oder 50 Jahre – betragen können.

Wird eine Anleihe, wie nach den Emissionsbedingungen bestimmt, gesamt oder in Tranchen zurückgezahlt, spricht man auch von der Tilgung der Anleihe. Nach den Bedingungen können aber auch andere Rückzahlungsgründe vorliegen. So kann bestimmt sein, dass die Anleihe gesamt oder teilweise durch den Emittenten gekündigt und somit vorzeitig zurückgezahlt werden kann. Mitunter ist es möglich, dass der Emittent die Papiere an der Börse wie ein Dritter zurückkauft.

Daneben gibt es endlos laufende Anleihen, bei denen also kein fester Rückzahlungstermin vorgesehen ist. Hier hat der Emittent aber in der Regel ein Kündigungsrecht.

Der Kurswert

Der Wert einer Anleihe kann während der Laufzeit schwanken. Das kommt daher, dass Anleihen im Unterschied zu festverzinslichen Sparprodukten der Banken (wie zum Beispiel Festgelder) während der Laufzeit an der Börse verkauft werden können. Der Verkaufspreis richtet sich – wie an der Börse üblich – nach Angebot und Nachfrage. Der Kurswert gibt den aktuellen Wert einer Anleihe relativ zum Nennwert an. Er wird üblicherweise in Prozent notiert.

Ist eine Anleihe stark nachgefragt, weil Anleger diese beispielsweise in Krisenzeiten als besonders sicher erachten, kann der Kurswert über 100 Prozent betragen. So notierten zu Hochzeiten der Eurofinanzkrise zum Beispiel Anleihen von als besonders sicher geltenden Emittenten wie Deutschland oder Norwegen weit über 100 Prozent. Umgekehrt kann der Kurswert weit unter 100 Prozent liegen, wenn zum Beispiel schlechte Nachrichten über den Emittenten kursieren und Inhaber der Anleihe befürchten, ihr Geld am Ende der Laufzeit nicht mehr zurückzubekommen. Als die Betrügereien von VW mit manipulierten Abgaswerten bekannt wurden, ging nicht nur der Aktienkurs von VW auf Talfahrt, auch Volkswagen-Anleihen notierten unter 100 Prozent.

> **Steigen die Marktzinsen, fällt der Kurs einer laufenden Anleihe, denn Anleger wollen dann lieber neue Anleihen mit höherem Zins kaufen.**

Der Kurswert wird zudem von den aktuellen Marktzinsen beeinflusst. Steigen die Marktzinsen, fällt der Kurs einer bereits laufenden Anleihe, denn Anleger wollen dann lieber neue Anleihen mit höherem Zins kaufen. Hingegen steigt die Rendite der bereits laufenden Anleihen, da diese aufgrund des gefallenen Kurses günstiger gekauft werden können. (➚ Grafik „So beeinflusst der Marktzins Kurs und Rendite".)

Nach den Anleihebedingungen muss die Anleihe grundsätzlich zu 100 Prozent, also zum Nennwert zurückgezahlt werden. Wird der Emittent nicht insolvent, bekommen Anleger den Nennwert immer zurück. Wenn Sie al-

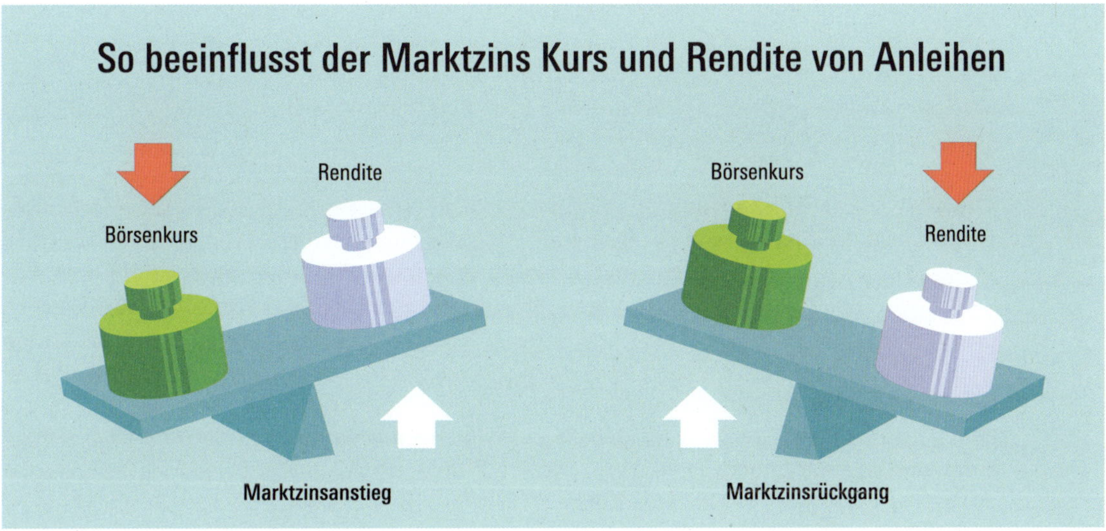

so auf die Kreditwürdigkeit des Emittenten vertrauen können und vorhaben, seine Anleihe bis zum Laufzeitende zu halten, können Ihnen Kursschwankungen in der Zwischenzeit egal sein.

Kaufen Sie eine Anleihe während der Laufzeit zu einem Kurswert, der von ihrem Nennwert abweicht, können Sie zusätzliche Kursgewinne oder -verluste erzielen. Hätten Sie beispielsweise eine VW-Anleihe gekauft, als deren Kurswert aufgrund der Nachrichten über die Abgasmanipulationen auf 90 Prozent gesunken war, und wird diese dann zum Nennwert, also zu 100 Prozent zurückgezahlt, hätten Sie neben Ihrem Zinsertrag einen Kursgewinn von 10 Prozent erzielt.

Anlagewährung

Eine Anleihe und ihr Nennwert müssen sich auf eine bestimmte Währung beziehen, diese muss jedoch nicht die Heimatwährung des Emittenten sein. Ein deutscher Emittent kann sich grundsätzlich in jeder frei handelbaren Währung verschulden. Er kann Anleihen begeben, die auf Euro lauten, aber auch beispielsweise auf US-Dollar oder Norwegische Krone. Solche Fremdwährungsanleihen bieten Anlegern die Chance, vom höheren Zinsniveau eines anderen Währungsraumes und von Wechselkursveränderungen zu profitieren. Entwickelt sich die Fremdwährung ungünstig für den Anleger, sind entsprechende Verluste möglich.

Rendite

Für Anleger ist eines der wichtigsten Vergleichskriterien die Rendite. Sie gibt die tatsächliche Jahresverzinsung der Anlage unter Berücksichtigung aller wichtigen Faktoren wieder. Bei einer Festgeldanlage bei einer Bank entspricht die Rendite dem Zinssatz des Festgeldangebotes. Ganz so einfach lässt sich die Rendite einer Anleihe nicht bestimmen. Das liegt insbesondere daran, dass Anleihen meist nicht zum Nennwert, sondern zum Kurswert erworben werden. Die tatsächlich erzielbare Rendite hängt daher vor allem vom Kurswert der Anleihe zum Kaufzeitpunkt ab. Nur wenn Sie eine Anleihe vom ersten bis zum letzten Tag halten, bekommen Sie die sogenannte Emissionsrendite. Kaufen Sie später, weicht die tatsächliche Rendite von der Emissionsrendite ab. Notiert der Kurs der Anleihe zum Kaufzeitpunkt unter 100 Prozent und halten Sie diese bis zum Laufzeitende, erzielen Sie neben der laufenden Verzinsung zusätzlich einen Einlösungsgewinn, der Ihren Gesamtertrag verbessert.

Grob gesagt, errechnet sich die Rendite bei Anleihen somit aus der Verzinsung und der Differenz zwischen Kauf- und Verkaufs- beziehungsweise Rückzahlungskurs.

Wollten Sie die Rendite Ihrer Anleihe ganz genau ermitteln, müssten Sie noch weitere Faktoren berücksichtigen: Kaufen Sie nicht zum Nennwert, ist zum Beispiel auch Ihr Kapitaleinsatz entsprechend höher oder niedriger. Weiterhin müssten Sie noch Kosten wie Maklercourtage und Kaufprovision berücksichtigen. Legen Sie in einer Fremdwährung an, kann sich die Rendite zusätzlich stark verändern, wenn die Fremdwährung zum Euro stark gestiegen oder gefallen ist.

Stückzinsen

Anleiheemittenten zahlen ihre Zinsen zu den in den Anleihebedingungen festgelegten Terminen. Aber wem stehen die Zinsen zu, wenn eine Anleihe zwischen zwei Zinszahlungsterminen den Besitzer wechselt? Hier kommen Stückzinsen ins Spiel. Stückzinsen sind Zinsen, die auf die Zeit zwischen dem letzten Zinszahlungstermin und dem Verkaufstermin einer Anleihe entfallen. Der Käufer einer Anleihe muss dem Verkäufer Stückzinsen zahlen, da er für den seit der letzten Zinszahlung vergangenen Zeitraum den Zinsanspruch des Verkäufers mit erwirbt und beim nächsten Zinstermin die volle Zinszahlung vom Emittenten erhält – so, als hätte er die Anleihe schon das ganze Jahr in seinem Besitz.

Beispiel: Anleger A verkauft die Anleihe ein Vierteljahr nach dem Zinstermin an B. B muss A für dieses Vierteljahr die anteiligen Zinsen zahlen und ein Dreivierteljahr bis zum nächsten Zinstermin warten. Dann bekommt er die Zinsen für das gesamte Jahr.

Stückzinsen berechnen sich nach der Formel
(Nennwert der Anleihe x Tage seit letztem Zinstermin x Nominalzins)
/ (100 x 365 Tage)
= Stückzinsen

Beispiel: Ein Anleger kauft mit Valuta vom 10. März eine Anleihe im Nennwert von 1000 Euro mit einem Zinskupon von 3,5 Prozent zum Kurs von 98,8 Prozent. Die Zinsen werden jährlich am 1. Dezember gezahlt. Die Anleihe ist in drei Jahren und 266 Tagen endfällig. Der Käufer muss dem Verkäufer für 99 Tage (30 Tage im Dezember + 31 Tage im Januar + 28 Tage im Februar + 10 Tage im März) Stückzinsen bezahlen.

Damit muss der Anleihekäufer an Stückzinsen zahlen:
(1 000 x 99 x 3,5)
/ (100 x 365)
= 9,49 Euro

Das entspricht 0,95 Prozent
(3,5 Prozent x 99 Tage / 365 Tage)

Die laufende Verzinsung und die Börsenformel

Normalerweise müssen Sie die Rendite von Anleihen nicht selbst berechnen. Im Internet geben Börsenportale und Direktbanken zu Anleihen in der Regel die Rendite an, die Sie aktuell erzielen würden, wenn Sie die Anleihe kaufen und bis zur Endfälligkeit halten würden. Gute Internetseiten für Anleihekäufer sind beispielsweise www.bondboard.de und www.boerse-stuttgart.de. Hier finden Sie auch sehr nützliche Tools wie Anleihefinder und Renditerechner. Mit dem Anleihefinder können Sie nach Ihren gewünschten Kriterien passende Anleihen für Sie finden.

Sollten Sie einmal keine Angaben zur Rendite einer Anleihe finden und diese selbst bestimmen wollen, gibt es dafür unterschiedliche Berechnungsmethoden.

Die einfachste Methode ist die der laufenden Verzinsung. Diese gibt an, wie hoch der effektive Prozentsatz ist, mit dem der Kapitaleinsatz des Anleiheinvestors verzinst wird.

So berechnet sich die laufende Verzinsung:

	(Nominalzins x 100)
/	(Kaufkurs)
=	**Laufende Verzinsung**

Im vorigen Beispiel würde die laufende Verzinsung somit wie folgt berechnet:

	3,5 x 100
/	98,8
=	**3,54 Prozent**

Zusätzlich würde der Anleger einen Kursgewinn von 1,2 Prozent (100 Nominalwert, 98,8 Kaufkurs) erzielen, wenn er die Anleihe bis zur Fälligkeit hält. Dies berücksichtigt die laufende Verzinsung nicht. Sie berücksichtigt auch nicht, auf welche Restlaufzeit sich ein solcher Mehrertrag (oder auch Kursverlust) verteilt, und eignet sich daher nur zur Renditebestimmung, wenn der aktuelle Kurs nahe 100 Prozent liegt. Ansonsten weist die laufende Verzinsung üblicherweise eine höhere oder niedrigere Rendite auf, als der Anleger tatsächlich erzielt.

Dieser Nachteil entfällt bei der sogenannten Börsenformel. Sie setzt die Kursgewinne und -verluste, die sich aus der Differenz zwischen Nennwert und Kaufkurs ergeben, ins Verhältnis zur Restlaufzeit. Außerdem müssen zum eingesetzten Kapital neben dem Kaufkurs noch die Kaufkosten und Stückzinsen berücksichtigt werden. Von der Börsenformel gibt es in der Praxis viele Abweichungen, sie ist nur eine Faustformel zur Renditeberechnung.

So lautet die Börsenformel:

	[Nominalzins + ((Rückzahlungskurs – Kaufkurs) : Restlaufzeit in Jahren)] x 100
/	Kaufkurs
=	**Rendite**

Gut zu wissen

Fremdwährungsanleihen sind kein Sicherheitsbaustein. Anleger, die einen Sicherheitsbaustein für ihre Geldanlage suchen, sollten ausschließlich Anleihen kaufen, die auf Euro lauten. Anleihen in fremder Währung sind riskant. Wechselkurse können immer wieder erheblich schwanken. Amerikanische Staatsanleihen zum Beispiel eignen sich nicht als Sicherheitsbaustein fürs Depot – obwohl die USA ähnlich wie die Bundesrepublik Deutschland ein erstklassiger Schuldner sind. Doch der Dollar schwankt so stark, dass eine amerikanische Staatsanleihe für hiesige Anleger nicht als sicher angesehen werden kann.

Im Beispiel mit den Stückzinsen würde die Rendite nach der Börsenformel so berechnet:

	[3,5 + ((100 – 98,8) : 3,73)] x 100
/	98,8
=	**3,87 Prozent**

Grundsätzlich liefert die Börsenformel umso genauere Ergebnisse, je näher der Kaufkurs der Anleihe an 100 Prozent liegt und je kürzer die Restlaufzeit ist. Noch komplexere und professionellere Methoden zur Renditeberechnung berücksichtigen unter anderem auch die Barwerte der Zinszahlungen, berechnen also, was diese bezogen auf die Laufzeit der Anleihe wert sind.

Was beeinflusst den Wert einer Anleihe?

Auch wenn Anleihen gemeinhin als sichere Anlagen für konservative Anleger gelten, weisen sie Risiken auf, die Sie beachten sollten.

Aktienbesitzer können über Kurssteigerungen davon profitieren, wenn „ihr" Unternehmen wirtschaftlich besonders erfolgreich ist oder gute Zukunftschancen hat. Aktienkurssteigerungen haben für Anleger, die in dasselbe Unternehmen über eine Anleihe investiert haben, hingegen keine Auswirkungen. Ihr Ertrag steht aufgrund der festen Laufzeit und Verzinsung von vornherein fest. Da bei einem Investment Chancen und Risiken immer voneinander abhängen, sind bei einer Anlage in Anleihen aber auch die Risiken geringer als bei einer Aktienanlage. Gerät das Unternehmen in Schwierigkeiten, sinkt der Kurs der Aktie und damit sinken die Ertragschancen des Aktionärs. Der Anleiheinvestor hingegen ist in einer komfortableren Situation. Seine Ansprüche gehen denen der Aktionäre (Anteilseigner) grundsätzlich vor, wenn das Unternehmen in finanzielle Schwierigkeiten gerät.

Dennoch ist eine Anleihe kein risikoloses Investment. Wie riskant eine solche Anlage ist, hängt von verschiedenen Faktoren ab.

Das Emittentenrisiko

Ein Schuldversprechen ist immer nur so werthaltig wie derjenige, der es abgibt. Anleger, die eine sichere Anleihe erwerben wollen, müssen

Anleihen und Aktien im Vergleich

	Anleihe	Aktie
Rechtliche Stellung des Anlegers	Der Anleger ist Gläubiger des Unternehmens und hat Anspruch auf Rückzahlung seines Kapitals sowie die vereinbarte Verzinsung.	Der Anleger ist Miteigentümer des Unternehmens und hat Anspruch auf eine Beteiligung am Gewinn.
Laufzeit der Anlage	Laufzeit der Anleihe wird bei Emission festgelegt. Spätestens am Ende der Laufzeit erhält der Anleger sein Kapital zurück.	Unbestimmt. Bis der Anleger seine Aktie wieder verkauft.
Form der Erträge	Regelmäßige und feste Verzinsung des investierten Kapitals.	Ob eine Gewinnausschüttung (Dividende) erfolgt und wenn ja in welcher Höhe, ist vom Jahresergebnis des Unternehmens abhängig.
Chancen	Kursgewinne sind bei einem Verkauf vor Laufzeitende möglich.	Kursgewinne und steigende Dividenden bei wirtschaftlichem Erfolg des Unternehmens.
Risiken	Zahlungsausfall von Zinsen und Rückzahlung. Ansprüche gehen denen von Aktionären vor.	Kursverluste sind bis zum Totalverlust möglich, wenn das Unternehmen insolvent wird.

daher vor allem auf die Kreditwürdigkeit (Bonität) des Emittenten achten. Je größer die Gefahr ist, dass der Emittent während der Laufzeit einer Anleihe in Schwierigkeiten gerät und Zinsen nicht mehr bezahlen kann oder gar das geliehene Kapital nicht zurückzahlt, umso höhere Zinsen verlangen Anleger als Entschädigung für das Risiko, das sie eingehen. Umgekehrt müssen Emittenten, bei denen die Wahrscheinlichkeit eines Zahlungsausfalls gering ist, wie beispielsweise Deutschland oder die USA, ihren Anlegern keine hohen Zinsen anbieten. Als Faustregel gilt: Je höher der Zins, umso schlechter die Kreditwürdigkeit des Emittenten.

Für Privatanleger ist es schwer, die Bonität eines Staates oder Unternehmens, das Anleihen herausgibt, zu beurteilen. Eine Orientierung können hier die Einstufungen von Ratingagenturen wie Standard & Poor's (S & P), Moody's oder Fitch sein, die die Kreditwürdigkeit von Anbietern überprüfen. Zwar ist ein Rating für Anleihen nicht vorgeschrieben. Dennoch lässt sich ein Großteil der Anleihe-Herausgeber freiwillig durchleuchten, um ihre Papiere besser loszuwerden. Denn wie eine TÜV-Plakette soll ein positives Rating Vertrauen bei den Anlegern erzeugen. Die Analysten der Ratingagenturen durchleuchten dann Wirtschaftsdaten von Verbänden, Veröffentlichungen von Zentralbanken, Ministerien und Aufsichtsbehörden und sprechen mit Branchenexperten und Wissenschaftlern. Bei Unternehmen lassen sie sich auch die Bilanzen der letzten und Planzahlen der kommenden Jahre zeigen und vergleichen sie mit dem, was sie aus früheren Ratings über die Branche des Kandidaten wissen.

Am Ende des Verfahrens geben die Prüfer Ratingnoten: Von der Bestnote AAA bis zum C bei S & P und Fitch beziehungsweise von Aaa bis C bei Moody's. Mit feinen Abstufungen innerhalb der Notenklassen drücken die Prüfer aus, ob eine Anleihe im oberen Drittel, im Mit-

Die Notenskala der Bonitätsprüfer

Moody's	Standard & Poor's, Fitch	Was steckt hinter der Note?
Investment Grade		
Aaa	AAA	Hochqualitative Anleihen. Die Rückzahlung von Zinsen und des eingesetzten Kapitals gilt als sehr sicher.
Aa1; Aa2; Aa3	AA+; AA; AA–	Anleihen mit sehr hoher Sicherheit, geringes Ausfallrisiko. Zins und Tilgung werden mit sehr hoher Wahrscheinlichkeit geleistet.
A1; A2; A3	A+; A; A–	Gute Bonität. Viele Kriterien deuten darauf hin, dass Zins und Tilgung geleistet werden. Es gibt aber ein Restrisiko.
Baa1; Baa2; Baa3	BBB+; BBB; BBB–	Durchschnittliche Bonität. Anleger, die nicht spekulieren wollen, sollten keine schlechter bewerteten Anleihen kaufen.
Non-Investment Grade		
Ba1; Ba2; Ba3	BB+; BB; BB–	Hohes Risiko. Zurzeit werden Zins und Tilgung zwar noch gezahlt, doch langfristig ist das Risiko eines Zahlungsausfalls hoch.
B1; B2; B3	B+; B; B–	Spekulative Anlage. Rückzahlung der Anleihen ist stark gefährdet.
Caa; Ca; C	CCC; CC; C	Hoch spekulativ. Zahlungsverzug ist eingetreten (Moody's) oder es besteht eine direkte Gefahr für einen Zahlungsverzug (S&P).

30 SEKUNDEN FAKTEN

15 BILLIONEN DOLLAR
betrug Anfang 2020 das Marktvolumen von Anleihen mit einer negativen Rendite.

4,2 BILLIONEN DOLLAR
war die Bilanzsumme der US-Notenbank Fed im Januar 2020 – etwa ein Fünftel des Bruttoinlandsprodukts. 2008, vor der Finanzkrise, lag die Bilanzsumme bei 0,9 Billionen Dollar.

757 MILLIARDEN EURO
betrug im Februar 2020 das Volumen von in den kommenden fünf Jahren fälligen Bundesanleihen.

Quellen :finanzmarktwelt.de, aktiencheck.de, finanzen.net

telfeld oder im unteren Drittel ihrer Klasse liegt. Bei Ratings schlechter als BBB bei S & P und Baa bei Moody's bewegt sich der Anleger im „Non-Investmentgrade". Hier ist eine Anlage schon ziemlich riskant.

Grundsätzlich sollten Sie Ratings aber nur als Anhaltspunkt bei Ihrer Anlageentscheidung betrachten und diesen nicht blind vertrauen. In der Vergangenheit haben sich Noten von Ratingagenturen einige Male als zu optimistisch erwiesen.

Je schlechter die Bonität eines Emittenten, umso höhere Zinsen muss er bei der Neuemission einer Anleihe bieten. Anleger, die in eine Anleihe investieren, gehen dennoch davon aus, dass diese zum Laufzeitende zum Nennwert, also einem Kurs von 100 Prozent zurückgezahlt wird. Aber auch während der Laufzeit kann sich die Bonität eines Emittenten ändern: Bei einem Unternehmen kann sich die Auftragslage dramatisch verschlechtern, Skandale können den Ruf schädigen oder ein unfähiges Management die Firma ruinieren. Auch Staaten sind vor Bonitätsverschlechterungen nicht gefeit, wenn zum Beispiel die Staatsschulden überhandnehmen oder politische Unruhen für Unsicherheit sorgen. All dies kann dazu führen, dass die Emittenten auch während der Laufzeit der Anleihe in eine schlechtere Bonitätsstufe herabgestuft werden. Dann sinkt meist der Kurswert der Anleihe stark.

Mutige Anleger können Kursrutsche von Anleihen ausnutzen, um diese günstig zu erwerben. Das sollten Sie allerdings nur tun, wenn Sie davon überzeugt sind, dass der Emittent, also ein Unternehmen oder ein Staat, weiterhin seine Zinsen bedienen und vor allem zum Laufzeitende das eingesetzte Kapital zurückzahlen wird. In diesem Fall profitieren Sie von hohen Kursgewinnen, da die Rückzahlung immer zum Kurs von 100 Prozent zu erfolgen hat.

Das Zinsänderungsrisiko

Auch wenn Anleihen zu 100 Prozent des Kurswertes zurückzuzahlen sind, kann der allgemeine Marktzins den Kurswert einer Anleihe während der Laufzeit stark beeinflussen. Das ist wichtig für Anleger, die ihre Anleihe vor Laufzeitende verkaufen wollen oder auf Kursgewinne spekulieren.

- **Steigen die Zinsen** am Kapitalmarkt, zum Beispiel weil wichtige Notenbanken wie die US-Notenbank Fed oder die Europäische Zentralbank (EZB) den Leitzins anheben, sinken die Kurse älterer bereits börsennotierter Anleihen. Der Grund dafür ist logisch: Die älteren Papiere mit niedrigerem Zinskupon werden viel weniger nachgefragt als Neuemissionen mit an das gestiegene Zinsniveau angepassten Zinskupons.

- **Fallen dagegen die Zinsen** am Kapitalmarkt, steigen die Kurse bereits börsennotierter Anleihen. Denn die älteren Papiere bieten höhere Zinskupons als Neuemissionen und sind daher für Anleger attraktiver.

Gerade wenn das Zinsniveaus sehr niedrig ist, müssen Anleger mit steigenden Marktzinsen rechnen. Es macht dann wenig Sinn, langlaufende Festzinsanleihen zu kaufen, auch wenn diese zu diesem Zeitpunkt noch eine höhere Rendite bieten als Anleihen mit kurzer Restlaufzeit. Wer in einer solchen Phase beispielsweise zehnjährige Papiere kauft, riskiert, auf diesen sitzen zu bleiben, wenn am Markt wieder höhere Zinsen gezahlt werden, oder er muss mit Kursverlusten verkaufen.

Kaufen Sie hingegen im Zinstief Anleihen mit kurzer Restlaufzeit bis zu drei Jahren, können Sie die Rückzahlung Ihrer Anleihe zum Nennwert abwarten und dann neu zu den dann eventuell höheren Kursen investieren.

Duration

Selbst wenn Sie eine Anleihe bis zum Laufzeitende halten und somit zum Nennwert zurückbezahlt bekommen, sind Marktzinsänderungen auch für Sie insoweit relevant, als dass Sie die ausgeschütteten Zinsen während der Laufzeit zum dann gültigen Zins wiederanlegen müssen. Wenn die Zinsen steigen, können Sie die Zinserträge zu besseren Renditen wiederanlegen. Gleichzeitig fällt dann der Kurs Ihrer Anleihe. Umgekehrt kann der Zinsertrag bei sinkenden Zinsen nur zu schlechteren Konditionen reinvestiert werden.

Mit der Duration haben Anleger eine Maßzahl dafür, wie empfindlich der Kurs einer Anleihe auf eine Änderung des Marktzinsniveaus reagiert. Sie gibt an, wie viele Jahre es dauert, bis sich die Kurs- und Zinseffekte jeweils ausgleichen, wann also der Punkt erreicht ist, an dem sich Wiederanlage- und Kursänderungsrisiko kompensieren.

Zur Berechnung der Duration wird zunächst ermittelt, wie viele Zahlungen aus der Anleihe ein Anleger zu erwarten hat. Wer beispielsweise eine Anleihe mit einer Laufzeit von fünf Jahren kauft, erhält in den Jahren eins bis fünf jeweils Zinszahlungen. Da eine Zinszahlung in fünf Jahren weniger wert ist als eine Zinszahlung jetzt (sie könnte gleich wieder angelegt werden), werden alle künftigen Zahlungen abgezinst und der Barwert der künftigen Zahlungen ermittelt und gewichtet.

Die Duration ist umso höher, je länger eine Anleihe noch läuft und je niedriger die Verzinsung ist. Üblicherweise ist die Duration kürzer als die Laufzeit einer Anleihe. Würden Sie eine Anleihe vorzeitig genau zu dem Zeitpunkt verkaufen, an dem die Duration erreicht ist, würden Sie genau die Rendite erzielen, die beim Kauf der Anleihe berechnet wurde.

Gut zu wissen

Achten Sie auch auf die Duration. Erwarten Sie steigende Zinsen, sollten Sie auf eine niedrige Duration achten. Suchen Sie sich eine Anleihe, die kurz läuft und einen möglichst hohen Zinskupon hat. Wollen Sie auf sinkende Zinsen setzen, sollten Sie eine hohe Duration wählen, also eine Anleihe kaufen, die möglichst lange läuft und niedrige Zinsen hat. Beachten Sie aber: Die Duration ist nur eine Kennzahl bei der Überlegung, in Anleihen zu investieren. Wichtig für Ihre Anlageüberlegungen sind daneben vor allem die Bonität des Emittenten und der passende Anleihe-Typ.

Die Zinsstrukturkurve

Aus einer Zinsstrukturkurve können Sie ablesen, welche Zinsniveaus kurz-, mittel- und langfristige Zinsanlagen aufweisen.

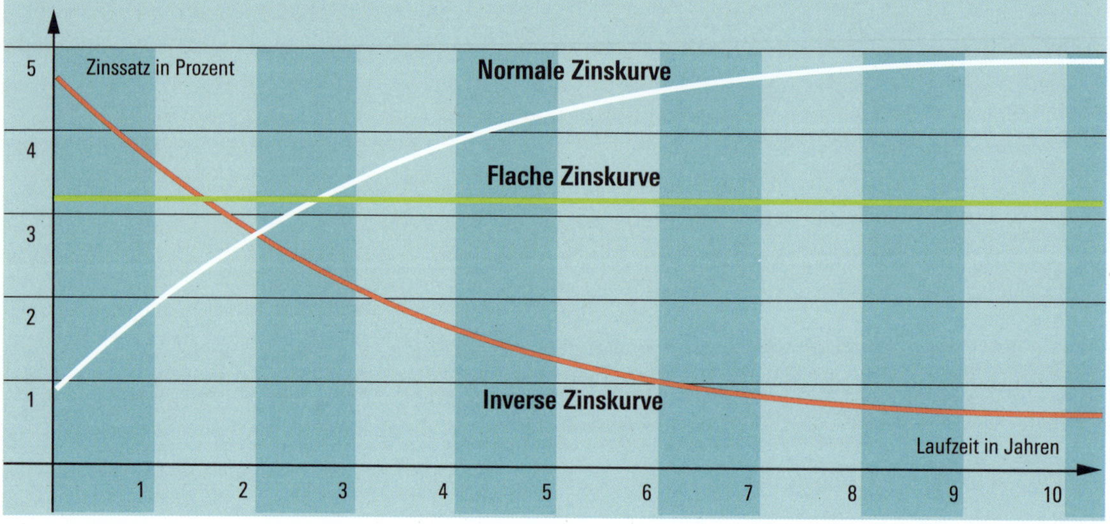

▶ Die Zinsstrukturkurve

Die Renditen festverzinslicher Wertpapiere unterscheiden sich je nach ihrer Restlaufzeit. Normalerweise erzielen Anleger mit Anleihen längerer Laufzeiten höhere Renditen. Das erklärt sich damit, dass Anleger, die ihr Geld einem Anleiheschuldner leihen, einen höheren Aufschlag für ihr höheres Risiko der längeren Kapitalbindung fordern. Auch wollen sie einen Ausgleich für die erwartete Inflation, weil diese während der Laufzeit an der Kaufkraft des angelegten Geldes nagt. Die Abhängigkeit von Zinsen und Laufzeiten kann man systematisch in Zinsstrukturkurven verdeutlichen.

Von einer normalen Zinsstrukturkurve spricht man, wenn für längere Laufzeiten höhere Renditen gezahlt werden. Hier erwarten die Marktteilnehmer steigende Zinsen und lassen sich längere Bindungsdauern mit einer Risiko- und Liquiditätsprämie in Form höherer Zinsen bezahlen.

Ist die Zinskurve flach, werden für alle Laufzeiten annähernd gleiche Renditen gezahlt. Da Anleger normalerweise für eine längere Laufzeit eine Risiko- und Liquiditätsprämie fordern, spricht eine flache Zinsstrukturkurve dafür, dass Anleger fallende Zinsen erwarten.

Werden für langfristige Anleihen weniger Zinsen gezahlt als für kurzfristige Anlagen, liegt eine inverse Zinskurve vor. Eine Erklärung dafür kann sein, dass die Marktteilnehmer mit einer Rezession und stark fallenden Zinsen rechnen. Daher wollen sie verstärkt in langfristige Anleihen investieren. Durch die steigende Nachfrage am sogenannten langen Ende der Zinskurve sinken die entsprechenden Zinssätze. Eine inverse Zinskurve kommt eher selten vor und zeigt eine besondere Verunsicherung der Marktteilnehmer.

▶ Eine interaktive Grafik, wie die Zinsstrukturkurve von deutschen Staatsanleihen derzeit ist und wie sie sich vor einem Monat und vor einem Jahr darstellte, finden Sie unter https://de.investing.com/rates-bonds/germany-government-bonds.

Checkliste

Achten Sie auf Sonderbedingungen

Bei manchen Anleihen gibt es Sonderbedingungen, auf die Sie achten sollten. Dazu gehören vor allem:

- ☐ **Vorzeitiges Kündigungsrecht:** Es steht dem Emittenten frei, die Anleihe vor dem eigentlichen Fälligkeitstag zu bestimmten Terminen zu verkaufen. Oft erhalten Sie dann zwar eine Rückzahlung über dem Nennwert, also einem Kurs über 100 Prozent, um Sie für die Zinsausschüttungen zu entschädigen, die Ihnen entgehen. Sie müssen sich dann aber um eine Wiederanlage kümmern.
- ☐ **Variable Verzinsung**: Vor allem bei Unternehmensanleihen gibt es Papiere mit einer variablen Verzinsung. Die Zinsen sind dann von bestimmten Bedingungen abhängig und können sich während der Laufzeit ändern. Solche Bedingungen können zum Beispiel das Rating oder die Eigenkapitalquote des Anleihe-Herausgebers sein.

Ob es bei einer Anleihe Sonderbedingungen gibt und welche, erfahren Sie aus dem Emissionsprospekt.

Kündigungs- und Auslosungsrisiko

Es gibt Anleihen, bei denen sich der Herausgeber ein Kündigungsrecht vor Ablauf der Laufzeit vorbehält. Macht er davon Gebrauch, erhält der Anleger früher als kalkuliert sein eingesetztes Kapital zurück. Kann er dann nur zu einem schlechteren Zinssatz wieder anlegen, weil der Marktzins gesunken ist, erleidet er einen Verlust. Anleiheherausgeber nutzen die Kündigungsmöglichkeit gerne dann aus, wenn die Zinsen gesunken sind und sie sich günstiger neu verschulden können.

Ein besonderer Beendigungsgrund ist die sogenannte Auslosung bei der Rückzahlung von Losanleihen. Das sind Anleihen, die keinen festen Rückzahlungstermin haben, die aber innerhalb einer bestimmten Frist zurückbezahlt werden. Im Rahmen einer Auslosung werden Nummern der emittierten Anleihe gezogen und diese Wertpapiere dann zurückgezahlt. Nicht gezogene Anleihen laufen weiter, bis sie später ausgewählt werden.

Wechselkursrisiko

Fremdwährungsanleihen, die nicht in Euro, sondern einer anderen Währung zurückgezahlt werden, unterliegen Wechselkursschwankungen. Sinkt die Nominalwährung (zum Beispiel US-Dollar, Norwegische Krone, Britisches Pfund) gegenüber dem Euro, erleidet ein deutscher Anleger Währungsverluste, steigt die fremde Währung gegenüber dem Euro, kann er hingegen Währungsgewinne einstreichen. Es gibt auch Anleihen, bei denen die Kuponwährung nicht mit der Nominalwährung identisch ist. Dann müssen Anleger sowohl hinsichtlich der Zinszahlungen als auch der Rückzahlung des Kapitals die Entwicklung der Devisenkurse beachten und notfalls rechtzeitig verkaufen, wollen sie nicht „doppelte" Währungsverluste hinnehmen.

Inflationsrisiko

Anleiheinvestoren wissen grundsätzlich immer, dass sie ihr Kapital nebst Zinszahlungen zurückerhalten – vorausgesetzt, der Emittent bleibt zahlungsfähig. Welchen realen Wert die Rückzahlung des Kapitals in der Zukunft für sie hat, hängt aber auch davon ab, wie sich die allgemeine Preissteigerung, also die Inflation, bis dahin entwickelt. Die Kaufkraft des Rückzahlungsbetrags kann dann von der heutigen Kaufkraft seines Sparbetrags abweichen. Waren die Inflationsraten höher als die Zinsen, die Anleger erzielt haben, war der sogenannte Realzins ihrer Anlage negativ.

Die Liquidität von Anleihen

Beim Kauf vom Anleihen sollten Sie auch auf deren Börsenumsatz achten. Anleihen mit einem hohen Umsatz sind sehr liquide, können also jederzeit wieder verkauft werden. Sie können eine Anleihe zwar grundsätzlich bis zur Fälligkeit halten, aber es könnte ja sein, dass Sie vorzeitig verkaufen wollen, weil Sie das Geld brauchen oder weil sich die Bonität des Emittenten während der Laufzeit verschlechtert und Sie einen Ausfall bei der Rückzahlung befürchten. Liquiditätsprobleme treten vor allem bei kleineren Emissionen auf, in der Regel aber nicht bei Staatsanleihen und seltener bei Emissionen großer Industrieunternehmen.

Bei den Börsenportalen oder Direktbanken im Internet finden Sie meist Angaben zur Liquidität einer Anleihe.

Bei den Börsenportalen oder Direktbanken im Internet finden Sie meist Angaben zur Liquidität einer Anleihe. Diese verwenden etwa Abstufungen für die Liquidität von „niedrig" bis „hoch" oder andere Kennzahlen. Die Börse München hat zum Beispiel bei ihrem Anleihenfinder ein Liquiditätsrating von 1 bis 6. Ein Rating von 1 bedeutet, die Anleihe ist jederzeit handelbar, es gibt nur kleinste Abweichungen zwischen Ankaufs- und Verkaufspreis (Spread). Ein Liquiditätsrating von 6 bedeutet illiquider Wert, sowohl ein Verkauf als auch ein Kauf kommt nur nach Orderlage zustande, ein Kurs wird vom Skontroführer lediglich unter Berücksichtigung der aktuellen Marktlage gestellt.

Unterschiedliche Anleihetypen

Der Anleihenmarkt ist riesig, und es gibt zahlreiche verschiedene Anleihetypen mit unterschiedlichen Eigenschaften. Die Kreditwürdigkeit des Herausgebers, die Art der Verzinsung und der Rückzahlung der Anlagesumme können ebenso variieren wie die Währung oder die Besicherung.

Staatsanleihen

Staaten brauchen viel Geld, um ihre Aufgaben erfüllen zu können. Sie geben daher oft Anleihen heraus, die die Bürger oder fremde Investoren kaufen können.

Viele Staaten der Welt benötigen zur Finanzierung ihres Haushalts, besonderer Projekte oder sonstiger Staatsausgaben mehr Geld, als sie durch Steuern und Abgaben einnehmen. Sie nutzen dann auch den Kapitalmarkt, um sich Geld bei Anlegern zu leihen. Anleihen, bei denen ein Staat oder auch eine unterhalb des Staates organisierte Gebietskörperschaft, wie zum Beispiel ein Bundesland oder ein Schweizer Kanton, Herausgeber der Anleihe ist, werden als Staatsanleihen bezeichnet. Staatsanleihen haben oft sehr lange Laufzeiten von 10 bis 30 Jahren.

Auch bei Staatsanleihen ist die Bonität des Emittenten für Anleger besonders wichtig, und auch hier sind die Einschätzungen der Ratingagenturen von großer Bedeutung. Staatsanleihen von Ländern mit solidem Rating gelten als sehr sichere Wertpapiere, insbesondere solche mit einem AAA-Rating, der höchsten

STAATSANLEIHEN

Geeignet für sicherheitsorientierte bis risikofreudige Anleger – je nach Bonität des Emittenten (Landes).

PRO

Staatsanleihen gibt es für jeden Anlagehorizont. Mit der Auswahl des herausgebenden Staates und der Währung bestimmen Sie Ihr Risiko selbst.

CONTRA

Im Fall einer Staatspleite kann der Totalverlust eintreten. Wenn Staatsanleihen nicht auf Euro lauten, haben sie zusätzlich ein Währungsrisiko.

Bonitätsstufe. Zu diesen Ländern gehören beispielsweise Deutschland, Dänemark, Norwegen, Schweden, Luxemburg, Kanada und die Schweiz. Diese Emittenten bieten aufgrund ihrer sehr guten Bonität im derzeitigen Niedrigzinsniveau kaum Zinsen, nicht selten ist die Rendite je nach Laufzeit sogar negativ.

Anders als bei anderen Emittenten wird die Bonität von Staatsanleihen aber nicht etwa anhand von Jahresabschlüssen beurteilt, sondern sie hängt vor allem von der Verfassung des Staatshaushalts und dem sogenannten Länderrisiko ab. Letzteres bezeichnet das wirtschaftliche Risiko, dem ein Gläubiger in einem bestimmten Land ausgesetzt ist, wenn es dort zu Krisensituationen kommt. Viele Schwellenländer, aber auch Industrieländer mit hoher Schuldenlast haben eine schlechtere Bonitätsnote. Sie zahlen höhere Zinsen auf ihre Anleihen, weil diese für Anleger riskanter sind.

Im Unterschied zu Unternehmen sind Staaten zwar nicht insolvenzfähig, dennoch kann es zu Staatsbankrotten oder Zahlungsausfällen kommen. Vereinbaren Gläubiger und Schuldner einer Anleihe, den Schuldendienst wegen wirtschaftlicher Probleme des Schuldners vorübergehend aufzuschieben, spricht man von einem Moratorium. Ein Staat kann ein Moratorium aber auch einseitig ankündigen. In der Vergangenheit kam es auch des Öfteren zu sogenannten Umschuldungen, bei denen die Anleihen von Krisenstaaten (zum Beispiel Argentinien und Griechenland) in andere Anleihen mit zum Beispiel längeren Laufzeiten (zwangs-)umgetauscht wurden. Bei einem Schuldenerlass muss ein Anleger in Höhe des Erlasses auf seine Forderungen verzichten.

Die Staaten der Eurozone geben neue Anleihen nur noch mit Umschuldungsklauseln, englisch Collective Action Clause (CAC), heraus. Sie wollen den Umgang mit Schuldenkrisen vereinfachen. Nach den neuen Regeln kann sich eine Mehrheit der Gläubiger im Krisenfall mit dem Herausgeber der Anleihe auf eine Umschuldung verständigen. Die Minderheit muss sich fügen. Wie viele Stimmen für die Mehrheit notwendig sind, hängt davon ab, wie abgestimmt wird – in einer Gläubigerversammlung oder schriftlich: Versammeln sich die Gläubiger, wird eine 75-prozentige Zustimmung des vertretenen Kapitals verlangt. Stimmen sie schriftlich ab, reicht eine Zweidrittelmehrheit. Die Gläubiger können eine Verlängerung der Anleihelaufzeit beschließen, sich auf einen niedrigeren Zinssatz einigen oder den Nennwert der Anleihe beschneiden. Solche Umschuldungsklauseln können für Privatanleger nachteilig sein, weil bei Anleihen meist institutionelle Anleger wie Banken und Versicherungen den größten Anteil der Gläubiger stellen und einzelne Kleinanleger dann leichter überstimmen können.

Euro-Staatsanleihen

Euro-Staatsanleihen werden von Ländern innerhalb der Eurozone herausgegeben, also von den Staaten, in denen die Währung Euro offizielles Zahlungsmittel ist. Zwar besteht für

HÄTTEN SIE'S GEWUSST?

Den Jargon der Profis verstehen.

Börsenprofis benutzen gerne besondere Bezeichnungen für einige häufig gehandelte Anleihen:

Bunds ist der Händlerbegriff für Deutsche Bundesanleihen.

Als **Bobls** werden Bundesobligationen bezeichnet.

Treasuries sind die Staatspapiere der USA, die vom US-Schatzamt (Department of the Treasury) herausgegeben werden.

Unterjährige Staatspapiere der USA werden **T-Bills** oder **Treasury Bills** genannt, Anleihen bis zu 10 Jahren **T-Notes** und Anleihen über 10 Jahre **T-Bonds.**

Eidgenossen sind die Staatsanleihen der Schweiz.

Gilts nennt man Staatsanleihen aus Großbritannien. **Short Gilts** haben eine Laufzeit von unter 5, **Long Gilts** von über 15 Jahren.

deutsche Anleger hier kein Währungsrisiko, die Bonitäts- und Ausfallrisiken unterscheiden sich aber stark innerhalb der Euro-Länder. Anleihen des griechischen oder portugiesischen Staates sind wesentlich riskanter als deutsche Staatsanleihen und müssen Anlegern daher auch höhere Zinsen bieten.

Fremdwährungsanleihen

Staatsanleihen, die nicht auf Euro lauten, sind aus Sicht eines deutschen Anlegers Fremdwährungsanleihen. Wichtig zu wissen, nicht immer ist das Herkunftsland für die Währung ausschlaggebend: Länder (und Firmen) aus der Eurozone können auch Anleihen in Fremdwährungen herausgeben – genauso wie Emittenten außerhalb der Eurozone Anleihen herausgeben können, die auf Euro lauten. Es kommt bei der Einteilung in Euro- und Fremdwährungsanleihen also einzig auf die Währung an, auf die eine Anleihe lautet.

Fremdwährungsanleihen können wegen eines höheren Zinsniveaus – zum Beispiel in den USA – interessant sein. Aber gleichzeitig erkauft man sich dadurch Fremdwährungsrisiken. Die Kursschwankungen durch die Fremdwährungen können erheblich sein. Auch bei sogenannten Hartwährungen wie dem Schweizer Franken oder dem US-Dollar lassen sich über lange Anlagezeiträume kaum eindeutige Trends feststellen, sodass es schwer ist, Wechselkursgewinne zu erwirtschaften. Das höhere Risiko der Fremdwährungsanleihen ist dadurch kaum mit entsprechenden systematischen Währungsgewinnen verbunden. Fremdwährungsanleihen eignen sich daher meist nur als Beimischung.

Alternativ können Fremdwährungsanleihen auch gegen Wechselkursrisiken abgesichert werden. Ein Zinsvorteil ergibt sich dann aber nicht mehr, weil der Zinsvorteil den Kosten der Absicherung entspricht. So bleibt als einziger Vorteil der Absicherung eine für die Anleihen vielleicht günstigere Zinsentwicklung im Raum der Fremdwährung.

Staatsanleihen aus Schwellenländern

Insbesondere sogenannte Emerging Market Bonds locken oft mit hohen Renditen. Dazu zählen Anleihen aus Ländern, die an der Schwelle zur Industriegesellschaft stehen oder diese schon erreicht haben und ein relativ hohes Wirtschaftswachstum aufweisen wie zum Beispiel China, Indien, Brasilien oder auch Argentinien und die Türkei. Höhere Renditen sind auf die nicht immer beständige politische und wirtschaftliche Lage in diesen Ländern zurückzuführen – also auf die hohen Risiken, die sich auch in schlechteren Ratings spiegeln. Dennoch finden sich unter den Schwellenländern auch solide bewertete Staaten. Bei Hochzinsanleihen aus Schwellenländern können diverse Risiken bestehen:

- **Rohstoffschwäche.** Viele Schwellenländer sind von Einnahmen aus Rohstoffexporten abhängig. Bewegen sich die Rohstoffpreise auf niedrigem Niveau, fehlt diesen Staaten möglicherweise Geld, um Schulden zurückzuzahlen.
- **Währungsverluste.** Wenn die Währungen der Schwellenländer gegenüber dem Dollar und dem Euro nachgeben, sinkt die Dollar- oder Euro-Rendite von Schwellenland-Anleihen, die in Lokalwährung begeben wurden. Gleiches gilt für den Nennwert: In Euro umgerechnet kann ein Anleger durch Währungsverluste weniger als ursprünglich gezahlt wiederbekommen. Diese Risiken sind bei Währungen aus Schwellenländern meist größer als bei „Hart-Währungen" aus Industrienationen.
- **Ausgabe in US-Dollar.** Länder (und Firmen) aus Schwellenländern geben auch Anleihen in US-Dollar heraus. Dadurch sinkt für einen deutschen Anleger das Wechselkursrisiko meistens. Dafür geht der Emittent manchmal ein höheres Risiko ein: Wenn seine Steuereinnahmen oder Gewinne eher in seiner Schwellenland-Landeswährung erzielt werden, seine Anleihen-Verpflichtungen aber auf US-Dollar lauten, dann wird er schneller Probleme beim Bedienen der Anleihen-Schulden haben, wenn seine Schwellenland-Währung gegenüber dem US-Dollar abwertet – seine bestehenden Kredite werden deutlich teurer.

Bundeswertpapiere

Einer der größten und aktivsten Herausgeber von Anleihen ist der deutsche Staat. Auch Länder, Städte und Gemeinden decken einen Teil ihres Finanzbedarfs durch die Ausgabe von Anleihen.

Wegen seiner disziplinierten Haushaltspolitik seit dem Zweiten Weltkrieg gilt der deutsche Staat als sehr sicherer Schuldner. Die festverzinslichen Wertpapiere der öffentlichen Hand sind deshalb bei Banken und Versicherungen und auch bei internationalen Investoren gefragt. Ein großer Vorteil deutscher Staatsanleihen ist, dass sie rege an der Börse gehandelt werden und die Handelsspanne (Spread) deshalb meist gering ist. Anleger, die Staatsanleihen kaufen oder verkaufen wollen, erhalten dadurch einen fairen Kurs. Der Bund bietet eine ganze Palette verschiedener Anleihen mit unterschiedlicher Verzinsung und Laufzeit an: die Bundeswertpapiere.

Bundesanleihen

Das wohl bekannteste Bundeswertpapier ist die Bundesanleihe, die von der Bundesrepublik Deutschland seit 1952 herausgegeben wird. Bundesanleihen sind mit einem umlaufenden Volumen von über einer halben Billion Euro das wichtigste Finanzierungsinstrument des deutschen Staates.

„Bunds" haben bei Emission eine Laufzeit von 10 oder 30 Jahren und sind damit die am längsten laufenden Bundeswertpapiere. Sie besitzen einen festen jährlichen Zinssatz, und die Rückzahlung erfolgt zum Nennwert. Bundesanleihen können über Kreditinstitute börsentäglich ge- oder verkauft werden, eine Mindestanlagesumme gibt es nicht.

Einer Neuemission folgen regelmäßig in den darauffolgenden Monaten sogenannte Aufstockungen in geringerer Höhe, die auch im Auktionsverfahren durchgeführt werden.

Bundesanleihen sind sehr liquide und die Bundesrepublik Deutschland als Herausgeberin besonders kreditwürdig. Deshalb sind Bundesanleihen ein wichtiger Vergleichsmaßstab für festverzinsliche Anlagen. Die Rendite der zehnjährigen Bundesanleihe ist in der Regel die Untergrenze für am Kapitalmarkt gezahlte Renditen. Mit anderen Worten: Wenn eine andere Anleihe mit gleicher Laufzeit niedrigere Zinsen bietet als die Bundesanleihe, ist sie unattraktiv, denn Anleger würden die extrem sichere Bundesanleihe vorziehen. Eine andere Anleihe oder Festgeldanlage ist nur dann vorteilhafter, wenn das höhere Bonitätsrisiko gegenüber der Bundesanleihe angemessen verzinst wird.

Trägt man die Renditen von Bundesanleihen mit Restlaufzeiten von 1 bis 10 Jahren in ein Diagramm ein, erhält man die sogenannte Bundkurve. Normalerweise ist dies eine aufsteigende Kurve, da die Renditen bei kurzen Laufzeiten geringer sind als bei langen. In Zeiten der Niedrigzinsphase und der Eurokrise ist die Bundkurve erst nach einigen Jahren positiv. Anleger sind zugunsten der Sicherheit der Anlage bereit, Bundesanleihen zu Kursen über 100 Prozent und ohne oder sogar mit negativem Zinskupon zu kaufen. Die Bundkurve gibt einen guten Überblick über das derzeitige Zinsniveau bei unterschiedlichen Laufzeiten (↗ Grafik „Die Bundkurve").

BUNDESWERT-PAPIERE

Geeignet für sehr sicherheitsorientierte Anleger, die auf die Bonität der Bundesrepublik Deutschland als Emittent vertrauen.

PRO

Bundeswertpapiere sind sehr sicher. Es gibt sie für verschiedene Anlagehorizonte. Aufgrund der hohen Umsätze sind sie sehr liquide, können also börsentäglich ge- und verkauft werden.

CONTRA

Mit Bundeswertpapieren erzielt man meist weniger Rendite als mit anderen Anleihen, da sie aufgrund ihres sehr guten Ratings als „sicherer Hafen" gelten.

Unverzinsliche Schatzanweisungen

Unverzinsliche Schatzanweisungen sind die Bundeswertpapiere mit den kürzesten Laufzeiten von 6 Monaten. Wie der Name schon sagt, werden hier keine Zinsen gezahlt. Es handelt sich um ein sogenanntes Diskontpapier, bei dem sich der Ertrag des Anlegers aus dem Unterschied zwischen dem Kaufkurs und der Rückzahlung zum Nennwert am Laufzeitende ergibt. Aufgrund der sehr kurzen Laufzeit nutzen professionelle Anleger sie dafür, größere Geldbeträge kurzfristig sicher anzulegen. Die kurze Laufzeit sorgt auch dafür, dass Unverzinsliche Schatzanweisungen die schwankungsärmsten Bundeswertpapiere mit den geringsten Kursrisiken sind.

Siehe Grafik „Die Bundkurve", S 89.

Im Unterschied zu den anderen Bundeswertpapieren werden Unverzinsliche Schatzanweisungen nicht an der Börse, sondern nur im Direkthandel zwischen institutionellen Investoren gehandelt und richten sich daher pri-

Bundeswertpapiere im Überblick

	Laufzeit	Zinszahlung	Rückzahlung	Kauf
Unverzinsliche Schatzanweisung	6 Monate	Abzinsung (Nennwert – Zinsen = Kaufpreis)	Nennwert	kein Börsenhandel
Bundesschatz-anweisung	2 Jahre	jährlich nachträglich	Nennwert	gebührenpflichtiger Kauf über Banken und Sparkassen an der Börse
Bundesobligation	5 Jahre	jährlich nachträglich	Nennwert	gebührenpflichtiger Kauf über Banken und Sparkassen an der Börse
Inflationsindexierte Obligation	5 Jahre	jährlich nachträglich	mindestens Nennwert, abhängig von Inflation	gebührenpflichtiger Kauf über Banken und Sparkassen an der Börse
Inflationsindexierte Anleihe	10 bis 30 Jahre	jährlich nachträglich	mindestens Nennwert, abhängig von Inflation	gebührenpflichtiger Kauf über Banken und Sparkassen an der Börse
Bundesanleihe	10 oder 30 Jahre	jährlich nachträglich	Nennwert	gebührenpflichtiger Kauf über Banken und Sparkassen an der Börse

mär an professionelle Anleger. Es gibt weder Mindestanlagesummen noch einen Anlagehöchstbetrag.

Bundesschatzanweisungen

Bundesschatzanweisungen haben eine Laufzeit von zwei Jahren und bieten jährliche Zinszahlungen. Sie können börsentäglich über Banken an der Börse gehandelt werden.

Bundesobligationen

Bundesobligationen haben eine Laufzeit von fünf Jahren. Anleger erhalten jährliche feste Zinszahlungen (Kupons), und die Papiere werden zum Laufzeitende zum Nennwert zurückgezahlt. Bundesobligationen können börsentäglich bei jeder Bank oder Sparkasse ge- und verkauft werden. Dort können sie auch im Depot verwahrt werden. Es gibt keine Mindestanlagesumme und keinen Anlagehöchstbetrag.

Inflationsindexierte Bundeswertpapiere

Die Finanzagentur bietet auch inflationsindexierte Bundeswertpapiere mit Laufzeiten von fünf Jahren (inflationsindexierte Bundesobligationen) oder 10 bis 30 Jahren (inflationsindexierte Bundesanleihen) an. Sie sind für Anleger gedacht, die sich dagegen absichern wollen, dass die Inflation an ihrem angelegten Geld nagt und dieses einen Kaufkraftverlust erleidet. Bei diesen Anleihen werden die Verzinsung und die Rückzahlung an die Entwicklung eines offiziellen Verbraucherpreisindexes angepasst. Der Ausgangszins ist bei diesen Papieren niedriger als bei den nicht inflationsindexierten Bundeswertpapieren.

Der Kauf inflationsgeschützter Anleihen ist nur für Anleger sinnvoll, die mit einer überraschend starken Inflation rechnen. In normalen Zinskupons ist ein Ausgleich für die künftige Inflation nämlich enthalten. Nur wenn die In-

Die Bundkurve

Diese durchschnittlichen Renditen erzielen Anleger mit unterschiedlich lang laufenden Bundesanleihen.

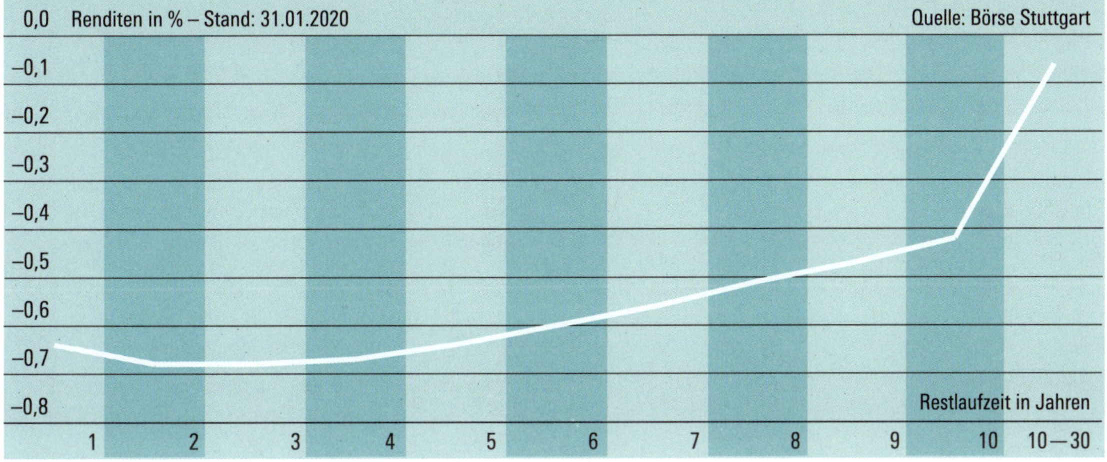

flation stärker steigt, lohnt sich eine inflationsgeschützte Anleihe.

Der Kauf inflationsgeschützter Anleihen ist nur für Anleger sinnvoll, die mit einer überraschend starken Inflation rechnen.

Fachleute nennen die Rendite nach Abzug der Teuerungsrate (Inflation) die „reale Rendite". Bei den Bundeswertpapieren ohne Inflationsschutz erhalten Anleger dagegen die „nominale Rendite". Das ist die Rendite vor Abzug der Inflation, und diese kann bei einer stark anziehenden Inflation negativ werden.

Die jährlichen Zinszahlungen berechnen sich dann nach der Formel

	Nennwert
x	Kupon
x	Indexverhältniszahl am Zinstermin
=	**Zinszahlung**

Beispiel: Bei einem Zinskupon von 0,5 Prozent und einer Indexverhältniszahl von 1,0232 würde der Inhaber einer inflationsindexierten Bundesanleihe eine Zinszahlung von 0,51 Prozent erhalten.

Grundlage für die Indexverhältniszahl ist der unrevidierte harmonisierte Verbraucherpreisindex (HVPI) ohne Tabak. Er wird vom Statistischen Amt der Europäischen Gemeinschaft (Eurostat) ermittelt und monatlich veröffentlicht. Die relative Veränderung dieser Inflationsindexzahl über ein Jahr ergibt die jährliche Inflationsrate in Euroland.

Auch die Rückzahlung wird um die Indexverhältniszahl angepasst, mindestens aber wird der Nennwert gezahlt. Im Falle einer Deflation und damit einer Indexverhältniszahl, die kleiner als 1 ist, würde also keine Rückzahlung unter dem Nennwert erfolgen.

***Beispiel:** Ein Anleger, der 10 000 Euro angelegt hat, erhält bei Fälligkeit und einer Indexverhältniszahl von 1,0413 dann 10 413 Euro zurück.*

Ein Tenderverfahren hat nichts mit Dampflokomotiven zu tun.

Bundeswertpapiere werden in der Regel im Rahmen einer Auktion vergeben, die Tenderverfahren genannt wird. Ausschließlich Kreditinstitute, die von der Finanzagentur als Teilnehmer der Auktion zugelassen wurden, dürfen in diesem Verfahren als Bieter auftreten. Andere Kreditinstitute, professionelle oder private Anleger können Banken der Bietergruppe mit der Abgabe von Geboten beauftragen. Die Gebote müssen auf einen Nennbetrag von mindestens 1 Million Euro lauten und sollen den Kurs in Prozent angeben, zu dem die Bieter bereit sind, die angebotenen Bundeswertpapiere zu kaufen.
Die Termine für die Emission der jeweiligen Bundeswertpapiere werden in einem Emissionskalender bereits zum Ende des Vorjahres für das folgende Kalenderjahr bekannt gemacht. Die Kupons werden hingegen erst kurz vor der Emission entsprechend dem dann aktuellen Zinsniveau festgelegt.

Pfandbriefe

Pfandbriefe sind besonders besicherte Anleihen. Sie gelten als ähnlich sicher wie Bundesanleihen, sind aber weniger flexibel und bieten leicht höhere Renditen.

Der erste Pfandbrief wurde vor rund 250 Jahren von Friedrich II. herausgebracht. Er wollte damit den durch teure Rüstungsausgaben aufgeblähten preußischen Staatshaushalt sanieren. Da Europas Banken nach einigen Staatsbankrotten die Lust verloren hatten, verschwenderische Monarchen mit billigen Krediten zu finanzieren, verlangten sie handfeste Sicherheiten.

Die Sicherheit von Pfandbriefen

Pfandbriefe sind Schuldverschreibungen von Banken. Anders als normale Bankanleihen sind sie jedoch mit Sicherheiten hinterlegt. Als Sicherheiten infrage kommen bei Pfandbriefen ausschließlich Immobilienkredite, Darlehen an Staaten, Länder und Gemeinden sowie Schiffsfinanzierungen. Das deutsche Pfandbriefgesetz lässt daneben auch Flugzeugpfandbriefe zu.

Diese Sicherheiten bedeuten einen besonderen Schutz, falls die Bank insolvent wird. Für jede Pfandbriefart – Hypothekenpfandbriefe, öffentliche Pfandbriefe und Schiffspfandbriefe – bildet die Bank eine eigene Deckungsmasse, in der sie die entsprechenden Kredite verwaltet. Wenn ein Kreditnehmer seine Raten nicht mehr zahlt und sein Kredit als Sicherheit wertlos wird, kann die Bank diesen gegen einen neuen Kredit austauschen. Hinter jedem modernen Pfandbrief steckt somit ein Dreiecksgeschäft zwischen einer Bank, einem Kreditnehmer und einem Anleger. Die Bank finanziert einen Hypothekenkredit und refinanziert sich durch Ausgabe von Anleihen.

Bis 2005 durften nur Hypothekenbanken, die sich ausschließlich mit der Beleihung von Immobilien und der Refinanzierung befassten, sowie öffentlich-rechtliche Kreditanstalten und Landesbanken Pfandbriefe auf den Markt bringen. Das hat sich mit dem Inkrafttreten des Pfandbriefgesetzes geändert. Seitdem kann jedes Kreditinstitut Pfandbriefe herausgeben, wenn es über ein Kernkapital von mindestens 25 Millionen Euro verfügt, eine Erlaubnis der Bundesanstalt für Finanzdienstleistungsaufsicht besitzt und weitere gesetzliche Vorgaben hinsichtlich Steuerung, Überwachung und Kontrolle von Risiken einhält.

PFANDBRIEFE

Geeignet für mittelfristig orientierte Anleger als sichere Basisanlage.

PRO

Pfandbriefe bieten meistens eine bessere Rendite als die vergleichbar sicheren Bundeswertpapiere. Sie greifen auf andere Sicherungssysteme als zum Beispiel Festgeldanlagen bei Banken zurück und können somit der Risikostreuung dienen.

CONTRA

Die Renditen bei Pfandbriefen sind ebenso wie Bundeswertpapiere in einer Niedrigzinsphase extrem gering. Sie lassen sich schwerer als Bundesanleihen vorzeitig verkaufen.

Es werden im Wesentlichen zwei Varianten unterschieden: private Hypothekenpfandbriefe und öffentliche Pfandbriefe.

- **Mit privaten Hypothekenpfandbriefen** finanzieren die Herausgeber der Pfandbriefe vor allem Immobiliendarlehen an Hausbesitzer. Die dafür von den Darlehensnehmern als Sicherheit gestellten Grundpfandrechte (Hypotheken und Grundschulden) dienen als „Pfand" für die Anleger, die einen solchen Pfandbrief kaufen.
- **Öffentliche Pfandbriefe** dienen der Vergabe von Darlehen an Städte und Kommunen. Hier bietet die allgemeine Leistungs- und Steuerkraft einer öffentlichen Körperschaft, also die Garantie durch den Staat, die entsprechende Sicherheit.

In der Finanzkrise hat der Ruf der Pfandbriefe einen kleinen Knacks bekommen. Grund war die Beinahe-Insolvenz der zweitgrößten deutschen Pfandbriefbank, der Hypo Real Estate, im Jahr 2009. Seinerzeit brachen die Kurse von Pfandbriefen ein, und der Börsenhandel wurde zeitweise eingestellt. Die HRE wurde verstaatlicht, es kam nicht zum Ausfall von Pfandbriefen. Als Lehre aus der HRE-Verstaatlichung sind Ratingagenturen dazu übergegangen, nicht mehr nur den Pfandbrief, sondern auch die Bonität der Bank in ihre Bewertung einzubeziehen.

Dass ein Pfandbrief ausfällt und Sie Ihr Geld nicht wiederbekommen, ist unwahrscheinlich. Seit 100 Jahren gab es in dieser Anlageklasse keinen Ausfall. Beachten Sie aber, dass auch die Kurse von Pfandbriefen während der Laufzeit schwanken können. Wollen Sie vermeiden, aufgrund von Schwankungen am Pfandbriefmarkt Ihren Pfandbrief nicht zum Nennwert verkaufen zu können, sollten Sie einzelne Pfandbriefe daher nur kaufen, wenn Sie diese bis zur Fälligkeit halten können. Die meisten Pfandbriefe sind ohnehin nicht liqui-

Pfandbriefe versus Bundesanleihen

Mit Pfandbriefen ließen sich in der Vergangenheit höhere Renditen erzielen als mit Bundesanleihen vergleichbarer Laufzeit. Die Grafik zeigt die Umlaufrendite von Papieren mit einer Laufzeit von zehn Jahren.

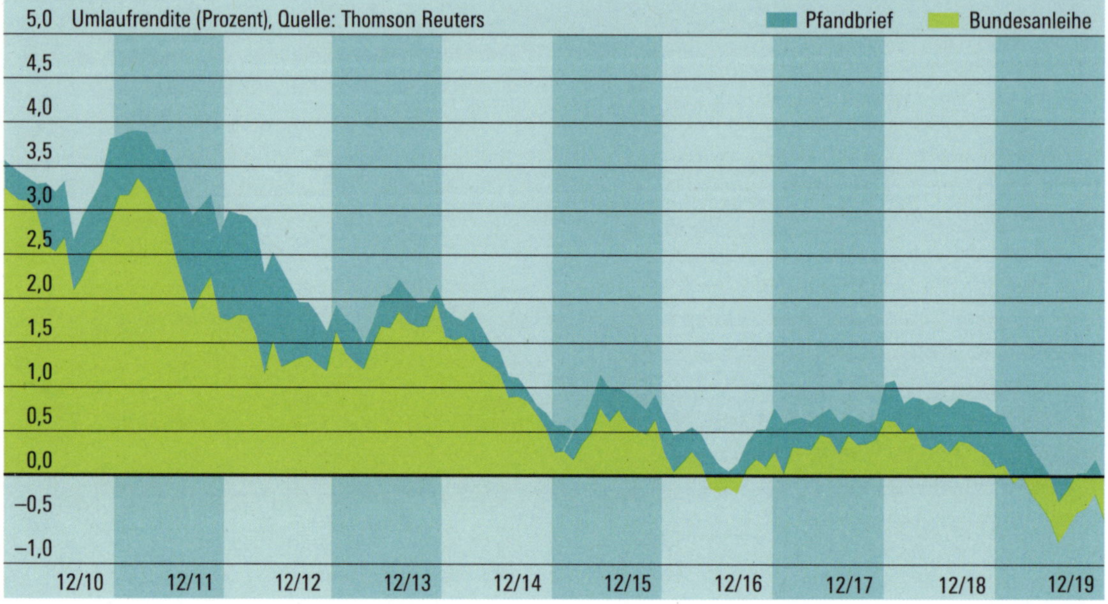

de und können meist gar nicht während der Laufzeit verkauft werden.

Die Laufzeiten von Pfandbriefen betragen in der Regel acht bis zwölf Jahre.

Jumbo-Pfandbriefe sind flexibler

Um für eine größere Transparenz bei den Pfandbriefemissionen zu sorgen, sind Banken seit Mitte der 1990er-Jahre dazu übergegangen, nur noch sogenannte Jumbo-Pfandbriefe („Jumbos“) herauszugeben, deren Volumen mindestens eine Milliarde Euro ausmachen muss. Daneben muss ein sogenanntes Market-Making gewährleistet sein. Das bedeutet, dass sich mindestens fünf Banken gegenüber dem Herausgeber verpflichtet haben, an der Börse An- und Verkaufskurse zu stellen. Das sorgt für marktgerechte Kurse und einen liquiden Handel.

▶ Auf unserer Homepage finden Sie unter www.test.de/anleihen eine kostenpflichtige, wöchentlich aktualisierte Übersicht zu Bundeswertpapieren, Pfandbriefen und Unternehmensanleihen.

Unternehmensanleihen

Auch Industrieunternehmen finanzieren sich häufig über die Ausgabe von Anleihen. Das ist für sie oft günstiger, als wenn sie einen Kredit bei einer Bank aufnehmen würden.

Werden Anleihen von deutschen Unternehmen oder ihren ausländischen Töchtern sowie von internationalen Unternehmen begeben, nennt man diese „Unternehmensanleihen" oder auch englisch „Corporate Bonds". Unternehmen wählen den Weg der Finanzierung über die Börse, wenn sie sich dort günstiger als mit einer Kreditaufnahme bei Banken finanzieren können. Auch verlangen Banken bei Darlehen grundsätzlich Sicherheiten, die junge Unternehmen möglicherweise noch nicht bieten können oder die auch größere Unternehmen nicht geben wollen.

Bis vor Ausbruch der Finanz- und Staatsschuldenkrise galten Unternehmensanleihen wegen ihres Insolvenzrisikos grundsätzlich als weniger sicher als Staatsanleihen und Pfandbriefe. Entsprechend mussten Unternehmen, die sich von Anlegern Geld leihen wollten, diesen wesentlich höhere Zinsen zahlen. Nachdem Anleger aber vor allem im Fall Griechenlands gesehen haben, dass auch die Rückzahlung von Staatsanleihen ausfallen kann, hat ein Umdenken eingesetzt. Anleger schauen jetzt genauer auf den einzelnen Emittenten und ziehen mitunter Anleihen solider Unternehmen den Papieren hoch verschuldeter Staaten vor. Wenn dies dann zu einer verstärkten Nachfrage nach Anleihen von großen Unternehmen wie Siemens, Deutsche Telekom oder BMW führt, bringen solche Papiere teilweise nur wenig mehr Rendite als eine Bundesanleihe.

Bonität ist das A und O

Die finanzielle Situation der Unternehmen, die Anleihen ausgeben, ist höchst unterschiedlich. Das Feld reicht von international bekannten Großkonzernen bis hin zu relativ kleinen und unbekannten nationalen Firmen. Entsprechend unterschiedlich ist das Risiko, dass das Unternehmen seinen Zahlungspflichten nicht mehr nachkommen kann. Anhand der ↗Benotung der Ratingagenturen können Sie einschätzen, wie kreditwürdig Firmen sind. Diese Ratings geben jedoch nur einen Hinweis auf die Finanzkraft eines Unternehmens. Wie immer bei der Geldanlage sind auch bei der Anla-

Zur Benotung der Ratingagenturen siehe die Tabelle „Die Notenskala der Bonitätsprüfer, S. 77.

UNTERNEHMENSANLEIHEN
INVESTMENT GRADE

Geeignet für risikobereitere Zinsanleger, die höhere Zinsen als auf Festgeld- oder Bundesanleiheniveau suchen.

PRO

Anleihen von Unternehmen mit sehr gutem bis gutem Rating bieten derzeit Renditeaufschläge von bis zu einem Prozentpunkt gegenüber einer vergleichbaren Bundesanleihe.

CONTRA

Selbst mit der Benotung „Investment Grade" bestehen Ausfallrisiken bei Unternehmensanleihen. Diese sind oft gegenüber einer einlagengesicherten Festgeldanlage nicht ausreichend verzinst.

UNTERNEHMENSANLEIHEN
NON-INVESTMENT GRADE

Geeignet für spekulative Anleger, die höhere Zinserträge suchen.

PRO

Hochzinsanleihen von Unternehmen (oder Staaten) mit schlechter Bonität bieten mitunter deutlich höhere Renditechancen als Anleihen des Investment-Grade-Bereichs.

CONTRA

Die Ausfallrisiken sind extrem hoch. Auch ein Totalverlust ist möglich. Sicherer ist es, in High-Yield-Fonds zu investieren.

ge in Unternehmensanleihen Risiko und Ertragschancen eng miteinander verknüpft. Je höher das Risiko ist, dass der Emittent in eine wirtschaftliche Schieflage gerät und damit Zins- oder Rückzahlungen des geliehenen Geldes ausfallen, umso höher sind die Ertragschancen.

Hochzinsanleihen – High-Yield-Bonds

Anleihen von Unternehmen schlechterer Bonität werden als „Hochzins-" oder „High-Yield-Anleihen" bezeichnet. Die Unternehmen sind oft schon bei der Emission der Anleihe hoch verschuldet. In den Bewertungen der Ratingagenturen sind diese im „Non-Investment-Grade-Bereich" angesiedelt. In diesem Bereich finden sich auch Anleihen von Staaten mit schlechter Bonität wie zum Beispiel Griechenland oder Venezuela. Aufgrund ihrer geringen Kreditwürdigkeit und hohen Ausfallwahrscheinlichkeit müssen diese Emittenten wesentlich höhere Zinsen zahlen als solche aus dem Investment-Grade-Bereich. Mitunter spricht man auch von „Schrottanleihen" oder „Junk-Bonds".

Zu High-Yield-Fonds siehe auch „Rentenfonds mit sonstigen Anleihen", S. 236.

Darüber hinaus schwanken die Kurse von Hochzinsanleihen während der Laufzeit stärker. Das muss nicht immer an einer Verschlechterung der Kreditwürdigkeit des Emittenten oder einer Veränderung des Marktzinses liegen: Große Investoren verkaufen riskante Hochzinsanleihen auch schnell, wenn an den Finanzmärkten zum Beispiel über die globale Wirtschaftslage Unsicherheit herrscht, und flüchten in Staatsanleihen von wirtschaftlich starken Ländern wie beispielsweise Deutschland oder die USA. Dann können die Kurse von Hochzinsanleihen stark einbrechen wie auf dem Höhepunkt der Finanzkrise 2008, als die Kurse teilweise um über 30 Prozent nachgaben.

Aufgrund der Niedrigzinsphase der letzten Jahre haben viele Investoren Hochzinsanleihen verstärkt als Alternativen zu schlecht verzinsten Bankeinlagen und Anleihen aus dem Investment-Grade-Bereich gesehen. Die höhere Nachfrage führte dazu, dass sich Unternehmen mit schlechterer Bonität leichter an den Kapitalmärkten Geld zu günstigeren Konditionen leihen konnten. Sollte das allgemeine Zinsniveau ansteigen, könnte es für diese Unternehmen schwieriger werden, Anschlussfinanzierungen zu finden, um die Gläubiger (Anleger) laufender Anleihen zu befriedigen. Das könnte zu verstärkten Insolvenzen und damit Ausfällen bei den High-Yield-Anleihen führen.

Wenn Sie trotz des Risikos in Hochzinsanleihen investieren wollen, sollten Sie mit Rentenfonds beginnen, die ihr Geld auf Hochzinsanleihen von Unternehmen aus verschiedenen Regionen verteilen, sogenannten ➚ High-Yield-Fonds. Auch die Fonds sollten in einem gut gestreuten Depot nur beigemischt werden. Informieren Sie sich über die Anlageschwerpunkte und erkundigen Sie sich, inwieweit das Währungsrisiko – die Anleihen notieren oft in Dollar – abgesichert ist. Das hilft Ihnen, die Risiken besser einzuschätzen.

Mittelstandsanleihen

Eine Spielart von High-Yield-Bonds sind sogenannte Mittelstandsanleihen. Diese feierten hierzulande 2010 Premiere. Die Idee hinter Mittelstandsanleihen klingt zunächst vielversprechend: Kleine Unternehmen erhalten über an Wertpapierbörsen gehandelte Anleihen eine Alternative zu teureren Bankkrediten, und Anlegern winkt im Gegenzug eine hohe Verzinsung. Je bekannter die Marke bei deutschen Anlegern war und je höher die in Aussicht gestellten Zinsen, desto einfacher konnten die Papiere anfangs verkauft werden.

Anleger gehen mit Anleihen mittelständischer Unternehmen ein hohes Risiko ein.

Dem regelrechten „Hype" der Mittelstandsanleihen zwischen 2010 und 2014, als die meisten Papiere begeben wurden, folgte die Ernüchterung. Nach einigen spektakulären Insolvenzen teils bekannter Unternehmen wie der Bekleidungsmarke Strenesse, des Suppenherstellers Zamek, des Herstellers von Holzbrennstoffen German Pellets und der MS Deutschland Beteiligungsgesellschaft, der das fernsehbekannte „Traumschiff" gehörte, fielen Zinszahlungen und Kapitalrückzahlungen an die Anleger aus. Nach einer Studie der Beratungsgesellschaft Capmarcon aus dem Jahr 2016 waren fast 30 Prozent des bei Anlegern insgesamt platzierten Anleihevolumens von rund 6 Milliarden Euro „leistungsgestört". Diese Anleihen wurden also gar nicht oder nur zu einem Teil zurückgezahlt. Vor allem Anleiheherausgeber aus dem Bereich der erneuerbaren Energien waren dabei häufig von Insolvenzen betroffen.

Anleger gehen mit Anleihen mittelständischer Unternehmen ein hohes Risiko ein. Sie sollten sie höchstens als geringe, spekulative Beimischung im Depot einsetzen.

Kaufen Sie nur Investment Grade

Die Bonität ist das A und O, wenn Sie Unternehmensanleihen kaufen. Informieren Sie sich immer über die Zahlungsfähigkeit des Unternehmens, dem Sie einen Kredit geben. Kaufen Sie nur Anleihen mit der Güteklasse „Investment Grade", wenn Sie sichere festverzinsliche Anlagen suchen. Zwar bestehen auch in diesem Bereich Ausfallwahrscheinlichkeiten. Sie sind aber weit geringer als bei Unternehmen, die mit „Non-Investment Grade" eingestuft sind. Wenn Sie dennoch in diese sogenannten Hochzinsanleihen investieren wollen, sollten sie nur der Beimischung dienen, also nicht mehr als 5 bis 10 Prozent Ihrer riskanten Anlagen ausmachen. Interessant sind auch Emittenten, die nicht mehr erstklassig sind, aber erfolgreich sanieren oder die bald in die obere Ratingklasse aufsteigen. Hier sind dann Kursgewinne möglich.

▶ **Auf unserer Homepage finden Sie unter www.test.de/anleihen eine kostenpflichtige, wöchentlich aktualisierte Übersicht zu Bundeswertpapieren, Pfandbriefen und Unternehmensanleihen. Die 40 dort aufgeführten Anleihen aus dem Index Markit iBoxx Euro Liquid Corporates sind ohne Kündigungsmöglichkeit des Emittenten. Es kann Ihnen also nicht passieren, dass der Herausgeber sie vor Fälligkeit kündigt.**

Bankschuldverschreibungen

Banken und Sparkassen verschaffen sich mitunter durch die Ausgabe von Anleihen Geld, das sie als Kredite an Kunden weiterreichen.

BANKSCHULD-VERSCHREIBUNGEN

Geeignet für Anleger, die eine größere Summe mittel- bis längerfristig vergleichsweise sicher anlegen wollen und sie vor Ende der Laufzeit nicht benötigen.

PRO

Es gibt eine breite Palette unterschiedlicher Laufzeiten und Herausgeber. Die Rendite ist etwas höher als bei Bundeswertpapieren.

CONTRA

Ein unübersichtliches Angebot erschwert den Vergleich. Ein Verkauf vor Laufzeitende ist kaum oder nur zu schlechten Kursen möglich.

Auch Banken und Sparkassen geben Anleihen mit festen Zinsen heraus. Sie haften dafür mit ihrer Finanzkraft und ihrem Eigenkapital. Daher sind sie nicht ganz so sicher wie Pfandbriefe oder Bundeswertpapiere. Bankschuldverschreibungen dienen der kurz-, mittel- und langfristigen Refinanzierung der Banken. Sie werden von den meisten größeren Kreditinstituten mit unterschiedlichsten Laufzeiten angeboten. Die Renditen liegen oft nur geringfügig über der von Bundeswertpapieren.

Nur wenige Bankschuldverschreibungen sind börsennotiert. Vor allem kleinere Institute verzichten auf die damit verbundenen Kosten und organisieren einen „hausinternen“ Handel. Dies hat für den Anleger den Nachteil, dass sich diese Anleihen kaum vorzeitig verkaufen lassen. Zwar versuchen manche Banken, dieses Manko durch einen hausinternen Handel auszugleichen – die Kurse sind jedoch nicht immer marktgerecht.

Man unterscheidet bei Bankschuldverschreibungen zwischen Inhaber- und Namensschuldverschreibungen.

- **Eine Namensschuldverschreibung** wird auf den konkreten Namen des Besitzers ausgestellt. Dieser ist Gläubiger gegenüber dem Emittenten und diesem namentlich bekannt. Eine Übertragung einer Namensschuldverschreibung auf andere Personen ist nicht ohne weiteres möglich, und diese Papiere können nicht an der Börse gehandelt werden (sogenannte fehlende Fungibilität). Sparbriefe sind oft Namensschuldverschreibungen.
- **Eine Inhaberschuldverschreibung** ist ein verzinsliches Wertpapier, das mit einer Inhaberklausel versehen ist, der Inhaber wird nicht namentlich genannt. Wertpapiere, bei denen von vornherein feststeht, dass sie vermutlich weiterverkauft werden oder dass ein Handel mit ihnen stattfinden soll, werden daher in der Regel als Inhaberschuldverschreibung ausgestaltet. Börsengehandelte Anleihen sind daher meist Inhaberschuldverschreibungen.

Spezielle Anleiheformen

Es gibt auch einige Anleihevarianten, bei denen der Zinssatz nicht immer konstant ist oder deren Rückzahlung an bestimmte Bedingungen geknüpft ist.

Sie haben bisher „normale" Anleiheformen kennengelernt, die auch als „Straight Bonds" bezeichnet werden. Der Zinssatz dieser Anleihen ist über die gesamte Laufzeit hinweg konstant, und sie werden bei Fälligkeit in einer Summe zurückgezahlt. Beim Kauf der Anleihe lässt sich errechnen, welchen Ertrag Sie erzielen, wenn Sie das Papier bis zum Ende seiner Laufzeit halten. Neben diesen klassischen Straight Bonds gibt es noch zahlreiche Anleihevarianten.

Abgezinste Anleihen (Zerobonds)

Zerobonds, auf Deutsch „Nullkuponanleihen", haben – wie der Name sagt – keine laufende Verzinsung. Die Rendite dieser Papiere resultiert allein aus der Differenz zwischen dem Anlagebetrag und der Rückzahlungssumme, die dem Nennwert entspricht. In dieser Differenz sind die Zinsen und Zinseszinsen eingepreist. Oder anders ausgedrückt: Der Kaufpreis eines Zerobonds entspricht dem abgezinsten Rückzahlungspreis.

Beispiel: Ein Zerobond kostet bei der Ausgabe 800 Euro. Der Anleger erhält nach zehn Jahren zum Fälligkeitstermin 1000 Euro zurückbezahlt. Dies entspricht einer laufenden Verzinsung von 2,26 Prozent.

Zwar müssen Sie sich bei Zerobonds nicht wie bei normalen Anleihen während der Laufzeit um die Wiederanlage der Zinsen kümmern. Sie reagieren aber sehr stark auf Veränderungen der allgemeinen Marktzinsen. Das heißt, Sie können hohe Kursverluste erleiden, wenn das Zinsniveau steigt und Sie während der Laufzeit verkaufen müssen.

Zerobonds können für Privatanleger steuerlich interessant sein, wenn sie steuerpflichtige Erträge in spätere Jahre verschieben wollen, weil zum Beispiel im Ruhestand die Gesamteinkünfte geringer sind. Denn eine Versteuerung der Erträge erfolgt erst bei Fälligkeit oder bei einem vorherigen Verkauf. Umgekehrt kann ein Zerobond steuerlich nachteilig sein, wenn bei Fälligkeit oder Verkauf der gesamte, während der Haltedauer erzielte Kursgewinn in einer Summe versteuert werden muss und Anleger damit ihren Sparerpauschbetrag überschreiten.

Aufgezinste Anleihen

Ähnlich wie Zerobonds, nur umgekehrt, funktionieren Kapitalzuwachsanleihen. Bei dieser Variante erfolgt die Ausgabe der Anleihe zum Nennwert, das heißt zu 100 Prozent, und bei Fälligkeit erhalten Anleger den Nennwert zuzüglich aufgelaufener Zinsen und Zinseszinsen ausgezahlt. Das Kapital wächst also mit der Laufzeit, und die Zinsen werden angesammelt und mitverzinst.

Floater

Floating Rate Notes, kurz Floater, haben im Gegensatz zu herkömmlichen Anleihen keinen festen, sondern einen variablen Zinssatz, der an einen bestimmten Referenzzinssatz gekoppelt ist. Häufig ist dies der 3- oder 6-Monats-Euribor. Euribor steht für „European Interbank Offered Rate" und ist der Zinssatz, zu dem sich europäische Banken untereinander Kredite geben. Erhöht die Europäische Zentralbank die Zinsen, steigt der Euribor und die Zinsen des Floaters ziehen nach. Sinken die Referenzzinsen, sinken allerdings auch die des Floaters.

FLOATER

Geeignet für sicherheitsorientierte Anleger, die mit steigenden Marktzinsen rechnen. Der Floater sollte höhere Zinsen als kurzfristige Festgelder oder Tagesgeld bieten.

PRO

Erhöht die Europäische Zentralbank die Zinsen, steigt auch der Zinssatz des Floaters.

CONTRA

Viele Floater von Bundesländern oder Landesbanken werden kaum gehandelt. Ein Kauf oder Verkauf über die Börse ist schwierig. Senkt die EZB die Zinsen, sinkt auch der Zinssatz des Floaters.

Weil der Zins von Floatern regelmäßig an die Marktzinsentwicklung angepasst wird, notiert der Kurs dieser Anleihen immer nahe dem Rückzahlungskurs. Lediglich zwischen zwei Zinsterminen kann es leichte Kursschwankungen geben. Doch zum nächsten Zinstermin sind die Schwankungen wieder ausgeglichen. Kursverluste, wie sie bei Festzinsanleihen in Zeiten steigender Zinsen auftreten, sind daher so gut wie ausgeschlossen.

Unternehmensfloater haben oft eine höhere Liquidität als Floater, die von Bundesländern, Landesbanken oder Geschäftsbanken herausgegeben werden, aber auch ein höheres Kursrisiko. Denn bei ihnen ist die Gefahr größer, dass Ratingagenturen ihre Zahlungsfähigkeit schlechter einstufen.

Von den klassischen Floatern gibt es noch viele Varianten, zum Beispiel:

- **Reverse-Floater:** Auch bei diesen Papieren wird der Zins in regelmäßigen Abständen an einen Referenzzinssatz angepasst. Der Unterschied zum Floater ist, dass dies unter umgekehrten Vorzeichen geschieht. Der variable Zinssatz ergibt sich aus der Differenz zwischen einem festgelegten Basiszins und dem Referenzzins (zum Beispiel Euribor, Libor). Je stärker der Referenzzins fällt, desto höher ist die Verzinsung des Reverse Floaters.
- **Cap-Floater:** Das sind variabel verzinsliche Anleihen, die mit einer Maximalverzinsung (Cap) versehen sind.
- **Floor-Floater:** Diese sind im Unterschied zum Cap-Floater mit einem Mindestzins ausgestattet. Auch wenn der Referenzzins den Mindestsatz (Floor) unterschreitet, hat der Anleger Anspruch auf den Mindestzins.
- **Gemischte Floater:** Hierbei handelt es sich um Anleihen mit anfänglich fester, nach einer bestimmten Zeit dann variablen Verzinsung oder umgekehrt.

Stufenzinsanleihen

Stufenzinsanleihen sind mit einer Zinstreppe ausgestattet. Das heißt, der Zinssatz steigt an fest vereinbarten Terminen an. Es steht also von Anfang an fest, welche Zinsen über die gesamte Laufzeit fällig werden. Mit dem steigenden Zins will der Herausgeber sicherstellen, dass der Anleger die Anleihe bis zum Laufzeitende hält.

Oftmals lassen sich Anleger von den hohen Zinssätzen blenden, die am oberen Ende der Zinstreppe winken. Um Stufenzinsanleihen mit anderen festverzinslichen Anlagen gleicher Laufzeit vergleichen zu können, sollten Sie auf die effektive Rendite achten, die sämtliche Zinszahlungen (auch die anfangs kleinen) während der Laufzeit berücksichtigt.

Achtung bei einseitigem Kündigungsrecht

Oft behält sich der der Herausgeber – in der Regel Banken – bei Stufenzinsanleihen ein einseitiges Kündigungsrecht vor. Es besteht also die Gefahr, dass die Bank die Anleihe kündigt und zurückzahlt, bevor die Zinsen wirklich interessant werden. Banken haben dieses Kündigungsrecht in der Vergangenheit gern genutzt, wenn das Zinsniveau gefallen ist. Das ist ärgerlich und macht solche Papiere unattraktiv.

WANDELANLEIHEN

Geeignet für vermögendere Anleger, die mit begrenztem Risiko bei gleichzeitig eingeschränkten Gewinnchancen auf die Kursentwicklung einzelner Aktien setzen wollen.

PRO

Dadurch, dass Anleger das Recht haben, die Anleihe in Aktien des Unternehmens zu tauschen, können sie von steigenden Aktienkursen profitieren. Die Anleihekomponente sichert Anleger auch bei fallenden Aktienkursen.

CONTRA

Die Verzinsung von Wandelanleihen ist geringer als die von „normalen" Anleihen.

Wandelanleihen

Wandelanleihen (Convertible Bonds) sind festverzinsliche Wertpapiere, die von Aktiengesellschaften ausgegeben werden und bei denen Anlegern zusätzlich das Recht eingeräumt wird, die Anleihe innerhalb einer bestimmten Frist in Aktien des Herausgebers der Anleihe umzutauschen. Ist dieser nicht mit der Aktiengesellschaft identisch, deren Aktien als Basiswert für die Wandelanleihe dienen, spricht man von Umtauschanleihen. Die Wandel- oder Umtauschbedingungen – wann getauscht werden kann, in welchem Verhältnis und zu welchem Preis – sind wie der Zinssatz von vornherein festgelegt. Der Zinssatz von Wandelanleihen ist meist niedriger als bei normalen Unternehmensanleihen.

Der Anleihebesitzer hat die Wahl: Er kann Gläubiger des Unternehmens – also Anleiheinhaber – bleiben. Dann erhält er am Ende der Laufzeit, die meist drei bis fünf Jahre beträgt, sein investiertes Geld zurück. Daneben erhält er die meist jährlichen Zinszahlungen. Er kann aber auch von seinem Wandlungsrecht Gebrauch machen und damit Miteigentümer – also Aktionär – des Unternehmens werden. Übt der Anleger sein Wandlungsrecht aus, existiert die Anleihe nicht mehr. Sie ist quasi Zahlungsmittel für den Kauf der Aktien. Ein Umtausch empfiehlt sich zum Beispiel dann, wenn die Anleihe bald fällig wird und gleichzeitig die Aktien des Unternehmens über dem Wandlungspreis notieren. Dann bekommt der Anleger mehr als den Nennwert der Anleihe.

Die Konstruktion von Wandelanleihen hat einen gewissen Charme. Mit ihnen können Anleger an einem Börsenaufschwung teilhaben, selbst wenn sie nicht wandeln. Steigt die Aktie, notiert die Wandelanleihe häufig über dem Nennwert von 100 Prozent. Ein vorzeitiger Verkauf der Anleihe bringt dann Kursgewinne. Zugleich sichert die Anleihekomponente den Anleger gegen Verluste.

Dennoch gilt für Wandelanleihen wie für alle von Unternehmen ausgegebenen Anleihen: Anleger sollten sich über die Zahlungsfähigkeit der Firma informieren. Bei klassischen Unternehmensanleihen lässt sich das Risiko der Anlage und damit die Bonität des Emittenten am Zinssatz der Anleihe abschätzen: Je grö-

Checkliste

Wandelanleihen prüfen

- ☐ **Bonität:** Achten Sie auf die Kreditwürdigkeit des Unternehmens, das die Anleihe herausgibt. Die Bewertungen der Ratingagenturen geben Aufschluss.
- ☐ **Aussichten:** Kaufen Sie Wandelanleihen nur, wenn Sie von dem Unternehmen überzeugt sind, in dessen Aktien Sie tauschen können.
- ☐ **Kursverhalten:** Am besten funktionieren Wandelanleihen, wenn die Aktien, auf die sie sich beziehen, ungefähr so viel wert sind wie ihr Wandlungspreis.
- ☐ **Eigenschaften:** Jede Anleihe ist anders ausgestaltet. Lesen Sie deshalb die Bedingungen. Sie finden darin wichtige Details wie Informationen darüber, ob das Unternehmen sich eine vorzeitige Kündigung der Anleihe vorbehält oder die Umtauschmöglichkeit zeitlich beschränkt ist.

ßer das Risiko, desto höher der Zins. Bei Wandelanleihen hingegen sind in die Zinssätze die Kosten der Umtauschoption zum Zeitpunkt der Emission eingerechnet. Sowohl die Bonität des Herausgebers als auch der Wert des Tauschrechts können sich während der Laufzeit der Anleihe verändern, was sich dann in Kursveränderungen der Wandelanleihe bemerkbar macht. Im Wert des Tauschrechts spiegeln sich das Schwankungsverhalten der Aktie, der aktuelle Aktienkurs und die Restlaufzeit der Anleihe wider.

In den Wandlungsbedingungen ist festgelegt, wie viele Aktien Anleger im Tauschfall für ihre Anleihe erhalten. Je nach Ausstattung der Anleihe wird entweder eine feste Stückzahl von Aktien pro Anleihebetrag, das sogenannte Wandlungsverhältnis, bestimmt oder ein fester Preis pro Aktie. Ist nur das Wandlungsverhältnis angegeben, lässt sich der Wandlungspreis leicht berechnen, indem man den Nennwert der Anleihe durch die Zahl der zu beziehenden Aktien teilt.

Beispiel: Beträgt der Nennwert der Anleihe 1000 Euro und das Wandlungsverhältnis 5 zu 1, ist der Wandlungspreis pro Aktie (1000 Euro : 5 =) 200 Euro. Steigt der Kurs der Aktie über 200 Euro, wird also eine Wandlung der Anleihe in Aktien interessant.

Contingent Convertible Bonds (CoCo-Bonds)

Eine besondere Spielart der Wandelanleihen sind die noch relativ neuen CoCo-Bonds. Diese sind entgegen ihrem spielerisch klingenden Namen riskante Papiere und nur für Anlageprofis geeignet. Contingent Convertible Bonds, übersetzt „ungewiss wandelbare Anleihen", sind nachrangige Anleihen, die insbesondere von Banken begeben werden. Treten bestimmte vorher festgelegte Bedingungen ein, wandeln diese Anleihen (Fremdkapital aus Sicht des herausgebenden Unternehmens) sich in Aktien (Eigenkapital). Dadurch verbessert sich die Eigenkapitalausstattung des Unternehmens, wenn es diesem schlechter geht und Verluste auszugleichen sind. Für Banken, die eine Mindest-Eigenkapitalquote aufweisen müssen, bieten CoCos die Möglichkeit, ihre Verbindlichkeiten (aus Anleihen) in Eigenkapital (Aktien) umzuwandeln und sich so gegen Krisen abzufedern, ohne dass der Steuerzahler einspringen muss. Denn dann haften vorrangig die Aktionäre, indem diese – je nach Ausgestaltung des CoCos – keine Dividenden mehr erhalten oder ihre Aktien ganz abschreiben können.

Coco-Bonds können hinsichtlich des Wandlungsfalls verschieden ausgestaltet sein: Zum Beispiel können sie sich in Aktien umwandeln,

Die Insolvenzreihenfolge

Geht ein Unternehmen pleite, das verschiedene Arten von Anleihen und Aktien herausgegeben hat, werden – sofern noch möglich – zuerst die Besitzer klassischer Anleihen bedient. Nachfolgende Anleihegläubiger und zuletzt Aktionäre erhalten nur etwas, wenn für sie noch ein Stück vom Kuchen übrig bleibt.

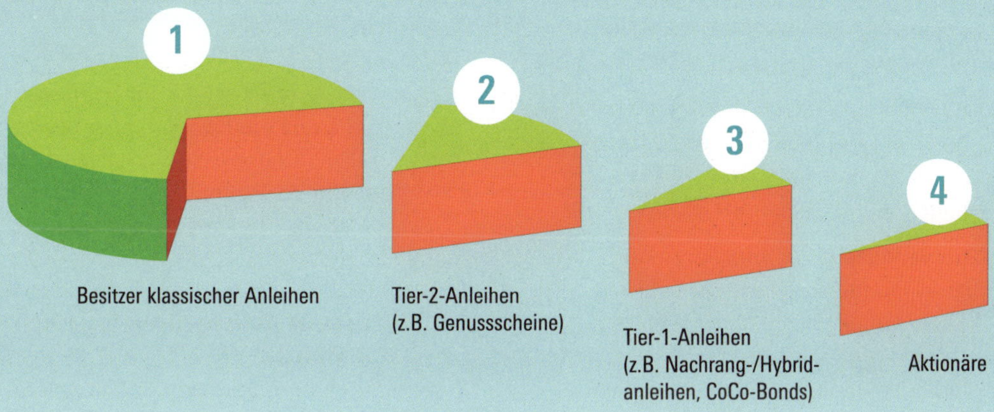

wenn die Eigenkapitalquote ihres Herausgebers unter einen bestimmten Wert sinkt.

Der Markt für CoCo-Bonds ist von seinem Volumen her noch überschaubar. Wegen ihres hohen Risikos sind bei CoCos hohe Renditeaufschläge auf „normale", vorrangige Anleihen desselben Emittenten üblich. Auf der anderen Seite besteht für Anleger aber auch ein Totalausfallrisiko.

Hybridanleihen (Nachranganleihen)

Das Wort „hybrid" kennen viele von Autos, die mit Antrieben aus Elektro- und Verbrennungsmotor fahren. Hybridanleihen vereinen ebenfalls zwei Eigenschaften: anleihe- und aktienähnliche.

Aktienähnlich sind sie, da es sich um nachrangige Anleihen handelt. Nachrangig bedeutet, dass bei einer Insolvenz des Unternehmens Anleiheinhaber erst nach allen anderen Gläubigern befriedigt werden, also erst alle anderen Verbindlichkeiten des Unternehmens beglichen werden. Hybridanleihen haben anders als gewöhnliche Anleihen keine überschaubare Laufzeit. Einige von diesen Papieren laufen über 100 Jahre oder unbegrenzt. Die Emittenten haben oft ein Kündigungsrecht, von dem sie frühestens nach fünf Jahren Gebrauch machen dürfen.

Aufgrund der vielen Risiken sollten Sie Hybridanleihen Ihrem Depot höchstens beimischen.

Hybridanleihen werden von großen Unternehmen herausgegeben wie Bayer, VW und der Allianz. Der Zins für Hybridanleihen liegt im Schnitt 2 bis 3 Prozent über dem für normale Unternehmensanleihen. Er setzt sich zusammen aus einem Risikoaufschlag gegenüber sicheren Bundesanleihen und einem weiteren Aufschlag für die lange Laufzeit. Die Zah-

Gut zu wissen

Strukturierte Anleihen
Strukturierte Anleihen sind verzinsliche Wertpapiere, die mit individuellen Zusatzbedingungen ausgestattet sind. Diese Bedingungen können sich auf die Zinszahlung der Anleihen oder deren Rückzahlung auswirken.

lungen sind oft an die Geschäftsentwicklung gekoppelt. Jede Anleihe ist unterschiedlich ausgestaltet und birgt damit individuelle Risiken. So kann beispielsweise die Zinszahlung davon abhängig sein, dass das Unternehmen Dividenden zahlt. Oder die Firma zahlt keine Zinsen, wenn der Cashflow, eine Kennzahl für die Ertragskraft eines Unternehmens, unter einen bestimmten Satz gefallen ist.

Weitere Risiken für Anleger stecken in den langen Laufzeiten. In der Regel zahlen die Unternehmen die Anleihen nach zehn Jahren freiwillig zum Nominalwert zurück. Sie müssen das aber nicht tun. Dann haben die Anleger einen sogenannten Floater im Depot, eine Anleihe mit variabler Verzinsung (zum Beispiel Euribor + Aufschlag).

Schon kleine Veränderungen der Marktzinsen beeinflussen die Kurse der langlaufenden Anleihen stark. Die Kreditwürdigkeit der Firma kann sich während der langen Laufzeit ändern. Ein weiterer Grund zur Vorsicht ist, dass sich die Anleihen nicht ohne weiteres verkaufen lassen. In den Jahren bis zum ersten möglichen Rückzahlungstermin werden die Anleihen an der Börse meist noch regelmäßig gehandelt. Später ändert sich das. Dann kann es einige Zeit dauern, ehe der Verkauf abgewickelt wird. Zudem müssen Anleger mit einem Preisabschlag rechnen.

Aufgrund der vielen Risiken sollten Sie Hybridanleihen Ihrem Depot höchstens beimischen.

Tier-Anleihen

Von Kreditinstituten begebene nachrangige Anleihen werden auch nach ihrer Einstufung in der Bilanz unterteilt. Die Bezeichnung „Tier" kommt aus dem Englischen und bedeutet „Rang".

→ **Tier-1-Anleihen:** Diese werden dem Kernkapital zugerechnet. Sie sind unbesichert und haben eine unendliche Laufzeit. Zinsen werden hier nur gezahlt, wenn das Unternehmen Gewinne schreibt. Ausgefallene Zinszahlungen dürfen nicht nachgezahlt werden. Der Emittent kann die Anleihen erstmalig nach fünf Jahren kündigen. Im Insolvenzfall sind Ansprüche aus Tier-1-Anleihen nur gegenüber Aktionären vorrangig, aber nachrangig gegenüber anderen Tier-Anleihen.

→ **Tier-2-Anleihen** werden dem Ergänzungskapital zugerechnet. Upper-Tier-2-Anleihen sind auch als Genussscheine bekannt. Sie haben zumeist eine befristete Laufzeit und zahlen ebenfalls nur dann Zinsen, wenn der Emittent Gewinne erzielt. Lower-Tier-2-Anleihen haben immer eine fixe Laufzeit von mindestens fünf Jahren. Die Zinszahlung darf nur im Konkursfall gestoppt werden.

→ **Tier-3-Anleihen** sind im Insolvenzfall mit den Lower-Tier-2-Anleihen gleichgestellt. Zins- und Tilgungszahlungen werden aber zudem ausgesetzt, wenn das Eigenkapital unter die gesetzliche Mindestanforderung sinkt.

Genussscheine

Genussscheine sind eine Art Zwitterwesen aus Aktien und Anleihe. Oft werden sie an der Börse gehandelt. Die meisten Genussscheine in Deutschland werden von Kreditinstituten herausgegeben, aber auch andere Unternehmen, die Kapital brauchen, können sie nutzen, um sich Geld zu beschaffen. Die Rechtsform des

Unternehmens kann auch eine GmbH oder eine KG sein. Der Vorteil für die Herausgeber ist, dass sie das eingesammelte Kapital unter bestimmten Voraussetzungen dem Eigenkapital in der Bilanz zuordnen können.

Da gesetzlich nicht geregelt ist, wie Genussscheine auszugestalten sind, bieten sich den Herausgebern dafür vielfältige Möglichkeiten. Generell haben Genussschein-Inhaber – im Gegensatz zu Aktionären – keine Mitwirkungsrechte in Form einer Teilnahme an Haupt- oder Gesellschafterversammlungen. Die Genussrechte für den Anleger sind in den Genussscheinbedingungen genau festgelegt.

Die meisten Genussscheine versprechen einen jährlichen festen Zinsertrag. Allerdings erfolgt die Ausschüttung nicht am Ende des Geschäftsjahres, sondern nach der Hauptversammlung, die den Gewinn oder die Dividende des Unternehmens festlegt. Es gibt aber auch Genussscheine, bei denen die Ausschüttung vom Erfolg des Unternehmens abhängt. Wenn der Emittent einen ausreichenden Jahresüberschuss oder Bilanzgewinn erwirtschaftet hat, bekommt der Anleger eine Zusatzzahlung. Bei einem Genussschein ohne Mindestverzinsung kann hingegen die Ausschüttung ganz ausfallen.

„Genussscheine werden höher verzinst als klassische Anleihen. Damit sollen die Anleger für ihr höheres Risiko entschädigt werden.

GENUSSSCHEINE

Geeignet für erfahrene Anleger mit hoher Risikobereitschaft.

PRO

Genussscheine bieten eine höhere Verzinsung als klassische Anleihen und Festgelder.

CONTRA

Die höhere Verzinsung ist in der Regel vom wirtschaftlichen Erfolg des Unternehmens abhängig. Im Insolvenzfall stehen Genussscheininhaber in der Schlange der Gläubiger weit hinten. Ein Totalverlust ist möglich. Viele Genussscheine werden an der Börse kaum gehandelt. Sie können dann nicht jederzeit verkauft werden.

Es gibt Genussscheine, bei denen der Anleger sogar Teile seines eingesetzten Geldes verlieren kann, weil der Rückzahlungsbetrag reduziert werden kann. Darüber hinaus weisen manche Genussscheine Options- oder Wandlungsrechte auf. Beim Optionsrecht hat der Anleger das Recht, Aktien des Unternehmens zu einem vorher festgelegten Kurs zu kaufen. Der Genussschein selbst verfällt nicht, sondern bleibt bis zur Fälligkeit gültig. Bei Genussscheinen mit Wandlungsrecht kann der Investor bei Fälligkeit entscheiden, ob er sein Geld zurückbekommen möchte oder stattdessen die Wandlung seines Genussscheins in Aktien verlangt.

Genussscheine werden höher verzinst als klassische Anleihen. Damit sollen die Anleger für ihr höheres Risiko entschädigt werden. Denn zum einen wissen sie nicht, wie viel Geld sie jährlich erhalten, weil die Ausschüttung vom Erfolg des Unternehmens abhängig ist. Zum anderen ist das Risiko, dass sie ihr Geld nicht zurückerhalten, höher als bei normalen Anleihen. Denn im Insolvenzfall stehen Genussscheininhaber weiter hinten in der Liste der Gläubiger. Für Anleger sollte deshalb die Bonität des Emittenten eine besondere Rolle spielen. Wenn sie sich verschlechtert, wirkt sich dies sofort auf den Kurs des Genussscheins aus. Kauft ein Anleger einen Genussschein während der Laufzeit zu einem Kurs unter 100 Prozent und erhält bei Fälligkeit eine Rückzahlung zum Nennwert von 100 Prozent, kann er aber auch einen Kursgewinn realisieren.

An den Kursen von Genussscheinen zeigt sich eine weitere Besonderheit dieser Wertpapiere. Im Gegensatz zu „normalen" Anleihen werden bei Genussscheinen keine Stückzinsen ausgewiesen. Stückzinsen sind die Zinsen, die zwischen zwei Zinszahlungsterminen Stück für Stück angesammelt werden und die ein Käufer entsprechend mitzahlen muss. Genussscheine werden hingegen „flat" gehandelt. Die Ausschüttungsansprüche der Anleger fließen in die Notierung des Scheins ein. Je näher die Hauptversammlung des Unternehmens rückt, umso höher ist der Preis. Am Tag der Ausschüttung erfolgt dann ein Kursabschlag in Höhe der Ausschüttung.

Genussrechte und Genussscheine

Wichtig ist, Genussscheine und Genussrechte nicht zu verwechseln: Im Gegensatz zu Genussscheinen sind Genussrechte nicht als Wertpapiere verbrieft. Sie sind gesetzlich nicht fest geregelt. Wie und wann Auszahlungen erfolgen, regeln die Unternehmen in den jeweiligen Genussrechtsbedingungen sehr unterschiedlich. Es handelt sich um nicht gesicherte Kredite, der Anleger ist also Gläubiger, wird aber zugleich ähnlich wie ein Gesellschafter an Gewinnen oder Verlusten beteiligt. Genussrechte werden häufig von kleineren, oft auch dubiosen, Firmen zur Kapitalbeschaffung genutzt.
Genussscheine sind als Wertpapiere oft im Freiverkehr (Open Market) handelbar oder werden, bei börsennotierten Unternehmen, direkt an der Börse gehandelt. Bei Genussrechten ist ein vorzeitiger Verkauf schwierig bis unmöglich, denn für sie gibt es keinen Zweitmarkt. Häufig ist ein Verkauf nur mit Zustimmung des Anbieters möglich. Genussrechte sind hochriskant und nicht für Kleinanleger geeignet.

Der Weg zur Anleihe

Fast jede Bank hat eine Reihe von eigenen und fremden Anleihen im Programm, die sie ihren Kunden anbietet. Meistens lohnt es sich aber, selbst nach dem passenden Wertpapier Ausschau zu halten. Wer ein breit gestreutes Anleihenportfolio aufbauen möchte, hat mit Rentenfonds und -ETF eine bequeme Alternative.

Wo Sie Anleihen kaufen können

Anleihen kann man beim Herausgeber, über eine Bank oder an der Börse kaufen. Privatanleger sollten in der Regel den Weg über die Börse wählen.

Theoretisch können Sie eine Anleihe direkt bei der Emission am „Primärmarkt“ erwerben. Die Zeichnungsfrist läuft in der Regel nur ein paar Wochen. In dieser Frist können Sie sozusagen Ihre Bestellung aufgeben. Allerdings haben Privatanleger normalerweise kaum eine Chance, neu begebene Anleihen zu zeichnen. Meist kaufen Großinvestoren wie Versicherungen, Fondsgesellschaften und Banken große Pakete der Emission auf, und für Kleinanleger bleiben keine Anteile mehr übrig. Privatanlegern bleibt meist nur, Anleihen im „Sekundärmarkt“ von einem anderen Gläubiger, der die Anleihe besitzt, zu kaufen. Die meisten der in Deutschland herausgegebenen Anleihen werden an der Deutschen Börse in Frankfurt, aber auch an den kleineren Regionalbörsen gehandelt. Die deutschen Börsen versprechen faire Kurse, eine transparente Abwicklung und eine schnelle Orderausführung.

Festpreisgeschäft

Eine weitere Möglichkeit, Anleihen zu erstehen, ist eine Art Zwischenhandel, den die Banken organisieren. Sie übernehmen dazu einzelne Emissionen gezielt in ihren Handelsbestand, um sie ihren Kunden gegen einen Preisaufschlag zu verkaufen. Anleihen werden auch im sogenannten Festpreisgeschäft verkauft. Dabei werden sie nicht zum aktuellen Kurs, sondern zu einem festen Preis angeboten, der alle Spesen enthält. Während im normalen Börsengeschäft die Bank als Mittler für ihre Kunden an der Börse tätig wird, kommt beim Festpreisgeschäft ein Kaufvertrag zwischen Bank und Kunde zustande, bei dem alle Konditionen fest vereinbart werden.

Ob ein solches Geschäft vorteilhaft ist, können Sie überschlagsweise selbst kalkulieren. Vergleichen Sie den Festpreis der Ihnen angebotenen Anleihe mit dem aktuellen Börsenkurs und rechnen Sie die üblichen Gebühren (Börsengebühr, Ordergebühr) hinzu. Das Festpreisgeschäft sollte in etwa den gleichen Ertrag bringen wie ein Kauf über die Börse.

Das sollten Sie bei Anleihekursen beachten

Anleihekurse finden Sie beispielsweise bei den Direktbanken oder speziellen Börsenseiten wie www.onvista.de. Beachten Sie, dass bei nicht oder nur selten gehandelten Anleihen die dargestellten Kaufkurse oftmals alte Kaufkurse oder gar nur Schätzwerte sind. Wenn es aktuell keine Verkäufer der Anleihe gibt, ist dann ein Kauf mitunter gar nicht möglich.

Anleihen auswählen und kaufen

Wenn Sie wissen, wie Sie suchen müssen, ist es gar nicht so schwer, die für Sie passende Anleihe zu finden. Das Internet bietet Ihnen dabei wertvolle Unterstützung.

Wenn Sie noch nicht genau wissen, welche Anleihe Sie kaufen wollen, können Sie zunächst auf Finanzseiten im Internet suchen. Seiten, die sich dafür anbieten, sind beispielsweise:

- www.onvista.de,
- www.boerse-muenchen.de oder
- www.boerse-stuttgart.de.

Diese Internetseiten bieten für die Anleihenauswahl Hilfstools, die meist Anleihen- oder Bondfinder heißen. Mit verschiedenen Suchparametern können Sie Ihre Anleihensuche im riesigen Anleihenmarkt individuell einschränken.

So suchen Sie passende Anleihen

Die wichtigsten Parameter für Ihre Suche mit einem Anleihefinder sind der Anleihe-Typ und der Emittent. Mit dem „Anleihe-Typ“ können Sie Ihre Suche unter anderem auf Staatsanleihen, Pfandbriefe, Unternehmens-, Schwellenländer- und Währungsanleihen einschränken. Abhängig von dieser Vorauswahl erhalten Sie in der Regel unter dem Suchparameter „Emittent“ eine Liste der am Markt verfügbaren Herausgeber. Haben Sie also beispielsweise unter „Anleihe-Typ“ das Kriterium „Staatsanleihen Euro“ gewählt, bekommen Sie die an der Börse angebotenen Euro-Anleihen verschiedener Länder angezeigt. Wählen Sie „Unternehmensanleihen", werden Ihnen nur Firmen angezeigt, die Anleihen herausgegeben haben. Hier können Sie dann das Unternehmen auswählen, dem Sie möglicherweise Geld leihen würden.

Ist die angebotene Liste noch zu umfangreich und unübersichtlich, können Sie die Suche weiter verfeinern. Dazu können Sie Vorgaben machen, in welcher Spanne der Zinskupon sich befinden soll. Geben Sie hier beispielsweise 1,0 bis 2,0 an, erhalten Sie nur Anleihen, die Zinszahlungen in dieser Höhe anbieten.

Ein weiteres wichtiges Kriterium ist die Fälligkeit der Anleihe. Wollen Sie beispielsweise für höchstens fünf Jahre anlegen, sind Anleihen für Sie uninteressant, die erst später fällig werden. Sie können dann unter „Fälligkeit" im Anleihefinder die Zeitspanne eingeben, in denen Ihre Anleihe fällig werden soll (beispielsweise mindestens in drei und spätestens in fünf Jahren).

In der Börsenpraxis konzentriert sich der Handel von Anleihen oft auf wenige Papiere, während viele andere nicht oder kaum gehandelt werden.

Die „Stückelung" zeigt die kleinste handelbare Einheit einer Anleihe. Häufig sind Stückelungen von 1000 Euro. Das heißt, Sie müssen mindestens 1000 Euro oder ein Vielfaches davon investieren. Es gibt aber auch Emissionen, bei denen die Stückelung 50000 oder 100000 Euro beträgt. Schränken Sie die „Stückelung" auf maximal 1000 Euro ein, erhalten Sie in der Ergebnisliste keine Anleiheemissionen, die sich aufgrund höherer Mindestanlagesummen vor allem an institutionelle Anleger richten.

In der Börsenpraxis konzentriert sich der Handel von Anleihen häufig auf vergleichsweise wenige Papiere, während viele andere nicht oder kaum gehandelt werden, weil es zu wenige Käufer und/oder auf der anderen Seite zu wenige Verkäufer gibt. Informationen zur Liquidität einer Anleihe finden Sie zum Beispiel leicht bei www.comdirect.de und www.boerse-muenchen.de. Nach Eingabe der Isin oder WKN in das Suchfeld zeigt das Übersichtsfeld der Comdirect an, ob die Anleihe eine hohe, mittlere oder niedrige Liquidität ausweist. Beim Anleihenfinder der Börse München geht das Liquiditätsrating von 1 (höchste Liquidität) bis 6 (illiquider Wert).

Auch die sogenannte Geld-Brief-Spanne, also der Unterschied zwischen Kauf- und Verkaufskurs einer Anleihe, gibt hier Hinweise. Je größer die Spanne, umso seltener wird die Anleihe ge- und verkauft. In den Anleihefindern können Sie auch zur gewünschten Liquidität Vorgaben machen.

Weitere Suchparameter sind zum Beispiel der Kurs einer Anleihe und die gewünschte Rendite. Je nach Anleihe-Typ bieten die Internet-Anleihefinder noch andere Kriterien. Das sind zum Beispiel die Emissionswährung bei Staats- und Währungsanleihen. Bei Unternehmensanleihen können Sie häufig gezielt nach Nachrang-, Hybrid- oder Mittelstandsanleihen suchen.

So kaufen Sie Anleihen

Haben Sie mit Ihren Suchkriterien die passende Anleihe gefunden, notieren Sie sich die WKN oder Isin. Damit können Sie dann selbst den Anleihekauf bei Ihrer Direktbank vornehmen oder den Kauf bei Ihrem Bankberater in Auftrag geben. Wer Anleihen günstig kaufen möchte, ist in der Regel bei Direktbanken am besten aufgehoben. Der Kauf im Netz ist im Normalfall einfach. Loggen Sie sich dafür bei Ihrer Direktbank – oder im Onlinebanking Ihrer Hausbank – ein und geben Sie in der Wertpapier-Ordermaske die WKN oder Isin der Anleihe ein. Sie können dann meist den Handelsplatz (zum Beispiel Börse Frankfurt oder

Stuttgart) wählen, an dem Sie die Anleihe kaufen möchten, und erhalten einen Briefkurs angezeigt.

Prüfen Sie, welche Börse den günstigsten Kaufkurs (Briefkurs) bietet. Je höher der Briefkurs, umso teurer wird der Kauf. Die Briefkurse können sich zwischen den einzelnen Börsenplätzen je nach Anleihe deutlich unterscheiden. Bei der Anzeige der Briefkurse erscheint manchmal der Kurszusatz „B". Das bedeutet, dass zum genannten (Brief-)Kurs kein Umsatz zustande gekommen ist, aber ein Angebot vorhanden war.

Liegt der Briefkurs über 100 Prozent, bedeutet das, dass Sie einen Kursverlust erzielen, wenn Sie die Anleihe bis zum Laufzeitende halten. Denn Anleihen werden grundsätzlich zu 100 Prozent zurückgezahlt. Kaufen Sie unter 100 Prozent, ist ein Kursgewinn möglich.

In der Ordermaske werden Sie weiter nach der gewünschten Menge (nominal) gefragt. Hierbei müssen Sie den Kurswert berücksichtigen. Denn Sie müssen beim Kauf angeben, welche Anlagesumme Sie zum Nominalwert, das heißt, zum endfälligen Wert von 100 Prozent, kaufen möchten. Bezahlen müssen Sie dafür den aktuellen Kurswert mal der Anlagesumme.

Beispiel: Kaufen Sie eine Anleihe nominal für 1000 Euro bei einem Kurs von 105 Prozent, müssen Sie dafür – ohne Kosten und Gebühren – 1050 Euro bezahlen.

Ist die Anleihe nicht in Euro notiert, müssen Sie den Nominalbetrag noch in Euro umrechnen. Währungsrechner finden Sie im Internet oder auf den Seiten Ihrer Direktbank.

Beispiel: Eine Anleihe ist in US-Dollar notiert und der Wechselkurs US-Dollar zu Euro steht bei 0,9091. Das bedeutet, dass Sie für nominal 1000 US-Dollar 909,10 Euro zahlen müssen.

Aber keine Angst: Spätestens bevor Sie den Kauf mit der Eingabe der Transaktionsnummer (TAN) abschließen, zeigen Ihnen die meisten Direktbanken den ungefähren Auftragswert in Euro noch einmal an. Sollten Sie sich bei der Stückzahl (nominal) oder der Währungsumrechnung grob verrechnet haben, fällt Ihnen dies spätestens dann auf.

Nur mit Limit kaufen

Wie generell beim Kauf von Wertpapieren über die Börse, gilt auch beim Anleihekauf: Geben Sie immer mit einer Limit-Order einen Kurs vor, der beim Kauf nicht überschritten werden darf. So gehen Sie auch bei weniger häufig gehandelten Anleihen sicher, dass der Kaufpreis nicht zu hoch ausfällt. In der Ordermaske „Gültigkeit" können Sie vorgeben, wie lange die Order zu diesen Bedingungen gültig sein soll. Kommt bis dahin kein Kauf zustande, verfällt der Auftrag. Ein Kaufauftrag mit der Gültigkeitsdauer „Ultimo" ist bis zum Monatsende gültig.

Das kosten Anleihen

Natürlich fallen beim Anleihekauf Kosten an. Für jeden Kauf zieht Ihnen die Bank eine Provision ab. Viele Direktbanken verlangen 0,25 Prozent des Kurswerts, bei Mindestpreisen von rund 10 Euro. Häufig sind die Kosten aber auf einen Höchstbetrag gedeckelt. Beim Kauf über eine Filialbank sind es in der Regel 0,5 Prozent vom Kurswert. Zu beachten ist dort auch der Mindestpreis. Er liegt bei Filialbanken häufig über 20 Euro.

Behalten Sie beim Anleihekauf auch die prozentualen Kosten im Auge: Sie sollten mindestens so viel investieren, dass Kaufkosten und Anlagebetrag in einem vernünftigen Verhältnis stehen. Überschreiten die Kosten für den Kauf mehr als 0,25 Prozent der Anlagesumme, verschenken Sie zu viel Rendite.

Alternative: Rentenfonds und -ETF

Wenn Sie sich die Mühe sparen möchten, aus dem riesigen Anleihemarkt die passenden Papiere herauszusuchen, können Sie auf Fonds setzen. Damit können Sie auch Ihre Anlagerisiken leichter streuen.

Viele Zinsanleger wollen nicht selbst Anleihen auswählen, ständig den Anleihemarkt und die aktuellen Zinsentwicklungen im Auge behalten müssen und sich um die Wiederanlage fälliger Zinsanlagen kümmern. Für diese können Rentenfonds und Rentenindexfonds (ETF) eine gute Alternative sein.

Das Prinzip eines Investmentfonds ist einfach. Eine Fondsgesellschaft bietet einen Fonds mit einem bestimmten Anlageschwerpunkt an. Bei Rentenfonds sind dies ausschließlich oder überwiegend Anleihen. Sie können Anteile an Rentenfonds kaufen, indem Sie einmalig einen Betrag investieren oder regelmäßig über einen Sparplan Geld einzahlen. Ein professioneller Fondsmanager kümmert sich um die Auswahl der geeigneten Anleihen und investiert das gesammelte Geld der Anleger entsprechend. Die Fondsanleger sind weder Gläubiger – wie Anleihekäufer – noch Aktionäre der Fondsgesellschaft, sondern im Verhältnis ihrer Einlage Miteigentümer am Fondsvermögen und nehmen entsprechend am Erfolg des Fonds teil.

Vorteile gegenüber der Einzelanlage

Der größte Vorteil von Rentenfonds gegenüber einer Einzelanlage ist, dass der Fondsmanager das Geld der Anleger viel breiter streuen kann, als dies einem einzelnen Anleger mit ein paar tausend Euro Anlagekapital möglich wäre. Durch die Mischung vieler Wertpapiere verschiedener Emittenten im Fonds ist das Verlustrisiko bei einem Zahlungsausfall eines Emittenten relativ gering. Auch weisen Rentenfonds im Vergleich zur Direktanlage in Anleihen ein deutlich geringeres Kursrisiko auf, da meist Anleihen verschiedener Laufzeiten gebündelt sind. Allerdings können sich auch Rentenfonds nicht von der allgemeinen Marktzinsentwicklung abkoppeln. Sie trumpfen vor allem in Zeiten sinkender Zinsen auf, weil dann die Kurse der gehaltenen Anleihen stark steigen. In Phasen steigender Zinsen haben Rentenfonds größere Schwierigkeiten, positive Renditen zu erwirtschaften, da dann Kursgewinne mit den Anlagen des Fondsvermögens kaum zu erzielen sind.

Die Anlage in Rentenfonds erfordert keine großen Anlagesummen. Anleger können sich an einem Rentenfonds bei einer Einmalanlage schon ab 500 Euro beteiligen, bei Sparplänen ab 50 Euro (teilweise sogar nur 25 Euro) monatlich. Rentenfonds können jederzeit verkauft werden, auch wenn der Fonds selbst in Anleihen mit langer Laufzeit investiert.

Rentenfonds sind zudem bequem. Das Fondsmanagement kümmert sich um die Wiederanlage fälliger Anleihen und Erträge. Dafür erhält es eine jährliche Verwaltungsgebühr von rund einem Prozent, die direkt vom Fondsvermögen einbehalten wird.

Renten-ETF

In Zeiten eines dauerhaft niedrigen Zinsniveaus ist es gerade für Investmentfonds, die in festverzinsliche Wertpapiere investieren, schwierig, eine nach Abzug aller Kosten (zum Beispiel Transaktionskosten, Verwaltungskosten, Depotbankgebühr) akzeptable Rendite für die Anleger zu erwirtschaften. Eine günstigere Alternative zu gemanagten Investmentfonds ist ein „Exchange Traded Funds“ (ETF), was börsengehandelter (Index-)Fonds bedeutet.

Mehr zu Rentenfonds und -ETF finden Sie im Kapitel „Fonds“ ab S. 192.

Im Gegensatz zu den aktiv gemanagten Fonds, bei denen der Fondsmanager die Auswahl der Einzeltitel übernimmt, orientiert sich die Zusammensetzung von ETF allein an einem zugrundeliegenden Index. Ein solcher Index kann sich zum Beispiel auf in Euro notierte Staatsanleihen der Eurozone beziehen oder auf weltweite Unternehmensanleihen, die in US-Dollar notiert sind. Innerhalb eines solchen Index werden meist Anleihen entsprechend ihres Emissionsvolumens gewichtet. Da kein Fondsmanager die Einzelauswahl der Anleihen vornehmen muss – die Zusammensetzung des ETF ist durch den Index vorgegeben –, spricht man von passiv gemanagten Fonds. ETF sind rechtlich ebenfalls Investmentfonds. Auch hier sind die Anlegergelder dadurch gesichert, dass das Fondsvermögen ein von der Fondsgesellschaft getrenntes Sondervermögen ist.

Renten-ETF sind wie Rentenfonds und Anleihen jederzeit an der Börse handelbar. Professionelle Market Maker stellen permanente An- und Verkaufskurse. Anleger, die ein Wertpapierdepot besitzen, können ETF bei jeder Bank kaufen.

Ein besonderer Vorteil von ETF sind deren im Vergleich zu aktiv gemanagten Fonds geringen Kosten. Ausgabeaufschläge fallen beim Kauf nicht an, und auch die Verwaltungsgebühren sind natürlich geringer, da kein aufwendiges Fondsmanagement finanziert werden muss. Die jährlichen Verwaltungsgebühren liegen bei Renten-ETF zwischen 0,165 und 0,90 Prozent.

Riesige Auswahl

Die Auswahl an Rentenfonds und Renten-ETF ist riesig. Allein in unserem Produktfinder Fonds (www.test.de/fonds) können Anleger aus rund 5 000 Fonds auswählen. Wenn Sie nach Rentenfonds für Ihre Anlagen suchen, könnten Sie folgendermaßen vorgehen:

- Entscheiden Sie sich zunächst, in welches Segment Sie investieren wollen: Staatsanleihen, Pfandbriefe, Unternehmensanleihen oder Inflationsgebundene Anleihen.
- Danach könnten Sie überlegen, aus welcher Region die Emittenten kommen sollten: Weltweit, Europa, Asien, Schwellenländer, einzelne Länder (zum Beispiel Deutschland, Großbritannien, USA).
- Ein weiteres Kriterium ist die Währung, in der die im Fonds gehaltenen Anleihen begeben wurden: Euro, US-Dollar, Britisches Pfund, Schweizer Franken, skandinavische Währungen, verschiedene Währungen.
- Dann können Sie noch entscheiden, welche Laufzeiten die Anleihen im Fonds haben sollen. Zur Erinnerung: Länger laufende Anleihen reagieren grundsätzlich stärker auf Änderungen des Marktzinses als Kurzläufer.

Haben Sie sich orientiert, in welcher Rentenfonds-Kategorie Sie investieren wollen, gehen Sie an die Auswahl des entsprechenden Einzelfonds oder -ETF. Wir empfehlen, auf ETF zu setzen, da es bei Rentenanlagen besonders wichtig ist, die Kosten gering zu halten.

Als Basisanlage kommen insbesondere ETF auf in Euro notierte Staatsanleihen der Eurozone in Betracht. Je nach Risikobereitschaft können Sie auch ETF auf Unternehmensanleihen beimischen. Wollen Sie auch Ihre Währungsrisiken streuen, können Sie zu einem geringeren Anteil ETF mit Anleihen in Fremdwährungen dazunehmen. Die Laufzeiten sollten nicht länger als zehn Jahre sein.

Achten Sie auf die Ländermischung

Wenn Sie mit Rentenfonds in europäische Staatsanleihen investieren, sollten Sie darauf achten, dass im Fonds die Anleihen verschiedener Länder sinnvoll verteilt sind. Zum Beispiel sollten Sie keinen Rentenfonds mit zu hohem Griechenland- oder Südeuropanteil wählen. Das gilt auch für ETF. Die Zusammensetzung eines Fonds finden Sie in unserem Fondsfinder oder bei großen Direktbanken im Fondsporträt.

Strategien mit Zinsanlagen

Wenn Sie aktiv das Management Ihrer Zinsanlagen übernehmen möchten, um den einen oder anderen Renditepunkt herauszukitzeln, stehen Ihnen verschiedene bewährte Strategien zur Verfügung.

Verschiedene Ziele – unterschiedliche Strategien

Mit der passenden Strategie können Sie auch im Festzinsbereich unterschiedliche Ziele erreichen.

Bevor Sie sich mit einer Strategie für Ihre Festzinsanlagen beschäftigen, machen Sie sich noch einmal Folgendes klar: In extremen Niedrigzinsphasen und Zeiten einer besonders expansiven Geldpolitik der Notenbanken bringt Festgeld oft höhere Zinsen als eine Anleihe derselben Bank und des zugehörigen Staates mit ähnlicher Laufzeit. Zusätzlich sind bei Festgeldern – zumindest im europäischen Raum – die Einlagen bis zu 100 000 Euro pro Bank und pro Person durch die Einlagensicherung gesetzlich geschützt. Der Nachteil von Festgeld ist, dass Sie während der Laufzeit nicht an Ihr Geld kommen. Eine vorzeitige Kündigung ist in der Regel nicht möglich oder nur, wenn Sie auf die Zinszahlung verzichten.

Anleihen mit einer ausreichenden Liquidität haben hingegen den Vorteil, dass sie börsentäglich an der Börse gehandelt werden und zum aktuellen Kurs weiterverkauft werden können. Sie kommen also auch vorzeitig an Ihr Geld. Allerdings unterliegen Anleihen nicht der Einlagensicherung. Im Falle der Insolvenz des Emittenten sind Sie – je nach Art der Anleihe – mit anderen Gläubigern gleichgestellt und müssen mit Verlusten rechnen.

Wenn Sie Ihr Geld nicht langfristig anlegen möchten, sollten Sie in Niedrigzinsphasen besser Festgeldanlagen als Rentenfonds wählen.

Wenn das aktuelle Marktzinsniveau steigt, ist ein Verkauf von Anleihen während der Laufzeit mit möglicherweise hohen Kursverlusten verbunden. Als Faustregel gilt: Steigt der Marktzins um 1 Prozentpunkt, würde der Kurs einer zehnjährigen Bundesanleihe um etwa 7 Prozent verlieren.

Auch Rentenfonds und Renten-ETF erleiden in der Regel bei einem Marktzinsanstieg Kursverluste. Da Fonds und ETF keine feste Laufzeit haben, also nicht zu einem festen Nennwert zurückgezahlt werden, sollten Sie in Niedrigzinsphasen vorsichtig sein. Wenn Sie Ihr Geld nicht langfristig anlegen möchten, sollten Sie bei niedrigen Zinsen besser Festgeldanlagen als Rentenfonds wählen.

Zinsstrategien für besondere Anlegerbedürfnisse

Bei der Wahl der richtigen Festzinsanlagen müssen Anleger auch ihre besonderen finanziellen Ziele berücksichtigen. Denn je nach Ziel eignen sich unterschiedliche Festzinsanlagen.

Jeder Anleger hat andere Ziele, die er mit seinen festverzinslichen Anlagen erreichen will. Der eine möchte zum Beispiel laufende Erträge zur Aufbesserung seiner Rente erzielen, andere möchten Kapital für den Ruhestand oder ein Eigenheim bilden. Vielleicht wollen Sie sich in zwei Jahren ein neues Auto kaufen und dafür sparen. Oder Sie wollen bei hohen Aktienkursen auf bessere Einstiegsgelegenheiten warten und dafür Ihr Geld rentabel, aber schnell verfügbar parken. Nachfolgend finden Sie Strategien mit Zinsanlagen für typische Anlegerziele.

Ziel: Laufende Erträge

Sind Ihnen laufende Erträge wichtig, weil Sie damit zum Beispiel Ihre Rente aufbessern möchten, kommt es zunächst darauf an, dass Sie eine Anlage wählen, bei der die Zinsen auch tatsächlich ausgeschüttet werden. Abgezinste Papiere, wie zum Beispiel Null-Kupon-Anleihen (Zerobonds), bei denen die Zinsen während der Anlagedauer angesammelt und erst zum Laufzeitende zusammen mit dem Nennwert zurückgezahlt werden, scheiden dann aus. Auch variabel verzinste Papiere, wie zum Beispiel Floater, sind für Sie ungeeignet, weil Sie mit diesen nicht planen können.

Je nachdem, wie wichtig die regelmäßigen Zahlungen für Sie sind, ob Sie also ein nettes Zubrot sein sollen oder für Ihre laufenden Lebenshaltungskosten existenziell sind, müssen Sie vor allem auf die Bonität des Emittenten achten. Fremdwährungsanleihen sind ebenfalls ungeeignet, weil hier die Höhe der Zinszahlungen aufgrund der Währungsrisiken nicht sicher ist.

Da Kursgewinne nicht im Vordergrund stehen, wenn Sie laufende, sichere Erträge erwirtschaften möchten, könnten Sie gegebenenfalls auch Wertpapiere von Emittenten höchster Bonität kaufen, die über dem Nennwert, also über pari, notieren. Die Kursverluste, die entstehen, wenn diese Papiere fällig werden, müssen Sie dann aber in Kauf nehmen.

Geeignet für dieses Anlageziel sind vor allem Festgelder und Sparbriefe sowie Anleihen von sehr sicheren Schuldnern mit einem Rating bis Aa3 beziehungsweise AA-. Die Zinszahlungen erfolgen bei diesen Anlagen in der Regel jährlich. Benötigen Sie monatliche Raten, können Sie die Zinszahlungen auf einem Tagesgeldkonto parken und monatlich entnehmen.

Gut zu wissen

Nur ein Baustein. Beachten Sie, dass Zinsanlagen nur ein Baustein in Ihrer langfristigen Vermögensbildung sein können. Gerade in Niedrigzinsphasen sollten Sie besser nicht Ihr gesamtes Vermögen in Zinsanlagen stecken, wenn Sie einen langen Anlagehorizont haben, sondern sie mit chancenreicheren Anlagen wie Aktienfonds mischen. Je näher Ihr Sparziel bevorsteht, umso wichtiger ist es, chancenreichere Produkte in Zinsanlagen umzuschichten, da diese keine oder wenig Schwankung aufweisen.

Ziel: Vermögensbildung

Geht es Ihnen vor allem darum, mit Ihren Zinsanlagen für die Ausbildung der Kinder, die eigenen vier Wände oder den Ruhestand zu sparen oder auch ohne konkretes Ziel für später Vermögen aufzubauen, kommen zunächst alle Formen von Festzinsanlagen in Betracht. Wichtig ist bei allen Anlagen, dass Sie eine Rendite erzielen, die möglichst über der Inflation liegt. Ansonsten ist Ihre Realrendite, also Ihre Vermögensbildung abzüglich der gestiegenen Lebenshaltungskosten, negativ und Sie haben Kapital vernichtet.

Wichtig ist bei diesem Anlageziel, die Laufzeit der Festzinsanlagen dem Marktzins anzupassen. Das bedeutet, dass Sie unter Umständen auch bei einem zehnjährigen Anlagehorizont zunächst nur kurzfristiger anlegen, wenn Sie steigende Zinsen in den nächsten Jahren erwarten. Vor allem Ihre Risikoeinstellung stellt bei der Wahl der passenden Zinsanlagen zur Vermögensbildung wichtige Weichen.

Für risikoscheue Anleger kommen Bundeswertpapiere, Festgelder mit EU-Einlagensicherung, oder aber auch Pfandbriefe in Betracht.

Mögen Sie es riskanter, aber auch chancenreicher, können Sie bei Unternehmensanleihen fündig werden. Diese bieten mitunter höhere Renditen als Bundeswertpapiere oder Pfandbriefe. Je nach Bonität und Rating des Unternehmens, das die Anleihe begibt, variieren die Renditen stark. Wollen Sie in Unternehmensanleihen mit einem Rating unterhalb von Investment Grade investieren, empfiehlt sich wiederum die Anlage über einen entsprechenden Fonds oder ETF, um das Ausfallrisiko zu streuen.

Ziel: Liquide sein

Verschiedene Gründe können dafür sprechen, bei der Zinsanlage vor allem darauf zu achten, sie schnell wieder in Bargeld umwandeln zu können:

- Sie wollen sich aufgrund der niedrigen Marktzinsen nicht längerfristig binden und glauben, bei bald steigenden Zinssät-

zen wieder deutlich höhere Erträge auf Ihre mittel- bis langfristigen Anlagen zu erhalten.
- Sie wollen sich in naher Zukunft besondere Konsumwünsche erfüllen.
- Sie warten auf besondere Anlage- und Spekulationsgelegenheiten und wollen dann schnell reagieren können.

Zwar können Sie grundsätzlich alle börsennotierten festverzinslichen Anlagen jederzeit verkaufen und sich so flüssige Mittel verschaffen. Wenn Sie allerdings aufgrund der Marktsituation nur unter Ihrem Einkaufspreis verkaufen können, weil Kursschwankungen während der Laufzeit gegen Sie laufen, realisieren Sie Verluste. Auch müssen Sie die Kosten berücksichtigen. Haben Sie beispielsweise einen Rentenfonds mit 3 Prozent Ausgabeaufschlag gekauft, machen Sie einen entsprechenden Verlust, wenn Sie ihn kurze Zeit später wieder verkaufen.

Als schnell verfügbare Zinsanlagen ohne größere Kursrisiken kommen somit letztlich für Sie in Betracht:
- Tagesgelder
- Festgelder und Anleihen mit kurzen Restlaufzeiten
- Unverzinsliche Schatzanweisungen
- Floater
- Bundesanleihen mit kurzen Restlaufzeiten

Mit Extremsituationen spekulieren

Es kommt nicht nur bei Aktien gelegentlich vor, dass der Markt Unternehmen abstraft. Beispielsweise können Gerüchte über Bilanzmanipulationen oder Bonitätsverschlechterungen eines Unternehmens dazu führen, dass Anleger dessen Anleihen verstärkt loswerden wollen, mit der Folge, dass deren Kurs deutlich unter 100 Prozent sinken kann.

Haben Sie Grund zu der Annahme, dass die Kursabschläge übertrieben hoch sind und das Unternehmen sicherlich noch länger als die Restlaufzeit seiner Anleihe zahlungsfähig bleiben wird – etwa weil es am Markt gegenüber seinen Konkurrenten eine Vormachtstellung einnimmt –, könnten Sie die Anleihe mit dem Vorsatz erwerben, diese zu behalten, bis sie fällig wird. Je nach Höhe der Kursabschläge sind mit dieser spekulativen Strategie Renditen im hohen zweistelligen Bereich möglich.

Auch Kursausschläge in die andere Richtung über 100 Prozent können Ihnen zu hohen Renditen verhelfen, wenn Sie Inhaber einer plötzlich besonders gefragten Anleihe sind. So konnte ein vorausschauender Anleger im Zuge der Finanz- und Euro-Schuldenkrise ahnen, dass Anleihen von als besonders solide geltenden Staaten wie Norwegen, der Schweiz oder Deutschland als sicherer Anlagehafen gesucht werden würden. Als vorausschauender spekulativer Anleger hätte man Anleihen dieser Staaten ungefähr zum Nennwert kaufen und auf dem Hochpunkt der Krisenpanik zu einem Kurs weit über 100 Prozent verkaufen können.

Wenn solche besonderen Extremsituationen an den Anleihemärkten auftreten, heißt es für Sie, kühl abzuwägen: Sind die Kursausschläge in ihrer Höhe gerechtfertigt? Oder sind sie angesichts des Risikos vielleicht doch zu hoch? Liegen Sie mit Ihrer Einschätzung richtig, sind beachtliche Renditen möglich.

Strategien gegen das Zinsänderungsrisiko

Anleger können mit einfachen Strategien ihre Festzinsanlagen so gestalten, dass eventuelle Marktzinsänderungen sie nicht auf dem falschen Fuß erwischen.

Wenn Sie sich sicher sind, dass das Zinsniveau weiter fällt, ist die Strategie einfach: Sie suchen sich das Zinsangebot – Festgeld, Anleihe oder Fonds – mit der besten Rendite und legen Ihr Geld so lange fest, wie Sie es entbehren können oder der Sinkflug der Zinsen Ihrer Meinung nach anhält.

Schwieriger wird es, wenn Sie sich über die künftige Entwicklung unsicher sind oder steigende Zinsen erwarten. Aber auch für diese Fälle gibt es passende Strategien.

Die Treppenstrategie

Die Treppenstrategie verbindet den Wunsch nach sicherer Rendite und Flexibilität bei Zinsänderungen oder außerplanmäßigem Geldbedarf am besten. Dazu verteilen Sie die Anlagesumme auf verschiedene Laufzeiten.

Beispiel: *Sie möchten 25 000 Euro anlegen. Dann teilen Sie die Summe in Tranchen von jeweils 5 000 Euro und legen jeden Teilbetrag unterschiedlich lange fest, beispielsweise ein, zwei, drei, vier und fünf Jahre. Werden nach zwölf Monaten die ersten 5 000 Euro fällig, legen Sie sie wieder zu den dann gültigen Konditionen für fünf Jahre fest.*

Sind die Zinsen in der Zwischenzeit gestiegen, erwirtschaftet das wieder angelegte Geld bereits bessere Renditen. Damit nicht genug: Steigen die Zinsen in den Folgejahren ebenfalls, wachsen Schritt für Schritt auch die übrigen Erträge, wenn Sie mit den anderen jeweils freigewordenen Tranchen dasselbe tun. Sinken die Zinsen wider Erwarten, riskieren Sie mit dieser Strategie zwar Verluste. Diese werden aber durch die Aufteilung der Anlagesumme begrenzt.

Auch wenn Sie so anfangs eine geringere Gesamtzinserwartung haben, als wenn Sie den gesamten Betrag für fünf Jahre festlegen, hat die Treppenstrategie mehrere Vorteile:

- Bauen Sie Ihr Treppendepot mit Anleihen, wird durch die Laufzeitstaffelung die höhere Stabilität von kurzfristigeren Papieren bei Zinsänderungen mit den höheren Zinsaussichten von längerfristigen Anleihen kombiniert. So wird die Anfälligkeit der Anleihen für Marktzinsänderungen und damit die Wertschwankung aufgrund der durchschnittlichen Laufzeit der Anleihen gesenkt.
- Sie bleiben vergleichsweise flexibel. Denn Sie erhalten regelmäßige Rückzahlungen der jeweils fälligen Anleihen. Diese können Sie wieder in länger laufende Anleihen investieren, wenn das Zinsniveau gestiegen ist und damit höhere Renditen möglich sind.
- Sind die Zinsen vorübergehend gefallen, müssen Sie nicht gleich wieder reinvestieren, sondern können einfach abwarten und das Geld auf einem Tagesgeldkonto parken. Die noch im Depot befindlichen Anleihen erzielen dann dennoch höhere Zinsen, als der Markt hergibt.

Die Treppenstrategie lässt sich an die persönliche Chance-Risiko-Mentalität anpassen, indem man nicht nur Anleihen höchster Bonität und mit verschiedenen Laufzeiten mischt, sondern auch solche mit schlechterer Bonität,

Die Treppenstrategie

So könnte eine Treppenstrategie mit Laufzeiten bis fünf Jahre aussehen: Sie investieren in fünf Anleihen (oder Festgeld) mit einer Laufzeit von einem bis fünf Jahren. Immer wenn eine Anlage ausläuft, kaufen Sie eine neue mit fünfjähriger Laufzeit.

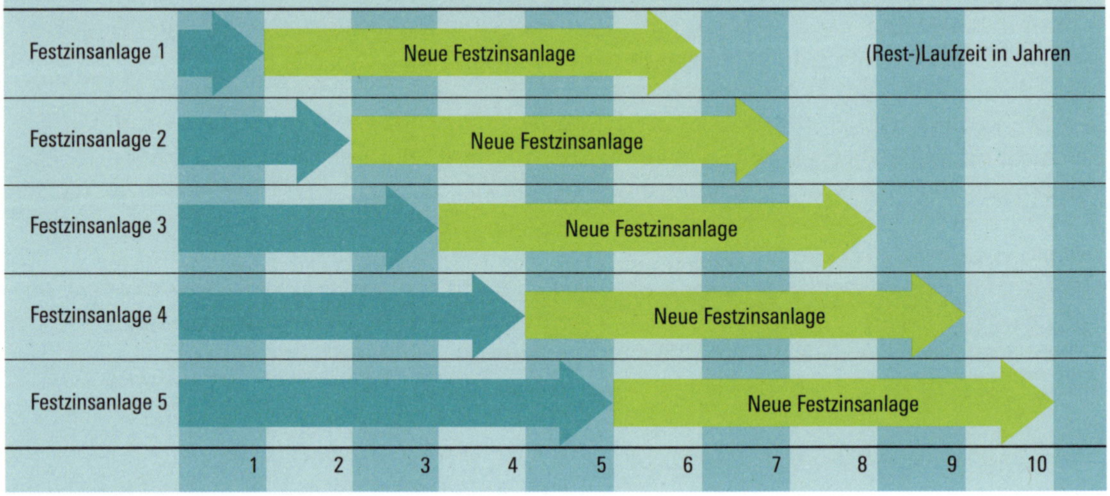

dafür aber höheren Zinsen einstreut. Das erhöht die Renditechancen. Aber Vorsicht: Das Rating der unsichereren Anleihen sollte mindestens Baa3 (Moody's) beziehungsweise BBB- (S & P und Fitch) betragen.

Natürlich funktioniert das Treppensparen auch mit – einlagengesicherten – Festgeldanlagen. Suchen Sie sich dazu beispielsweise mit unserem Produktfinder Zinsen unter www.test.de/zinsen die besten Angebote für Festgelder mit Laufzeiten zwischen ein und fünf Jahren. Das sind grundsätzlich Onlinebanken und Töchter ausländischer Institute. Die Stiftung Warentest nimmt dabei nur Institute aus ➚ sicheren EU-Ländern in ihre Vergleiche auf. Das stellt sicher, dass bei allen Anbietern nach EU-Recht mindestens 100 000 Euro pro Anleger und Bank geschützt sind. Wenn Sie bereit sind, für jede Laufzeit ein Konto bei der Bank mit dem jeweils besten Zinsangebot zu eröffnen, können Sie die Rendite zusätzlich steigern.

Welche EU-Länder das sind, zeigt die Grafik „Wo es sichere Zinsen gibt" auf S. 61.

Kürzere Laufzeiten bei niedrigen Zinsen

Sie können die längste Laufzeit Ihrer Treppenspar-Anlagen zwar selbst bestimmen und entsprechend dem Aufwand, den Sie betreiben wollen, die anderen Laufzeiten einteilen. In Zeiten mit einem sehr niedrigen Zinsniveau ist es aber sinnvoller, nur eine Treppe mit Laufzeiten bis vier oder fünf Jahren aufzubauen. Denn Anleger mit länger laufenden festverzinslichen Anlagen können auf einen Anstieg des allgemeinen Zinsniveaus nicht reagieren.

Die Hantelstrategie

Die Hantelstrategie reduziert den Aufwand der Treppenstrategie und konzentriert den zur Verfügung stehenden Anlagebetrag auf zwei Extremlaufzeiten. Sie investieren dabei nur in Festzinsanlagen mit kurzer und mit langer

Restlaufzeit. Die Laufzeiten sind somit wie die Gewichte einer Hantel am linken und rechten Laufzeitspektrum platziert. Auf diese Weise haben Sie nicht Ihr gesamtes Kapital langfristig gebunden und können mit den kurzfristigen Festzinsanlagen auf eventuelle Marktzinssteigerungen reagieren. Bei fallenden Zinsen können Sie das Geld aus den fällig gewordenen kurzfristigen Anleihen auch in andere Anlageklassen wie zum Beispiel Aktien oder Immobilien investieren. Beachten Sie dann aber, dass sich möglicherweise das Risiko Ihrer Gesamtanlagen verschiebt. Ohne den gesamten Teil Ihrer festverzinslichen Anlagen mittelfristig gebunden zu haben, erzielen Sie mit dieser Strategie eine Rendite, die im Schnitt der einer mittelfristigen Anleihe entspricht. Wählen Sie immer eine „Hantellänge", die zu Ihren Zielen passt.

Beispiel: Sie investieren einen Betrag von 20 000 Euro zu je 10 000 Euro in ein Festgeld mit zweijähriger Restlaufzeit und eine Anleihe mit zehnjähriger Restlaufzeit. Wird das zweijährige Festgeld fällig, ersetzen Sie dieses durch ein neues Festgeld mit zweijähriger Restlaufzeit. Wenn die Fälligkeiten zu nahe zusammenrücken (beispielsweise nach der dritten Verlängerung des Zweijahresfestgeldes), können Sie den Abstand zwischen den Extremlaufzeiten wieder herstellen.

Die Kugelstrategie

Die Kugelstrategie (auch Bullet- oder Punktstrategie) eignet sich für Anleger, die unsicher sind, ob das Zinsumfeld zukünftig besser wird, die ihr Geld aber zu einem festen Zeitpunkt zurückhaben wollen. Bei dieser Strategie werden die Fälligkeiten der Zinsanlagen daher auf einen Zeitpunkt konzentriert. Das funktioniert, indem man über mehrere Jahre nach und nach in Anleihen oder Festgelder investiert und dabei die Restlaufzeiten so wählt, dass alle Anlagen nahezu zur gleichen Zeit fällig werden.

Beispiel: Ein Anleger möchte in acht Jahren in Ruhestand gehen und dann eine Weltreise machen. Daher möchte er Teile seines Aktiendepots im Wert von rund 16 000 Euro in festverzinsliche Wertpapiere umschichten. Damit er aber auf zukünftige Marktzinssteigerungen reagieren kann, verkauft er zunächst nur Aktien im Wert von 4 000 Euro und kauft dafür eine Anleihe mit acht Jahren Restlaufzeit. Nach weiteren drei Jahren schichtet er Aktien im Wert von 6 000 Euro in eine fünfjährige Anleihe um. Da nach weiteren zwei Jahren die Marktzinsen relativ hoch sind, schichtet er jetzt den Restbetrag von 6 000 Euro in eine Anleihe mit einer Restlaufzeit von drei Jahren um. Zum Rentenbeginn werden alle drei Anleihen fällig. Mit dem Erlös kann er seine Reise finanzieren.

Aktien

Aktien: Nur für Reiche?

Viele Deutsche halten Aktien für „Teufelszeug" oder eine Anlageklasse nur für Reiche. Wer aber die wichtigsten Grundbegriffe kennt, kann mit Aktienanlagen sein Gesamtvermögen streuen und die Rendite langfristig verbessern.

Was sind Aktien?

Aktien sind Beteiligungen an Unternehmen. Ausschüttungen und Wertsteigerungen bestimmen die Gesamtrendite des Aktionärs.

Aktien sind Wertpapiere, die Teilhaberrechte am Grundkapital einer Aktiengesellschaft (AG) verbriefen. Das in Aktien investierte Kapital zählt daher zum Eigenkapital des Unternehmens. Wenn Sie eine Aktie kaufen, werden Sie nicht nur Aktionär, sondern auch Miteigentümer des Unternehmens und übernehmen wie ein Unternehmer ein finanzielles Risiko, sollte die Aktiengesellschaft Verluste machen. Auf der anderen Seite sind Sie auch an ihren Gewinnen beteiligt.

Nennwert- und Stückaktien

Die Höhe Ihrer Beteiligung am Gewinn und Verlust hängt davon ab, welchen Anteil am Grundkapital des Unternehmens Ihr Aktienpaket ausmacht. Der Nennwert einer einzelnen Aktie gibt an, mit welchem Anteil jede Aktie am Grundkapital der AG beteiligt ist. Dieser Nennwert war früher als Geldbetrag (zum Beispiel „5 D-Mark") auf den effektiven Aktienurkunden aufgedruckt. Nach dem Aktiengesetz haben Aktiengesellschaften heutzutage aber die Wahl, ob sie ihre Aktien als Nennwertaktien (Nennbetragsaktien) oder nennwertlose Aktien (Stückaktien) ausgeben.

Bei nennwertlosen Aktien wird die Beteiligung des Aktionärs am Grundkapital der AG nicht in einem Nennbetrag, sondern in Stücken ausgedrückt. Der Anteil des Aktionärs am Unternehmen resultiert dabei aus dem Verhältnis seiner Aktien zur Gesamtzahl aller ausgegebenen Aktien. Das Aktiengesetz schreibt vor, dass der rechnerische Anteil am Grundkapital pro Stückaktie mindestens 1 Euro betragen muss. Damit soll sichergestellt werden, dass Inhaber von Stückaktien nicht gegenüber Inhabern von Nennbetragsaktien benachteiligt sind.

Beispiel: Das Grundkapital einer AG beträgt 8 Millionen Euro und es wurden 2 Millionen Stückaktien ausgegeben. Das bedeutet, dass der rechnerische Anteil pro Aktie 4 Euro beträgt. Wenn ein Anleger 10 000 Aktien besitzt, hat er einen rechnerischen Anteil von 40 000 Euro am Grundkapital. Er ist prozentual also mit einer Quote von ((40 000 Euro : 8 000 000 Euro) x 100 =) 0,5 Prozent am Grundkapital beteiligt.

Nennwert ist nicht gleich Kurswert

Der Börsenkurs einer Aktie spiegelt den aktuellen Marktwert eines Unternehmens wider. Bei einem erfolgreichen Unternehmen ist der Marktwert in der Regel aber wesentlich höher als sein Grundkapital. Für die Bewertung des Unternehmens spielen unterschiedliche Faktoren eine Rolle.

Zum einen fließen die Vermögensgegenstände des Unternehmens in die Bewertung ein. Denn der Marktwert ergibt sich aus der Summe aller Vermögensgegenstände (abzüglich Schulden) – wie Anlagevermögen (zum Beispiel Immobilien, Maschinen, Geschäftsausstattung), Beteiligungen, Warenvorräte und Rechte, Patente, etc. Zum anderen bestimmen den Börsenkurs Faktoren, die nicht in der Bilanz des Unternehmens stehen, wie Gewinnaussichten, Markenname, stille Reserven und vieles mehr.

AKTIEN

Geeignet für Anleger mit größerem Vermögen, die sich aktiv um ihr Geld kümmern wollen. Je mehr Risiko sie eingehen können und wollen, desto höher kann der Anteil an Aktienanlagen sein.

PRO

Mit Aktien sind höhere Renditen möglich als mit festverzinslichen Anlagen. Neben der Chance auf Wertsteigerungen bieten mögliche Dividendenzahlungen eine weitere Ertragschance.

CONTRA

Die „richtigen" Aktien auszuwählen und zu verwalten ist aufwendig. Hohe Wertschwankungen bis hin zum Totalverlust sind möglich. Eine ausreichende Risikostreuung ist nur mit einer hinreichend großen Anzahl verschiedener Titel aus verschiedenen Ländern und Sektoren möglich. Wer sich nicht ständig um sein Geld kümmern möchte, ist mit Aktienfonds besser bedient.

Ist der Kurswert einer Aktie hingegen geringer als der Nennwert, kann dies im Wesentlichen zwei Gründe haben: Entweder steckt das Unternehmen in ernsthaften wirtschaftlichen Schwierigkeiten und viele Anleger haben erkannt, dass sein tatsächlicher Wert unter den Wert des Grundkapitals gesunken ist. Die Aktien werden dann an der Börse zu Kursen unter dem Nennwert verkauft. Es kann aber auch sein, dass die Aktie aus dem Fokus der breiten

30

SEKUNDEN FAKTEN

1288

gibt die schwedische Kupfermine in Falun den ersten Anteilsschein aus, den man nach heutigem Verständnis als Aktie bezeichnen kann.

1843

schafft Preußen gesetzliche Regelungen zur Gründung von Aktiengesellschaften, die für eine erste Blütezeit für Aktien in Deutschland sorgen.

1929

wird der Aktienboom der 1920er-Jahre in den USA durch einen großen Crash („Schwarzer Freitag") beendet, der eine Weltwirtschaftskrise auslöst.

1945

nehmen die deutschen Börsen bereits wenige Monate nach Kriegsende ihre Tätigkeit wieder auf und tragen maßgeblich zum späteren „Wirtschaftswunder" bei.

Anlegermasse geraten ist oder falsch eingeschätzt wird. Dies kann zum Beispiel nach einem Börsencrash passieren, der alle Aktien erfasst hat, auch wenn einzelne Unternehmen dies nicht „verdient" hätten, weil ihre Zahlen und Geschäftsaussichten weiterhin gut sind. Denkbar ist auch, dass ein Konkurrent aus der gleichen Branche schlechte Zahlen präsentiert hat und Anleger andere Aktien dieser Branche in „Sippenhaft" nehmen. Wenn Anleger solche unterbewerteten Aktien zu den sehr günstigen Kursen kaufen, bestehen längerfristig hohe Gewinnmöglichkeiten.

Der Börsenkurs einer Aktie ist meist schon bei der Erstemission höher als ihr Nennwert oder Stückpreis. Bereits in den Erstausgabepreis der Aktie fließen Schätzungen über die Geschäftsperspektiven und Gewinnaussichten ein. Das Unternehmen hat ein großes Interesse an einem hohen Ausgabepreis. Denn nur bei der Erstausgabe stellt der Anleger dem Unternehmen sein Kapital direkt zur Verfügung, und das eingenommene Geld wandert in die Kassen der AG. Der spätere Handel an der Börse erfolgt hingegen nur zwischen Anlegern in Gestalt von Käufern und Verkäufern der Aktie.

Stamm-, Namens- und Inhaberaktien

Neben der Unterscheidung in Nennwert- und Stückaktien gibt es in Deutschland noch weitere Abstufungen verschiedener Aktienarten, die sich hinsichtlich ihrer Handelbarkeit und der Rechte, die sie verbriefen, unterscheiden.

Das Grundkapital einer Aktiengesellschaft besteht meist aus Stammaktien. Inhaber von Stammaktien besitzen alle Aktionärsrechte, insbesondere das Stimmrecht auf der Hauptversammlung des Unternehmens. Stammaktien werden in der Fachsprache auch „Stämme" genannt und mit „St" abgekürzt. Je mehr Stammaktien ein Anleger hält, desto mehr Stimmrechte besitzt er. Entsprechend größer ist sein Einfluss auf das Unternehmen.

Die (noch) überwiegende Zahl dieser Stammaktien sind wiederum Inhaberaktien. Sie lauten nicht auf einen bestimmten Inhaber oder Namen, sondern gehören demjenigen, der sie gerade besitzt, weil sie in seinem Depot liegen. Inhaberaktien sind faktisch ein anonymes Inhaberpapier. Für die Aktiengesellschaft hat dies den Nachteil, dass sie ihre Aktionäre nicht direkt kontaktieren kann und ihnen zum Beispiel nicht Aktionärsbriefe, Quartals- oder Jahresberichte zuschicken kann, sondern die jeweiligen Depotbanken der

Anleger zwischenschalten muss. Da die AG nicht genau weiß, wer die Aktionäre sind, ist es schwierig, rechtzeitig Verschiebungen in der Aktionärsstruktur festzustellen und zum Beispiel vorab Versuche feindlicher Übernahmen zu erkennen.

Das ist bei Namensaktien anders. Diese werden unter Angabe von Namen, Geburtsdatum und Adresse des Aktionärs sowie der Stückzahl – oder bei Nennbetragsaktien der Höhe seines Anteils – in das Aktienregister der Aktiengesellschaft eingetragen. Benötigt der Aktionär zusätzlich die Zustimmung der AG für den Verkauf seiner Aktien, spricht man von vinkulierten Aktien. In der Satzung der AG ist bestimmt, unter welchen Voraussetzungen sie die Zustimmung zu einer Veräußerung versagen kann.

Aktionäre haben bei Inhaber- und Namensaktien die gleichen Rechte, insbesondere Stimmrechte auf der Hauptversammlung. Die Namensaktie ist aber international verbreiteter als die Inhaberaktie, die in Europa wohl noch überwiegt. Auch zahlreiche deutsche Unternehmen haben bereits auf Namensaktien umgestellt. Denn dies ist Voraussetzung, wenn ein Unternehmen an internationalen Börsen, beispielsweise in den USA, gelistet werden will.

Namens- und Inhaberaktien gibt es auch in der Form von Vorzugsaktien, Börsianer sprechen von „Vorzügen". Sie werden mit „Vz" abgekürzt. Bei diesen Aktien genießen Inhaber bestimmte Vorrechte. Diese Vorrechte bestehen bei deutschen Aktiengesellschaften meist in besonderen Dividendenansprüchen für die Aktionäre. Üblich sind beispielsweise eine Mehrdividende gegenüber Stammaktionären oder eine Mindestdividende, bei der Vorzugsaktionäre vor den Stammaktionären bedient werden (auch Vorausdividende genannt). Vorzugsaktien haben aber nicht nur Vorteile: So haben Vorzugsaktionäre meist kein Stimmrecht in der Hauptversammlung (stimmrechtslose Vorzugsaktien). Das Stimmrecht erhält der Aktionär zurück, wenn der vereinbarte Vorzug nicht vollständig gezahlt und nicht ausgeglichen wird.

Gut zu wissen

Keine Nachschusspflichten

Aktionäre haben als Miteigentümer „ihres" Unternehmens Rechte und Pflichten, die sich vor allem aus dem Aktiengesetz und der Satzung des Unternehmens ergeben.

Die Hauptpflicht eines Aktionärs ist es, eine bei der Erstemission georderte Aktie zu bezahlen, also die vereinbarte Einlage auf das Grundkapital zu leisten. Anders als bei Mitunternehmern einer Gesellschaft bürgerlichen Rechts (GbR) oder einer Offenen Handelsgesellschaft (OHG) kann die Aktiengesellschaft von ihren Miteigentümern aber keine weiteren Zahlungen verlangen, wenn das Unternehmen in wirtschaftliche Schieflage geraten sollte. Eine sogenannte Nachschusspflicht besteht bei der Rechtsform der Aktiengesellschaft (AG) für Aktionäre nicht. Wird eine AG insolvent, beschränkt sich das Verlustrisiko eines Aktionärs auf das Kapital, das er für seine Aktien bezahlt hat.

Der Vorteil von Vorzugsaktien liegt für das Unternehmen darin, dass es sich über die Ausgabe der Vorzüge neues Kapital besorgen kann, ohne dass sich die Stimmrechts- und Mehrheitsverhältnisse in der Hauptversammlung verschieben. Sie sind insbesondere für Kleinanleger interessant, die in der Hauptversammlung kein Stimmgewicht haben. Großanleger bevorzugen hingegen Stammaktien, um über ihr Stimmrecht Einfluss auf die Aktiengesellschaft nehmen zu können. Daher notieren Vorzugsaktien an der Börse meist niedriger als Stammaktien.

Internationale Aktien-Sonderformen

An den Weltbörsen gibt es einige Sonderformen von Aktien, die mitunter auch in Deutschland gehandelt werden. Dabei werden A- und B-Aktien von Unternehmen unterschieden. A-Aktien dürfen oft ausschließlich von Einheimischen gekauft werden, während B-Aktien auch von ausländischen Investoren gehandelt werden dürfen. Die B-Aktien haben meist kein oder nur ein eingeschränktes Stimmrecht und werden nur in begrenzter Anzahl verkauft. Damit soll der Einfluss ausländischer Anleger auf die Unternehmen beschränkt werden.

Bedeutung hat die Unterscheidung vor allem bei chinesischen Aktien. Hier versteht man unter A-Aktien solche Aktien chinesischer Unternehmen, die in chinesischer Währung (Renminbi) an den Börsen Schanghai und Shenzhen gehandelt werden, B-Aktien hingegen werden in Schanghai in US-Dollar und in Shenzhen in Hongkong-Dollar gehandelt und sind für ausländische Privatanleger zugänglich. Daneben gibt es noch H-Aktien, die nur in Hongkong und nur von ausländischen Anlegern gekauft werden können.

Will ein ausländisches Unternehmen an einer US-Börse gehandelt werden, ohne sich dem vollständigen Zulassungsverfahren zu unterziehen, das für eine Börsennotierung notwendig wäre, kann es auf sogenannte American Depositary Receipts (ADR) ausweichen. Dabei handelt es sich um Hinterlegungsscheine, die von amerikanischen Kreditinstituten ausgestellt werden, die eine bestimmte Anzahl Aktien des ausländischen Unternehmens in Verwahrung genommen haben. Ein ADR kann sich auf eine, mehrere oder auch nur auf einen Bruchteil einer Aktie beziehen und wird dann stellvertretend für die Aktie gehandelt.

Die Hauptversammlung

Einmal im Jahr können Aktionäre aktiv über die weitere Entwicklung ihres Unternehmens mitbestimmen. Die Teilnahme an der Hauptversammlung ist ein Aktionärs-Grundrecht.

Die wichtigsten Rechte eines Aktionärs ergeben sich aus seinem Recht auf Teilnahme an der Hauptversammlung. Die Hauptversammlung ist neben dem geschäftsführenden Vorstand und dem Aufsichtsrat eines der drei Organe einer Aktiengesellschaft. Sie ist die Eigentümerversammlung und findet in der Regel einmal im Jahr statt. Bei bestimmten unerwarteten Ereignissen wie Übernahmen, Fusionen oder der Abberufung von Aufsichtsräten kann zwischendurch eine außerordentliche Hauptversammlung einberufen werden. Die Einladung zur Hauptversammlung wird vom Vorstand der AG ausgestellt und den Aktionären durch deren depotführende Bank oder – bei Inhabern von Namensaktien – durch das Unternehmen selbst zugeleitet.

Damit bei der Hauptversammlung klar ist, wer wie viele Stimmen besitzt, müssen sich Aktionäre, die teilnehmen wollen, über ihre Bank anmelden. Sie bekommen dann eine Eintrittskarte, die auch als Nachweis der Stimmberechtigung dient. Bei Inhaberaktien stellt die Depotbank eine Besitzbescheinigung aus, Sie muss sich auf den 21. Tag vor der Hauptversammlung beziehen und der AG mindestens sechs Tage vor der Hauptversammlung zugehen. Für Namensaktien ist dies nicht erforderlich, da hier der Aktionär im Aktienregister des Unternehmens aufgeführt ist.

Wichtige Punkte bei einer Hauptversammlung

Zu Beginn der Hauptversammlung geben Vorstand und Aufsichtsrat einen Überblick über ihre Arbeit. Sie präsentieren das Ergebnis des letzten Geschäftsjahres und stellen Prognosen für die kommenden Monate sowie die weiteren Pläne der Geschäftsführung vor. Alle Aktionäre des Unternehmens haben das Recht, auf der Hauptversammlung zu sprechen und Fragen an die Geschäftsführung zu stellen. Die Fragen müssen vorab schriftlich bei der AG eingereicht werden. Die Unternehmensleitung muss die Fragen nach bestem Wissen beantworten, es sei denn, dies kann dem Unternehmen Nachteile bringen. In diesem Fall kann sich der Vorstand auf ein Auskunftsverweigerungsrecht berufen.

Weitere Punkte, die regelmäßig auf den Tagesordnungspunkten einer Hauptversammlung stehen, sind:

- **Entscheidung zur Gewinnverwendung.** Wenn das Unternehmen Gewinne erwirtschaftet hat, stimmen die Aktionäre über den Vorschlag des Vorstands ab, welcher Teil davon in Form einer Dividende an die Aktionäre ausgeschüttet wird. Allerdings kann das Unternehmen zunächst 50 Prozent des Gewinns den betrieblichen Rücklagen zuführen. Nur über den Rest können die Miteigentümer dann abstimmen.
- **Entlastung von Vorstand und Aufsichtsrat.** Die Aktionäre müssen entscheiden, ob sie mit den Leistungen der Vorstands- und Aufsichtsratsmitglieder einverstanden sind. Sind sie das nicht, zum Beispiel weil das Ergebnis eingebrochen ist oder Klagen gegen das Unternehmen vorliegen, können sie die Entlastung verweigern. Dieser Vertrauensentzug wird aber lediglich dokumentiert und führt nicht dazu, dass die jeweiligen Personen entlassen werden. Allerdings setzt eine verweigerte Entlastung Vorstand und Aufsichtsrat insoweit unter Druck, als dies in den Medien häufig besondere Beachtung findet und negativ interpretiert wird.
- **Wahlen zum Aufsichtsrat.** Die Unternehmensführung in einer deutschen AG erfolgt durch den Vorstand. Der Aufsichtsrat ist ein Kontrollgremium, das den Vorstand überwacht und berät. Nur er kann Vorstände abberufen und bestellen. Er wird regulär alle vier Jahre gewählt und setzt sich aus Vertretern der Aktionäre und der Arbeitnehmer des Unternehmens zusammen. Auf der Hauptversammlung wählen die Aktionäre ihren Teil des Aufsichtsrats. Bei vielen Unternehmen werden diese Aufsichtsräte überwiegend aus dem Kreis ihrer Großaktionäre berufen.
- **Beschluss zur Kapitalerhöhung:** Wenn der Vorstand das Grundkapital der AG erhöhen und neue Aktien ausgeben will, braucht er stets die Zustimmung der Aktionäre.

Vertretung auf der Hauptversammlung

Aktionäre können häufig auch online an Hauptversammlungen teilnehmen und abstimmen. Auch Briefwahlen sind möglich. Ein Aktionär kann, muss aber sein Stimmrecht auf einer Hauptversammlung nicht selbst ausüben. Er kann einen Dritten beauftragen, ihn zu vertreten. Will ein Kleinaktionär seine Stimme mit anderen Kleinaktionären bündeln, um ihr gegenüber den Großanlegern zu mehr Gewicht zu verhelfen, kann er sein Stimmrecht auf Aktionärsvereinigungen übertragen, die sich als Interessensvertretung für private Aktionäre sehen. Wie diese auf der Hauptversammlung abstimmen wollen, geben sie meist bereits vorher bekannt. Ist der Kleinaktionär mit dem geplanten Abstimmungsverhalten einverstanden, bietet sich die Stimmrechtsübertragung vor allem dann an, wenn er selbst an der Hauptversammlung aus privaten oder organisatorischen Gründen nicht teilnehmen kann.

Aktionäre können auch ihre Depotbank bevollmächtigen, das Stimmrecht auf der Hauptversammlung für sie auszuüben. Sie können der Bank Weisungen erteilen, bei bestimmten Entscheidungen nach ihren Vorgaben abzustimmen. Sonst besteht die Gefahr, dass die Bank mit dem Stimmrecht nur ihre eigenen Interessen durchsetzt. Da Banken häufig Großaktionäre sind, weichen diese Interessen von denen der Kleinanleger aber nicht selten ab.

▶ Die bekanntesten und größten Aktionärsvereinigungen in Deutschland sind die Deutsche Schutzgemeinschaft für Wertpapierbesitz (DSW, www.dsw-info.de) und die Schutzgemeinschaft der Kapitalanleger (SdK, www.sdk.org). Auch der Aktionärsvereinigung „Kritische Aktionäre" (www.kritischeaktionaere.de) können Anleger ihr Stimmrecht übertragen. Diese fordert von Unternehmen unter anderem mehr Umweltschutz und Transparenz sowie die Einhaltung von Arbeits- und Menschenrechten.

Die Dividende

Aktionären steht eine Beteiligung am Unternehmensgewinn in Form einer Dividendenzahlung zu – vorausgesetzt, die Aktiengesellschaft erzielt einen Gewinn.

Als Miteigentümer der Aktiengesellschaft hat ein Aktionär Anspruch darauf, am Erfolg des Unternehmens beteiligt zu werden. Ein Recht auf eine feste Verzinsung oder eine feste Rückzahlung wie ein Anleihegläubiger hat er allerdings nicht. Erzielt die Gesellschaft einen Gewinn, kann sie einen Teil davon an die Aktionäre ausschütten. Diese Ausschüttung heißt Dividende, abgeleitet aus dem lateinischen „dividere" (teilen). Selten wird der gesamte Bilanzgewinn eines Jahres an die Aktionäre ausgeschüttet. Vielmehr wandern häufig bis zu 50 Prozent des Gewinns zunächst in betriebliche Rücklagen und Investitionen. Ob, wann und in welcher Höhe der restliche Gewinn an die Aktionäre verteilt wird, entscheidet die Hauptversammlung mit einfacher Mehrheit aufgrund eines Vorschlages des Vorstands. Die Aktionärsversammlung kann sich auch gegen die Auszahlung einer Dividende entscheiden, wenn beispielsweise die Kapitalsubstanz des Unternehmens gestärkt werden soll. Plant ein Unternehmen zum Beispiel eine größere Investition oder Expansion, kann die Hauptversammlung beschließen, den Gewinn dafür einzusetzen und keine Dividende zu zahlen.

Meist erfolgt die Dividendenzahlung am dritten Geschäftstag, der auf den Beschluss der Hauptversammlung folgt. Am Tag der Ausschüttung sinkt der Aktienkurs meist um die gezahlte Dividende, da durch die Ausschüttung die Substanz des Unternehmens entsprechend gemindert wird (Dividendenabschlag). Der Kurs wird nach der Ausschüttung bei seiner Notierung an der Börse oder in den Tabellen von Wirtschaftsmedien häufig durch einen entsprechenden Hinweis „ex D" (ohne Dividende) gekennzeichnet. In Deutschland wird die Dividende üblicherweise jährlich gezahlt. In manchen Ländern, wie zum Beispiel den USA und Großbritannien, sind quartalsweise Dividendenzahlungen üblich.

Dividenden sind ein wichtiger Ertragsbestandteil

Der Gesamtertrag eines Anlegers setzt sich aus Kursgewinnen und Dividenden zusammen. Wie sich der durchschnittliche jährliche Gesamtertrag bei verschiedenen Indizes und Laufzeiten in der Vergangenheit verteilte, zeigt diese Grafik.

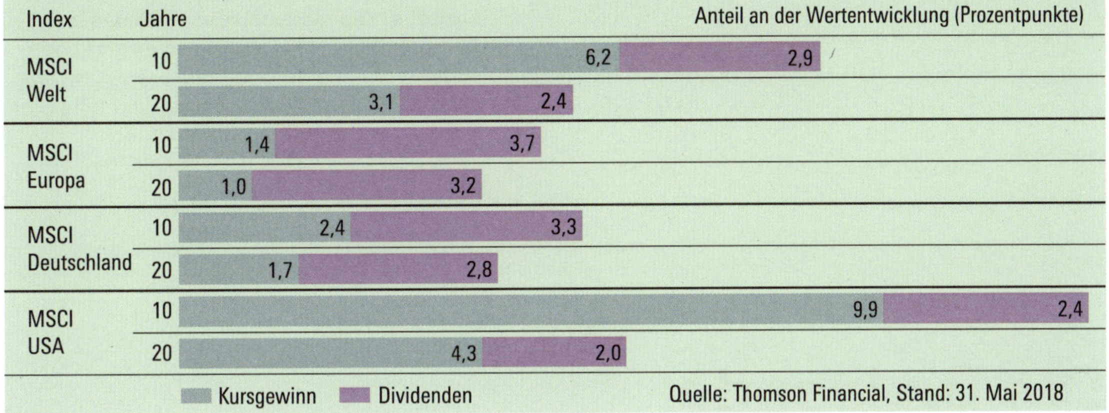

Die Dividende wird meist nicht in Prozent, sondern in Währungseinheit pro Stück angegeben. Die Dividende, die ein Aktionär insgesamt bekommt, richtet sich daher nach der Anzahl der Anteile am Unternehmen. Wurde beispielsweise eine Dividende von 2 Euro je Aktie beschlossen und besitzt er 100 Aktien des Unternehmens, steht ihm eine Dividende von 200 Euro zu. Allerdings wird von diesem Betrag noch die ➚ Abgeltungsteuer von 25 Prozent (zuzüglich 5,5 Prozent Solidaritätszuschlag) einbehalten. Dies übernimmt in der Regel die Depotbank. Der verbleibende Betrag – im Beispiel wären das 147,25 Euro – wird dem Aktionär auf sein zum Wertpapierdepot gehörendes Konto gezahlt.

Dividenden statt Zinsen?

Die Dividendenzahlung ist für Anleger nur ein Teil der tatsächlichen Rendite. Ob sich eine Aktienanlage lohnt, hängt vor allem von der Entwicklung des Aktienkurses ab. Nach einer Auswertung des Fondsverbands BVI der vergangenen 40 Jahre machen die Dividende etwas mehr als 40 Prozent und die Kursgewinne knapp 60 Prozent der Gesamtrendite europäischer Aktien aus. Das zeigt, dass Aktien von dividendenstarken Unternehmen für Anleger ein Puffer in Zeiten stagnierender oder fallender Börsen sein können. Denn solide Unternehmen zahlen häufig auch dann Dividenden an ihre Aktionäre, wenn der Kurs der Aktie zwischenzeitlich fällt. Mit den Dividendeneinnahmen fällt es leichter, zwischenzeitliche Kursverluste auszusitzen.

Manche Anleger zielen nicht in erster Linie auf Kursgewinne, sondern sehen in Aktien von Unternehmen, die in der Vergangenheit zuverlässig Dividenden ausgeschüttet haben, einen Ersatz für Zinsanlagen. Eine solche Dividendenstrategie kann in Zeiten niedriger Zinsen durchaus Sinn machen. Denn es ist möglich, dass das Marktzinsniveau durch Zentralbankinterventionen längere Zeit niedrig gehalten wird.

Langfristanleger, denen es mehr auf regelmäßige Erträge als auf Kurssteigerungen ankommt, können bei ihrer Aktienauswahl besonders auf sogenannte Dividendenaristokraten setzen. So werden Aktien von Unterneh-

Mehr zur Abgeltungsteuer siehe „Was sollten Sie bei der Steuer beachten?", S. 39.

Quellensteuern auf Dividenden in verschiedenen Ländern

Land	Quellensteuer (Prozent)	Erstattungsanspruch im Ausland (Prozent)	Anrechenbar in Deutschland (Prozent)
Finnland	30,0	15,0	15,0
Frankreich	12,8	0,0	12,8
Griechenland	10,0	0,0	10,0
Großbritannien	0,0	0,0	0,0
Italien	26,0	11,0	15,0
Luxemburg	15,0	0,0	15,0
Neuseeland	15,0	0,0	15,0
Niederlande	15,0	0,0	15,0
Norwegen	25,0	25,0	0,0
Österreich	27,5	12,5	15,0
Portugal	28,0	13,0	15,0
Schweden	30,0	15,0	15,0
Schweiz	35,0	20,0	15,0
Spanien	19,0	4,0	15,0
USA	15,0	0,0	15,0

Quelle: Bundeszentralamt für Steuern, eigene Recherche. Stand: 1. Januar 2019

men bezeichnet, die in der Vergangenheit (zehn Jahre und länger) jedes Jahr eine Dividende an ihre Aktionäre gezahlt haben.

Sie müssen sich aber bewusst sein, dass es keine Gewähr gibt, dass ein Unternehmen, das in der Vergangenheit hohe Dividenden gezahlt hat, dies auch zukünftig tut. Wenn es beispielsweise keinen Gewinn erzielt oder beschließt, diesen für Investitionen einzusetzen, können Dividenden auch ausbleiben.

Wichtig ist, dass die Dividende aus dem laufenden Gewinn gezahlt wird. Schüttet ein Unternehmen Dividenden mangels Gewinn zulasten der Substanz aus, um die Aktionäre bei Laune zu halten, ist dies ein Alarmzeichen.

Nicht immer fließt Geld

Eine Dividende muss nicht zwingend in Form von Geld ausbezahlt werden. Das Unternehmen kann auf seiner Hauptversammlung auch andere Arten der Dividendenzahlung beschließen. Voraussetzung ist, dass die Satzung dies vorsieht:

- **Sachdividende.** Von einer Sachdividende spricht man, wenn eine Aktiengesellschaft die Dividende nicht als Bargeld, sondern in Form von Sachgütern auszahlt.
- **Stockdividende.** Die Stockdividende ist eine besondere Form der Sachdividende, bei der die Anleger kostenlose Aktien – oft Aktien von Tochtergesellschaften des Unternehmens – erhalten.

Nicht alles auf die Dividendenkarte setzen

Auch wenn bei manchen Dividendenaktien als die neuen Anleihen gelten, sollten Sie nicht alles auf die „Dividendenkarte“ setzen, wenn für Sie regelmäßige Einkünfte wichtig sind. Eine vernünftige Streuung auf Zinspapiere/Festgelder und Dividendenpapiere garantiert laufende Einnahmen auch dann, wenn die Aktienausschüttungen ausbleiben.

Aufwand mit Auslands-Dividenden

Bei Dividenden ausländischer Aktiengesellschaften werden oft Quellensteuern im Heimatland des Unternehmens erhoben. Diese betragen häufig 15 Prozent, wie zum Beispiel in den Niederlanden oder Luxemburg, in der Schweiz sogar 35 Prozent. Um die doppelte Belastung mit Steuern im Herkunftsland der Dividenden und im Wohnsitzland des Anlegers abzumildern, hat Deutschland mit über 80 Ländern weltweit Doppelbesteuerungs-Abkommen (DBA) abgeschlossen. In diesen ist festgelegt, welcher Prozentsatz letztlich im Herkunftsland verbleiben darf. Die ausländische Quellensteuer ist auf die deutsche Quellensteuer bis zu einem Betrag von 15 Prozent anrechenbar. Ist die ausländische Quellensteuer höher, können sich Anleger den Rest in teilweise mühsamen Verfahren vom ausländischen Fiskus erstatten lassen.

Wie aufwendig das Erstattungsverfahren in der Praxis für Anleger ist, hängt vom ausländischen Staat ab:

Keinen Aufwand haben sie mit Dividenden aus Großbritannien und den USA. In Großbritannien gibt es keine Quellensteuer, und bei US-Dividenden wird die Quellensteuer von vornherein auf 15 Prozent gesenkt, wenn Anleger ihrer Depotbank ein US-Formular W-8BEN erteilt haben. In Ländern, in denen die Quellensteuer lediglich 15 Prozent oder weniger beträgt, ist in der Regel keine Rückerstattung erforderlich und die Depotbank verrechnet die deutsche Abgeltungsteuer automatisch.

In Ländern mit höherem Quellensteuersatz verläuft die Erstattung sehr unterschiedlich. Während in der Schweiz und in Österreich die Erstattung nach dem Antrag des Anlegers meist reibungslos klappt, sieht das bei spanischen und italienischen Aktien erfahrungsgemäß anders aus. Aktien aus Spanien und Italien liegen aufgrund ihrer oftmals hohen Dividenden in vielen Depots deutscher Anleger. Doch die Rückerstattung der Quellensteuer dauert häufig Jahre – selbst dann, wenn Anleger die komplizierten Erstattungsanträge korrekt ausgefüllt haben.

Beispiel: So rechnet die Schweizer Behörde

Ein lediger Anleger aus Deutschland besitzt Aktien des Schweizer Konzerns Nestlé und erhält dafür im Jahr 2018 eine Bruttodividende von rund 1 000 Euro. Die Aktien liegen in seinem inländischen Wertpapierdepot. Den Sparerfreibetrag von 801 Euro hat er bereits ausgeschöpft.

Schritt 1: Die Schweizer Steuerbehörden erhalten 35 Prozent (350 Euro) der Dividendenauszahlung. Das Unternehmen Nestlé führt die Steuern direkt an den Schweizer Fiskus ab. Die Depotbank bescheinigt dem Anleger den Steuerabzug auf der Dividendenabrechnung. Von der Dividende bleiben zunächst 650 Euro.

Schritt 2: Gemäß Doppelbesteuerungsabkommen zwischen Deutschland und der Schweiz wird ein Steuerabzug in Höhe von 15 Prozent der Dividende, also 150 Euro, auf die deutsche Abgeltungsteuer angerechnet. Für 1 000 Euro Bruttodividende wären in Deutschland normalerweise 250 Euro Abgeltungsteuer fällig. Da dem Anleger aber vom Steuerabzug in der Schweiz 150 Euro angerechnet werden, führt seine Depotbank nur noch 100 Euro Abgeltungsteuer und zusätzlich 5,5 Prozent Solidaritätszuschlag (5,50 Euro) ab. Von 1 000 Euro Dividende hat er noch 544,50 Euro.

Schritt 3: Die verbliebenen 20 Prozent (200 Euro) der Schweizer Steuern, die nicht mit der Abgeltungsteuer verrechnet werden, kann sich der Anleger bei der Eidgenössischen Steuerverwaltung zurückholen. Im Antrag muss das zuständige deutsche Finanzamt den Wohnsitz des Aktionärs bestätigen.

Ergebnis: Die Schweizer Finanzverwaltung erstattet 200 Euro. Von 1 000 Euro Bruttodividende bleiben dem Anleger nach Steuern demnach 744,50 Euro.

In manchen Ländern können Anleger einen Antrag auf „Vorabbefreiung" stellen. Dann wird nur so viel Quellensteuer abgezogen, wie in

Deutschland angerechnet wird. Die aufwendige Rückerstattung entfällt. Dies empfiehlt sich vor allem für Frankreich und Italien. Allerdings sind die Formulare, die das Bundeszentralamt für Steuern dafür auf seiner Internetseite bereitstellt, zum Teil sehr kompliziert. Bei hohen Dividendensummen kann es sich daher anbieten, dass ein Anleger seine Depotbank mit der Abwicklung betraut, wenn sie diesen Service anbietet. Die Gebühren dafür sind unterschiedlich und Anleger sollten abwägen, ob die Kosten in einem vernünftigen Verhältnis zum Erstattungsbetrag stehen. Auch die Deutsche Schutzvereinigung für Wertpapierbesitz (DSW) bietet einen Erstattungsservice an.

Die Quellensteuer im Blick

Achten Sie schon bei der Aktienauswahl nicht nur auf die Dividende, sondern auch auf die Quellensteuer. Oft sind Sie im Hinblick auf Aufwand und Kosten mit Aktien deutscher Firmen oder von Unternehmen aus „unkomplizierten Erstattungsstaaten" besser dran.

▶ **Auf der Internetseite des Bundeszentralamts für Steuern www.bzst.de finden Sie nützliche Informationen zu ausländischen Quellensteuersätzen und Formulare für den Antrag auf Erstattung.**

Der Kurs einer Aktie

Der Aktienkurs eines Unternehmens zeigt, wie Anleger seine wirtschaftliche Lage und Zukunftschancen einschätzen.

Der Börsenkurs einer Aktie ist ihr an einer Börse festgestellter Preis. Angebot und Nachfrage nach dem Wertpapier treffen aufeinander und werden im Präsenzhandel durch Börsenmakler (Skontroführer) oder – heute überwiegend – im elektronischen Handel durch Computersysteme der Börse wie zum Beispiel Xetra zusammengeführt.

Die Kurse im Präsenzhandel

Damit möglichst viele aktuell vorliegenden Kauf- und Verkaufsaufträge an der Börse berücksichtigt werden können, wird ein Kurs ermittelt, zu dem die größtmögliche Anzahl an Aufträgen erfüllt werden kann (Meistausführungsprinzip).

Dabei müssen Käufer und Verkäufer verschiedene Orderzusätze berücksichtigen. Diese geben meist für eine Kauforder einen Höchstpreis und für eine Verkaufsorder einen Mindestpreis mit an. Geben Käufer oder Verkäufer kein Limit an, akzeptieren sie jeden Preis, kaufen also „billigst" und verkaufen „bestens". Wie das funktioniert, zeigt das Beispiel „Die Kurse im Präsenzhandel".

Die Kurse im elektronischen Handel Xetra

Aktien, die in einem der Auswahlindizes der Deutschen Börse notiert sind (also zum Beispiel im Dax, MDax oder TecDax), werden im „Fortlaufenden Handel" gehandelt. Bei dieser Handelsform kann während der Börsenzeit jederzeit ein Aktienkurs festgestellt werden. Reicht die Liquidität nicht aus, sorgt ein „Designated Sponsor" dafür, dass ein Handel statt-

Die Kurse im Präsenzhandel – ein Beispiel

Der Kurs, zu dem dann der Handel stattfinden kann, wird nach einem Rechenschema festgelegt, das das folgende Beispiel zeigt:

Kaufaufträge (Stück)	Limit (Euro)	Verkaufsaufträge (Stück)	Limit (Euro)
100	Billigst	80	Bestens
60	46,00	120	45,00
80	45,50	40	45,50
55	45,00	65	46,00

Zu jedem Kurs muss ermittelt werden, wie viele Aktien ge- und verkauft werden können. Die niedrigere Summe entspricht dem möglichen Umsatz. Der Kurs mit dem höchsten Umsatz wird dann der festgestellte Kurs. Das ist hier der Kurs von 45,50 Euro.

Kurs	Mögliche Käufe	Mögliche Verkäufe	Möglicher Umsatz
45,00	55+80+60+100=295	120+80=200	200
45,50	80+60+100=240	40+120+80=240	240
46,00	60+100=160	65+40+120+80=305	160

finden kann. Designated Sponsors sind Banken oder sonstige Finanzdienstleister, die im elektronischen Handel verbindliche Preislimits für den An- und Verkauf von Wertpapieren stellen und damit deren Handelbarkeit gewährleisten.

Bei Wertpapieren, die nicht im fortlaufenden Handel notiert sind, findet der Handel in fortlaufenden Auktionen statt, bei denen das Meistausführungsprinzip wie im Präsenzhandel gilt.

Kursarten

An der Börse gibt es nicht nur den einen Kurs. Vielmehr unterscheiden Fachleute nach verschiedenen Kriterien folgende Kursarten:

- **Geldkurs, Briefkurs und Spread.** Der Preis, zu dem Käufer bereit sind, Wertpapiere zu kaufen, wird als Geldkurs (englisch „Bid") bezeichnet. Im Gegensatz dazu ist der Briefkurs (englisch „Ask") der Kurs, zu dem Verkäufer bereit sind, zu verkaufen. Die Differenz zwischen Geld- und Briefkurs wird als Spread bezeichnet.
- **Eröffnungs-, Höchst-, Tiefst- und Schlusskurs.** Im Laufe eines Börsentages ändert sich der Kurs einer Aktie ständig. Vier Werte im Tagesverlauf sind für Börsianer, insbesondere für solche, die sich mit der Chartanalyse befassen, besonders wichtig: Der Eröffnungskurs ist der erste Kurs des Börsentages. Der Höchst- und Tiefstkurs (Tageshoch und Tagestief) zeigen die extremsten Aktienpreise eines Börsentages. Der Schlusskurs schließlich ist der letzte Kurs, der während des Börsenhandels festgestellt wurde.
- **Realtimekurs.** Bei Direktbanken und Finanzseiten im Internet werden Börsenkurse in der Regel mit 15- beziehungsweise 20-minütiger Verzögerung angezeigt. Aktuelle Kurse in Echtzeit ohne Zeitverzögerung bezeichnet man als Realtime-Kurse. Kostenlos sind meist nur Realtime-Daten von großen Indizes wie dem Dax. Real-

HÄTTEN SIE'S GEWUSST?

Der 1988 eingeführte Dax sollte ursprünglich Kiss heißen, abgeleitet von „Kursinformationssystem".

Rund die Hälfte aller 30 heute im Dax vertretenen Unternehmen sind von Anfang an dabei. Nicht mehr dabei sind zum Beispiel Hoechst, Nixdorf und Degussa.

Mehr als die Hälfte des Aktienkapitals der im Dax notierten Unternehmen ist überwiegend in der Hand ausländischer Investoren.

Den Rekord bei den größten Kursverlusten an einem Tag hält die Aktie des Finanzdienstleisters MLP, die im August 2002 um 48 Prozent fiel.

An der Wall Street wird der Handel immer mit dem Läuten einer Glocke („Closing Bell") beendet. Viele Prominente hatten bereits die Ehre, dieses Ritual auszuführen.

time-Kurse von Einzelaktien, die nur Börsenprofis benötigen, die diese innerhalb eines Tages mitunter auch mehrmals handeln, sind in der Regel kostenpflichtig.

Bulle und Bär

Viele kennen die beiden in Bronze gegossenen Figuren eines Bullen und eines Bären, die auf dem Frankfurter Börsenplatz stehen. Die beiden Tiere sind auch über Frankfurt hinaus in der Börsenwelt sehr prominent. In stilisierter Form finden Sie sie auf dem Cover dieses Buches. Sie stehen für die Richtung, die Börsenkurse einschlagen können: Der Bulle schleudert mit seinen Hörnern nach oben, der Bär schlägt mit den Tatzen nach unten. Übertragen stehen also Bullen für steigende, Bären für fallende Aktienkurse.

Neben dieser Erklärung gibt es noch verschiedene Legenden, wie die beiden Tiere den Weg in die Börsenwelt gefunden haben. Eine Legende sieht den Ursprung des tierischen Vergleichs im Krimkrieg Mitte des 19. Jahrhunderts, in dem Sir John Bull die siegreichen englischen Truppen führte. Die Unterlegenen waren die russischen Truppen, symbolisch vertreten durch ihr Nationaltier, den Bären.

Doch die simple Übersetzung „Bulle gleich steigende, Bär gleich fallende Kurse" erfasst die Bedeutung des börsianischen Tierpaares nicht ganz. Denn Bulle und Bär beschreiben nicht nur die Situation, sondern auch die Stimmung an der Börse. So können etwa in einer allgemein guten Stimmung, einem Bullen-Markt, schlechte Unternehmensnachrichten weniger stark auf den Kurs drücken als zu Zeiten, in denen die Bären dominieren. In Bärenmärkten steigen umgekehrt Aktien unter Umständen nicht, selbst wenn sie eigentlich ein guter Tipp wären. Phasen anhaltender Kursrückgänge und schwacher Gesamtmärkte werden auch als „Baisse" bezeichnet. Zeiten, in denen die Börsenkurse dauerhaft steigen und die Stimmung am Gesamtmarkt positiv ist, nennt man auch „Hausse". Anleger oder Analysten, die mit steigenden Kursen rechnen, bezeichnet man im Börsenjargon auch als „bullish", Anleger die die zukünftigen Kurse eher als pessimistisch einschätzen, sind hingegen „bearish".

Besondere Situationen im Aktionärsleben

Aktiengesellschaften können durch verschiedene Maßnahmen ihr Grundkapital oder die Aktien- und Stimmrechtsstruktur verändern.

Wenn Aktiengesellschaften neues Kapital benötigen, um beispielsweise ein anderes Unternehmen zu übernehmen, stehen ihnen verschiedene sogenannte Kapitalmaßnahmen zur Verfügung, die das Grundkapital der Gesellschaft verändern können. Da sich die Stimmrechtsanteile der Aktionäre auf einen bestimmten Prozentsatz am Grundkapital beziehen, sind bei Kapitalmaßnahmen in der Regel auch deren Stimmrechte betroffen.

Kapitalerhöhung

Wenn Aktionäre von einer geplanten Kapitalerhöhung bei „ihrem“ Unternehmen hören, sollten sie besonders aufmerksam werden. Sie kann nämlich Chance oder Krise bedeuten. Bei einer Kapitalerhöhung gibt eine Gesellschaft neue Aktien aus und erhöht so ihr Eigenkapital. Wichtig ist für Anleger, wofür das Unternehmen das „frische“ Geld benötigt.

> **Einer Kapitalerhöhung müssen die Aktionäre auf der Hauptversammlung zustimmen.**

Will das Unternehmen das Geld für den Schuldenabbau oder für Expansionen einsetzen, kann sich dies positiv auf den Kurs der Aktie auswirken, wenn der Markt diese Maßnahmen für sinnvoll erachtet. Ist hingegen eine Kapitalerhöhung eines der letzten Mittel des Unternehmens, um zahlungsfähig zu bleiben, kann dies den Wert einer Aktie weiter in den Keller treiben.

Einer Kapitalerhöhung müssen die Aktionäre auf der Hauptversammlung zustimmen. Das Aktiengesetz unterscheidet zwischen einer „effektiven Kapitalerhöhung“, bei der das Eigenkapital durch einen Mittelzufluss von außerhalb des Unternehmens betragsmäßig erhöht wird, und der „nominellen Kapitalerhöhung“. Sie erfolgt aus Gesellschaftsmitteln und stellt somit eine Innenfinanzierung dar.

▸ Die effektive Kapitalerhöhung

Der Regelfall der effektiven Kapitalerhöhung ist die sogenannte „ordentliche Kapitalerhöhung“. Bei dieser gibt das Unternehmen Aktien – man nennt sie „junge Aktien“ – aus und erhält dafür Bargeld, manchmal auch Sachwerte wie Grundstücke. Die Höhe der Emission ist nicht begrenzt. Der Preis der jungen Aktien muss mindestens dem Nennwert der Aktie entsprechen. Die Obergrenze ist der Börsenkurs der Altaktie am Tag der Ausgabe. Um Anreize für den Kauf junger Aktien zu schaffen, liegt der Preis meist unter dem aktuellen Börsenkurs.

Oft ruft die AG ihre Mitglieder nicht erst dann zusammen, wenn sie das Geld tatsächlich braucht, sondern lässt sich Kapitalerhöhungen auf fünf Jahre im Voraus genehmigen. Fachleute sprechen dann von „genehmigtem Kapital“. Diese Finanzierung erlaubt dem Vorstand, zum günstigsten Zeitpunkt Aktien auf den Markt zu bringen, um beispielsweise Geld für einen Unternehmenskauf zu beschaffen.

Bei der „bedingten Kapitalerhöhung“, einer Variante der effektiven Kapitalerhöhung, hängt die Höhe der Emission davon ab, inwieweit die Anleger von Umtausch- oder Bezugsrechten Gebrauch machen. Die Unternehmen geben dann nämlich nicht direkt Aktien aus, sondern lediglich Anrechte auf den späteren Erwerb der Papiere.

Drei Spielarten gibt es hier:

1. Anleger erwerben eine Wandelschuldverschreibung oder eine Optionsanleihe und damit das Recht zum Tausch oder zum Bezug von Aktien.
2. Aktionären werden Umtausch- und Bezugsrechte gewährt, wenn zwei Unternehmen in einer neuen Gesellschaft aufgehen sollen.
3. Die Firma gibt Belegschaftsaktien aus.

▸ Bezugsrechte

Mit der Kapitalerhöhung steigt die Zahl der Unternehmensanteile, und die Gewichtung des einzelnen Papiers sinkt. Altaktionäre erhalten deshalb in der Regel ein Bezugsrecht auf die jungen Aktien. So soll sichergestellt sein, dass ihr prozentualer Anteil am Grundkapital derselbe bleiben kann wie vor der Kapitalerhöhung. Wenn bei einer Kapitalerhöhung ein Bezugsrecht für Altaktionäre hingegen ausgeschlossen wurde, darf die Kapitalerhöhung 10 Prozent des vorherigen Grundkapitals nicht übersteigen. Die jungen Aktien sind oft deutlich billiger zu haben, als die alten vor der Kapitalerhöhung wert waren. Für die so ausgelöste Verwässerung des Kurses wird der Altaktionär mit dem Bezugsrecht entschädigt.

Übt der Altaktionär sein Bezugsrecht nicht aus, kann er es verkaufen. Der rechnerische Wert ergibt sich aus der Differenz zwischen dem alten Aktienkurs und dem neuen, niedrigeren Kurs unter Berücksichtigung des Bezugsverhältnisses. Besteht ein hohes Interesse an den neuen Aktien, kann das Bezugsrecht an der Börse auch mehr als den rechnerischen Wert einbringen.

Aktionäre, denen eine Gesellschaft die Kapitalerhöhung mitteilt und ein Bezugsangebot unterbreitet, haben mindestens zwei Wochen Zeit, sich zu entscheiden. Diese Frist nennt sich „Bezugsfrist".

Beispiel: Eine AG erhöht ihr Grundkapital von 100 auf 120 Millionen Euro. Aktionäre erhalten das Recht, für jeweils fünf alte Aktien eine neue zu kaufen, das Bezugsverhältnis beträgt also 5 zu 1. Der Börsenkurs der alten Aktie steht bei 17 Euro, der Preis der neuen Aktie ist auf 8 Euro festgesetzt.
Ein Aktionär dieser AG erhält damit für 5 Altaktien zum Kurs von 17 Euro eine neue Aktie zum Kurs von 8 Euro und hat dann 6 Aktien für 93 Euro. Rein rechnerisch ist der Wert der Aktien nach der Kapitalerhöhung von früher 17 Euro auf jetzt (93 Euro : 6 =) 15,50 Euro gesunken. Das bedeutet einen Verlust von 1,50 Euro pro Aktie.

Dieser Betrag entspricht dem Wert des Bezugsrechts. Übt ein Aktionär es nicht aus, kann er es an der Börse verkaufen und so den Wertverlust seiner Aktien grundsätzlich ausgleichen. Die Bezugsrechte werden bis zur Ausgabe der neuen Aktien als eigenständiges Wertpapier an der Börse gehandelt. Dort bestimmt sich der Preis dann allerdings nach Angebot und Nachfrage, also vor allem danach, wie die Börse die Kapitalerhöhung aufnimmt.

In einer Formel ausgedrückt ermittelt sich der Wert des Bezugsrechts so:

	(Börsenkurs Altaktie
	– Ausgabekurs neue Aktie)
/	(Bezugsverhältnis + 1)
=	**Bezugsrechtswert**

Sobald der Handel mit den Bezugsrechten an der Börse beginnt, werden die Altaktien der Gesellschaft mit einem entsprechenden Abschlag notiert und mit dem Kurshinweis „ex BR" oder „ex Bez" (nach Bezugsrecht) gekennzeichnet. Meist ist dieser erste Handelstag der vorletzte Börsentag vor Ablauf der Bezugsfrist.

▸ Kapitalerhöhung aus Gesellschaftsmitteln

Bei der (nominellen) Kapitalerhöhung aus Gesellschaftsmitteln wandelt das Unternehmen Gewinn- und Kapitalrücklagen in Grundkapital um und gibt neue Aktien an die Altaktionäre aus. Sie erhalten die neuen Aktien entsprechend der Höhe ihrer Beteiligung, ohne zuzahlen zu müssen. Sie werden daher als Gratisaktien bezeichnet. Umsonst sind sie aber nicht. Denn sie werden aus Gewinnen finanziert, die das Unternehmen in früheren Jahren erwirtschaftet, aber nicht an die Aktionäre ausgeschüttet hat. Man nennt Gratisaktien daher auch Berichtigungsaktien. Der Kurs der einzelnen Aktien sinkt, weil sich nur die Zahl der ausgegebenen Aktien, nicht aber der Gesamtwert des Unternehmens ändert. Nur wenn die Dividende pro Aktie nicht gesenkt wird, ziehen die Aktionäre aus dieser Form der Kapitalerhöhung einen Vorteil, weil ihnen dann bei der nächsten Dividendenausschüttung mehr Geld zufließt als vor der Kapitalerhöhung.

Kurskosmetik durch Aktiensplit

Unternehmen, die in der Vergangenheit überdurchschnittlich gewachsen sind und deren Aktienkurs daher stark gestiegen ist, können durch Aktiensplits den Aktienpreis wieder auf ein „normales" Level zurückführen. Dies geschieht dadurch, dass die Zahl der Aktien um ein bestimmtes Vielfaches erhöht, der Nominalwert entsprechend reduziert wird. Das Grundkapital der AG ändert sich nicht. Bei einem Split-Verhältnis von 1 zu 5 haben Aktionäre ab dem Tag des Aktiensplits die fünffache Anzahl an Aktien in ihrem Depot, die einzelnen Aktien sind jedoch nur noch ein Fünftel wert. Am Gesamtwert der Aktienposition ändert sich somit nichts für die Anleger. Auch die Stimmrechtsverhältnisse in der Hauptversammlung bleiben gleich.

Firmen führen Aktiensplits durch, um den Preis für eine Aktie zu senken, diese damit für eine größere Anlegerzahl attraktiv zu machen und so die Liquidität der Aktie zu erhöhen. Davon profitieren auf den ersten Blick vor allem Kleinanleger, die sich zu hohe Preise für eine Aktie nicht leisten können. Auch institutionelle Anleger, Vermögensverwalter und Fondsgesellschaften können mit „zu teuren" Aktien kaum noch angemessene Verhältnisse der Aktie zu anderen Positionen des Gesamtdepots darstellen. ➚ Indexfonds, die Aktien physisch kaufen, um einen Index nachzubilden, tun sich mit teuren Aktien schwerer, die richtigen Verhältnisse nachzubilden.

Mehr zu Indexfonds, die Aktien physisch kaufen, siehe „Wie ETF einen Index nachbauen", S. 211.

Aktien mit niedrigeren Preisen stehen auch öfter im Fokus von Analysten und sind daher in der Öffentlichkeit präsenter. Es wird vermutet, dass dies daran liegt, dass Analysten sich von Aktien mit stark gestiegenen Kursen eher abwenden, da es bereits viele Einschätzungen zum Unternehmen gab oder sie ungern Verkaufsempfehlungen geben, wenn eine Aktie ihrer Meinung nach überbewertet ist. Interessant ist auch folgende Theorie: Bei niedrigeren Aktienpreisen nehmen die Transaktionen zu und es steigen damit die Einnahmemöglichkeiten der Banken und Broker. Diese geben daher mehr Analysen zu „billigeren" Aktien ab, um ihr Geschäft zu beleben.

In den Chartdarstellungen und Kursverläufen wird ein Aktiensplit zumeist automatisch angepasst, sodass er aus der Grafik selbst nicht zu erkennen ist. Es gibt also keinen Kurseinbruch auf einem Chart vom Preis der alten auf die neue Aktie.

Vorsicht beim Verkauf

Am Tag des Preisabschlags können Sie nur Ihren Altbestand verkaufen – aber nur zum wesentlich geringeren Preis der neuen Aktien. Warten Sie also lieber, bis die neuen, zusätzlichen Papiere in Ihrem Depot eingebucht sind. Das kann einige Börsentage dauern.

Neuemissionen

Viele Unternehmen sind weder Aktiengesellschaften noch an einer Börse notiert. Wollen sie die Eigenkapitalbasis stärken, zum Beispiel um ein weiteres Wachstum zu finanzieren, ohne dabei allein von Banken und Fremdkapital abhängig zu sein, bietet es sich häufiger an, den Schritt an die Börse zu wagen. Damit öffnet sich das Unternehmen für einen breiten Anlegerkreis. Ein Börsengang kann sich dane-

Checkliste

Eine Neuemission prüfen

Die folgenden Punkte sollten Sie prüfen, bevor Sie sich für eine Neuemission entscheiden:

- ☐ Hat das Unternehmen in der Vergangenheit bewiesen, dass es Gewinne erwirtschaften kann, und ein Geschäftsmodell, das auch zukünftig Erfolg verspricht?
- ☐ Bekommt das Unternehmen durch den Börsengang neues Geld in Form einer Kapitalerhöhung oder machen die Altaktionäre Kasse, indem sie nur ihre Anteile an der Börse verkaufen?
- ☐ In welchem Börsensegment wird das Unternehmen gelistet? Das sagt viel über seine Transparenz aus, da nur in den höheren Segmenten, vor allem im Prime Standard, regelmäßige Berichte über den Geschäftsverlauf verpflichtend sind.
- ☐ Ist der angekündigte Emissionspreis angemessen? Wie bewerten unabhängige Analysen den Preis? Wie ist das Branchenrisiko? Wie steht das Unternehmen im Hinblick auf Bewertungskennzahlen wie KGV (Kurs-Gewinn-Verhältnis) oder KCV (Kurs-Cashflow-Verhältnis) im Vergleich zu börsennotierten Konkurrenten?
- ☐ Passt die neue Aktie zu Ihrem Gesamtdepot und Ihrer Risikoeinstellung?

ben positiv auf den Bekanntheitsgrad, die Wettbewerbsfähigkeit und die Attraktivität für Mitarbeiter auswirken.

Das erstmalige Angebot der Aktien am Kapitalmarkt nennt man „Neuemission", „Going Public" oder „IPO" (Initial Public Offering). Bekannte Börsengänge waren zum Beispiel die von Alibaba (2014), Facebook (2012) oder der „Volksaktie" Deutsche Telekom (1996).

Besonders bekannt wurden Neuemissionen in Zeiten des Neuen Marktes. Dabei handelte es sich um ein deutsches Börsensegment für Wachstumsaktien zwischen 1997 und 2003. Vor dem Platzen der Spekulationsblase im März 2000, die vor allem im aufkommenden Internet tätige Unternehmen der „New Economy" traf, konnten Anleger am Neuen Markt häufig hohe Zeichnungsgewinne mit Neuemissionen erzielen. Seinerzeit waren die neuen Papiere so gefragt, dass viel mehr Anleger am ersten Börsentag der Unternehmen dabei sein wollten, als Aktien ausgegeben wurden. Wer das Glück hatte, Aktien zu erhalten, konnte sie kurz nach der Erstnotierung mit hohen Gewinnen weiterverkaufen. Mit dem Platzen der New-Economy-Blase rutschten die Kurse der Aktien in den Keller und erholten sich in sehr vielen Fällen nicht mehr.

Wenn heute Aktien zur Neuemission angeboten werden, müssen sich interessierte Anleger während der Zeichnungsfrist verpflichtend festlegen, wie viele Aktien sie zu einem Maximalpreis kaufen wollen. Zuvor nennen die an der Emission beteiligten Banken eine Preisspanne, innerhalb der der Emissionspreis voraussichtlich liegen wird.

Aber nicht jede Neuemission macht nach der Erstausgabe sofort oder längerfristig Gewinn. Das zeigen bekannte Beispiele wie Facebook, General Motors oder die Telekom. Was

Sie beachten sollten, wenn Sie eine Neuemission zeichnen möchten, zeigt die Checkliste „Eine Neuemission prüfen".

Fusionen, Übernahmen und Abspaltungen

Entschließen sich zwei oder mehr Unternehmen, ihre Geschäfte zusammenzulegen, spricht man von einer Fusion. Meist werden dazu das Vermögen und die Verbindlichkeiten einschließlich Aktienkapital und Rücklagen der einen Gesellschaft auf die andere übertragen. Die Aktionäre erhalten in einem bestimmten Verhältnis für ihre alten Anteile Aktien der neuen gemeinsamen Gesellschaft.

Bei einer Übernahme erfolgt die Eingliederung der Aktiva eines übernommenen in das übernehmende Unternehmen nicht unbedingt einvernehmlich. Dabei hat das übernehmende Unternehmen verschiedene Möglichkeiten, sich die Eigentums- und damit die Leitungs- und Kontrollrechte am Zielunternehmen einzuverleiben.

„Damit die Aktionäre des Zielunternehmens auf das Übernahmeangebot eingehen, muss der Übernehmer in der Regel deutlich mehr bieten als den aktuellen Börsenkurs.

Es kann (theoretisch) die Aktien des Zielunternehmens an der Börse kaufen. Dies kommt jedoch selten vor, da der kontinuierliche Kauf zu steigenden Preisen und damit einer Verteuerung der Transaktion führt. Auch besteht die Möglichkeit, große Aktienpakete von Großinvestoren zu kaufen. Mit einem öffentlichen Übernahmeangebot werden die Aktionäre der Zielgesellschaft gleichzeitig aufgefordert, ihre Anteile zu einem bestimmten Preis innerhalb einer bestimmten Frist zu verkaufen. Die Aktionäre des zu übernehmenden Unternehmens können auf unterschiedlichen Wegen bezahlt werden: in bar, im Tausch gegen Aktien des Käufers oder als Mischform dieser beiden Zahlungsweisen.

Motive für den Übernahmeversuch können zum Beispiel sein, dass sich das Unternehmen einen höheren Marktanteil, den Zugriff auf Ressourcen und Vertriebsmöglichkeiten des Zielunternehmens sowie höhere Umsatzerlöse verspricht.

Gerüchte über oder gar die Ankündigung einer geplanten Übernahme führen häufig zu Kurssteigerungen der Aktien des Zielunternehmens. Denn die Aktionäre versprechen sich Gewinnmöglichkeiten aufgrund des Kaufpreises, den der Übernehmer zahlt. Dessen Gebot muss mindestens den Wert erreichen, den die Aktie in den Monaten vor dem Übernahmeangebot im Schnitt gekostet hat. Damit die Aktionäre des Zielunternehmens auf das Übernahmeangebot eingehen, muss der Übernehmer in der Regel aber deutlich mehr bieten als den aktuellen Börsenkurs. Die Aktionäre des Übernahmekandidaten müssen dann abwägen, ob sie auf absehbare Zeit bessere Kurse am Markt erzielen können. Wenn sie diese Chancen nicht sehen, sollten sie das Übernahmeangebot annehmen und verkaufen.

Bei einer Abspaltung (englisch „Spin-Off") gliedert ein bestehendes Unternehmen Teile des Betriebs als selbstständige Firma aus. Das passiert beispielsweise, wenn ein Geschäftsbereich nicht mehr zur Unternehmensstrategie passt. Die Aktien des neuen Unternehmens sind dabei aber grundsätzlich keine Verlustbringer, die die Muttergesellschaft nur entsorgen will. Denn das abgespaltene Unternehmen muss börsenfähig sein, also eine bestimmte Größe besitzen, profitabel sein und eine Zukunftsperspektive haben. Oft behalten die Mutterunternehmen zunächst einige Anteile selbst und verkaufen diese erst später an der Börse.

Damit die Altaktionäre keinen finanziellen Nachteil erleiden, erhalten sie Gratisaktien des abgespaltenen Unternehmens oder Bezugsrechte. Damit können sie dann Aktien des neuen, abgespaltenen Unternehmens erwerben, oder sie können die Bezugsrechte an der Börse verkaufen. Oft kann es sich lohnen, die neuen Aktien im Depot zu halten. Denn das neue Unternehmen kann aufgrund der Abspaltung zukünftig unabhängig von Konzerninteressen und flexibel am Markt operieren, wodurch seine Chancen auf geschäftlichen Erfolg steigen. Überdies zahlen Anleger an der Börse für stärker fokussierte Unternehmen oft einen Aufschlag gegenüber (zu) breit aufgestellten Großkonzernen. Bekannte Abspaltungen in Deutschland waren etwa die Healthineers (2018), Osram (2013), Infineon (2000) von Siemens, Uniper von E.ON (2016), Lanxess von Bayer (2005) oder der Hypo Real Estate von der Hypovereinsbank (2002).

Die Risiken von Aktienanlagen

Wenn Sie die Risiken von Aktieninvestments kennen, können Sie diese realistisch einschätzen und verringern.

In vielen Ländern wie den USA oder Großbritannien ist der Anteil der Aktionäre an der Bevölkerung um einiges höher als in Deutschland. Hier scheuen die meisten Anleger Aktien wie der Teufel das Weihwasser und blenden die Chancen dieser Anlageklasse vollkommen aus. Die diffuse Angst vor Aktienanlagen ist oft grundsätzlicher Natur und nicht durch eigenes Wissen und Erfahrung begründet. Aber nur wer die Risiken von Aktien genauer kennt, kann diese objektiv bewerten und reduzieren.

Einzeltitel- und Marktrisiko

Die Rendite einer Aktie setzt sich aus Kursgewinnen und Dividendenerträgen zusammen. Beide unterliegen Schwankungen – sowohl wegen des Einzeltitel- als auch des Marktrisikos.

Soweit die Entwicklung eines Aktieninvestments von unternehmensinternen Nachrichten und Faktoren wie der Gewinn- und Umsatzentwicklung abhängt, spricht man vom „Einzeltitelrisiko“, vom „unsystematischen“ oder auch vom „unternehmensspezifischen Risiko“. Das unsystematische Risiko eines Aktienportfolios können Anleger dadurch senken, dass sie nicht nur auf ein Unternehmen setzen, sondern in verschiedene – empfehlenswert sind mindestens fünfzehn – Aktien anlegen. Das verringert das Risiko, auf die „falsche“ Aktie gesetzt zu haben.

Dabei kommt es aber nicht nur auf die Anzahl der verschiedenen Aktien im Portfolio an, sondern vor allem darauf, dass diese aus unterschiedlichen Anlageregionen und -branchen kommen. Hat ein Anleger beispielsweise ein Portfolio mit zehn verschiedenen Aktien, von denen aber acht Automobilwerte sind, geht er ein hohes „Klumpenrisiko“ ein. Klumpenrisiko bedeutet, dass sich eine hohe Anzahl von Aktien eines Portfolios in verschiedenen Situationen ähnlich verhält. Finanzexperten sprechen auch von einer hohen „Korrelation“ der einzelnen Anlagen. Geht es der Autobranche insgesamt schlecht, werden tendenziell alle Automobilaktien des Anlegers darunter leiden. Hätte er hingegen nur ein oder zwei Autoaktien und ansonsten Aktien aus anderen Branchen, die von einer Krise der Autoindustrie nicht betroffen sind oder gar davon profitieren, würde sich das Einzeltitelrisiko seines

Markt- und Einzeltitelrisiko

Je mehr Aktien Anleger besitzen, desto stärker sinkt das Risiko, dass sie auf die falschen Papiere setzen. Das allgemeine Marktrisiko lässt sich so aber nicht reduzieren.

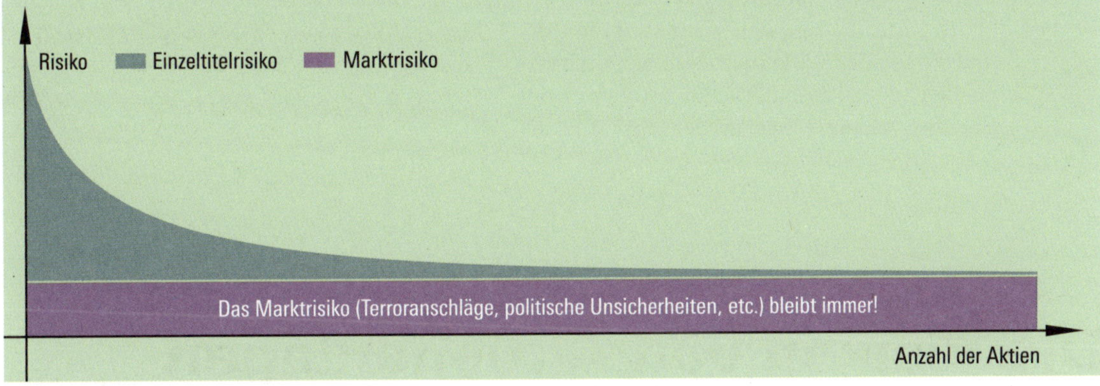

Portfolios stark verringern. Die Anlagen wiesen dann eine niedrige Abhängigkeit voneinander (Korrelation) auf.

Neben dem unsystematischen Einzeltitelrisiko bleibt natürlich ein allgemeines „Marktrisiko". Naturkatastrophen, Terroranschläge und politische Unsicherheiten können Kurse stark einbrechen lassen, wenn Anleger in solchen Situationen panisch ihre Aktien verkaufen und ihr Geld in scheinbar sicherere Anlagen wie Anleihen und Gold umschichten. Vor allem sind die Aktienmärkte aber vorauslaufende Konjunkturbarometer der Wirtschaft. Wenn Anleger mit einer schwächer werdenden Entwicklung der Wirtschaft und sinkenden Gewinnen der Aktiengesellschaften rechnen, verkaufen sie Aktien. Sind diese Pessimisten in der Überzahl gegenüber denjenigen, die noch Aktien kaufen, fallen nach dem Gesetz von Angebot und Nachfrage die Kurse. Das Marktrisiko kann auch ein breit gestreutes Aktiendepot nicht „wegdiversifizieren".

Der Betafaktor

Eine Kennzahl zur Bestimmung des Marktrisikos einer Aktie ist der Betafaktor. Dieser gibt an, wie stark eine Aktie in der Vergangenheit im Vergleich zu einem Index geschwankt hat. Liegt der Betafaktor bei einer Aktie über 1, so bewegt sich diese stärker als es der Gesamtmarkt tut. Anleger können mit solchen Aktien somit tendenziell höhere Verluste, aber auch höhere Gewinne im Vergleich zum Marktdurchschnitt erzielen. Bei einem Wert unter 1 schwankt die Aktie weniger stark als der Markt. Ein negatives Beta bedeutet, die Rendite einer Aktie entwickelt sich gegenläufig zum Gesamtmarkt.

Die Volatilität

Eine wichtige Kennzahl, um das mögliche Verlustrisiko einer Aktie abzuschätzen, ist die „Volatilität". Diese Kennzahl wird auf der Grundlage zurückliegender Kurse berechnet und gibt an, wie stark der Kurs in einem bestimmten Zeitraum nach oben oder unten ausgeschlagen hat. Man spricht deshalb auch von der Schwankungsbreite. Die Volatilität ist sowohl im negativen als auch im positiven Sinn ein Maß für das Risiko einer Geldanlage. Nimmt die Volatilität zu, steigen die Chancen für hohe Kursgewinne. Allerdings wächst auch die Wahrscheinlichkeit hoher Verluste. Je höher Ihre Risikobereitschaft ist, umso höher kann der Anteil schwankungsanfälliger Wertpapiere in Ihrem Depot sein.

Gewinn und Verlust

Diesen Gewinn benötigen Sie, um einen Verlust wettzumachen:

Prozentualer Verlust	Benötigter Gewinn (in Prozent)
–10	11
–20	25
–30	43
–40	67
–50	100
–60	150
–70	233
–80	400
–90	900
–100	Unmöglich

Ein Beispiel zur Volatilität

Nehmen wir an, dass der Kurs einer Aktie in den letzten 20 Jahren durchschnittlich 10 Prozent pro Jahr zugelegt hat. Die Schwankungsbreite (Volatilität) bei diesem Trend betrug in diesem Zeitraum 20 Prozent. Ein Anleger kauft sich die Aktie zu einem Preis von 100 Euro. Da die Aktie im Durchschnitt 10 Prozent pro Jahr steigt, ist der Ausgangswert (A) für den Kursstand der Aktie nach einem Jahr 110 Euro. Weil die Volatilität (V) allerdings 20 Prozent beträgt, kann der Preis der Aktie um 20 Prozent (20 : 100 = 0,2) um den Ausgangswert schwanken.
In einer Formel ausgedrückt, betragen die Gewinnchance A x (1 + V) und das Verlustrisiko A / (1+V). Das bedeutet, der Anleger kann damit rechnen, dass der Kurs der Aktie nach einem Jahr zwischen (110 x 1,2 =) 132 Euro und (110 : 1,2 =) 92 Euro liegt. Läge die Volatilität allerdings nur bei 10 Prozent, könnte er lediglich mit (110 x 1,1 =) 121 Euro rechnen, er würde aber auch keinen Verlust machen, da der Kurs im ungünstigen Fall weiter bei (110 : 1,1 =) 100 Euro läge. Bei einer Volatilität von 30 Prozent hingegen beträgt die Gewinnchance 143 Euro und das Verlustrisiko 85 Euro.

Maximum Drawdown

Der Maximum Drawdown ist eine Kennzahl, die den maximalen kumulierten Verlust innerhalb einer betrachteten Periode darstellt. Er wird in der Regel in Prozent angegeben.

Beispiel: Hatte eine Aktie innerhalb eines Jahres einen Höchstkurs von 95 Euro und einen Tiefstkurs von 84,55 Euro betrug ihr maximaler Verlust somit 11 Prozent in diesem Zeitraum.

Anleger sollten sich vor einer Aktienanlage immer auch Gedanken über den theoretisch zu erwartenden Drawdown machen. Denn um das Ausgangsniveau wieder zu erreichen, muss der prozentuale Gewinn stets höher sein als der zuvor erlittene Verlust, wie die Tabelle „Gewinn und Verlust“ zeigt.

▶ Die Angaben zum Betafaktor und zur Volatilität einer Aktie finden Sie zum Beispiel auf der Homepage der Comdirect Bank unter www.comdirect.de.

So funktioniert die Börse

Börsen sind die Orte, an denen Aktien und andere Wertpapiere gehandelt werden. Damit der Handel gut und transparent funktioniert, gibt es rechtliche Strukturen, die die Organisation, Verwaltung und Überwachung der Börsen sicherstellen. Feste Regeln geben vor, welche Aktien in welchen Börsensegmenten gehandelt werden.

Aktienbörsen in Deutschland

Verschiedene Regelungen und Einrichtungen sorgen dafür, dass Käufer und Verkäufer von Aktien hierzulande auf einen geregelten und transparenten Handel vertrauen können.

Eine Börse ist ein organisierter Markt, auf dem Wertpapiere, Devisen, Terminkontrakte und auch Waren gehandelt werden. Die ersten Börsen in Deutschland gab es 1540 in Augsburg und Nürnberg. Wenn in den Medien von „den Börsen" die Rede ist, sind in der Regel die Aktienbörsen gemeint, an denen Aktien gehandelt werden. Die klassische Form des Aktienhandels findet an Präsenzbörsen statt, wo sich Börsenmakler auf dem „Börsenparkett" treffen und im Auftrag ihrer Kunden Verträge über den Kauf oder Verkauf von Wertpapieren schließen. Diese Form wird daher auch Parketthandel genannt. Präsenzbörsen werden jedoch zunehmend durch Computerbörsen abgelöst.

Privatanleger haben keinen unmittelbaren Zugang zur Börse, sondern müssen ein Kredit- oder Finanzinstitut zwischenschalten, das zum Handel an der Börse zugelassen ist. Für diese Kredit- oder Finanzinstitute handeln wiederum zugelassene Börsenhändler.

In Deutschland gibt es zurzeit acht Wertpapierbörsen. Die wichtigste ist die Frankfurter Börse mit ihren beiden Handelsplätzen Xetra und Börse Frankfurt. Am Handelsplatz Börse Frankfurt, also über die Händler am Börsenparkett, werden mehr als 1,4 Millionen Wertpapiere gehandelt, darunter Aktien von über 10 000 nationalen und internationalen Unternehmen, Anleihen, Fonds und strukturierte Produkte. Über Xetra sind rund 2 500 rege gehandelte Aktien sowie ETF und Rohstoffe (ETC/ETN) verfügbar. Der Xetra-Handel macht 95 Prozent des gesamten Volumens an der Frankfurter Börse aus. Im Gegensatz zum Parketthandel gibt es über Xetra keine Makler, die den Handel zwischen Käufer und Verkäufer einer Aktie betreuen. Hier bringt das Computersystem automatisch passende Interessenten zusammen und berechnet die aktuellen Preise.

Der Kassamarkt

An der Börse selbst findet kein Austausch „Aktien gegen Geld" statt, sondern nur das entsprechende Verpflichtungsgeschäft, also der Kaufvertrag. Es wird festgelegt, dass der Käufer die Aktie zum vereinbarten Preis abnimmt und der Verkäufer das entsprechende Papier liefert. Die Erfüllung des Verpflichtungsgeschäfts, das „Clearing", übernimmt eine spezielle Clearingstelle. Sie rechnet es zwei Tage nach dem Handelstag ab. Dieser Erfüllungstermin ist von der Börsenverwaltung einheitlich und verbindlich festgelegt worden.

Diese sofort oder kurzfristig zu erfüllenden Verträge bezeichnet man als „Kassageschäfte" – im Gegensatz zu einem „Termingeschäft", bei dem die Leistungen erst zu einem Zeitpunkt in der Zukunft erfolgen. Die Clearingstelle sorgt dann dafür, dass der Verkäufer sein Geld bekommt und die Aktien im Depot des Käufers verbucht werden. Hat ein Kreditinstitut beispielsweise eine Order falsch eingegeben, muss es am Erfüllungstag selbst einspringen und den entstandenen Schaden intern regeln. Damit soll sichergestellt werden, dass Anleger darauf vertrauen können, dass der Börsenhandel funktioniert, wenn das Verpflichtungsgeschäft über die Börse geschlossen wurde.

Träger und Organe einer Börse

Börsen haben in Deutschland eine gemischte Struktur aus öffentlichem und privatem Recht. Sie sind Anstalten des öffentlichen Rechts mit eigenen Organen und werden von einem Börsenträger betrieben. Organe der Börse als Anstalt des öffentlichen Rechts sind der Börsenrat, die Börsengeschäftsführung, die Handelsüberwachungsstelle und der Sanktionsausschuss. Ihre Befugnisse ergeben sich aus gesetzlichen Vorgaben, insbesondere dem Börsengesetz.

▶ Trägerin der Frankfurter Wertpapierbörse

Trägerin der größten deutschen Börse, der öffentlich-rechtlichen Frankfurter Wertpapierbörse, ist die Deutsche Börse AG, die seit 2001 selbst börsennotiert und seit Dezember 2002 Mitglied im Dax ist. Die Deutsche Börse AG ist als Börsenträgerin verpflichtet, der öffentlich-rechtlichen Anstalt Frankfurter Wertpapierbörse alle für den Betrieb der Börse erforderlichen Mittel finanzieller, personeller und sachlicher Art zur Verfügung zu stellen und für eine wirtschaftliche Fortentwicklung der Börse zu sorgen. Die Deutsche Börse AG organisiert daher den Wertpapierhandel, sorgt für die Abwicklung der an der Börse geschlossenen Geschäfte, die Verwahrung der Wertpapiere und stellt die technische Infrastruktur bereit, wie zum Beispiel das Xetra-Handelssystem.

▶ Der Börsenrat

Der Börsenrat ist das oberste Organ. Er entscheidet in Zusammenarbeit mit der Börsenaufsicht über alle börslichen Regeln und bestellt die Börsengeschäftsführung. Der Börsenrat erlässt die Börsenordnung, die Bedingungen für die Geschäfte an der Börse und die Gebührenordnung. Der Börsenrat der Frankfurter Wertpapierbörse besteht aus 24 Mitgliedern, die Banken, Fondsgesellschaften, Skontrofführer und börsennotierte Unternehmen repräsentieren.

▶ **Die Börsengeschäftsführung**
Die Geschäftsführung leitet die Börse und ist verantwortlich für die Einhaltung der festgesetzten Spielregeln. Nach dem Börsengesetz ist die Geschäftsführung unter anderem zuständig für

- die Organisation der Börse,
- die Ordnung in den Börsenräumen,
- die Zulassung von Unternehmen und Personen zum Börsenhandel,
- Entscheidungen über die Aufnahme, Aussetzung und Einstellung einer amtlichen Notierung von Wertpapieren und die Preisfeststellung von Wertpapieren.

Als Leitungsorgan einer teilrechtsfähigen Anstalt des öffentlichen Rechts ist sie eine Behörde im verwaltungsrechtlichen Sinn und kann nach außen Verwaltungsakte erlassen. Für alle Fragen grundsätzlicher Bedeutung benötigt die Geschäftsführung die Zustimmung des Börsenrates.

▶ **Die Handelsüberwachungsstelle**
Die Handelsüberwachungsstelle (HÜSt) überwacht als eigenständiges Organ das Marktgeschehen direkt vor Ort und beobachtet die Preisfeststellung an der Präsenzbörse sowie in den vollelektronischen Handelssystemen. Dazu wertet sie beispielsweise die Umsätze und die Kursentwicklung eines Wertpapiers innerhalb einer oder mehrerer Börsensitzungen aus und prüft sie auf Unregelmäßigkeiten und Auffälligkeiten. Die Ergebnisse teilt die HÜSt der Börsenaufsicht sowie der Börsengeschäftsführung mit. Diese können den Fall nach einer Prüfung an den Sanktionsausschuss abgeben. Die Sanktionen können von einer Abmahnung bis zum Widerruf der Börsenzulassung reichen. Auch Privatanleger können sich bei einem Verdacht auf Unregelmäßigkeiten beim Börsenhandel und der Preisfeststellung direkt an die Handelsüberwachungsstelle wenden.

Kontrolle der Börse

Neben den Handelsüberwachungsstellen kümmern sich spezielle Aufsichtsbehörden darum, dass an der Börse alles korrekt zugeht.

▶ **Börsenaufsicht**
Die deutschen Börsen unterstehen dem zuständigen Ministerium des jeweiligen Bundeslandes, in dem sie beheimatet sind. So ist beispielsweise die Hessische Börsenaufsicht – die Teil des Hessischen Ministeriums für Wirtschaft, Verkehr und Landesentwicklung ist – für die Markt- und Rechtsaufsicht über die Frankfurter Börsen zuständig. Sie kann neben dem Sanktionsausschuss und der Börsengeschäftsführung Sanktionen gegen Marktteilnehmer erlassen. Ihre wichtigsten Aufgaben sind

- die Preisbildungsprozesse zu überwachen,
- Verstöße gegen börsenrechtliche Vorschriften zu untersuchen,
- zu kontrollieren, ob die Börsenorgane rechtmäßig handeln, und
- die zum Börsenhandel zugelassenen Handelsteilnehmer zu überwachen.

▶ **Die Bundesanstalt für Finanzdienstleistungsaufsicht**
Die Bundesanstalt für Finanzdienstleistungsaufsicht (Bafin) soll die Funktionsfähigkeit der Wertpapiermärkte sicherstellen, Anleger schützen sowie Markttransparenz und -integrität gewährleisten. Zu ihren Aufgaben gehören unter anderem

- zu verfolgen, ob Marktteilnehmer Informationsvorspünge ausnutzen, und dies zu bekämpfen,
- zu überwachen, dass die Unternehmen alle Transaktionen in eigenen Wertpapieren (Directors´ Dealings) pflichtgemäß melden,
- die Publizitätspflichten börsennotierter Unternehmen zu überwachen,
- die Verhaltensregeln und Organisationspflichten von Wertpapierdienstleistungsunternehmen zu überwachen und

Prime und General Standard

Dies sind die wichtigsten Unterschiede zwischen dem Prime und dem General Standard der Frankfurter Wertpapierbörse.

Prime Standard	General Standard
strenge Zulassungsvoraussetzungen	geringere Zulassungsvoraussetzungen
hohe Publizitätspflichten (insbesondere Berichte auch in englischer Sprache, mindestens eine Analystenkonferenz pro Jahr)	geringere Publizitätspflichten
internationale Rechnungslegungsstandards	Jahresabschluss nach deutschem HGB ausreichend
hohe Börsenkapitalisierung	geringere Börsenkapitalisierung
große, internationale Unternehmen	auch kleinere, regional tätige Unternehmen

- Wertpapiererwerbs-, Übernahme- und Pflichtangebote nach dem Wertpapiererwerbs- und Übernahmegesetz (WpÜG) zu kontrollieren.

Privatanleger, die sich schlecht beraten fühlen oder denen ein Angebot zweifelhaft vorkommt, können sich an die BaFin wenden. Bei begründeten Beschwerden hakt sie beim betroffenen Institut nach.

Hauptsegmente der Börse

An den Börsen gibt es meist keinen einheitlichen Aktienmarkt, sondern dieser wird in einzelne Börsensegmente unterteilt. In einem gesetzlichen oder privatrechtlichen Regelwerk ist festgelegt, unter welchen Voraussetzungen eine Aktie eines Unternehmens einem bestimmten Börsensegment zugeordnet wird. Die verschiedenen Segmente unterscheiden sich insbesondere hinsichtlich ihrer Zulassungs- und Publizitätsvorschriften voneinander. Die Segmentierung erlaubt es den Unternehmen (Emittenten), zu wählen, welchen Aufwand sie mit einer Emission auf sich nehmen wollen und, damit einhergehend, an welcher Börse und in welchem Segment eine Emission erfolgen soll. Für die Anleger bedeutet die Segmentierung, dass sie sich darauf verlassen können, dass der Handel mit den Aktien eines bestimmten Börsensegments und die Finanzberichte (zum Beispiel Jahresbericht und Ad-hoc-Mitteilungen) des Unternehmens dem jeweiligen Qualitätsanspruch des Börsensegments genügen.

Das deutsche Börsengesetz regelt die beiden Börsensegmente „Regulierter Markt" und „Freiverkehr". Der Regulierte Markt beruht auf einem EU-Gesetz, der Freiverkehr ist hingegen ein börsenreguliertes Marktsegment. Die Transparenzpflichten sind im Regulierten Markt wesentlich höher als im Freiverkehr.

Die Börsensegmente der Frankfurter Wertpapierbörse

Im „General Standard" gelten die Anforderungen für den Regulierten Markt, im „Prime Standard" müssen zusätzliche internationale Anforderungen erfüllt werden.

Unternehmen, die in die Auswahlindizes der deutschen Börse Dax, MDax, SDax und TecDax aufgenommen werden, müssen zum Prime Standard zugelassen sein.

Unternehmen, die eine Börsennotierung ohne größere regulatorische Vorschriften anstreben, können sich im „Freiverkehr" (Open Market) listen lassen. Sie verzichten damit auf eine größere Sichtbarkeit für die breite Anlegermasse und eine Aufnahme in einen renommierten Index. Der Freiverkehr unterteilt sich

Hohe Börsenstandards für den Dax und seine Familie

Der Prime Standard hat die strengsten Anforderungen an Unternehmen im Regulierten Markt.

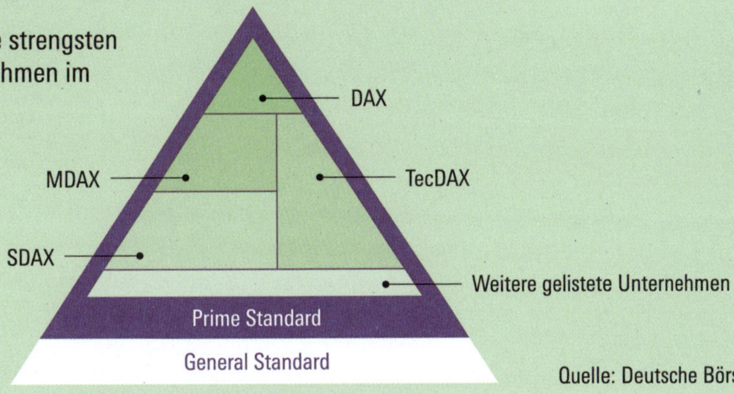

Quelle: Deutsche Börse AG

in die Bereiche „Scale", „Quotation Board" und „Basic Board". Scale soll kleinen, mittleren oder jungen Unternehmen einen einfachen und kostengünstigen Zugang zum Kapitalmarkt erlauben und richtet sich an erfahrenere Anleger. Die Transparenzanforderungen sind höher als im Quotation und Basic Board.

Welches Segment für Anleger?

Für Anleger kann die Vielfalt an Handelssegmenten zunächst verwirrend sein. Die Unterteilung dient aber vor allem auch ihrem Schutz. Durch die Vorgabe, Einhaltung und Überwachung bestimmter Zugangsvoraussetzungen und Folgepflichten für die Unternehmen wird sichergestellt, dass diese eine bestimmte „Anlagequalität" vorweisen und erhalten. Allerdings sollten Sie das Börsensegment, in dem eine Aktiengesellschaft gelistet ist, nicht mit deren Gewinnchancen und Verlustrisiken gleichsetzen. Zwar ist es in der Regel wahrscheinlicher, dass ein Unternehmen, das im Segment Scale des Open Market geführt wird, eher in die Gefahr einer Insolvenz geraten kann als ein großes Unternehmen aus dem Prime Standard. Eine Garantie dafür gibt es aber nicht. Überdies können die Gewinnchancen eines neuen, innovativen Unternehmens deutlich größer sein als die eines „alten" Dax-Unternehmens.

Entscheidend für Ihre Aktienauswahl sollte immer die Einzelanalyse des jeweiligen Titels sein. Die Beurteilung eines Unternehmens aus einem höheren Börsensegment ist meist leichter, weil dieses viele Daten und Kennzahlen über sich preisgeben und veröffentlichen muss. Auch stehen Aktien aus den höheren Segmenten wie dem Prime Standard viel mehr im Fokus der Öffentlichkeit und der Medien. Anleger bekommen so viel schneller mit, wenn etwas schiefläuft.

Aktien mit höheren Börsen-Standards sind außerdem meist liquider, also besser handelbar. Je liquider ein Titel ist – das bedeutet, je größer die Umsätze und die Zahl der täglich abgewickelten Orders ist –, desto eher ist gewährleistet, dass Anleger diese Werte schnell zu marktgerechten Kursen handeln können. Das kann insbesondere dann wichtig sein, wenn der Trend an den Aktienmärkten abwärts geht und viele Anleger ihre Werte verkaufen wollen. Aktien aus dem Freiverkehr sind dann im Vergleich zu Werten aus dem General oder Prime Standard oft nicht so schnell oder nur mit hohen Abschlägen veräußerbar.

Aktien aus den höheren Börsensegmenten sind oft in Indizes vertreten. Daher stehen sie bei Fondsgesellschaften und anderen professionellen Investoren eher auf der „Beobachtungsliste" als Werte aus dem Freiverkehr.

Aktienindizes

Indizes dienen als Stimmungsbarometer und neutraler Vergleichsmaßstab (Benchmark). Sie eignen sich auch zur ersten Orientierung bei der Suche nach interessanten Einzelaktien.

Aus dem einleitenden Kapitel kennen Sie bereits das Grundprinzip eines Index und wissen, wie man die verschiedenen Indizes grob einordnen kann (etwa nach Regionen, Ländern, Sektoren und Strategien). In einem Index werden bestimmte ausgewählte Basiswerte zusammengefasst und deren Wertentwicklung über einen bestimmten Zeitraum dargestellt. Sind die Basiswerte Aktien, spricht man von einem Aktienindex. Allein im Aktienbereich gibt es zahlreiche verschiedene Indizes.

Aktien verschiedener Unternehmen entwickeln sich mitunter sehr unterschiedlich. So reagieren zum Beispiel einige sehr sensibel auf aktuelle Konjunkturnachrichten, während andere davon kaum beeinflusst werden. Mithilfe eines Index, der die Entwicklung verschiedener Einzelwerte zusammenfasst, lässt sich ein genereller Markttrend des Segments, das der Index widerspiegelt, über einen längeren Zeitraum ablesen. So können Anleger interessante Bereiche erkennen, wie zum Beispiel aussichtsreiche Anlageregionen, die sich besser als andere Regionen entwickeln oder einen vielversprechenden Verlauf zeigen. Innerhalb dieses Segments und des stellvertretenden Index kann ein Anleger dann die Einzelaktien suchen, die besonders chancenreich sind.

Kurs- und Performanceindizes

Die meisten Indizes sind sogenannte Kurs- oder Preisindizes. Das bedeutet, sie messen lediglich die reine Preisveränderung der zugrundeliegenden Basiswerte. Verringert sich beispielsweise am Tag nach der Hauptversammlung der Kurs einer Aktie um die Dividendenzahlung, wird dies im Index entsprechend nachvollzogen. Die einzigen Faktoren, um die ein Kursindex bereinigt wird, sind Sonderzahlungen und Bezugsrechte, ansonsten ist ein Kursindex unabhängig von den Ursachen der Kursentwicklung der enthaltenen Aktien.

Anders ist dies bei einem „Performanceindex". Hier wird so getan, als ob sämtliche Erträge wie etwa Dividenden, Zinszahlungen (bei Rentenindizes), Bezugsrechtserlöse und Bonuszahlungen sofort wieder in die gleichen Werte angelegt werden, aus denen sie stammen. Kursverluste, die bei einem Kursindex nach einer Dividendenzahlung entstehen, werden bei Performanceindizes also sofort ausgeglichen. Daher ist die Entwicklung von Performanceindizes grundsätzlich besser als die von Kursindizes.

Die Deutsche Börse AG berechnet ihre wichtigsten Aktien- und Rentenindizes sowohl als Kurs- als auch als Performanceindex. Wenn in den Nachrichten und Medien vom Dax die Rede ist, ist grundsätzlich nur der Dax-Performanceindex gemeint.

Kleine Index-Weltenkunde

Um bei den vielen weltweiten Aktienindizes den Durchblick zu behalten, lohnt sich ein kleiner Streifzug durch die wichtigsten Kursbarometer. Da jeder Index nach eigenen Regeln funktioniert, ist es wichtig, darauf zu achten, nach welchen Kriterien er zusammengesetzt ist.

▶ Die wichtigsten Regionen-Indizes

Der wohl meistbeachtete Index ist der MSCI World. Er wird von dem amerikanischen Finanzdienstleister Morgan Stanley Capital International (MSCI) berechnet. Der Index beinhaltet über 1600 Aktien aus rund zwei Dutzend Ländern. Anders als sein Name vermuten lässt, kommen die im Index vertretenen Ak-

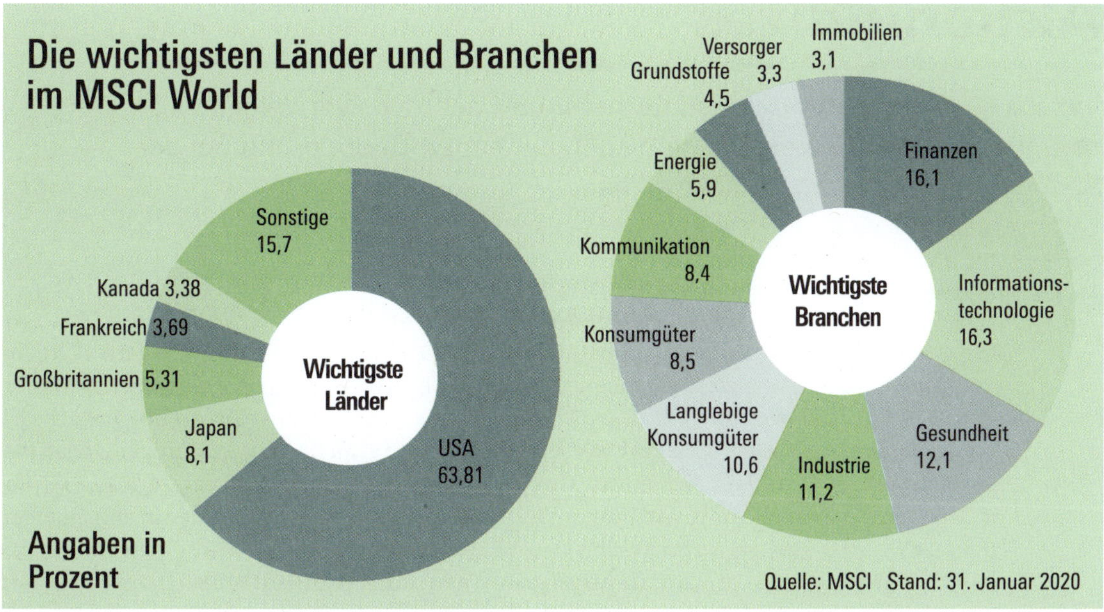

tiengesellschaften aber nicht aus der ganzen Welt, sondern nur aus Industrienationen. Aktien aus Schwellenländern (Emerging Markets) sind nicht vertreten.

Der MSCI World dient vor allem bei weltweit anlegenden Aktienfonds als Vergleichsindex (Benchmark).

US-Aktien sind im MSCI World Index im Vergleich zu anderen Börsen überrepräsentiert (USA-Anteil über 60 Prozent, Europa weniger als 30 Prozent). Das liegt daran, dass die US-Börsen kapitalmäßig dominieren. Die Folge ist, dass der Index stark von der US-Aktienmarktentwicklung abhängig ist. Der MSCI World wird bei Vergleichen mit anderen Indizes und Einzelwerten meist als Kursindex herangezogen und dient vor allem bei weltweit anlegenden Aktienfonds als Vergleichsindex (Benchmark).

Eine Variante des MCSI World Index ist der MSCI All Countries World Index (ACWI), der zusätzlich Schwellenmärkte umfasst. US-amerikanische Firmen machen auch hier den größten Anteil aus. Allerdings beträgt ihr Anteil nur 56 Prozent und der Index enthält Unternehmen aus 49 Ländern. Im ACWI sind Schwellenländer wie zum Beispiel auch China, Südkorea, Brasilien, Russland, Polen, Mexiko, Südafrika, Indien, aber auch Ägypten, Malaysia und Chile vertreten. Länder, die erst an der Schwelle zum Schwellenland stehen, wie Kuwait oder Bangladesch, sind nicht enthalten.

Im MSCI Emerging Markets finden sich über 1400 Unternehmen aus 26 Schwellenländern. Das stärkste Gewicht im Index hat China, gefolgt von Taiwan, Südkorea, Indien und Brasilien.

▶ Die wichtigsten Indizes der USA und Japans

Der Klassiker unter den Länderindizes ist der Dow Jones Industrial Average Index, kurz meist nur Dow Jones Index genannt. Seine Zusammensetzung ist nicht mehr ganz zeitgemäß. Anders als bei modernen Indexkonstruktionen ist jede Aktie mit der gleichen Stückzahl vertreten. Der Dow Jones umfasst 30 der größten US-amerikanischen Unternehmen und ist ein preisgewichteter Kursindex: Die einzelnen Aktienkurse werden aufsummiert und anschließend durch die Anzahl der Aktien im Index dividiert. Unternehmen werden nicht nach festen Regeln in den Index aufgenommen, sondern nach dem Ermessen der Herausgeber der Wirtschaftszeitung „Wall Street Journal".

Deutlich breiter orientiert und zudem gewichtet ist der Standard & Poor´s 500 Index (S & P 500), der 500 der größten an der New Yorker Börse gelisteten Aktien enthält. Er wird nach der Marktkapitalisierung gewichtet und in der klassischen Variante als Kursindex berechnet. Der S & P 500 gehört zu den meistbeachteten Aktienindizes der Welt und ist das wichtigste Kursbarometer für den US-amerikanischen Aktienmarkt.

Der Nasdaq 100 besteht aus den 100 Aktien mit der höchsten Marktkapitalisierung, die an der größten elektronischen Börse der USA, Nasdaq, gelistet sind. Er umfasst viele Technologiewerte, aber auch Dienstleistungsfirmen, Pharma- und Lebensmittelproduzenten. Nicht enthalten sind Finanzwerte und derzeit auch keine Öl- und Rohstoffkonzerne.

Der bedeutendste asiatische Aktienindex ist der japanische Nikkei 225. Er wird wie der Dow Jones nach dem einfachen arithmetischen Mittel der nicht gewichteten Kurse berechnet und basiert auf 225 Aktienwerten. Einmal jährlich wird entschieden, welche Unternehmen aus dem Index ausscheiden und welche neu aufgenommen werden.

▶ Indizes in Europa

Als wichtigster Kursmaßstab für die Aktienkursentwicklung in Europa gilt der Euro Stoxx 50. Dieser wird von der Gesellschaft Stoxx Limited berechnet und geführt, die wiederum ein Unternehmen der Deutschen Börse ist. Es gibt sowohl einen Kurs- als auch einen Performanceindex. Wenn vom Euro Stoxx 50 die Rede ist, meint man aber normalerweise den Kursindex. Der Index besteht aus 50 großen börsennotierten Unternehmen der Eurozone.

Der FTSE 100 Index (unter Profis „Footsie" genannt) ist der wichtigste britische Aktienindex. Er bildet die Kurse der 100 größten und umsatzstärksten Aktien der Londoner Börse nach. Der CAC 40 ist der französische Leitindex der 40 führenden französischen Aktiengesellschaften, die an der Pariser Börse gehandelt werden.

Der Dax und seine Familie

Der wichtigste deutsche Index ist der Dax. Die Abkürzung steht für „Deutscher Aktienindex". Er wurde von der Deutschen Börse 1988 aus der Taufe gehoben und wird seitdem fortlaufend von ihr berechnet. Grundlage der Berechnung sind die Xetra-Kurse. Der Dax gilt als wichtigstes Stimmungsbarometer der deutschen Wirtschaft, und sein aktueller Stand wird in Presse, Funk und Fernsehen laufend veröffentlicht. Während der Handel läuft, wird der aktuelle Stand auf einer Anzeigetafel im Börsensaal der Frankfurter Börse angezeigt. Üblicherweise ist die Performanceindex-Variante gemeint, wenn man vom Dax spricht.

Der Dax spiegelt die Entwicklung der 30 größten und umsatzstärksten Unternehmen wider, die im Prime Standard der Frankfurter Wertpapierbörse gelistet sind. Sein Ziel ist es, ein aktuelles und repräsentatives Bild des heimischen Aktienmarktes zu zeigen. Voraussetzung für die Aufnahme eines Unternehmens in den Dax ist neben der Listung im Prime Standard, dass es fortlaufend in Xetra gehandelt werden kann und eine Streubesitzquote von mindestens 10 Prozent aufweist. Unter Streubesitz versteht man Aktien, die sich nicht in festen Händen von Anlegern befinden, die dauerhaft am Unternehmen beteiligt sein wollen. Sie werden also frei am Markt gehandelt. Außerdem muss ein Dax-Unternehmen einen Sitz in Deutschland haben oder den Schwerpunkt seines Umsatzes an Aktien in Frankfurt haben und zumindest in der EU ansässig sein. Die Auswahl der 30 Werte erfolgt dann nach den zwei Kriterien Börsenumsatz und Markt-

Vergleichsindex Euro Stoxx 50

Der Euro Stoxx 50 gilt als einer der bekanntesten Vergleichsindizes für die Aktienkursentwicklung in der Eurozone und umfasst die 50 größten Unternehmen. Über zwei Drittel von ihnen haben ihren Sitz in Frankreich oder Deutschland.

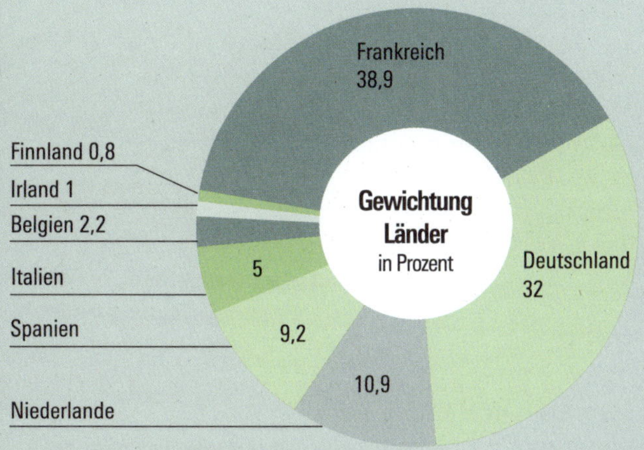

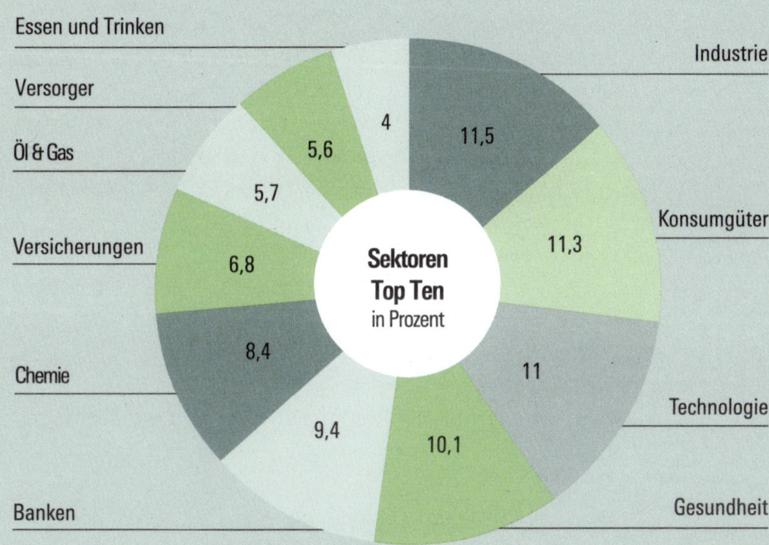

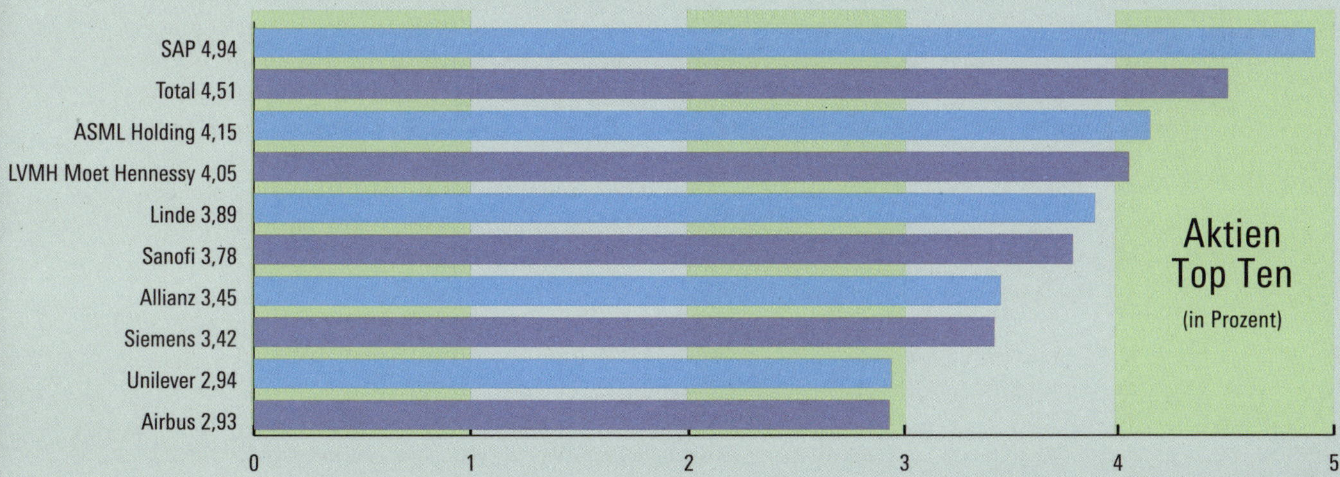

Quelle: Stoxx, Stand: 31. Januar 2020

So setzt sich der Dax zusammen

Im Dax werden, einfach gesprochen, die 30 größten deutschen Unternehmen geführt. Die Grafik zeigt ihre jeweiligen Anteile im Dax in Prozent.

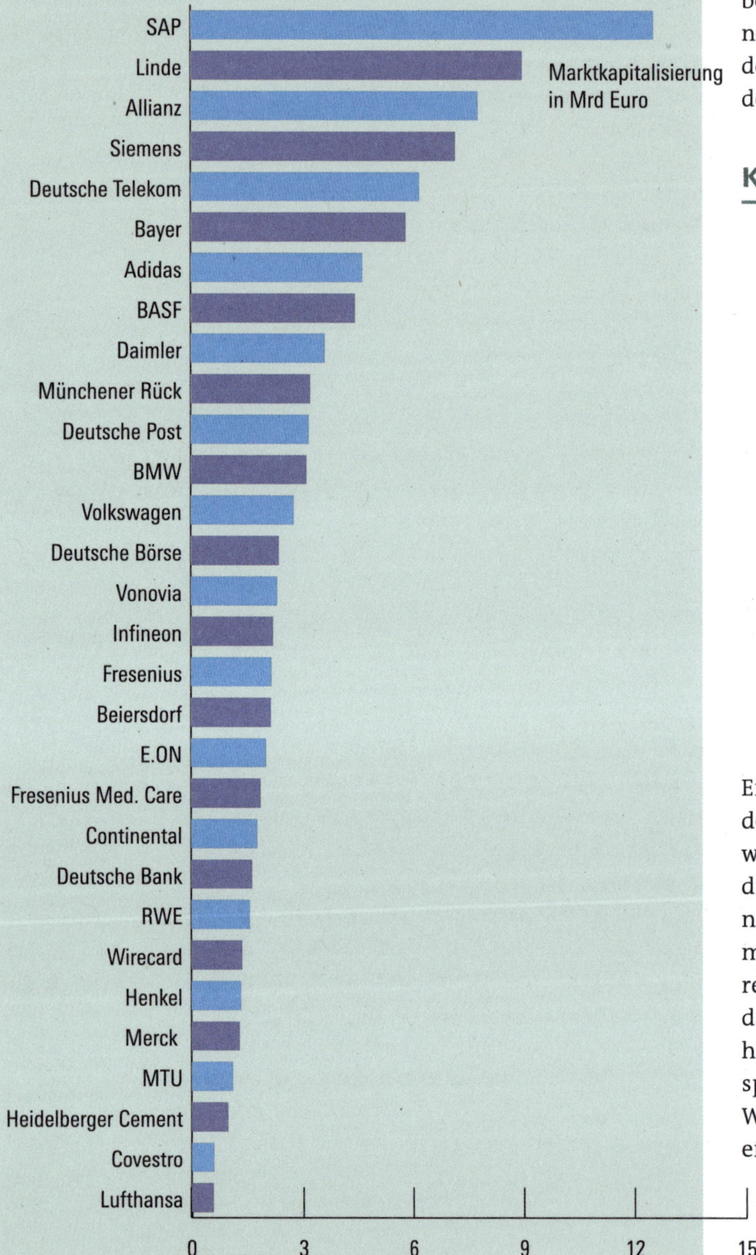

Quelle: boerse.de Stand: 22. Februar 2020

kapitalisierung. Da sich beide Größen ständig ändern, überprüft die Börse im Allgemeinen einmal im Jahr, und zwar zum ordentlichen Anpassungstermin im September, inwieweit die Zusammensetzung des Dax noch den tatsächlichen Marktverhältnissen entspricht. In besonderen Fällen wie zum Beispiel bei Fusionen und Insolvenzen gibt es auch zu außerordentlichen Anpassungsterminen Änderungen der Dax-Zusammensetzung.

Kurssprünge bei Aufsteigern

Wenn Unternehmen davor stehen, in einen „höheren" Index aufzusteigen (zum Beispiel vom MDax in den Dax), führt das häufig zu Kursgewinnen der Aktie. Der Grund ist, dass Fondsmanager und institutionelle Anleger, die ihre Depots an diesem Index ausrichten, bei einer Auswechslung der Werte die neuen Aktien kaufen müssen. Das kann auf der anderen Seite zu Abstürzen bei den Absteiger-Unternehmen führen. Wenn die Indexumstellung in den Kursen der Aktien ausreichend berücksichtigt ist, treten die für die Börsenbewertung relevanten Daten wie Umsatz und Ertrag wieder in den Vordergrund.

Ein Unternehmen darf maximal 10 Prozent des Dax ausmachen. Entscheidend für die Gewichtung einer Aktiengesellschaft im Dax ist die Streubesitz-Marktkapitalisierung, also nicht der gesamte Börsenwert des Unternehmens, sondern nur der Wert der frei handelbaren Aktien. Dahinter steckt die Philosophie, dass die Höhe des Streubesitzes die Marktverhältnisse bei einzelnen Aktien besser widerspiegelt als die des gesamten Grundkapitals. Wäre die tatsächliche Verfügbarkeit der Aktien einer Gesellschaft für die Indexgewichtung unerheblich, würde dies zu unerwünschten Marktverzerrungen führen. Denn die Anleger, die ihr Depot am Index orientieren, müssten Titel mit einer hohen Indexgewichtung entsprechend kaufen. Dadurch würde bei den hoch kapitalisierten Aktien mit geringem Streubesitz (im englischen als „free float" bezeichnet) das Angebot zusätzlich verknappt.

Beispiel: Bei der VW-Stammaktie sind nur rund 11 Prozent der Aktien im Streubesitz, der Rest gehört der Porsche Holding, der Qatar Holding, dem Land Niedersachsen und anderen Großaktionären. Die nicht im Streubesitz befindlichen Aktien kann man praktisch nicht kaufen. Wären sie aber im Dax berücksichtigt, hätte VW einen knapp zehnmal so großen Anteil am Dax. ETF-Anbieter, die den Dax nachbilden, müssten also zehnmal so viele VW-Aktien kaufen, obwohl rund 89 Prozent der Aktien gar nicht börsengehandelt sind. Das würde den Preis der Aktie in die Höhe treiben beziehungsweise das Angebot verknappen.

Dem Dax steht eine ganze Index-Familie zur Seite. Der wichtigste Bruder ist der MDax (abgeleitet von Mid-Cap-Dax). Er ist nach demselben Konzept wie der Dax aufgebaut und misst den Kursverlauf von 60 Werten aus der „zweiten Reihe". Sie folgen also in der Rangliste nach Marktkapitalisierung des Streubesitzes und des Börsenumsatzes auf die Dax-Werte. Der MDax spiegelt somit die Kursentwicklung von Aktien mittelgroßer deutscher Unternehmen wider. Seine Zusammensetzung wird grundsätzlich zweimal pro Jahr an die aktuellen Marktverhältnisse angepasst.

Die wichtigsten 70 kleineren Unternehmen sind im SDax (abgeleitet von Small-Cap-Dax) vertreten, der 1999 von der Deutschen Börse eingeführt wurde. Hier sind wiederum die Unternehmen gelistet, die den im MDax enthaltenen Werten hinsichtlich Umsatz und Marktkapitalisierung folgen. Eine Mindestvoraussetzung für die Aufnahme in den SDax ist, dass das Unternehmen die Vorgaben des Prime Standards erfüllt.

Ebenfalls zum Prime Standard der Frankfurter Wertpapierbörse gehört der TecDax (Technology Dax). Er beinhaltet die 30 größten Aktienwerte aus der Technologiebranche und wurde 2003 eingeführt als Nachfolger des durch Bilanzfälschungen und Insidergeschäfte in Verruf geratenen Nemax50, einem Index des „Neuen Marktes". Welche Werte in den TecDax aufgenommen werden oder ihn verlassen müssen, wird quartalsweise anhand der Marktkapitalisierung und des Umsatzes aller Technologieunternehmen unterhalb des Dax entschieden. Wie beim MDax können auch ausländische, aber vorwiegend in Deutschland tätige Technologieunternehmen in den TecDax aufgenommen werden.

Während im Dax schon immer auch Technologiewerte wie SAP vertreten waren, blieben diese in den Nebenwerte-Indizes MDax und SDax außen vor. Erst seit dem 24. September 2018 dürfen auch Unternehmen aus dem TecDax im MDax und SDax gelistet sein. Dadurch stieg auch die Anzahl der Aktien in den Indizes MDax und SDax. Bis zur Regeländerung waren dort nur 50 Aktien vertreten. In den TecDax dürfen jetzt auch große Technologiewerte, die vorher dem Dax vorbehalten waren.

Am 4. März 2020 startete der Dax 50 ESG-Index. Dieser wurde für Anleger konzipiert, die sich an nachhaltigen Prinzipien orientieren wollen und eine deutsche Benchmark für nachhaltige Aktien suchen. Das Auswahluniversum setzt sich aus Aktien des Dax, MDax und TecDax zusammen. Der neue Index schließt daraus Unternehmen mit kontroversen Aktivitäten (zum Beispiel umstrittene Waffen, Tabak, Kohle, Kernkraft) aus und berücksichtigt Umwelt-, Sozial- und Governance-Kriterien (sogenannte ESG-Kriterien) für die weitere Auswahl."

Was die Märkte bewegt

Angebot und Nachfrage bestimmen bekanntlich den Preis einer Aktie. Doch was beeinflusst das Angebot oder die Nachfrage?

Grob gesagt spiegeln sich im Verhältnis von Angebot und Nachfrage an der Börse die Einschätzungen der Anleger auf Nachrichten und Ereignisse aus Wirtschaft und Politik wider. Für den Kurstrend bei Aktien sind in der Regel wirtschaftliche Größen maßgeblich. Dazu gehört vor allem die Wirtschaftsentwicklung, die von vielen Faktoren wie Investitionen, Produktion, Konsum, Wechselkursen, Arbeitsmarkt und Inflation beeinflusst wird. Die Schwierigkeit bei der Beurteilung dieser Faktoren liegt darin, dass eine Volkswirtschaft ein überaus komplexes System ist. Einzelne Faktoren können sich in ihrer Wirkung verstärken oder abmildern. Es gibt zwar grundlegende Zusammenhänge, aber die einzelnen Größen treten in immer neuen Kombinationen auf und erfordern immer neue Bewertungen.

Vor allem müssen sich Anleger über eines im Klaren sein: An der Börse wird nicht die Gegenwart, sondern die Zukunft gehandelt. In den Aktienkursen drücken sich die Erwartungen der Anleger bezüglich der zukünftigen Wirtschaftsentwicklung und der Entwicklung der einzelnen Unternehmen aus. Kursschwankungen sind ein Zeichen dafür, dass die Einschätzungen der Anleger laufend angepasst und korrigiert werden. Auch wenn es zeitweise unrealistische Einschätzungen und Kapriolen an den Finanzmärkten gibt, besinnen sich Anleger meist über kurz oder lang darauf, dass Kurserwartungen von Aktien von harten Fakten untermauert werden müssen. Bleibt die Entwicklung der Finanzmärkte oder einzelner Aktien hinter den Erwartungen zurück, kommt es zu Kurskorrekturen. Die Schwierigkeit besteht allerdings darin, vorherzusagen, wann eine solche Rückbesinnung auf die Fakten bei der Mehrzahl der Anleger einsetzt.

Wenn Sie in Aktien investieren wollen, sollten Sie wichtige Einflussfaktoren auf die Märkte kennen und einordnen können.

Die Konjunktur

Die Konjunktur gilt als Pulsschlag der Wirtschaft und ist damit wohl die wichtigste Einflussgröße für die Entwicklung der breiten Masse der Aktienkurse. Sie gibt in erster Linie Auskunft über die wirtschaftliche Lage eines Landes. In den meisten Industrieländern verläuft die Wirtschaftsentwicklung langfristig in einem gemäßigten Aufwärtstrend. Der Gesamtwert aller Güter, die in einer Volkswirtschaft produziert werden, und aller Dienstleistungen, die in ihr erbracht werden, steigt grundsätzlich über die Jahre an. Auf lange Sicht ergibt sich so ein stabiler Wachstumspfad. Bei genauerem Hinsehen wirkt die Kurve, die die gesamte wirtschaftliche Leistung eines Landes abbildet, aber eher wie eine Schlangenlinie: Mal zeigt sie steil nach oben, dann wiederum steigt sie gar nicht, mitunter zeigt sie sogar an, dass die Gesamtleistung der Wirtschaft schrumpft.

Jede Abweichung vom langfristigen Trend führt zu Problemen in der Wirtschaftspolitik: Denn wenn die Wirtschaft langsamer wächst, als es der langfristige Trend vorsieht, wird weniger produziert, als eigentlich möglich wäre. Das Wirtschaftswachstum ist gehemmt. Doch auch Hochkonjunkturphasen mit nahezu ungebremstem, überdurchschnittlichem Wachstum können ihre Schattenseiten haben: Beispielsweise neigen Unternehmen ebenso wie Privatleute dazu, im Vertrauen auf einen Boom Kredite aufzunehmen, die sie nur noch schwer zurückzahlen können, wenn die Wirtschaft wieder langsamer wächst.

Stabilität des Wirtschaftswachstums gilt deshalb als eines der obersten wirtschaftspolitischen Ziele. Darüber, was wann für ein stabiles Wachstum zu tun sei, lässt sich allerdings trefflich streiten. Denn für Flauten sind diverse Erklärungen denkbar: Die privaten Konsumenten halten sich beim Einkauf zu sehr zurück. Oder der Export stockt wegen ungünstiger Wechselkurse oder weil wichtige Abnehmerländer selber mit in der Krise stecken. Oder die Unternehmen investieren zu wenig, weil es ihnen rentabler erscheint, ihr Geld auf der Bank zu lassen, als neue Produktionsanlagen zu bauen. Und schließlich: Der Staat gibt zu wenig Aufträge an die Wirtschaft – etwa für neue Straßen oder Gebäude.

Dass die Einschätzung und Prognose der Konjunktur Ähnlichkeiten mit der Wettervorhersage hat, zeigt sich an Begriffen, mit denen in den Medien versucht wird, die Wirtschaftsentwicklung zu beschreiben. Von „Flaute" der Konjunktur ist die Rede wie im Wetterbericht für Seefahrer, davon, dass die Konjunktur „sich abkühlt", oder wahlweise auch davon, dass sie „überhitzt" sei. Alle Wortschöpfungen, die sich um die Konjunktur ranken, versuchen dabei, das Phänomen anschaulich zu machen, dass Volkswirtschaften über die Jahre immer wieder unterschiedlich schnell wachsen.

Wie stark Konsum, Export, Unternehmen und Staat das Auf und Ab des Wirtschaftswachstums beeinflussen, ist von Land zu Land verschieden. So gilt in den USA das „Verbrauchervertrauen" als ein wesentlicher Indikator. Je positiver die Verbraucher die Lage einschätzen, desto mehr werden sie künftig für neue Schuhe, Autos oder Wohnhäuser ausgeben, so die Argumentation. Die Einkäufe der Privatleute gelten in den USA als Wachstumsmotor. In Deutschland als Exportnation spielt die produzierende Wirtschaft eine wichtigere Rolle.

Interessant für Anleger sind diese Informationen, weil sie erkennen lassen, ob der Wirtschaft allgemein ein langsameres oder schnelleres Wachstum, eine Stagnation oder gar ein Rückgang (Rezession) bevorsteht. Im Vorfeld eines anziehenden Wachstums (Aufschwung) können Anleger grundsätzlich mit steigenden Kursen und damit Gewinnen bei ihren Investments rechnen. Hat die Konjunktur hingegen ihren Höhepunkt überschritten, kann es in der Zukunft zu Gewinnrückgängen der Unternehmen und damit zu Kursverlusten der Aktien kommen. Anleger sollten daher bei der Überle-

HÄTTEN SIE'S GEWUSST?

Die 30 Dax-Titel machen rund 80 Prozent der Gesamtmarktkapitalisierung aller börsennotierten Unternehmen in Deutschland aus.

Als Erfinder des DAX gilt Frank Mella, seinerzeit Redakteur bei der Börsen-Zeitung. Sein Verleger hatte ihn gebeten, sich einen Börsenindex für den Finanzplatz Deutschland auszudenken.

Der Börsengang der der Deutschen Telekom im November 1996 war der größte Börsengang in der DAX-Geschichte und spülte umgerechnet 13 Milliarden Euro in die Kassen des ehemaligen Staatskonzerns. Die Nachfrage überstieg das Angebot um das Fünffache.

Volkswagen war im Oktober 2008 für ein paar Stunden das wertvollste Unternehmen der Welt, als im Zuge der Übernahmeschlacht zwischen Porsche und Volkswagen der Kurs durch sogenannte Leerverkäufe nach oben getrieben wurde. Zwischenzeitlich stand der Kurs bei über 1000 Euro.

Quelle: Börse Frankfurt

Aktien für jede Konjunkturphase

Manche Branchen sind abhängiger von der Konjunkturentwicklung als andere. Zyklische Aktien laufen meist besser, wenn die Konjunktur sich verbessert oder boomt. Nicht- oder antizyklische Aktien sind bei ihrer Wertentwicklung vom Konjunkturzyklus weniger abhängig oder spielen in einer schwachen Wirtschaftsphase ihre Stärken aus.

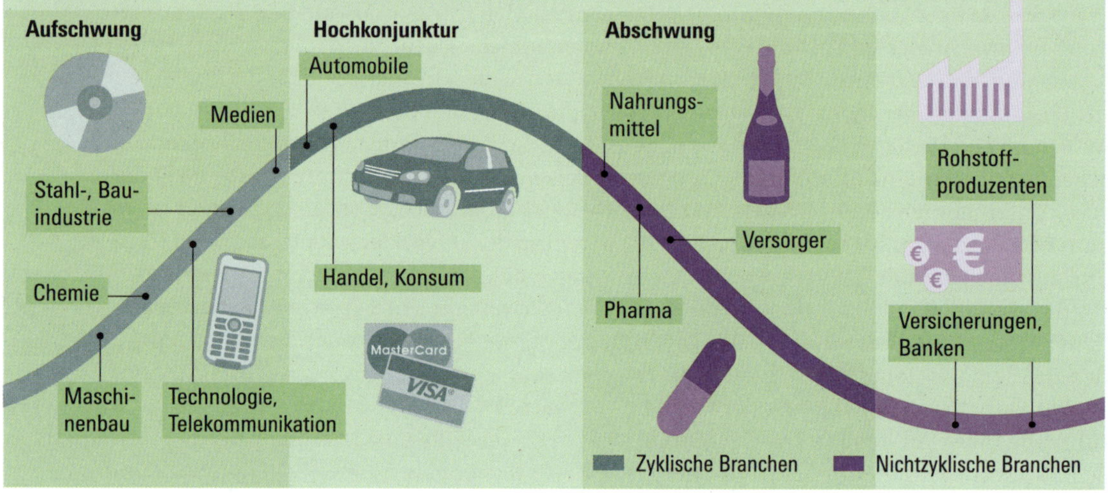

gung, ein Investment an den Aktienmärkten einzugehen, die Konjunkturaussichten stets berücksichtigen.

Allerdings sind verschiedene Branchen unterschiedlich stark von anziehender oder nachlassender Konjunktur betroffen: Die Gewinnaussichten von Handelsunternehmen und Herstellern von Konsumgütern beispielsweise hängen unmittelbar von der Konjunktur ab. Produzenten von Investitionsgütern – etwa Maschinenbaukonzerne – bekommen das Auf und Ab dagegen oft mit Verzögerung zu spüren. Im Abschwung zehren sie von Aufträgen aus guten Zeiten. Im Aufschwung aktivieren ihre Kunden dagegen erst einmal freie Kapazitäten, ehe sie in neue Maschinen investieren.

Die größte Schwierigkeit besteht darin, abzuschätzen, in welcher Phase des Konjunkturzyklus sich die Wirtschaft gerade befindet. Selbst Finanzexperten und Volkswirtschaftler können nicht zuverlässig voraussagen, wie lange eine einzelne Konjunkturphase andauert, wie stark sie ausfällt und vor allem, wann der Übergang zur nächsten Phase beginnt.

Folgende Faktoren können aber Anhaltspunkte zur Bestimmung der Konjunkturphasen und der Wirtschaftslage geben:

▶ Konjunkturelle Frühindikatoren
Aktienanleger versuchen häufig, aus einer Reihe von Frühindikatoren den Trend der Konjunktur abzulesen. Zu diesen Frühindikatoren gehören beispielsweise Umfragen von verschiedenen Institutionen. Anzeichen für künftige konjunkturelle Entwicklungen liefern in Deutschland unter anderem der Geschäftsklima-Index des Münchner ifo-Instituts oder die Erhebungen des Deutschen Industrie- und Handelstages. Die Umfragen versuchen, die Investitionsneigung der deutschen Wirtschaftslenker zu messen. Da die befragten Manager sowohl über die Situation im eigenen Unternehmen als auch bei Zulieferern, Konkurrenten und Kunden informiert sind, kön-

nen die Umfragen recht gute Hinweise auf die zukünftige wirtschaftliche Entwicklung und die Stimmung in den Unternehmen geben. Für den ZEW-Index des Mannheimer Zentrums für Europäische Wirtschaftsforschung (ZEW) werden rund 400 Analysten und institutionelle Anleger nach ihren mittelfristigen Erwartungen bezüglich der Konjunktur- und Kapitalmarktentwicklung befragt.

Ein weiterer bekannter Frühindikator ist der Einkaufsmanager-Index (EMI), der auf der Befragung einer relevanten Auswahl von Entscheidern in den Einkaufsabteilungen deutscher Unternehmen beruht. US-Pendants sind zum Beispiel der Philly Fed Index und der US-Einkaufsmanagerindex.

Interessant ist auch der Ansatz von sogenannten Logistikindizes wie dem Baltic Dry Index und dem Dow Jones Transportation Average. Der Baltic Dry Index (BDI) ist der weltweit führende Index für den Preis von Schüttgut-Schiffstransporten (hauptsächlich Kohle, Eisenerz, Getreide) auf Standardrouten. Da er die Verschiffungskosten von Rohstoffen – der Vorstufe von Produktionsgütern – misst, signalisiert ein Anstieg des Index, dass der globale Handel anzieht. Eine Abwärtsbewegung zeigt einen nachlassenden Handel und damit wirtschaftliche Abkühlung an. Der Vorlauf des BDI vor der realen Entwicklung beträgt in der Regel acht bis zwölf Monate.

Der Dow Jones Transportation Average (DJTA) ist hingegen ein Aktienindex, der 20 der größten Transportunternehmen an der New Yorker Börse umfasst. Da benötigte Rohstoffe erst in die Produktionsstätten gebracht werden müssen, bevor sie weiterverarbeitet und verkauft werden, gilt der Index für viele Analysten als Frühindikator der konjunkturellen Entwicklung.

▶ Arbeitsmarkt

Die Arbeitslosenquote ist ebenfalls ein Indikator für die konjunkturelle Verfassung der Wirtschaft. Allerdings gilt sie eher als „Nachläufer", denn die Zahlen hinken der tatsächlichen Konjunkturentwicklung hinterher. Auch wenn in einer Hochkonjunkturphase der Zenit schon überschritten ist und die Aktienkurse bereits fallen, sinkt die Arbeitslosenquote häufig noch.

▶ Konsum

Wenn Menschen in einer Volkswirtschaft mehr Geld für den privaten Konsum ausgeben, spricht das für einen stabilen Wirtschaftsaufschwung. In manchen Ländern wie beispielsweise den USA gehen die stärksten Konjunkturimpulse vom Konsum der eigenen Bevölkerung aus. Wie stark die Konsumneigung einer Volkswirtschaft ist, lässt sich unter anderem an der Entwicklung der Einzelhandelsumsätze ablesen. Auch steigende Investitionen von Privatleuten in eigene Immobilien zeigen tendenziell, dass die Menschen die Zukunft, insbesondere ihren Arbeitsplatz, als sicher einschätzen.

Hinweise über die Stimmung der privaten Verbraucher geben unter anderem der Konsumklimaindex für Deutschland der Gesellschaft für Konsumforschung (GfK) und der US-Konsumklimaindex der Universität Michigan. Diese Indizes messen durch Befragungen ausgewählter Konsumenten die Konsumneigung der Privathaushalte. Aus der Entwicklung der Indizes können Anleger dann Rückschlüsse auf die wirtschaftliche Lage ziehen.

Der Wechselkurs

Für das Wirtschaftswachstum ist besonders bei exportorientierten Volkswirtschaften wie Deutschland und Japan auch die Entwicklung der Wechselkurse von Euro und Yen zur wichtigsten Leitwährung, dem US-Dollar, bedeutend.

Steigt beispielsweise der Kurs des Euro im Verhältnis zum Dollar, verteuern sich die deutschen und europäischen Produkte für die Abnehmer im Ausland und erschweren daher den Absatz dieser Waren. Denn ein amerikanischer Importeur muss nun mehr Dollar für einen Euro bezahlen, der Import von Waren aus dem Euro- in den Dollarraum wird somit teurer. Allerdings sind die Zusammenhänge auch hier komplex. Denn das passiert beispielsweise nur, sofern die Unternehmen die Preise ihrer Produkte im Ausland erhöhen. Nicht jede Veränderung des Wechselkurses wird weitergegeben. Sorgen die Unternehmen dafür, dass der Preis in US-Dollar trotz des Euro-Anstiegs gleich bleibt, sinkt der Euro-Gegenwert, den sie erhalten, und letztlich ihre Marge.

Wertet der Euro hingegen zum US-Dollar ab, fördert dies oft die Absatzchancen von „Euro-Unternehmen" im Dollarraum. Denn für die Abnehmer im Dollarraum verbilligt sich der Einkauf der Euro-Waren.

Auch hier verbietet sich für Anleger eine pauschale Beurteilung, wonach ein steigender Euro schlecht und ein fallender Euro gut für die Gewinnaussichten der Unternehmen und Aktionäre sind. Denn dies betrifft vor allem exportorientierte Unternehmen. Die Medaille hat aber zwei Seiten. Betriebe, die einen großen Teil ihrer Rohstoffe und Vorprodukte aus dem US-Dollar-Raum beziehen, müssen dafür bei einer Euro-Abwertung (=Dollar-Aufwertung) mehr Euros bezahlen. Anleger müssen also genauer hinschauen, wie exportabhängig ein Aktienunternehmen ist, wenn sie den Wechselkurs bei ihren Anlageentscheidungen berücksichtigen wollen.

Überdies fördert ein schwacher Euro durch die Verteuerung von Produkten, die in US-Dollar bezahlt werden müssen, den Import von Inflation, also steigenden Preisen. Denn die heimischen Unternehmen geben gestiegene Einkaufskosten an ihre Kunden weiter.

Zinsen

Für die Mehrzahl der Börsianer steht fest, dass sich ein steigendes Marktzinsniveau negativ auf die Entwicklung der Aktienkurse auswirkt. Denn wenn das Zinsniveau steigt, steigt der „Preis des Geldes". Zunächst wird die Aufnahme von Fremdkapital für Unternehmen teurer. Dadurch steigen auch andere Kosten wie Gehälter, Produktions-, Investitions- und Lagerkosten, was die Investitionsneigung, Rentabilität und Gewinnaussichten der Unternehmen dämpft.

Darüber hinaus werden die sichereren Zinsanlagen attraktiver. Wenn festverzinsliche Anlagen ansprechende Renditen bieten, sind Anleger weniger bereit, das mit einer Aktienanlage verbundene Risiko in Kauf zu nehmen. Investoren schichten dann ihre Anlagen vermehrt von schwankungsreichen Aktienanlagen in Festgelder und in den Anleihenmarkt um. Bei einem niedrigen Zinsniveau hingegen überlegt sich mancher Anleger, ob er nicht doch bereit ist, zumindest mit einem Teil seines Vermögens ein höheres Risiko einzugehen und chancenreichere Aktien zu kaufen.

Doch auch hier sei vor Verallgemeinerungen gewarnt. Denn steigende Zinsen gehen meist mit einer verbesserten Konjunkturlage und damit höheren Gewinnen der Unternehmen einher, müssen also nicht per se schädlich für die Aktienkurse sein. Solange ein Zinsanstieg moderat erfolgt, zeigt dies zunächst einmal, dass sich die Wirtschaft erholt, die Lage am Arbeitsmarkt verbessert und die Unternehmen bessere Geschäfte machen.

Ein Zinsanstieg in einem Währungsraum kann überdies dazu führen, dass Anleger verstärkt dort investieren, wodurch die Währung dann aufwertet. Erhöhen sich beispielsweise in den USA die Zinsen, nicht jedoch im Euroraum, wertet tendenziell der Euro ab, was sich wiederum positiv auf exportorientierte Unternehmen aus dem Euroraum auswirken kann.

Krisen, Katastrophen, Politik

Natürlich bewegen auch Krisen und Katastrophen die Börsenmärkte. Meist war es in der Vergangenheit aber so, dass selbst schwerwiegende Ereignisse wie der Atomreaktorunfall in Fukushima oder der Terroranschlag vom 11. September 2001 in den USA nur kurzfristige Einflüsse auf die Börsenentwicklung hatten. Sehr schnell erholten sich die Börsen von ihren ersten heftigen Reaktionen und gingen danach zur Tagesordnung über. Dahinter steckt folgende Logik: In der ersten Panik wollen Anleger ihr Geld in Sicherheit bringen und schichten von schwankungsanfälligen Aktien in sichere Zins- oder Tagesgeldanlagen um.

Legt sich die erste Aufregung und analysieren die Anleger die Auswirkungen des Ereignisses mit etwas Abstand, stellen sie häufig fest, dass kein Grund bestand, sich längerfristig von den Aktien zu trennen. Hilfspakete und Konjunkturmaßnahmen von Staaten – wie zuletzt in der Corona-Krise – können dazu beitragen, dass Anleger wieder Vertrauen fassen. Die Börsen haben in der Vergangenheit immer wieder neue Höchststände erreicht – manchmal nach Tagen oder Wochen, manchmal nach wenigen Jahren.

Auch politische Ereignisse wie Wahlen oder Regierungs- und Schuldenkrisen können Börsenkurse in die eine oder andere Richtung bewegen. „Politische Börsen haben kurze Beine", lautet ein Börsensprichwort. Gemeint ist damit, dass politisch bedingte Kursbewegungen in der Regel keine großen Auswirkungen auf die Börsen haben. Ganz so einfach ist es allerdings nicht immer. So haben beispielsweise die Entscheidung der Bundesregierung, „über Nacht" aus der Atomenergie auszusteigen, und der Beschluss des Erneuerbare Energien Gesetzes zu Verlusten bei den Versorgerunternehmen geführt, von denen sich diese bis heute nicht erholt haben. Fiskalpolitische Maßnahmen wie Steuerreformen können langfristige Auswirkungen auf die Konjunktur und damit den Aktienmarkt haben. Während Steuererhöhungen die Wirtschaftsentwicklung dämpfen, sind Steuersenkungen tendenziell konjunkturfördernd, da Unternehmen und Privatleuten mehr Geld zum Investieren und für den Konsum zur Verfügung steht.

Vereinfacht gesagt, hemmen immer neue zusätzliche Regulierungen die Wirtschaftsdynamik eher. Deregulierungen, Flexibilisierungen und Subventionsabbau, die für mehr Freiheit bei Unternehmensentscheidungen und Wettbewerb sorgen, wirken tendenziell positiv auf die Wirtschaft und werden entsprechend von den Börsianern beurteilt.

30 SEKUNDEN FAKTEN

28,5 %
brach der S&P 500 am „Schwarzen Montag" im Oktober 1987 ein. Er brauchte 398 Tage, um sich wieder zu erholen.

11,6 %
verlor der S&P 500 unmittelbar nach dem Terroranschlag vom 11. September 2001. Nach einem Monat verzeichnete er schon wieder höhere Kurse.

56,3 %
büßte der S&P 500 in der Weltfinanzkrise von seinem Hoch im Oktober 2007 ein. Von seinem Tief im März 2009 brauchte er gut vier Jahre, bis er neue Höchstkurse verzeichnete.

34 %
Kursverlust bescherte die Corona-Pandemie dem S&P 500 zwischen dem 19. Februar und einem vorläufigen Tiefpunkt am 23.März 2020. Langfristig dürften auch diese und möglicherweise noch folgende Verluste wieder ausgeglichen werden.

Unternehmensnachrichten

Natürlich wirken sich Unternehmensnachrichten meist in irgendeiner Form auf den Aktienkurs des Unternehmens aus. Das können zum Beispiel die Veröffentlichung des jährlichen Geschäftsberichtes, die Vorlage von Quartalsberichten oder die Bekanntgabe von Prognosen für die kommende Geschäftsentwicklung sein. Wie solche Berichte von den Aktionären aufgenommen werden, hängt oft auch davon ab, was diese oder Analysten, die das Unternehmen beobachten, erwartet hatten. So kann es sein, dass der Kurs einer Aktie fällt, obwohl das Unternehmen bekanntgibt, im abgelaufenen Quartal oder Halbjahr deutliche Gewinne erzielt zu haben. Haben die Analysten aber einen noch höheren Gewinn erwartet, wird dies häufig negativ interpretiert und führt zu Aktienverkäufen. Genauso kann es zu Kurssteigerungen trotz Verlusten des Unternehmens kommen, wenn diese eben geringer als erwartet ausgefallen sind.

Unternehmen, die im Prime Standard der deutschen Börse notiert sind, müssen geschäftsrelevante Nachrichten, die geeignet sind, den Börsenkurs erheblich zu beeinflussen, über sogenannte Ad-hoc-Meldungen sofort veröffentlichen. Zu solchen kursrelevanten Nachrichten gehören beispielsweise eine geplante Übernahme oder Kapitalmaßnahmen wie der Rückkauf von Aktien, Änderungen des Dividendensatzes oder Veräußerungen von Kernbereichen des Unternehmens. Bei Übernahmen steigt meist der Kurs des Übernahmekandidaten, da dessen Aktionäre ein Übernahmeangebot über dem aktuellen Kurs erwarten. Der Kurs des übernehmenden Unternehmens sinkt häufig, da sich die Ausgaben für die Übernahme negativ auf den Gewinn auswirken.

Mit einer sogenannten Gewinnwarnung gibt ein Unternehmen bekannt, dass das in Aussicht gestellte Unternehmensergebnis und bereits ausgegebene Prognosen nicht erreicht werden können. Solche Meldungen führen naturgemäß zu Kursverlusten der Aktie.

Aber nicht nur eigene Unternehmensmeldungen haben Einfluss auf den Kurs einer Aktie. Auch Nachrichten und Meldungen von Firmen aus der gleichen Branche können den Kurs einer Aktie beeinflussen. Anleger schließen darauf, dass es dem Konkurrenten ähnlich gehen könnte. Eine schlechte Nachricht eines Pharmakonzerns zum Beispiel könnte so gedeutet werden, dass die wirtschaftliche Situation oder das Umfeld der Pharmabranche insgesamt schlecht ist. Dann sinken entsprechend auch die Kurse anderer Pharmaunternehmen.

Auch Verlautbarungen von Analysten großer Analysehäuser und Banken zu einzelnen Aktien bewegen regelmäßig deren Kurse. Gibt ein Analyst eines angesehenen Analysehauses eine Kaufempfehlung, führt dies meist zu einem Kursanstieg der Aktie, da viele Anleger solchen Empfehlungen folgen.

Viele Daten beeinflussen den Aktienmarkt

Alle genannten Faktoren geben Anlegern Anhaltspunkte für die Bewertung des konjunkturellen Umfelds und der zukünftigen Kurs- und Gewinnchancen eines Aktieninvestments. Sie sollten aber einzelne Zahlen nicht überbewerten. Da die Aktienmärkte sich in vielen Fällen nicht rational verhalten, ist eine genaue Vorhersage der Kursentwicklung nahezu unmöglich. Neben den beschriebenen können sich weitere Faktoren auf die Märkte und den Börsenkurs einzelner Aktien auswirken, und sie treten in immer neuen Kombinationen auf. Dabei können sich einzelne Faktoren gegenseitig verstärken oder dämpfen. Es gibt keine Garantie, dass sich Aktienkurse in ähnlichen Situationen wieder genauso verhalten wie in der Vergangenheit. Denn je nach wirtschaftlicher oder politischer Situation werden einzelne Indikatoren unterschiedlich beurteilt. Viele Frühindikatoren ändern mitunter sprunghaft ihre Richtung und geben auch nur eine grobe Richtung der Konjunktur vor. Sie sagen zudem meist nichts darüber aus, wie stark ein Auf- oder Abschwung ausfallen wird und wann genau die nächste Konjunkturphase eintritt.

Daneben beeinflusst die Geldpolitik der Notenbanken heutzutage die Aktienmärkte stark. Sorgen die Notenbanken der großen Wirtschaftsräume beispielsweise für ein niedriges Zinsniveau, kann dies die Nachfrage nach Aktien als attraktive Geldanlage stützen.

Trotz aller Unsicherheiten können Ihnen Konjunkturindikatoren, realwirtschaftliche Daten und sonstige Faktoren, die die Aktienkurse beeinflussen, aber gute Hilfsmittel beim richtigen Timing für den Einstieg in den Aktienmarkt und der Auswahl einzelner Aktien sein.

Aktien einordnen und bewerten

Um bei der Vielzahl der weltweit gehandelten Aktien nicht den Überblick zu verlieren, bietet es sich an, Aktien nach verschiedenen Kriterien einzuordnen. Kennzahlen helfen, die Werte vergleichbar zu machen.

Firmengröße, Wachstumschancen und Konjunkturverhalten

Anleger können Aktien unter anderem nach der Größe des dahinter stehenden Unternehmens, dem typischen Verhalten in bestimmten Börsenphasen und nach spezifischen Bewertungskriterien einstufen.

Wenn Anleger Aktien verschiedener Unternehmen miteinander vergleichen, um herauszufinden, welche Werte besondere Investmentchancen bieten, müssen sie darauf achten, nicht Äpfel mit Birnen zu vergleichen. Ein gerade an der Börse zugelassenes Unternehmen weist vielleicht höhere Wachstumschancen auf als ein alteingesessener Weltmarktführer – die Risiken sind dafür aber auch meist völlig unterschiedlich. Daneben gibt es bei Aktien wie beim Obst „Früchte der Saison". Manche Aktien entwickeln sich in unterschiedlichen weltwirtschaftlichen Konjunkturphasen besser oder schlechter als andere. Es gibt aber auch Aktienwerte, die vergleichsweise konjunkturresistent sind.

Die Marktkapitalisierung ergibt sich aus der Multiplikation des Kurses mit der Anzahl der an der Börse frei handelbaren Aktien. Hat beispielsweise eine Aktiengesellschaft eine Million Aktien ausgegeben, deren aktueller Kurs jetzt bei 20 Euro liegt, beträgt ihre Marktkapitalisierung 20 Millionen Euro.

Standardwerte (Bluechips)

Unter Standardwerten – auch Bluechips oder Large-Caps genannt – versteht man umsatzstarke Aktien eines großen und bekannten international tätigen Unternehmens oder einer Unternehmensgruppe. Standardwerte zeichnen sich durch eine hohe Substanz- und Ertragsstärke sowie eine hohe Bonität aus. Daher lassen sie einen beständig steigenden Wert und regelmäßige Dividendenzahlungen erwarten. Das heißt allerdings nicht, dass nicht auch sie starke Einbrüche erleben könnten. Zu den deutschen Standardwerten zählen die im Dax notierten Werte wie Allianz, BASF, Daimler, Deutsche Bank, Deutsche Telekom, Siemens und Volkswagen. Zu den bekannten US-amerikanischen Blue Chips gehören Unternehmen wie Microsoft, American Express, Coca-Cola, IBM, McDonald's und Kraft Foods. Sie finden sich im Dow-Jones-Industrial-Index und S&P 100. Standardwerte sind oft nicht nur Aktionären, sondern auch der Bevölkerung als eine starke Marke bekannt.

Diese Unternehmen haben eine hohe Marktmacht, können also durch neuere oder kleinere Konkurrenten kaum vom Markt verdrängt werden.

Wenn Anleger einen Teil ihres Depots mit Einzelaktien bestücken möchten, eignen sich Standardwerte dafür besser als Basisanlage als kleinere Unternehmen. Auch unter dem Gesichtspunkt einer gewissen Krisenfestigkeit spricht einiges für Standardwerte: Im Falle einer starken Inflation können Konzerne mit großer Marktmacht Preissteigerungen an ihre Kunden weitergeben. Auch größere Rezessionen überstehen Standardwerte durch ihre Finanzpolster grundsätzlich eher als kleinere Firmen. Weil sie meist international tätig sind und weltweit Standorte haben, sind große Konzerne zudem bei Katastrophen oder kriegerischen Auseinandersetzungen nicht so gefährdet wie kleinere, lokal stark konzentrierte Unternehmen.

Blue Chips sind sehr liquide, denn – so eine Faustregel – je größer ein Unternehmen ist, desto mehr Aktien sind von ihm im Umlauf. Für Anleger bedeutet das, dass viele Standardwerte weltweit über Börsen wie Tokio, New York und Frankfurt gehandelt werden und damit nahezu rund um die Uhr ge- und verkauft werden können. Anleger können daher jederzeit auf veränderte Nachrichten reagieren. Aufgrund ihrer hohen Börsenkapitalisierung – man spricht auch vom Börsenwert oder der Marktkapitalisierung – sind Standardwerte oft stark in den Indizes ihres Segments repräsentiert. So war SAP im Februar 2020 beispielsweise das nach Börsenwert stärkste Unternehmen im Dax und machte über 12 Prozent des Dax aus. Wertveränderungen von SAP beeinflussen damit die Entwicklung des Dax viel stärker als eine Kursänderung bei Unternehmen wie MTU, Heidelberger Cement, Covestro oder Lufthansa, die eine Indexgewichtung von um die ein Prozent haben.

Mid-Caps und Small-Caps

Aktien mit einer geringeren Marktkapitalisierung als die Standardwerte werden als Nebenwerte bezeichnet. Je nach ihrer Kapitalisierung spricht man von „Mid-Caps" oder „Small-Caps". „Cap" kommt übrigens vom englischen „Capitalization". Da es viel mehr Neben- als

Standardwerte gibt, bieten sich hier für Anleger noch größere Auswahlmöglichkeiten. Häufig ist es allerdings für Investoren schwieriger, sie zu analysieren, weil bei kleineren Unternehmen die Finanzkommunikation (Investor Relations) zu ihren (potenziellen) Investoren noch nicht so ausgeprägt ist und auch die Medien weniger über diese Unternehmen berichten als über große Standardwerte.

▶ Mid-Caps

Mid-Caps sind meist erfolgreiche ehemalige Small-Caps, die nicht mehr so stark wachsen, aber sich in ihrem Segment gut etablieren konnten und sich daher zu günstigeren Konditionen Geldmittel bei Banken und am Kapitalmarkt für ihre wirtschaftlichen Aktivitäten beschaffen können als sehr kleine und junge Unternehmen. Sie bieten die Chance auf höheres Wachstum und damit auf deutlichere Kurssteigerungen als Standardwerte, ihr Risiko ist aber geringer als das von Small-Caps, die das höchste Wachstumspotenzial aufweisen.

Deutsche Aktien, die dem Bereich Mid-Cap zuzurechnen sind, also mittlere Marktkapitalisierungen und Börsenumsätze aufweisen, finden sich im MDax, dem kleinen Bruder des Dax. Die nach der Marktkapitalisierung größten Werte sind hier Airbus, Siemens Healthineers, Hannover Rück und Knorr Bremse.

▶ Small-Caps

Zahlenmäßig nehmen Small-Caps, also verhältnismäßig niedrig kapitalisierte Aktiengesellschaften, den größten Anteil bei den weltweit gehandelten Aktien ein. Eine Anlage in Small-Caps bietet die Chance, bereits investiert zu sein, wenn sich das Unternehmen stark weiterentwickelt und von professionellen Investoren und der Anlegermasse erst entdeckt wird. Anleger können vom folgenden starken Kursanstieg besonders profitieren. Ein klassisches Beispiel ist die Entwicklung der Microsoft-Aktie, deren Kurs von knapp 10 Cent auf über 50 Dollar stieg. Manchmal können Anleger eines Small-Caps von einem Übernahmeangebot profitieren, wenn ein größeres Unternehmen das kleine kaufen will.

Die Kehrseite der höheren Renditechancen mit Nebenwerten ist das höhere Risiko, dass sich die Firmen nicht in die gewünschte Richtung entwickeln. Dies kann zum Beispiel der Fall sein, wenn deren Branche plötzlich nicht mehr so angesagt ist, die Wirtschaft insgesamt schwächer läuft, finanzielle Mittel für Expansionen fehlen oder das Management falsche strategische Entscheidungen trifft. Nebenwerte schwanken stärker im Kurs, haben also eine höhere Volatilität als Standardwerte. Außerdem sind Aktien kleinerer Unternehmen anfälliger für Spekulationen größerer Investoren. Aber auch dubiose Finanzdienstleister und Gauner versuchen immer wieder, den Kurs kleiner Nebenwerte, sogenannter ↗Pennystocks, zu ihren Gunsten zu manipulieren.

Siehe dazu auch „Vorsicht bei Pennystocks", S. 182.

Deutsche Small-Caps findet man unter anderem im SDax (abgeleitet von Small-Cap Dax). Die wichtigsten Nebenwerte aus dem Bereich Technologie sind in einem anderen Bruder des Dax, dem TecDax, zusammengefasst.

Aktien für jede Konjunkturphase

Die wirtschaftliche Entwicklung eines Landes oder einer Region verläuft meist wellenförmig von Aufschwung zu Boom zu Abschwung und Depression und wieder Aufschwung. Aber nicht alle Unternehmen profitieren von oder leiden in gleichem Maße in den verschiedenen Phasen der Konjunktur.

Besonders konjunkturabhängige Aktien werden als „zyklische Aktien" oder „Zykliker" bezeichnet. Sie bewegen sich mehr oder weniger mit dem Konjunkturzyklus: Geht es der Wirtschaft gut, steigen sie, in Rezessionsphasen fallen sie. Das hängt damit zusammen, dass in einer schlechteren konjunkturellen Lage die Nachfrage nach den Produkten dieser Unternehmen zurückgeht und umgekehrt in guten Phasen besonders steigt. Typische Zykliker sind Konsumwerte, Automobilaktien und Technologietitel.

Siehe dazu auch die Grafik „Aktien für jede Konjunkturphase", S. 154.

Werden Unternehmensergebnisse hingegen kaum von den ↗Konjunkturzyklen beeinflusst, spricht man von defensiven oder antizyklischen Aktien. Beispiele hierfür sind vor allem Pharmaunternehmen und Energieversorger. Auch Unternehmen der Nahrungs- und Genussmittelindustrie gelten als defensiv, denn „gegessen und getrunken wird immer".

Anleger sollten aber immer berücksichtigen, dass die Kursentwicklung von Aktien der realen Wirtschaftsentwicklung um Monate voraus läuft, da an der Börse Erwartungen gehandelt werden. Künftige Aussichten von Unternehmen sind für die Kursentwicklung relevanter als die derzeitige Situation.

Growth- und Value-Titel

Eine weitere Möglichkeit, Aktien zu klassifizieren, ist die Unterscheidung zwischen Value (Substanz) und Growth (Wachstum). Der Unterschied zwischen Value- und Growth-Aktien liegt vor allem darin, wie diese von den Akteuren am Aktienmarkt bewertet werden. Grob gesagt, rechtfertigt ein Wachstumstitel eine hohe Bewertung – ist also nach verschiedenen Bewertungskennzahlen als bereits teuer einzuordnen –, weil dem Unternehmen ein starkes Wachstum zugetraut wird. Eine Value-Aktie ist hingegen eine solide Aktie, aber mit weniger spektakulären Aussichten und daher niedriger bewertet.

Investoren, die nach einer Growth-Strategie vorgehen, versuchen frühzeitig zukünftige Wachstumsmärkte zu erkennen und dann die Unternehmen mit der höchsten Wachstumsdynamik auszuwählen. Anhänger der Value-Strategie suchen hingegen nach Unternehmen, die eine gute Marktposition haben, besonders profitabel sind, eine stabile Gewinnentwicklung aufweisen, aber von der breiten Masse der Anleger noch nicht entdeckt wurden, und deshalb „unterbewertet" sind.

Unternehmenskennzahlen

Viele Fundamentaldaten und Bewertungskennzahlen der Unternehmen lassen sich aus deren Bilanzen und Geschäftsberichten ableiten.

Wenn Finanzexperten und Analysten Aktien von Unternehmen bewerten, greifen sie meist zunächst auf die Pflichtangaben und Verlautbarungen zurück, die diese Unternehmen regelmäßig veröffentlichen müssen. Börsenneulingen, die sich erstmals mit dieser Materie beschäftigen, kommt dies zunächst wie eine Geheimwissenschaft vor. Doch wenn Sie die wesentlichen Grundlagen der Bilanzanalyse kennen, werden auch Sie bald aus der Vielzahl der Unternehmensveröffentlichungen die wesentlichen herausfiltern können.

Die Bilanz

Eine Bilanz ist eine vollständige Aufstellung der Vermögenswerte und Verpflichtungen eines Unternehmens. Sie stellt eine Bestandsaufnahme zu einem bestimmten Stichtag dar. In ihr darf nichts weggelassen, nichts dazugeschummelt oder schöngefärbt werden. Welche Zahlen hineingehören und wie sie aufgeschlüsselt werden müssen, ergibt sich aus dem Handelsgesetzbuch oder aus international gültigen Rechnungslegungsstandards. An der Bilanz lässt sich also in aller Kürze ablesen, wie ein Unternehmen in etwa dasteht.

Muster einer Bilanz

Aktiv- und Passivseite der Bilanz müssen sich ausgleichen, also den gleichen Wert besitzen.

Aktiva	Passiva
Anlagevermögen	**Eigenkapital**
Sachanlagen (z. B. Gebäude, Maschinen)	Gezeichnetes Kapital
Immaterielle Vermögensgegenstände (z. B. Patente)	Kapitalrücklagen
Finanzanlagen (z. B. Beteiligungen)	Gewinnrücklagen
	Gewinn-/Verlustvortrag aus Vorjahr
	Jahresüberschuss/Jahresfehlbetrag
Umlaufvermögen	**Rückstellungen**
Vorräte (z. B. Rohstoffe, Vorprodukte)	Verbindlichkeiten
Forderungen	Langfristige Verbindlichkeiten (z. B. Bankdarlehen)
Barmittel	Kurzfristige Verbindlichkeiten (z. B. Dispositionskredite)
Guthaben bei Banken	
Summe Aktiva	**Summe Passiva**

Die Aktivseite gibt Auskunft über die Mittelverwendung im Unternehmen. Alles, was dauerhaft für den Geschäftsbetrieb nötig ist, wird als Anlagevermögen aufgeführt. Das sind zum Beispiel Maschinen, Grundstücke und auch immaterielle Vermögenswerte wie Konzessionen oder Lizenzen, die das Unternehmen besitzt. Alles, was nur eingekauft und dann verarbeitet, verbraucht oder verkauft wird, taucht in der Bilanz als Umlaufvermögen auf, ebenso die verkaufsfertigen Produkte, die noch im Lager liegen. Forderungen, beispielsweise Rechnungen, die Kunden noch nicht bezahlt haben, müssen ebenfalls hier ausgewiesen werden. Der Bilanzposten „liquide" Mittel zeigt, wie viel Geld kurzfristig zum Beispiel auf Konten oder im Kassenbestand verfügbar ist.

Die Passivseite gibt Auskunft, woher die Kapitalmittel für die Finanzierung des Unternehmens kommen. Die eine Geldquelle für Unternehmen ist das Eigenkapital. In der Bilanz gehört dazu das gezeichnete Kapital, also der Nennwert aller Aktien zusammen. Dazu kommen Kapitalrücklagen, etwa aus den Beträgen, die Aktionäre über den Nennwert hinaus für neu ausgegebene Aktien gezahlt haben. Weiter zählen zum Eigenkapital die Gewinne, die im Vorjahr nicht als Dividende an die Aktionäre ausgeschüttet, sondern zurückgehalten wurden. Auch der Jahresüberschuss oder der Fehlbetrag, der sich aus der Gewinn- und Verlustrechnung ergibt, wird beim Eigenkapital ausgewiesen. Die andere Geldquelle für Unternehmen ist fremdes Kapital. Egal, ob ein Unternehmen eine Anleihe auflegt, sich Geld bei Banken leiht – alle Verbindlichkeiten müssen wie das Eigenkapital auf der Passivseite der Bilanz aufgelistet werden. Auch Rückstellungen zählen zu den Passiva. Rückstellungen sind die Reserveposten, mit denen das Unternehmen für Forderungen vorbaut, die auf es zukommen können, deren Höhe aber noch nicht bekannt ist, weil zum Beispiel ein Gerichtsverfahren ansteht.

Aktiv- und Passivseite der Bilanz müssen sich ausgleichen, also den gleichen Wert besitzen. Zieht man von der Summe der Aktiva die Verbindlichkeiten und Rückstellungen ab, erhält man das Eigenkapital. Ergänzt wird die Bilanz durch eine Gewinn- und Verlustrechnung, in der die Aufwendungen und Erträge des Unternehmens im Zeitraum zwischen den Bilanzstichtagen gegenübergestellt werden.

Quartalsberichte

Unternehmen, die im Prime Standard der Deutschen Börse gelistet sind, müssen quartalsweise über den zuletzt erzielten Umsatz und Gewinn oder Verlust berichten. In den Berichten finden sich auch Gegenüberstellungen von Schulden und Vermögen sowie Aussagen, wie sich das Geschäft weiterentwickeln dürfte. Auch relative Kennzahlen wie „Gewinn pro Aktie“ oder „Dividende pro Aktie“ findet man regelmäßig. Für Anleger sind Quartalsberichte ein weiterer Mosaikstein zur Beurteilung eines Unternehmens. Diese und weitere Daten finden Sie meist auf den Internetseiten der Aktiengesellschaften unter dem Menüpunkt „Investor Relations“.

Anhand der Unternehmensdaten können Renditekennzahlen ermittelt werden, aus denen Anleger Rückschlüsse auf die Qualität und die Gewinnchancen der Aktie ziehen können. Auch lässt sich damit abschätzen, ob der derzeitige Preis der Aktie günstig (unterbewertet) oder teuer (überbewertet) ist. Die wichtigsten stellen wir Ihnen hier vor:

Die Eigenkapitalquote

Die Eigenkapitalquote ist ein Gradmesser für die wirtschaftliche und finanzielle Stabilität eines Unternehmens. Um sie zu berechnen, wird das Eigenkapital eines Unternehmens ins Verhältnis zum Gesamtkapital gesetzt.

	Eigenkapital
/	Bilanzsumme (Gesamtkapital)
=	Eigenkapitalquote

Je höher die Eigenkapitalquote ist, desto solider ist grundsätzlich die Finanzlage. Da Verluste über einen längeren Zeitraum mit Eigenkapital aufgefangen werden können, sind Unternehmen mit einer hohen Eigenkapitalquote weniger krisenanfällig als unterkapitalisierte Unternehmen. Die durchschnittlichen Eigenkapitalquoten sind je nach Branche sehr unterschiedlich. Eine überdurchschnittliche Eigenkapitalquote kann auch für eine mangelnde Wachstums- und Investitionsbereitschaft des Managements sprechen.

Ebit und Ebitda

Die international gebräuchliche Kennzahl für das Betriebsergebnis eines Unternehmens Ebit (earnings before interests and taxes) zeigt die Ertragsstärke unverfälschter an als der Jahresüberschuss. Im Ebit ist im Unterschied zum Jahresüberschuss das Zinsergebnis, also die Aufwendungen für Kredite und die Erträge aus Geldanlagen, nicht berücksichtigt. Auch das außerordentliche Ergebnis des Unternehmens steckt nicht darin. Das sind die Aufwendungen und Erträge, die nichts mit dem eigentlichen Geschäftszweck zu tun haben. Dazu gehört zum Beispiel der Verkauf von Beteiligungen an Unternehmen, dazu gehören auch Rückstellungen wegen möglicher Schadenersatzforderungen oder Aufwendungen für einen Sozialplan. Dies alles zählt nicht zum Ebit.

Noch genauer lassen sich Unternehmen jedoch mit einer anderen Schlüsselgröße vergleichen: Ebitda (earnings before interests, taxes, depreciation and amortization) heißt übersetzt Jahresüberschuss vor Steuern, Zinsen und Abschreibungen. Das Ebitda berücksichtigt also im Gegensatz zum Ebit keine Abschreibungen.

Ebit und Ebitda finden Anleger normalerweise im Jahresabschluss eines Unternehmens.

Da Ebit und Ebitda aus dem Ergebnis diejenigen Faktoren herausrechnen, die nichts mit dem Kerngeschäft zu tun haben, schärfen sie den Blick für den wirtschaftlichen Erfolg eines

Unternehmens. Steigt also das Ebit eines Unternehmens, floriert das Kerngeschäft.

Vor allem das Ebitda ermöglicht es, Unternehmen international zu vergleichen, weil länderspezifische Steuersysteme und Bilanzierungsregeln unberücksichtigt bleiben. Durch die Reduktion des Geschäftserfolgs auf den Kerngeschäftsbereich können Unternehmen auch mit ausländischen Konzernen, die weniger Steuern bezahlen oder andere Abschreibungsvorschriften befolgen, verglichen werden.

Ebit und Ebitda finden Anleger normalerweise im Jahresabschluss eines Unternehmens.

Eigenkapitalrendite

Die Eigenkapitalrendite ist eine relativ einfache, aber aussagekräftige Kennzahl. Sie ermöglicht es, zu vergleichen, wie profitabel verschiedene Unternehmen sind. Sie gibt an, wie effizient ein Unternehmen das zur Verfügung stehende Eigenkapital eingesetzt hat, wie hoch also die „Verzinsung" des eingesetzten Eigenkapitals war.

	Reingewinn
/	Eigenkapital
=	**Eigenkapitalrendite**

Beispiel: Beträgt bei einem Eigenkapital von 1 Million Euro der Gewinn eines Unternehmens 70 000 Euro, so errechnet sich eine Eigenkapitalrendite von 7 Prozent.

	70 000
/	1 000 000
=	0,07

Wenn Sie Unternehmen nach dieser Kennzahl vergleichen, müssen Sie allerdings beachten, dass sich Gewinn oder Eigenkapitalwerte unterscheiden können, wenn die Unternehmen nach unterschiedlichen Rechnungslegungsstandards bilanzieren oder andere Abschreibungsmethoden anwenden. Auch entspricht die Eigenkapitalrendite nicht unbedingt der Rendite des Aktionärs. Diese ist davon abhängig, welchen Preis er für die Aktie bezahlt hat.

Kurs-Gewinn-Verhältnis (KGV)

Mit verschiedenen Kennzahlen versuchen Experten zu beurteilen, ob der Börsenkurs des Unternehmens angemessen ist. Das Kurs-Gewinn-Verhältnis (KGV, auch Price-Earnings-Ratio genannt) ist eine der bekanntesten Kennzahlen zur Aktienbewertung. Man erhält das KGV, indem man den aktuellen Börsenkurs einer Aktie durch den geschätzten Gewinn pro Aktie teilt.

	Börsenkurs
/	Geschätzter Gewinn pro Aktie
=	**Kurs-Gewinn-Verhältnis**

Beispiel: Bei einem Aktienkurs von 45 Euro und einem Gewinn je Aktie von 3 Euro beträgt das KGV 15.

	45
/	3
=	15

Je höher der Aktienkurs und je kleiner der Gewinn, desto größer wird das KGV. Werte mit einem niedrigen KGV versprechen hingegen einen relativ großen Unternehmensgewinn zu einem niedrigen Preis. Das KGV ist damit so etwas wie das Preis/Leistungs-Verhältnis der Aktie und gibt grob gesagt an, zum Wievielfachen des Gewinns die Aktie an der Börse gehandelt wird, wie viele Jahre also der Gewinn erzielt werden müsste, um die Aktie einmal zu verdienen.

Je niedriger das KGV, desto „billiger" ist die Aktie. Problematisch ist allerdings, dass der Gewinn sich zuverlässig nur für die Vergangenheit feststellen lässt. Analysten verwenden daher Prognosen und rechnen mit dem „erwarteten Gewinn". Unterschiedliche Gewinnschätzungen können aber zu unterschiedlichen KGVs führen. Auch spielen die Erwartungen der Anleger für die Branche der jeweiligen Aktiengesellschaft eine wichtige Rolle. Wird ei-

Das Kurs-Gewinn-Verhältnis des Dax

Das KGV des Dax setzt den Punktestand des Dax ins Verhältnis zu den Gewinnen der Unternehmen, die im Index gelistet sind. Ein niedriges KGV zeigt an, dass die Aktien des Dax eher günstig sind, während ein hohes KGV für eine Überbewertung spricht.

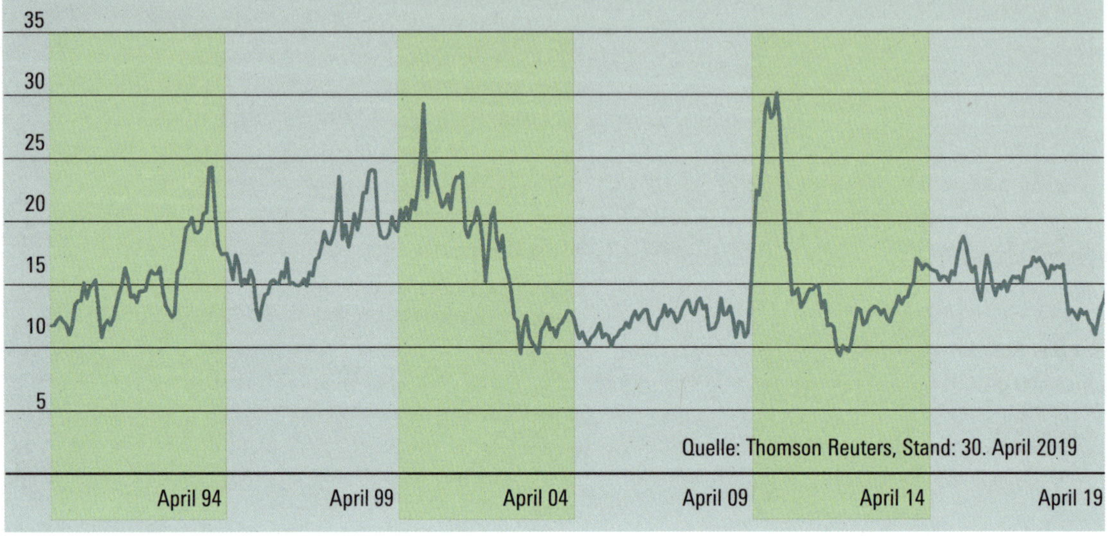

ne Branche als besonders aussichtsreich eingeschätzt, zahlen Investoren einen höheren Preis (also höheren Kurs), auch wenn die Gewinne niedrig sind. Eine Aktie mit einem höheren KGV aus einer zukunftsträchtigen Branche kann daher dennoch bessere Entwicklungschancen als eine Aktie aus einer anderen Branche mit niedrigerem KGV haben. Das KGV eignet sich deshalb vor allem zum Vergleich verschiedener Aktien aus einer Branche. Ein niedriges KGV sollte nicht der einzige Grund sein, aus dem Anleger in eine Aktie investieren. Zur Vorauswahl und zum Vergleich mit anderen Konkurrenten ist es aber eine nützliche Kennzahl.

Kurs-Cashflow-Verhältnis (KCV)

Das Kurs-Cashflow-Verhältnis (KCV, auch Cashflow-Ratio genannt) errechnet sich ähnlich wie das KGV. Allerdings wird statt des Gewinns der Cashflow je Aktie eingesetzt. Cashflow ist der Gewinn nach Steuern plus Abschreibungen plus Zuwachs bei den Rücklagen. Vereinfacht gesagt, gibt der Cashflow an, wie viel ein Unternehmen während eines Jahres tatsächlich verdient hat. Anders als viele annehmen, ergibt sich das nämlich nicht aus dem Jahresgewinn.

***Beispiel:** Um einen Jahresüberschuss von vier Millionen Euro auszuweisen, kann ein Unternehmen zehn Millionen Euro erwirtschaftet, davon jedoch sechs Millionen investiert haben. Ein anderes Unternehmen mit einem Jahresüberschuss von ebenfalls vier Millionen Euro hat vielleicht nur drei Millionen erlöst und eine weitere Million durch geschickte Bewertung seines Vermögens gewonnen.*

Der Cashflow ist somit weniger anfällig für bilanzpolitische Manipulationen als der im Jahresabschluss ausgewiesene Gewinn. Da Analysten nicht die Kontoauszüge des Unternehmens vorliegen, sondern nur die veröffentlichten Jahresabschlüsse, berechnen sie den Cashflow ausgehend vom Gewinn und addieren alle Positionen hinzu, die zwar den Gewinn verändern, aber keinen Mittelabfluss darstellen.

So berechnen Sie den Cashflow

	Gewinn
+	Abschreibungen auf Anlagen
+	Zuführungen zu langfristigen Rückstellungen
–	Auflösungen von langfristigen Rückstellungen
=	**Cashflow**

Das Kurs-Cashflow-Verhältnis wird dann so ermittelt:

	Börsenkurs
/	Geschätzter Cashflow pro Aktie
=	**Kurs-Cashflow-Verhältnis**

Das KCV ist ein Indikator für die Ertragskraft eines Unternehmens. Je niedriger das KCV, umso günstiger ist grundsätzlich die Aktie.

Kurs-Buchwert-Verhältnis (KBV)

Beim Kurs-Buchwert-Verhältnis (KBV) wird der Börsenkurs einer Aktie durch den Buchwert pro Aktie geteilt.

	Börsenkurs
/	Buchwert pro Aktie
=	**Kurs-Buchwert-Verhältnis**

Der Buchwert pro Aktie entspricht dem Eigenkapital laut Bilanz, dividiert durch die Anzahl der Aktien. Während mit dem KGV und dem KCV die Ertragsstärke beurteilt werden soll, dient das KBV der Bewertung der Unternehmenssubstanz, denn der Buchwert umfasst alle Vermögensgegenstände, die in der Bilanz stehen.

Ein KBV unter 1 besagt theoretisch, dass man für einen Aktienanteil an dem Unternehmen weniger bezahlen muss, als es laut seiner Bilanz eigentlich wert wäre: Je niedriger also das KBV, desto günstiger ist grundsätzlich die Aktie. Ganz so einfach ist es aber leider nicht. Anleger müssen auch hier differenzieren: Ein von Produktionsanlagen und Anlagevermögen geprägtes Unternehmen (beispielsweise Versorger, Maschinenbau- oder Automobilunternehmen) besitzt in der Regel einen höheren Substanzwert als etwa Dienstleistungsunternehmen aus der IT-Branche. Da Letztere nicht kapitalintensiv sind, kann bei ihnen ein höheres KBV angemessen sein.

Sie sollten also immer nur Aktien der gleichen Branche anhand des KBV vergleichen. Auch kann ein KBV unter 1 bedeuten, dass andere Anleger dem Unternehmen keine erfolgreiche Zukunft zutrauen und der Kurs deshalb unter den Buchwert gefallen ist.

Die Dividendenrendite

Gerade in Zeiten, in denen das allgemeine Marktzinsniveau niedrig ist, gelangen bei Anlegern die Ausschüttungen von Aktiengesellschaften als Zinsersatz stärker in den Fokus. Eine Kennzahl, um herauszufinden, wie dividendenstark ein Unternehmen ist, ist die Dividendenrendite. Dazu wird die Dividende pro Aktie durch den aktuellen Aktienkurs geteilt.

	Nettodividende pro Aktie
/	Börsenkurs
=	**Dividendenrendite**

Beispiel: *Zahlt ein Unternehmen eine Dividende von 0,80 Euro pro Aktie und steht der Börsenkurs bei 20 Euro, beträgt die Dividendenrendite 4 Prozent.*

Die veröffentlichten Dividendenrenditen beziehen sich meist auf die zuletzt von der Aktiengesellschaft ausgezahlten Dividenden.

Eine hohe Dividendenrendite kann aber trügerisch sein. Einen zwangsläufigen Zusammenhang zwischen wirtschaftlichem Erfolg, Aktienkurs und der Dividendenhöhe gibt es nämlich nicht. So zahlen manche Unternehmen selbst in schlechteren Zeiten möglichst hohe Dividenden aus, um Aktionäre oder Analysten bei Laune zu halten. Andere Aktiengesellschaften setzen ihr Kapital dagegen lieber innerhalb des Unternehmens ein, anstatt es an die Aktionäre auszuschütten. Die Dividendenrendite spiegelt also nicht unbedingt die tatsächliche Finanzlage des Unternehmens wider.

Eine hohe Dividendenrendite kann allerdings auch trügerisch sein.

Unternehmen sollten an Aktionäre nur Geld ausschütten, das die Firma verdient hat. Die sogenannte Ausschüttungsquote gibt an, welcher Prozentsatz des jährlichen Nettogewinns an Anleger zurückfließt. Bei als „Dividendenperlen" geltenden Unternehmen, die über Jahre konstante oder gar steigende Ausschüttungen aufweisen, ist diese Quote sehr unterschiedlich. Ein Patentrezept für die richtige Quote gibt es nicht. Einerseits soll der Unternehmenserfolg den Anteilseignern möglichst direkt zugutekommen, andererseits soll genügend Geld für Investitionen übrig bleiben.

Wenn Sie sich noch einmal klarmachen, wie die Dividendenrendite berechnet wird, nämlich „zuletzt gezahlte Dividende geteilt durch den aktuellen Kurs", sehen Sie, dass in der Formel die Dividende ein statischer, der Börsenkurs ein sich ständig ändernder Wert ist. Daraus kann folgen, dass Unternehmen, deren Kurs zum Beispiel aufgrund geschäftlicher Probleme stark gefallen ist, eine höhere Dividendenrendite aufweisen als noch vor einigen Monaten.

Beispiel: Würde im obigen Beispiel der Börsenkurs des Unternehmens auf 15 Euro fallen, würde sich die Dividendenrendite auf 5,3 Prozent erhöhen (0,80 Euro : 15 Euro = 0,053), obwohl das Unternehmen zukünftig womöglich eine geringere oder sogar überhaupt keine Dividende mehr zahlen kann.

Umgekehrt kann die Dividendenrendite gefallen sein, weil der Aktienkurs des Unternehmens dank prächtiger Zukunftsaussichten stark gestiegen ist.

Viele Teilchen ergeben ein Bild

Sie sehen, bei der Bewertung von Aktien gibt es viele Puzzleteile in Form von Unternehmensdaten und Kennzahlen, die erst im Zusammenspiel ein Gesamtbild ergeben, mit dem Anleger dann entscheiden können, ob ein Investment erfolgsversprechend ist oder nicht. Viele Kennzahlen können unterschiedlich interpretiert werden, und häufig hängt es von der jeweiligen Branche oder vom Vergleich mit Konkurrenten ab, ob bestimmte Werte als positiv oder negativ einzustufen sind. „Eine positive Kennzahl alleine macht noch kein gutes Investment", kann man in Abwandlung eines Sprichwortes zusammenfassen. Je mehr positive Daten und Fakten Sie aber zu einer Aktie gefunden haben, desto wahrscheinlicher ist es, dass diese ein gutes Investment ist.

Sie brauchen dafür nicht selbst zum Bilanzexperten zu werden. Eine Vielzahl von Analysen und Studien finden Sie im Internet. Wenn Sie die wichtigsten Kennzahlen verstehen und einordnen können, können Sie sich selbst ein Bild machen und vermeiden es, auf schöngefärbte oder interessengesteuerte Empfehlungen oder Pressemitteilungen des Unternehmens hereinzufallen.

Aktien im Vermögens-aufbau

Sie wissen aus den vorhergehenden Kapiteln, was Aktien sind und wie man diese einordnet und bewertet. Jetzt können Sie sich Gedanken machen, wie Sie diese Anlageklasse sinnvoll in Ihr Gesamtvermögen einbinden können.

Aktien gezielt auswählen

„Viele Wege führen nach Rom." Das gilt auch für die Auswahl von Aktien. Es gibt verschiedene Ansätze, um die richtigen Aktien zu finden.

Wenn Anleger in Einzelaktien investieren wollen, stellt sich natürlich die Frage, wie sie aus der großen Vielzahl an Aktien solche mit Gewinnpotenzial herausfinden können. Dazu gibt es verschiedene Ansätze mit individuellen Ausprägungen. Die einen schauen vor allem auf die betriebswirtschaftlichen Daten der Unternehmen und das ökonomische Umfeld. Andere schwören auf die Chartanalyse. Manche Anleger kombinieren beides.

Fundamentalanalyse

Banken, Fondsgesellschaften und große Vermögensverwalter haben spezielle Analyseabteilungen, die Aktien nach verschiedensten Kriterien filtern, analysieren und bewerten. Aber auch erfolgreiche Einzelanleger machen ihre „Hausaufgaben", bevor sie eine Aktie kaufen. Eine grundlegende Form der Analyse von Aktien wird als „Fundamentalanalyse" bezeichnet. Die Fundamentalanalyse versucht, den angemessenen Preis für eine Aktie zu ermitteln, um festzustellen, ob dieser im Vergleich zum aktuellen Börsenkurs fair, zu teuer oder günstig ist. Zur Bewertung werden die betriebswirtschaftlichen Fundamentaldaten und das ökonomische Umfeld des jeweiligen Unternehmens herangezogen. Viele davon kennen Sie bereits aus den vorhergehenden Kapiteln. Die Fundamentaldaten finden die Analysten unter anderem in den Veröffentlichungen des Unternehmens, vor allem in Bilanzen und Quartalsberichten, und ermitteln daraus wichtige Kennzahlen wie Eigenkapitalquote, Ebit und Eigenkapitalrendite. Diese Daten werden durch aktienkursbezogene Kennzahlen wie Kurs-Gewinn-Verhältnis, Kurs-Cashflow-Verhältnis, Kurs-Buchwert-Verhältnis und Dividendenrendite ergänzt.

Neben diesen Faktoren und Kennzahlen schauen die Analysten auf eine Vielzahl weiterer Punkte, die den Kurs der Aktie beeinflussen können. Dies können zum Beispiel sein:

- die konjunkturelle Entwicklung,
- spezifische Erwartungen für die Branche, in der das Unternehmen tätig ist,
- die Zinsentwicklung,
- die Marktstellung des Unternehmens,
- die Qualität des Managements.

Stellt man diese Analysen bei verschiedenen Aktien an, kann man aus deren Vergleich versuchen zu erkennen, welche Aktien das größte Potenzial aufweisen.

▶ Value Investing

Der Fundamentalanalyse bedienen sich auch die Anhänger der Value-Investing-Strategie. Der Grundsatz dieser Strategie lautet kurz gesagt: „Kaufe Aktien, wenn ihr Kurs unter dem wahren Wert liegt, und verkaufe sie, wenn er darüber liegt." Value-Investoren versuchen also, Aktien von unterbewerteten Unternehmen zu finden. Denn, so die dahinterstehende Logik, irgendwann wird auch die breite Anlegermasse erkennen, dass diese Aktien unterbewertet sind, und ihr Preis wird mindestens bis zu ihrem wahren Wert, meist aber darüber hinaus steigen. Dann können die Value-Investoren ihre Aktien mit hohem Profit verkaufen.

Value-Investoren sind „Stock-Picker", also Anleger, die versuchen, aus dem Kuchen des gesamten Aktienuniversums die Rosinen herauszupicken. Value- (zu Deutsch „Wert-")Investoren kaufen ausschließlich Aktien von Unternehmen mit einer herausragenden Marktstellung wie zum Beispiel Coca-Cola, McDonald's, Microsoft oder Nestlé. Auch wenn Value-Investoren teilweise unterschiedliche Kriterien anlegen und bei der Suche nach unterbewerteten Value-Aktien nicht alle gleich vorgehen, teilen sie doch ähnliche Grundprinzipien. Sie untersuchen vor allem Unternehmen, die zu den Marktführern ihrer Branche gehören, die also einen starken Markennamen besitzen und deren Geschäftsmodell sich nicht leicht kopieren lässt. Viele Value-Investoren legen darüber hinaus Wert darauf, dass die Unternehmen verständliche Massenprodukte oder Dienstleistungen anbieten, die jeder Mensch benötigt, wie beispielsweise Lebensmittel oder Energieversorgung. Auch ein fähiges, ehrliches und aktionärsfreundliches Management ist ein Entscheidungskriterium für Value-Investoren.

▶ Bottom-up und Top-down

Bei allen auf der Fundamentalanalyse aufbauenden Bewertungen von Aktien gibt es zwei grundsätzliche Ansätze, wie Anleger aus der Vielfalt des gesamten Aktienuniversums vielversprechende Aktien finden können, die es wert sind, dann genauer analysiert zu werden.

Haben Anleger bereits eine bestimmte Aktie im Auge, können sie einen Bottom-up-Ansatz verfolgen.

Haben Anleger bereits eine bestimmte Aktie im Auge, können sie einen „Bottom-up-An-

Top-down und Bottom-up

Je nachdem, ob Anleger schon bestimmte Aktien im Auge haben oder nicht, können sie bei der Fundamentalanalyse „von oben nach unten" oder „von unten nach oben" vorgehen, um attraktive Papiere zu finden.

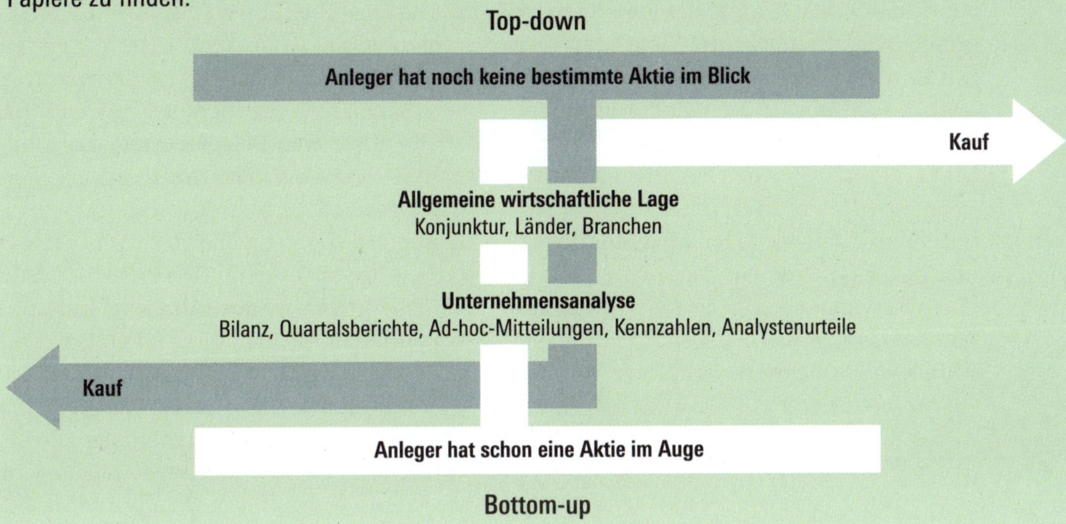

satz" (zu Deutsch „von unten nach oben") verfolgen. Zum Beispiel können Sie in Ihrem beruflichen Umfeld auf eine Firma gestoßen sein, dessen Produkte oder Geschäftsaussichten Sie für sehr interessant halten. Oder Sie stellen in Ihrer Freizeit fest, dass Ihnen besondere Produkte eines Unternehmens immer wieder begegnen und auch in ihrem familiären Umfeld oder Bekanntenkreis eine wichtige Rolle spielen. Das können besondere technologische „Fortschrittsprodukte" wie seinerzeit das erste iPhone sein oder ganz alltägliche Produkte wie Zahnpasta oder Lebensmittel. Von einem Trend bei einem Produkt oder Unternehmen können möglicherweise auch Zulieferer, Speditionen, Netzbetreiber oder der Fachhandel besonders profitieren.

Haben Sie ein auf den ersten Blick interessantes Unternehmen identifiziert, müssen Sie es dann genauer unter die Lupe nehmen. Denn eine gute Idee allein garantiert noch nicht den Erfolg. Vielleicht hat die Firma ja zu viele Schulden, um längerfristig an der Börse gut abschneiden zu können? Möglicherweise ist das künftige Wachstum bereits im Kurs enthalten? Wer Aktien kauft, kommt nicht umhin, sich mit der infrage kommenden Gesellschaft näher zu beschäftigen. Er sollte sich über die Geschäftsaussichten informieren und Antworten auf Fragen suchen wie:

- Überzeugt mich das Geschäftsmodell?
- Welche Position nimmt das Unternehmen im Markt ein?

Nicht zuletzt müssen sich Anleger mit den Bilanz- und Kennzahlen befassen.

- Wie hoch ist der Umsatz?
- Wie hoch der Gewinn?
- Wie steht das Unternehmen im Vergleich zu anderen derselben Branche da?
- Wie teuer ist die Aktie?

Zur Unternehmensanalyse gehört dann das Studium der Bilanz, der Quartalsberichte, Adhoc-Mitteilungen, Kennzahlen und Beurteilungen anderer Analysten.

Die Chartanalyse arbeitet mit Trend- und Durchschnittslinien

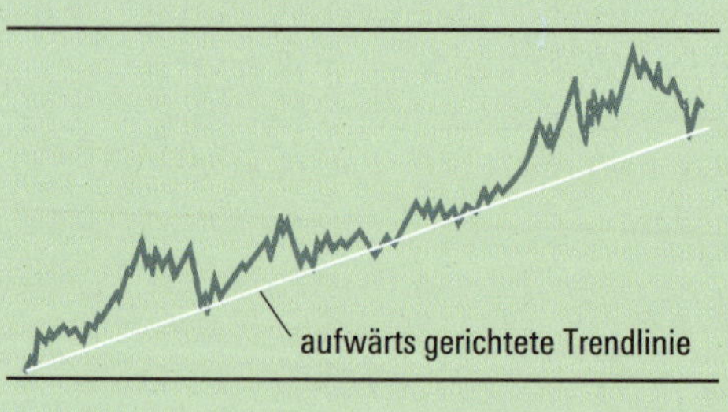

Chart 1: Die Tiefpunkte einer Kursbewegung lassen sich mit einer aufwärts gerichteten Linie verbinden. Man erkennt dann deutlich den Aufwärtstrend.

Chart 2: Ein Ausbruch des Kurses nach oben durch eine Abwärtstrendlinie deutet einen Trendwechsel an und gilt als Kaufsignal. Ein Ausbruch durch eine Aufwärtstrendlinie (Chart 1) wäre umgekehrt ein Verkaufssignal.

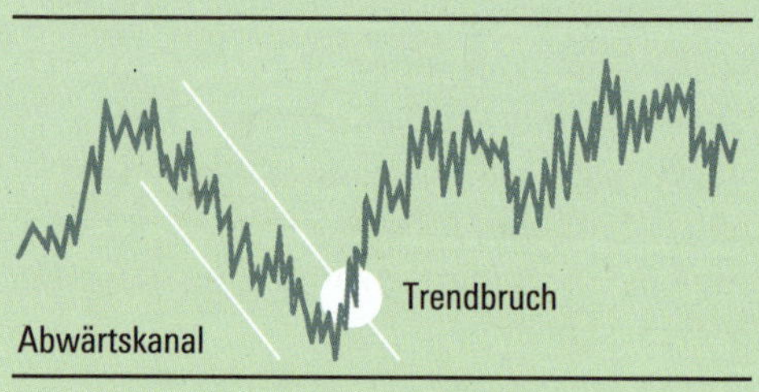

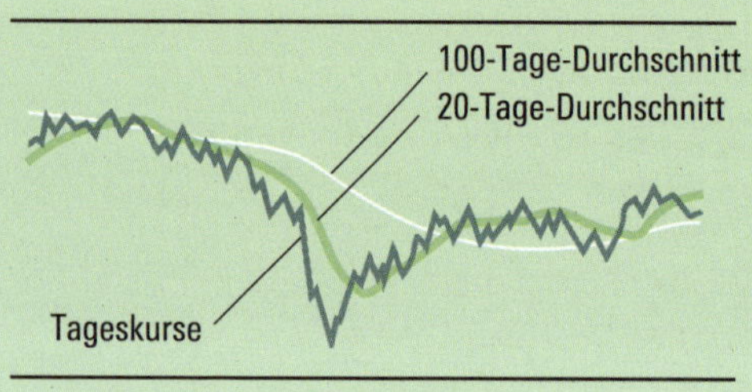

Chart 3: Ein gleitender Durchschnitt zeigt den Durchschnittskurs eines Wertpapiers über einem bestimmten Zeitraum. Je länger die Berechnungsperiode ist, umso langsamer, aber auch eindeutiger, reagiert die Durchschnittslinie auf Trendwechsel.

Stufen Anleger die Aktie danach als interessant ein, untersuchen sie nach dem Bottom-up-Ansatz („vom Kleinen zum Großen“) das wirtschaftliche Umfeld. Dazu gehören die allgemeine wirtschaftliche Lage in der Branche, den Märkten und Regionen, in denen das Unternehmen tätig ist. Sieht auch die allgemeine wirtschaftliche Lage vielversprechend aus, können Sie grundsätzlich investieren.

Umgekehrt, also Top-down („von oben nach unten“), gehen Anleger vor, die keine konkrete Anlageidee haben. Sie beschäftigen sich erst mit den Konjunkturaussichten von Ländern, Regionen und Branchen und treffen die Einzelauswahl danach. Dahinter steckt folgender Gedanke: Wenn die Kurse steigen oder Dividenden fließen sollen, müssen die Unternehmen Gewinne erwirtschaften. Das geht nur, wenn die Wirtschaft brummt oder zumindest die Branche, in der das Unternehmen arbeitet.

Chartanalyse

Die Chartanalyse, auch „technische Analyse“ genannt, ist eine andere Form der Aktienanalyse. Sie versucht, anhand historischer Kursentwicklungen eine Vorhersage über zukünftige Börsenkurse zu treffen und günstige Ein- und Ausstiegszeitpunkte einer Aktie zu finden. Grundannahme ist dabei, dass alle Faktoren, die Einfluss auf die Kursentwicklung haben (zum Beispiel Fundamentalfaktoren wie das ökonomische Marktumfeld und betriebswirtschaftliche Daten, Naturkatastrophen, politische Ereignisse), sich unmittelbar im Kursgeschehen widerspiegeln. Man hat festgestellt, dass in den Kursverläufen von Aktien immer wieder gleiche Formationen auftauchen, die häufig bestimmte Kursbewegungen nach sich zogen. Kommt es bei einer Aktie zu einer bestimmten Kursformation, ergeben sich daraus für den Chartanalysten bestimmte Kursziele.

Ein Chartanalyst reagiert also auf positive oder negative Kursbewegungen, ohne wissen zu müssen, was sie ausgelöst hat. Kurscharts, das sind grafische Darstellungen des Kursverlaufs einer Aktie, können auch Auskunft über vorherrschende Trends geben. Die Charttechnik versucht, so früh wie möglich Trends und Richtungswechsel von Trends zu erkennen.

Die Richtung eines Kurses lässt sich visuell mithilfe von „Trendlinien" darstellen. Früher wurden sie mit Lineal und Bleistift in Aktiencharts gezeichnet. Heute können Anleger mit professioneller und kostenloser Software im Internet Chartanalyse betreiben. Anbieter sind zahlreiche Direktbanken und zum Beispiel www.tradesignalonline.com.

▶ Unterstützung und Widerstand

Häufig kommt es im Kursverlauf einer Aktie vor, dass dieser eine bestimmte Preisobergrenze nicht überschreitet oder nicht unter eine bestimmte Kursmarke fällt. Mithilfe solcher markanter Punkte lassen sich Widerstands- und Unterstützungsbereiche im Kursbild einer Aktie ausmachen.

Als Unterstützung bezeichnet man ein Niveau auf dem Chart unter den aktuellen Kursen, bei dem das allgemeine Kaufinteresse stark genug ist, um einen Verkaufsdruck zu übersteigen. Ein Kursverfall wird dort häufig (zumindest temporär) aufgehalten, und die Aktie steigt wieder.

Ein Widerstand ist ein Bereich oberhalb der aktuellen Kurse, wo sich ein Kursanstieg umkehren kann. Je öfter eine Unterstützung oder ein Widerstand von den Kursen getestet, aber nicht durchbrochen wird, umso „haltbarer" sind diese grundsätzlich. Wird aber ein starker Widerstand gebrochen, ist dies grundsätzlich ein Kaufsignal für die Aktie.

▶ Ein- und Ausstiegspunkte mit gleitenden Durchschnitten finden

Bei Direktbanken und Börsenplattformen im Internet haben Anleger die Möglichkeit, sich neben dem Kurschart einer Aktie diverse Indikatoren anzeigen zu lassen. Dabei handelt es sich um die grafische Darstellung mathematischer Formeln im Chart. Die unter Anlegern am häufigsten benutzten Indikatoren sind die gleitenden Durchschnitte (Moving Averages). Dabei handelt es sich um den preislichen Durchschnitt der Kurse über eine frei wählbare Zeitperiode.

Beispiel: Anleger schauen sich den einfachen 50-Tage-Durchschnitt einer Aktie an, der oft zur Bestimmung des mittelfristigen Trends herangezogen wird. Dafür werden üblicherweise jeweils die Schlusskurse der letzten 50 Tage addiert und die Summe durch 50 geteilt. Im Chart wird dann die entsprechende Linie angezeigt.

Gleitende Durchschnitte werden vor allem genutzt, um die allgemeine Trendrichtung einer Aktie anhand der Neigung der Durchschnittslinie aufzuzeigen (auf-, ab-, seitwärts) und Ein- und Ausstiegssignale anzuzeigen. Beliebte Zeitrahmen für die Darstellung sind

- der 200-Tage-Durchschnitt, um langfristige Kursrichtungen darzustellen,
- der 50-Tage-Durchschnitt für mittelfristige und
- der 20-Tage-Durchschnitt für kurzfristige Trends.

Je kürzer die gewählte Periode ist, umso enger schmiegt sich der gleitende Durchschnitt an die Kursbewegung einer Aktie, die aus Tagesendwerten besteht. So verläuft eine 20-Tage-Linie deutlich näher um den tatsächlichen Kurs einer Aktie als ihre 100-Tage-Linie.

Die einfachste Möglichkeit, mit gleitenden Durchschnitten eine Kauf- oder Verkaufsgelegenheit zu ermitteln, ist, zu schauen, wann der Kurs den gleitenden Durchschnitt durchbricht. Schneidet der Kurs einer Aktie ihren gleitenden Durchschnitt von unten nach oben, wird dies als Kaufsignal gewertet. Ein Durchbrechen von oben nach unten ist entsprechend ein Verkaufssignal. Diese simple Vorgehensweise produziert allerdings viele Fehlsignale.

So gehen Sie mit Aktien um

Wichtiger, als die „richtige" Aktie zu finden, ist, die richtige Aktienquote zu wählen sowie überlegt und systematisch mit Ihren Aktienanlagen umzugehen.

Sie haben bereits erkannt, dass es sinnvoll ist, Ihren Vermögensanlagen auch aktienbasierte Anlagen beizumischen. Eine wichtige strategische Entscheidung ist dann, die für Sie passende Aktienquote, also den Anteil Ihrer Aktienanlagen an den gesamten Vermögensanlagen, zu finden. Ihre Vermögenswerte haben Sie vielleicht bereits wie im Einleitungskapitel beschrieben mithilfe einer Bilanz geordnet. Ihre aktuelle Aktienquote berechnen Sie dann mittels der Formel

	Aktienbasierte Anlagen
/	gesamte Anlagen
=	**Aktienquote**

Doch wie hoch sollte die optimale Aktienquote sein? Eine bekannte Formel, um die Aktienquote zu ermitteln, lautet „Aktienquote = 100 minus Lebensalter". Dahinter steckt der Gedanke, dass junge Menschen aufgrund ihrer höheren Lebenserwartung eine höhere Aktienquote vertragen können, weil ihnen notfalls noch genügend Zeit bleibt, Verluste wieder auszugleichen. So einfach sollten Sie es sich aber nicht machen. Denn die richtige Aktienquote zu finden ist ein individuellerer Vorgang.

Wir empfehlen folgende Vorgehensweise:

- Zunächst einmal ist nur bei einem längeren Anlagehorizont von sieben Jahren oder mehr eine Aktienanlage sinnvoll. Ihre ➚ Risikotragfähigkeit bestimmt, ob Aktienanlagen überhaupt für Sie in Betracht kommen.
- Wie hoch ist Ihre ➚ Risikobereitschaft? Orientieren Sie sich an der Einstufung vorsichtiger, ausgewogener oder risikobereiter Anleger.
- Achten Sie auf eine ausreichende Streuung Ihrer Aktienanlagen. Eine vernünftige Diversifikation Ihrer Aktienanlagen ist erst ab mindestens 15 Einzeltiteln möglich. Der Kauf vieler Einzelaktien verursacht allerdings Kosten. Deshalb lohnt er sich erst ab einer bestimmten Mindestanlagesumme.
- Wir empfehlen daher für den Löwenanteil Ihrer Aktienanlagen breit streuende Fonds oder ETF und Einzelaktien nur als Beimischung.

Zur Risikotragfähigkeit und Risikobereitschaft siehe „Welche Anlagen für welchen Anlegertyp?", S. 21.

So viel sollte es mindestens sein

Wenn Sie für den Kauf von Einzelaktien nicht 37 500 Euro zur Verfügung haben, sollten Sie Aktienfonds den Einzelaktien grundsätzlich vorziehen, oder Sie können Ihr Einzeltiteldepot nur sukzessive aufbauen. Sonst sind die anteiligen Kosten zu hoch. Die Mindestanlagesumme je Einzelaktie sollte bei rund 2 500 Euro liegen. Wenn Sie die Aktien über eine günstige Direktbank wie Flatex oder Onvista ordern, reichen schon 1 000 Euro je Einzelaktie, und die Mindestanlagesumme sinkt entsprechend auf 15 000 Euro.

Aber auch wenn Sie mehr als diesen Mindestbetrag anlegen wollen, ist es eine Überlegung wert, ob Sie den erforderlichen Mehraufwand betreiben möchten, den eine Anlage in Einzeltitel gegenüber der Fondsanlage bedeutet.

Aktien auf Kredit kaufen?

Bei Großbanken gehört es zum Tagesgeschäft: Mit den Einlagen der Kunden, also mit Fremdkapital, betreiben Banken auch eigene Wertpapiergeschäfte. Die Differenz aus den niedrigen Einlagenzinsen und den Erlösen aus den Wertpapiergeschäften, die sogenannte Marge, ist der Gewinn der Bank. Nun könnten Anleger in Zeiten sehr niedriger Darlehenszinsen auf die gleiche Idee kommen. Sie könnten mit günstigen Krediten Aktienkäufe im großen Stil finanzieren und damit hohe Gewinne erzielen. Um den nötigen Kredit zu bekommen, gäbe es verschiedene Möglichkeiten. Anleger könnten beispielsweise mit einem Dispokredit das Girokonto überziehen. Allerdings sind die Dispozinsen sehr hoch. Günstiger wären Ratenkredite oder Darlehen, bei denen zum Beispiel das Eigenheim als Sicherheit dient.

Grundsätzlich sollten Sie äußerst vorsichtig beim Kauf von Aktien auf Kredit sein. Börsenanfänger sollten dies nie tun.

Aber: Grundsätzlich sollten Sie äußerst vorsichtig beim Kauf von Aktien auf Kredit sein. Börsenanfänger sollten dies nie tun. Sie gehen damit ein doppeltes Risiko ein. Läuft die Aktie nicht wie erhofft, ist womöglich nicht nur das darin investierte Geld weg, sondern zusätzlich muss noch der Kredit zurückgezahlt werden. Das war für viele schon der Weg in die Schuldenfalle.

Überdies kann die Crashgefahr am Aktienmarkt steigen, wenn eine zu große Anlegermasse Aktien auf Kredit kauft. Bereits bei kleinen Kursrückgängen werden diese Anleger nervös und verkaufen ihre Papiere, was wiederum den Kursrückgang beschleunigt und eine Abwärtsspirale in Gang setzen kann.

Ebenfalls nicht empfehlenswert ist es, mögliche Sondertilgungen beim Eigenheimdarlehen zugunsten von Aktienkäufen zu unterlassen. Jeder Euro, den Eigenheimbesitzer beim Immobilienkredit tilgen, verringert ihre Zinsbelastung und ist damit ein sicherer Ertrag. Ob hingegen die Rechnung aufgeht, mit Aktien höhere Renditen zu erzielen, als sie an Immobiliendarlehenszinsen zahlen müssen, ist ungewiss.

▸ Wertpapierkredite

Für erfahrene Aktienanleger können Wertpapierkredite (auch „Lombardkredite") eine Möglichkeit sein, ihren finanziellen Rahmen etwas zu erweitern. Wer bereits ein Wertpapierdepot besitzt, kann dazu seine Wertpapiere als Sicherheit für einen einfach zu erlangenden und relativ günstigen Kredit geben. An einen Lombardkredit könnten vor allem Anleger denken, die aktuell besondere Chancen am Aktienmarkt sehen und noch Aktien zukaufen wollen. Aber auch für Anleger, die kurzfristig Geld zum Beispiel für Reparaturen oder Ersatzbeschaffungen benötigen, dafür aber nicht ihre Aktien verkaufen möchten, kann ein Wertpapierkredit eine Alternative sein.

Ein Wertpapierkredit funktioniert in der Regel so, dass der Anleger die Aktien, die er im Depot hat, an seine Bank verpfändet und dafür einen Kreditrahmen erhält. Die Höhe des Kreditrahmens bestimmt sich nach dem Wert der Aktien und deren Beleihungswert. Der Beleihungswert ist meist abhängig von der Art des Wertpapiers. So können je nach Bank beispielsweise inländische Aktien mit bis zu 50 Prozent des Kurswertes, ausländische bis 30 Prozent und Euro-Anleihen bis zu 60 Prozent beliehen werden.

Aber Vorsicht: Reduziert sich der Beleihungswert, weil der Wert der Papiere stark gefallen ist, kann die Bank einen höheren Zinssatz verlangen, wenn der eingeräumte Kreditrahmen dadurch überzogen wird. Auch kann es sein, dass die Bank den Darlehensbetrag reduziert, wenn die Wertpapiere unter die angesetzte Schwelle fallen. Dann muss der Anleger einen Teil des Darlehens sofort zurückzahlen oder zusätzliche Sicherheiten erbringen. Auch erfahrene Anleger sollten sich des hohen Risikos bewusst sein, wenn sie „auf Pump zocken".

Mehr zu Aktiensparplänen siehe S. 191.

Ruhig ein- und aussteigen

Aktienkurse bewegen sich nie geradlinig in eine Richtung. Kursschwankungen sind normal. Mitunter kommt es gar zu Börsencrashs, bei denen in einer kurzen Zeitspanne die Kurse teilweise drastisch einbrechen. Ursache für einen Börsencrash kann das Platzen einer Spekulationsblase sein. Bei einer Spekulationsblase werden die Kurse in die Höhe getrieben, weil Anleger sich an einem Aufschwung beteiligen und hohe Gewinne machen wollen. Beruht dieser Aufschwung aber mehr auf Hoffnungen als auf harten Fakten, kommen irgendwann Zweifel auf und erste Anleger verkaufen. Das wiederum zieht häufig weitere Verkäufe anderer Investoren nach sich, die ebenfalls verunsichert werden. Diese Verkaufswelle kann sich dann schnell beschleunigen. Auch äußere Umstände wie Katastrophen, Krieg oder Krisen können starke Kursverluste nach sich ziehen.

Die gute Nachricht ist, dass Anleger mit einem ausreichend langen Anlagehorizont Buchverluste – darum handelt es sich, solange die Aktien nicht tatsächlich verkauft werden – aussitzen können. Das Deutsche Aktieninstitut hat ausgerechnet, dass es beim Dax selbst nach starken Kursverlusten aufgrund von Finanzmarktkrisen in der Vergangenheit nie mehr als gut sieben Jahre gedauert hat, bis Anleger zumindest ihre Einstiegskurse wieder erreicht haben. Dennoch ist es für Einsteiger in den Aktienmarkt mehr als ärgerlich, gerade zum falschen Zeitpunkt Aktien zu kaufen. Wäre ein Anleger beispielsweise zum Höhepunkt der „Dotcom"-Blase im Jahre 2000 eingestiegen, hätte er 7,3 Jahre warten müssen, bis die Kurse wieder auf seinem Kaufniveau angelangt waren, wer zum Höhepunkt der Finanzkrise 2008 gekauft hat, musste rund 5,8 Jahre auf eine Erholung warten.

Eine Methode, mit der Anleger versuchen, günstige Einstiegszeitpunkte zu finden, ist die Chartanalyse. Daneben ist es bei größeren Anlagesummen empfehlenswert, nicht das gesamte Geld auf einmal zu investieren, sondern den Einstieg und den Anlagebetrag über mehrere Monate zu verteilen. Wer regelmäßig in Aktien sparen will, kann auch einen ➚ Aktiensparplan einrichten.

Auch den Ausstieg sollten langfristige Anleger entsprechend planen. Wer kurz davor steht, ein Anlageziel zu erreichen, sollte darüber nachdenken, Schwankungsrisiken aus dem Depot zu nehmen. Um auch hier nicht Gefahr zu laufen, genau am falschen Tag zu verkaufen, kann auch der Ausstieg in Raten verlaufen. Sparen Sie mit Aktienanlagen beispielsweise für die Ausbildung der Kinder oder den Ruhestand, können Sie schon einige Jahre vorher regelmäßig Teile Ihres Aktiendepots verkaufen und in nicht schwankende Geldanlagen wie Tages- und Festgelder umschichten.

Regelmäßig anpassen

Da Ihre Aktienanlagen sich hoffentlich positiv entwickeln, wird nach einiger Zeit deren Anteil am Gesamtvermögen von Ihrer zuletzt geplanten und optimierten Aufteilung abweichen. Möglicherweise spiegelt die neue Aufteilung dann nicht mehr Ihre persönliche Risikoeinstellung so wider, wie Sie sie ursprünglich geplant haben. So kann die Abweichung zum Beispiel dadurch entstanden sein, dass Ihre Aktienquote nach einer guten Börsenphase im Gegensatz zu den festverzinslichen Anlagen prozentual deutlich zugelegt hat.

Beispiel: Hatten Sie eine Aktienquote von 20 Prozent als Ihr Maximum festgelegt und die Aktienwerte sind deutlich stärker als andere Anlagen gestiegen, kann es sein, dass Ihre Aktienquote nun bei 32 Prozent liegt.

Das könnten Sie so hinnehmen mit der Folge, dass Ihre Gesamtvermögensverteilung vielleicht nicht mehr zu Ihrer Risikoeinstellung passt, oder aber Sie nehmen ein „Rebalancing" vor. Das bedeutet, Sie passen die Vermögensklassen an und schichten so um, dass die ur-

Rebalancing: Ein Beispiel

Nach einem guten Börsenjahr ist die Aktienquote eines Anlegers viel höher, als es seiner Risikoeinstellung entspricht. Er schichtet seine Anlagen daher so um, dass er wieder seine optimale Asset Allocation erreicht.

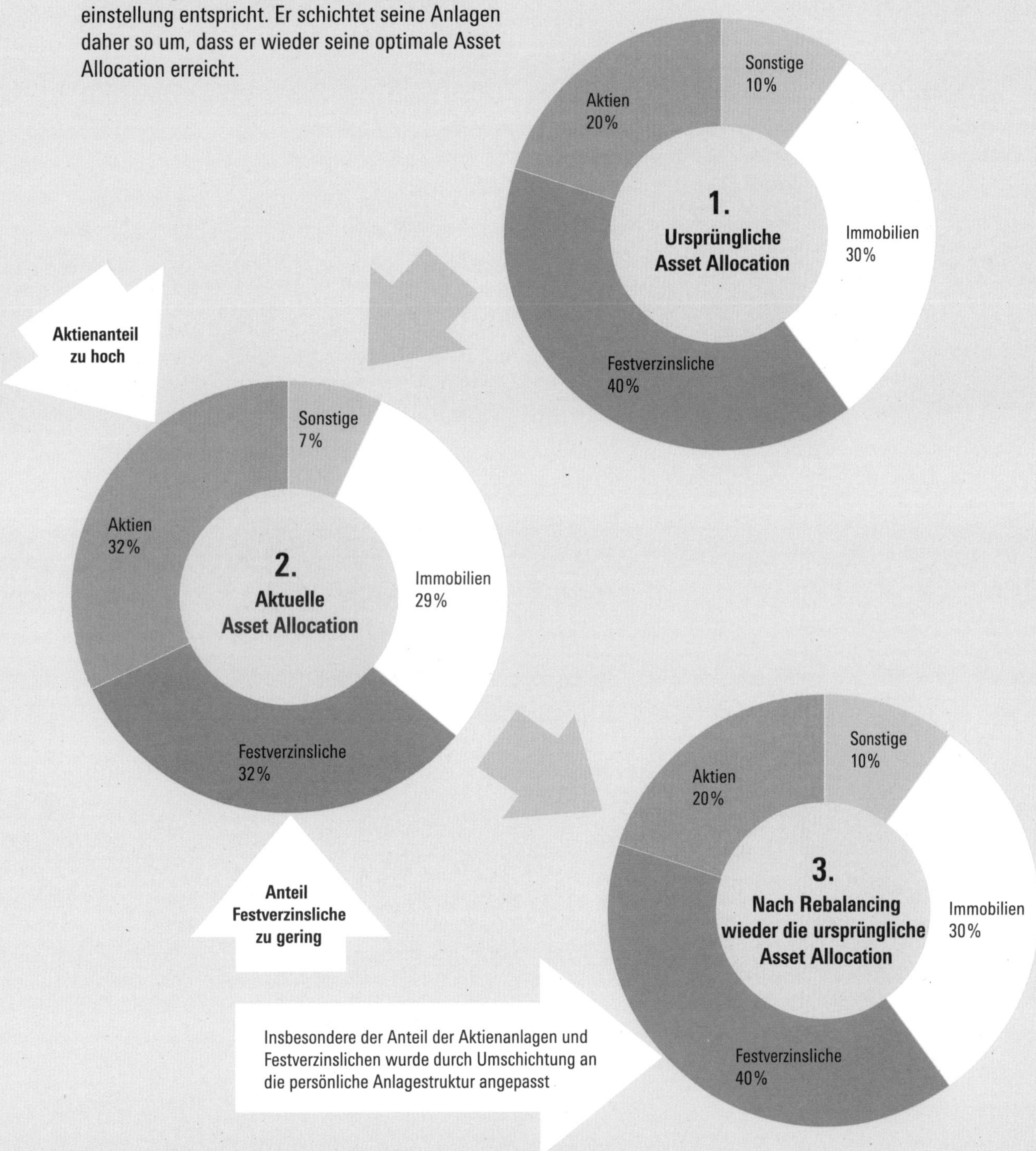

sprünglich festgelegte Anlagestruktur wieder eingehalten wird. Hierfür könnten zum Beispiel Aktien verkauft und dafür andere Vermögenswerte wie festverzinsliche Wertpapiere oder Immobilien gekauft werden. Haben Sie neues Geld zum Anlegen, beispielsweise aus einer kleinen Erbschaft, könnten Sie auch gezielt solche Anlagen kaufen, die entsprechend Ihrer ursprünglichen persönlichen Aufteilung derzeit im Gesamtverhältnis unterrepräsentiert sind.

Es gibt zwei Möglichkeiten, ein Rebalancing systematisch durchzuführen: entweder nach einer von Ihnen festgelegten Zeitspanne oder nach einer bestimmten Verschiebung der Wertverhältnisse in Ihrem Portfolio.

1. **Beim Zeit-Rebalancing** sehen Sie sich in regelmäßigen Abständen von beispielsweise sechs Monaten oder einem Jahr Ihre aktuelle Vermögensverteilung an und überprüfen, ob eine Anpassung erforderlich ist. Der gewählte Zeitraum hängt vor allem davon ab, welchen Aufwand Sie mit Ihren Geldanlagen betreiben wollen.
2. **Beim Wert-Rebalancing** richten Sie Ihr Portfolio neu aus, sobald Ihre Anlageklassen um einen bestimmten Prozentsatz von Ihrer Zielaufteilung abweichen. Je nachdem, wie groß diese Abweichung sein darf, kann es sein, dass Sie hierbei öfter nachjustieren müssen, weshalb diese Methode zu höheren Transaktionskosten führen kann. Außerdem müssen Sie bei der Wert-Methode Ihr Portfolio in der Regel häufiger beobachten.

Musterdepots nutzen

Alle Direktbanken bieten Ihnen die Möglichkeit, Musterdepots zu führen. Sie müssen dazu noch nicht einmal Kunde der Bank sein. In einem Musterdepot können Sie alle börsennotierten Wertpapiere, die Sie bei verschiedenen Banken besitzen, zusammenfassen und überwachen. Oder Sie legen sich eine sogenannte Watchlist an, um Aktien, die Sie interessieren, erst einmal eine Weile zu verfolgen, ohne sie tatsächlich kaufen zu müssen.

Sie können bei Musterdepots auch Limitalarme eingeben. Damit entgehen Ihnen keine Kursrückgänge Ihrer Wertpapiere. Sie können beispielsweise für jedes Wertpapier das Limit auf 10 Prozent unterhalb Ihres Kaufkurses oder des aktuellen Kurses setzen. Rutscht der Kurs unter dieses Limit, erhalten Sie eine E-Mail, die Sie darüber informiert. Sie können dann überlegen, ob Sie handeln müssen, indem Sie das Papier verkaufen, bevor es weiter abwärts geht, oder ob Sie nichts tun oder kaufen, wenn die Aktie einen für Sie interessanten Kaufkurs erreicht hat.

Üben Sie am besten erst einmal

Mit einem Musterdepot können Sie bequem eine Zeit lang den Umgang mit Wertpapieren üben. Kaufen Sie virtuell ein Wertpapier, das Sie für aussichtsreich halten und schauen Sie, wie es sich entwickelt. Verkaufen Sie virtuell die Papiere, denen Sie keine Wertsteigerungen mehr zutrauen. So entwickeln Sie spielerisch ein Gefühl für Wertpapierkurse und das Börsengeschehen.

Fehler, die Sie vermeiden sollten

Anleger machen bei der Aktienanlage oft die gleichen Fehler. Wenn Sie die häufigsten Fehler kennen und vermeiden, können Sie das Lehrgeld sparen, das andere Anleger zahlen.

Bei der Aktienanlage lauern einige Fallstricke auf dem Weg zur guten Rendite. Neben Fehlern bei der Bewertung von Unternehmen und deren zukünftiger Entwicklung befinden sich Anleger häufig auf psychologischen Irrwegen und überschätzen ihre eigenen Fähigkeiten. Analysieren Sie Ihre Aktieninvestments möglichst rational und versuchen Sie, die nachfolgenden häufigsten Anlagefehler zu vermeiden. Das wird die Rendite Ihrer Aktienanlagen positiv beeinflussen.

Mit einer Rendite von rund 3,1 Prozent pro Jahr blieben Anleger weit hinter den Wertzuwächsen des Gesamtmarktes zurück.

Wie stark die Rendite unter typischen Fehlern leiden kann, zeigt eine Studie, die die Wirtschaftsprofessoren Andreas Hackethal und Steffen Meyer im Auftrag von Finanztest durchgeführt haben. Sie haben für 2005 bis 2015 fast 40 000 Wertpapierdepots von Direktbankkunden analysiert. Mit einer durchschnittlichen Rendite von rund 3,1 Prozent pro Jahr blieben Anleger weit hinter den Wertzuwächsen des Gesamtmarktes zurück (Grafik). „Depotbesitzer verschenkten mehr als 5 Prozent Rendite." Da die Depots im Schnitt zu rund 80 Prozent Aktienanlagen und nur etwa 20 Prozent Anleihen enthielten, wäre im Untersuchungszeitraum eine Rendite von 8,7 Prozent realistisch gewesen. Depotbesitzer hätten dazu nur mit ETF in den breiten Markt investieren und anschließend stillhalten müssen.

Mangelnde Streuung

Eine mangelnde Streuung der Wertpapiere ist einer der häufigsten Fehler privater Anleger. Entgegen der Börsenregel „Lege nie alle Eier in einen Korb" tun viele genau dies. Gerade Anfänger konzentrieren sich zu sehr auf eine oder wenige Aktien und teilen ihr Anlagekapital auf diese wenigen Werte auf. Oft kommen diese Aktien aus dem gleichen Land oder der gleichen Branche. Das kann dazu führen, dass ein starker Kursverlust bei einer Aktie oder der ganzen Branche hohe Verluste im gesamten Depot nach sich zieht. Als Faustregel sollten sich Anleger merken: Je mehr Aktien sie miteinander mischen, desto geringer ist ihr Risiko.

Das unterstreicht die oben genannte Studie der Wirtschaftsprofessoren. In den analysierten Kundendepots lagen im Durchschnitt etwa zwölf Wertpapiere. Da es sich in erster Linie um Einzelaktien handelte, reichte das nicht für eine gute Risikostreuung. Zu empfehlen sind nach dieser Studie mindestens 30 Wertpapiere aus verschiedenen Branchen, wenn Anleger ausschließlich in Einzelaktien investieren und keinerlei Aktienfonds oder ETF im Depot haben.

Siehe Grafik „Depotbesitzer verschenkten mehr als 5 Prozent Rendite", S. 180.

Die Depots mit den wenigsten Positionen hatten das mit Abstand schlechteste Chance-Risiko-Verhältnis. Manche Anleger hatten ihr gesamtes Anlagevermögen in eine einzige Aktie gesteckt. Wenn es sich dabei auch noch um einen spekulativen Titel handelt, unterliegt das Depot enormen Wertschwankungen.

Depotbesitzer verschenkten mehr als 5 Prozent Rendite

8,7 Prozent Rendite pro Jahr hätten die Inhaber der untersuchten Depots erzielen können. Voraussetzung wäre die Anlage in eine Mischung aus marktbreiten Aktien- und Rentenindizes gewesen, die ihrer durchschnittlichen Vermögensaufteilung entspricht. Tatsächlich erzielten die Anleger nur 3,1 Prozent. Die Balken zeigen, wie dieses Ergebnis zustande kommt.

Quelle: Berechnungen Hackethal und Meyer, Thomson Reuters.
Zeitraum: 1. Januar 2005 bis 31.Dezember 2015.

Rendite pro Jahr (Prozent)

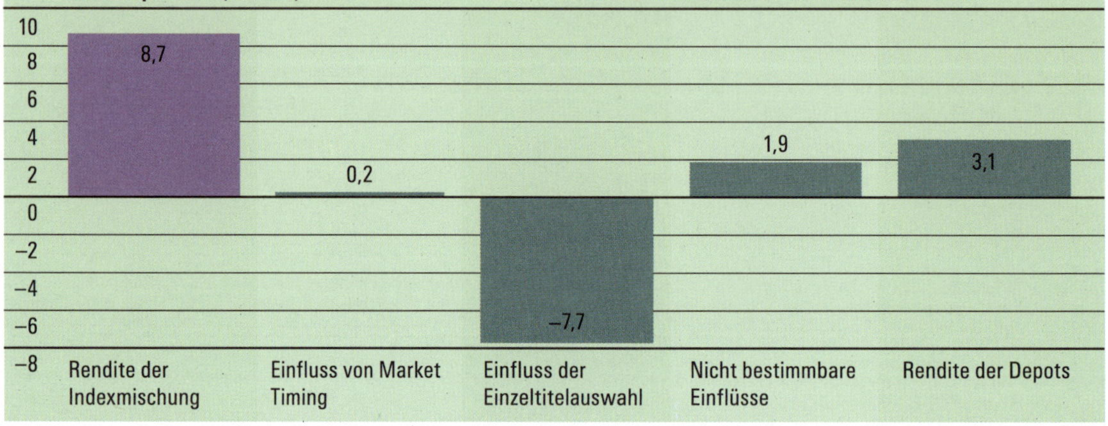

Übermäßiges Handeln

„Hin und her macht Taschen leer", so eine bekannte Börsenweisheit. Dennoch gibt es private Anleger, die mehr als 100 Käufe und Verkäufe pro Jahr tätigen. Dass sie auf diese Weise keine gute Rendite erzielen können, liegt auf der Hand. Die Kosten sind einfach zu hoch. Bei Filialbanken schlägt eine Order mit Gebühren zwischen 0,5 und 1 Prozent vom Kurswert zu Buche. Selbst wer günstig online handelt, muss mit mindestens 5 Euro pro Auftrag rechnen. Unterm Strich sind eifrige Anleger schnell um einige Hundert Euro ärmer.

Das zeigte sich auch in der Studie von Hackethal und Meyer: Je mehr die Depotbesitzer handelten, desto schlechter war ihr Anlageergebnis. Besonders interessant: Die Handelskosten spielten zwar eine wichtige Rolle, aber die Depotrendite war bei den eifrigen Händlern auch vor Abzug der Kosten am schlechtesten. Im Schnitt verringerte sie sich durch die Kauf- und Verkaufskosten um rund 0,9 Prozentpunkte pro Jahr.

Bei den aktivsten Anlegern waren die Einbußen aber noch viel stärker. Sie verloren durch ihren Übereifer 3,3 Prozentpunkte pro Jahr. Das Fünftel der passivsten Depotbesitzer kam dagegen der Rendite des MSCI World recht nahe (➚ Grafik „Aktive Anleger zahlen drauf").

Vermutlich liege die Ursache für das häufige Handeln in der Selbstüberschätzung der Anleger. Sie scheinen davon auszugehen, dass sie anderen Marktteilnehmern überlegen sind und durch das richtige Timing beim Kauf und Verkauf den Markt schlagen können. Das gelingt selten.

Wenn Sie von einer Aktie überzeugt sind, behalten Sie diese auch bei zwischenzeitlichen Kursschwankungen. Dies verspricht langfristig eine wesentlich bessere Rendite als häufiges Kaufen und Verkaufen. Generell gar nichts zu tun ist allerdings auch nicht immer die beste Variante. Denn nicht nur übermäßiges Handeln ist schlecht für die Rendite, auch das Gegenteil davon, nämlich alles einfach laufen zu lassen, kann schiefgehen. Sie sollten Ihre Anlagen schon regelmäßig, ungefähr ein- bis zweimal im Jahr, überprüfen.

Aktive Anleger zahlen drauf

Anleger, die häufig handeln, schneiden schlechter ab als passive Depotinhaber. Auch das zeigte die Studie. Um zu schauen, wie sich häufige Trades auswirken, wurden die untersuchten Depots in fünf gleich große Abschnitte eingeteilt. Die aktivsten Anleger landeten nach Kosten sogar im Minus.

Quelle: Berechnungen Hackethal und Meyer, Thomson Reuters. Zeitraum: 1. Januar 2005 bis 31.Dezember 2015.

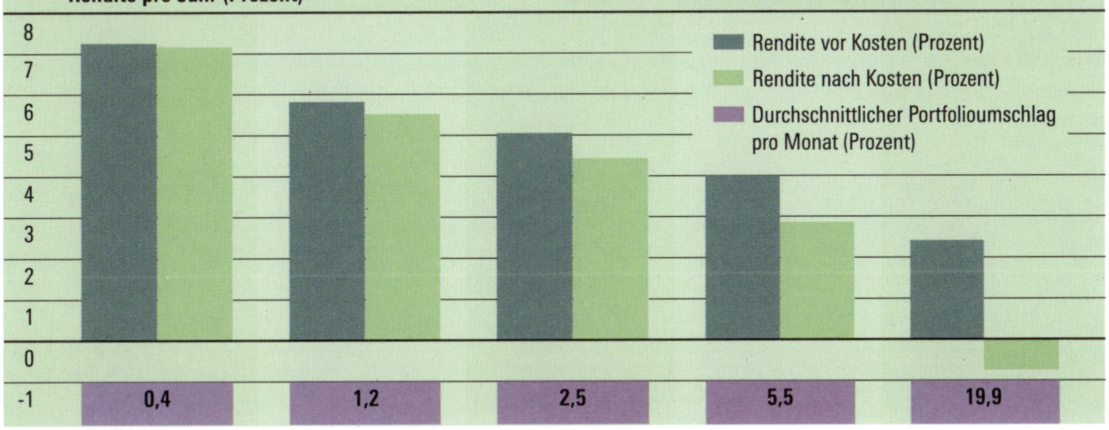

Verlierer aussitzen

Angenommen, ein Anleger braucht Geld und muss einen Teil seiner Ersparnisse auflösen. In seinem Depot befinden sich zwei Wertpapiere. Papier A liegt mit 10 Prozent im Plus, Papier B mit 10 Prozent im Minus. Wie geht er vor? Viele würden Papier A verkaufen. Damit haben sie schließlich Gewinn gemacht. Bei Papier B warten sie lieber erst einmal ab, ob es sich nicht wieder besser entwickelt.

Den Hang, Gewinner zu verkaufen und Verlierer zu behalten, nennen Finanzexperten „Dispositionseffekt". Anfällig für den Dispositionseffekt sind vor allem Anleger, die in Aktien investieren. Wenn sie schlechte Nachrichten über ihre Aktie oder negative Aussichten für das Unternehmen hören, wollen sie oft dennoch mit einem Verkauf warten, bis die Aktie wieder ihren Einstandskurs erreicht hat. Das macht aber kaum Sinn. Denn ein Verlustpapier, das man teuer eingekauft hat, müsste sich dann besser entwickeln als eine gute, günstige Aktie, in die man umschichten könnte, wenn man den Verlustbringer verkauft.

Wer immer nur Gewinnerpapiere verkauft, hat plötzlich nur noch Verlustbringer im Depot.

Ein Grund für das Festhalten an Verliererpapieren liegt darin, dass Anleger sich nicht eingestehen möchten, mit ihrem Wertpapier danebengegriffen zu haben. Solange sie die Aktie nicht verkauft und den Verlust realisiert haben, können sie weiter hoffen, dass ihr Investment noch ein gutes Ende nimmt. Schon in den 1970er Jahren haben der Nobelpreisträger Daniel Kahneman und sein Kollege Amos Tversky festgestellt, dass Anleger drohende Verluste ungefähr doppelt so stark bewerten wie gleich hohe Gewinne. Sie betrachten häufig jedes Wertpapier für sich und überlegen nicht, wie sich ihr Depot als Ganzes verändert, wenn sie einzelne Papiere veräußern. Das kann fatale Folgen haben: Wer immer nur Gewinnerpapiere verkauft, hat plötzlich nur noch Verlustbringer im Depot. Möglicherwei-

Gut zu wissen

Vorsicht bei Pennystocks. Besonders verlustreich sind Investments in sogenannte Pennystocks, für die unseriöse Marktakteure gezielt und massiv werben, um die Kurse in die Höhe zu treiben. Diese meist in Cent-Beträgen notierenden Aktien sind besonders manipulationsanfällig, hat die Aufsichtsbehörde Bafin festgestellt. Oft kommen die „heißen Aktientipps" per Fax oder per Mail ins Haus. Die Sender dieser Kaufempfehlungen haben die Aktien kurz zuvor bereits selbst gekauft. Einige Anleger fallen auf die Werbung herein und geben Kaufaufträge für die empfohlenen Aktien. Wegen ihrer niedrigen Marktkapitalisierung und ihres niedrigen Handelsvolumens führt schon eine leicht steigende Nachfrage zu stark steigenden Kursen. Die Tippgeber verkaufen dann ihre Aktien mit hohem Gewinn. Nach kurzer Zeit fallen die Aktien in der Regel wieder und die Anleger machen hohe Verluste.

se kommen diese dann alle aus der gleichen Branche oder Region, sodass zusätzlich noch das Klumpenrisiko steigt.

Hüten sollten Sie sich aber davor, voreilig Aktien zu verkaufen, die gerade nicht gut laufen. Ein Grund abzuwarten kann sein, dass diese im Minus stehen, weil die Aktienmärkte gerade schlecht laufen. Die Erfahrung zeigt, dass in diesem Fall Halten meist die bessere Lösung ist – zumal private Anleger erfahrungsgemäß oft zu den schlechtesten Zeitpunkten handeln. Das hat die Finanzkrise gezeigt, in der viele nervös wurden und ausgerechnet zu Tiefstkursen verkauften.

Spekulative Wertpapiere

Viele Anleger, die sich besonders eingehend mit dem Börsengeschehen beschäftigen, versuchen, die ultimative Gewinneraktie zu finden – sozusagen die nächste Microsoft- oder Google-Aktie. Sie kaufen oft spekulative Aktien, weil sie über vermeintlich besondere Informationen verfügen und annehmen, dass der Kurs der Papiere steigen wird. Sie können damit durchaus richtig liegen. Viel häufiger überschätzen sie allerdings ihren angeblichen Informationsvorteil.

Bei spekulativen Aktien gibt es etliche Unwägbarkeiten, was die Geschäftsentwicklung in der Zukunft angeht. Ob der aktuelle Börsenwert des Unternehmens angemessen ist, lässt sich nur erahnen. Der Kauf solcher Papiere ähnelt eher einer Wette als einem ernsthaften Investment.

Jagd auf Trends

Die Vorstellung, nur die guten Börsenphasen mitzunehmen und die schlechten nicht, ist sehr verlockend. Dann würde das eigene Depot in kurzer Zeit stark an Wert steigen und man könnte die Zeiten, in denen zwischenzeitliche Kursverluste erst aufgeholt werden müssten, für weitere Investitionen nutzen. Leider funktioniert dies in der Praxis selten, da die Märkte oft unvorhersehbar sind und unregelmäßig verlaufen. Zwar gibt es Muster kurzfristiger Trends, und die langfristige Entwicklung schwankt stets um einen Mittelwert. Doch innerhalb der Muster sind die Verschiebungen so groß, dass sich keine stabilen Handelsregeln ableiten lassen. Das richtige Timing ist häufig Glücksache. Wer zu oft ein- und aussteigt, um aus dem vorherrschenden Trend Vorteile zu ziehen, riskiert, die besten Tage an der Börse zu verpassen und gleichzeitig hohe Transaktionskosten zu produzieren. Wer Trends nachjagt, hat außer Kosten noch ein weiteres Problem: Bei ständigen Käufen und Verkäufen gerät das Depot als Ganzes aus dem Blick. Vor allem dessen Zusammensetzung aus sicheren und chancenreichen Geldanlagen entscheidet jedoch über Erfolg und Misserfolg.

„Home Bias"

Viele Anleger konzentrieren sich vorrangig auf den heimischen Aktienmarkt, weil sie meinen, dass sie in diesem Segment kompetenter sind. Börsenpsychologen nennen dieses Phänomen „Home Bias". Wer aber nicht über den Tellerrand schaut, lässt sich Anlagechancen in anderen Ländern entgehen, in denen Aktien oftmals günstiger sind als deutsche Dax-Titel. Überdies laden sich Anleger zusätzliche Risiken auf, wenn sie übermäßig stark in einem Markt investiert sind. Untersuchungen im Auftrag der Stiftung Warentest haben festgestellt, dass der Deutschlandanteil in Depots von Privatanlegern deutlich höher ist, als es mit Blick auf die globalen Kapitalmärkte sinnvoll erscheint: Im MSCI World ist Deutschland nur mit etwa 3 Prozent vertreten, in den Anlegerdepots waren es dagegen im Durchschnitt deutlich über 40 Prozent.

Wer einzig deutsche Aktien kauft, ist außerdem nicht nur regional eingeschränkt. Es fehlen ihm wichtige Branchen. In Deutschland gibt es zum Beispiel keine Nahrungsmittelkonzerne wie Nestlé, der Ölsektor ist überhaupt nicht vertreten und auch die Rohstoffbranche kaum. Börsennotierte Autofirmen gibt es in Deutschland hingegen zahlreiche. Die Gefahr einer nicht ausreichenden Branchenstreuung ist hier somit groß.

30
SEKUNDEN FAKTEN

20 %
der Marktschwankungen sind nach Studien des Nobelpreisträgers Robert Shiller fundamental erklärbar, der Großteil der Kursbewegungen an der Börse wird hingegen von Emotionen der Marktteilnehmer gesteuert.

1 992 EURO
wurden nach einer Studie der Fondsgesellschaft Fidelity aus 1000 Euro, wenn Anleger diese von 1999 bis Ende Mai 2016 in den MSCI Europe investiert hatten. Das entspricht rund 4 Prozent Rendite pro Jahr.

1 023 EURO
also nur 0,1 Prozent pro Jahr, wären es gewesen, wenn ein Anleger die besten zehn Börsentage in dieser Periode verpasst hätte.

Nicht aus Fehlern lernen

Auch wenn Sie alle vorgenannten Empfehlungen berücksichtigen, kann es passieren, dass Sie auch einmal einen Fehler machen. Wenn Sie Ihre Anlagen breit gestreut haben, wird Sie das nicht umwerfen. Ein schlimmer Fehler wäre es aber, nicht aus Ihren Fehlern zu lernen.

Wenn es mit Ihren Einzelaktien nicht so läuft, wie Sie es sich vorgestellt haben, machen Sie am besten erst einmal einen Schritt zurück. Schauen Sie sich noch einmal Ihre Strategie und Ihre Einstiegs- und Verkaufszeitpunkte genauer an. Haben Sie vielleicht übereilt gekauft? Oder zu früh/zu spät verkauft? Lernen Sie aus Ihren Fehlern, bevor Sie Ihre nächsten Transaktionen machen, und Sie werden Ihre Erfolge verbessern. Niemand wird zum Börsenprofi geboren. Es kann auch sein, dass Sie nach der Analyse entscheiden, von Einzelaktienanlagen Abstand zu nehmen und lieber ausschließlich in Fonds zu investieren.

Noch ein paar Börsenweisheiten

Manche Börsenweisheiten helfen, Anlageentscheidungen zu überprüfen. Zumindest „outen" Sie sich als „Börsenexperte", wenn Sie diese im richtigen Moment fallen lassen…

Es gibt zahlreiche Börsenweisheiten und -sprichwörter, die teilweise auf langjährigen Erfahrungen von Börsenprofis beruhen. Wie auch sonst in Sprichwörtern steckt daher in manchen Börsenregeln viel Wahres. Eigene Anlageentscheidungen und eine konsequente Anlagestrategie können diese Regeln zwar nicht ersetzen. Oft hilft es Anlegern aber, sich die Bedeutungen einiger Börsensprüche vor einer Anlage noch einmal ins Gedächtnis zu rufen.

„Die Börsenspekulation ist wie eine Skatpartie. Man muss mit guten Karten mehr gewinnen, als man mit schlechten Karten verliert."

André Kostolany

„Never catch a falling knife"

Nicht ins fallende Messer zu greifen, soll bedeuten, keine Aktien zu kaufen, deren Kurs noch fällt. Anleger sollten eine Aktie nie kaufen, nur weil diese schon um x Prozent gefallen ist. Sie kann dennoch weiterhin hohe Verluste erzielen, wenn das Unternehmen keine Zukunftsperspektive hat oder der Markt das Unternehmen „abstraft". Haben Anleger die Aktie analysiert und festgestellt, dass diese unterbewertet ist, sollten sie sie weiter beobachten und zugreifen, wenn der Abwärtstrend beendet ist.

„The trend is your friend"

Diese Regel rät Anlegern, sich nicht gegen den vorherrschenden Trend zu stellen. Denn, wie eine andere Regel besagt „Der Markt hat immer recht". Solange eine Aktie sich im Aufwärtstrend bewegt, sollten Sie möglichst an dieser festhalten und „Gewinne laufen lassen".

„Sell in May and go away"

Auch in der Regel „Sell in May and go away" steckt ein Fünkchen Wahrheit. Da viele Marktteilnehmer in den Sommermonaten in Urlaub gehen, verkaufen sie vorher häufig sicherheitshalber ihre Aktien. Dies führt statistisch dazu, dass die Sommermonate oft schwache Börsenmonate sind. Nach manchen Untersuchungen hat sich der Mai aus der Börsenregel eher in den Juli oder August verschoben. Natürlich kann es aber auch anders verlaufen. Dann verpassen Anleger möglicherweise Monate mit großen Kursentwicklungen, wie es beispielsweise im Frühjahr 2009 nach dem Crash war, den die Finanzkrise ausgelöst hatte. Zu der Sell-in-May-Regel gibt es übrigens noch eine Erweiterung: „... but remember to come back in September".

Der Weg zur Aktie

Der Aktienkauf ist einfach, wenn man weiß, worauf man achten muss. Am Anfang steht die Auswahl der richtigen Informationen. Am Ende kommt die ganz konkrete Umsetzung.

Informationsquellen

Heutzutage ist es weniger ein Problem, Informationen zu finden, als aus der Flut der Informations- und Nachrichtenangebote diejenigen herauszufiltern, die wirklich wichtig sind.

Eine gute erste Anlaufstelle bei der Aktienrecherche sind die Internetseiten der Direktbanken. Dort finden Sie Übersichten, Kennzahlen, Firmenporträts und Charttools zu vielen Einzelaktien. Geben Sie einfach die Wertpapierkennnummer oder den Namen der Aktien, für die Sie sich interessieren, ein in das Suchfenster auf der Startseite von zum Beispiel:

- www.comdirect.de
- www.ing.de
- www.consorsbank.de

Erweisen sich bestimmte Aktien bei Ihrer Recherche auf den Internetseiten als interessant, sollten Sie tiefer einsteigen. Bei der Detailanalyse helfen Ihnen spezifische Informationsquellen.

Informationen zur Wirtschaftslage

Zur Routine eines Aktionärs gehört es, die laufende Berichterstattung über die internationalen Finanzmärkte zu verfolgen und die wichtigsten Indizes im Blick zu haben. Da viele Faktoren Einfluss auf die Entwicklung der Aktienmärkte haben, reicht es nicht, nur die Aktien zu verfolgen, die sich bereits im Depot befinden. Vor dem Kauf einer Aktie sollten Sie daher auch spezielle Hintergrundinformationen zur allgemeinen wirtschaftlichen Lage sammeln und bewerten. Hilfreiche Internetseiten finden Sie hier:

▶ **Statistisches Bundesamt**
Eine hervorragende Seite für Anleger, die sich über volkswirtschaftlich relevante Statistiken informieren möchten, ist die Internetpräsenz des Statistischen Bundesamtes (www.destatis.de). Hier finden Sie unter anderem Zahlen und Fakten zu Konjunkturindikatoren, Ländern und Regionen und einzelnen Wirtschaftsbereichen. Weiterhin gibt es zahllose Statistiken zu Bevölkerung, Lebensbedingungen, Infrastruktur, Finanzen und Umwelt.

▶ **Deutsche Bundesbank**
Unter www.bundesbank.de finden Sie umfangreiche und unabhängige Monatsberichte zur Konjunktur sowie zum Aktien- und Rentenmarkt. Zudem gibt es Links zu EU-Zentralbanken und internationalen Organisationen.

▶ **Wirtschaftsforschungsinstitute**
Die führenden Wirtschaftsforschungsinstitute erstellen die Frühjahrs- und Herbstgutachten zur deutschen Konjunktur. Jedes Institut setzt dabei eigene Schwerpunkte.

- Deutsches Institut für Wirtschaftsforschung: www.diw.de
- Ifo Institut: www.ifo.de
- Leibnitz-Institut für Wirtschaftsforschung Halle: www.iwh-halle.de
- Rheinisch-Westfälisches Institut für Wirtschaftsforschung: www.rwi-essen.de

Den bekannten Geschäftsklimaindex gibt es beim Ifo-Institut. Den weitesten Blick über die Grenzen wirft das Institut für Weltwirtschaft in Kiel (www.ifw-kiel.de).

Alle Internetseiten sind empfehlenswert, aber nicht immer leicht zu lesen.

Ad-hoc-Meldungen und Unternehmensnachrichten

Aktiengesellschaften müssen kursrelevante Ereignisse in Ad-hoc-Meldungen publizieren. Damit soll gewährleistet sein, dass alle Aktionäre und außenstehenden Anleger eine faire Chance haben, auf neue Entwicklungen bei einem Unternehmen zu reagieren. Zu solchen kursrelevanten Meldungen gehören neben den regelmäßigen Geschäftszahlen zum Beispiel Veräußerungen von Kernbereichen des Unternehmens, Kapitalmaßnahmen, Übernahmen, aber auch die drohende Illiquidität und Überschuldung des Unternehmens.

„Es soll verhindert werden, dass Personen, die Zugriff auf vertrauliche kursrelevante Informationen haben (Insider), aus ihrem Wissensvorsprung Kapital schlagen können.

Es soll verhindert werden, dass Personen, die durch ihre Stellung oder Tätigkeit Zugriff auf vertrauliche kursrelevante Informationen haben – sogenannte Insider –, aus ihrem Wissensvorsprung Kapital schlagen können. Bevor ein Unternehmen eine Ad-hoc-Mitteilung ins Internet stellt, muss es diese der Börsenverwaltung und der Bundesanstalt für Finanzdienstleistungsaufsicht (Bafin) vorlegen, die die Veröffentlichung genehmigen muss.

Damit Unternehmen Ad-hoc-Mitteilungen nicht nutzen, um mit nichtssagenden Mitteilungen die Aufmerksamkeit potenzieller Anleger und Kunden auf sich zu ziehen, unterliegen nicht kursrelevante Meldungen ausdrücklich einem Veröffentlichungsverbot. Wer dies nicht beachtet, kann mit Bußgeldern belegt werden. Wenn Anlegern aufgrund einer unrichtigen, unterlassenen oder verspäteten Veröffentlichung ein Schaden entstanden ist, können sie unter Umständen Schadenersatz von

Empfehlungen nicht blind folgen Nachdem ein angesehenes Analysehaus oder eine große Bank eine Empfehlung ausgesprochen hat, kommt es häufig zu kurzfristigen Ausschlägen des Aktienkurses. Denn viele Anleger folgen der Einschätzung. Als Privatanleger sollten Sie sich aber besser Ihre eigene Meinung bilden und die Studien und Empfehlungen nur als nützliche Hintergrundinformation betrachten.

den jeweiligen Mitgliedern der Unternehmensverwaltung (Manager, Aufsichtsräte etc.) verlangen, die dafür verantwortlich sind.

Außerdem sind Mitglieder des Managements börsennotierter Aktiengesellschaften dazu verpflichtet, Geschäfte mit Wertpapieren des eigenen Unternehmens zu veröffentlichen. Aus diesen „Directors´ Dealings" können Anleger Schlüsse ziehen, wie führende Unternehmenslenker die Zukunft ihres Unternehmens sehen. Kaufen diese beispielsweise dessen Aktien, spricht dies dafür, dass sie die weitere Geschäftsentwicklung sehr positiv sehen.

Wenn Sie Ad-hoc-Mitteilungen suchen, werden Sie zum Beispiel auf der Internetseite der Deutschen Gesellschaft für Ad-hoc-Publizität (www.dgap.de) fündig. Sie veröffentlicht Ad-hoc-Mitteilungen, aber auch sonstige Unternehmensmitteilungen.

Eine gute Internetseite, um gezielt Nachrichten über Unternehmen zu suchen, ist www.finanznachrichten.de. Dort werden die Nachrichten und deren Quelle gelistet.

Investor Relations

Um Informationen aus erster Hand zu erhalten, können Privatanleger ebenso wie professionelle Investoren auf die Informationen der Unternehmen zurückgreifen. Börsennotierte Unternehmen bieten auf ihren Homepages nicht nur Informationen über ihre Produkte und Dienstleistungen, sondern betreiben dort auch Beziehungspflege (Investor Relations) zu Aktionären und potenziellen Investoren. Eine gut aufbereitete Internetpräsenz eines Unternehmens enthält meist folgende Punkte:

- Unternehmensprofil und -präsentation
- Bilanzen, Geschäfts- und Quartalsberichte zum Download
- Finanzkalender mit Terminen für Hauptversammlung, Geschäftsberichte etc.
- Archiv der letzten Ad-hoc- und Unternehmensmeldungen sowie Pressemitteilungen
- Vorstellung von Management und Aufsichtsrat
- Hinweise zu Bankstudien – auch zu nicht ausschließlich positiven –, die die eigene Aktie betreffen

Zur Kür in Sachen Investor Relations gehört es, ein Image des Unternehmens und der Aktie zu erzeugen, das die Anleger mit Aktie und Unternehmen zufrieden sein lässt. Denn zufriedene Aktionäre sind in aller Regel treue Aktionäre.

Experteneinschätzungen

Eine interessante Informationsquelle können auch Analysen und sogenannte Research-Reports sein, die Banken, Investmentgesellschaften und Wertpapierbroker regelmäßig erstellen. Am Ende solcher Analysen steht häufig eine Empfehlung, was Anleger hinsichtlich der Aktie tun sollten (➚ Tabelle „Empfehlungen und ihre Bedeutung").

Siehe die Tabelle „Empfehlungen und ihre Bedeutung", S. 188.

Analysten verwenden häufig nicht ganz eindeutige Empfehlungen. Wenn sie beispielsweise von „Halten" statt von „Verkaufen" sprechen, klingt das unverfänglicher und macht die Analyse weniger angreifbar, falls sich die Aktie doch positiv entwickelt.

Empfehlungen und ihre Bedeutung

Analysten bewerten Aktien und sprechen Empfehlungen dafür aus. Sie verwenden unterschiedliche Begriffe, um ihre Einschätzung auf den Punkt zu bringen.

Einschätzung	Bedeutung
Starker Kauf / Strong Buy	Absolute Kaufempfehlung.
Kaufen / Buy	Der Aktie wird ein überdurchschnittlicher Kursanstieg zugetraut.
Halten / Neutral	Neueinstieg / Kauf lohnt nicht. Wer Aktie schon besitzt, muss aber nicht verkaufen.
Reduzieren	Aktienposition abbauen.
Verkaufen / Sell	Aktie unbedingt meiden beziehungsweise verkaufen.
Outperformer	Aktie wird sich besser entwickeln als der Markt.
Marketperformer	Aktie wird sich in etwa wie der Markt entwickeln.
Underperformer	Aktie wird sich schlechter als der Markt entwickeln.
Long-term Buy	Nur „Langfristig ein Kauf".

▸ Börsenbriefe

Etliche kostenpflichtige Börsenbriefe buhlen um Kleinanleger. Sie versprechen ihnen hohe Gewinne, wenn sie deren regelmäßig erscheinenden Kaufempfehlungen folgen. In der Realität ist es meist mehr als fraglich, ob Anleger das Geld der Abonnements durch deren Ratschläge wieder hereinholen können. Schließlich kosten diese oft mehrere Hundert Euro. Anleger sollten sich grundsätzlich nicht blindlings auf andere Einschätzungen verlassen, sondern immer selbst „nachdenken".

▸ Internetforen

Ebenfalls mit Vorsicht zu genießen sind Foren im Internet, in denen Aktienfans Tipps und Informationen austauschen. Selten werden dort gewissenhaft recherchierte Informationen weitergegeben. Spekulationen und Gerüchte können relativ ungehemmt verbreitet werden. Es ist sehr wahrscheinlich, dass der Tippgeber die Aktie selbst schon gekauft hat und deren Kurs durch seine Empfehlungen „pushen" will. Das simple Kalkül: Kaufen mehr Anleger diese Aktie, steigt deren Preis.

Wer steckt dahinter?

Eine Information ist erst vollständig, wenn man weiß, von wem sie stammt und wie der Informationsgeber zu seinen Ergebnissen gekommen ist. Fragen Sie sich immer, wem die Information etwas nützt und wie objektiv sie dann noch sein kann.

Aktien handeln

Wenn Sie alle Informationen zusammengetragen und bewertet haben, geht es an die Umsetzung und damit den Aktienkauf oder -verkauf.

Sobald Sie ein Depot bei einer Filial- oder Direktbank eröffnet haben, können Sie Wertpapiere kaufen. Wenn Sie selbst den Wertpapierkauf per Onlinebanking durchführen oder diesen bei Ihrer Bank in Auftrag geben, benötigen Sie die nachfolgenden Informationen.

- **Isin.** Im Zuge der Internationalisierung des Finanzwesens wurde die sechsstellige Wertpapierkennnummer (WKN) von der auf der ganzen Welt gebräuchlichen zwölfstelligen International Securities Identification Number (Isin) abgelöst. Meist werden aber nach wie vor beide Nummern angegeben. In der Schweiz wird noch die Valorennummer (Valor) verwendet. Anhand der Isin kann ein an der Börse gehandeltes Wertpapier eindeutig identifiziert werden. Wenn Sie die Isin oder WKN nicht kennen, finden Sie sie in der Regel über die Suchmaske beim Onlinebanking oder im Internet.
- **Stückzahl.** Als Nächstes müssen Sie die Stückzahl angeben, also wie viele Aktien Sie kaufen wollen. Meist überlegen Anleger sich, wie viel Geld sie investieren wollen. Aus der Division „Kaufsumme durch Stückpreis je Aktie" ergibt sich die Stückzahl, die Sie sich leisten können. Schauen Sie sich zunächst den aktuellen Kurs der Aktie an, um zu ermitteln, wie viele Aktien Sie kaufen können.

Der richtige Börsenplatz

Aktien werden in der Regel an verschiedenen Börsen gehandelt. Die Eingabemasken beim Onlinebanking zeigen meist eine Vorauswahl der Börsen, an denen das Papier gehandelt wird. In Deutschland werden die meisten Aktienorders über den Handelsplatz Xetra an der Frankfurter Wertpapierbörse abgewickelt. Wird ein Wertpapier auch an einer der Regionalbörsen wie Berlin, Düsseldorf, Hamburg-Hannover, München oder Stuttgart gehandelt, können sich die Kurse unterscheiden. Denn die Börsen sind unabhängig voneinander, und die Kurse hängen von Angebot und Nachfrage an der jeweiligen Börse ab.

Privatanleger sollten aber nicht nur auf den zuletzt gehandelten Kurs schauen und dann an der vermeintlich günstigsten Börse kaufen. Auch wenn der Kurs einer Aktie zum Zeitpunkt der Orderaufgabe an einer Regionalbörse am günstigsten war, kann es passieren, dass dort zu diesem Preis kein Umsatz zustande kommt, weil es an entsprechenden Verkäufern fehlt. Im Vergleich zu Xetra werden an den Regionalbörsen oft nur geringe Stückzahlen bei Aktien umgesetzt. Der Spread, also die Differenz zwischen Kauf- und Verkaufskurs ist dort deshalb häufig höher.

Grundsätzlich sollten Sie aber eine Aktie dort kaufen, wo deren größter Umsatz stattfindet. Das garantiert in der Regel transparente, marktnahe Preise und eine zeitnahe Ausführung der Order. Vor allem bei den wichtigsten deutschen Aktien ist Xetra daher meist die richtige Wahl. Da auch Großinvestoren dort ihren Handel abwickeln, ist dieser entsprechend rege, und eine Order kann während der Handelszeit fortlaufend ausgeführt werden. Nennenswerte Preisunterschiede gibt es zwischen den deutschen Börsenplätzen nicht.

Wollen Sie ausländische Aktien kaufen, die nicht an einer deutschen Börse gehandelt werden, müssen Sie als Handelsplatz eine ausländische Börse angeben, an der die Aktie gelistet ist. Der Kauf an einer ausländischen Börse kann sich auch anbieten, wenn eine Aktie in Deutschland nur in sehr geringen Stückzahlen gehandelt wird. Dann ist der Spread an der

Gut zu wissen

Die richtige Limithöhe. Wenn Sie unbedingt an einem bestimmten Tag kaufen möchten, legen Sie das Limit immer etwas oberhalb des aktuellen Kurses fest. Dann kommen Sie mit hoher Wahrscheinlichkeit zum Zug, sofern das Wertpapier gehandelt wird. Wenn Sie jedoch erst kaufen möchten, wenn der Kurs unter eine bestimmte Marke rutscht, dann setzen Sie das Limit entsprechend tiefer als den aktuellen Kurs. Sofern Sie länger auf günstige Preise warten können, setzen Sie das Limit an Ihrem Zielkurs.

ausländischen Börse meist wesentlich kleiner. Beachten Sie immer die Gebühren, die beim Wertpapierhandel im Ausland entstehen, und mögliche Währungsschwankungen, wenn die Aktien dort nicht in Euro notiert sind. Auch können Sie an Auslandsbörsen nur während der dortigen Handelszeiten ordern. Wenn Sie über eine deutsche Börse ausländische Aktien kaufen, sollte die Auslandsbörse geöffnet haben, damit die Spreads möglichst eng sind.

Umsätze zeigen den richtigen Börsenplatz

Bei einer Direktbank wird in der Übersichtsmaske zu einem Wertpapier die Anzahl der Kurse an den verschiedenen Handelsplätzen angezeigt. Daraus können Sie ableiten, wo der Handel besonders rege und damit transparent ist.

Direkthandel statt Börse

Banken und Discountbroker bieten ihren Kunden an, Wertpapiere außerbörslich direkt per Internet mit einzelnen Wertpapierhäusern zu handeln. Das macht Anleger flexibler und kann Geld sparen. Sie können spätabends oder sogar am Wochenende Ihre Order aufgeben und bekommen einen verlässlichen Kurs. Beim außerbörslichen Kauf oder Verkauf wird ein fester Preis garantiert, den Sie allerdings innerhalb weniger Sekunden akzeptieren oder ablehnen müssen. Das erspart die Ungewissheit, ob der gewünschte Handel tatsächlich stattfindet, und es gibt keine ärgerlichen Teilausführungen. Beim normalen Börsenhandel und vor allem im Handelssystem Xetra werden Aktienorders teilweise portionsweise bedient. Es ist durchaus möglich, dass ein Kauf in mehrere Einzelorders zerlegt wird und so zusätzliche Transaktionskosten entstehen.

Ein Nachteil des Direkthandels ist vor allem die Gefahr, dass Sie wegen geringerer Umsätze und mangels Transparenz mehr bezahlen als beim Kauf über die Börse. Außerhalb der offiziellen Börsenzeiten sollten Sie im Direkthandel nur in Ausnahmefällen handeln, weil es dann keinen aktuellen Börsenkurs als Vergleichsmaßstab gibt.

Limits zur Feineinstellung

Bei einer Wertpapierorder sollten Sie grundsätzlich ein Limit angeben. Damit verhindern Sie, dass Sie zu einem zu hohen Preis kaufen oder zu billig verkaufen. Steigt der Kurs nach Ihrer Kaufordereingabe über Ihr Limit, wird der Auftrag nicht mehr ausgeführt. Bei einem Verkauf bedeutet ein Limit, dass nicht verkauft wird, wenn Sie nicht mindestens den vorgegebenen Preis erzielen. Ohne ein Limit wird die Order „billigst“ (bei Kauf) beziehungsweise „bestens“ (bei Verkauf) ausgeführt. Das heißt, sobald sich ein Käufer beziehungsweise Verkäufer findet, kommt der Handel zustande. Der Preis kann dann unter Umständen weit von Ihren Vorstellungen entfernt liegen.

Sie können bei Limit-Orders festlegen, wie lange diese gelten sollen. Wird eine Wertpapierorder nicht am Tag der Auftragserteilung ausgeführt, wird die Bank versuchen, diese am Folgetag auszuführen. Sofern Sie nichts anderes angegeben haben, bleibt der Auftrag bis zum Monatsende (Ultimo) gültig.

Ein Nachteil bei Limit-Orders ist, dass manchmal nur ein Teil des Auftrags zum festgelegten Preis ausgeführt werden kann. Die Restausführung erfolgt erst später oder aber gar nicht. Gerade bei seltener gehandelten Wertpapieren kann das dazu führen, dass die Order nur häppchenweise ausgeführt wird und mit jeder Teilausführung Gebühren entstehen. Mit einer Fill-or-kill-Order (erfülle oder vernichte) können Sie festlegen, dass der Auftrag nur vollständig oder aber gar nicht ausgeführt wird.

Verluste mit Limits begrenzen

Sie können auch Limits setzen, um sich vor zu hohen Verlusten zu schützen, falls der Kurs Ihrer Aktie abstürzen sollte. Dazu können Sie eine Stop-Loss-Order erteilen. Dafür müssen Sie einen Tiefstkurs für Ihre Aktie festlegen. Berührt sie diese Schwelle, wird automatisch ein Verkaufsauftrag ausgelöst und die Aktie zum nächsten Kurs verkauft. Stop-Loss-Orders schützen allerdings nur bedingt vor einem plötzlichen Crash. Denn bei einer Stop-Loss-Order wird der Verkauf zum nächstmöglichen Kurs durchgeführt. Fällt der Preis bei einem Crash aber steil nach unten, kann der nächste festgestellte Kurs weit unter der persönlichen Stoppmarke liegen.

Beispiel: Der aktuelle Wert einer Aktie beträgt 100 Euro. Der Anleger hat sein Stop-Loss-Limit bei 90 Euro gesetzt. Es soll also ein Verkauf stattfinden, wenn der Preis unter 90 Euro fällt. Stürzt die Aktie während eines Crashs allerdings direkt von 100 auf 80 Euro, würde der Stop-Loss-Auftrag bei 80 Euro ausgeführt.

Manche Direktbanken bieten daher die Möglichkeit, eine Stop-Loss-Order mit Limit einzugeben. Damit können Sie bei einem Crash vermeiden, dass der Stopp automatisch zum nächstmöglichen Preis eintritt. Er wird nur ausgeführt, wenn ein bestimmter Mindestpreis, den Sie festgelegt haben, nicht unterschritten wird. Das kann aber dazu führen, dass Ihre Order nach Erreichen der Stopp-Schwelle gar nicht ausgeführt wird, weil die nachfolgenden Kurse schlechter als Ihr gewähltes Preislimit sind.

Beispiel: Sie könnten den Stopp bei 90 Euro und das Limit bei 85 Euro setzen. Wäre der nächste festgestellte Kurs 80 Euro, würde das Limit nicht greifen. Läge der nächste festgestellte Kurs hingegen zwischen 85 Euro und 90 Euro, würde der Verkaufsauftrag ausgeführt.

Es gibt auch automatisch nachgezogene Stop-Loss-Orders, sogenannte Trailing-Stops. Diese können Sie gut dazu nutzen, Gewinne laufen zu lassen und gleichzeitig Verluste zu begrenzen. Es gibt Trailing-Stops mit prozentualem oder absolutem Abstand von einem festgestellten Kurs. Sichern Sie beispielsweise eine Aktienposition mit einem Trailing-Stop von 10 Prozent ab, wird automatisch mit jedem neuen Höchstkurs der Aktie ein neues Stop-Loss-Limit platziert, das 10 Prozent unter dem jeweiligen neuen Höchstkurs liegt. Sie werden also von dem Aufwand befreit, täglich neue Stop-Loss-Limits einzugeben.

Aktiensparpläne

Wer Einzelaktien kaufen will, braucht dafür normalerweise mindestens 37 500 Euro, um eine sinnvolle Streuung zu erreichen und nicht zu viel Gebühren zu zahlen. Bei günstigen Direktbanken reichen zirka 15 000 Euro. Anleger, die mit weniger anfangen wollen, können Aktiensparpläne einrichten und bei einigen Direktbanken regelmäßig kleinere Beträge (ab 25 Euro) einzahlen. Die Auswahl der Aktien ist zwar begrenzt, die Direktbanken haben aber Aktien aus Dax, MDax, TecDax und einige internationale Aktien im Angebot.

Die Aktionäre auf Raten können bei einigen Direktbanken Aktien kaufen, die teurer sind als die Sparrate. Sie erwerben dann Bruchstücke. Oder sie können ihre Sparrate auf mehrere Aktien verteilen. Das ist bequem und hat den Vorteil, dass Anleger mit geringen monatlichen Sparraten die Aktien ihrer Wahl ansparen können.

Fonds

Wie Fonds funktionieren

Wer sich nicht dauerhaft mit Minirenditen abgeben will, sollte sich auch mit Investmentfonds beschäftigen. Fonds bieten Anlegern die Möglichkeit, sich mit wenig Aufwand und kleinen Anlagebeträgen ein breit gestreutes Portfolio aufzubauen.

Breite Anlagestreuung – geringeres Risiko

Investmentfonds bündeln das Kapital vieler Anleger und verteilen es für diese auf viele verschiedene Anlagen.

Viele Anleger können oder wollen sich nicht ständig darum kümmern, die besten Anlagemöglichkeiten an den internationalen Aktien-, Anleihen- oder Immobilienmärkten zu suchen. So mancher möchte auch gern von der Entwicklung an den Kapitalmärkten profitieren, ihm fehlt jedoch das Kapital, das nötig wäre, um mit professionellen Vermögensverwaltern und Banken mithalten zu können. Kleinanleger, die zum Beispiel gerade erst ins Berufsleben gestartet sind oder noch ein Eigenheim abbezahlen, suchen nach einer Möglichkeit, mit kleinen Summen regelmäßig rentabel für die Altersvorsorge zu sparen. Für alle diese Anlegergruppen sind Investmentfonds, kurz: Fonds, ideal. Sie bieten die Möglichkeit, sich ohne großen finanziellen und zeitlichen Aufwand an den Börsen zu engagieren.

Professionelles Investieren leicht gemacht

Das Prinzip eines Investmentfonds ist einfach: Eine Fondsgesellschaft (auch Kapitalverwaltungsgesellschaft genannt) legt einen Fonds mit einem bestimmten Anlageschwerpunkt auf. Die Anleger können Anteile am Fonds kaufen, indem sie einmalig einen größeren Betrag investieren oder über einen Sparplan regelmäßig Geld einzahlen. So bündelt die Fondsgesellschaft das Kapital vieler Anleger im Fonds, und es entsteht ein großes Fondsvermögen. Um die professionelle Verwaltung und Anlage des gesammelten Geldes kümmert sich ein Profi, der Fondsmanager. Er kann je nach Schwerpunkt des Fonds Aktien, Anleihen, Immobilien, Rohstoffe oder andere Fonds damit kaufen. Beispielsweise wird der Fondsmanager eines Aktienfonds mit Schwerpunkt Deutschland in deutsche Aktien investieren; liegt der Anlageschwerpunkt des Fonds auf europäischen Anleihen, wird er hingegen am Markt für europäische Anleihen nach lukrativen Papieren suchen.

Die Fondsgesellschaft kann im Gegensatz zu einzelnen Anlegern an den Finanzmärkten als Großanleger auftreten und zum Beispiel kostengünstiger und wirtschaftlicher investieren, als es für einen Anleger allein möglich wäre. Das Fondsmanagement hat überdies häufig Wissens- und Informationsvorsprünge gegenüber Privatanlegern. So besuchen zum Beispiel viele Fondsmanager die Unternehmen, in die sie investieren wollen, und sprechen mit der Geschäftsführung über die Zukunftsaussichten. Außerdem können Fondsmanager auf einen großen Stab an Analysten und Experten in den Anlageregionen zurückgreifen. Da sie sich täglich mit dem Marktgeschehen auseinandersetzen, können sie schneller als ein einzelner Anleger Veränderungen erkennen und entsprechend reagieren.

Die Fondsgesellschaft unterliegt den Vorgaben des Kapitalanlagegesetzbuches (KAGB). Dieses schreibt unter anderem vor, dass Fonds den Grundsatz der Risikostreuung einhalten müssen. Danach dürfen Aktienfonds grundsätzlich nur maximal 5 Prozent des Fondsvermögens in ein einzelnes Wertpapier investieren. Wenn die Vertragsbedingungen des Fonds dies vorsehen, dürfen bis zu 10 Prozent in ein einzelnes Wertpapier investiert werden, und zwar bis zu einer Obergrenze von 40 Prozent. Der Fonds muss also mindestens 16 verschiedene Werte halten (4 x 10 plus 12 x 5). Bei Offenen Immobilienfonds ist es in der Anlaufzeit ausreichend, wenn sie über nur drei Objekte verfügen, danach müssen sie aber mehr Objekte erwerben, um dem Grundsatz der Risikomischung gerecht zu werden. Dabei darf der Preis einer neuerworbenen Immobilie 15 Prozent des Fondsvermögens nicht übersteigen.

Ein großer Vorteil von Investmentfonds ist daher, dass Anleger sich mit kleinen Anlagebeträgen beteiligen und dennoch eine breite Streuung (Diversifikation) in unterschiedliche Wertpapiere und Finanzmärkte erreichen können. Am Beispiel eines Aktienfonds lässt sich das leicht verdeutlichen: So müsste in ein Depot aus Einzelaktien deutlich mehr Kapital fließen als in einen entsprechenden Aktienfonds, um eine ausreichende Streuung zu ge-

---

Fonds, die allen Anlegern offenstehen und deren Anteile nicht beschränkt sind, werden als Publikumsfonds bezeichnet. Hingegen sind sogenannte Spezialfonds nicht für die breite Öffentlichkeit, sondern vor allem für institutionelle Anleger wie Versicherungen und Pensionskassen konzipiert. Spezialfonds sind weniger reguliert als Publikumsfonds, da sie sich nur an einen ausgewählten Anlegerkreis wenden.

währleisten. Beim Fonds ist das Verlustrisiko gemessen am Gesamtvermögen erheblich niedriger als bei einem Depot, das nur aus wenigen Einzelaktien besteht. Wenn sich im Fonds einige Werte schlecht entwickeln, gibt es noch viele andere, die dies ausgleichen können. In einem Einzeldepot mit wenigen Aktien wirken sich schlecht laufende Werte hingegen prozentual deutlich stärker aus.

Der Anteilspreis eines Fonds kann dennoch stark schwanken. Das Marktrisiko bleibt: Wenn die Kurse der Märkte fallen, in denen ein Fonds laut seinen Anlagegrundsätzen investiert ist, wird auch der Wert des Fonds fallen. Anleger haben als Fondsinhaber aber nicht wie der Direktanleger das Risiko, womöglich genau die „falschen" Titel gekauft zu haben, die sich unabhängig vom Markt schlecht entwickeln.

Oft können sich Anleger schon ab einem Betrag von 250 Euro an einem Fonds beteiligen. Spätere weitere Einzahlungen in gleicher Höhe oder mit einem größeren Betrag sind grundsätzlich jederzeit möglich. Für Anleger mit kleinerem Geldbeutel bieten viele Fondsgesellschaften sparplanfähige Fonds an. Dann können Anleger mit regelmäßigen Beiträgen ab oft schon 25 Euro im Monat in den Fonds sparen, um zum Beispiel langfristig für den Ruhestand vorzusorgen.

Die Fondsgesellschaften informieren in Halbjahres- und Jahresberichten ausführlich über ihre Transaktionen. Auf ihren Homepages veröffentlichen viele Informationen über die aktuelle Aufteilung des Fondsvermögens nach Ländern, Regionen, Branchen und Anlageklassen sowie die größten Einzelpositionen. In den sogenannten Wesentlichen Anlegerinformationen werden die wichtigsten Informationen zum jeweiligen Fonds für Anleger auf zwei DIN-A4-Seiten zusammengefasst.

Die bunte Welt der Fonds

Anleger haben die Wahl zwischen vielen verschiedenen Fondsarten. Die wichtigsten sind Aktien- und Rentenfonds. Dazu kommen offene Immobilienfonds, Mischfonds und zahlreiche weitere:

▶ Aktienfonds

Diese investieren das Geld der Anleger in Aktien, also Anteilen an börsennotierten Unternehmen. Je nach Land oder Region, auf die sich die Fondsmanager bei der Auswahl der Aktien konzentrieren, unterscheidet man weltweit anlegende, Regionenfonds oder Länderfonds. Aktienfonds Welt, auch weltweit oder international anlegende Fonds genannt, investieren das Geld der Anleger in Aktien von Unternehmen rund um den Globus. Regionenfonds beschränken die Auswahl auf bestimmte Regionen. So investieren Aktienfonds Europa nur in europäischen Ländern, Aktienfonds Asien kaufen nur Aktien aus Asien. Länderfonds wiederum suchen nur in bestimmten Ländern nach aussichtsreichen Aktien (zum Beispiel Deutschland, USA oder China).

Andere Fonds konzentrieren sich auf bestimmte Branchen oder Anlagethemen. Branchenfonds sind Aktienfonds, die ausschließlich in Unternehmen einer bestimmten Branche (beispielsweise Pharma-, Solar- oder Biotechnologieaktien) investieren. Sie werden häufig auf den Markt gebracht, wenn gerade eine bestimmte Branche boomt. Themenfonds setzen auf eine einzige Anlageidee, etwa auf Informationstechnologie oder Neue Energien.

Breit gestreut welt- oder europaweit anlegende Aktienfonds rechnet man meist zu den sogenannten Basisanlagen bei der Fondsanlage. Fonds mit speziellen Themen und daher auch höheren Risiken eignen sich grundsätzlich eher als Beimischung. Sie sollten nur einen kleinen Anteil am gesamten Fondsvermögen eines Anlegers ausmachen.

▶ Rentenfonds (Anleihefonds)

Das sind Fonds, bei denen die Fondsmanager das Anlegergeld in festverzinsliche Wertpapiere wie Staats- und Unternehmensanleihen oder Pfandbriefe investieren. Im Vordergrund stehen dabei Zinserträge. Auch bei Rentenfonds kann man verschiedene Anlageschwerpunkte unterscheiden. So gibt es unter anderem weltweit oder europaweit anlegende

Rentenfonds. Ein weiteres Unterscheidungskriterium ist, auf welche Herausgeber (Emittenten) sich der Fonds spezialisiert. So können Staaten oder Unternehmen Herausgeber von Anleihen sein. Weitere Unterscheidungskriterien sind die Währung der Anleihen (zum Beispiel Euro oder Dollar) und die Laufzeiten der Papiere.

▶ **Offene Immobilienfonds**

Diese investieren das Anlegerkapital in Wohn- und Gewerbeimmobilien. Sie kaufen beispielsweise Einkaufszentren, Hotels und Bürogebäude. Ihre Erträge erwirtschaften sie vor allem mit Mieteinnahmen und Gewinnen aus dem Wiederverkauf der Immobilien.

▶ **Mischfonds**

Bei Mischfonds gibt es viele Anlagestrategien und -konzepte. In klassischen Mischfonds wird das Geld der Anleger in einem vorgegebenen Rahmen in Aktien und Anleihen angelegt. Das Fondsmanagement hat einen gewissen Spielraum, wie es Aktien- und Anleihenanteil – je nach Marktsituation – gewichtet. Je höher der mögliche Aktienanteil, desto größer sind die Ertragschancen und Risiken des Fonds. Man kann Mischfonds nach ihrem Aktienanteil grob einteilen in offensive Mischfonds mit der höchsten Aktienquote, defensive mit dem geringsten Aktienanteil und ausgewogene Mischfonds, die sich zwischen den beiden Kategorien bewegen.

Weitere Einzelheiten zu den verschiedenen Fondsarten erfahren Sie im Abschnitt „Wie Fonds ihr Geld anlegen" ab S.224.

Aktives und passives Management (ETF)

Nur wenige Fondsmanager erzielen bessere Ergebnisse als ihr Vergleichsindex. Die Entwicklung von Indexfonds (ETF) war daher eine logische Konsequenz.

Bei den bereits beschriebenen Fonds verfolgt ein Fondsmanager eine eigene Strategie und setzt sein Können ein, um die Gelder im Fonds möglichst lukrativ anzulegen. Seinen Anlageentscheidungen liegen Expertenanalysen, Bilanzkennzahlen und Gespräche mit vielen Unternehmensführern zugrunde. Man spricht davon, dass der Fonds aufgrund dieser Aktivitäten aktiv gemanagt wird.

Indizes bestimmen die Titelauswahl

Daneben gibt es sogenannte Indexfonds. Im Gegensatz zu den aktiv gemanagten Fonds orientiert sich die Zusammensetzung der Indexfonds allein an einem zugrundeliegenden ↗ Index. Ein Dax-Indexfonds bildet den Dax nach, ein Fonds auf den S & P 500 eben diesen Index. Dazu kann der Indexfonds die Originalwerte kaufen oder die Wertentwicklung des Index künstlich nachbilden. Da kein Fondsmanager erforderlich ist, um aufwendige Anlageentscheidungen zu treffen, spricht man auch von passiv gemanagten Fonds.

Mehr zu Indizes siehe „Indizes schaffen Vergleichbarkeit", S. 37 sowie „Aktienindizes", S. 146.

Inzwischen hat sich aber der Begriff „ETF" für Indexfonds weitgehend durchgesetzt. ETF ist kurz für Exchange Traded Fund. Das heißt so viel wie „börsengehandelter Fonds". Denn die meisten Indexfonds werden an der Börse gehandelt. Auch wenn genau genommen nicht alle Indexfonds an der Börse gehandelt

ETF erlebten einen rasanten Aufstieg

Immer mehr Geld steckt in den ETF, die an der Börse Frankfurt über Xetra gehandelt werden.

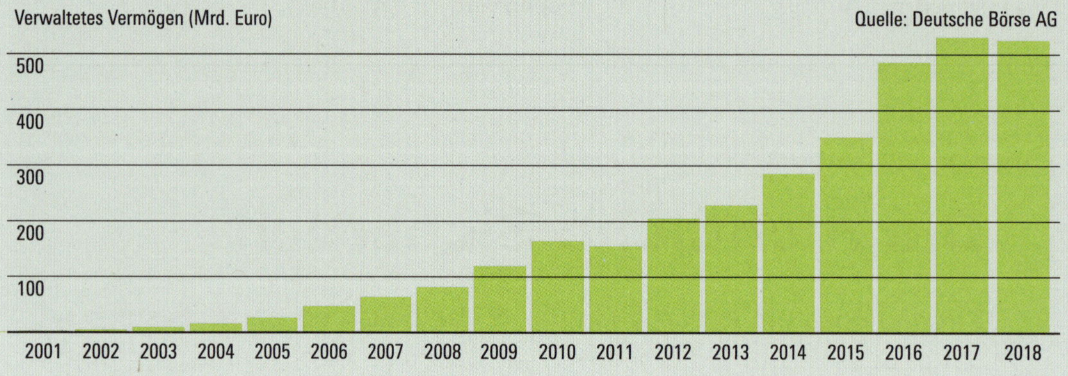

werden und nicht alle ETF Indexfonds sind, gebrauchen die meisten Experten die Begriffe synonym. ETF gibt es noch gar nicht lange. Sie haben sich in kurzer Zeit am Markt etabliert.

Eine kurze Geschichte der Fonds

Der wohl erste Investmentfonds nach heutigem Verständnis wurde im Jahr 1774 in den Niederlanden ins Leben gerufen. Er trug den Namen „Eintracht macht stark". Es wurden 2000 Fondsanteile ausgegeben und in Anlagerichtlinien genau definiert, in welche Anlagen und in welchen Regionen der Fonds investieren durfte. Im Jahr 1868 wurde in London die erste Investmentgesellschaft gegründet. Diese formulierte ihr Ziel für ihre Investmentfonds so: „Ziel der Gesellschaft ist es, dem kleinen Sparer denselben Vorteil zu verschaffen wie dem Reichen, indem das Risiko durch Streuung der Kapitalanlage vermindert wird." Der erste gemanagte Aktienfonds in den USA wurde 1924 aufgelegt. In den fünfziger Jahren des letzten Jahrhunderts gründete in Deutschland jede deutsche Großbank und Bankengruppe eine eigene Fondsgesellschaft. Der erste Aktienfonds in Deutschland war der „Fondak" Fonds, den es noch heute gibt.

Die Idee für einen einfachen „Indexfonds" kam aus der Wissenschaft. Ende der 1960er Jahre hatten die Akademiker Markowitz, Tobin und Sharpe theoretisch die Überlegenheit eines „Marktportfolios" hergeleitet. Der erste Indexfonds für institutionelle Anleger wurde dann 1971 in den USA aufgelegt. Dieser Samsonite Pension Fund bildete die Wertentwicklung von 1500 an der New Yorker Börse notierten Aktien nach, wobei die Aktien noch gleich gewichtet wurden. 1976 folgte dann der erste indexbasierte Fonds für Privatanleger. Er wurde von der Investmentgesellschaft Vanguard aufgelegt und bildete einen Index der 500 größten börsennotierten US-Unternehmen ab. Er wurde erst nach einer längeren Durststrecke und anfänglicher Skepsis seitens der Anleger zu einem Publikumsrenner und ist mittlerweile auf über 280 Milliarden Dollar angewachsen. Im Jahr 1993 wurde der erste kommerziell erfolgreiche börsengehandelte Fonds (ETF) an der American Stock Exchange gelistet. Im April 2000 war es dann auch in Europa so weit, und es wurden die ersten ETF eingeführt. Mittlerweile sind allein in Deutschland über 1400 ETF gelistet.

Das von ETF verwaltete Vermögen ist in den letzten Jahren ebenfalls rasant gestiegen. Während 2003 noch Werte von wenigen Hundert Milliarden Dollar in ETF verwaltet wurden, sind es inzwischen bereits rund 4,7 Billionen

Dollar weltweit und zirka 700 Milliarden Euro in Europa. Wie sich das in ETF verwaltete Vermögen entwickelt hat, das an der Börse Frankfurt gehandelt wird, zeigt die ↗ Grafik „ETF erlebten einen rasanten Aufstieg".

Nach Schätzungen des Deutschen Fondsverbandes BVI werden in Deutschland per 28. Februar 2018 über 1 Billion Euro in Publikumsfonds verwaltet; hinzu kommen rund 1,6 Billionen Euro in Spezialfonds.

Die rechtliche Sicherheit

Strenge gesetzliche Vorgaben und Sicherheitsmechanismen sorgen dafür, dass das Geld der Anleger im Fonds ordnungsgemäß verwaltet wird und bei einer Pleite der Fondsgesellschaft nicht verloren ist.

Investmentfonds sind „offene Fonds". Bei ihnen ist die Zahl der Anleger, die sich am Fonds beteiligen können, nicht begrenzt. Es gibt auch keine Grenzen für das Fondsvolumen, es kann nur wenige Millionen oder sogar viele Milliarden Euro betragen. Auch die Laufzeit der Fonds ist in der Regel offen. Sowohl aktiv gemanagte Fonds als auch ETF zählen zu den offenen Fonds.

Anders ist dies bei geschlossenen Fonds: Wenn eine bestimmte festgelegte Gesamtanlagesumme erreicht ist, wird der Fonds geschlossen. Geschlossene Fonds sind in der Regel unternehmerische Beteiligungen, bei denen ein Verkauf während der oft sehr langen Laufzeit kaum möglich ist. Wenn von „Aktien- oder Rentenfonds" die Rede ist, sind üblicherweise die offenen Investmentfonds gemeint.

Vorsicht vor geschlossenen Fonds

Anders als offene Investmentfonds werden geschlossene Fonds nicht an der Börse gehandelt. Bei ihnen wird der Anleger Mitunternehmer (in der Regel Kommanditist) mit allen Chancen und Risiken. Investitionsgüter für geschlossene Fonds können neben Immobilien unter anderem Schiffe (Schiffsfonds), Windkraftanlagen, Zweitmarkt-Kapitallebensversicherungen (US-, britische oder deutsche Lebensversicherungen), Venture-Capital/Private-Equity oder Filme (Medienfonds) sein. Während der Beteiligungsdauer von in der Regel sieben und mehr Jahren ist ein Verkauf der Beteiligung häufig kaum möglich. Solche Fonds weisen meist ein extrem hohes Risiko auf und sind für Kleinanleger nicht geeignet.

Das Kapitalanlagegesetzbuch

Am 22. Juli 2013 löste das Kapitalanlagegesetzbuch (KAGB) das Investmentgesetz in Deutschland ab. Seither ist es die rechtliche Grundlage für Verwalter offener und geschlossener Fonds.

Das KAGB hat das Ziel, für den Schutz der Anleger einen einheitlichen Standard zu schaffen und den grauen Kapitalmarkt (vor allem bei geschlossenen Fonds) einzudämmen. Das KAGB brachte auch einige Begriffsänderungen mit sich. So wurden aus den bisher Kapitalanlagegesellschaft (KAG) genannten Fondsgesellschaften durch das neue Gesetz Kapitalverwaltungsgesellschaften (KVG). Die

Mehr zu geschlossenen Fonds siehe unter „Geschlossene Fonds", S. 388.

ETF, die die Richtlinien der Europäischen Union zur Anlage in Wertpapieren einhalten, führen die Bezeichnung „Ucits ETF" im Namen. Diese ETF unterliegen denselben strengen Rahmenbedingungen bezüglich Anlegerschutz, Transparenz und Informationspflichten wie klassische Investmentfonds und sind so klar abgegrenzt zu anderen börsengehandelten Anlagen, die nicht den gleichen strengen Regeln unterliegen.

Depotbank wird im KAGB jetzt Verwahrstelle genannt. Die alten Begrifflichkeiten sind unter Fachleuten aber immer noch gebräuchlich.

Bei Insolvenz geschützt

Je nach Höhe ihrer Einlage erhalten Anleger Anteile an dem jeweiligen Fonds beziehungsweise ETF. Sie werden Miteigentümer am Fondsvermögen und haben entsprechend Anspruch auf eine Beteiligung am Gewinn des Fonds, der aus Dividenden, Zinsen oder Kursgewinnen stammen kann.

> **Das Fondsvermögen ist vor einer Insolvenz der Fondsgesellschaft oder einer Veruntreuung durch den Fondsmanager geschützt.**

Das Fondsvermögen steigt durch neue Einlagen von Anlegern und erwirtschaftete Gewinne oder fällt durch die Rückerstattung von Anteilen der Anleger oder erlittene Verluste. Der Gesamtbetrag dieses Vermögens ist rechtlich sogenanntes Sondervermögen. Dies bedeutet, dass die Anlegergelder im Fonds getrennt vom Vermögen der Fondsgesellschaft bei einer unabhängigen Depotbank (Verwahrstelle) verwahrt werden und weder die Fondsgesellschaft noch der Fondsmanager darauf zugreifen kann. Deshalb ist es vor einer Insolvenz der Fondsgesellschaft oder einer Veruntreuung durch den Fondsmanager geschützt. Der Investmentfonds haftet auch nicht für Schulden der Fondsgesellschaft.

Mehr zur Rückgabe von Immobilienfonds siehe „Eingeschränkte Rückgabe", S. 240.

Die Depotbank gibt Anteilsscheine am gesamten Fondsvermögen an die Anleger aus. Dabei wird bis auf drei Nachkommastellen genau berechnet, mit welchem Anteil der jeweilige Anleger Miteigentümer am Fondsvermögen ist. Mit der Depotbank haben Sie als Anleger übrigens keinen direkten Kontakt. Sie kaufen die Anteilsscheine zum Beispiel über eine Bank und verwahren sie in Ihrem Wertpapierdepot bei einer beliebigen Bank. Hier ist also zu unterscheiden zwischen der Depotbank als dem Kreditinstitut, bei dem das Sondervermögen von Investmentfonds hinterlegt und verwaltet wird, und dem Depot des Anlegers bei einer Bank, in dem seine persönlichen Wertpapiere geführt werden.

Ausstieg jederzeit möglich

Die Fondsgesellschaft ist verpflichtet, die Fondsanteile eines Anlegers jederzeit zum dann gültigen Rücknahmepreis zurückzunehmen. Eine Ausnahme sind offene Immobilienfonds. Bei ihnen gibt es zur Steuerung der flüssigen Mittel im Fonds besondere Kündigungsfristen, und die ↗ Rückgabe von Anteilen ist ab einer bestimmten Höhe aussetzbar.

Es ist Aufgabe der Verwahrstelle, neue Anteilsscheine auszugeben und sie von Anlegern, die verkaufen, zurückzunehmen. Dazu ermittelt sie börsentäglich den Nettoinventarwert. Der Preis eines Anteils an einem Investmentfonds wird nicht wie bei Aktien oder Anleihen durch Angebot und Nachfrage bestimmt. Der Wert ergibt sich vielmehr, indem das Fondsvermögen durch die Anzahl der Anteilsscheine dividiert wird. Steigt der Wert der vom Fonds gehaltenen Anlagen, erhöht sich das Fondsvermögen und somit der jeweilige Anteilspreis.

So wird der Wert eines Fondsanteils berechnet

	Tageswert sämtlicher Vermögenswerte des Fonds[1]
+	Summe der liquiden Mittel
–	Verbindlichkeiten des Fonds[2]
=	**Nettoinventarwert des Fonds**
/	Anzahl der ausgegebenen Anteilsscheine
=	**Rücknahmepreis pro Fondsanteil**

1 Bewertung der Wertpapiere zum aktuellen Tageskurs, Immobilien zum Ertragswert. 2 Zum Beispiel Managementkosten, Depotbankgebühr, An- und Verkaufsspesen

Da sich die Kurse der Wertpapiere im Fonds im Laufe eines Tages ständig ändern, wird der Rücknahmepreis meist nur einmal pro Tag festgestellt. Dabei wird eine bestimmte Stichzeit zugrunde gelegt – beispielsweise 13 Uhr. Dieser Preis gilt dann für alle Aufträge, die bis zu einem bestimmten Zeitpunkt (zum Beispiel bis 10 Uhr) bei der Fondsgesellschaft eingehen. Orders, die später eingehen, werden zum Anteilspreis des nächsten Tages abgerechnet.

Handel über die Börse

Neben der Möglichkeit, Fondsanteile über Ihre Bank an die Fondsgesellschaft zurückzugeben, gibt es mittlerweile für viele Fonds einen regen Börsenhandel, der ebenfalls über die Bank läuft. Fondsinhaber können somit auch außerhalb der Stichzeiten der Fondsgesellschaften zu den Börsenhandelszeiten ihre Anteile an Dritte verkaufen. An den Börsen bestimmt sich der Preis nach Angebot und Nachfrage. Bei ETF wird aber der Verkauf in der Regel eingestellt, wenn der Preis der ETF an der Börse zu sehr vom Wert der darin enthaltenen Aktien abweicht. Der Vorteil der Rückgabe an die Fondsgesellschaft ist, dass dies grundsätzlich kostenlos ist, während Anleger beim Verkauf über die Börse die normalen Transaktionskosten bezahlen müssen. Anleger können den Fonds auch dann an die Fondsgesellschaft zurückgeben, wenn sie ihn über die Börse gekauft haben. Andererseits rechnen Fondsgesellschaften nur einmal täglich ab. Für Anleger, die schnell einen Fonds kaufen oder verkaufen wollen, kann sich daher die Abwicklung über die Börse anbieten.

ETF werden grundsätzlich über die Börse gehandelt.

Gut zu wissen

Auch offene Investmentfonds geben in bestimmten Ausnahmefällen keine Anteile mehr aus. Hintergrund dafür ist meist, dass das Fondsmanagement die ihm zufließenden Anlegergelder nicht mehr sinnvoll investieren kann, die Nachfrage nach Fondsanteilen also die Investitionsmöglichkeiten übersteigt. Vor allem Fonds, die in kleineren Nischen investieren, wie zum Beispiel in kleine Schwellenländer oder Nebenwerte, sind davon betroffen, wenn sie zu erfolgreich sind und deshalb zu viele Anlegergelder anziehen. An der Börse können solche Fonds weiterhin gehandelt werden, vorausgesetzt, es gibt Anleger, die ihre Anteile verkaufen wollen. In einigen Fällen wurden offene Fonds aber auch schon geschlossen, weil sie keine liquiden Mittel mehr hatten, um Anleger auszuzahlen. Dann nahmen sie keine Anteile mehr zurück. Das war in der Finanzkrise bei offenen Immobilienfonds der Fall.

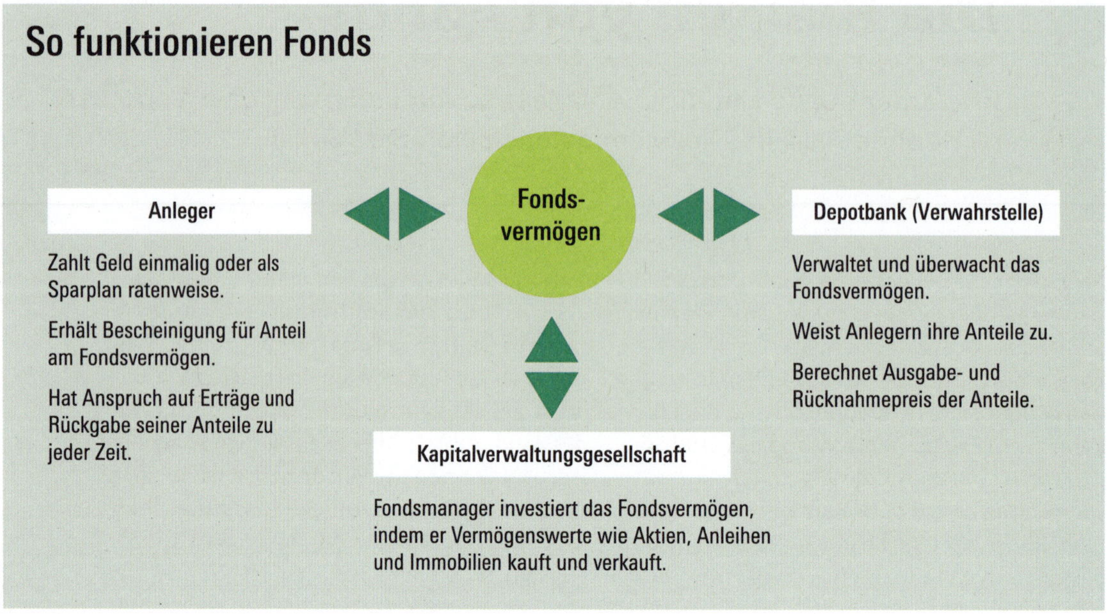

Die Verwahrstelle (Depotbank)

Die Verwahrstelle ist ein rechtlich und personell von der Fondsgesellschaft unabhängiges Kreditinstitut, bei dem das Sondervermögen eines Fonds hinterlegt wird. Daneben wacht die Verwahrstelle darüber, dass die Fonds die gesetzlichen Anlagegrenzen einhalten. Es dürfen bei aktiv gemanagten Fonds in keinem Fall mehr als 10 Prozent des Fondsvermögens in Wertpapiere nur eines Unternehmens investiert werden. Außerdem sorgt die Verwahrstelle dafür, dass sämtliche Zahlungen von Anlegern geleistet werden. Sie überwacht die Ermittlung der Anteilswerte durch die Fondsgesellschaft und prüft, ob die im Namen des Fonds durchgeführten Geschäfte zu marktüblichen Kursen erfolgt sind. Die Verwahrstelle übernimmt auch die Umbuchung von Wertpapieren bei der Abwicklung von Wertpapierkäufen und -verkäufen in die entsprechenden Depots.

Aufsicht über die Fondsgesellschaften

Viele Fonds, die in Deutschland vertrieben werden, wurden zum Beispiel in Luxemburg oder Irland aufgelegt. Europäische Richtlinien regeln, was ein Fonds erfüllen muss, um europaweit angeboten werden zu können. Die Finanzaufsicht des Landes, aus dem der Fonds stammt, ist dann für die Aufsicht zuständig.

Die Europäischen Richtlinien für Fonds werden OGAW-Richtlinien genannt (Organismen für gemeinsame Anlagen in Wertpapieren, englisch UCITS), und sie regeln recht detailliert, in welche Vermögensgegenstände Fonds anlegen dürfen, wie sehr sie ihr Vermögen streuen müssen und welche Anforderungen es an den Geschäftsprozess, die Geschäftsführer und an die Verwahrstellen gibt.

Die Risiken von Fonds

Investmentfonds sind trotz Anlagestreuung und rechtlicher Vorgaben nicht ohne Risiken. Die wichtigsten sollten Sie kennen.

Auch wenn Sie bei der Anlage in Fonds das Risiko gegenüber der Investition in Einzelaktien breiter streuen, sind Fonds natürlich nicht risikolos. Da ist zum einen das allgemeine Marktrisiko, dem sich auch Fonds nicht entziehen können: ETF zeichnen schon per Definition den Index und damit die allgemeine Kursentwicklung an den Aktien-, Renten-, Immobilien- oder Rohstoffmärkten nach. Aber auch die besten aktiv gemanagten Fonds können sich einer schlechten Marktentwicklung nie komplett entziehen. Daneben gibt es weitere Risiken, die Sie kennen sollten, um gegebenenfalls darauf reagieren zu können.

Risiken bei speziellen Fonds

Bei Fonds, die auf spezielle Anlagebereiche beschränkt sind, können zum allgemeinen Marktrisiko noch länder-, branchen- oder technologiespezifische Risiken kommen. Hier gilt als Faustregel: Je spezieller das Anlageuniversum des Fonds, desto höher das Risiko. Denn wenn die Branche, die Technologie oder das Land, in die der Fonds investieren darf, nicht mehr so gefragt sind, wird es für den Fondsmanager immer schwerer, noch lukrative Anlagen zu finden. Beispielsweise haben sich viele Internet- oder Hightechfonds, die vor dem Platzen der „Neue-Markt-Blase" aufgelegt wurden, nicht mehr von den Verlusten erholt.

Managementrisiko bei aktiv gemanagten Fonds

Auf der einen Seite ist es ein Vorteil von Fonds, dass Anleger die Entscheidung über konkrete Anlagen dem Fondsmanagement überlassen können. Dieser Vorteil kann aber auch ein Risiko sein, wenn der Fondsmanager bei seiner Titelauswahl sowie dem Timing des Ein- und Ausstiegs in Anlagen kein glückliches Händchen hat oder sich schlimmstenfalls als unfähig erweist. Halten Fondsmanager stur an ihrer Strategie fest, obwohl diese sich als falsch erwiesen hat, kann dies zu größeren Verlusten des Fonds führen. Aber auch häufige Strategiewechsel können die Performance nachhaltig beeinträchtigen, wenn die ursprünglichen Strategien nicht genug Zeit hatten, sich zu entwickeln. Auch ein personeller Wechsel im Fondsmanagement kann ein Risiko für Anleger bedeuten, wenn beispielsweise ein langjährig erfolgreicher Fondsmanager durch einen jungen, unerfahrenen Kollegen ersetzt wird.

Sie sollten regelmäßig, beispielsweise jährlich, kontrollieren, ob Ihr Fonds noch „in der Spur" ist.

Sie sollten daher regelmäßig, beispielsweise jährlich, kontrollieren, ob Ihr Fonds noch „in der Spur" ist. Stellen Sie fest, dass die Performance nachlässt, prüfen Sie, worauf das zurückzuführen ist. Auf einen schwachen Markt? Einen Managerwechsel? Auf falsche Entscheidungen des Managements? Überlegen Sie dann, ob Sie dem Fonds mittel- bis längerfristig dennoch weiterhin zutrauen, gute Ergebnisse im Vergleich zu Konkurrenzprodukten mit der gleichen Ausrichtung zu erzielen. Wenn nicht, sollten Sie über einen Fondswechsel nachdenken.

Die Fondswährung ist, anders als viele meinen, im Hinblick auf das Währungsrisiko nicht entscheidend. Es gibt viele Fonds, deren Fondswährung nicht Euro, sondern US-Dollar ist. Entscheidend ist vielmehr, in welche Wertpapiere der Fonds investiert. Lauten diese nicht auf Euro, wie beispielsweise in Dollar notierte US-Aktien, hat der Anleger ein Währungsrisiko. Für Langfristanleger ist dieses Risiko aber grundsätzlich vernachlässigbar.

Währungsrisiken

Investiert ein Fonds auch in Wertpapiere, die nicht auf die Währung Euro lauten, sind die Fondsinhaber ebenso wie Direktanleger einem Wechselkursrisiko zum Euro ausgesetzt. So kauft beispielsweise ein internationaler Aktienfonds auch an ausländischen Börsen ein. Die Aktien an der New York Stock Exchange oder der Computerbörse Nasdaq notieren in Dollar, in London gelistete Papiere lauten auf Pfund, japanische Aktien in Tokio wechseln in Yen ihren Besitzer. Das Schwanken der Wechselkurse muss allerdings nicht unbedingt ein zusätzliches Risiko bedeuten. Im Gegenteil: Kursschwankungen von Aktien und Währungsrisiken gleichen sich zum Teil sogar aus. Im Übrigen haben Anleger nicht nur ein Verlustrisiko mit ausländischen Währungen. Wenn es gut läuft, können sie ihre Rendite auch steigern.

Beispiel: Der Euro ist im Verlauf eines Jahres gegenüber dem Dollar gefallen. Das bedeutet, für einen Euro erhält man jetzt weniger Dollar oder umgekehrt für einen Dollar mehr Euros. Das hat zur Folge, dass Aktienfonds, die in Aktien aus den USA investiert haben, zusätzliche Währungsgewinne erzielt haben. Das sind unter anderem auch weltweit anlegende Fonds, da diese häufig mehr als die Hälfte ihres Fondsvermögens in den USA investieren. Fällt der Euro auch im Vergleich zum Schweizer Franken oder zum britischen Pfund, erzielen auch Fonds, die in Aktien dieser Länder investiert sind, zusätzliche Gewinne. Fallen gleichzeitig japanischer Yen, Norwegische oder Schwedische Krone gegenüber dem Euro, müssen Fonds, die dort investiert sind, hingegen Währungsverluste hinnehmen.

Währungsrisiko bei Rentenfonds

Achten Sie vor allem bei Rentenfonds auf ein mögliches Währungsrisiko. Wenn Sie sichere Rentenfonds suchen, sollten Sie solche wählen, die ausschließlich in Euro-Papiere investieren. Bei Aktienfonds sind die Kursschwankungen ungleich höher als bei Rentenfonds. Währungsschwankungen fallen dann nicht mehr so ins Gewicht.

▶ **Wechselkurssicherung kostet Geld**

Das Management kann Fonds gegen Wechselkursrisiken absichern („hedgen"), indem es Devisentermingeschäfte abschließt. Das würde bei einer Euro/Dollar-Absicherung beispielsweise eines Aktienfonds USA bedeuten: Fällt der Dollar, fällt – umgerechnet in Euro – auch der Preis des Fonds. Das passende Termingeschäft entwickelt sich entgegengesetzt, das heißt, es gleicht die Währungsverluste des Aktienfonds wieder aus. Wenn der Dollar steigt, würde zwar auch der Preis des Fonds in Euro steigen – doch in diesem Fall fressen die Verluste aus dem Termingeschäft die Gewinne wieder auf. Was auch immer mit dem Dollarkurs passiert – der Anleger mit dem abgesicherten Fonds bekommt davon fast nichts mit. Er macht nur den reinen Aktienanstieg beziehungsweise -absturz mit.

Ein Fondsmanager muss sich im Voraus entscheiden, welchen Betrag er absichert.

Beispiel: *Das Fondsvermögen beträgt 1 Million Dollar. Steigen nun die Aktien seines Fonds auf 1,2 Millionen Dollar, dann sind die hinzugewonnenen 200 000 Dollar erst einmal ungesichert.*

Den ursprünglichen Absicherungsbetrag kann er im Nachhinein nicht mehr ändern. Aber er kann seine Absicherungsgeschäfte jeweils monatlich (oder öfter) neu abschließen und an die neuen Kursstände anpassen. Täglich wäre natürlich noch besser, es wäre aber auch teurer. Deshalb ist die Absicherung so gut wie nie perfekt.

Was die Währungssicherung kostet, hängt davon ab, wie hoch die Zinsen in den unterschiedlichen Währungsräumen sind. Sind sie im Dollarraum höher als im Euroraum, dann legt der Fondsmanager drauf. In einem Fremdwährungsraum mit niedrigeren Zinsen macht er mit der Währungsabsicherung ein Plus.

▶ Kein langfristiger Trend bei Währungen

Eine Analyse von Finanztest hat gezeigt, dass sich viele Indizes mit und ohne Währungssicherung langfristig nur geringfügig unterscheiden. Für den Aktienmarkt Europa wurde sowohl über zehn als auch über 15 Jahre ein nur minimaler Renditevorteil für die nicht gesicherte Variante festgestellt. Beim Weltaktienmarkt stand im Zehn-Jahres-Vergleich der herkömmliche MSCI World-Index ein wenig besser da als der währungsgesicherte Index. Über 15 Jahre war es umgekehrt.

Bemerkenswert war auch, dass der MSCI Nordic Countries Index, in dem Norwegen, Schweden, Finnland und Dänemark zusammengefasst sind, in der gesicherten und ungesicherten Variante über zehn und über 15 Jahre nahezu dieselbe Entwicklung auswies. Eine Währungsabsicherung wäre hier ins Leere gelaufen. In der Schweiz hätte eine Währungsabsicherung sogar geschadet. Der Franken ist seinem Ruf als sicherer Hafen gerecht geworden und hat in allen untersuchten Zeiträumen gegenüber dem Euro zugelegt.

„Wer sein Geld längerfristig in Aktienfonds liegen lässt, braucht keine Fonds mit Währungsabsicherung (Hedge).

Anders als Aktien, die einem langfristigen Aufwärtstrend folgen, gibt es bei Währungen keinen solch eindeutigen Verlauf. Wer sein Geld längerfristig in Aktienfonds liegen lässt, braucht daher auch keine Fonds mit Währungsabsicherung (Hedge). Gerade bei Aktienmärkten werden Währungseffekte von den Börsenentwicklungen außerdem oft überlagert und spielen für das Gesamtinvestment nur eine untergeordnete Rolle.

Klumpenrisiken

Wollen Anleger es besonders gut mit der Streuung ihrer Anlagen machen, investieren sie oft in verschiedene Fonds, die aber häufig gleiche oder ähnlichen Anlageschwerpunkte aufweisen. Wenn sie dabei allerdings nicht darauf achten, welche Werte in diesen Fonds enthalten sind, kann es zu sogenannten Klumpenrisiken kommen. Denn wenn alle Fonds des Anlegers auf die gleichen Unternehmen (bei Aktienfonds) oder Emittenten (bei Rentenfonds) setzen, weil diese zum Beispiel besonders „in" sind, steigt das Risiko des Investors, dass sein Gesamtvermögen besonders unter einer schlechten Entwicklung dieser Werte leidet. Sie sollten daher regelmäßig zumindest die größten Positionen Ihrer Fonds überprüfen und Fonds mit sehr ähnlichen Anlagestrukturen austauschen, um Klumpenrisiken auszuschließen.

Besonderheiten bei der Steuer

Inländische und ausländische Fonds sind mittlerweile steuerlich weitgehend gleichgestellt. Das Investmentsteuergesetz wurde grundlegend reformiert und gilt in seiner neuen Fassung seit Anfang 2018.

Mit der am 1. Januar 2018 in Kraft getretenen Investmentsteuerreform hat der Gesetzgeber unter anderem das Ziel verfolgt, inländische Fonds ausländischen steuerlich gleichzustellen. Auch sollte die Steuererklärung einfacher werden. Anleger benötigen jetzt nur noch vier Angaben, um den Überblick zu behalten:

1. Höhe der Ausschüttung,
2. Fondswert am Jahresanfang,
3. Fondswert am Jahresende sowie
4. Art des Fonds.

Teilfreistellung von Investmenterträgen

Fonds unterliegen nun selbst einer Steuerpflicht von 15 Prozent auf bestimmte inländische Erträge. Diese Steuerpflicht umfasst im Wesentlichen Einnahmen aus deutschen Dividenden, deutschen Mieterträgen und Gewinne aus dem Verkauf inländischer Immobilien. Bis 2018 wurden diese Erträge im Fonds selbst nicht besteuert. Erst der Anleger musste später darauf Abgeltungsteuer zahlen. Als Ausgleich für die neue Besteuerung auf Fondsebene bleiben für Anleger Ausschüttungen und Verkaufsgewinne zum Teil von der Abgeltungsteuer befreit: Für Privatanleger in Aktienfonds sind zum Beispiel 30 Prozent steuerfrei,wenn diese zu mehr als 50 Prozent in Aktien angelegt haben, bei Mischfonds mit mindestens 25 prozentigem Aktienanteil sind 15 Prozent der Erträge befreit. Immobilienfonds erhalten eine Teilfreistellung von 60 bis 80 Prozent. Es ist international üblich, Fonds mit Körperschaftsteuer zu belasten. Die Steuersätze sind im Ausland oft höher als in Deutschland. Daher ist es für Anleger grundsätzlich nicht besser, in ausländische Fonds zu investieren. Die Teilfreistellungen gelten für deutsche wie für ausländische Fonds.

Abgeltungsteuer auf Erträge

Natürlich will das Finanzamt aber auch etwas von Ihren Anlageerfolgen abhaben. Bei Kapitaleinkünften greift es mit der Abgeltungsteuer direkt an der „Quelle" Ihrer Erträge zu. Seit 2009 macht das Finanzamt keinen Unterschied mehr: Sowohl für Zinsen als auch für Dividenden und Gewinne aus dem Verkauf von Wertpapieren gilt die Abgeltungsteuer von 25 Prozent plus Solidaritätszuschlag und gegebenenfalls Kirchensteuer. Wie der Name Abgeltungsteuer bereits andeutet, handelt es sich hierbei um eine Quellensteuer, bei der der Steuerabzug an der Quelle der Einkünfte – der auszahlenden Bank – vorgenommen wird. Das macht eine gesonderte Steuerveranlagung überflüssig, da die Steuer durch den Vorwegabzug bereits abgegolten ist.

Zu den Kapitalerträgen, die unter die Abgeltungsteuer fallen, zählen neben Zinsen, Dividenden und Verkaufsgewinnen zum Beispiel auch Währungsgewinne aus Anleihen oder Mieteinnahmen aus offenen Immobilienfonds. Auch ausländische Kapitalerträge (zum Beispiel Dividenden einer ausländischen Aktiengesellschaft) eines in Deutschland ansässigen Anlegers unterliegen dem Steuerabzug, wenn die Bank des Anlegers, die diese Kapitalerträge auszahlt, ihren Sitz in Deutschland hat. Wurde im Ausland bereits eine ausländische Steuer erhoben, kann diese in vielen Fällen auf die Abgeltungsteuer angerechnet werden.

Bei diesen Abzügen bleibt es selbst dann, wenn Anleger insgesamt so viel Einkommen versteuern müssen, dass ihr persönlicher

Steuersatz über 25 Prozent liegt. Ist ihr persönlicher Steuersatz niedriger, müssen sie dagegen nur den niedrigeren Satz für ihre Kapitaleinkünfte zahlen. Um in den Genuss des niedrigeren Steuersatzes zu kommen, müssen sie ihre Erträge allerdings über die Steuererklärung mit dem Finanzamt abrechnen.

Ausgeschüttete und thesaurierte Erträge

Fonds gehen unterschiedlich mit den Erträgen um, die sie erzielen, also vor allem mit Zinsen und Dividenden, die die vom Fonds gehaltenen Wertpapiere abwerfen.

Vermutlich sind Ihnen die Begriffe „thesaurierender" und „ausschüttender" Fonds schon einmal begegnet. Ein thesaurierender Fonds sammelt die Erträge im Fondsvermögen an. Sie werden nicht an die Anteilseigner ausgeschüttet, sondern zur Erhöhung des Fondsvermögens verwendet (thesauriert) – ähnlich wie ein Sparbuch Zinsen ansammelt. Anders verfahren ausschüttende Fonds. Diese schütten ihre Erträge an die Fondsinhaber aus. In der Regel geschieht dies einmal im Jahr, es gibt aber auch monats- oder quartalsweise ausschüttende Fonds. Thesaurierende Fonds eignen sich für Anleger, die nicht auf laufende Erträge angewiesen sind und sich nicht selbst um die Wiederanlage der ausgeschütteten Beträge kümmern wollen. Sie sind insbesondere für den langfristigen Vermögensaufbau geeignet. Anleger, denen regelmäßige Zahlungen des Fonds wichtig sind, sollten ausschüttende Fonds bevorzugen.

Für ausgeschüttete Erträge (Zinsen und Dividenden) eines Fonds müssen Anleger Abgeltungsteuer zahlen. Die deutsche Bank des Anlegers, in dessen Depot die Fondsanteile verwahrt werden, führt von jeder Ausschüttung eines in- oder ausländischen Fonds unter Berücksichtigung des anwendbaren Teilfreistellungssatzes pauschal 25 Prozent Abgeltungsteuer zuzüglich 5,5 Prozent Solidaritätszuschlag und gegebenenfalls Kirchensteuer an das Finanzamt ab.

Doch auch wenn Sie einen thesaurierenden Fonds besitzen, müssen Sie die vom Fonds erzielten und thesaurierten Erträge versteuern. Hier kommt die 2018 eingeführte Vorabpauschale zur Anwendung. Mit dieser stellt der deutsche Staat sicher, dass er bei in- und ausländischen Fonds seine Steuern zeitnah erhält und nicht bis zum Verkauf der Anteile warten muss. So erfuhr das Finanzamt in der Vergangenheit bei ausländischen thesaurierenden Fonds während der Haltedauer nichts von den thesaurierten Erträgen. Erst beim Verkauf deckten manche Anleger die thesaurierten Erträge auf und zahlten somit auch erst dann die Steuern darauf.

Die depotführende Stelle ermittelt die Vorabpauschale zum Jahresende und rechnet sie dem Anleger am ersten Werktag des Folgejahres zu. Der steuerliche Zufluss erfolgt also für den Anleger erst im folgenden Kalenderjahr. Die Vorabpauschale ist Grundlage dafür, wie viel Abgeltungsteuer der Anleger zahlen muss. Dafür muss er die thesaurierten Beträge nicht mehr in der Steuererklärung angeben. Die Höhe der Vorabpauschale bestimmt sich nach dem Wert des Fondsanteils am Jahresanfang multipliziert mit 70 Prozent eines Basiszinses, der jährlich von der Bundesbank ermittelt wird. Der Basiszins soll dem Ertrag einer risikolosen Anlage entsprechen und entspricht dem Durchschnittszinssatz öffentlicher Anleihen. Für 2018 betrug der Basiszins 0,87 Prozent, für 2019 0,52 Prozent. Für 2020 wurde er auf 0,07 Prozent festgelegt. Die Höhe der Vorabpauschale ist auf den Wertzuwachs des Fonds im Kalenderjahr begrenzt. Bei der Berechnung wird außerdem wie bei Ausschüttungen und Verkaufserlösen eine Teilfreistellung gewährt. Beim Verkauf werden die bereits versteuerten Vorabpauschalen von den depotführenden Stellen automatisch mit dem Veräußerungsgewinn verrechnet, damit der Anleger nichts doppelt versteuert.

Beispiel: Angenommen, der Rücknahmepreis eines Fondsanteils zum Jahresanfang 2018 betrug 100 Euro. Daraus würde die Depotbank An-

fang 2019 für den Anleger folgende steuerpflichtige Vorabpauschale 2018 errechnen:

	100 Euro
x	70 % des für 2018 maßgeblichen Basiszinses (0,0087 x 0,7)
=	0,61 Euro Vorabpauschale
–	Teilfreistellung von 30 % (bei Aktienfonds): 30 % von 0,61 Euro = 0,18 Euro
=	**0,43 Euro steuerpflichtige Vorabpauschale**

Auf diesen Betrag werden Abgeltungsteuer plus Solidaritätszuschlag von 26,375 Prozent erhoben. Die Depotbank zieht also pro Anteil 0,11 Euro ab. Die Vorabpauschale wird jedoch nur dann angesetzt, wenn sie geringer ist als die Wertsteigerung, die der Fonds innerhalb des Jahres erzielt. Ist die Vorabpauschale größer als die Wertsteigerung, wird maximal die Wertsteigerung als Grundlage genommen. Wenn der Fonds keinen Wertzuwachs erzielt hat, entstehen für das Jahr weder Vorabpauschale noch Steuern. Zahlt ein Fonds Erträge teilweise an Anleger aus und spart nur den Rest im Vermögen an, mindern Teilausschüttungen die Vorabpauschale maximal bis auf 0 Euro..

Mehr zur Nichtveranlagungsbescheinigung siehe unter „Gut zu wissen" auf S. 40.

Die Bank zieht die Steuern auf die Vorabpauschale direkt von einem Konto des Anlegers ab. Das ist meist das Verrechnungskonto der Depotbank, kann aber auch sein Girokonto sein. Die Bank kann die fällige Steuer auch dann einziehen, wenn das Konto dadurch in den Dispo rutscht. Steuern auf die Vorabpauschale müssen Anleger nicht zahlen, wenn sie ihrer Bank einen Freistellungsauftrag erteilt haben und der Sparerpauschbetrag von 801 Euro (1602 Euro für Ehepaare) noch nicht ausgeschöpft ist. Gleiches gilt für Anleger, die eine ➚ Nichtveranlagungsbescheinigung vorlegen.

Abgeltungsteuer auf Veräußerungsgewinne

Neben den laufenden Erträgen unterliegen auch Gewinne, die Anleger beim Verkauf ihrer Fondsanteile erzielen, der Abgeltungsteuer. Solche Veräußerungsgewinne ergeben sich aus der Differenz zwischen den Kaufkosten des Anlegers und seinen Veräußerungserlösen. Davon ausgenommen waren bisher Veräußerungsgewinne für Fonds, die der Anleger vor dem 1. Januar 2009 gekauft hat. 2018 wurde dieser Bestandsschutz aber eingeschränkt. Nun sind Veräußerungsgewinne bei Fondsanteilen, die vor 2009 und somit vor Einführung der Abgeltungsteuer angeschafft wurden, nur noch insoweit steuerfrei, wie sie Wertveränderungen zwischen dem Anschaffungszeitpunkt und dem 31. Dezember 2017 betreffen. Ab dem 1. Januar 2018 eintretende Wertveränderungen sind hingegen steuerpflichtig. Allerdings nur, wenn der ab 2018 erzielte Veräußerungsgewinn insgesamt einen Freibetrag in Höhe von 100 000 Euro übersteigt.

ETF – die besseren Fonds?

Die Mehrzahl der Manager aktiver Fonds kann ihren Vergleichsindex nicht schlagen. Zudem weisen ETF geringere Kosten und eine höhere Transparenz auf – gewichtige Gründe dafür, dass Anleger in vielen Bereichen ETF den aktiv gemanagten Fonds vorziehen können.

Wie funktionieren ETF?

ETF sind eine transparente und einfache Anlagemöglichkeit, die sich für Einsteiger ebenso eignet wie für Fortgeschrittene.

Exchange Traded Funds (ETF) sind börsengehandelte Fonds, die einen bestimmten Index abbilden, deren Performance sich also parallel zum Index bewegt. Mit einem ETF können Anleger mit einer einzigen Anlage auf die Entwicklung eines ganzen Marktes oder Teilmarktes setzten. Das kann zum Beispiel der Markt für Anleihen von Industrie- oder Schwellenländern, der globale oder ein regional begrenzter Aktienmarkt sein. Auch Geldmarkt- und Rohstoffindizes oder spezielle Indizes für Investmentstrategien – zum Beispiel mit dividendenstarken Werten – können mit einem ETF nachgebildet werden.

Viele Studien, wie zum Beispiel die jährlich von Standard & Poors durchgeführten SPIVA-Studien (S & P Indices Versus Active), zeigen immer wieder, dass es die meisten aktiv gemanagten Fonds nicht schaffen, besser als ihr Vergleichsindex, die sogenannte Benchmark, abzuschneiden. Auch zeigen diese Studien, dass selten mehr als 5 bis 10 Prozent der Fonds ei-

Gut zu wissen

Kurs- oder Performanceindex? Die meisten Indizes sind sogenannte Kurs- oder Preisindizes. Das bedeutet, sie messen lediglich die reine Preisveränderung der Papiere im Index. Bei einem Performanceindex hingegen wird so getan, als ob sämtliche Erträge wie etwa Dividenden und Zinsen sofort wieder mitangelegt werden. Daher ist die Entwicklung von Performanceindizes grundsätzlich besser als die von Kursindizes. Die meisten international bekannten Indizes werden als Kursindizes veröffentlicht. Nicht so beim Dax: Wenn von ihm in den Nachrichten die Rede ist, ist grundsätzlich der Dax-Performanceindex gemeint. Anders als bei Indexzertifi- katen macht das für Käufer von ETF aber keinen Unterschied. Sie bekommen die Dividenden immer, gleich ob es sich um einen Preis- oder einen Performanceindex handelt.

ner Kategorie dauerhaft gute Ergebnisse liefern. Sehr selten ist ein aktiv gemanagter Fonds, der sich in einem Fondsranking im obersten Viertel platzieren konnte, auch fünf Jahre später noch dort zu finden. Anleger müssen also sehr genau auswählen, um einen langfristig erfolgreichen aktiv gemanagten Fonds zu finden.

Wer diese Zeit für Auswahl und Kontrolle seines Fonds nicht investieren möchte, ist mit breit gestreuten Aktien-ETF und Euro-Renten-ETF gut bedient. Sie können ETF sehr gut als Basisanlagen für Ihr Depot einsetzen. Da sie transparent und kostengünstig sind, eignen sie sich hervorragend dafür.

Niedrigere Kosten und hohe Transparenz

ETF sind wie Aktien jederzeit an der Börse zu für Aktien üblichen Spesen handelbar. Die Mindestmenge, die gehandelt wird, beträgt lediglich ein Stück. Professionelle Market Maker sorgen dafür, dass ständig verbindliche An- und Verkaufskurse gestellt werden. So ist sichergestellt, dass sie ständig handelbar sind. Der Unterschied zwischen Kauf- und Verkaufskurs – der sogenannte Spread – ist meist gering. Anleger, die ein Wertpapierdepot besitzen, können ETF bei jeder Bank kaufen. Ursprünglich wurden bei ETF keine Ausgabeauf- und Rücknahmeabschläge erhoben. Inzwischen tauchen diese aber regelmäßig in den Wesentlichen Anlegerinformationen auf. Anleger müssen gerade beim Kauf über die Hausbank aufpassen, dass der Kauf und Verkauf wirklich über eine Börse stattfindet, um diese Gebühren zu vermeiden.

Auch die Verwaltungskosten sind bei ETF geringer als bei aktiv gemanagten Fonds, da sich die Auswahl der Einzeltitel nur nach dem zugrundeliegenden Index richtet und kein aufwendiges Fondsmanagement finanziert werden muss. Die Verwaltungsgebühren liegen bei ETF meist zwischen 0,15 und 0,9 Prozent pro Jahr. Es gibt aber mittlerweile auch ein breiter werdendes Angebot an ETF, deren laufende Kosten unter 0,1 Prozent liegen. Bei aktiven Fonds sind 1,5 bis 2 Prozent üblich.

ETF sind transparenter als aktiv gemanagte Fonds, weil ihr Wertpapierbestand zum Ende eines jeden Börsentages veröffentlicht wird. Viele aktiv gemanagte Fonds hingegen weisen die Wertpapiere, die sie halten, nur halbjährlich aus. Der Kurs eines ETF beträgt häufig annähernd 1/10 oder 1/100 des zugrundeliegenden Index, sodass die Kursentwicklung leicht nachvollziehbar ist. Darüber hinaus berechnet die Deutsche Börse AG minütlich den indikativen Nettoinventarwert (iNAV), also die aktuelle Summe aller zum Mittelkurs bewerteten Vermögensgegenstände abzüglich Verbindlichkeiten des ETF.

▶ **Den aktuellen iNAV eines ETF können Sie auf der Homepage der Börse Frankfurt (www.boerse-frankfurt.de) mit einer 15-minütigen Zeitverzögerung einsehen.**

Wie ETF einen Index nachbauen

Ein Index besteht aus vielen Einzelwerten. Beim Aktienindex MSCI World sind es beispielsweise über 1600 verschiedene Titel. Der MSCI All Country World Index, der auch Schwellenländer enthält, besteht sogar aus rund 2500 Einzelwerten. Wie kann ein ETF einen solchen Index nachbilden? Im Wesentlichen gibt es dafür zwei Methoden, die physische und die synthetische Nachbildung. So viel sei vorausgeschickt: Aus Sicht von Finanztest spielt es aus Risikogesichtspunkten keine Rolle, welche der beiden Methoden ein ETF-Anbieter wählt.

▶ Physische Nachbildung

Die naheliegende Methode ist, dass der Fonds alle Einzeltitel, aus denen sich der Index zusammensetzt, entsprechend deren Gewichtung im Index kauft. Kommt es beim Index zu Änderungen (zum Beispiel weil Titel aus dem Index herausfallen oder sich deren Gewichtung ändert), nimmt das Fondsmanagement entsprechende Änderungen beim ETF-Sondervermögen vor. Man nennt diese Methode, einen Index nachzubilden, „vollständige Nachbildung" (Full Replication). Ihr Vorteil ist die hohe Transparenz: Sie wissen als Anleger, welche Titel der Fonds hält, denn sie entsprechen denen im Index. Da sämtliche Werte tatsächlich im Sondervermögen gehalten werden, besteht anders als beispielsweise bei Anleihen kein Emittentenrisiko: Auch bei einer Insolvenz der Fondsgesellschaft bleiben die Anleger Miteigentümer der Einzelwerte.

Ein Haken bleibt aber meist: Da die Zusammensetzung des Aktien- oder Anleihenkorbs bei den voll replizierenden ETF immer der des Index entsprechen muss und unter anderem der Kauf und Verkauf der Einzelwerte Kosten verursacht, würde sich der ETF schlechter entwickeln als der Index. Um diesen Kostennachteil auszugleichen, betreiben ETF-Anbieter Zusatzgeschäfte. Sie verleihen Wertpapiere an andere Finanzmarktakteure und erhalten dafür eine Gebühr. Durch diese Gebühr können sie die Kostennachteile ausgleichen und den Index möglichst genau nachbilden. Außerdem lassen sich nach Angaben der ETF-Anbieter mit der Leihe Zins- und Dividendenzahlungen so gestalten, dass die Bürokratie mit Doppelbesteuerungen und Quellensteuer ausländischer Staaten umgangen werden kann.

Das Risiko, dass der Entleiher die geliehenen Wertpapiere nicht zurückgeben kann, begrenzen die ETF-Anbieter dadurch, dass sie für die Leihgeschäfte Sicherheiten in Form von Anleihen oder Aktien verlangen. Anleger würden höchstens dann Geld verlieren, wenn die Sicherheiten im Krisenfall nicht oder nur mit einem Abschlag verkauft werden könnten. Die Sicherheiten, die die ETF-Anbieter verlangen, liegen über dem Wert der verliehenen Wertpapiere. So bauen sie einen zusätzlichen Sicherheitspuffer ein.

Bei Indizes mit vielen Einzelwerten wie beispielsweise dem MSCI World verwenden ETF eine „abgespeckte" Replikationsmethode, die Teilreplikation oder Optimised Sampling genannt wird. Dazu kaufen die ETF nur die größten und wichtigsten Werte eines Index und gewichten diese so über, dass wiederum der Index nachgebildet wird.

▶ Synthetische Nachbildung

Ein Nachteil der Methode der vollständigen Replikation ist, dass vor allem bei breiten Indizes mit vielen Einzeltiteln eine Nachbildung zu kompliziert und teuer wäre. Außerdem erschweren es Dividendenzahlungen und darauf fällige unterschiedliche Quellensteuern, Kurse exakt nachzubilden. Unter anderem aus diesen Gründen wenden viele ETF die Methode der „synthetischen Replikation" an. Dabei erwerben sie zunächst für das Sondervermögen ein Wertpapierportfolio, das die gesetzlichen Anforderungen für einen Investmentfonds, insbesondere den Grundsatz der Risikostreuung, erfüllt. Die Wertpapiere im Sondervermö-

Die Sicherheit von ETF
Variante 1: Ein ETF verleiht Wertpapiere

Physisch replizierende ETF kaufen die Wertpapiere aus dem Index, dem sie folgen. Um die Wertentwicklung der ETF aufzubessern, verleihen sie manchmal einen Teil der Wertpapiere gegen Gebühr. Im Gegenzug erhalten sie andere Wertpapiere als Sicherheiten.

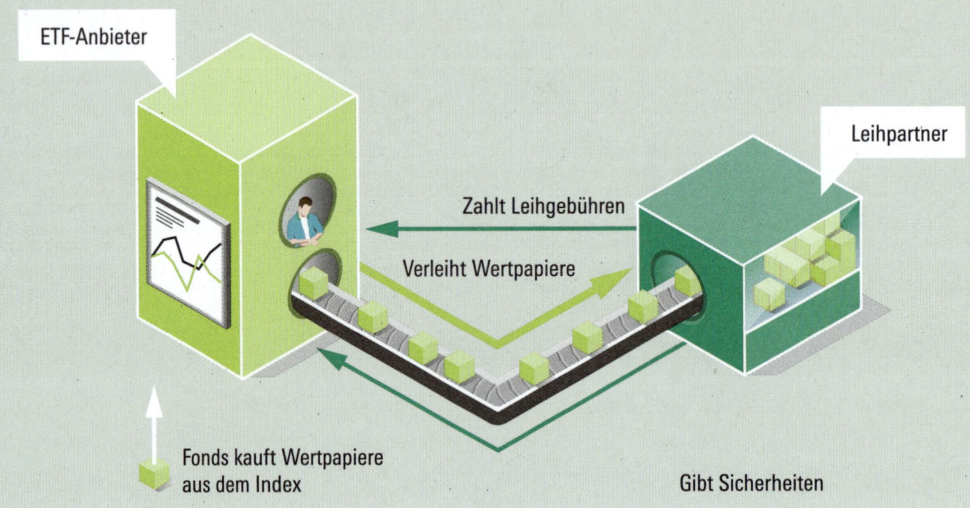

gen, dem sogenannten Trägerportfolio, können aber deutlich vom abzubildenden Index abweichen. So enthalten beispielsweise synthetisch nachgebildete Dax-ETF mitunter auch europäische Bluechips. Gleichzeitig schließt die Fondsgesellschaft ein Tauschgeschäft (Swap-Vertrag) mit einer Bank oder einem Finanzdienstleister ab. Dieser Swap-Partner gleicht den ETF-Wert dann laufend so weit aus, dass die Wertentwicklung des ETF insgesamt immer der des Index entspricht.

Die synthetische Replikation ermöglicht es so, dass es für nahezu alle Märkte und Branchen einen ETF gibt. So können beispielsweise auch Indizes nachgebildet werden, bei denen bestimmte Einzelwerte gar nicht frei handelbar sind oder die ausländische Marktteilnehmer nur beschränkt erwerben dürfen. Hier ist eine Nachbildung mit der Full-Replication-Methode gar nicht möglich. Das Gleiche gilt für ETF auf bestimmte Strategieindizes wie Leerverkaufs- und Hebel-Strategien. Auch Rohstoff-ETF nutzen Swaps.

Der Nachteil der synthetischen Nachbildung ist, dass durch das Swap-Geschäft ein sogenanntes Kontrahentenrisiko besteht: Falls der Tauschpartner pleitegeht, ist das Swap-Geschäft wertlos. Lediglich die im Sondervermögen gehaltenen Einzelwerte sind insolvenzgeschützt. Allerdings dürfen Swap-Kontrakte maximal 10 Prozent des Fondsvermögens ausmachen, sodass das Kontrahentenrisiko be-

Variante 2: Ein ETF nutzt Tauschgeschäfte

Synthetisch replizierende ETF halten einen Korb beliebiger Wertpapiere. Diese sollen breit gestreut und handelbar sein, müssen aber nichts mit dem Index zu tun haben, dem der ETF folgt. Der ETF geht zudem ein Tauschgeschäft (Swap) mit einer Bank ein, die die Wertpapiere aus dem Index hält. Wenn sich der Index besser entwickelt als die Papiere im ETF, gleicht sie die Differenz aus. Im umgekehrten Fall zahlt der ETF an sie.

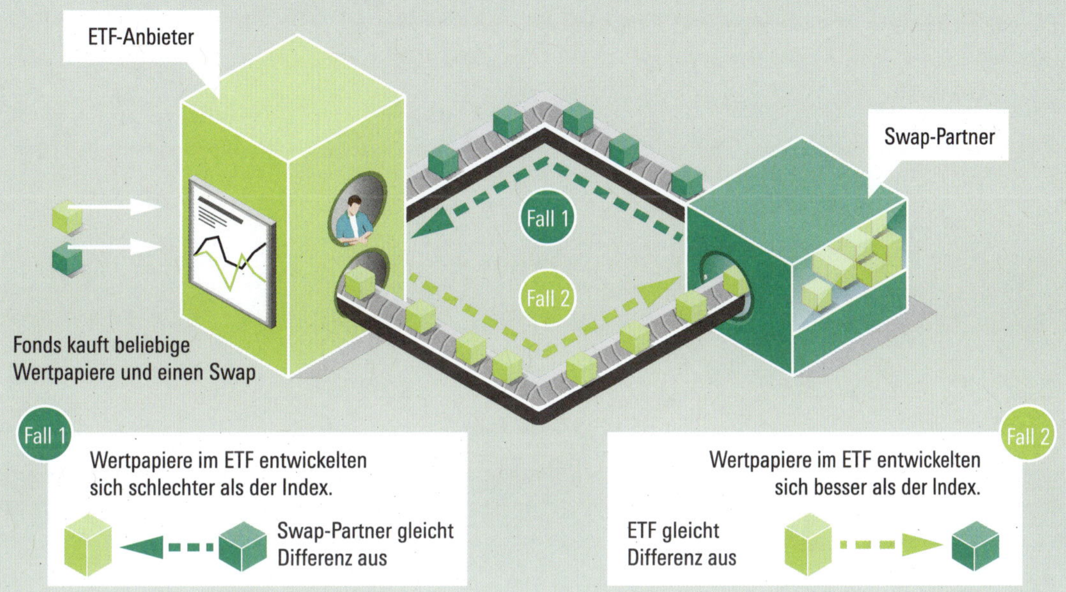

grenzt ist. Die meisten ETF-Anbieter sichern überdies das Kontrahentenrisiko ab, indem sie Wertpapiere hinterlegen oder das Swap-Geschäft täglich glattstellen.

▸ Welche Methode ist sicherer?

Sowohl bei vollreplizierenden als auch bei Swap-basierten ETF bleibt das Restrisiko, dass der Partner des Leihe-Geschäfts oder des Swap-Vertrags seinen Verpflichtungen nicht nachkommt. Am sichersten wären vollreplizierende Fonds ohne Zusatzgeschäfte wie die Wertpapierleihe. Davon gibt es aber nur wenige. Inzwischen sind allerdings immer mehr ETF-Anbieter dazu übergegangen, Aktien-Indizes mit Originalaktien nachzubilden, weil Investoren das so wünschen.

Aus Sicht von Finanztest spielt es kaum eine Rolle, welche Nachbildungsmethode Anleger wählen, den Kauf der Originaltitel oder Swaps.

Insgesamt sollten Sie sich aber durch die Diskussion zu den Risiken nicht verunsichern lassen.

Aus Sicht von Finanztest spielt es unter Risikogesichtspunkten kaum eine Rolle, welche Nachbildungsmethode Anleger wählen, den

Kauf der Originaltitel oder Swaps. Das größte Risiko bei der Geldanlage bleibt das Marktrisiko, welches Sie durch die Auswahl der passenden Indizes und eine vernünftige Aufteilung Ihrer Geldanlagen selbst steuern können.

Wo gibt es Informationen?

Informationen dazu, welche Replikationsmethode ein ETF anwendet, finden Sie unter anderem in den wesentlichen Anlegerinformationen oder auf der Homepage des Anbieters. Auf ihren Internetseiten informieren die ETF-Anbieter auch über die Absicherungsmechanismen, die sie zur Minimierung des Kontrahentenrisikos bei Swap- oder Leihe-Geschäften einbauen.

ETF haben auch Nachteile

ETF haben zwar viele Vorteile gegenüber aktiv gemanagten Fonds, aber es gibt natürlich auch Nachteile, sonst wären Letztere vollkommen überflüssig. Auch wenn nur wenige gemanagte Fonds langfristig einen Mehrertrag gegenüber ihrem Vergleichsindex erzielen, so gibt es doch immer wieder Fonds mit einem besonders fähigen Management, dem genau dies durch geschicktes Timing und kluge Einzeltitelauswahl gelingt. Sofern dieses Mehrergebnis auch noch nach Abzug der höheren Kosten (und gegebenenfalls Erfolgsgebühren) bei aktiv gemanagten Fonds bleibt, war und ist der Manager sein Geld wert. Bei ETF ist eine Mehrrendite über dem Marktdurchschnitt nicht möglich, da diese ja gerade den Index, der diesen Markt repräsentiert, so gut wie möglich nachbilden wollen. Dessen müssen sich Anleger bewusst sein.

Zumindest in sehr effizienten Märkten, die zum Beispiel die großen Standardwerte der Industrienationen in den USA, Europa und Japan beheimaten und mit denen sich täglich viele Analysten und Investoren befassen, schaffen es aktiv gemanagte Fonds kaum, besser abzuschneiden als der Index. Hier sollten Anleger getrost auf die kostengünstigeren ETF zurückgreifen. Anders kann dies in Spezialsegmenten wie kleinen Schwellenländern, bei kleinen Unternehmen (Small-Caps) oder Übernahmekandidaten sein. Hier können aktive Fondsmanager mit entsprechendem Know-how Perlen entdecken, die sich noch in keinem Index wiederfinden. Auch kann ein aktiver Manager, der ebenso wie ein ETF in bestimmten Regionen – zum Beispiel in Schwellenländern Asiens – investiert, gezielt die einzelnen Länder heraussuchen und übergewichten, deren Konjunktur und Wirtschaftswachstum in den nächsten Jahren voraussichtlich besser laufen werden als die der Nachbarstaaten.

Insbesondere bei aktiv gemanagten weltweit anlegenden Rentenfonds können die Fondsmanager auf die „richtigen" Währungen setzen und damit zusätzliche Gewinne erwirtschaften. ETF hingegen können nicht flexibel in verschiedene Währungen anlegen.

Auch Anleger, die ihr Geld mit gutem Gewissen investieren wollen, werden bei ETF häufig (noch) nicht fündig. Das Angebot ist klein und die ethisch-ökologischen Anlagekriterien sind wenig streng. Bei den aktiv gemanagten Fonds finden Anleger hingegen ambitioniertere Produkte.

Ein weiterer wesentlicher Vorteil der aktiv gemanagten Fonds ist – zumindest theoretisch –, dass sie nicht immer voll investiert sein müssen. Bis zu 50 Prozent darf ein gemanagter Fonds an flüssigen Mitteln halten. Das kann sich vor allem in Krisenzeiten auszahlen. Wenn der Fondsmanager einen Rückgang der Börsenkurse erwartet, kann er Werte verkaufen und den Anteil der liquiden Mittel erhöhen. ETF sind hingegen immer entsprechend ihrem Index voll investiert. Sie als Anleger müssten hier selbst tätig werden und ETF-Anteile verkaufen, wenn Sie der Meinung sind, dass die Börse fällt. Hat der Manager des aktiven Fonds die Marktlage richtig eingeschätzt, kann er Anleger vor größeren Verlusten bewahren. Andererseits besteht die Gefahr, dass er zu früh aussteigt oder Phasen steigender Börsenkurse verpasst und zu spät wieder einsteigt.

Verschiedene Indizes und Anbieter

Von verschiedenen ETF-Anbietern gibt es Produkte auf Hunderte Indizes aus unterschiedlichen Anlageklassen. Anleger finden für nahezu jede Anlageidee den passenden ETF.

Um bei dem riesigen Angebot von ETF den Überblick zu behalten, hilft es, eine Struktur in das Marktangebot zu bringen. Die erste Überlegung ist natürlich, in welcher Anlageklasse (Aktien, Anleihen, Immobilien, Rohstoffe) Sie den passenden ETF suchen. Aktien und Anleihen sind die Anlageklassen, bei denen ETF die größte Bedeutung haben. Aber auch Investitionen in Immobilien und Rohstoffe können Sie mit ETF nachbilden. Sind Sie sich über Ihre gewünschte Anlageaufteilung im Klaren, können Sie Ihre Suche weiter verfeinern.

ETF orientieren sich immer an Indizes. Daher können Sie kostengünstig ganze Märkte mit nur einem Produkt abdecken. Allerdings unterscheiden sich nicht nur die Methoden der Indexnachbildung (physische Replikation oder Swap-Nachbildung), auch die Konstruktion und Zusammensetzung der Indizes sind äußerst vielfältig. Siehe auch die „Kleine Index-Weltenkunde“.

Siehe auch die „Kleine Index-Weltenkunde“, S. 146.

Unterschiedliche Konstruktionen bei Aktienindizes

Im Wesentlichen gibt es bei Aktienindizes zwei Varianten: Entweder die Indizes gewichten die Kurse der enthaltenen Aktien – zum Beispiel entsprechend ihrer Marktkapitalisierung – oder sie addieren einfach deren Kurse. Berücksichtigt ein Index die Marktkapitalisierung, gewichtet er die einzelnen Unternehmen entsprechend der Gesamtwerte ihrer Anteile an der Börse. Die Marktkapitalisierung – auch Börsenkapitalisierung oder Börsenwert genannt – berechnet sich dabei als Produkt aus dem Kurs und der Anzahl der im Umlauf befindlichen Aktien eines Unternehmens. Beispiele für kapitalisierungsgewichtete Indizes sind der MSCI World, der amerikanische S & P 500 oder der deutsche Dax.

In preisgewichteten Indizes ist jede Aktie mit der gleichen Stückzahl vertreten. Diese weniger gebräuchliche Indexmethode findet sich zum Beispiel beim Dow Jones Industrial Average oder dem Nikkei 225. Der traditionsreiche US-amerikanische Dow Jones Industrial enthält nur 30 Unternehmen und klammert wichtige Branchen wie Versorger aus. Der Börsenwert eines Unternehmens, ein Indikator für seine wirtschaftliche Bedeutung, spielt bei der Berechnung des Dow Jones keine Rolle. Damit bildet er nicht einmal die US-Wirtschaft wirklich ab. Für Anleger, die einen breiten Markt abdecken und sich um nichts kümmern wollen, eignet sich ein ETF auf diesen Index daher nicht. Auch im japanischen Nikkei 225 Index verändert ein Kursanstieg einer hochpreisigen Aktie den Index viel stärker als der gleiche Anstieg einer Aktie mit niedrigem Kursniveau. Das passiert im breiter angelegten Topix-Index, der alle im amtlichen Handel zugelassenen japanischen Aktien umfasst und diese nach ihrer Marktkapitalisierung gewichtet, nicht. Der Topix ist daher aussagekräftiger für den Zustand der japanischen Wirtschaft als der Nikkei 225.

Auf marktbreite Indizes setzen

Für Privatanleger eignen sich generell marktbreite Börsenindizes besser, die ihre Kurse nach der Marktkapitalisierung gewichten, als solche, die preisgewichtet sind.

Die wichtigsten Indexanbieter

Hinter jedem Index steckt ein Anbieter, der die Zusammensetzung bestimmt und regelmäßig anpasst. Die meisten Anbieter sind auf eine Anlageklasse wie Aktien, Anleihen oder Rohstoffe spezialisiert.

MSCI

Finanztest nutzt bei fast allen Aktien-Fondsgruppen Indizes des amerikanischen Finanzdienstleisters MSCI als Richtschnur. Die MSCI-Indizes werden für verschiedene Regionen, Länder und Branchen jeweils nach der gleichen Systematik berechnet. Grundlage für die Aufnahme und Gewichtung der Aktien ist ihr Börsenwert beziehungsweise ihr Streubesitz. In den MSCI-Indizes stehen also die größten Unternehmen vorn und werden am stärksten gewichtet.

Die bekanntesten Indizes von MSCI:

- **Der MSCI World Index** setzt sich aus über 1600 Aktien aus 23 Industriestaaten zusammen.
- **Der MSCI Emerging Markets Index** enthält über 1400 Aktien der Schwellenländer wie China, Südkorea, Taiwan, Indien und Brasilien – insgesamt aus 26 Ländern.
- **Der MSCI All Country World Index** umfasst alle Aktien des MSCI World und des MSCI Emerging Markets Index, wobei die Schwellenländer etwa 10 Prozent ausmachen.
- **Der MSCI Europe** umfasst rund 450 Unternehmen in Europa.

S & P, Russell

Die wichtigsten Anbieter für marktbreite US-Aktien-Indizes sind Standard & Poor´s und Russell.

- **Der S & P 500** umfasst die größten börsennotierten US-Unternehmen. Er ist nach der Marktkapitalisierung gewichtet. Für die Erstaufnahme in den Index ist auch ausschlaggebend, wie profitabel eine Aktie ist.
- **Der Russell 2 000**, der von der Firma Russell Investments berechnet wird, enthält 2 000 kleine US-Unternehmen. Sie werden ebenfalls nach ihrer Marktkapitalisierung gewichtet. Der Russell 1 000 bezieht sich auf die 1 000 größten Unternehmen der USA. Beide Indizes vereinen sich im Russell 3 000.

Stoxx

Die Stoxx AG ist Teil der Deutschen Börse AG und berechnet mehr als 7 000 Indizes.

Bekannte Indizes sind:

- **Stoxx Europe 50:** Der Index enthält die 50 größten Unternehmen aus ganz Europa (einschließlich Großbritannien und der Schweiz).
- **Euro Stoxx 50:** Dieser Index umfasst die 50 größten Unternehmen der Eurozone.
- **Stoxx 600 Europe:** Er umfasst 600 Unternehmen aus Europa. Für Anleger, die einen marktbreiten Europaindex suchen, ist er besser geeignet.

Bloomberg Barclays

Das in Großbritannien ansässige Finanzunternehmen Bloomberg Barclays (früher Barclays Capital) ist vor allem für seine Anleihen-Indizes bekannt. Es liefert unter anderem Indizes für welt- und europaweite Staats- und Unternehmensanleihen, wie zum Beispiel:

- **Barclays Euro Aggregate Bond Index:** Staats- und Unternehmensanleihen, die in Euro notieren und von Ratingagenturen mit „Investment Grade“ bewertet werden.
- **Barclays Global Aggregate Bond Index:** Anleihen bestimmter Währungen weltweit mit einem Investment-Grade-Rating.
- **Barclay Euro Treasury:** Staatsanleihen der Eurozone.

iBoxx

Die iBoxx Indexfamilie umfasst Anleihen-Indizes vor allem für europäische Währungen und für den US-Dollar.

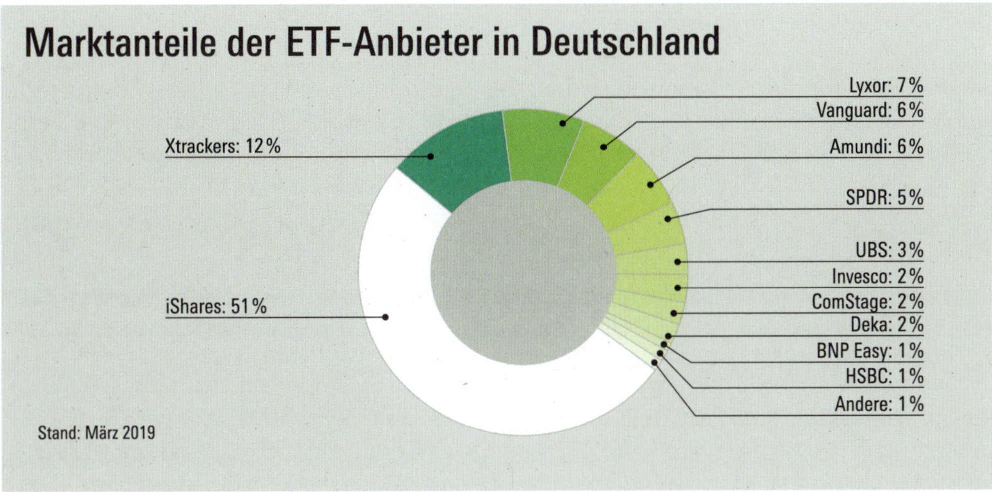

ETF-Anbieter in Deutschland

Die Indexanbieter berechnen die verschiedenen Indizes. Auf diese Indizes beziehen sich dann wiederum die Anbieter, die ETF auflegen und Anteile daran verkaufen. Viele wissen nicht, wer sich hinter diesen Anbieternamen verbirgt. So ist Anlegern in Deutschland beispielsweise oft nicht bewusst, dass sie Kunden von Blackrock sind, wenn sie einen ETF von iShares besitzen. Diese Investmentgesellschaft mit Sitz in den USA hat das mit Abstand umfassendste Angebot an ETF und verwaltet das größte ETF-Vermögen.

Hier ein kleines Who is who der Anbieter von ETF in Deutschland:

- **iShares** ist die ETF-Sparte des Vermögensverwalters Blackrock und Weltmarktführer im ETF-Markt. iShares bietet ETF auf alle wichtigen Aktien-, Anleihen- und Rohstoffindizes (www.ishares.com).
- **Xtrackers** gehört zur Deutschen Bank und bietet europaweit die zweitgrößte ETF-Auswahl (https://etf.dws.com/de-DE).
- **Lyxor** ist eine Tochter der französischen Großbank Société Générale und nach Xtrackers der größte ETF-Anbieter in Europa. An der Deutschen Börse werden über 100 ETF dieses Anbieters gehandelt, die die wichtigsten Indizes abdecken (www.lyxoretf.de).
- **Amundi** ist der größte Fondsanbieter mit Hauptsitz in Europa und gehört zu 75,5 Prozent der französischen Bank Crédit Agricole (www.amundietf.com).
- **UBS** ist eine der bedeutendsten Banken Europas. Ihre ETF haben aktuell in Deutschland nur geringe Marktanteile (www.ubs.com).
- **Vanguard** ist zweitgrößter Anbieter von ETF in den USA und seit Oktober 2017 auch in Deutschland präsent. Mit dem Vanguard FTSE All World Ucits ETF bietet die Gesellschaft einen weltweit anlegenden Fonds, dessen Spektrum mit dem des MSCI All Country World vergleichbar ist.
- **Deka ETF** gehört zur Deka Investment GmbH und damit zum Sparkassenverbund (www.deka-etf.de).

Sowohl iShares als auch die Sparkassengesellschaft Deka haben fast ausnahmslos replizierende ETF im Angebot, also ETF, die die Originalwerte kaufen. Die meisten anderen Fondsgesellschaften bieten eine gemischte Palette mit einem Überhang an Swap-ETF. Die Gesellschaften Comstage und Amundi setzen fast ausschließlich auf Swap-Fonds.

Aktien- und Anleihen-ETF

Mit ETF auf Anleihen- und Aktienindizes können sich Anleger leicht ein breit gestreutes Basisportfolio aufbauen.

Ausführlich zu Pantoffel-Portfolios siehe „Bequem und günstig anlegen mit Pantoffel-Portfolios", S. 265.

Anleger, die es sich ganz leicht machen wollen, können mit zwei ETF ein Basisportfolio aufbauen: Ein Aktien-ETF bildet den chancenorientierten Teil, ein Anleihen-ETF (auch Renten-ETF genannt) ist für die Stabilität im Portfolio zuständig. Dies ist auch die Grundidee des Pantoffel-Portfolios von Finanztest.

Bei der Auswahl des Aktien-ETF können Sie es sich ganz einfach machen und auf einen ETF setzen, der sich am MSCI World Index orientiert. Er enthält rund 1600 Aktien aus 23 entwickelten Ländern.

Möchten Sie auch Schwellenländer im Depot, bietet sich der weltweite MSCI All Country World Index an. Dieser Index umfasst rund 3000 Aktien aus derzeit 23 entwickelten Ländern und 26 Schwellenländern. Wenn Sie den Anteil an Schwellenländern selbst bestimmen möchten, können Sie auf den MSCI World Index zurückgreifen und zusätzlich einen Schwellenländer-ETF auf den MSCI Emerging Markets kaufen.

AKTIEN-ETF

Geeignet für fast alle Anleger, die ihre Renditechancen steigern wollen. Je mehr Risiko sie eingehen können, desto höher kann der Anteil an Aktien-ETF sein.

PRO

Aktien-ETF bieten ähnlich hohe Renditechancen wie Einzelaktien oder gemanagte Aktienfonds. Wie bei Letzteren sind die Risiken im Vergleich zu Einzelaktien aber breit gestreut. Aktien-ETF sind aber kostengünstiger als gemanagte Aktienfonds, und sie schneiden nie schlechter als der Index ab.

CONTRA

Aktien-ETF entwickeln sich immer nur genau wie der Index, den sie kopieren. Eine Überrendite, wie sie ein gemanagter Aktienfonds schaffen kann, ist nicht möglich.

> **Bei der Auswahl des Aktien-ETF können Sie es sich ganz einfach machen und auf einen ETF setzen, der sich am MSCI World Index orientiert.**

Bei Renten-ETF empfehlen wir als Basisanlage solche, die auf Euro lauten. Bei ihnen gibt es kein Währungsrisiko.

Für Anleger, die andere Anlageideen haben, gibt es eine Vielzahl weiterer Indizes. Wer beispielsweise weltweit in Anleihen investieren möchte, kann einen ETF wählen, der sich am Barclays Euro Aggregate Index orientiert. Weltweite Unternehmensanleihen gibt es zum Beispiel bei einem ETF auf den Barclays Global

Aggregate Corporate (= Unternehmen) Index. Als Basisanlage sind diese ETF aber zu speziell.

Auch ganze Regionen lassen sich mit ETF abdecken. Dies kann für Anleger dann sinnvoll sein, wenn sie bestimmte Regionen übergewichten wollen, weil sie diese als besonders chancenreich einschätzen. Auch wenn Anleger in bestimmte Regionen nicht investieren wollen und deshalb ein ETF auf einen weltweiten Index nicht in Frage kommt, können sie die übrigen Regionen auswählen, in die sie anlegen wollen.

Aktien-ETF finden Anleger für die Regionen Afrika, Asien, Asien-Pazifik, Europa und Osteuropa sowie Latein- und Nordamerika sowie für zahlreiche einzelne Länder wie Deutschland, Großbritannien, Brasilien, China oder Indien.

Auch wenn Anleger auf einzelne Branchen setzen wollen, werden sie bei ETF fündig. Im Aktiensegment findet man ETF aus den Bereichen

- Basiskonsumgüter (zum Beispiel Essen und Trinken),
- Energie,
- Finanzdienstleistungen,
- Gesundheitswesen,
- Grundstoffe (zum Beispiel Chemie, Bergbau),
- Industrie (zum Beispiel Güter und Dienstleistungen, Bauwesen, Materialien),
- Infrastruktur,
- Nicht-Basiskonsumgüter (zum Beispiel Luxusgüter, Medien, Autos, Freizeit, Reisen),
- Technologie,
- Telekommunikation,
- Versorger.

Bei Anleihen finden Anleger vor allem ETF, die auf die Regionen Europa und Eurozone abzielen sowie auf Anleihen der USA oder Großbritanniens. Daneben finden sich auch Dollar-Anleihen aus Schwellenländern sowie auf Anleihen in Lokalwährungen aus Ländern Asiens.

ANLEIHEN-ETF

Geeignet für fast alle Sparer und Anleger als Basisanlage.

PRO

Mit Anleihen-ETF können Anleger auf breite Anleihe-Indizes setzen. Wichtig ist, dass sie auf Euro lauten. Dann besteht kein Währungsrisiko. Anders als Einzelanleihen haben ETF kein Fälligkeitsdatum. Anleger müssen sich also nicht um die Wiederanlage kümmern.

CONTRA

Wie Anleihen unterliegen auch Anleihen-ETF Kursschwankungen, ein Totalverlust ist aber sehr unwahrscheinlich, da sie meist eine große Anzahl von Anleihen unterschiedlicher Herausgeber enthalten. ETF auf Indizes von Fremdwährungsanleihen sind nicht geeignet.

Darüber hinaus finden Anleger im Anleihenbereich ein breites Spektrum an ETF unterteilt nach

- Währungen,
- besonderen Rentenarten (Staats-, Unternehmens- und inflationsgeschützte Anleihen sowie Pfandbriefe und Wandelanleihen),
- Restlaufzeiten der im Index vertretenen Anleihen sowie
- der Bonität der Emittenten (Investment-Grade- und Non-Investment-Grade-Anleihen).

Weitere ETF

Anleger, die neben Aktien und Anleihen weitere Anlageklassen in ihr Wertpapierportfolio einbauen möchten, finden auch dafür börsengehandelte Indexprodukte.

Zu Rohstoff-ETC siehe auch „Mit Zertifikaten in Einzelrohstoffe anlegen" ab S. 361.

Mit Aktien- und Renten-ETF können auch Einsteiger leicht ein Basisdepot aufbauen. Die folgenden ETF-Arten sind um einiges spezieller und auch riskanter. Sie sind eher etwas für erfahrene Anleger, die eigene Anlageideen verfolgen, und nur als Beimischung geeignet.

Immobilien-ETF

Anleger können mit ETF auch in Immobilienmärkte investieren. Allerdings beziehen sich diese ETF nicht unmittelbar auf Immobilien, sondern auf Aktien von Immobiliengesellschaften. Das sind börsennotierte Unternehmen, deren Tätigkeitsschwerpunkt der Erwerb, die Bewirtschaftung und der Verkauf von Immobilien sind. Hier finden sich beispielsweise ETF, die die Immobilienmärkte weltweit, in den USA, Europa oder Asien nachbilden.

ETF und ETC auf Rohstoffe

Auch für Edelmetalle und Rohstoffe gibt es börsengehandelte Indexprodukte. Hier müssen Anleger aber unterscheiden: Da nach europäischem Recht Investmentfonds, zu denen die ETF auch gehören, nach dem Grundsatz der Risikostreuung nicht nur in einen bestimmten Vermögenswert anlegen dürfen, können ETF nicht in einzelne Rohstoffe investieren. Daher wurden vor einigen Jahren die Exchange Traded Commodities (ETC) eingeführt. Diese sind wie ETF börsengehandelte Wertpapiere, rechtlich aber sind sie Schuldverschreibungen des ETC-Emittenten und keine Investmentfonds. Um eine vergleichbare Sicherheit wie die Investmentfonds mit ihrem Sondervermögen bieten zu können, hinterlegen die Herausgeber der ETC Sicherheiten bei einem Treuhänder, sodass das Emittentenrisiko stark eingeschränkt wird. Edelmetall-ETC werden in der Regel mit den entsprechenden Edelmetallen besichert. Das heißt, der Emittent hinterlegt physische Edelmetalle und besichert damit die Schuldverschreibung. Bei anderen ➚Rohstoff-ETC werden zum Beispiel Wertpapiere hoher Bonität als Sicherheit hinterlegt.

Daneben gibt es ETF, die breit in Rohstoffindizes investieren. Bei ihnen ist der Grundsatz der Risikostreuung gewahrt, weil sie nicht in einzelne Rohstoffe, sondern in Indizes investieren, die mehrere Rohstoffgattungen enthalten. Das können unter anderem Indizes wie der Rogers International Commodity Index (RICI) sein, die in zahlreiche Einzelrohstoffe aus den Bereichen Agrargüter, Edelmetalle, Industriemetalle und Energie investieren. Daneben gibt es viele abgewandelte Indizes, die einen Korb verschiedener Rohstoffe nachbilden, bei denen bestimmte Rohstoffbereiche (zum Beispiel Agrargüter) ausgelassen („ex Agriculture") oder anders gewichtet werden. Bei „Capped 35/20" ETF darf zum Beispiel die Komponente mit dem höchsten Gewicht maximal einen Anteil von 35 Prozent haben, alle anderen dürfen höchstens mit 20 Prozent gewichtet sein.

ETF für besondere Strategien

Neben ETF, die einfach einen Markt abbilden, gibt es für verschiedene Aktien- und Anleihe-Indizes ETF, die die Wertentwicklung hebeln, das heißt vervielfachen, oder sich genau entgegengesetzt entwickeln. Diese ETF sind nicht für die langfristige Geldanlage, sondern allenfalls zur kurzfristigen Spekulation oder Absicherung geeignet.

▸ Shortstrategien mit ETF

Im Gegensatz zu normalen ETF spiegelt ein Short-ETF die Entwicklungen seines zugrundeliegenden Index in umgekehrter Form. Das bedeutet, dass der Wert des ETF um 10 Prozent steigt, wenn der Index um 10 Prozent fällt. Entsprechend verläuft der ETF negativ, wenn der Index steigt. Diese einfache Berechnung gilt grundsätzlich aber nur, wenn es um die tägliche Wertveränderung geht. Sobald die Anlage mehr als einen Tag erfolgt, können sich Unterschiede zwischen der Gesamtentwicklung von Index und ETF ergeben.

Beispiel: Fällt ein Index von seinem Ausgangsniveau 100 jeden Tag um 10 Prozent, steht er nach zwei Tagen bei 81 und ist insgesamt um 19 Prozent gefallen. Denn am zweiten Tag fällt er vom niedrigeren Niveau 90 um weitere 10 Prozent. Ein Short-ETF auf diesen Index steigt am ersten Tag auf 110 und von diesem Niveau um weitere 10 Prozent auf 121. Während also der Index um 19 Prozent gefallen ist, ist der Short-ETF um 21 Prozent gestiegen.

Insbesondere bei unsteten Auf- oder Abwärtstrends, also Phasen größerer Schwankungen im Markt über mehrere Zeitperioden, können auf den ersten Blick unerwartete Ergebnisse eintreten.

Beispiel: Steigt der Basisindex zunächst von 100 auf 120 (plus 20 Prozent) und fällt anschließend wieder auf 100 (minus 16,67 Prozent), hat er in der Summe nichts gewonnen oder verloren. Der Short-ETF verliert hingegen zunächst 20 Prozent auf 80 und steigt dann um 16,67 Prozent auf 93,33 Punkte, verliert also per Saldo 6,67 Prozent.

Neben den ETF, die die tägliche inverse Wertentwicklung eines Basisindex abbilden, werden mittlerweile solche angeboten, die die monatliche inverse Wertentwicklung widerspiegeln. Beide Arten gibt es auch in gehebelten Varianten, bei denen die mehrfache inverse Entwicklung nachgebildet wird. Short-ETF gibt es auf einige große Aktienindizes, wie den Dax, den S & P 500, den Euro Stoxx 50 oder den französischen CAC 40. Auch auf Anleiheindizes, die beispielsweise europäische Staatsanleihen oder eine zehnjährige Bundesanleihe nachbilden, gibt es Short-Varianten.

Gut zu wissen

Mit Short-ETF können Sie kurz- und mittelfristig Ihr Depot absichern, wenn Sie mit fallenden Börsenkursen rechnen, aber Ihre aktienbasierten Anlagen nicht verkaufen wollen. Dazu müssen Sie entsprechend der Werte, die Sie absichern wollen, Short-ETF kaufen. Ein Grund, die Fonds nicht gleich zu verkaufen, könnte sein, dass Sie diese noch vor 2009 gekauft haben. Bei solchen „Altinvestments" ist ein Veräußerungsgewinn bei einem späteren Verkauf abgeltungsteuerfrei. Trotz einer Gesetzesänderung zum 1. Januar 2018 gibt es einen Bestandsschutz für vor 2009 gekaufte Fonds, wenn die steuerpflichtigen Veräußerungsgewinne einen Freibetrag von 100 000 Euro nicht übersteigen. Unter diese Bestandsschutz-Regelung dürften die meisten Steuerpflichtigen fallen.

▸ Gehebelte (leveraged) ETF

Gehebelte (englisch „leveraged") ETF auf Indizes ermöglichen es, vom Kursanstieg eines Index mehrfach zu profitieren. Zum Beispiel erzielt ein Anleger mit einem zweifach gehebelten ETF bei einem einprozentigen Kursanstieg des zugrundeliegenden Index eine Rendite von 2 Prozent. Allerdings hat er auch das doppelte Risiko: Fällt der Index um 1 Prozent, beträgt sein Verlust 2 Prozent. Der exakt zweifache Hebel ist jedoch nur auf Tagesbasis ge-

30 SEKUNDEN FAKTEN

ZWISCHEN 70 UND 75 BILLIONEN
US-Dollar sind weltweit laut Schätzungen von Fondsverbänden in Fonds (Investment-, Staats-, Pensions- und Hedgefonds) investiert.

6,2 BILLIONEN
Dollar haben Anleger weltweit in ETF investiert.

FAST 6 BILLIONEN
Dollar verwaltet allein Blackrock, die größte Fondsgesellschaft der Welt.

2003
wurde der erste Smart-Beta-ETF auf den Markt gebracht.

währleistet. Bei einem längeren Anlagezeitraum können Index- und ETF-Entwicklung stark auseinanderlaufen.

Gehebelte ETF können Anleger zur kurzfristigen Spekulation einsetzen, wenn sie einen eindeutigen Aufwärts- beziehungsweise Abwärtstrend sehen. Sie müssen ihren ETF aber dann doppelt aufmerksam beobachten, da auch Verluste gehebelt werden.

Leverage-ETF gibt es auch in der Shortvariante, das heißt, Anleger können damit auch auf fallende Kurse spekulieren. Auch hier potenzieren sich Chancen und Risiken.

Neuere Trends bei ETF

Die Anbieter von ETF sind ständig auf der Suche nach neuen Ideen und Vermarktungsstrategien. Seit einiger Zeit gibt es daher „intelligentere" ETF – sogenannte Smart-Beta-ETF. Diese versuchen nicht nur einen Index nachzubilden, sondern dessen Ergebnis zu optimieren. Dafür legen sie zusätzliche Kriterien an. Sie widersprechen damit dem Grundgedanken von ETF, wonach niemand langfristig den Markt schlagen kann,

Anleger gehen mit solchen „intelligenten" ETF letztlich eine Wette gegen den Markt ein. Im Gegensatz zu traditionellen ETF, bei denen die Gewichtung der vom ETF repräsentierten Einzelwerte in der Regel deren Marktkapitalisierung im Index entspricht, gewichten Smart-Beta-ETF die Einzelwerte anhand individueller Faktoren. Einige Strategien sind durchaus nachvollziehbar und können Sinn machen. So gibt es beispielsweise ETF auf Strategie-Indizes, die Aktien mit hoher Dividendenrendite, besonderer Werthaltigkeit (Value-Titel) oder guten Wachstumsaussichten (Growth-Titel) bündeln. Bei Equal-Weight-Strategien werden alle Indexaktien gleich gewichtet, um zu verhindern, dass nur die größten Aktien die Entwicklung des Index bestimmen.

Bei herkömmlichen internationalen Anleihen-ETF besteht häufig das Problem, dass Anleger damit vor allem Papiere von besonders hoch verschuldeten Staaten und Unternehmen kaufen, was im Krisenfall sehr riskant sein kann. Auch hier gibt es als Alternative „smarte" ETF, die die Einzeltitel nach fundamentalen Daten wie Bonität, Liquidität und Renditepotenzial der Anleiheherausgeber gewichten.

Doch auch bei diesen einfachen Strategien können Anleger, die sich nicht genau informieren, Fehler machen. Eine hohe Dividendenrendite kann auch eine Aktie ausweisen, die gerade aufgrund wirtschaftlicher Schwierigkeiten stark eingebrochen ist. Indizes, die ausschließlich nach der Höhe der Dividendenrendite gewichtet werden, sind insoweit riskant. Auch verschwimmen bei den Strategie-ETF die Grenzen zu aktiv gemanagten Fonds. Während bei Letzteren ein Fondsmanager beispielsweise unterbewertete Valuetitel auswählt, erfolgt die Selektion bei Strategie-ETF anhand vorher festgelegter Regeln.

Nicht mehr so einfach nachzuvollziehen sind ETF mit mathematisch optimierten Strategien. Bei Minimum-Volatility-Strategien bauen die Anbieter einen Index, in dem Aktien ein höheres Gewicht erhalten, deren Kurse möglichst wenig schwanken. Momentum-ETF setzen auf Aktien mit zuletzt guter Wertentwicklung. Quality-Strategien gewichten die Indexaktien zum Beispiel nach Kriterien wie Dividende, Cashflow, Umsatz und Buchwert. Werden verschiedene Strategien noch kombiniert, wie zum Beispiel ETF, die auf hohe Dividenden und niedrige Volatilität setzen, wird es schnell zu kompliziert.

„Bei Smart-Beta-ETF wissen Anleger, anders als bei „normalen" ETF, nicht mehr sofort, in welche Richtung sie sich entwickeln, wenn die Börse steigt oder fällt.

Aber auch der Transparenz-Gedanke leidet. Bei Smart-Beta-ETF wissen Anleger, anders als bei „normalen" ETF, nicht mehr sofort, in welche Richtung sie sich entwickeln, wenn die Börse steigt oder fällt. Darüber hinaus sind die Strategie-ETF teurer als ihre nicht optimierten Verwandten.

Anleger sollten sich daher immer vergegenwärtigen: Auch Smart-Beta-ETF können nicht zaubern. Sie versuchen, das Rendite-Risiko-Profil eines Standard-ETF aufgrund von mathematisch-wissenschaftlichen Berechnungen zu optimieren. Da diese neuen ETF noch keine längere Historie haben, kann man bisher nur aus Rückrechnungen ableiten, dass sie in der Vergangenheit teilweise bessere Wertentwicklungen als traditionelle Indexfonds geliefert hätten. Ob die neuen Strategien auf Dauer und in verschiedenen Marktphasen funktionieren, wird sich noch herausstellen.

Regelmäßig schauen

Der Übergang von Smart-Beta-ETF zu aktiv gemanagten Fonds ist fließend. Anleger, die sich für Smart-Beta-ETF entscheiden, sollten diese daher ebenso regelmäßig überwachen wie aktiv gemanagte Fonds.

▶ **Einen strukturierten Überblick zu allen ETF, die an der Frankfurter Börse gehandelt werden, finden Sie unter http://www.boerse-frankfurt.de/etp/etfs.**

Wie Fonds ihr Geld anlegen

Teilt man die Vielzahl der angebotenen Investmentfonds in Anlageschwerpunkte ein, fällt die Orientierung leichter. Innerhalb dieser Gruppen finden Anleger dann weitere unterschiedliche Anlagestrategien.

Aktienfonds

Aktienfonds sind die größte Fondsgruppe. Manche investieren weltweit, andere nur in kleine Märkte. Die Anlagebedingungen bestimmen, wo und wie ein Fondsmanager investieren darf.

Mehr zu Aktien finden Sie im Kapitel „Aktien" ab S. 118.

Das Angebot an Investmentfonds ist riesig. Privatanleger können mittlerweile aus Tausenden Fonds wählen. Im Produktfinder Fonds der Stiftung Warentest sind rund 18 000 Fonds gelistet, davon sind weit über 8 000 Aktienfonds. Aktienfonds sind die bekannteste Fondsgruppe. In Deutschland gibt es Aktienfonds seit 1950. Wie der Name bereits sagt, legen sie hauptsächlich in ➚ Aktien an.

Der Erfolg eines Aktienfonds ist vor allem davon abhängig, wie sich die Kurse der einzelnen Aktiengesellschaften, in die der Fonds investiert hat, entwickeln. Auch Dividenden, die die Unternehmen ausschütten, deren Aktien der Fonds hält, kommen den Anlegern zugute. Da Aktienkurse schwanken und Dividenden nur gezahlt werden, wenn das jeweilige Unternehmen dies beschließt und sich leisten kann, schwanken die Kurse von Aktienfonds.

Innerhalb der Anlageklasse der Aktienfonds gibt es weitere Unterteilungen. Die Anlagebedingungen eines Fonds können dem Fondsmanager vorschreiben, wie er erfolgversprechende Aktien suchen, aus welchen Regionen oder Branchen er die Papiere auswählen, an welchen Märkten er diese kaufen und ob er Absicherungs- oder Zusatzgeschäfte mit Finanzderivaten eingehen darf.

Verkaufsprospekte lesen

Wenn Sie genau wissen wollen, wie ein Fonds die eingesammelten Gelder investiert, sollten Sie den Verkaufsprospekt sorgfältig studieren. Dort steht, worin der Fonds nach seinen Anlagerichtlinien investieren kann und welche Strategie er dabei verfolgt. Leichter zu lesen sind die Wesentlichen Anlegerinformationen, englisch KIID, und das Factsheet. Aus den halbjährlich oder jährlich veröffentlichten Geschäftsberichten sehen Sie, in welche konkreten Werte der Fonds bisher investiert hat. Darin müssen die Fondsmanager über sämtliche An- und Verkäufe von Vermögensobjekten Rechenschaft ablegen und die Ergebnisse ausweisen. Eine Garantie, dass die bisherige Fondsmixtur beibehalten wird, liefern aber auch diese Informationen nicht. Bisweilen ändern Fonds ihre Anlagestrategie. Darüber werden Anleger in der Regel von ihrer Bank informiert.

Unterschiedliche Auswahlprozesse

Fondsmanager können bei der Suche nach geeigneten Aktien unterschiedlich vorgehen. Im Fondsprospekt ist dieser Auswahlprozess oft festgehalten. Sie können „von unten nach oben“ vorgehen und sich in erster Linie auf die Auswahl chancenreicher Einzeltitel konzentrieren. Dieser Auswahlprozess wird Bottom-up-Ansatz genannt. Der Fondsmanager analysiert die Gewinnaussichten eines Unternehmens zunächst unabhängig vom gesamtwirtschaftlichen Umfeld. Erst danach betrachtet er die volkswirtschaftlichen Rahmendaten der Länder und Branchen, aus denen die interessanten Aktien stammen.

Ein Fondsmanager, der den Top-down-Ansatz verfolgt, geht umgekehrt vor, nämlich „von oben nach unten“. Bei einem weltweit anlegenden Fonds würde er zum Beispiel erst die Regionen (etwa Nordamerika, Europa, Asien) auswählen, die er als besonders aussichtsreich ansieht. Danach würde er diejenigen Länder suchen, die innerhalb dieser Regionen aufgrund der wirtschaftlichen Perspektiven am aussichtsreichsten erscheinen. Erst im letzten Schritt würde er dann die einzelnen Aktien aussuchen, in die der Fonds investiert. (Siehe auch die Grafik „Top-down und Bottom-up“).

Siehe dazu auch die Grafik „Top-down und Bottom-up“ auf S. 171.

Verschiedene Anlagestile

Je nachdem, welche Kriterien ein Fondsmanager für seine Anlageentscheidung anlegt, unterscheidet man bei Fonds grundsätzlich zwei Anlagestile: den Value- und den Growth-Ansatz.

Beim Value-Ansatz investiert der Fondsmanager in Aktien, deren aktueller Börsenkurs deutlich niedriger ist als der Preis, der nach seiner Bewertung angemessen wäre. Sie sind also aus seiner Sicht sehr preiswert. Die tatsächlichen Erträge und Ertragsaussichten der Unternehmen stehen im Vordergrund. Als Bewertungskriterien kommen dabei verschiedene Kennzahlen zur Beurteilung von Aktien zur Anwendung. So zum Beispiel das Kurs-Gewinn-Verhältnis (KGV), bei dem der Kurs der Aktie in Relation zum erzielten oder erwarteten Gewinn gesetzt wird. Oder das Kurs-Buchwert-Verhältnis (KBV), bei dem der Kurs der Aktie ins Verhältnis zum bilanziell ausgewiesenen Buchwert gestellt wird. Eine weitere wichtige Kennzahl für Value-Investoren ist die Dividendenrendite. Oft geht der Value-Ansatz mit dem Bottom-up-Ansatz einher.

Beim Growth-Ansatz wählt der Fondsmanager Aktien von Unternehmen aus, die in der Zukunft ein schnelleres Wachstum erwarten

AKTIENFONDS WELT

Geeignet für fast alle Anleger, die ihre Renditechancen steigern wollen, als Basisanlage. Je mehr Risiko sie eingehen können, desto höher kann der Anteil an Aktienfonds Welt sein.

PRO

Aktienfonds Welt sind grundsätzlich sicherer als weniger breit gestreute Aktienfonds. Die breite Streuung des Anlagekapitals über viele Märkte senkt das Risiko.

CONTRA

Nur wenige internationale Aktienfonds schneiden längerfristig besser ab als vergleichbare ETF. Weltweit anlegende ETF sind eine bequemere und kostengünstigere Alternative.

lassen als andere vergleichbare Unternehmen. Bewertungskriterien sind hier vor allem Umsatz- und Gewinnwachstum. Growth-Fonds investieren daher häufig in Wachstumsbranchen wie Internet, Biotechnologie oder Informationstechnik.

Im Allgemeinen gilt der Value-Ansatz als die konservativere Anlagestrategie. Ein Growth-Manager würde auch eine für den Value-Manager schon zu teure Aktie kaufen, wenn er der Meinung ist, dass sie weiterhin Kurssteigerungspotenzial hat. Fonds mit einem Value-Ansatz eignen sich eher für vorsichtigere Anleger, da sich diese in konjunkturellen Schwächephasen häufig besser halten als die spekulativer anlegenden Growth-Fonds. Growth-Fonds erzielen dafür in Aufschwung- und Boomphasen oft bessere Ergebnisse als Value-Fonds.

Von einem Blend- oder Core-Ansatz spricht man, wenn das Fondsmanagement flexibel sowohl den Value- als auch den Growth-Ansatz verfolgt. Das Fondsmanagement versucht, die Börsentrends und die wirtschaftliche Entwicklung vorauszusehen und je nach Marktlage eher Value- oder Growth-betont anzulegen.

Anlagestrategien vergleichen

Im Produktfinder Fonds der Stiftung Warentest (www.test.de/fonds) finden Anleger zu allen Fonds Produktbeschreibungen und Bewertungen. Nach der Auswahl eines Fonds finden Sie unter dem Unterpunkt „Strategie“ eine Strategiebeschreibung des Fonds. Hieraus können Sie ersehen, in welchen Anlageklassen, Ländern oder Branchen der Fonds investiert und welchen Anlagestil er verfolgt. Sie können die Fonds dort auch leicht miteinander vergleichen.

Aktienfonds Welt

Weltweit anlegende Aktienfonds suchen auf der ganzen Welt Unternehmen, in deren Aktien sie erfolgversprechend investieren können. In der Regel konzentrieren sie sich dabei auf die Industrienationen, etwa die USA, Deutschland und andere westeuropäische Staaten und Japan. Schwellenländer sind oft entweder gar nicht oder nur zu einem kleinen Teil berücksichtigt. Die Anlagen solcher Fonds sind so in der Regel über viele Länder, Währungen und Branchen verteilt.

Für Einsteiger in die Fondsanlage oder Anleger, die nur geringe Sparbeträge zur Verfügung haben, bieten sich weltweit anlegende Fonds daher als Basisinvestment an. Dabei sollten sie aber immer überlegen, ob nicht passiv gemanagte Aktien-ETF die erfolgversprechendere und bequemere Anlageform sind. Aber auch erfahrenere Anleger können hier gute Anlagemöglichkeiten finden. Denn bei diesen Fonds gibt es sehr marktnahe Fonds und solche, die marktunabhängig anlegen.

Marktnahe Fonds orientieren sich meist am MSCI World Index und investieren daher hauptsächlich in den entwickelten Märkten der Industriestaaten, vor allem in US-Aktien. Marktunabhängigere weltweit anlegende Fonds hingegen versuchen auch in Schwellenländern oder jenseits der weltweiten Standardwerte chancenreiche Unternehmen zu finden. Vor einer Anlage in einen weltweit anlegenden Fonds sollten Sie sich daher mit der Anlagephilosophie des Fonds beschäftigen. Bevorzugen Sie bei sehr marktnahen Fonds eher kostengünstigere ➚ETF.

▶ Der Fondsfinder der Stiftung Warentest (www.test.de/fonds) gibt unter anderem Auskunft über die Marktorientierung eines Fonds. Sie zeigt, zu wie viel Prozent die Schwankungen der Fondsrendite eines gemanagten Fonds mit den Schwankungen der Marktrendite übereinstimmen. Fonds mit geringer Marktnähe verfolgen eher Sonderkonzepte.

Länder- und Regionenfonds

Länderfonds sind Aktienfonds, die nur in Aktien eines Landes investieren. Anleger können damit gezielt in diese Länder investieren, die Auswahl der einzelnen Aktien aber dem Fondsmanagement überlassen. Länderfonds eignen sich zum Beispiel für Anleger, die für einen überschaubaren Zeitraum eine dezidierte Meinung bezüglich der Entwicklung des Aktienmarktes eines Landes haben. Sie sind manchmal die einzige Möglichkeit für Privatanleger, Aktien bestimmter Länder zu kaufen, wenn der Zugang zu deren Börsen für ausländische Privatanleger beschränkt ist.

Eine weitere Möglichkeit, Länderfonds einzusetzen, ist für ein Do-it-yourself-Weltdepot. In den meisten Aktienfonds Welt nehmen die USA ein starkes Gewicht ein, oft mehr als die Hälfte. Anleger, die davon abweichen wollen, können sich ein eigenes Weltdepot zusammenstellen. Dafür können sie beispielsweise Länderfonds USA und einen Regionenfonds Europa sowie Asien, in erster Linie Japan, kombinieren. Auch den Regionenfonds Europa können erfahrene Anleger noch durch mehrere Länderfonds europäischer Staaten ersetzen.

Die Risiken von Länderfonds unterscheiden sich stark, da die Wirtschaft und die Aktienmärkte einzelner Länder zum Teil stark unterschiedlich entwickelt sind. Während die etablierten oder „klassischen" Aktienmärkte wie USA, Deutschland, Großbritannien, Frankreich, Schweiz und Japan ein breites Universum an börsennotierten Unternehmen bieten, gibt es in manchen Schwellenländern nur wenige Unternehmen, in die ausländische Anleger über Aktienfonds investieren können. In den klassischen Märkten hat ein Fondsmanager somit trotz Begrenzung seiner Anlagemöglichkeiten auf ein Land leichter die Möglichkeit, ein diversifiziertes Fondsvermögen aufzubauen.

Mehr zu ETF als kostengünstige Alternative finden Sie im Abschnitt „ETF – die besseren Fonds?", S. 209.

Vor allem die Länderfonds der etablierten Märkte lassen sich nach ihrem Anlageschwerpunkt unterscheiden. So gibt es Fonds, die eher in die großen Standardwerte investieren. Für einen Deutschlandfonds wären dies zum Beispiel insbesondere Aktien von Dax-Unternehmen. Daneben gibt es Fonds, die sich eher auf mittlere und kleine Unternehmen konzentrieren, bei einem Deutschlandfonds beispielsweise auf Werte aus dem MDax, TecDax und SDax. Länderfonds auf etablierte Märkte sind weniger spekulativ als Länderfonds auf Schwellenländer. Die Unternehmen aus den entwickelten Ländern agieren oftmals weltweit und sind daher nicht ausschließlich von der wirtschaftlichen Entwicklung ihres Heimatmarktes abhängig.

Die Entwicklung eines Länderfonds müssen Anleger viel stärker überwachen als breiter gestreute Regionen- oder Weltfonds, weil auf starke Aufschwungphasen eines Landes häufig stärkere Korrekturen und jahrelange Seitwärtsbewegungen folgen können. Politische

LÄNDER- UND REGIONENFONDS

Geeignet für erfahrenere Anleger mit größerem Vermögen als Beimischung. Ausnahme: Aktienfonds Europa können auch als Basisanlage eingesetzt werden.

PRO

Sie bieten Anlegern die Möglichkeit, gezielt auf die Wertentwicklungen bestimmter Länder und Regionen (wie zum Beispiel Asien, Lateinamerika) zu setzen. Wenn der jeweilige Aktienmarkt boomt, sind überdurchschnittliche Renditen möglich.

CONTRA

Wegen der geringen Risikostreuung sind hohe Verluste möglich. Vor allem Länderfonds auf Schwellenländer sind sehr riskant. Länder- und Regionen-ETF sind bequemer und kostengünstiger.

Unruhen, Naturkatastrophen oder wirtschaftliche Fehlentwicklungen können den Aktienmarkt eines Landes herunterziehen, während die restlichen Aktienmärkte auf der Welt davon weitgehend unberührt bleiben. Schwellenländer sind weitaus anfälliger bei solchen Schocks als entwickelte Industriestaaten. Das Fondsmanagement eines Länderfonds kann aber in solchen Abwärtsphasen nicht auf andere Länder ausweichen, da das seinen Anlagegrundsätzen widersprechen würde.

Für Anleger, die in mehrere Länder oder die Wachstumsregionen der Schwellenländer investieren wollen, bieten sich Regionenfonds an. Weil sie mehrere Länder einer Region abdecken, ist das Risiko geringer, das falsche Land zu erwischen. Außerdem sind viele Börsen der Schwellenländer noch recht schwach kapitalisiert. Das bedeutet, dass Veränderungen bei einem Unternehmen oft große Auswirkungen auf einen solchen Index haben können. Diesen kann sich ein Länderfonds schwer entziehen. Ein Anleger, der in einen Lateinamerikafonds investiert, statt in einen Brasilienfonds, profitiert zum Beispiel auch, wenn der Fonds mexikanische und chilenische Aktien besitzt und diese Länder sich besser als Brasilien entwickeln. Neben Lateinamerikafonds gibt es Regionenfonds unter anderem für die Wachstumsregionen in Asien und im pazifischen Raum, aber auch für den Mittleren Osten und Afrika.

Auch wenn Sie eher im europäischen Raum anlegen wollen, können Sie auf Regionenfonds zurückgreifen. Europäische Aktienfonds konzentrieren sich vor allem auf West-, Mittel- und Südeuropa sowie Skandinavien. Daneben gibt es Fonds, die ausschließlich Aktien von Unternehmen aus Ländern der Eurozone kaufen. Sie weisen kein Währungsrisiko auf, im Gegensatz zu den breiter aufgestellten Europafonds, die auch in Länder Europas investieren, die nicht den Euro als Währung haben. Dafür fehlen den Euroland-Fonds aber eben wichtige Börsenländer wie Großbritannien, Schweden und die Schweiz.

Für die Regionen Osteuropas gibt es spezielle Osteuropafonds, die in osteuropäische Schwellenmärkte investieren, ebenso werden Nordeuropafonds angeboten, in denen speziell die skandinavischen Länder vertreten sind.

Schwellenländerfonds, BRICS, Next-11

Während sich das Wirtschaftswachstum in den entwickelten Industriestaaten nur wenig ändert, sind die Zuwachsraten in Schwellenländern mitunter zweistellig. Ein Investment über Fonds in nur ein einziges Schwellenland ist allerdings zum einen äußerst riskant, zum anderen bei vielen Ländern gar nicht, bei anderen nur über einen ETF möglich. Es gibt aber Schwellenländerfonds, die nicht auf ein Land begrenzt sind, sondern zahlreiche Schwellenländer weltweit oder Schwellenländerregionen umfassen. Damit ist das Risiko dann besser gestreut. Aber Vorsicht: Manche dieser Fonds haben ein oder mehrere Länder besonders übergewichtet, sodass eine besondere Abhängigkeit von der Entwicklung in diesen Ländern und damit ein erhöhtes Risiko besteht. Beispielsweise hat Russland in Osteuropafonds oft einen hohen Anteil. Deshalb lohnt immer ein genauerer Blick auf die Fondszusammensetzung.

Daneben gibt es Fonds, die sich gezielt auf mehrere Schwellenländer konzentrieren. Mitunter stehen vor allem Strategien der Anbieter zur Vermarktung neuer Fonds dahinter. Die Bündelung von Schwellenländern unter dem Kürzel „BRIC" ist die bekannteste davon. Sie wurde Ende 2001 ins Leben gerufen. Dahinter stehen die größten Schwellenländer Brasilien, Russland, Indien und China. Dann wurden die BRIC-Staaten noch um Südafrika zu den BRICS erweitert. Seit einiger Zeit schneiden diese Fonds allerdings schlechter ab als breiter anlegende Schwellenländerfonds.

Das „Next-11"-Konzept fasste elf Schwellenländer mit aussichtsreichen demografischen Faktoren (hohe Einwohnerzahlen und vorteilhafte Altersstruktur) zusammen. Sie sind noch nicht so weit entwickelt wie die BRICS, könnten aber einen ähnlichen wirtschaftlichen Aufschwung wie diese vor sich haben. Zu dieser Gruppe gehörten Ägypten, Bangladesch, Indonesien, Iran, Mexiko, Nigeria, Pakistan, die Philippinen, Südkorea, die Türkei und Vietnam. Für dieses Konzept sprechen zwar gute Gründe: Die Next-11-Länder sind geografisch breit gestreut, sie befinden sich in unterschiedlichen Entwicklungsstadien und lassen insbesondere aufgrund ihrer jungen Bevölkerung ein hohes Wachstum durch Binnennachfrage und Konsum erwarten. Aber auch hier sollten sich Anleger fragen, warum sie nur in diesen elf Ländern investieren sollten.

SCHWELLENLÄNDERFONDS

Geeignet für Anleger, die langfristig anlegen wollen und eine höhere Risikobereitschaft haben.

PRO

Schwellenländerfonds können als Beimischung die Renditechancen des Gesamtdepots verbessern, ohne dass das Gesamtrisiko stark zunimmt.

CONTRA

Die Wertschwankungen von Schwellenländeraktien sind stärker als die von Industrienationen. Nur wenige aktiv gemanagte Schwellenländerfonds schneiden besser ab als vergleichbare ETF. ETF sind eine bequemere und kostengünstigere Alternative.

Eine weitere Bündelung, die unter dem Titel „MIST"-Fonds vertrieben wird, steht für Anlageziele in Mexiko, Indonesien, Südkorea und der Türkei. Während das Wort „mist" im Englischen „Nebel" bedeutet und damit den Hauch des Geheimnisvollen hat, ist es marketingtechnisch in Deutschland unter dieser Bezeichnung schwer an den Mann oder die Frau zu bringen. Daher werden diese Fonds auch unter dem Kürzel „SMIT" vertrieben.

Eine weitere Alternative für Anleger sollen nach dem Willen mancher Fondsgesellschaften die „TICKS" sein. Dieses Kunstwort steht für die Länder Taiwan, Indien, China, Korea und Südafrika. Diesen Ländern, die vor allem Stär-

BRANCHEN- UND THEMENFONDS

Geeignet für erfahrene Anleger mit größerem Vermögen, die bewusst auf die Entwicklung spezieller Branchen oder Anlagethemen setzen möchten.

PRO

Wenn eine Branche oder eine Anlageidee gerade in Mode ist, sind hohe Renditen möglich.

CONTRA

Sofern allerdings die Branche oder das Anlagethema in Ungnade fällt oder die Wachstumsaussichten stagnieren, sind hohe Verluste möglich. Wegen ihrer starken Fokussierung bieten sie nur eine geringe Risikostreuung. Entsprechende ETF sind eine bequemere und kostengünstigere Alternative.

ken im Bereich Technologie aufweisen, trauen manche Experten bessere Ergebnisse zu als den häufig vor allem Rohstoffe exportierenden Schwellenländern.

Und was ist nun das Fazit dieser kleinen Buchstabenlehre? Wenn Sie Schwerpunkte setzen und entsprechende Risiken eingehen möchten, können Sie einen kleinen Teil Ihres Geldes so investieren. Sinnvoller ist es aber, breit gestreute Schwellenländerfonds zu wählen und sich nicht auf einige Buchstaben zu beschränken, die gerade en vogue sind.

Branchenfonds

Branchenfonds investieren nur in einzelne Branchen und Wirtschaftszweige. Dies sind häufig Wachstums- und Zukunftsbranchen, denen ein überdurchschnittliches Ertragspotenzial vorausgesagt wird. Branchenfonds gibt es zum Beispiel für die Bereiche Biotechnologie, Chemie, Pharma und Gesundheit, Internet, Technologie und Telekommunikation sowie Rohstoffe. Obwohl die Fonds meist weltweit anlegen, sind diese Märkte in der Regel recht eng, das heißt, die Auswahl an Unternehmen, in die ein Branchenfonds investieren kann, ist begrenzt.

Bei Branchenfonds spielt oft der Zeitpunkt des Ein- und Ausstiegs eine entscheidende Rolle. Steigen Anleger früh genug in eine Branche ein, die am Beginn eines Aufwärtstrends oder sogar neuen Booms steht, sind hohe Gewinne möglich – vorausgesetzt, sie steigen rechtzeitig wieder aus. Dies gilt insbesondere für Branchen, die gerade von neuen und umwälzenden Entwicklungen profitieren. Steht ein Wirtschaftszweig hingegen bereits nahe seinem Höhepunkt oder hat diesen bereits überschritten, ist das Verlustrisiko bei Branchenfonds besonders hoch.

Negative Meldungen zu einem Unternehmen übertragen Börsianer meist auf Konkurrenzunternehmen der gleichen Branche. Folge ist dann, dass alle Aktien eines Branchenfonds Verluste hinnehmen müssen, weil keine Streuung über verschiedene Wirtschaftszweige vorliegt. Auch hier kann der Fondsmanager die Anlegergelder nicht einfach in Aktien anderer Branchen umschichten, da die Anlagestrategie auf die eine Branche festgeschrieben ist.

Themenfonds

Themenfonds konzentrieren sich auf bestimmte Anlagethemen wie zum Beispiel Infrastruktur, Lifestyle oder Wasser. Ebenso wie Branchenfonds bieten sie die Chance auf überdurchschnittliche Renditen, wenn Anleger den richtigen Zeitpunkt erwischen und den Fonds kaufen, bevor sich ein Thema zum vielbeachteten Anlagethema entwickelt. Aber auch hier besteht die Gefahr, dass es sich nur um eine kurzfristige Mode handelt und Anleger erst einsteigen, wenn die größten Gewinnsprünge schon erfolgt sind. Manche Themen wie zum Beispiel „Demografischer Wandel" sind hingegen eher Anlagen für langfristig orientierte Anleger.

Gut zu wissen

Neue Megatrends erkennen. Wer aufmerksam Wirtschaftsthemen und -entwicklungen in den Medien verfolgt und richtig einschätzt, kann frühzeitig Wirtschaftszweige identifizieren, die eine überdurchschnittliche Entwicklung erwarten lassen. Das bietet die Chance auf kurzfristige Gewinne. Seien Sie aber vorsichtig, wenn Fondsgesellschaften vermehrt neue Fonds für eine Branche oder ein Thema auflegen: Dies ist oft ein Zeichen, dass eine Branche eben kein Geheimtipp mehr ist und ihren Höhepunkt bereits gesehen hat. Besser kann es dann sein, frühzeitig Einzelaktien von Marktführern zu kaufen. Wenn Fondsgesellschaften ein neues „In"-Thema identifizieren, werden Fonds diese Aktien kaufen und damit deren Wert steigen lassen.

Besondere Risiken bei Länder-, Branchen- und Themenfonds

Länder-, Branchen- und Themenfonds können für kurz- und mittelfristige Spekulationen auf kommende Modethemen genutzt werden, oder um besonders erfolgversprechende Themen überzugewichten. Sie eignen sich aber nur für Anleger, die die entsprechenden Märkte genau beobachten und damit in der Lage sind, rechtzeitig wieder auszusteigen.

Grundsätzlich gilt: Je spezieller die Ausrichtung eines Fonds, umso größer sowohl seine Chancen als auch Risiken, da die Fondsmanager nicht in Aktien anderer Länder oder Anlagethemen ausweichen dürfen. Ist ein besonderes Anlagethema erst einmal out, dauert es häufig viel länger als beim breiten Aktienmarkt, bis sich die Kurse der einstigen In-Titel erholen. Manche Branchen erholen sich so zögerlich, dass sie die alten Höchstkurse wohl nie mehr erreichen werden. Sie sollten exotische Länder-, Branchen- und Themenfonds daher nur als Beimischung in Ihrem Anlagekonzept ansehen. Dies gilt ganz besonders, wenn Sie zu einem bestimmten Zeitpunkt auf die Erträge oder Verkaufserlöse dieser Fonds angewiesen sind, zum Beispiel zur Altersversorgung.

▸ Klumpen vermeiden

Außerdem sollten Sie aufpassen, dass Sie durch die Beimischung dieser Fonds nicht übermäßige Klumpenrisiken eingehen. Das ist der Fall, wenn auch breit anlegende Fonds in Ihrem Portfolio stark auf die in den Länder-, Branchen- und Themenfonds enthaltenen Aktien setzen. Hätten Sie dort beispielsweise einen Aktienfonds Welt, der stark in Finanztiteln anlegt, und würden sich einen Branchenfonds auf die Finanzindustrie hinzukaufen, würden Sie ein besonderes Klumpenrisiko eingehen, falls aufgrund einer erneuten Finanzkrise Finanztitel besonders stark leiden. Daher sollten Sie auch bei breit anlegenden Fonds darauf achten, was deren größte Positionen und Branchen sind, wenn Sie daneben andere Fonds mit speziellen Anlagethemen besitzen.

▸ Fondsschließungen und -fusionen

Gerade bei Fonds, die auf sehr spezielle Themen setzen, besteht die Gefahr, dass diese nicht genügend Anlegergelder einsammeln können, um langfristig nach Abzug der Kosten für Management und Fondsverwaltung ausreichend profitabel arbeiten zu können. Die Mindestgröße eines Fonds sollte bei 50 Millionen Euro liegen.

Ist ein Fonds zu klein und somit unrentabel, hat die Fondsgesellschaft letztlich zwei Möglichkeiten: Sie kann den Fonds entweder schließen oder ihn mit anderen Fonds zusammenlegen (fusionieren). Die Fondsgesellschaft muss die anstehende Auflösung eines Fonds sechs Monate vorher ankündigen, eine Fusion drei Monate vorher.

Eine Fondsschließung wird steuerlich wie ein Verkauf gewertet. Eine Fusion ist hingegen ein steuerneutraler Vorgang. Die Anleger erhalten Anteile des neuen Fonds, und diese treten steuerlich an die Stelle der alten.

Anleger sollten bei einer Fondsfusion prüfen, ob und wie der Anlageschwerpunkt des neuen Fonds vom alten abweicht und ob er weiterhin zu ihren Anlagezielen passt. Sie sollten außerdem recherchieren, ob der vorgeschlagene Fonds in der Vergangenheit gute Ergebnisse erzielt hat. Andernfalls können sie oft kostenlos in einen vergleichbaren Fonds bei derselben Fondsgesellschaft wechseln. Bei einer angekündigten Fondsschließung verkaufen Anleger ihre Anteile besser, da am Ende die Fixkosten für Personal und Jahresabschluss zu stark auf die Rendite drücken.

▶ Sie möchten wissen, wie ein bestimmter Fonds anlegt? Gemanagte Fonds veröffentlichen ihre größten Positionen meist in monatlichen Kurzberichten (Factsheets) und in den Halbjahresberichten. Diese finden Sie unter anderem auf den Homepages der Fondsgesellschaften oder von Direktbanken. Unser Fondsfinder (www.test.de/fonds) zeigt für jeden Fonds die größten Positionen, Anlageklassen und -länder sowie Branchen in Prozent.

Rentenfonds (Anleihefonds)

Investmentfonds, die in Anleihen investieren, nennt man Rentenfonds. Sie taugen als Sicherheitsbaustein im Depot. Aber es gibt auch spekulative Varianten.

„Renten" ist ein Synonym für Anleihen oder festverzinsliche Wertpapiere. Rentenfonds investieren daher grundsätzlich in Anleihen. Sie gelten als Klassiker der soliden Fondsanlage, da sie oft in sichere Zinstitel investieren. So pauschal kann man das allerdings nicht sagen, weil es sehr darauf ankommt, wie ein Fonds die Kundengelder konkret anlegt. Bei Rentenfonds gibt es eine große Bandbreite von sehr sicheren bis spekulativen Anlagen.

Wie riskant eine Anleihe ist, hängt in erster Linie davon ab, wer sie herausgibt. Der Käufer einer Anleihe leiht dem Herausgeber (Emittenten) der Anleihe Geld. Der Emittent muss dem Anleihekäufer einen Zins zahlen und am Ende der Laufzeit das Geld zurückgeben. Die Gesamtrendite der Anlage setzt sich im Wesentlichen aus dem Zins und einem möglichen Kursgewinn oder -verlust während der Haltedauer der Anleihe zusammen.

Welchen Zinssatz ein Emittent bieten muss, damit ihm Anleger Geld leihen, hängt von verschiedenen Faktoren ab. In der Regel ist der Zins umso höher, je länger die Laufzeit ist, da Anleger länger nicht mit ihrem Geld arbeiten oder es ausgeben können. Außerdem kommt es auf die Bonität des Emittenten an. Je unzuverlässiger ein Emittent ist, umso höher muss der Zins als Ausgleich für das Risiko des Anlegers sein, dass er sein eingesetztes Geld nicht zurückbekommen könnte. Eine deutsche Staatsanleihe hat zum Beispiel eine höhere Bonität als eine italienische, folglich muss der deutsche Staat geringere Zinsen für die von ihm begebenen Anleihen zahlen. Ratingagenturen bewerten die Ausfallwahrscheinlichkeiten von Anleiheemittenten und geben damit Anhaltspunkte für das Risiko, das bei einem Anleiheinvestment besteht (➚ Tabelle „Die Notenskala der Bonitätsprüfer").

Ein weiterer Einflussfaktor für den Zins ist die Inflationserwartung. Je höher sie ist, umso höher muss der Zins sein, denn ein potenzieller Käufer möchte einen Ausgleich für die Geldentwertung während der Laufzeit der Anlage.

Der Nennwert einer Anleihe ist der Betrag, auf den die Zinsen (Kupon) gezahlt werden und zu dem die Anleihe bei Laufzeitende zurückgezahlt werden muss. Da Anleihen während der Laufzeit gehandelt werden können, haben sie einen Kurswert, der ihren aktuellen Preis ausdrückt. Der Kurswert wird in Prozent vom Nennwert angegeben. Daraus folgt, dass ein Anleger oder ein Fondsmanager einen Kursgewinn erzielen kann, wenn er eine Anleihe mit einem Kurswert von unter 100 Prozent kauft und diese zum Laufzeitende zum Nennwert zurückgibt. Der Kurswert hängt vor allem vom aktuellen Zinsniveau sowie von eventuellen Veränderungen der Bonität des Anleiheherausgebers ab. Steigen beispielsweise die Marktzinsen, fällt der Kurs einer bereits umlaufenden Anleihe. Denn Anleger würden dann eher neue Anleihen mit höherem Zins kaufen. Man spricht hier vom Zinsänderungsrisiko (➚ Grafik „So beeinflusst der Marktzins Kurs und Rendite von Anleihen").

30 SEKUNDEN FAKTEN

ÜBER 22 000
Rentenfonds werden weltweit angeboten.

ÜBER 40 000
Aktienfonds stehen dem weltweit gegenüber.

259 MILLIARDEN
Dollar betrug der Wert des größten Rentenfonds der Welt, des Total Bond Market Indexfonds der Fondsgesellschaft Vanguard, Ende Februar 2020.

902 MILLIARDEN
Dollar ist der größte Fonds der Welt schwer, der Vanguard Total Stock Market Index Fund. Er ist ebenfalls ein (Aktien-)Indexfonds.

Auch Rentenfonds haben Risiken

Rentenfonds gelten zwar als relativ sichere Anlage, gänzlich risikofrei sind aber selbst Euro-Staatsanleihenfonds nicht. Rentenfonds sind zum Beispiel nicht einlagengesichert wie Festgeldangebote von Banken der Europäischen Union. Auch kann der Ertrag nicht vorher bestimmt werden, da Rentenfonds keine feste Laufzeit haben. Je nach der Art der Anleihen, die sie im Fondsvermögen halten, können Rentenfonds ganz unterschiedliche Risiken, aber auch Chancen aufweisen. Anhand von drei Risikoarten können Anleger Rentenfonds sortieren und bewerten:

- **Kreditqualität der Anleihen:** Je nach Kreditwürdigkeit der Anleiheherausgeber, von denen der Fonds Papiere hält, kann man hier Abstufungen machen. Das Spektrum reicht von erstklassigen Staatsanleihen solider Staaten bis zu hochverzinsli-

Siehe die Tabelle „Die Notenskala der Bonitätsprüfer", S. 77.

Siehe Grafik „So beeinflusst der Marktzins Kurs und Rendite von Anleihen", S. 73.

RENTENFONDS STAATSANLEIHEN

Geeignet für sicherheitsorientierte Anleger und als Basisanlage für fast jedes Depot, vorausgesetzt, die Anleihen lauten auf Euro. Fremdwährungsanleihen sind nicht geeignet.

PRO

Staatsanleihen solider Länder mit hoher Bonität sind sichere Anlagen. Staatsanleihenfonds streuen Anleihen verschiedener Staaten und minimieren so das Risiko. Anleger brauchen sich nicht um die Wiederanlage fälliger Anleihen kümmern.

CONTRA

Die Rendite von Staatsanleihenfonds mit Anleihen bonitätsstarker Länder ist gering. Je geringer die Kreditwürdigkeit, desto höher sind die Renditechancen, aber auch die Risiken. Kurzfristig können Fonds bei Marktzinserhöhungen Verluste erleiden. ETF auf entsprechende Indizes sind eine bequemere und kostengünstigere Alternative.

chen Anleihen stark verschuldeter Länder oder Unternehmen.

- **Zinsrisiko der Anleihen:** Von Marktzinsänderungen können Fonds je nach Restlaufzeiten der Anleihen im Fondsvermögen unterschiedlich stark betroffen sein. Das Spektrum reicht von Geldmarktpapieren und kurzfristigen Anleihen bis zu Anleihen mit langen Laufzeiten.
- **Währungsrisiko der Anleihen:** Während Euro-Rentenfonds kein Währungsrisiko für Anleger aus dem Euroraum aufweisen, bestehen bei anderen Fonds möglicherweise hohe Wechselkursrisiken.

Staatsanleihenfonds

Der Klassiker für sicherheitsorientierte Anleger sind Euro-Staatsanleihenfonds. Das sind Investmentfonds, die Staatsanleihen der sichereren Euroländer kaufen. Die Anleihen notieren in Euro oder sind gegen Währungsschwankungen abgesichert. Daneben gibt es Rentenfonds, die in Staatsanleihen anderer Länder investieren, die in deren Währung begeben werden. Das sind zum Beispiel US-Staatsanleihen-Rentenfonds, die ausschließlich in US-Dollar-notierte US-Staatsanleihen anlegen. Weltweit in Staatsanleihen verschiedener Währungen anlegende Rentenfonds halten Staatsanleihen verschiedener Länder und Währungen im Sondervermögen.

Fondswährung ist nicht gleich Währung der Einzelanlagen

Die Währung, in der ein Fonds seine Rechnungen führt und der Rücknahmepreis berechnet wird, ist die Fondswährung. Da ein Euro-Staatsanleihenfonds nur Staatsanleihen aus dem Euroraum enthält, entspricht hier die Fondswährung der Währung der Einzelanlagen. Ist die Fondswährung eines Rentenfonds eine ausländische Währung, wie zum Beispiel US-Dollar, investiert er meist überwiegend in Anleihen dieser Währung. Es besteht insoweit ein Währungsrisiko für Anleger aus dem Euroraum, denn beim Kauf und späteren Verkauf der Fondsanteile wird der Wechselkurs (vom Euro in Fremdwährung und zurück) nie genau gleich sein.

Dasselbe Risiko hätte der Euro-Anleger aber auch, wenn die Fondswährung zwar Euro wäre, der Fonds aber in ausländische Anlagen, zum Beispiel US-Staatsanleihen, investieren würde. Bei einer Notierung in Euro werden lediglich die Werte der US-Dollar-Anleihen anhand des aktuellen Wechselkurses in Euro umgerechnet. Das heißt: Das Währungsrisiko hängt nicht mit der Fondswährung zusammen, sondern mit den Preisen der im Fonds enthaltenen Fremdwährungs-Anleihen.

Anleger aus dem Euroraum, die jedes Währungsrisiko ausschließen wollen, dürfen also nur Rentenfonds kaufen, die in auf Euro lautende Staatsanleihen investieren. Neben den Staaten aus dem Euroraum können auch andere Länder Anleihen in Euro begeben. Anleger finden sie im Fondsfinder der Stiftung Warentest unter der Bezeichnung „Staatsanleihen Welt (Euro)".

„Wenn die Marktzinsen sinken, können Rentenfonds von Kursgewinnen profitieren. Steigen die Zinsen, kann das zu Kursverlusten der Rentenfonds führen.

Eine weitere Möglichkeit, jedes Währungsrisiko auszuschließen, sind Fonds, die Dollar- oder Fremdwährungsrisiken absichern (Euro-hedged).

Rentenfonds Staatsanleihen lassen sich nicht nur nach Regionen einteilen (zum Beispiel nach Welt, Euroraum, USA), sondern auch nach den Restlaufzeiten der vom Fonds gehaltenen Papiere. Die Laufzeiten von Anleihen in „Langläufer"-Fonds betragen oft 7 bis 20 Jahre. „Kurzläufer"-Fonds bevorzugen Anleihen, die nur ein bis drei Jahre laufen.

Wenn die Marktzinsen sinken, können Fonds von Kursgewinnen profitieren. (Anleihen steigen im Wert, wenn die Zinsen am Markt fallen.) Steigen die Zinsen, kann das zu Kursverlusten der Rentenfonds führen. Je langfristiger die Ausrichtung des Fonds, desto stärker reagiert er auf Zinsschwankungen am Kapitalmarkt.

Fonds, die auf kurze oder lange Laufzeiten setzen, sind etwas für Anleger, die eine bestimmte Zinsentwicklung erwarten. Anleger, die sich nicht mit zukünftigen Zinserwartungen beschäftigen oder die für alle Entwicklungen gewappnet sein wollen, sind mit Fonds mittlerer Laufzeit gut bedient. Oder sie wählen Fonds ohne Laufzeitbeschränkung. Bei ihnen

RENTENFONDS
SONSTIGE ANLEIHEN

Geeignet für sicherheitsorientierte bis spekulative Anleger – je nach Bonität der Herausgeber der Anleihen im Fonds.

PRO

Durch die Streuung vieler Anleihen ist das Verlustrisiko gegenüber der Anlage in Einzelanleihen minimiert. Anleger brauchen sich nicht um die Wiederanlage fälliger Anleihen zu kümmern.

CONTRA

Die Rendite von Rentenfonds mit Anleihen bonitätsstarker Herausgeber ist – insbesondere nach Abzug der Verwaltungskosten des Fonds – gering. Kurzfristig können Fonds bei Marktzinserhöhungen Verluste erleiden. ETF auf entsprechende Indizes sind eine kostengünstigere und bequemere Alternative.

entscheidet der Fondsmanager über die Laufzeitenausrichtung.

Rentenfonds mit sonstigen Anleihen

Es gibt Rentenfonds, die nicht nur in Staatsanleihen, sondern auch in Anleihen anderer Emittenten anlegen. Euro-Rentenfonds kaufen außer Staats- auch Unternehmensanleihen, die in Euro begeben wurden. Daneben gibt es Rentenfonds, die in Papiere aus bestimmten Regionen oder Ländern und deren Währungen investieren. So gibt es zum Beispiel Rentenfonds aus den Regionen Welt, Asien/Pazifik, Schwellenländer, Osteuropa, Skandinavien oder den Ländern USA, Schweiz und Großbritannien.

Von High-Yield-Fonds spricht man, wenn diese sich auf Hochzinsanleihen von Herausgebern – meist Unternehmen – mit schlechter Kreditwürdigkeit konzentrieren. Emerging-Market-Fonds nehmen überwiegend Staatspapiere von Schwellenländern in unterschiedlichen Währungen ins Depot.

Rentenfonds, die auf bestimmte Regionen setzen, können je nach Region und Anleiheherausgeber sicher bis spekulativ sein. High-Yield-Fonds sind immer riskant und eignen sich nur für erfahrenere Anleger.

Daneben gibt es Rentenfonds, die sich auf einzelne Themen wie inflationsgeschützte Anleihen, Wandelanleihen oder Pfandbriefe spezialisiert haben. Diese halten dann nur entsprechende Papiere im Sondervermögen.

Mischfonds

Manager von Mischfonds können theoretisch auf jede Entwicklung reagieren, indem sie die Gewichtungen im Fonds ändern. Doch nur wenigen gelingt dies besser als ein Mix aus Aktien- und Rentenfonds.

Mischfonds sind bei Anlegern und Finanzberatern sehr beliebt. Denn viele wollen sich nicht damit beschäftigen, welche Anlageklassen gerade besonders chancenreich sind. Mischfonds scheinen die Lösung zu sein: Bei diesen Investmentfonds können Fondsmanager sowohl in Aktien, Anleihen, Geldmarkttitel, Rohstoffe, Edelmetalle als auch Immobilien-Sondervermögen investieren.

Vermögensverwaltung für Kleinanleger

Vor allem das Market timing, also die Entscheidung, wann einzelne Anlageklassen – vor allem Aktien oder Anleihen – zugunsten anderer übergewichtet werden, können Anleger mit Mischfonds auf das Fondsmanagement übertragen. Dieses soll dann beispielsweise den richtigen Zeitpunkt zum Ausstieg aus Aktien finden, wenn stärkere Kursrückgänge drohen, und in sicherere Anlageformen wie Anleihen umschichten. Bei vielen Mischfonds ist in den Anlagebedingungen festgelegt, wie hoch der Aktien- beziehungsweise der Anleihenanteil in etwa sein soll. Die Höhe der Aktienquote bestimmt im Wesentlichen das Kursschwankungsrisiko. Man kann Mischfonds grob in vier Risikovarianten einteilen:

1. **Konservative Mischfonds** beschränken den maximal möglichen Aktienanteil am Fondsvermögen oft auf 20 bis 30 Prozent.
2. **Ausgewogene Mischfonds** dürfen in etwa gleichgewichtet in Aktien und Anleihen anlegen.
3. **Offensive Mischfonds** erlauben mitunter Aktienquoten von 70 Prozent.
4. **Flexible Mischfonds,** die entweder gar keine Aktien halten oder sogar alles in Aktien investieren können.

Sollte das Fondsmanagement aber pessimistisch für die Entwicklung der Aktienmärkte sein, kann es die Aktienquoten bei allen Mischfondsarten auch bis auf null reduzieren und dafür zum Beispiel mehr festverzinsliche Anleihen kaufen.

Beispiel: So könnte ein Mischfondsmanager handeln:

→ *Beginnender Aufschwung: Rohstoffe kaufen, Aktien übergewichten*
→ *Beginnender Abschwung: Immobilien und Anleihen übergewichten*
→ *Seitwärtsbewegung: je nach erwarteter Auflösung der Bewegung Aktien oder Anleihen übergewichten.*

MISCHFONDS

Geeignet für Anleger, die langfristig anlegen und sich nicht selbst regelmäßig um die Zusammensetzung ihres Fondsdepots kümmern wollen.

PRO

Mischfonds sind bequem, da Fondsmanager dem Anleger die Entscheidung abnehmen, in bestimmten Marktphasen die Aktienquote zu erhöhen oder zu reduzieren. Sie sind weniger risikoreich als Aktienfonds, haben aber höhere Renditechancen als Rentenfonds.

CONTRA

Auch gute Mischfonds schnitten in der Vergangenheit selten besser ab als eine einfache Mischung aus Aktien- und Renten-ETF. Der selbst zusammengestellte Mix aus ETF ist die kostengünstigere Alternative.

Der Erfolg eines Mischfonds hängt somit nicht nur von der Auswahl der richtigen Wertpapiere, sondern auch vom richtigen Timing der Anlageentscheidungen ab. Ein Mischfonds, der zu früh aus einem noch steigenden Aktienmarkt aussteigt, verschenkt die mögliche Rendite. Schichtet er zu spät in festverzinsliche Papiere um, verliert er durch fallende Aktienkurse an Wert.

In Zeiten niedriger Zinsen und stark schwankender Aktienmärkte scheinen Mischfonds dennoch das ideale Instrument für bequeme Privatanleger, um mithilfe eines professionellen Fondsmanagers das Beste aus beiden Anlagewelten herauszuholen und mehr Rendite als mit Zinsanlagen zu erwirtschaften, ohne dabei ein allzu großes Risiko eingehen zu müssen. Sie werden daher von Bank- und Finanzberatern gerne empfohlen und sammeln regelmäßig mehr Anlegergelder ein als Aktien- und Rentenfonds zusammen.

Doch im Praxistest überzeugten die Verkaufsschlager nicht. Das haben Experten von Finanztest in einer Untersuchung herausgefunden, in der sie die Mischfonds mit einer simplen Mischung aus Aktien- und Rentenindizes verglichen haben. Auch von den besten Mischfonds schaffte keiner ein besseres Chance-Risiko-Verhältnis als die simple Indexmischung. Dass Mischfonds dennoch öfter von Beratern empfohlen werden, könnte auch daran liegen, dass sie ihnen mehr Provision

Mehr zu ETF siehe Abschnitt „ETF – die besseren Fonds?“, S. 209.

bescheren als der Verkauf von ➚ETF (börsengehandelten Indexfonds).

Targetfonds

Eine besondere Variante der Mischfonds sind Zielfonds (Targetfonds). Diese werden – anders als sonstige offene Investmentfonds – zu einem vorher feststehenden Zeitpunkt zurückgezahlt. Targetfonds investieren am Anfang in chancenreichere und volatilere Basiswerte wie zum Beispiel Aktien. Je näher das Laufzeitende kommt, desto mehr schichtet das Fondsmanagement dann in sicherere Wertpapiere, wie beispielsweise Anleihen, um. Die Gewinne aus der Anfangsphase werden somit abgesichert. Da die Anlagehorizonte der Kunden unterschiedlich sind, bieten die Fondsgesellschaften in der Regel eine Palette solcher Targetfonds.

DACHFONDS

Wenig geeignet.

PRO

Aktien-Dachfonds können wegen ihrer starken Risikostreuung weniger stark schwanken als Aktienfonds, die in Einzelaktien anlegen.

CONTRA

Bei Dachfonds, die nur in Fonds des eigenen Konzerns investieren, besteht die Gefahr, dass nur mittelmäßige oder gar schlechte Fonds vom Dachfonds gekauft werden. Bei anderen Dachfonds sind die Kosten hoch, da sowohl das Dachfondsmanagement als auch das Management der Einzelfonds vom Anleger bezahlt werden muss.

Dachfonds

Dachfonds sind Investmentfonds, die das Geld der Anleger wiederum in Anteile von anderen Fonds anlegen, statt in Einzelaktien oder Anleihen. Dachfonds werden damit beworben, dass sie eine Art Vermögensverwaltung mit nur einem Wertpapier bieten. Letztlich sind Dachfonds eine spezielle Variante der Mischfonds, mit dem Unterschied, dass der Fondsmanager nicht direkt in Aktien und Anleihen sowie Anlagemärkte investiert. Vielmehr tut er dies über andere Fonds, in der Fachsprache Zielfonds genannt. Als Zielfonds stehen einem in Deutschland zugelassenen Dachfonds alle ebenfalls in Deutschland zugelassenen Einzelfonds zur Auswahl. Die Fondsgesellschaften bieten häufig die gleichen Varianten wie bei Mischfonds:

1. **Defensive Dachfonds** legen überwiegend in Rentenfonds an.
2. **Ausgewogene Fonds** dürfen meist eine Aktienquote von 50 bis 60 Prozent nicht überschreiten.
3. **Offensive Fonds** mit einer Aktienquote von 50 bis 100 Prozent richten sich an chancenorientierte Anleger.

Neben diesen „Mischformen“ gibt es Dachfonds, die ausschließlich in Aktien- oder Rentenfonds anlegen.

Ein entscheidender Nachteil der Dachfonds sind die hohen Kosten. Es fallen Gebühren auf zwei Ebenen an, nämlich insbesondere die Verwaltungsgebühren im Dachfonds und die in den Zielfonds. Deshalb sind die Renditen von Dachfonds meist eher unterdurchschnittlich.

Wer sich dennoch für Dachfonds interessiert, sollte überdies darauf achten, ob der Fonds nur in Zielfonds der eigenen Fondsgesellschaft oder des gleichen Konzerns anlegen darf oder frei am Markt aus dem gesamten Fondsuniversum auswählen kann. Im ersteren Fall besteht die große Gefahr, dass nicht die besten Zielfonds im Dachfondsvermögen landen, sondern auch schwache Fonds der Hausmarke. Dann sind aber zumindest die Kosten geringer, da die Fondsgesellschaft für eigene Fonds nicht doppelt Gebühren erheben darf.

Total-Return-Fonds

Total-Return- oder Absolute-Return-Fonds wollen im Gegensatz zu traditionellen Fonds keinen Vergleichsindex übertreffen, sondern beständig positive Renditen erzielen. Es zählt der absolute Ertrag, nicht die relative Entwicklung. Um dieses Ziel zu erreichen, haben die Fondsmanager große Freiräume. Sie können in mehrere Anlageklassen (wie Aktien, Anleihen, Währungen, Immobilien, Rohstoffe) gleichzeitig investieren und auch Derivate einsetzen, um sich beispielsweise mit sogenannten Shortpositionen gegen fallende Kurse abzusichern. Merkmale eines Absolute-Return-Fonds sind, dass der Fondsmanager mitunter einen großen Einfluss auf die Performance hat, während der des Marktumfelds geringer ist. Sie sind oft unabhängig von Marktindizes. Der Fondsmanager ist sehr flexibel bei seinen Entscheidungen und unterliegt nur wenigen Beschränkungen.

Die Fonds können ihre Anlagepositionen schnell auf- und abbauen, um auf aktuelle Marktsituationen reagieren zu können. Sie werden daher immer häufiger als „Liquid Alternatives“ bezeichnet. Viele Liquid-Alternative-Fonds nutzen auch Strategien, die von Hedgefonds bekannt sind. Das können Strategien sein, bei denen Preisdifferenzen in verschiedenen Märkten ausgenutzt werden sollen, die nur auf der Technischen Analyse – also der Analyse bestimmter Kursmuster und -entwicklungen – beruhen oder bei denen sowohl auf steigende wie auf fallende Kurse gesetzt wird.

Zu Hedgefonds siehe S. 248.

Der Begriff Absolute Return (oder auch Total Return sowie Liquid Alternatives) ist nicht genau definiert. Die Fondsgesellschaften nutzen sie als Marketinginstrument. Die vielen angebotenen Produkte eint vor allem der Anspruch, Verluste gering zu halten und unabhängig von Marktbewegungen Gewinne zu erwirtschaften. Die Durchschnittsperformance der Absolute-Return-Fonds war in der Vergangenheit eher bescheiden. Ein Grund dafür sind die hohen Gebühren, die das Ergebnis drücken. Schaffen Fondsmanager ein gutes Ergebnis, verlangen sie dafür oft eine erfolgsabhängige Gebühr, die die Gesamtrendite mindert.

Zu Derivaten siehe auch das Kapitel „Zertifikate und Derivate“ ab S. 316.

Offene Immobilienfonds

Offene Immobilienfonds bieten eine Beteiligung an einem breit gestreuten Immobilienportfolio schon mit kleinen Anlagebeträgen. Doch sie eignen sich nur zur Beimischung.

Offene Immobilienfonds sind Investmentfonds, die das Geld der Anleger in Grundstücke und Gebäude investieren. Sie legen überwiegend in Gewerbeimmobilien wie Bürogebäude, Shoppingcenter oder Hotels an. In den Fonds sind oft mehrere Dutzend verschiedene Objekte aus unterschiedlichen Ländern und Regionen enthalten. Die Auswahl der einzelnen Objekte erfolgt nach dem Prinzip der Risikomischung: Jeder offene Immobilienfonds muss – außer in seiner Anfangsphase – über mehr als drei Immobilien verfügen. Der Gesamtwert aller Immobilien, deren einzelner Wert über 10 Prozent des Gesamtwertes des Sondervermö-

OFFENE IMMOBILIENFONDS

Geeignet für sicherheitsorientierte Anleger, die langfristig anlegen wollen und in ihrem Portfolio einen kleinen Immobilienanteil wünschen.

PRO

Anleger beteiligen sich über den Fonds an den Chancen und Risiken einer Vielzahl von Immobilien. Das Verlustrisiko wird dadurch gestreut.

CONTRA

Offene Immobilienfonds sind keine flexible Anlagemöglichkeit. Anleger müssen grundsätzlich eine Mindesthaltedauer einplanen, wenn ein Verkauf der Anteile über die Börse nicht zustande kommt.

gens beträgt, darf 50 Prozent des Wertes des Sondervermögens nicht übersteigen.

Offene Immobilienfonds investieren allerdings nicht das gesamte Geld in Immobilien, sondern kaufen auch Zinspapiere. Diese kurzfristig veräußerbaren Anlagen brauchen sie, um Anleger auszahlen zu können, die ihre Anteile an die Fondsgesellschaft zurückgeben wollen. Die Erträge der Fonds stammen überwiegend aus Mieteinnahmen, dazu kommen Gewinne aus Immobilienverkäufen und die Erträge aus den festverzinslichen Anlagen.

Eingeschränkte Rückgabe

Durch die Finanzkrise waren ab 2008 zahlreiche offene Immobilienfonds in Schieflage geraten, als eine große Zahl von Anlegern gleichzeitig aus diesen Fonds aussteigen wollte. Die Liquiditätsreserven der Fondsgesellschaften reichten nicht aus, um alle Rückgabewünsche erfüllen zu können. Die Anleger konnten in dieser Zeit ihre Anteile nicht an die Fondsgesellschaft zurückgeben, die betroffenen Fonds wurden „eingefroren". Dies sollte Anleger vor einem Wertverlust durch Notverkäufe schützen, also Verkäufen von Fondsimmobilien unter Marktwert. Einige Fonds mussten dennoch abgewickelt und die Immobilien verkauft werden. Um solche Liquiditätskrisen künftig zu verhindern, wurden die gesetzlichen Regeln verschärft. Nach der Finanzkrise hat sich die Lage wieder stabilisiert, auch aufgrund der neuen Kündigungsregeln.

Regeln für die Rückgabe von Anteilen

Anleger von offenen Immobilienfonds kommen nicht mehr so schnell an ihr Geld wie früher. Die nach der Finanzkrise eingeführten neuen Regeln für die Rückgabe trennen Anleger in eine Zweiklassengesellschaft:

→ Kauf vor dem 22. Juli 2013: Anleger dürfen Anteile im Wert von 30 000 Euro pro Kalenderhalbjahr zurückgeben. Wollen sie mehr Anteile verkaufen, müssen sie zwölf Monate vorher kündigen.

→ Kauf ab dem 22. Juli 2013: Der Freibetrag von 30 000 Euro pro Kalenderhalbjahr entfällt. Es gilt eine Mindesthaltefrist von 24 Monaten sowie eine Kündigungsfrist von zwölf Monaten. Wer ab dem 22. Juli 2013 gekauft hat, kommt frühestens nach zwei Jahren wieder an sein Geld (Haltefrist und Kündigungsfrist können parallel laufen). Die Kündigung ist unwiderruflich, und die Anteile werden im Depot gesperrt. Das bedeutet, dass Sie nach der Kündigung weder die Anteile an einen Dritten übertragen noch das Depot wechseln können.

Rückgaberegeln für offene Immobilienfonds

Wer ab dem 22. Juli 2013 offene Immobilienfonds gekauft hat, kommt frühestens nach zwei Jahren wieder an sein Geld (Halte- und Kündigungsfrist können parallel laufen).

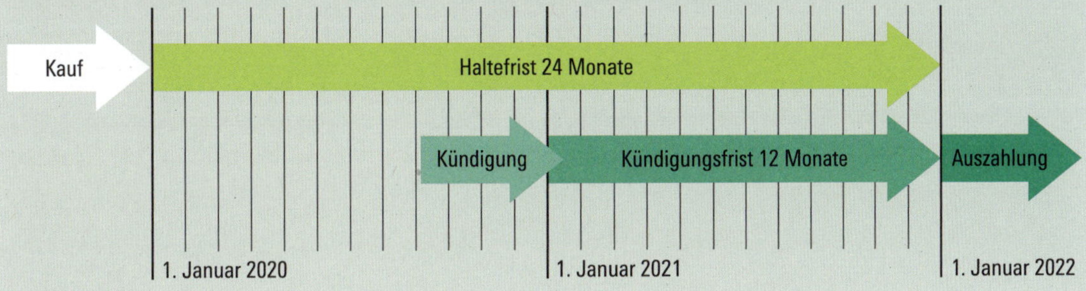

Die Fristen gelten, wenn Anleger kündigen und ihre Anteile an die Fondsgesellschaft zurückgeben. Über die Börse können sie jederzeit verkaufen. Eventuell müssen sie aber einen Abschlag auf den Preis hinnehmen.

Immobilien haben keinen Kurs

Mit offenen Immobilienfonds können Anleger am langfristigen Wertzuwachs von Immobilien teilhaben, gleichzeitig aber liquide bleiben, da sie die Anteile daran jederzeit über die Börse verkaufen können, sofern sich auf der Gegenseite Käufer finden. Sie sind daher grundsätzlich für Anleger geeignet, die nicht genug Geld übrig haben, um sich eigene Immobilien zur Geldanlage leisten zu können. Über offene Immobilienfonds können sie sich bereits ab wenigen Hundert Euro an Immobilien beteiligen.

Sie sollten aber immer bedenken, dass Immobilien auch in der Form eines offenen Immobilienfonds nicht mit liquiden Geldanlagen wie Aktien oder Anleihen vergleichbar sind. Sie sind auch kein Ersatz für Tagesgeld, als der sie manchmal noch verkauft werden. Der Grund ist: Immobilien und Grundstücke lassen sich nicht so schnell verkaufen wie Aktien oder Anleihen. Wenn viele Anleger ihre Anteile gleichzeitig zurückgeben wollen, hat der Fonds womöglich nicht genügend flüssige Mittel, sie auszuzahlen. Auch sind offene Immobilienfonds nicht vor Verlusten gefeit, obwohl sie oft eine stabile Wertentwicklung aufweisen.

Abwertungen und Wertberichtigungen auf einzelne Objekte können von einem Tag auf den anderen zu höheren Verlusten führen.

Den Wert der einzelnen Gebäude und Grundstücke im Fondsvermögen legen unabhängige Gutachter in größeren Zeitabständen fest, meist einmal pro Jahr. Immobilien und Grundstücke selbst haben keinen Börsenkurs. Abwertungen und Wertberichtigungen auf einzelne Objekte können dann von einem Tag auf den anderen zu höheren Verlusten führen. Die Bewertung der Immobilien erfolgt gemäß der Immobilienwertermittlungsverordnung (ImmoWertVO). Danach sollen Immobilien des Fonds auf Basis der nachhaltigen Mieterträge und nicht nur ausnahmsweise erzielter Spitzenmieten ermittelt werden. Das soll einer Verzerrung der Bewertung vorbeugen. Der börsentäglich veröffentlichte Rücknahmepreis von Anteilen offener Immobilienfonds

Gut zu wissen

Anders als offene Immobilienfonds sind geschlossene Immobilienfonds unternehmerische Beteiligungen an wenigen Immobilien, zum Teil nur an einer einzigen. Die Anleger sind Mitunternehmer und am Erfolg und Misserfolg der Unternehmung beteiligt. Wie sie haften, hängt von der Rechtsform ab. Bei einer KG (Kommanditgesellschaft) können Anleger ihr eingesetztes Geld verlieren, bei einer GbR (Gesellschaft bürgerlichen Rechts) haben sie eventuell sogar eine Nachschusspflicht. Der Initiator einer solchen Beteiligung sammelt Geld ein, um zum Beispiel ein Einkaufszentrum oder einen Bürokomplex zu finanzieren. Wenn die Objekte immer voll vermietet sind und die Mietpreise stimmen, kann der Kauf von Anteilen eines geschlossenen Immobilienfonds äußerst lukrativ sein. Wenn nicht – und das ist leider sehr oft der Fall –, drohen hohe Verluste, weil es keine weiteren Fondsobjekte gibt, die das ausgleichen können.

ergibt sich dann aus den im Fonds enthaltenen Vermögensgegenständen, geteilt durch die Zahl der ausgegebenen Anteile. Zu diesem Preis muss die Fondsgesellschaft die Anteile vom Anleger zurücknehmen.

Die Investitionsquote

Offene Immobilienfonds stehen vor einem Dilemma. Einerseits müssen sie eine ausreichende Liquiditätsreserve vorhalten, um Rückgabewünschen der Anleger nachkommen zu können. Gesetzlich vorgeschrieben ist eine Mindestliquidität von 5 Prozent des Fondsvermögens. Andererseits erhalten die Manager der offenen Immobilienfonds aber für kurzfristig verfügbares Geld derzeit kaum Zinsen. Im Sinne der Anleger sollten sie daher so viel Geld wie möglich in Immobilien stecken.

Für Anleger interessant ist in diesem Zusammenhang die Investitionsquote. Sie gibt an, welcher Anteil des Fondsvermögens in Immobilien investiert ist. Bei manchen Fonds kann die Investitionsquote über 100 Prozent liegen. Das bedeutet, diese haben ein größeres Immobilien- als Fondsvermögen, da die Fondsmanager einige Objekte über Kredite finanziert haben. Fonds mit Immobilien außerhalb der Eurozone können über die Kreditaufnahme auch das Wechselkursrisiko absichern, indem sie die Kreditraten in derselben Währung begleichen, in der sie die Mieten kassieren. Durch die Kreditaufnahme lässt sich die Rendite erhöhen – zumindest solange die Kreditzinsen geringer sind als die Erträge der Immobilien. Nach den gesetzlichen Vorgaben darf die Fremdfinanzierungsquote aber nicht mehr als 30 Prozent betragen.

Nur als Beimischung

Offene Immobilienfonds sind keine Basisanlage, in die man einen Großteil seines Geldes steckt. Sie sind eher zur Beimischung geeignet, mit einem Anteil von höchstens 10 Prozent am Depot. Sie sollten sich gründlich informieren, ehe Sie sich für einen bestimmten Fonds entscheiden. Mit den wesentlichen Anlegerinformationen allein können Sie keine fundierte Kaufentscheidung treffen. Wie Finanztest in Untersuchungen festgestellt hat, sind diese meist kaum verständlich. Machen Sie sich zusätzlich auf den Internetseiten der Anbieter über Anlagerichtlinien, Risiken und Fondsinhalt kundig. Dort finden Sie die regelmäßig aktualisierten Datenblätter und den Verkaufsprospekt für den Fonds. Bei einigen Fonds gibt es sogar Detailinformationen zu jeder einzelnen Immobilie, an der der Fonds beteiligt ist. Ausführliche Angaben zu Erträgen und Ausgaben des Fonds sowie zu seinen genauen Kosten stehen im Jahresbericht.

Ethisch-ökologische Fonds

Anleger, die Wert auf eine nachhaltige Geldanlage legen, können bei ethisch-ökologischen Fonds fündig werden.

Besonders seit der Finanzkrise machen sich immer mehr Anleger Gedanken darüber, was Banken und Fondsgesellschaften mit dem ihnen anvertrauten Geld anstellen. Für diese Anleger spielen neben den Renditechancen ethische, soziale und ökologische Aspekte eine Rolle. Man spricht in diesem Zusammenhang oft von „nachhaltigen Geldanlagen". Auch im Bereich der Investmentfonds finden sich nachhaltige Anlagemöglichkeiten. Die Produktpalette ist breit gefächert. Man unterscheidet im Wesentlichen zwei Fondsarten :

1. **Ethisch-ökologische oder Nachhaltigkeitsfonds:** Fonds, die bei ihren Anlageentscheidungen über ökonomische Faktoren hinaus auch ethische, soziale und ökologische Kriterien einbeziehen. Etabliert hat sich hier die Bezeichnung „ESG" als Abkürzung für die englischen Begriffe Environment (Umwelt), Social (Soziales) und Governance (Unternehmensführung). Die Fonds investieren breit gestreut in verschiedene Länder und Branchen.
2. **Umwelttechnologiefonds:** Fonds, die in eine spezielle Branche oder ein spezielles Thema wie zum Beispiel Wasser oder erneuerbare Energien investieren.

Die Stiftung Warentest hat in Zusammenarbeit mit der Verbraucherzentrale Bremen über 1000 Menschen danach gefragt, was sie unter einer ethisch-ökologischen Geldanlage verstehen. Die meisten der Befragten gaben an, dass in diesen Fonds auf die Investition in Unternehmen verzichtet wird, die ihren Umsatz etwa durch Rüstung, Kinderarbeit und Atomkraft erzielen. Gerade bei nachhaltigen Fondsinvestments müssen Anleger aber immer genau hinschauen, ob der jeweilige Fonds die Kundengelder wirklich so anlegt, wie sie es sich unter den Begriffen „ethisch", „sozial" und „ökologisch" vorstellen. Denn hier haben jeder Anleger und jeder Anbieter andere Prioritäten.

Nachhaltige Aktienfonds

Die größte Gruppe nachhaltiger Fonds bilden die ethisch-ökologischen Aktienfonds. Die meisten davon legen weltweit in Aktien von Unternehmen aus unterschiedlichen Branchen an. Der Bereich der erneuerbaren Energien ist dabei nur ein kleiner Teil des Anlageuniversums. Daneben finden sich in den Datenblättern der Weltfonds häufig Unternehmen,

ETHISCH-ÖKOLOGISCHE FONDS

Geeignet für Anleger, die bei der Anlage in Aktien- oder Rentenfonds ökologische oder ethische Gesichtspunkte berücksichtigen wollen.

PRO

Anleger haben ein gutes Gewissen bei ihrer Investition.

CONTRA

Jede Fondsgesellschaft definiert die Nachhaltigkeitskriterien anders. Anleger müssen genau hinschauen, ob ein Fonds ihren Vorstellungen entspricht.

Wie ethisch-ökologische Fonds geeignete Anlagen suchen

Neben Kriterien, die „normale" Fonds heranziehen, unterziehen ethisch-ökologische Fonds ihre Anlagekandidaten einer ethischen, sozialen und/oder ökologischen Analyse.

die auch in den herkömmlichen Aktienfonds Welt enthalten sind. Das bedeutet aber nicht, dass die ethisch-ökologischen Fonds Etikettenschwindel betreiben. Vielmehr unterziehen sie die Unternehmen einer genauen Prüfung anhand zusätzlicher Kriterien.

▸ Ausschlusskriterien

Viele Fondsmanager arbeiten zunächst mit Ausschlusskriterien. Das heißt, Unternehmen werden aus dem Anlageuniversum des Fonds ausgeschlossen, wenn sie in umweltschädlichen oder unethischen Branchen tätig sind oder schmutzige Geschäftspraktiken betreiben oder zulassen. Aus ökologischen Gründen werden häufig die Atomindustrie, Ölkonzerne oder Bergbauunternehmen gemieden. Einige Fonds schließen auch die Auto- und Flugzeugindustrie aus. Ethische Ausschlusskriterien sind Waffen und Rüstung, Kinderarbeit, Menschenrechts- und Arbeitsrechtsverletzungen sowie Tabak oder Glücksspiel.

Jeder Fonds kann entsprechend seiner Anlageschwerpunkte eigene Ausschlussgründe wählen. Die Fondsmanager beziehungsweise die Ratingagenturen, die für die Fonds die Titelvorauswahl treffen, legen die Ausschlusskriterien zunächst an die Unternehmen an, deren Aktien gekauft werden sollen. Meist schauen sie aber auch auf die Beteiligungen, die die Unternehmen halten. Da große Konzerne heutzutage weltweit verflochten sind und die Fonds nicht garantieren können, dass nicht doch in irgendeinem Land Umsätze mit eigentlich ausgeschlossenen Geschäftsbereichen erzielt werden, gibt es mitunter Toleranzgrenzen. Die nicht ethisch-ökologisch erzielten Umsätze dürfen dann einen bestimmten Prozentsatz am Gesamtumsatz des Unternehmens nicht übersteigen.

▸ Positivmerkmale

Neben oder anstelle von Ausschlusskriterien können Fonds auch auf viele Positivmerkmale bei der Auswahl geeigneter Investments achten. So kann bei ökologisch orientierten Fonds beispielsweise wichtig sein, ob ein Unternehmen ein Umweltmanagementsystem eingerichtet hat. Für ethisch-sozial ausgerichtete Fonds können Unternehmen Pluspunkte sammeln, wenn sie auf gute Arbeitsbedingungen oder Gleichberechtigung achten.

Auswahl- und Ausschlusskriterien ethisch-ökologischer Fonds

Ausschlusskriterien		
Ökologisch orientierte Fonds		**Ethisch-sozial orientierte Fonds**
Atom- und Kernenergie	**Mögliche Reichweite der Ausschlusskriterien:**	Waffen und Rüstung
Erdölindustrie		Alkohol/Tabak
Bergbau und Rohstoffminen	– Innerhalb des Unternehmens	Glücksspiel
Umstrittene Chemie	– Auch für 50%-Beteiligungen	Pornografie/Prostitution
Automobil-/Flugzeugindustrie	– Auch für kleinere Beteiligungen	Kinderarbeit
Gentechnik	– Auch für Zulieferer	Tierversuche
Industrielle Tierhaltung		Menschen- und Arbeitsrechtsverletzungen
Weitere Kriterien		Weitere Kriterien
Positivmerkmale		
Umweltmanagementsysteme		Mindestsozialstandards
Ökoeffizienz		Gleichberechtigung
Klimaschutzmaßnahmen		Verhaltensrichtlinien
Weitere Kriterien		Weitere Kriterien

▸ Best-in-Class und Best-of-all

Eine typische Auswahl nach Positivmerkmalen ist der sogenannte Best-in-Class-Ansatz. Investiert ein Fonds nach diesem Prinzip, kauft er Aktien der Unternehmen, die in ihrer Branche eine Vorreiterrolle beim Thema Nachhaltigkeit einnehmen. Das kann bedeuten, dass ein Fonds auch in Unternehmen der Öl-, Auto- oder Tabakindustrie anlegt, soweit diese nachhaltiger agieren als ihre Konkurrenten. Ausschlusskriterien gibt es zunächst keine. Manche Anleger lehnen den Best-in-Class-Ansatz daher ab: Durch ihn würde der Steuerungseffekt der nachhaltigen Geldanlage verwässert, da die besten Vertreter einer „schlechten" Branche nicht automatisch gut seien. Andererseits zwingt er Firmen aus an sich nicht nachhaltigen Branchen in einen Wettbewerb in Bereichen der Umwelt- und Sozialstandards und kann so absolut gesehen zu einer Verbesserung ethisch-ökologischer Standards führen.

Das Gegenmodell zum Best-in-Class-Prinzip ist der Best-of-all-Ansatz. Hier wird nicht nach Branchen getrennt gefiltert, sondern nur die saubersten oder sozialsten Unternehmen kommen in den Auswahlprozess.

Anleger müssen genau hinschauen

Da jede Fondsgesellschaft den Begriff Nachhaltigkeit unterschiedlich definiert und eigene Anlagestile verfolgt, müssen Anleger wesentlich mehr Zeit aufwenden und sich in Verkaufsprospekten, Wesentlichen Anlegerinformationen oder sonstigen Informationen der Fondsgesellschaft über die Anlagekriterien der Fondsinformieren, um das für sie passende Produkt zu finden. Die Unterschiede sind insbesondere bei den Ausschlusskriterien teilweise erheblich. .

Checkliste

In ethisch-ökologische Fonds investieren

Fragen Sie sich vor dem Kauf von Fonds, die als nachhaltig oder ethisch-ökologisch eingestuft sind, immer:

- ☐ In welche Hauptbranchen investiert er?
- ☐ Was sind Negativkriterien, das heißt, in welche Branchen investiert der Fonds grundsätzlich nicht (Waffenproduktion, Atomenergie)?
- ☐ Welche positiven Auswahlkriterien gibt es?
- ☐ Wer bestimmt und überwacht die Zusammensetzung des Fonds?
- ☐ Hat das Auswahlteam des Fonds, das die Nachhaltigkeit der Unternehmen bewertet, die entsprechende Erfahrung?
- ☐ Gibt es einen unabhängigen Nachhaltigkeitsbeirat?
- ☐ Wie transparent ist der Verkaufsprospekt? Werden die Nachhaltigkeitskriterien detailliert beschrieben?
- ☐ Und schließlich: Welche Aktien hat der Fonds tatsächlich im Portfolio?

Ethisch-ökologische Rentenfonds
Ethisch-ökologische Rentenfonds Euro kaufen Anleihen von Staaten und Unternehmen, die auf Euro lauten und bestimmte nachhaltige Kriterien erfüllen. Bei der Bewertung von Staaten, die Anleihen begeben, gibt es andere Kriterien als bei der Bewertung von Unternehmen. Das Staatenrating der Fonds geht aber in ähnlichen Schritten vor sich wie das Unternehmensrating. Auch hier wird meist mit Ausschluss- und positiven Auswahlkriterien gearbeitet. Ausgeschlossen sind zum Beispiel Staaten, die autoritär regiert werden, Geldwäsche dulden, nicht gegen Korruption vorgehen oder die Todesstrafe anwenden. Weitere Ausschlussgründe können der Besitz von Atomwaffen, die Förderung der Atomenergie oder ein mangelhafter Klimaschutz sein. Auch Anleihen von Staaten, die systematisch Arbeitsrechte verletzen oder Kinderarbeit zulassen, gehören häufig nicht in das Anlageuniversum nachhaltiger Rentenfonds.

Die positiven Auswahlkriterien, mit denen ein Land Pluspunkte beim Management nachhaltiger Rentenfonds sammeln kann, lassen sich in ökologische, politische und soziale aufteilen. Ökologische Aspekte sind unter anderem die Umweltanstrengungen eines Landes, gemessen am Wasserschutz, der Vielfalt der dort lebenden Pflanzen und Tiere sowie dem Klimaschutz. Politische Kriterien fragen danach, ob in einem Land Demokratie herrscht, ob die Grundrechte freier Meinungsäußerung, Religionsfreiheit und Gleichberechtigung beachtet werden und ob die Regierung im Interesse ihrer Bürger arbeitet. Soziale Kriterien umfassen das Gesundheits- und Bildungssystem sowie den Arbeitsmarkt eines Landes.

▶ Gute Recherchemöglichkeiten zur „Nachhaltigkeit" einzelner Investmentfonds finden Sie unter nachhaltiges-investment.org/Fonds/Datenbank.aspx, forum-ng.org/de/fng-nachhaltigkeitsprofil/fng-nachhaltigkeitsprofile.html und yoursri.de/funds.

Mikrofinanzfonds

Über 1,5 Milliarden Menschen weltweit müssen mit weniger als 1,25 US-Dollar am Tag leben. Sich damit eine eigene Existenz aufzubauen, ist kaum möglich. Und einen normalen Bankkredit erhalten diese Menschen nicht.

Hier kommen Mikrofinanzinstitute (MFI) ins Spiel, die „Mikrokredite" an Kleinstgewerbetreibende vergeben. Je nach Land erhalten sie zwischen 20 und mehreren hundert US-Dollar. Die Darlehen werden im Vertrauen auf die unternehmerischen Fähigkeiten der Kreditnehmer und ohne den Nachweis von Sicherheiten ausgezahlt. Die Kreditnehmer wissen, dass sie kaum weitere Chancen haben, der Armut zu entfliehen. Die Ausfallquoten sind daher sehr gering.

Da der Aufwand der Mikrofinanzinstitute für die vielen Kleinstkredite sehr hoch ist, müssen die armen Kunden erschreckend hohe Zinsen dafür zahlen. Sätze von 20 Prozent jährlich sind durchaus üblich. Für viele Kreditnehmer sind die Zinssätze dennoch moderat. Sie haben es oft mit Wucherern zu tun, die 20 Prozent am Tag verlangen.

Über Mikrofinanzfonds können sich Anleger an dieser Art der Wirtschaftsförderung für die Ärmsten der Armen beteiligen. Mikrofinanzfonds stellen den Mikrofinanzinstituten (MFI) meist über Schuldverschreibungen Geld zur Verfügung, für das die MFI Zinsen zahlen. Das Kapital können die MFI wiederum weiterverleihen. Seit Juli 2014 können private Anleger aber nur noch in Fonds mit deutscher Vertriebszulassung investieren. Davon gibt es nur wenige. Wenn Sie viel verdienen wollen, liegen Sie mit Mikrofinanzfonds falsch. Die Renditen bewegen sich eher im Festgeldbereich. Hier gehört der Wunsch dazu, Menschen aus der Armut zu helfen. Auch wenn Mikrofinanzfonds grundsätzlich unabhängig von der Weltwirtschaftslage agieren, sind sie kein risikoloses Investment: Könnten sehr viele Menschen ihre Kredite nicht zurückzahlen, würden Anleger Geld verlieren.

▶ **In unserem Fondsfinder können Sie unter www.test.de/fonds auch nach Fonds mit Öko-Anspruch suchen oder Fonds nach Nachhaltigkeitskriterien filtern.**

Weitere Fondsarten

Neben den klassischen Fondsarten, gibt es Fondskonstruktionen, die mit teilweise sehr speziellen Konzepten versuchen, Chancen und Risiken auszutarieren.

Ausgefallene Konstruktionen sind auch bei Fonds in der Regel teurer als der Durchschnitt. Das bedeutet aber nicht automatisch, dass sie bessere Ergebnisse erzielen als dieser.

Rohstofffonds

Anleger, die auf die Wertentwicklung von Rohstoffen spekulieren wollen, finden bei Fonds im Wesentlichen zwei Möglichkeiten dazu. Zum einen gibt es Rohstofffonds, die über börsengehandelte Terminkontrakte (↗ Futures) direkt auf die Veränderungen von Rohstoffen spekulieren. Zum anderen stehen Fonds zur Auswahl, die in Aktien von Unternehmen aus dem Rohstoffbereich (beispielsweise in Minenbetreiber oder Agrarunternehmen) investieren.

Mehr zu Futures siehe S. 348.

Mehr zu Rohstofffonds siehe Abschnitt „Mit ETF und aktiven Fonds in Rohstoffe investieren", ab S. 369.

Letztere partizipieren nicht unmittelbar an der Preisentwicklung von Rohstoffen. Mit ihnen verbindet sich vielmehr die Hoffnung, dass ihre Aktienkurse steigen, wenn die Rohstoffpreise sich positiv entwickeln. Das muss aber nicht sein. Wenn allgemein die Aktienkurse fallen, erfasst dies häufig auch Unternehmen aus dem Rohstoffbereich, selbst wenn die Rohstoffpreise selbst steigen.

Rohstofffonds sind riskant und sollten – wenn überhaupt – nur als Beimischung in einem größeren Depot eingesetzt werden.

Strategiefonds

Strategiefonds sind eine Unterart der Mischfonds. Sie begnügen sich in der Regel aber nicht mit der Auswahl und dem Gewichten von Aktien und Anleihen, sondern versuchen durch den Einsatz weiterer Assetklassen und mit bestimmten Strategien, die mitunter auch Hedgefonds (siehe unten) anwenden, erfolgreich zu sein. Bei der Umsetzung der Strategien werden regelmäßig ➚Derivate eingesetzt. Oft ist das Hauptziel, in jeder Marktphase regelmäßige und unkorrelierte Erträge zu erwirtschaften, und nicht – wie bei den meisten anderen Fonds –, besser als ein Vergleichsindex (Benchmark) zu sein.

Mehr zu Derivaten siehe auch das Kapitel „Zertifikate und Derivate" ab S. 316.

Besondere Strategien solcher Fonds können beispielsweise sein:

- **Long/Short Equity:** Es werden nicht nur aussichtsreiche Aktien gekauft (long), sondern auch Aktien verkauft, die als überbewertet angesehen werden (short). Die verkauften Aktien gehören dem Verkäufer aber nicht, er spekuliert vielmehr darauf, dass der Kurs der verkauften Aktie sinkt und er die ausgeliehenen Stücke zu einem niedrigeren Kurs zurückkaufen und an den Verleiher zurückgeben kann.
- **Event Driven:** Es wird auf bestimmte Ereignisse spekuliert, beispielsweise auf Firmenübernahmen oder -pleiten.
- **Global Macro:** Der Fondsmanager versucht, bestimmte volkswirtschaftliche Marktentwicklungen frühzeitig zu erkennen und dann beispielsweise für oder gegen eine Währung oder einen Rohstoff zu spekulieren.

Abhängig vom Fondsmanager

Der Erfolg von Strategiefonds hängt stark vom Können der Fondsmanager ab. Diese Fonds können aufgrund ihres Ansatzes, unabhängig von der Marktentwicklung Erträge zu erzielen, zur Risikostreuung im Depot eingesetzt werden. Sie eignen sich aber nur als Beimischung, da die Strategien besondere Risiken aufweisen.

Hedgefonds

Hedgefonds sind kaum regulierte Gebilde, die ihren Sitz meist in exotischen Finanzparadiesen wie auf den Bahamas oder den Cayman-Inseln haben. Dort werden ihre Gewinne kaum mit Steuern belastet, und sie unterliegen keiner wirksamen Finanzaufsicht. Hedgefondsmanager schließen häufig Wetten auf alles ab, was an den Börsen gehandelt wird, seien es Aktien, Anleihen, Währungen oder Rohstoffe. Die Fonds finanzieren ihre Spekulationen mitunter mit Krediten und versuchen, Preisdifferenzen an verschiedenen Märkten oder Über- oder Unterbewertungen von Finanzanlagen auszunutzen. Sie versuchen also, unabhängig von der Entwicklung der Börsen Gewinne zu erzielen.

Solche sogenannten Single-Hedgefonds dürfen in Deutschland ausschließlich an professionelle und semi-professionelle Anleger verkauft werden, nicht an Verbraucher. Nur sogenannte Dachhedgefonds sind hierzulande zum Vertrieb erlaubt. Das sind Investmentfonds, die mehrere Hedgefonds unter einem Dach bündeln. Diese Konstruktion ist für Anleger allerdings sehr teuer, da zu den Kosten für die einzelnen Fonds noch die Gebühren für den Dachhedgefonds selbst hinzukommen. Hedgefonds sind zudem äußerst riskant. Sie sind kaum reguliert, und die Manager können uneingeschränkt spekulieren. Hier kann der Rat nur lauten: Finger weg!

Der Weg zum Fonds

Um die für Ihre Anlageziele passenden Fonds zu finden, können Sie verschiedene Informationsquellen nutzen. Wenn Sie dann beim Kauf auch die Kosten reduzieren, erhöhen Sie Ihre Renditechancen erheblich.

Informationsquellen nutzen

Bewertungen von Fonds und spezielle Kennzahlen helfen Ihnen, gute von schlechten Fonds zu unterscheiden.

Wie sollen Anleger unter den Tausenden in Deutschland angebotenen Fonds die richtigen finden? Nur wenige Fondsmanager schaffen dauerhaft eine überdurchschnittliche Rendite. Die Gefahr, einen schlecht gemanagten Fonds auszuwählen, ist somit groß.

Rating und Ranking

Hilfestellungen bieten Bewertungen unterschiedlicher Anbieter. Zuvor müssen sich Anleger aber klar darüber sein, in welchem Anlagesegment (zum Beispiel Aktien, Anleihen, Region, Branche) sie investieren wollen, da jedes Bewertungssystem Fonds nur innerhalb des jeweiligen Segments vergleichen kann. So würde es keinen Sinn machen, Aktienfonds Welt hinsichtlich ihrer Qualität mit Aktienfonds Schwellenländer zu vergleichen.

Bei der Bewertung von Fonds unterscheidet man Rankings und Ratings. Bei beiden werden bestimmte Merkmale und Leistungen eines Fonds benotet.

Von einem Ranking spricht man, wenn Investmentfonds hauptsächlich anhand ihrer Performance in der Vergangenheit bewertet und die Ergebnisse dann in einer Rangfolge sortiert werden. Dieses einfache Bewertungsverfahren hat mehrere Nachteile: Anleger wissen nicht, ob eine gute Platzierung eines Fonds lediglich ein Zufallsergebnis oder das Ergebnis guter Arbeit des Fondsmanagements war. Ob der Fonds also wahrscheinlich auch in Zukunft gute Ergebnisse erzielen wird, ist bei einem reinen Rendite-Ranking nicht ablesbar. Fonds, die in solchen Rankings ganz oben stehen, stürzen häufig irgendwann regelrecht ab, zum

Beispiel weil sie ein zu hohes Risiko eingegangen sind.

Ist das Bewertungsergebnis eines Fonds mit einer Wahrscheinlichkeitsaussage über die künftig mögliche Wertentwicklung verbunden, handelt es sich in der Regel um ein Rating. In ein Rating gehen auch qualitative Kriterien ein, wie zum Beispiel die folgenden:

- Wie hoch sind Chance-Risiko-Verhältnis, Volatilität und der höchste Verlust der Vergangenheit bei dem jeweiligen Fonds?
- Wie hoch sind die Fondskosten?
- Wie konsistent sind die Ergebnisse des Fonds in verschiedenen Marktphasen?
- Wie erfahren ist das Fondsmanagement?
- Wie solide ist der Investmentprozess?
- Wie sind Infrastruktur der Fondsgesellschaft und Netz des Fondsmanagements?

Um das Bewertungsergebnis komprimiert darstellen zu können, werden dann in der Regel Punkte, Buchstaben, Zahlen oder Sterne vergeben: Finanztest arbeitet beispielsweise zur Bewertung des Chance-Risiko-Verhältnisses von Fonds mit Punkten. Dabei stehen fünf Punkte für stark überdurchschnittliche, ein Punkt für stark unterdurchschnittlich bewertete Fonds. Die Fondsanalysten von Morningstar arbeiten mit Sternen (fünf Sterne für die besten Fonds) und einer zusätzlichen Gold-, Silber-, Bronze-Bewertung, das Fondsrating der Zeitschrift Euro vergibt ähnlich dem Schulnotensystem Noten von 1 bis 5.

Ein gutes Rating eines Fonds sollte aber nicht das alleinige Auswahlkriterium sein. Sie sollten immer auch prüfen, ob die Strategie des Fonds zu Ihnen passt, ob Sie eher chancenreich oder risikoarm investieren wollen und wie hoch die Kosten des Fonds sind.

Die Fondsbewertung der Stiftung Warentest

Finanztest bewertet regelmäßig rund 6 000 Investmentfonds – sowohl aktiv gemanagte als auch ETF. Unter www.test.de/fonds können Sie diese Bewertungen gegen eine Gebühr abrufen. Zudem gibt es dort Kennzahlen und Charts zu 18 000 Fonds. Bevor die Finanztest-Experten aber überhaupt Punkte vergeben, müssen die Fonds durch einen mehrstufigen Filter hindurch. Für eine Bewertung kommt ein Fonds nur infrage, wenn er die folgenden Mindestanforderungen erfüllt:

- Die jeweilige Fondsgruppe muss genügend groß und homogen sein.
- Der Fonds muss mindestens fünf Jahre am Markt sein und es darf in den vergangenen fünf Jahren kein Strategie- oder Indexwechsel erfolgt sein.
- Der Anlageschwerpunkt des Fonds darf nicht zu eng gefasst sein.

Die übrigen Fonds werden auf verschiedene Kriterien hin überprüft. Erfüllt der Fonds eines der folgenden Kriterien nicht, bekommt er null Punkte. Das heißt, er ist für Anleger, die in dieser Fondsgruppe investieren möchten, nicht geeignet:

- Das Gesamtvolumen des Fonds muss über 50 Millionen Euro betragen.
- Er muss steuerlich transparent sein.
- Der Fonds darf nicht in einer ausländischen Währung abgesichert sein.
- Er darf maximal 10 Prozent nicht handelbare Titel im Fondsvermögen halten.
- Anleger müssen auch kleinere Summen investieren können.

Erfüllt er diese Kriterien, wird er auf weitere Punkte hin überprüft.

▶ Glücks- und Pechrendite

Für Fonds, die fünf Jahre alt sind, bewerten die Finanztest-Experten das Chance-Risiko-Verhältnis. Um Chancen und Risiken zu berechnen, legen sie die Monatsrenditen der vergangenen fünf Jahre zugrunde. Sie trennen die guten Monate von den schlechten. Aus den Gewinnmonaten, in denen ein Fonds über dem Geldmarktzins 3-Monats-Euribor lag, berechnen sie das Chancemaß – die „Glücksrendite". Sie zeigt Ihnen, welche Rendite ein Anleger erzielt hätte, der nur in Monaten mit positiver Rendite investiert war. Je öfter und je stärker

Chance und Risiko: Wie Finanztest Fonds bewertet

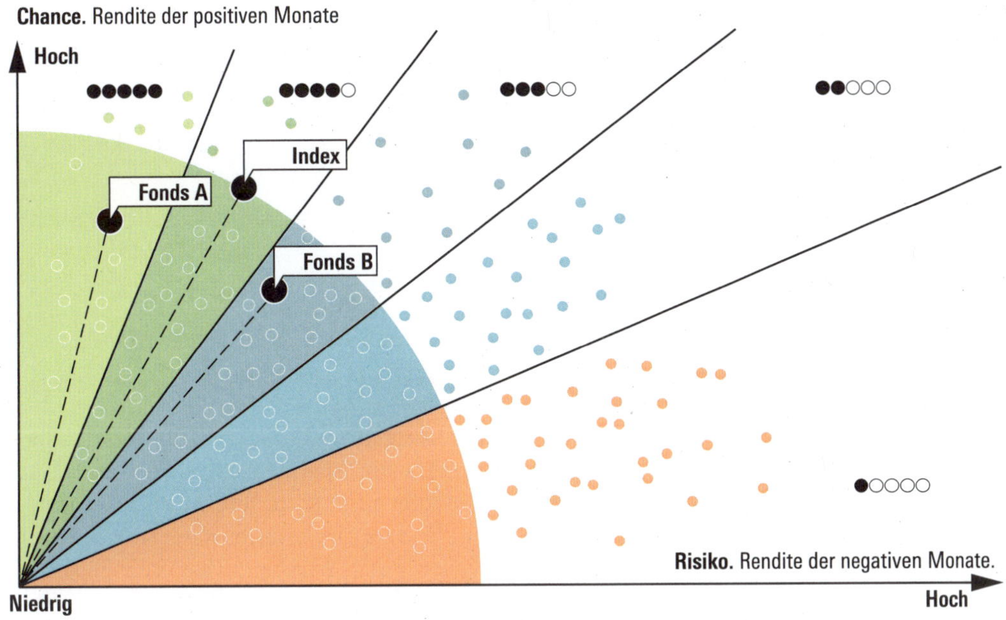

Chance-Risiko-Zahl	Punkte-Bewertung	Chance-Risiko-Verhältnis des Fonds
Ab 105	●●●●●	Besser als der Markt
105 bis 95	●●●●○	Ähnlich wie der Markt
95 bis 85	●●●○○	Etwas schlechter
85 bis 75	●●○○○	Merklich schlechter
Kleiner 75	●○○○○	Erheblich schlechter

ein Fonds in den vergangenen 60 Monaten im Plus lag, desto höher ist seine Chance. Die Werte aus Verlustmonaten ergeben das Risiko des Fonds – das ist die „Pechrendite".

▸ Chancen und Risiken einschätzen

Die Glücks- und Pechrenditen bilden die Koordinaten eines Fonds in einem Chance-Risiko-Diagramm.

Der Anstieg der Geraden von 0 durch einen Fonds entspricht dem Chance-Risiko-Verhältnis des Fonds. Dieses wird mit Chance-Risiko-Verhältnis des Referenzindex der Fondsgruppe (zum Beispiel „Aktienfonds Europa", „Aktienfonds Schwellenländer" oder „Rentenfonds Euro") verglichen. Bei „Aktienfonds Welt" ist der Referenzindex zum Beispiel der MSCI World. Ist das Verhältnis eines Fonds deutlich besser, erhält er fünf Punkte. Im Diagramm bedeutet das, dass der Anstieg der Geraden durch den Fonds um mindestens 5 Prozent höher ist als der Anstieg der Geraden durch den Vergleichsindex. Ist das Chance-Risiko-Verhältnis schlechter, erhält der Fonds weniger Punkte. Die Breite innerhalb des Bewertungsbereichs beträgt jeweils 10 Prozent vom Chance-Risiko-Verhältnis des Index. Aus dem Vergleich von Fonds und Index resultiert die Chance-Risiko-Zahl. Ist ein Fonds genauso gut wie der Index, beträgt sie 100. Ein Fonds mit dieser Risiko-Zahl definiert die Mitte des Bewertungsbereichs für vier Punkte in der Punktebewertung. Fonds mit einer Chance-Risiko-Zahl ab 105 erhalten fünf Punkte, Fonds von 95 bis 85 drei Punkte.

Markttypische ETF einer Fondsgruppe erhalten unabhängig von ihrem aktuellen Chance-Risiko-Verhältnis die Bewertung „1. Wahl".

Fonds, die zu hohe Risiken oder zu niedrige Chancen bieten werden nach bestimmten Kri-

Die Finanztest – Risikoklassen

Die Risikoklasse eines Fonds gibt an, wie hoch sein Risiko relativ zum Weltaktienindex MSCI World ist. Fonds mit Klasse 1 haben dasselbe Risiko (Pechrendite) wie ein Depot aus Tagesgeld und maximal 2,5 Prozent MSCI World. 100 Prozent MSCI World definieren die Mitte der Klasse 7.

Risikoklasse	Risiko relativ zum MSCI World (Prozent)		Pechrendite1) Klassenmitte (Prozent p. a.)
	Von ...	Bis ...	
1	0	2,5	–0,1
2	2,5	7,5	–0,4
3	7,5	17,5	–1,1
4	17,5	37,5	–2,4
5	37,5	62,5	–4,4
6	62,5	87,5	–6,6
7	87,5	112,5	–8,7
8	112,5	137,5	–10,9
9	137,5	162,5	–13,0
10	162,5	187,5	–15,0
11	187,5	212,5	–17,1
12	212,5	Unendlich	–

1) Rendite, wenn Anleger in den vergangenen fünf Jahren nur in Verlustmonaten investiert hätten.
Quelle: Thomson Reuters, eigene Berechnungen Stand: 30. November 2019

terien abgewertet. Damit wird vermieden, dass solche Fonds die Bestbewertung bekommen.

▸ Die Finanztest-Risikoklassen

Ausgehend von der Pechrendite, also der Rendite, die ein Anleger erzielt hätte, der in den vergangenen fünf Jahren nur in Monaten mit negativer Entwicklung investiert gewesen wäre, teilt Finanztest Fonds in zwölf Risikoklassen. Diese helfen bei der Wahl der richtigen Depotmischung aus chancenreichen Aktien- und sicheren Rentenfonds. Die sicherste Risikoklasse ist 1, Klasse 12 die riskanteste. Als Anker bei der Einteilung dient der Weltaktienindex MSCI World. Er bleibt immer in Stufe 7, auch wenn es an den Märkten turbulenter oder ruhiger zugeht. Alle anderen Fonds werden relativ zum MSCI World eingestuft. Fonds mit Risikoklasse 1 haben dieselbe Pechrendite (Risiko) wie ein Depot aus Tagesgeld und maximal 2,5 Prozent MSCI World, die Klasse 7 besteht im Mittel aus 100 Prozent MSCI World und Fonds der Risikoklasse 12 sind mehr als doppelt so riskant wie der MSCI World.

Die im Verhältnis zum MSCI World geringsten Risiken haben Geldmarktfonds, Rentenfonds Euroland, die Anleihen kurzer Laufzeiten kaufen sowie die meisten offenen Immobilienfonds. Rentenfonds, die Finanztest als Stabilitätsbaustein für das Pantoffel-Portfolio empfiehlt, liegen in den Klassen 4 und 5. Aktiv gemanagte Aktienfonds Welt verteilen sich überwiegend auf die Klassen 7 bis 9. Fonds aus der Gruppe Aktien Deutschland zählen meist zur Stufe 10. Am riskantesten sind Branchen- und Rohstofffonds, die häufig der Klasse 12 zugeordnet sind

Die Finanztest-Risikoklassen helfen beim Depotaufbau. Bei einem Depot, das zu 50 Prozent aus einem ETF auf den MSCI World (Klasse 7) und zu 50 Prozent aus einem Rentenfonds Euroland (Klasse 5) besteht, ergibt sich annähernd eine Risikoklasse des Depots von 6. Je nachdem, ob sich die Fonds in verschiedenen Marktphasen gleich oder gegensätzlich entwickeln, kann das tatsächliche Risiko des Depots abweichen. Es kann aber nur geringer, nicht höher sein. Die Tabelle „Die Finanztest Risikoklassen" zeigt, in welchen Risikostufen die Fonds liegen.

▸ Die Risikoklassen der Fondsbranche

In den „Wesentlichen Anlegerinformationen" von Fonds finden Anleger lediglich sieben SRRI-Klassen. SRRI steht für synthetic risk and reward indicator, auf deutsch: synthetischer Risiko- und Ertragsindikator. Die SRRI-Risikoklassen haben feste Grenzen. Die Einstufung in eine SRRI-Klasse erfolgt nach der Schwankungsbreite (Volatilität) der Fonds um ihren Mittelwert. Anders als bei den Finanztest-Risikoklassen werden also auch Schwankungen nach oben erfasst. Aktienfonds Welt haben zum Beispiel meist die Klasse 5, können aber in Klasse 6 oder 7 fallen, wenn der Markt unruhig wird. Überdies betrachtet der SRRI den

Fonds in Fondswährung, was zu Fehleinschätzungen beim Anleger führen kann. So würde nach SRRI ein Geldmarktfonds US-Dollar als sicher eingestuft. Für einen Anleger, der in Euro investiert, kann aber das Wechselkursrisiko zu einem erheblichen Verlust führen. In der Finanztest-Risikoklasse fallen Geldmarktfonds US-Dollar hingegen in die Klasse 8."

▸ Weitere Kennzahlen von Finanztest

Aber auch gute Fonds können sich erheblich unterscheiden. Der eine kann die fünf Punkte erhalten haben, weil er eine hohe Glücksrendite erzielt hat, der andere, weil sein Risiko so gering war. Ein Blick auf die Bewertungen von „Chance" und „Risiko" hilft Ihnen, den für Sie richtigen Fonds zu finden. Hat ein Fonds fünf Punkte bei „Chance", geht sein Manager eher offensiv zu Werke. Hat der Fonds die fünf Punkte dagegen bei „Risiko" bekommen, ist der Fonds eher defensiv aufgestellt.

Eine weitere Hilfe, die bei der Auswahl eines Fonds in Anspruch genommen werden kann, sind dessen Renditen im Vergleich zu seiner Benchmark. In der Fondsdatenbank sehen Sie zum einen grafisch, ob der Fonds über Zeiträume von einem, drei, fünf und zehn Jahren besser oder schlechter als sein Vergleichsindex abgeschnitten hat. Zum anderen können Sie aus der Punktevergabe bei der Rendite ersehen, welchen Rang ein Fonds innerhalb der Fondsgruppe einnimmt. In der Fondsbewertung finden Sie auch Angaben zum maximalen Verlust eines Fonds. Daran können Sie ablesen, wie stark ein Fonds in den vergangenen fünf Jahren maximal unter einen zuvor erreichten Höchststand gefallen ist.

Ein Indikator dafür, ob ein Fonds eher eigenwillige Konzepte verfolgt, ist die Kennzahl „Marktnähe". Sie wird relativ zum Referenzindex der Fondsgruppe berechnet und gibt an, zu wie viel Prozent die Renditeschwankungen eines Fonds mit dem breitem Markt übereinstimmen. Indexnahe Fonds haben eine hohe Marktnähe, Fonds mit Sonderkonzepten eine geringe. Bei Fonds mit einer Marktnähe unter 70 Prozent sollten Sie besonders genau hinschauen. Solche Fonds sollten Sie nur dann kaufen, wenn Sie von ihrer Strategie überzeugt sind.

Weitere Fondskennzahlen

Für Anleger, die sich noch eingehender mit der Qualität ihrer Fonds beschäftigen wollen, bieten diverse Fondskennzahlen eine breite „Spielwiese".

▸ Die Wertentwicklung

Die Performance oder Wertentwicklung misst die Wertänderung eines Fonds über einen bestimmten Zeitraum. Eine übliche Methode zur Berechnung ist die vom Bundesverband Investment und Asset Management entwickelte BVI-Methode. Diese beruht auf der international anerkannten „time weighted rate of return"-Methode. Auch Finanztest berechnet die Wertentwicklungen nach dieser Methode. Danach ist die Wertentwicklung des Fonds die prozentuale Veränderung zwischen dem angelegten Vermögen zu Beginn und zum Ende des Anlagezeitraumes. Ausschüttungen werden rechnerisch umgehend in neue Fondsanteile investiert, damit sichergestellt ist, dass die Wertentwicklungen ausschüttender und thesaurierender Fonds vergleichbar sind. Alle Kosten auf Fondsebene, also zum Beispiel Management- und Depotbankgebühren, werden berücksichtigt. Die individuellen Kosten des einzelnen Anlegers, zum Beispiel seine individuellen Depotgebühren oder der Ausgabeaufschlag, fließen nicht in die Berechnung ein.

Vergleichen Anleger die Performance des Fonds über einen bestimmten Zeitraum mit anderen Fonds oder dem entsprechenden Index (Benchmark), sehen sie, ob der Fonds einen Mehr- oder Minderertrag (Outperformance/Underperformance) erzielt hat. Längere Vergleichszeiträume zeigen, ob eine Outperformance auch langfristig erzielt werden konnte.

Eine Kennzahl für die Abweichung der Fondsentwicklung von seinem Vergleichsindex ist der Tracking Error. Je größer diese Kennzahl ist, umso höher ist die Abweichung.

▶ **Risikokennzahlen**

Ein häufig verwendetes Maß für das Gesamtrisiko einer Wertpapieranlage ist die Volatilität. Sie gibt die Schwankung der Wertentwicklung um den Renditemittelwert an und misst Abweichungen über und unter dem Trend. Damit unterscheidet sie sich von der Glücks- und der Pechrendite, die entweder nur die Abweichungen nach oben oder die Abweichungen nach unten messen. Die Glücks- und Pechrendite ist insofern differenzierter, als man daraus erkennen kann, in welche Richtung die Schwankungen höher sind. Je höher die Volatilität (ausgedrückt in Prozent) ist, umso stärker schwankt die Wertentwicklung im Zeitverlauf. Sie bezeichnet also die Unsicherheit, mit der eine erwartete Rendite eintritt. Wenn Anleger vor der Wahl zwischen zwei Fonds mit annähernd gleichen Daten und Renditeerwartungen stehen – die sich aus den Ergebnissen der Vergangenheit ergeben –, sollten sie grundsätzlich den Fonds mit der geringeren Volatilität wählen.

Will sich ein Anleger aber zwischen zwei Fonds entscheiden, von denen der eine zwar eine höhere Rendite erzielt hat, bei dem aber auch die Volatilität höher war, kann er die Sharpe Ratio zu Rate ziehen. Diese setzt die Wertentwicklung und die Volatilität eines Fondspreises ins Verhältnis. Im Zähler der Formel für die Sharpe Ratio steht die sogenannte Überschussrendite, die sich aus der Wertentwicklung des Fonds abzüglich der am Geldmarkt erzielbaren risikolosen Rendite ergibt. Beträgt der Geldmarktzins beispielsweise 2 Prozent und hat der Fonds eine Rendite von 10 Prozent erwirtschaftet, beträgt die Überrendite 8 Prozent. Diese Überrendite wird ins Verhältnis zur Volatilität gesetzt. Eine positive Sharpe Ratio zwischen 0 und 1 bedeutet, dass der Fonds zwar eine Überschussrendite erzielen konnte, diese aber nicht dem eingegangenen Risiko entsprach. Werte deutlich über 1 zeigen an, dass gegenüber der Geldmarktanlage eine Mehrrendite erwirtschaftet wurde. Eine negative Sharpe Ratio gibt an, dass der Fonds noch nicht einmal die Geldmarktverzinsung übertreffen konnte. Bei negativen Durchschnittsrenditen kann die Sharpe Ratio nicht für die Fondsauswahl genutzt werden – im Gegensatz zum Chance-Risiko-Verhältnis, wie es die Stiftung Warentest berechnet. Je höher also die Sharpe Ratio, desto besser ist das Verhältnis von Ertrag zu Risiko. Denn ein hoher Wert bedeutet, dass die erhaltene Risikoprämie wesentlich höher ist als das tatsächlich eingegangene Risiko.

Auf die Wertentwicklung eines Fonds haben zwei Faktoren Einfluss: Die allgemeine Marktentwicklung, auf die das Fondsmanagement keinen Einfluss hat – sie wird zum Beispiel durch Änderungen des Marktzinses, politische Ereignisse oder Naturkatastrophen beeinflusst –, sowie die Qualität der Arbeit des Fondsmanagements. Letztere wird durch die Kennzahl Jensen´s Alpha (Alphafaktor) ausgedrückt. Sie sagt aus, wie viel Prozent der Überrendite eines Fonds auf die erfolgreiche Auswahl von Aktien und nicht auf die allgemeine Marktentwicklung zurückzuführen ist. Je höher der Wert von Jensen´s Alpha ist, umso erfolgreicher war der Fondsmanager.

Ein Bestandteil der Berechnung von Jensen´s Alpha ist der Beta-Faktor. Er ist ein Gradmesser, der angibt, wie stark ein Fonds im Vergleich zum Markt, also dem Index, schwankt. Ein Beta größer als 1 zeigt an, dass der Fonds bei Renditeschwankungen des Marktes stärker als der Markt schwankt. Ein Beta kleiner als 1 steht für geringere Schwankungen als der Markt. Bei einem Beta von 1 bewegt sich der Fonds wie der Markt.

Beispiel: Ein Fonds hat einen Beta-Faktor von 1,4. Steigt der Index um 10 Prozent, wird der Fonds im Schnitt um 14 Prozent steigen, fällt der Index um 5 Prozent, wird der Fonds 7 Prozent verlieren.

Anleger können anhand des Betas vergleichen, wie hoch ihr Risiko im Vergleich zum Marktrisiko ist. Wollen Anleger mit ihrem Fonds eine defensive Anlagestrategie verfolgen, empfiehlt sich eher ein Fonds mit einem niedrigen Beta-Faktor. Offensivere Anleger wählen eher Fonds mit hohem Beta.

Kosten bei der Fondsanlage

Anleger tragen bei Investmentfonds oft üppige Kosten und schwer erkennbare Gebühren, die ihre Rendite schmälern.

Der Ausgabeaufschlag

Beim Ausgabeaufschlag handelt es sich um eine einmalige Gebühr, die bei jedem Kauf von Fondsanteilen anfällt. Der Ausgabeaufschlag dient hauptsächlich dazu, die Vertriebskosten zu decken. Er ergibt sich aus der Differenz zwischen Ausgabe- und Rücknahmepreis eines Fonds. Bei Aktienfonds beträgt der Ausgabeaufschlag üblicherweise 5 Prozent, bei Rentenfonds meist 3 Prozent und bei offenen Immobilienfonds und Mischfonds 3 bis 5 Prozent.

Laufende Kosten auf Fondsebene

Neben den Kaufkosten fallen weitere Gebühren an, mit denen unter anderem die Fondsgesellschaft, die Depotbank und der Vertrieb bezahlt werden:

- **Verwaltungsgebühren:** Sie beinhalten vor allem die Vergütung für die Arbeit des Fondsmanagements. Da Fondsmanager die Wertentwicklung eines Vergleichsmarktes (Index) übertreffen wollen, benötigen sie dafür unter anderem kostenintensive Analysesysteme und einen Stab von Mitarbeitern. Die Verwaltungsgebühren sind daher ein größerer Kostenblock bei der Anlage in aktiv gemanagte Fonds. Sie hängen auch davon ab, in welche Märkte der Fonds investiert und welche Strategie er verfolgt. In diesen Gebühren sind häufig Kosten für Jahresberichte, Druckmaterialien und Werbung enthalten. Sie fallen jährlich an und können bei Aktienfonds über 2 Prozent pro Jahr betragen. Üblich sind 1 bis 2 Prozent. Ein Teil der Verwaltungsgebühren fließt an den Vertrieb. Bei ETF sind die Kosten deutlich niedriger, denn bei ihnen muss keine Managementleistung honoriert werden. Sie liegen oft zwischen 0,15 und 0,5 Prozent.
- **Depotbankgebühren:** Dafür, dass sie das Fondsvermögen verwaltet und kontrolliert, stellt die Depotbank dem Fonds jährlich eine Gebühr in Rechnung. Es handelt sich letztlich um die Kosten für die Infrastruktur, die zur Auflage und Verwaltung eines Fonds erforderlich ist. Diese Gebühr beträgt in der Regel 0,1 bis 0,3 Prozent des Fondsvermögens pro Jahr. Die Verwaltungs- und die Depotbankgebühren gehören zu den Kosten, die Eingang in die Gesamtkostenquote (die Laufenden Kosten beziehungsweise die TER) finden.
- **Transaktionskosten im Fonds:** Nicht in den Laufenden Kosten beziehungsweise der TER berücksichtigt sind die Gebühren, die bei jedem An- und Verkauf von Wertpapieren für das Fondsvermögen anfallen. Sie sind zwar günstiger als die Gebühren, die ein Privatanleger bei seinen Wertpapiertransaktionen zahlen muss, je nach Handelsintensität des Fondsmanagers können sie aber einen spürbaren Kostenblock darstellen. Fondsgesellschaften veröffentlichen Transaktionskosten nicht systematisch.

Erfolgsgebühren

Häufiger verlangen Fondsgesellschaften Erfolgsgebühren („Performance-Fee“), vor allem bei aktiv gemanagten Aktien- und Mischfonds. Diese Gebühren fallen in der Regel nur bei Fonds an, die für Privatkunden gedacht sind. Bei institutionellen Anlegern wie Versicherungen oder Vermögensverwaltern können die Fondsgesellschaften hingegen Erfolgsgebühren oft nicht durchsetzen.

Wie Untersuchungen von Finanztest gezeigt haben, sind die Erfolgsgebühren von Aktienfonds meist auf die Interessen des Fonds-

Kosten bei Fonds

Diese Kosten können einmalig oder regelmäßig direkt beim Anleger und auf Fondsebene entstehen.

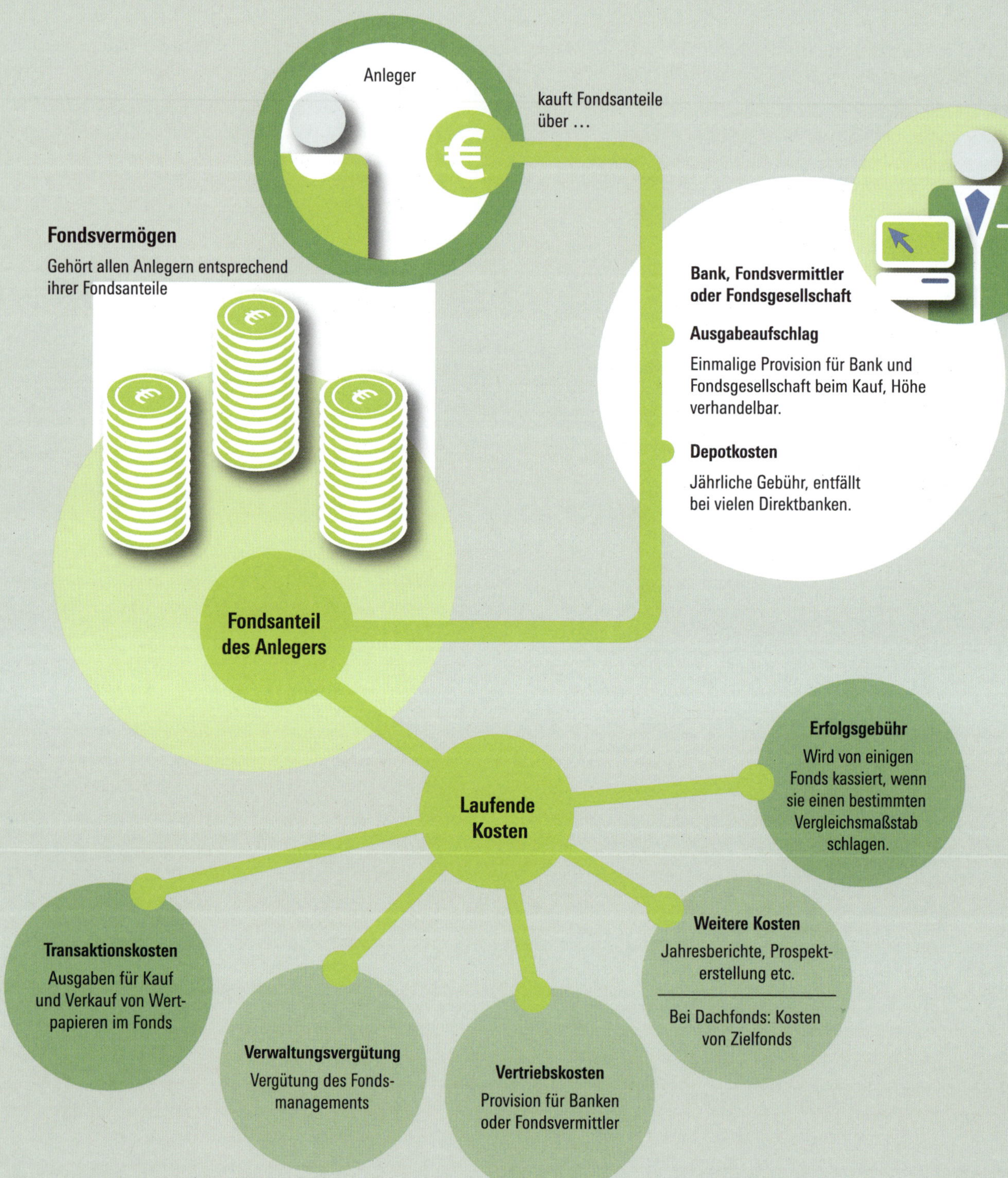

anbieters zugeschnitten. Ein Zusammenhang zwischen Erfolgsgebühr und Fondsqualität lässt sich in der Regel nicht erkennen.

Im Normalfall müssen die Fonds einen Vergleichsmaßstab übertreffen, den die Anbieter selbst auswählen. Je deutlicher sie ihn schlagen, desto höher ist die Erfolgsgebühr, die die Fondsgesellschaft vom Fondsvermögen einbehält. Der Maßstab für global anlegende Aktienfonds ist meist der MSCI World Index. Diesen Index gibt es allerdings in unterschiedlichen Ausführungen, und somit bleibt Spielraum für die Anbieter. Manche Fonds wählen statt des sogenannten Performanceindex den Preisindex als Maßstab. Damit verschaffen sie sich einen ungehörigen Vorteil, denn im Preisindex sind keine Dividendenerträge enthalten, während der Fonds ja sehr wohl Einnahmen aus Dividenden erzielt. Der Unterschied zwischen Preis- und Performanceindex beträgt beim MSCI World jährlich etwa 2 bis 2,5 Prozentpunkte. Doch es geht noch schlimmer. Wenn eine Fondsgesellschaft jeden positiven Ertrag eines Aktienfonds als Erfolg einstuft, kann für sie kaum noch etwas schiefgehen: In schlechten Börsenjahren erhält die Fondsgesellschaft nichts (muss aber dem Anleger nichts zahlen), in guten erhält sie zuverlässige Extraeinnahmen – unabhängig davon, wie gut der Fonds im Vergleich zum Markt oder zu Mitbewerbern war.

Selbst wenn Fondsgesellschaften einen fairen Vergleichsmaßstab wählen, können sie sich bei der Erfolgsgebühr gesundstoßen, indem sie an den Berechnungsdetails schrauben. Der einfachste Trick ist, dass der Anlageerfolg nicht nach, sondern vor Abzug der Kosten berechnet wird. Das ist aus Sicht des Anlegers inakzeptabel, denn für ihn ist nur der Nettoerfolg entscheidend. Der Unterschied ist erheblich, da die Verwaltungskosten eines Aktienfonds Welt selten unter 1,5 Prozent liegen. Oft sind sie deutlich höher. Diese Berechnungsmethode ist seit Juli 2013 für in Deutschland aufgelegte Fonds nicht mehr zulässig, kommt aber bei einigen ausländischen Fonds noch vor.

Auch durch eine hohe Beteiligungsrate am Erfolg lassen sich die Einnahmen der Fondsgesellschaften auf einfache Art steigern. Normalerweise vereinnahmen sie 10 bis 20 Prozent des Mehrertrags, einige Anbieter verlangen aber sogar ein Viertel bis ein Drittel.

Eine Methode, die für Anleger zumindest etwas weniger unfair ist, ist die High-Watermark-Methode. Die High-Watermark, also der bis dato höchste Stand, ist die Messlatte für eine zukünftige Performancegebühr. Solange der Wert des Fondsanteils unterhalb dieser Marke bleibt und keinen neuen Höchststand erreicht, erhält die Fondsgesellschaft keine Erfolgsvergütung. Erst wenn die alten Höchststände übertroffen werden, kann sie eine performanceabhängige Gebühr verlangen.

Schauen Sie genau hin

Ziehen Sie Fonds mit Erfolgsgebühren nur dann in die engere Wahl, wenn diese eine überzeugende Anlagestrategie oder eine herausragende Wertentwicklung aufweisen können.

Total Expense Ratio und Laufende Kosten (Ongoing Charges)

Eine Kennzahl, die in den Rechenschaftsberichten eines Fonds darüber informiert, wie hoch dessen interne Kostenbelastung im zurückliegenden Geschäftsjahr war, ist die Total Expense Ratio (TER). Bei ihr werden die Gesamtkosten eines Fonds ins Verhältnis zum Fondsvolumen gesetzt. Achtung: Viele Anleger glauben, in der TER werden alle Kosten erfasst. Doch sie beinhaltet nicht die Kauf- und Verkaufsspesen, die Anleger bezahlen, oder den Ausgabeaufschlag. Überdies enthält sie in Deutschland auch nicht die auf Fondsebene entstandenen Transaktionskosten für Käufe/Verkäufe von Wertpapieren. Die TER wurde mittlerweile durch die neue Kennzahl „Laufende Kosten“ (Ongoing Charges) abgelöst. Der Hauptunterschied zur TER ist, dass die Laufenden Kosten bei Dachfonds auch die Kosten der enthaltenen Zielfonds berücksichtigen.

So kaufen Sie günstig Fonds

Beim Fondskauf können Sie viel Geld sparen und so Ihre Rendite deutlich verbessern. Wo Sie am besten einkaufen, hängt von Ihren Bedürfnissen und Ihrer Strategie ab.

Um Investmentfonds zu kaufen, brauchen Sie als Privatanleger einen Zwischenhändler, der Ihnen den Zugang zu den Fondsgesellschaften und zu den Börsen eröffnet. Dafür entstehen natürlich Kosten, da der Vermittler – die Hausbank, eine Direktbank oder ein freier Fondsvermittler – etwas verdienen will. Doch je nach Fonds und Kaufquelle können sich die Kosten erheblich unterscheiden.

Aktiv gemanagte Fonds kaufen

Besonders viel lässt sich beim Kauf von aktiv gemanagten Fonds sparen. Denn bei diesen ist ein entscheidender Kostenfaktor der Ausgabeaufschlag. Geht man bei Aktienfonds von einem Ausgabeaufschlag von 5 Prozent aus, lassen sich bei einer Anlagesumme von 10 000 Euro bis zu 500 Euro sparen.

▶ Kauf bei Filialbanken

Erteilen Sie Ihrer Hausbank den Auftrag, einen bestimmten Fonds zu kaufen, kauft sie ihn für Sie normalerweise über die Fondsgesellschaft, und der volle Ausgabeaufschlag wird fällig. Sie können dem Bankmitarbeiter aber auch den Auftrag erteilen, den Fonds über die Börse statt über die Fondsgesellschaft zu ordern, sofern der Fonds an der Börse gehandelt wird. Das ist oft der Fall, denn inzwischen werden die meisten gängigen Fonds an mindestens einer der Regionalbörsen oder an der Frankfurter Wertpapierbörse gehandelt. Als Regionalbörsen gelten die Börsen Berlin, Düsseldorf, Hamburg und Hannover, München sowie Stuttgart. Der Kauf über die Börse kann kostengünstiger sein. Allerdings sehen das nicht alle Banken gern, und manche verweigern die Orderplatzierung an der Börse.

Grundsätzlich sind bei Ihrer Hausbank Rabatte auf den Ausgabeaufschlag oder die Ordergebühr verhandelbar. Sie müssen aber danach fragen. Wenn die Bank sich stur stellt und Ihnen gar nicht entgegenkommt, sollten Sie über einen Bankwechsel nachdenken.

Schichten Sie nur um, wenn es triftige Gründe gibt

Fragen Sie sich bei jeder Empfehlung Ihrer Bank oder Ihres Finanzvermittlers, Ihre Fonds zu verkaufen und dafür andere zu kaufen, ob dahinter wirklich eine Empfehlung in Ihrem Interesse steht. Möglicherweise sollen auch nur neue Ausgabeaufschläge für den Verkäufer generiert werden.

▶ Bei Direktbanken

Direktbanken im Internet bieten für viele Fonds Rabatte auf den Ausgabeaufschlag von meist 50 Prozent an. Bei manchen Fonds verzichten sie sogar ganz darauf. Verzichtet die Direktbank nicht vollständig auf den Ausgabeaufschlag, ist es meist für Sie günstiger, den Kauf des Fonds über eine Börse abzuwickeln. Dazu müssen Sie in der Ordermaske der Direktbank als Handelsplatz eine Börse anstatt der Fondsgesellschaft auswählen.

Beispiel: Wenn Sie einen Fonds mit 5 Prozent Ausgabeaufschlag zu 2,5 Prozent erwerben können, bedeutet dies bei einer Anlagesumme von 10 000 Euro einen Ausgabeaufschlag von 250 Euro. Bei einem Kauf über die Börse zahlen Sie je nach Gebührenmodell der Direktbank häufig nur 10 bis 25 Euro, bei höheren Anlagesummen etwas mehr. Bei den preiswertesten Anbietern zahlen Anleger mitunter pauschal nur 5 Euro pro Kauf oder Verkauf, nur wenige Euro Börsenspesen kommen noch dazu. Entscheidend ist auch der Spread – Unterschied zwischen Geld- und Briefkurs (die Hälfte des Spreads muss der Anleger theoretisch ebenfalls bezahlen).

Beim Börsenkauf und späteren -verkauf eines Fonds fallen die Bankspesen zweimal an.

Anleger können aktiv gemanagte Fonds beim Verkauf in der Regel kostenlos an die Fondsgesellschaft zurückgeben. Nur in seltenen Fällen geht das nicht, weil die Bank nicht mit der betreffenden Fondsgesellschaft zusammenarbeitet.

Der große Vorteil von Direktbanken ist überdies, dass die Depotgebühren häufig wegfallen. Anleger können – anders als bei von Fondsvermittlern genutzten Plattformen – nicht nur Fonds, sondern auch andere Wertpapiere wie Aktien und Anleihen im Depot verwahren lassen. Dafür bieten Direktbanken keine persönliche Beratung.

▸ Gebühren beim Kauf über die Börse

Neben den Kaufgebühren, die sich nach den Transaktionskosten-Modellen der zwischengeschalteten Bank richten, kommen beim Kauf über die Börse noch die Kosten des jeweiligen Börsenplatzes hinzu. Pro Auftrag liegen die Gebühren meist zwischen 5 und 8 Euro. Die Bank reicht diese in der Regel an den Kunden weiter. Wenige Direktbanken arbeiten mit Pauschalgebühren, um allzu komplizierte Abrechnungen zu vermeiden. Jeder Börsenplatz hat andere Kostenstrukturen, und sie unterscheiden sich oft noch nach Wertpapierarten. Grundsätzlich gilt: Je kleiner der Anlagebetrag, desto stärker schlagen die Börsenkosten prozentual zu Buche.

Neben Bank- und Börsengebühren zahlen Anleger beim Kauf von Fonds noch den sogenannten Spread. Das ist der Unterschied zwischen Kauf- und Verkaufskurs eines Fonds. Ein Käufer zahlt im Allgemeinen etwas mehr, als der Fonds zum Kaufzeitpunkt tatsächlich wert ist. Die Börsen setzen den maximalen Spread auf 1,5 bis 2 Prozent fest. In der Praxis ist die Spanne aber meist viel geringer. Anleger können oft – gerade bei großen Anlagesummen – etwas sparen, wenn sie vor einem Fondskauf die Geld- und Briefkurse an den verschiedenen Börsen vergleichen und sich den aktuell günstigsten Handelsplatz aussuchen.

▸ Direktgeschäft

Über die in Berlin ansässige Handelsplattform Tradegate, eine Wertpapierbörse, können Anleger Fonds im Direktgeschäft zu Festpreisen kaufen und haben neben den Bankspesen keine Zusatzkosten. Sie können also ohne Börsenspesen kaufen und verkaufen. Anleger sollten dabei aber stets den Spread im Auge behalten. Wenn dieser deutlich höher ist als im Börsenhandel, zahlen sie im Direkthandel zumeist mehr als im Börsenhandel.

▸ Freie Fondsvermittler

Für Anleger, die sich vorwiegend oder ausschließlich für gemanagte Fonds interessieren, sind freie Fondsvermittler im Internet eine gute Alternative. Dort erhalten sie fast alle Fonds ohne Ausgabeaufschlag. Die Vermittler besorgen sich die Fonds direkt bei der Fondsgesellschaft und erhalten von dieser eine jährliche Bestandsprovision auf die Depotbestände. Die Fonds müssen bei einer Fondsbank wie der

Gut zu wissen

Großes Sparpotenzial. Bei der Einmalanlage bieten einige Direktbanken kostenlose Depots und günstige Transaktionspreise. Finanztest untersucht die Kosten von Wertpapierdepots bei Filial- und Direktbanken regelmäßig. Die aktuellen Untersuchungen dazu finden Sie unter www.test.de mit einer Suche nach „Wertpapierdepots".

Augsburger Aktienbank oder Ebase gelagert werden. Die Depotführung bei der Fondsbank kostet meist etwa 20 bis 40 Euro jährlich, es sei denn, Sie haben mittlere fünfstellige Beträge angelegt. In dem Depot bei einer Fondsbank können in der Regel nur Investmentfonds, also aktiv gemanagte Fonds oder ETF, verwahrt werden.

Für aktive Anlagestrategien

Fondsvermittler eignen sich insbesondere für Anleger, die Strategien mit aktiv gemanagten Fonds verfolgen, bei denen sie öfter Fonds kaufen und verkaufen müssen. Dann macht sich der gesparte Ausgabeaufschlag besonders bemerkbar.

ETF kaufen

Anlegern, denen Ausgabeaufschläge und laufende Kosten gemanagter Fonds zu hoch sind, kaufen besser ETF, also börsengehandelte Indexfonds. Auch dafür müssen sie eine Filial- oder Direktbank mit dem Kauf beauftragen. Sie zahlen je nach Bank unterschiedliche Ordergebühren, aber keinen Ausgabeaufschlag. In der Regel sind Direktbanken günstiger. Da der Handel bei ETF rege ist, ist der Unterschied zwischen An- und Verkaufspreis an der Börse, der Spread, meist gering. Anleger, die ETF bei ihrer Hausbank kaufen wollen, müssen manchmal Stehvermögen beweisen, weil Bankangestellte in der Regel viel lieber aktiv gemanagte Fonds mit hohem Ausgabeaufschlag verkaufen wollen als die für Kunden günstigeren ETF.

Wenn Sie ein Depot bei einer Direktbank besitzen, ist der Kauf von Wertpapieren kein Hexenwerk. So gehen Sie Schritt für Schritt vor, wenn Sie einen ETF bei einer Direktbank kaufen:

▶ 1. Fonds auswählen
Suchen Sie zunächst den ETF aus, in den Sie investieren möchten. Als Basisanlage empfiehlt Finanztest einen ETF, der den Aktienindex MSCI World nachbildet. Für den Kauf benötigen Sie die zwölfstellige Kennnummer Isin, das unverwechselbare Merkmal jedes Wertpapiers. Im Produktfinder Investmentfonds (www.test.de/fonds) finden Sie viele Fonds, die dauerhaft gut sind. Schränken Sie die Suche zunächst auf „Aktienfonds Welt“ ein und lassen Sie sich die Ergebnisse anzeigen. Setzen Sie dann den Filter „Fondsart“ auf „Dauerhaft gut: marktbreite ETF“, und Sie bekommen verschiedene ETF auf den MSCI World Index angezeigt. Loggen Sie sich dann bei Ihrer Direktbank ein und gehen Sie auf die Order-Maske, mit der Sie Wertpapiere für Ihr Depot bei dieser Bank kaufen können. Geben Sie dort die Isin ein, und der entsprechende Fonds wird Ihnen angezeigt.

“ Sie sollten beim Börsenkauf stets ein Kurslimit setzen, weil sich die Kurse ständig ändern.

▶ 2. Börsenplatz festlegen
Wählen Sie in der Ordermaske Ihrer Bank den Handelsplatz aus. Damit entscheiden Sie, an welcher Börse der Kauf ausgeführt werden soll. Auf den Internetseiten der Direktbanken finden Sie verschiedene Informationen zu dem von Ihnen ausgewählten ETF, zum Beispiel über

- den zuletzt an der jeweiligen Börse gehandelten Geld- und Briefkurs (Spread),
- das an der jeweiligen Börse gehandelte Gesamtvolumen für den ETF sowie
- Handelsplatzgebühren und Courtagen.

Für Käufer ist der Briefkurs entscheidend, für Verkäufer der Geldkurs.

3. Betrag festlegen

Beim Börsenkauf können Sie keine Beträge eingeben, sondern müssen sich für eine Stückzahl von Fondsanteilen entscheiden. Kostet ein Fondsanteil beispielsweise 40 Euro (Briefkurs) und Sie wollen 5 000 Euro anlegen, müssen Sie also 125 Stück kaufen. Einige Direktbanken zeigen Ihnen an, wie viele Stücke Sie sich für eine bestimmte Kaufsumme leisten können, oder zeigen die Kaufsumme an, wenn Sie eine Stückzahl angeben.

4. Limit setzen

Als Nächstes müssen Sie meist angeben, ob Sie ein Limit vorgeben möchten und welchen Limittyp Sie wählen wollen. Sie sollten beim Börsenkauf stets ein Kurslimit setzen, da sich die Kurse ständig ändern. So können Sie böse Überraschungen beim Kauf- oder Verkaufspreis vermeiden. Bei einem Kauflimit wird die Order nur ausgeführt, wenn der Preis nicht darüber liegt. Orientieren Sie sich am aktuellen Briefkurs und schlagen Sie 0,1 bis 0,3 Prozent des Preises auf, um ein passendes Limit zu bestimmen. Gerade bei Limits ist auch entscheidend, wie lange die Limitorder gültig sein soll. Üblich sind tagesgültige oder bis zum Monatsende (ultimo) gültige Limits. Wenn Sie ein Limit wählen, das weit unter dem aktuellen Kurs liegt, ist es sinnvoll, es so zu wählen, dass es länger gültig ist. Dann hat der Kurs Zeit, sich in die gewünschte Richtung zu entwickeln.

5. Auftrag freigeben

Solange Sie noch nicht über eine Transaktionsnummer (TAN) den Kaufauftrag freigegeben haben, kann noch nichts passieren. Nachdem Sie alle Daten in die Ordermaske eingegeben haben, erhalten Sie eine Übersicht darüber zur Kontrolle. Stimmt alles, geben Sie die erforderliche TAN für die geplante Transaktion ein, und der Kaufauftrag wird ausgeführt.

Gut zu wissen

Es gibt nur wenige Filialbanken, die ETF-Sparpläne anbieten. Derzeit finden Sparer bei der Commerzbank die breiteste Palette. Wenn Sie beim Kauf sparen möchten, sind Sie allerdings bei Direktbanken besser aufgehoben. Einige Banken verlangen eine niedrige prozentuale Gebühr, was für Sparer, die mit kleinen Raten sparen möchten, günstig ist. Wenn Sie höhere Raten sparen möchten, wählen Sie besser ein Angebot, bei dem die Gebühr nicht prozentual, sondern pauschal berechnet wird. Einige Direktbanken bieten auch eine breite Palette kostenloser Sparpläne an. Gute Angebote finden Sie beispielsweise bei Comdirect, Consorsbank, DKB, Ing und Onvista Bank. Finanztest untersucht die Kosten von Sparplänen regelmäßig. Die aktuellen Untersuchungen finden Sie unter www.test.de, Suche nach „Sparplan“.

Sparpläne mit Fonds und ETF

Wenn Sie keinen größeren Anlagebetrag zur Verfügung haben oder regelmäßig einen festen Betrag zum Beispiel für die Altersvorsorge anlegen möchten, können Sie dazu Sparpläne einrichten. Damit ist der Erwerb von Fondsanteilen meist ab 50 Euro, mitunter bereits ab 25 Euro pro Monat oder pro Quartal möglich. Am günstigsten sind Sparpläne bei Direktbanken. Sie bieten oft eine kostenlose Depotführung und hohe Rabatte auf die Ausgabeaufschläge an.

Welche stattlichen Summen Anleger schon mit monatlichen Sparbeträgen von 100 Euro bei einer Spardauer von 20 oder 30 Jahren ansparen können, zeigt die Tabelle „Sparplanergebnisse mit Fonds“.

Siehe Tabelle „Sparplanergebnisse mit Fonds“, S. 262.

Auch mit den kostengünstigen ETF können Sie so langfristig sparen. Sparpläne mit ETF gibt es in der Regel aber nur bei Direktbanken und Fondsplattformen. Nicht jeder ETF ist bei allen Online-Brokern sparplanfähig. Im Produktfinder Investmentfonds (www.test.de/

Sparplanergebnisse mit Fonds

Fondsgruppe	20 Jahre (eingezahlt 24 000 Euro)	30 Jahre (eingezahlt 36 000 Euro)
Aktienfonds Deutschland		
Ergebnis in Euro	44 214	102 548
in Prozent p.a.	5,7 %	6,2 %
Aktienfonds international		
Ergebnis in Euro	44 041	113 347
in Prozent p.a.	5,7 %	6,8 %
Rentenfonds international mittlere Laufzeit		
Ergebnis in Euro	32 416	66 273
in Prozent p.a.	2,9 %	3,8 %
Mischfonds Euro		
Ergebnis in Euro	34 252	79 109
in Prozent p.a.	3,4 %	4,8 %

Einzahlung pro Monat: 100 Euro. Ergebnisse nach BVI-Methode; alle Fondskosten berücksichtigt, inkl. des maximalen Ausgabeaufschlags. Angaben sind Durchschnittswerte der jeweiligen Fondsgruppe in Prozent. Stichtag 31.12.2019. Quelle: BVI

fonds) wird unter dem Punkt „Handelbarkeit“ auch angezeigt, ob ein Sparplan für einen Fonds oder ETF möglich ist. Die für langfristige Sparpläne besonders empfehlenswerten ETF auf den Weltaktienindex MSCI World oder auf breite Europaindizes wie den MSCI Europe oder den Stoxx 600 Europe werden auf jeden Fall von mehreren Anbietern als Sparplan angeboten.

Sie sollten vor allem bei kleinen Sparbeträgen darauf achten, dass die Kaufgebühren nicht einem Ausgabeaufschlag gleichkommen. Direktbanken bieten aber häufiger Aktionsangebote für ETF-Sparpläne, und Anleger zahlen dann nur die jährliche Verwaltungsgebühr für ETF.

Auch mit Sparplänen bleiben Sie flexibel, denn diese können Sie jederzeit stoppen oder verändern. Oft wird als Vorteil eines Fonds- oder ETF-Sparplans der sogenannte Cost-Average-Effekt genannt. Darunter versteht man die Nivellierung der Kaufkurse durch die vielen unterschiedlichen Kaufzeitpunkte. Wissenschaftlich nachgewiesen ist er nicht. Kontinuierliche Sparer haben aber einen psychologischen Vorteil: Der Einstiegszeitpunkt erscheint unbedeutend, und sie fühlen sich von zwischenzeitlichen Kurseinbrüchen nicht so stark betroffen.

Rebalancing bei Sparplänen

Auch Sparplan-Anleger sollten regelmäßig überprüfen, ob die Mischung aus Aktien- und festverzinslichen Anlagen in ihrem Depot noch stimmt. Denn Aktien- und Anleihemärkte entwickeln sich unterschiedlich. Steigen zum Beispiel die Aktienmärkte kräftig, können die Aktienfonds plötzlich zum Beispiel 70 statt 50 Prozent ausmachen – und das Risiko ist viel höher als gewollt. Eine Anpassung (Rebalancing) ist dann erforderlich. Wenn der Aktienanteil zu hoch ist, ist es am einfachsten, die Sparrate umzulenken. Dazu müssen Anleger für eine Weile die Zahlungen in den oder die Aktienfonds stoppen. Stattdessen legen sie auch diese Raten festverzinslich an, und zwar

Thesaurierende Fonds eignen sich für Ratensparer am besten. Sie sammeln die Erträge im Fondsvermögen an, und Sparer müssen sich um ihre Wiederanlage nicht selbst kümmern. Bei ausschüttenden Fonds können Anleger die Erträge zwar bei einigen Banken automatisch wieder anlegen lassen, allerdings ist das im Regelfall mit Kosten verbunden. Manche Banken bieten eine Wiederanlage der Erträge gar nicht an. Sie sammeln die Ausschüttungen, meist unverzinst, auf dem Verrechnungskonto an.

so lange, bis Aktienanlagen und festverzinsliche Anlagen wieder den ursprünglich geplanten Anteil des Depots ausmachen. Diese Methode empfiehlt sich, weil sie am einfachsten und am günstigsten ist.

Statt die Sparraten umzulenken, lassen sich aber auch andere Anpassungsmethoden verwirklichen. So ist es möglich, ein Ungleichgewicht statt in Raten auf einen Schlag auszugleichen. Dazu müssen Anleger einen Teil ihres Sparplanguthabens verkaufen und umschichten. Die beiden Sparpläne selbst laufen unverändert weiter.

Beispiel: Ist der Aktienanteil zu hoch, verkaufen die Anleger einen Teil ihrer Aktienfonds und kaufen dafür in etwa gleichem Umfang Rentenfonds. Für den Verkauf müssen Anleger eine Verkaufsorder an der Börse aufgeben. Vom Erlös kaufen sie Anteile des Rentenfonds, ebenfalls an der Börse. Der Handel über die Börse kostet Geld. Im neuen Fonds kommt an, was nach Kosten übrig bleibt. Zu Beginn der Sparzeit, wenn noch wenig Geld in den Fonds liegt, können solche Orders teuer werden, weil manche Banken Mindestgebühren verlangen.

Finanztest hat untersucht, welche Methode unter Berücksichtigung der Kosten erfolgreicher war. Unterm Strich hat das Anpassen durch einmaliges Umschichten in einem 15-jährigen Untersuchungszeitraum auch nach Kosten die leicht besseren Renditen gebracht. Der Grund ist, dass Anleger beim einmaligen Umschichten den antizyklischen Effekt besser ausnutzen können, als wenn sie die Sparrate umlenken. Ist der Aktienanteil stark gefallen, kaufen sie Aktien nach, und zwar für einen günstigen Preis. Erholen sich die Märkte, steigt das Vermögen umso mehr. Beim Umlenken der Sparrate kann es monatelang dauern, ehe die gewünschte Aufteilung wieder erreicht ist. Anleger sollten mit dem einmaligen Umschichten allerdings erst nach etwa zwei Jahren beginnen, wenn der Betrag hoch genug ist, damit sich eine Börsenorder lohnt.

Siehe „Bequem und günstig anlegen mit Pantoffel-Portfolios", S. 265.

Wenn Sie ein ➚ Pantoffel-Portfolio besparen, können Sie den Rechner unter www.test.de/pantoffelrechner nutzen, um auszurechnen, wie viel Sie verkaufen müssen, damit die Mischung wieder stimmt.

Anlageideen mit Fonds

Je nach Ihren persönlichen Präferenzen, Anlagezielen und dem gewünschtem Aufwand können Sie mit Fonds und ETF verschiedene Anlagestrategien verfolgen. Diese müssen nicht „schwarz oder weiß" sein, also entweder ausschließlich mit ETF oder mit gemanagten Fonds umgesetzt werden. Sie können auch beide Anlageprodukte kombinieren.

Einfache Anlageideen mit ETF

Bequeme Anleger können mit ETF (Indexfonds) einfache, aber langfristig erfolgversprechende Anlageideen umsetzen.

Siehe dazu Abschnitt „Welche Anlagen für welchen Anlegertyp?" ab S. 21.

Wenn Sie sich entschieden haben, ein Depot mit Fonds auf- oder auszubauen, müssen Sie sich zunächst über Ihre ↗Risikotragfähigkeit und Risikobereitschaft klar sein. Die Risikotragfähigkeit wird insbesondere von Ihrem Anlagehorizont bestimmt. Ergibt sich danach, dass Sie längerfristig anlegen und mit Kursschwankungen leben können, können Sie Ihrem Depot einen größeren Anteil an Aktienanlagen beimischen. Wie hoch die Quote im Einzelnen sein darf, hängt von Ihrer subjektiven Risikobereitschaft und von Ihren sonstigen Geldanlagen ab. Ist Ihre Risikotragfähigkeit geringer oder wollen Sie eher mittel- bis langfristig überwiegend sicher, also mit wenigen Kursschwankungen anlegen, sollte Ihr Depot überwiegend aus festverzinslichen Anlagen bestehen. Das können zum Beispiel Rentenfonds sein, die in Anleihen investieren, die in Euro notiert sind. Natürlich können Sie statt Rentenfonds auch Festgeldanlagen als sicheren Anlagebaustein heranziehen. Dafür eignet

Welchen Index für welche Anlageklasse?

Anlageklasse	Index
Staatsanleihen Euroländer	BB Barclays Euro Treasury FTSE MTS Eurozone Government Bond IG (ex-CNO) FTSE MTS Investment Grade Broad All Maturities Markit iBoxx EUR Liquid Sovereigns Capped 1,5–10,5 Markit iBoxx EUR Liquid Sovereigns Diversified Overall Markit iBoxx EUR Sovereigns Eurozone
Rohstoffe	Bloomberg Commodity, Thomson Reuters/CoreCommodity CRB
Aktien Schwellenländer	FTSE Emerging, MSCI Emerging Markets (EM), MSCI EM IMI
Aktien Welt	FTSE All-World, MSCI ACWI IMI (All Country World Investable Market), MSCI All Country World (ACWI), MSCI WorldMSCI World
Aktien Europa	MSCI Europe, Stoxx Europe 600
Deutsche Aktien	DAX, FAZ
Aktien Welt nachhaltige Unternehmen	Dow Jones Sustainability World Enlarged (ex Alcohol, Tobacco, Gambling, Armaments & Firearms and Adult Entertainment), MSCI World Socially Responsible (SRI) 5% Issuer Capped

sich dann besonders die Treppenstrategie, bei der Sie Festgelder mit unterschiedlichen Laufzeiten kaufen.

Zur Treppenstrategie siehe S. 115.

Sind Sie sich über die für Sie passende Gewichtung der Anlageklassen Aktienanlagen und Festverzinsliche im Klaren, können Sie im nächsten Schritt überlegen, wie Sie diese mit Fonds umsetzen können.

Auf marktbreite Aktien-ETF setzen

Anleger, die vor allem eine bequeme und kostengünstige Geldanlage suchen oder die noch nie mit Fonds zu tun hatten, können einfach auf marktbreite ETF setzen. Möchten Sie möglichst bequem nur im Aktienbereich investieren, sollten Sie in einen ETF investieren, der den globalen oder europäischen Aktienmarkt abdeckt, indem er entsprechende Indizes nachbildet. Mit einem ETF auf den MSCI World setzen Sie auf die Wertentwicklung von über 1600 international bedeutenden Unternehmen. Die ganze Welt umfasst der MSCI World aber trotz seines Namens nicht, sondern nur die sogenannten entwickelten Märkte, also vor allem USA, Westeuropa und Japan. Wollen Sie auch Schwellenländer abdecken, eignet sich ein ETF auf den MSCI AC (All Country) World Index. Alternativ können Sie dem MSCI World ETF auch einen ETF auf den MSCI Emerging Markets beimischen. Anleger, die lieber nur im europäischen Raum anlegen wollen, können dies mit einem ETF auf den MSCI Europe oder den Stoxx Europe 600 tun.

Bequem und günstig anlegen mit Pantoffel-Portfolios

Was Anleger immer beachten sollten, ist, dass die Aufteilung von Aktien- und Zinsanlagen einen größeren Einfluss auf den Verlauf der Geldanlage hat als die Auswahl einzelner Produkte wie ein konkreter Fonds. Für bequeme Anleger hat Finanztest daher die Pantoffel-Portfolio-Strategie entwickelt, die so einfach ist wie Schuhe kaufen.

Jedes Pantoffel-Portfolio besteht aus einem sicheren und einem chancenreichen Teil. Für den sicheren Teil können Anleger auf Rentenfonds Euro zurückgreifen, für den chancenreichen Teil stehen mehrere Aktien- und ein Rohstofffonds zur Auswahl. Daraus ergeben sich acht verschiedene Depotmöglichkeiten. Anleger können jeden der acht Pantoffeln in sicherer, ausgewogener oder riskanter Form kaufen – ähnlich wie es Schuhe für schmale oder breite Füße gibt. In den ausgewogenen Pantoffel-Portfolios liegen je zur Hälfte Aktienfonds und Rentenfonds Euro, die riskanten Pantoffel-Portfolios bestehen zu drei Vierteln, die sicheren zu einem Viertel aus Aktienfonds.

Diese Anlagestrategie ist sehr komfortabel. Sie können sie einfach mit ETF umsetzen. Ein ETF für den sicheren Teil ist in allen Pantoffel-Portfolios ein ETF auf den Index iBoxx Euro Sovereigns Eurozone. Sie sollten sich von dem komplizierten Namen nicht abschrecken lassen. Der ETF enthält Staatsanleihen von elf ausgesuchten Ländern der Eurozone. Weitere Indizes, die sich für die Umsetzung der einzelnen Pantoffel-Portfolios anbieten, finden Sie in der ➚ Tabelle „Welchen Index für welche Anlageklasse?“.

Siehe Tabelle „Welchen Index für welche Anlageklasse?“, S. 265.

▶ **Für jeden Index gibt es ETF verschiedener Anbieter. In unserem Produktfinder Fonds (www.test.de/fonds) können Sie auch über die Indexnamen nach ETF suchen.**

Die acht Pantoffelmodelle

1. **Der Welt-Pantoffel** ist die Basisanlage unter den Pantoffel-Portfolios. Der chancenreiche Teil besteht aus einem ETF auf den MSCI World. Je nach Risikoeinstellung des Anlegers beträgt der Anteil am Welt-Pantoffel 25 Prozent (sicherer Anlegertyp), 50 Prozent (ausgewogener Typ) oder 75 Prozent (riskanter Typ). Der jeweils verbleibende sichere Anteil des Portfolios wird wie bei allen anderen Pantoffeln mit einem ETF auf einen Rentenindex mit sicheren Euro-Staatsanleihen dargestellt.
2. **Der Europa-Pantoffel** enthält einen ETF auf den MSCI Europe oder den Stoxx Europe 600. Er ist ebenfalls gut als Einsteigermodell geeignet.
3. **Der Deutschland-Pantoffel** enthält deutsche Aktien. Er eignet sich für Anleger, die gerne in heimische Unternehmen investieren. Um hier nicht dem Anlagefehler zu unterliegen, zu heimatverbunden und damit regional nicht gestreut anzulegen, ist dieser Pantoffel eher als Beimischung zu sehen.
4. **Im Substanz-Pantoffel** stecken europäische Substanzwerte. Anleger, die ein Faible für Dividendentitel haben und in diese einfach mit kostengünstigen ETF investieren wollen, können diese Variante wählen.
5. **Im Wachstums-Pantoffel** stecken europäische Wachstumswerte, dargestellt durch den MSCI Europe Growth Index.
6. **Der Tiger-Pantoffel** setzt nicht nur auf Firmen aus Industrienationen, gelistet im MSCI World, sondern auch auf einen Anteil an Schwellenmärkten. Es gibt zwei Arten, ihn zu konstruieren. In der klassischen Variante besteht er aus drei statt aus zwei Fonds, einem ETF auf den MSCI World, einem auf den MSCI Emerging Markets und einem Renten-ETF. Er ist ein wenig komplexer als die Zwei-Fonds-Modelle und daher eher für Fortgeschrittene geeignet. In der Variante für Risikofreudige beträgt der Anteil des MSCI World 60 Prozent, der Rentenanteil 25 Prozent, 15 Prozent entfallen auf den Schwellenländer-ETF. Beim ausgewogenen Typ wäre die Gewichtung 40/50/10, beim sicheren 20/75/5. Allerdings empfiehlt sich für die beiden letztgenannten Varianten das Drei-Fonds-Modell nicht. Die Gebühren, beim Umschichten wären zu hoch (➚ „Pantoffeln brauchen nur wenig Pflege“ unten). Vielmehr sollten Anleger hier den Aktienanteil mit einem ETF auf den MSCI All Country World Index bestreiten. In diesem Index sind Schwellenländer zu etwa 10 Prozent beigemischt.
7. **Im Rohstoff-Pantoffel** liegen ebenfalls drei Fonds: Außer dem Euro-Renten-ETF enthält er einen ETF auf den MSCI World und einen ETF, der den DJ UBS Commodity Rohstoffindex nachbildet. Die Gewichtungen nach Anlegertyp sind wie

Welcher Pantoffel passt zu Ihnen?

Die verschiedenen Pantoffel-Portfolios von Finanztest bieten unterschiedlichen Anlegertypen die Möglichkeit, mithilfe von ETF ihre Anlagen bequem und rentabel aufzuteilen. Wer es sich einfach machen möchte, ist mit dem Welt-Pantoffel gut bedient. Die Grafik zeigt jeweils die ausgewogene Variante (alle Angaben in Prozent).

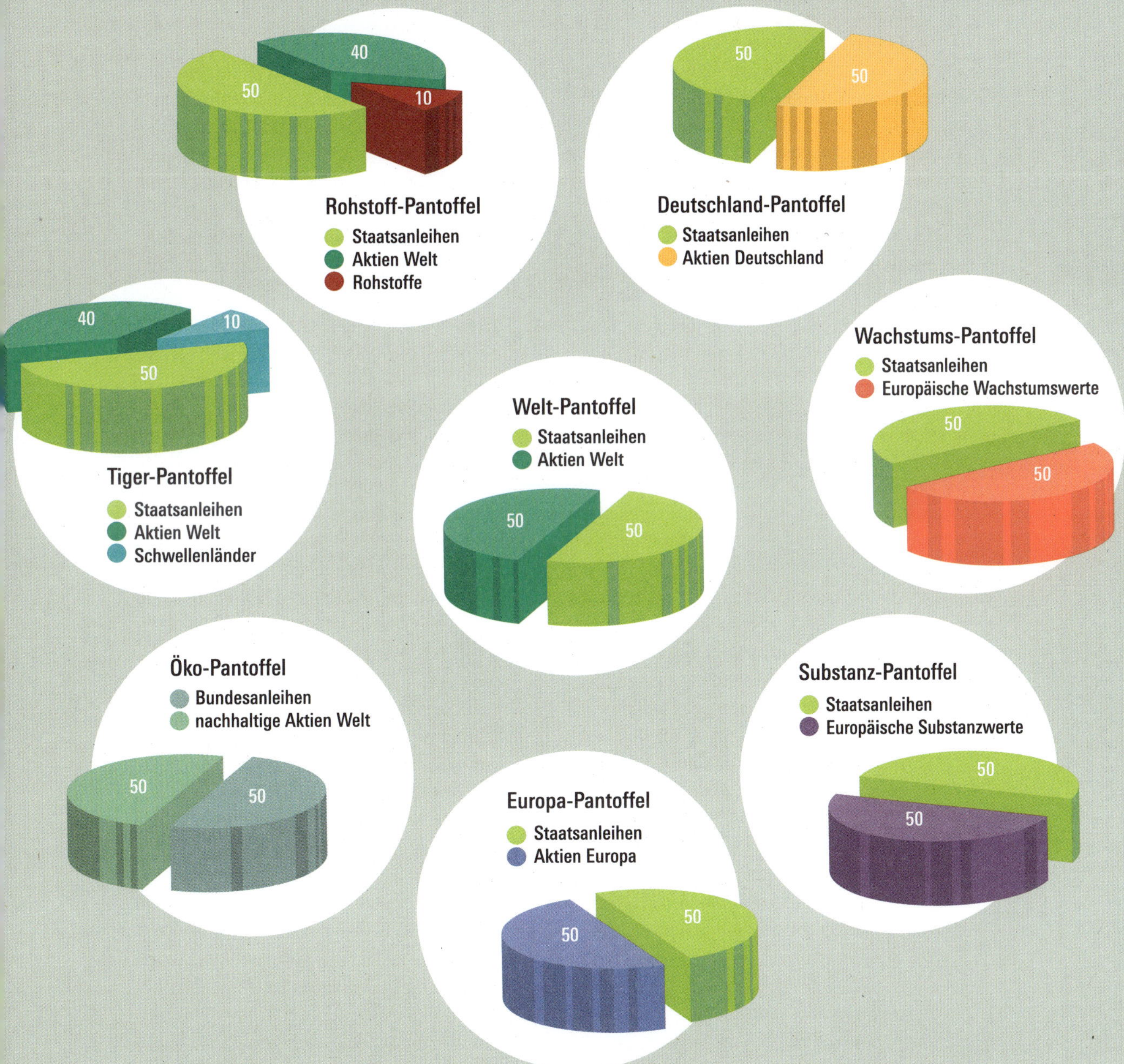

beim Tiger-Pantoffel, statt Schwellenländer-ETF kommt hier der Rohstoff-ETF zum Einsatz. Über den Rohstoff-ETF kaufen Anleger sich auch einen kleinen Anteil Gold ins Depot.

8 **Der Öko-Pantoffel:** Für Anleger, denen nachhaltige Aspekte wichtig sind, kommt das Öko-Pantoffel-Portfolio in Betracht. Für den nachhaltigen Weltaktienindex können sie zwischen dem Dow Jones Global Sustainability Screened Index wählen, bei dem Unternehmen aus den Bereichen Glücksspiel, Pornografie und Rüstung ausgeschlossen sind, und dem MSCI World Socially Responsible Index, der zusätzlich die Bereiche Agrar-Gentechnik, Atomkraft, Kinderarbeit und Menschenrechtsverletzungen ausschließt. Für den Rentenanteil gibt es keine expliziten Nachhaltigkeits-ETF. Behelfen können sich Anleger mit einem ETF auf Bundesanleihen. Diese werden auch von manchen aktiv gemanagten Ökorentenfonds gehalten – unter anderem wegen des Atomausstiegs Deutschlands. Oder Anleger müssen hier einen aktiv gemanagten Nachhaltigkeitsfonds wählen.

▶ Pantoffeln brauchen nur wenig Pflege

Zu viel Pflege macht Schuhwerk nicht schöner, bei zu wenig Pflege zerfleddert es irgendwann. Ungefähr so ist das auch mit den Pantoffel-Portfolios. Anleger sollten eingreifen, wenn die ursprüngliche Aufteilung nicht mehr stimmt – allerdings müssen sie nicht bei jeder kleinen Abweichung reagieren. Oft anpassen macht Arbeit und kostet Geld.

Die Experten der Stiftung Warentest haben verschiedene Modelle geprüft und festgestellt, dass die Anpassung nach einem Schwellenwert am bequemsten ist. Dabei fasst der Anleger sein Depot so lange nicht an, bis ein Fonds so stark gestiegen oder gefallen ist, dass sein Anteil im Depot eine bestimmte Schwelle überschritten hat. Die Schwelle ist erreicht, wenn der Fonds 20 Prozent von seinem gewünschten Gewicht abweicht.

Anleger müssen ihr Depot dazu aber nicht ständig im Auge behalten. Es genügt, wenn sie ihre Bestände einmal im Jahr überprüfen. Und zusätzlich dann, wenn die Berichte über die Aktienmärkte in den Medien besonders erschütternd oder euphorisch klingen. Dann könnte das Depot aus dem Gleichgewicht geraten sein.

Beispiel: Ein Anleger steckt 10 000 Euro in den Welt-Pantoffel und kauft je zur Hälfte Aktienfonds Welt und Rentenfonds Euro. Die Schwelle ist überschritten, wenn der Anteil eines Fonds über 60 Prozent steigt – oder unter 40 Prozent fällt. Angenommen, nach einem Jahr liegt der Rentenanteil bei 6 000 Euro, der Aktienanteil bei 7500 Euro. Das Depot ist dann 13 500 Euro wert. Der Anleger rechnet nun aus, wie viel der Aktienanteil am Gesamtdepot ausmacht. Dafür teilt er 7500 Euro durch 13 500 Euro. Heraus kommt 0,56 oder 56 Prozent. Das Depot kann so weiterlaufen.
Sollte nach zwei Jahren der Rentenanteil 6 100 Euro und der Aktienanteil 9 900 Euro betragen, sieht die Sache anders aus. Das Depot ist 16 000 Euro wert. Der Anleger teilt den Aktienanteil von 9 900 Euro durch den Depotwert von 16 000 Euro. Heraus kommt 0,62 oder 62 Prozent. Jetzt sollte er etwas tun. Bei hälftiger Aufteilung sollten je 8 000 Euro im Aktien- und im Rentenfonds liegen. Der Anleger verkauft Aktienfondsanteile im Wert von 1 900 Euro und kauft dafür Rentenfondsanteile.

Es ist kein Problem, wenn Anleger nicht sofort bemerken, dass die Gewichte der Fonds sich verschoben haben. Wichtig ist dennoch, sich zumindest ungefähr an die gewählte Anpassungsmethode zu halten. Gerade in fallenden Märkten könnte das dem einen oder anderen schwerfallen – wenn ein Fonds abgestürzt ist, möchte man nicht unbedingt nachkaufen. Doch unterm Strich hat sich ein solch antizyklisches Verhalten bisher meist ausgezahlt.

▸ **Ab welchen Anlagesummen sich ein Pantoffel-Portfolio lohnt**
Sie können mit Ihrem Pantoffel-Portfolio einfach loslegen. Wenn Sie aber die Kosten optimieren möchten, sollten Sie Folgendes beachten: Ab welcher Anlagesumme sich ein Pantoffel-Portfolio für Sie lohnt, hängt davon ab, bei welcher Bank Sie sind und welchen Pantoffel Sie wählen. Je höhere Mindestgebühren Ihre Bank verlangt, desto größer sollte Ihre Anlagesumme sein.

Beispiel: Berechnet Ihre Filialbank 1 Prozent Transaktionskosten, mindestens aber 25 Euro für jede Order, sollten Sie am besten mindestens 2 500 Euro investieren. Grund ist das Umschichten. Beim ausgewogenen Portfolio müssen Sie anpassen, wenn statt der 50:50-Mischung eine 60:40-Mischung erreicht ist. Sie schichten also 10 Prozent des Anlagebetrags um, im Beispiel 2 500 Euro. 1 Prozent von 2500 Euro sind 25 Euro – also genau die Mindestkosten.

Bei Direktbanken geht es deutlich preiswerter. Finden Sie eine günstige Bank, können Sie die Mindestanlage entsprechend senken. Am wenigsten Geld benötigen Sie, wenn Sie sich für die ausgewogenen Pantoffeln entscheiden, die nur zwei Fonds enthalten. Wenn Sie ein defensives oder ein offensives Pantoffel-Portfolio bauen, richtet sich das Umschichten nach dem Fonds mit dem geringsten Anteil. Genauso ist es bei einem Drei-Fonds-Pantoffel. Das heißt, die gesamten Anlagesummen werden entsprechend höher. Lassen Sie sich aber von den Zahlenbeispielen nicht verwirren oder abschrecken. Umschichtungen kommen beim Pantoffel sehr selten vor. Wenn Sie also zum Beispiel dreimal in zehn Jahren zu etwas höheren Gebühren umschichten, lohnt sich Ihr Investment immer noch.

▸ **Ein Video zum Pantoffel-Portfolio finden Sie unter youtu.be/FnqLLip-0WY. Und unter www.test.de/pantoffelrechner finden Sie einen Rechner, der Ihnen die Gewichtung Ihres Pantoffel-Portfolios erleichtert und Ihnen anzeigt, ob Sie umschichten sollten.**

Anlageideen mit aktiven Fonds

Wenn Ihnen die Chance auf eine Rendite oberhalb des Marktniveaus wichtig ist, können Sie versuchen, mit aktiv gemanagten Fonds den Markt zu schlagen.

ETF erzielen naturgemäß immer in etwa die Rendite des zugrunde liegenden Index. Es gibt verschiedene Strategien, mit denen Sie versuchen können, diese Marktrendite zu überbieten. Dazu müssen Sie gezielt aktiv gemanagte Fonds auswählen. Vor der Einzelfondsauswahl sollten Sie immer überlegen, wie Sie Ihr Geld auf sichere und chancenreiche Fondsgruppen aufteilen. Die Experten von Finanztest haben auf der Grundlage ihrer Fonds-Bewertung verschiedene Strategien für aktiv gemanagte Fonds entwickelt.

Marktnahe und -ferne Fonds

Die Marktorientierung eines aktiv gemanagten Fonds gibt Anlegern einen Hinweis auf den Anlagestil des Fondsmanagements. Ein marktnaher Fonds folgt den Vorgaben des Marktes,

Gut zu wissen

Bei der Streitfrage, ob aktives Fondsmanagement seine höheren Gebühren gegenüber der passiven Anlage bei ETF wert ist, ist von Befürwortern passiver Anlagestrategien in jüngster Zeit verstärkt die Kennzahl „Active Share" herangezogen worden. Sie soll ein Maß für das aktive Management eines Fonds sein. Bei dieser Kennzahl werden die jeweiligen Aktien im Portfolio des Fonds mit den Daten des Referenzindex verglichen. Eine große Schnittmenge drückt sich durch einen geringen Active Share aus. Allerdings ist die Kennzahl Active Share insoweit irreführend, als sie nichts über den Aktivitätsgrad des Fondsmanagers aussagt, da sie nur misst, inwieweit ein Portfolio anders als die Benchmark zusammengesetzt ist. Sie sagt nichts darüber aus, wie häufig der Manager die Portfoliozusammensetzung ändert. So würde beispielsweise ein indexfernes Portfolio, das der Fondsmanager über Jahre unverändert lässt, ein hohes Active Share ausweisen, obwohl der Manager überhaupt nicht aktiv gehandelt hat.

in dem er laut seinen Anlagerichtlinien investieren darf, relativ eng, orientiert sich also stark am zugrunde liegenden Vergleichsindex. Das Auf und Ab des Marktes spiegelt sich weitgehend in der Wertentwicklung des Fonds wider. Gute marktnahe Fonds schaffen es aber über Jahre, zumindest leicht besser als ihr Vergleichsindex zu sein. Das erreichen sie zum Beispiel dadurch, dass sie bestimmte im Vergleichsindex enthaltene Werte über- oder untergewichten. Oder sie nutzen spezielle Timing-Strategien – kaufen und verkaufen also zu bestimmten Börsenphasen –, um den breiten Markt zu schlagen.

Manager marktferner Fonds versuchen hingegen, unabhängig von einem Vergleichsindex die besten Werte für ihren Fonds zu finden. Die Ergebnisse dieser Fonds können deutlich von denen marktnaher Fonds abweichen – sowohl in positiver als auch in negativer Hinsicht. Ihr Erfolg ist schwerer berechenbar als der von sehr marktnahen Fonds.

Bei marktfernen Fonds vertrauen Anleger darauf, dass der Fondsmanager Trends richtig erkennt und entsprechend anlegt. Sie müssen hier noch mehr die Erfolge in der Vergangenheit als Hinweis auf die Kompetenz des Fondsmanagements mitberücksichtigen. Liegt es mit seinen Einschätzungen richtig, ist es durchaus möglich, dass der Fonds längerfristig eine Überrendite gegenüber marktnahen Fonds erzielen kann, auch wenn es dabei zu kurzzeitigen Durchhängern kommt. Gerade bei den marktfernen Fonds sollten Sie ein besonderes Augenmerk darauf haben, wie sich der Fonds entwickelt, wenn es zu personellen Änderungen im Fondsmanagement kommt. Denn der Erfolg eines marktfernen Fonds hängt häufig erheblich vom Geschick des jeweiligen Fondsmanagers ab.

Fonds, die anders als der Markt investieren, können auch (weit) schlechter als dieser abschneiden.

Finanztest weist die Marktorientierung von ausgewählten Fonds im Serviceteil der Zeitschrift aus und ausführlich in der Fondsdatenbank (www.test.de/fonds). Sie wird in Relation zum jeweiligen Referenzindex berechnet. Einen Wert von 100 Prozent haben in der Regel ETF auf den Referenzindex. Je geringer der Prozentsatz der Marktorientierung eines gemanagten Fonds ist, desto marktferner legt der Fondsmanager an, verfolgt also mehr eigene Ideen und Strategien.

Für die Anlageidee „marktnah" suchen sich Anleger aus der Fondsdatenbank die drei am besten bewerteten Fonds mit der höchsten Marktnähe. Die Strategie ähnelt dem Konzept, einen marktbreiten ETF zu kaufen. Da das aktive Management aber höhere Gebühren kostet, vertrauen Anleger bei dieser Strategie darauf, dass das Management dennoch Überrenditen zum Vergleichsindex erzielt, die diese Mehrkosten zumindest wettmachen.

Bei der Anlageidee „marktfern" kaufen Anleger hingegen die drei Top-Fonds mit der geringsten Marktnähe. Dieser Strategie liegt die Idee zugrunde, dass nur Fonds, die anders als der Markt investieren, diesen übertreffen können. Dieser Gedanke ist natürlich richtig, aber Anleger müssen immer bedenken, dass er auch in die andere Richtung gilt: Fonds, die anders als der Markt investieren, können auch (weit) schlechter als dieser abschneiden.

Anlageideen „risikoarm" und „chancenreich"

Auch für die Anlageideen „risikoarm" und „chancenreich" finden Anleger die nötigen Informationen in der Datenbank von Finanztest unter www.test.de/fonds, und zwar in den Chance-Risiko-Diagrammen .

Bei der Anlageidee „risikoarm" suchen sich Anleger drei Fonds aus einer Anlagekategorie, die im Chance-Risiko-Diagramm am weitesten links stehen, die also die geringste Pechrendite ausweisen. Die Pechrendite ist ein Risikomaß. Je öfter und je stärker ein Fonds im fünfjährigen Untersuchungszeitraum im Minus lag, desto höher sein Risiko. Diese Strategie können Anleger auch mit ETF kombinieren. Sie können beispielsweise für ihr Aktiendepot als Basisinvestment einen marktbreiten, weltweiten Aktien-ETF auf den MSCI World Index kaufen und zur Beimischung die drei risikoärmsten aktiv gemanagten Welt-Fonds auswählen.

Die Anlageidee „chancenreich" setzt im Chance-Risiko-Diagramm von Finanztest bei den Fonds an, die sich dort ganz oben befinden, also die höchste Glücksrendite aufweisen. Die ➚ Glücksrendite ist ein Chancemaß. Je öfter und je stärker ein Fonds im fünfjährigen Untersuchungszeitraum im Plus lag, desto höher ist seine Chance. Da bei der Geldanlage hohe Renditechancen in der Regel mit höheren Verlustrisiken einhergehen, sollten sich Anleger des höheren Risikos dieser Strategie bewusst sein.

Einjahres- und Fünfjahressieger

Manche Experten empfehlen, auf die „Einjahressieger" zu setzen. Hinter dieser Anlageidee steht die Börsenweisheit „The trend is your friend", der Trend ist dein Freund. Wer dieser Idee folgt, kauft Fonds, die im Jahr zuvor die beste Rendite hatten. Diese Strategie ist nach der Analyse von Finanztest aber nicht empfehlenswert, denn möglicherweise war es nur Glück, dass der Fondsmanager die richtigen Aktien ausgewählt hat. Zudem kann es sein, dass er zu hohe Risiken eingegangen ist, die später zu hohen Verlusten führen können. Empfehlenswerter als auf Einjahressieger zu setzen wäre es aus Sicht von Finanztest, zumindest die Fünfjahres-Renditesieger zu wählen, da sich hier die Fondsmanager bereits über einen längeren Zeitraum „empfohlen" haben.

Aktiv-passiv-Strategien

Mit Fonds und ETF können Anleger auch komplexere Anlageideen umsetzen.

Oft gibt es bei Anlegern nur schwarz oder weiß: Entweder sie setzen ausschließlich auf ETF, weil die meisten Manager aktiver Fonds es nicht schaffen, langfristig den Marktdurchschnitt zu schlagen. Oder Anleger schwören auf gemanagte Fonds, mit denen sie immerhin die Chance auf höhere Renditen haben, und akzeptieren das Risiko, schlechter als der Markt abschneiden zu können. Aber es gibt bei der Geldanlage auch Zwischentöne. Sie können auch ein Depot aus ETF und aktiv gemanagten Fonds aufbauen.

Die 70/30-Strategie

Die 70/30-Strategie sieht zum Beispiel so aus: Das Kernstück des Aktienanteils im Depot bildet ein marktbreiter ETF, etwa auf den Index MSCI World. Außerdem kaufen Anleger für jeweils 10 Prozent ihres Geldes drei gemanagte Fonds, die sie beispielsweise nach den Strategien „marktnah/marktfern" oder „risikoarm/chancenreich" auswählen. Solche Mix-Depots eignen sich vor allem für Anleger mit zumindest fünfstelligen Anlagesummen. Sind die Anlagesummen geringer, schlagen ansonsten die Kauf- und Verkaufskosten übermäßig zu Buche.

Der Core-Satellite-Ansatz

Ein ähnlicher Ansatz ist die Core-Satellite-Strategie. Dabei wird das Depot in eine breit gestreute Kerninvestition („Core") aufgeteilt, die von mehreren Einzelinvestitionen („Satellites") umgeben ist. Im Kern des Depots befinden sich ETF, die den Großteil des Anlagevermögens ausmachen und dafür sorgen, dass die Wertentwicklung zuverlässig an die Märkte gekoppelt ist. Hier bieten sich beispielsweise ETF auf den MSCI World oder auf den MSCI Europe an.

Die Satelliten-Anlagen stellen hingegen nur einen geringen Anteil des Gesamtportfolios dar. Sie sollen für einen Renditeschub sorgen und das i-Tüpfelchen der Strategie bilden. Das Verhältnis Core zu Satellite kann ungefähr 80 zu 20 betragen. Bei den Satelliten können Anleger ihre eigenen Präferenzen und Kenntnisse einbringen: Sie können zum Beispiel mithilfe aktiv gemanagter Fonds Anlageregionen oder Managementstile einbringen, die sich mit ETF nicht so gut darstellen lassen. Beispielsweise können gute gemanagte Schwellenländerfonds gezielt Aktien von kleineren, wachstumsstarken Unternehmen auswählen, die in den marktbreiten Schwellenländer-ETF noch nicht vertreten sind. Auch spezielle Stockpicking-Strategien, bei denen Fondsmanager gezielt nach günstigen „Perlen" suchen, könnten die Satellites bilden. Sie sind mit ETF nicht umsetzbar.

Selbstverständlich können Sie auch selbst die Satelliten auswählen: Vielleicht kennen Sie sich aufgrund Ihres Berufes in bestimmten Branchen besonders gut aus und kennen vielversprechende Einzelaktien, Anleihen oder auch Rohstoffe, die sich als Satelliten-Anlage eignen? Oder Sie haben einen besonderen Bezug zu einem Land und möchten dieses daher stärker bei Ihren Anlagen vertreten haben. Auch Themen wie Erneuerbare Energien, Wasser oder sogenannte disruptive Innovationen, also Innovationen, die einen neuen Markt generieren und alte Märkte in Frage stellen (zum Beispiel Elektro-Automobile), bieten sich als Satelliten-Anlagen an.

Der Core-Satellite-Ansatz

Beim Core-Satellite-Ansatz versuchen Anleger den Erfolg ihrer Basisanlagen durch Beimischen spezieller Anlageideen aufzupeppen.

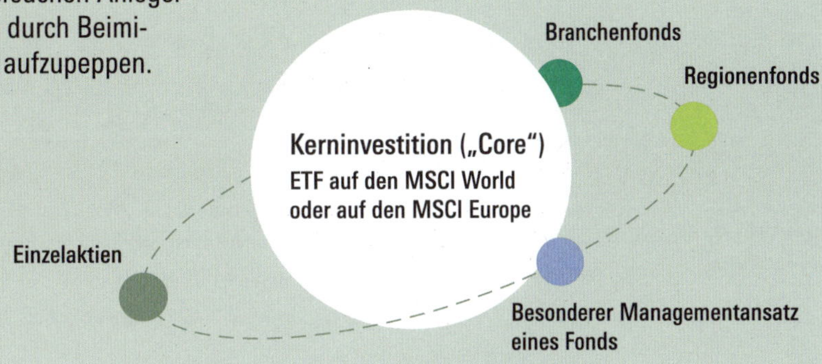

Dividendenstrategie

Unternehmen, die stetig eine hohe Dividende an ihre Eigentümer zahlen, sind oft sehr solide. Mit Dividendenfonds partizipieren Anleger an deren Wertentwicklungen und Ausschüttungen.

Sogenannte Dividendenfonds investieren gezielt in Aktien von Unternehmen, die konstante und hohe Dividendenzahlungen erwarten lassen. Ein Aspekt dabei ist, dass verlässliche Dividendenzahlungen als Qualitätsausweis für solide Aktiengesellschaften gelten, die bereits über mehrere Jahre profitabel arbeiten.

Die Dividendenrendite

Die Höhe der Dividende im Verhältnis zum aktuellen Börsenkurs ergibt eine der wichtigsten Kennzahlen bei der Auswahl von Dividendentiteln: die Dividendenrendite. Schüttet ein Unternehmen zum Beispiel 0,90 Euro bei einem Börsenkurs von 30 Euro aus, beträgt die Dividendenrendite 3 Prozent.

Dividendenfonds gibt es sowohl als aktiv gemanagte Fonds als auch als ETF. Die ETF werden auf verschiedene Indizes angeboten. Bei den meisten Indizes und aktiv gemanagten Fonds ist die Dividendenrendite nicht das einzige Auswahlkriterium. Wichtig ist auch, dass die im Index vertretenen Unternehmen die Dividenden regelmäßig und möglichst in steigender Höhe über mehrere Jahre zahlen. Darauf legen beispielsweise die Indexanbieter MSCI und Stoxx Wert. Nur Aktiengesellschaften, die ihre Dividende über mindestens fünf Jahre erhöhten, haben gute Aussichten, in ihre Indizes zu kommen. Manche Indizes und Fondsmanager berücksichtigen auch, wie eine Dividende finanziert wird, und schließen Unternehmen aus, die die Dividende mangels ausreichender Gewinne aus der Firmensubstanz entnehmen.

Ein zusätzlicher – auf den ersten Blick widersinniger – Filter kann sein, Unternehmen mit besonders hohen Dividendenrenditen nicht in einen Fonds aufzunehmen. Doch der Hintergrund erschließt sich, wenn man sich

Dividendenindizes

Index	Region/Land	Titel	Basisindex (Titel)
Stoxx Global Select Dividend 100	Welt	100	Stoxx Global (1800)
MSCI Europe High Dividende Yield	Europa	ca. 70	MSCI Europe (rund 440)
Stoxx Europe Select Dividend 30	Europa	30	Stoxx Europe (600)
MSCI EMU High Dividend Yield	Euroland	ca. 35	MSCI EMU (ca. 240)
Euro Stoxx Select Dividend 30	Euroland	30	Euro Stoxx (ca. 300)
DaxPlus Maximum Dividend	Deutschland	20	Hdax (110)
DivDax	Deutschland	15	Dax (30)
Dow Jones US Select Dividend	USA	100	Dow Jones US (ca. 1 260)
Dow Jones Asia/Pacific Select Dividend 30	Asien/Pazifik	30	Aktien der 5 Dow Jones Indizes für Australien, Hong Kong, Japan, Neuseeland, Singapur

die Formel für die Berechnung der Dividendenrendite klarmacht: „im letzten Jahr gezahlte Dividende geteilt durch den aktuellen Börsenkurs". Daraus folgt, dass Unternehmen, deren Börsenkurs abgestürzt ist, höhere Dividendenrenditen ausweisen. Fällt in unserem Beispiel der Börsenkurs des Unternehmens auf 20 Euro, erhöht sich die Dividendenrendite auf (0,90 Euro : 20 Euro =) 4,5 Prozent, obwohl das Unternehmen zukünftig womöglich eine geringere oder sogar keine Dividende mehr zahlen kann.

Nur als Ergänzung geeignet

Dividenden tragen einen erheblichen Teil zu den Erträgen von Aktien bei. Seit Ende des Jahres 1969 stammt beim Weltaktienindex MSCI World mehr als ein Drittel des Wertzuwachses aus Dividenden, der Rest aus Kurssteigerungen. Der naheliegende Schluss, nur auf dividendenstarke Aktien zu setzen, greift dennoch zu kurz. Anleger erhalten auf diese Weise ein einseitiges Depot, in dem sich bestimmte Branchen und Länder ballen.

Dividendenfonds sind deshalb kein vollwertiger Ersatz für klassische Aktien- oder Indexfonds Welt, sondern nur eine Ergänzung für ein breit aufgestelltes Fondsdepot. Was für globale Dividendenindizes gilt, trifft auf regionale noch stärker zu. Der deutsche Dividendenindex DivDax halbiert die ohnehin nur mäßige Streuung des Dax von 30 auf 15 Werte, wodurch sich eine geringere Risikostreuung ergibt.

Manche Anleger sehen Dividendenfonds als eine Art Allheilmittel in Zeiten niedriger Zinsen. Vor dieser Einschätzung warnen wir jedoch ausdrücklich. Trotz häufig verlockend hoher Dividenden sind Dividendenfonds keine Alternative zu sicheren Zinsanlagen wie etwa Festgeldern. Sie eignen sich für erfahrene Anleger, die das Geld langfristig entbehren und Verluste verschmerzen können.

Auf eine breite Streuung achten

Bevorzugen Sie international und europäisch anlegende Dividendenfonds. Sie bieten eine breitere Risikostreuung und haben mehr Auswahlkriterien als die Fonds auf deutsche Dividendenindizes.

Ein regelmäßiger Check ist wichtig

Untersuchungen von Finanztest haben gezeigt, dass die Qualität gemanagter Fonds häufig nachlassen kann. Sie benötigen deshalb mehr Pflege als ETF.

Anleger sollten ihre gemanagten Fonds regelmäßig prüfen. Denn häufig können sie ihre Qualität nicht halten. So konnten beispielsweise nur 70 Prozent der Aktienfonds Europa, die zu einem Stichtag die höchste Bewertung aufwiesen, diese noch nach einem Jahr halten. Bei Weltfonds waren es nur rund 50 Prozent. Bei den am schlechtesten bewerteten Fonds war das Rating hingegen stabiler. Nach einem Jahr sahen 86 Prozent der Europafonds und 74 Prozent der Weltfonds nicht besser aus oder sie wurden nicht mehr bewertet, weil sie zu klein, mit anderen Fonds verschmolzen oder aufgelöst wurden.

So prüfen Sie Ihre Fonds

Empfehlenswert ist, dass Sie ein- bis zweimal im Jahr schauen, ob der einst von Ihnen gekaufte Top-Fonds immer noch zu den erfolgreichen gehört. So gehen Sie dabei vor:

1. Überprüfen Sie zunächst, ob Ihr Mix aus sicheren Zinsanlagen und aktienbasierten Investments noch zu Ihrer Risikoeinstellung passt. Vielleicht hat sich Ihre Lebenssituation verändert und macht eine Neugewichtung erforderlich. Ist beispielsweise absehbar, dass Sie in naher Zukunft auf eine feste Geldsumme oder regelmäßige Erträge angewiesen sind, kann eine Reduzierung der Aktienquote geboten sein.
2. Prüfen Sie weiter, ob Sie auch breit streuende Fonds wie Aktienfonds Welt als Fundament Ihrer Aktienfondsanlagen besitzen. Länder- und Branchenfonds allein bringen oft keine ausreichende Risikostreuung und sind nur zur Beimischung geeignet.
3. Stimmt die grundsätzliche Gewichtung, können Sie ans Prüfen der konkreten Fonds gehen. Gehen Sie entsprechend der ➚ Grafik „Check in fünf Schritten" vor und nutzen Sie die Fondsdatenbank der Stiftung Warentest (www.test.de/fonds) zur Beurteilung Ihrer Fonds.

Siehe Grafik „Check in fünf Schritten" auf S. 276.

Besteht Ihr Depot aus einem oder mehreren marktbreiten ETF, die in der Fondsdatenbank oder in den monatlich erscheinenden Finanztest-Ausgaben als „dauerhaft gut" beurteilt werden, müssen Sie nicht weiter aktiv werden. Bei diesen ETF ändert sich die Qualität grundsätzlich nicht. Sie bilden einfach ihren Index nach.

Bei aktiv gemanagten Fonds oder nicht marktbreiten ETF geben Sie Isin in das Suchfeld der Fondsdatenbank ein, um sie zu überprüfen. Kontrollieren Sie dann, ob der Fonds eine Finanztest-Bewertung hat. Voraussetzung einer Bewertung ist, dass der Fonds bestimmte ➚ Mindestkriterien erfüllt. Dazu gehört beispielsweise, dass er mindestens fünf Jahre am Markt ist und sein Fondsvolumen nicht kleiner als 50 Millionen Euro ist. Bei Fonds, die nicht bewertet sind, sollten Sie prüfen, ob diese im Vergleich zu ihrer Benchmark eine zumindest vergleichbare Wertentwicklung erreicht haben. Ansonsten ziehen Sie einen Wechsel in Betracht.

Mehr zu den Finanztest-Kriterien siehe S. 252.

Bei Fonds mit einer Bewertung können Sie zunächst prüfen, ob Sie der Anlagestrategie des Fonds weiterhin folgen. Informationen dazu finden Sie in der Fondsdatenbank unter

Check in fünf Schritten: Wie gut ist mein Fonds?

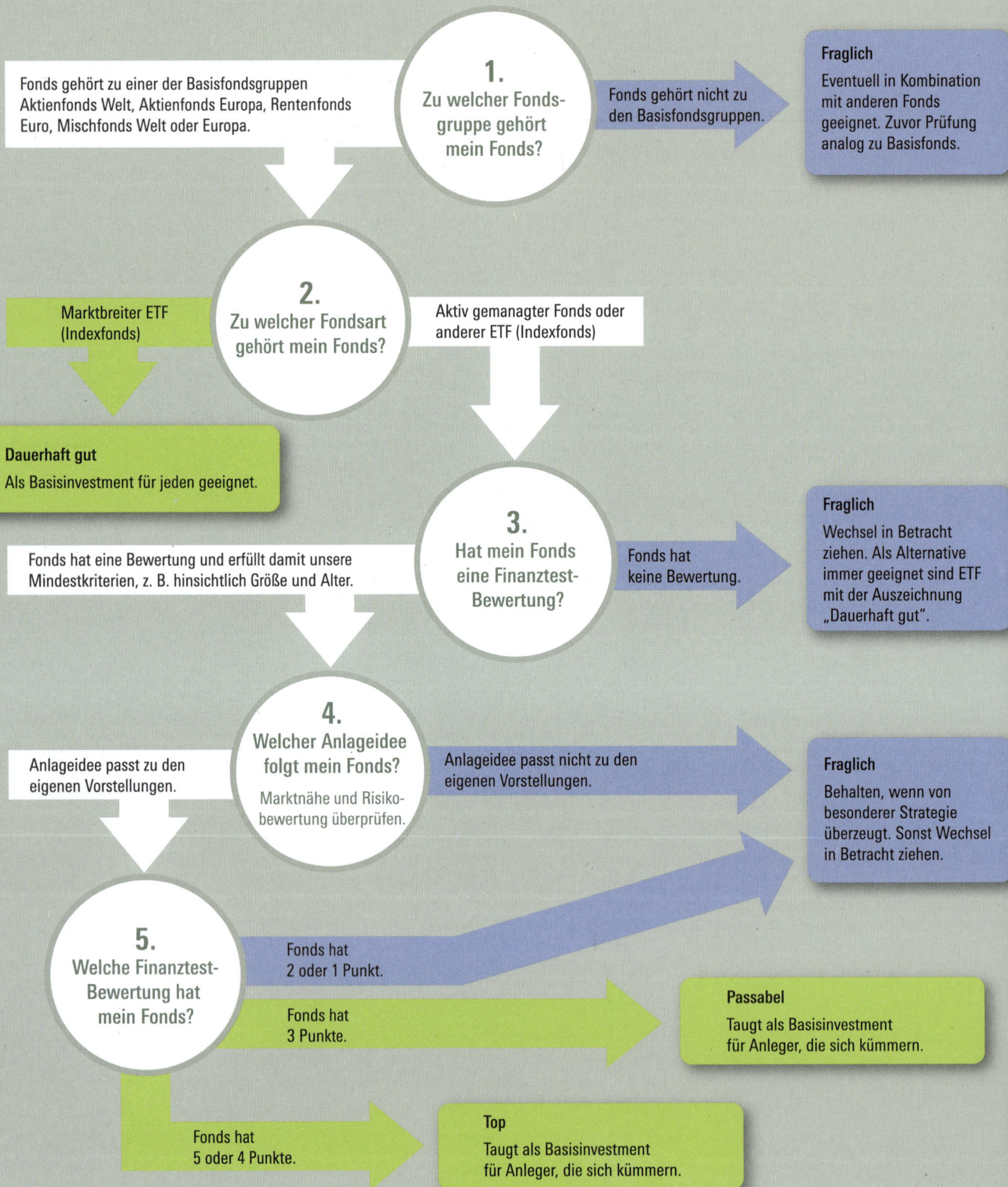

dem Punkt „Strategiebeschreibung". Das Chance-Risiko-Profil sowie die Marktnähe des Fonds helfen Ihnen bei der Risikoeinschätzung Ihres Fonds.

Ist der Fonds in der Finanztest-Bewertung mit vier oder fünf Punkten ausgezeichnet, müssen Sie nicht tätig werden. Fünf Punkte erhalten Fonds, die ein deutlich besseres Chance-Risiko-Maß als der Referenzindex der Fondsgruppe haben. Mit vier Punkten bewertete Fonds haben einen mit dem Referenzindex vergleichbaren Wert. Fonds mit drei Punkten sind durchschnittlich, Sie sollten sie weiterhin bei Ihren regelmäßigen Checks beobachten. Rutschen diese weiter ab und bekommen nur noch zwei oder einen Punkt, wird es Zeit, an einen Verkauf zu denken. Behalten Sie diese Fonds nur, wenn Sie von ihrer Strategie weiterhin überzeugt sind. Dann ist es aber auch besonders wichtig, solche Fonds regelmäßig zu überprüfen.

Wenn Ihnen die regelmäßige Überprüfung von gemanagten Fonds zu viel Aufwand ist, sollten Sie in marktbreite ETF umschichten.

Sie können Ihre Fonds im „Fondsbeobachter" der Fondsdatenbank abspeichern. Das erleichtert Ihnen die regelmäßige Überprüfung. Auch können Sie interessante Fonds oder ETF, die Sie selbst nicht besitzen, hier abspeichern. Dann können Sie diese regelmäßig mit Ihren Fonds vergleichen.

Lieber rechtzeitig verkaufen

Scheuen Sie nicht davor zurück, Fonds zu verkaufen, die schlechte Leistungen bringen. Viele Anleger machen den Fehler, aus Angst vor Verlusten so lange an einem Fonds festzuhalten, bis sie ihren Einstandspreis wieder erreicht haben. Mit besseren Fonds wäre dieses Ziel aber viel schneller erreicht.

Wenn Ihnen die regelmäßige Überprüfung von gemanagten Fonds zu viel Aufwand ist, sollten Sie in marktbreite ETF umschichten. Bei diesen erzielen Sie immer die Rendite des Index. Nicht mehr, aber auch nicht weniger.

Immobilien

Die richtige Immobilie finden

Immobilien gelten als krisensichere und wertbeständige Anlagen. Das stimmt aber nur dann, wenn Anleger die „richtige“ Immobilie finden und diese auch in ihr Gesamtportfolio passt.

Immobilien: Nichts für Bequeme

Die Investition in eine vermietete Immobilie bietet wie jede andere Kapitalanlage Chancen und Risiken. Damit sie langfristig zu einem wirtschaftlichen Erfolg wird, müssen Sie den Kauf jedoch deutlich besser planen als etwa den Erwerb festverzinslicher Wertpapiere.

„Betongold“, also Anlagen in Grund und Boden, das Eigenheim oder vermietete Immobilien, gilt als beständige Wertanlage. Es eignet sich grundsätzlich zur Risikostreuung des Gesamtvermögens. Anleger müssen allerdings immer differenzieren zwischen einer Immobilie zur Selbstnutzung (Eigenheim) und einer Immobilie, die als Kapitalanlage dienen soll. Bei einer selbstgenutzten Immobilie geht es vor allem ums Wohlfühlen, bei einer vermieteten Immobilie sollten hingegen immer die Renditechancen im Vordergrund stehen. Auch die Finanzierungsmöglichkeiten unterscheiden sich bei beiden Nutzungsarten erheblich. Steuerliche Gesichtspunkte spielen zudem nur bei vermieteten Objekten eine Rolle. Dazu gehört zum Beispiel die Möglichkeit, Schuldzinsen und Werbungskosten absetzen zu können. Anleger, die eine Immobilie als Kapitalanlage kaufen wollen, sollten daher nicht den Fehler machen, das jeweilige Objekt nur durch die Brille des Selbstnutzers zu sehen. Entscheidend ist die Eignung als Kapitalanlage, und dabei zählen vor allem Zahlen und Fakten.

In diesem Buch geht es nur um vermietete Immobilien, die ausschließlich als Kapitalanlage gedacht sind. Wer sich den Traum vom eigenen Haus oder der eigenen Wohnung erfüllen möchte, benötigt andere Informationen. Bei der Stiftung Warentest sind zahlreiche Ratgeber für Eigenheimbesitzer und solche, die es werden möchten, erschienen – neben einem Ratgeber zur Immobilienfinanzierung beispielsweise das „Bauherren-Handbuch" oder das „Handbuch Eigentumswohnung". Sie finden sie unter www.test.de/shop und im Buchhandel.

Wie viel Immobilie kann ich mir leisten?

Eine Einzelimmobilie bindet viel Kapital. Daher kommt diese Anlageform nur für vermögende Anleger infrage. Andernfalls bleibt zu wenig Raum für eine breite Streuung des Vermögens in unterschiedliche Anlageformen.

Auch erfordert der Kauf einer Immobilie einen hohen Kapitalaufwand. Daher wird sie zumeist zumindest teilweise über Darlehen finanziert, was auch steuerlich sinnvoll sein kann. Eigenkapital und Fremdfinanzierung geben somit den Rahmen vor, innerhalb dessen Anleger nach konkreten Investitionen Ausschau halten können. Anleger, die den umgekehrten Weg gehen, also zuerst eine bestimmte Immobilie suchen und dann nach der Finanzierbarkeit fragen, machen oft mehrere Fehler: Sie müssen waghalsige Finanzierungen eingehen, um den Kaufpreis noch zahlen zu können, und ihre Immobilienquote ist durch den Kauf viel zu hoch im Verhältnis zum Gesamtanlagevermögen.

Als Faustregel gilt, dass Ihr Eigenkapitalanteil bei einer Immobilieninvestition mindestens 20 Prozent zuzüglich Nebenkosten (wie Notar, Grunderwerbsteuer, Makler), also rund 30 Prozent betragen sollte. Das bedeutet, dass Sie mit einer Summe von 60 000 Euro einen Immobilienkauf von rund 200 000 Euro finanzieren könnten. Natürlich müssen Sie sich auch die laufenden Kosten wie Darlehenszinsen und Instandhaltung leisten können. Im Idealfall werden diese Kosten durch die Mieteinnahmen der Immobilie gedeckt. Ob Sie noch weiteres Geld zuschießen müssen – und wenn ja, bis zu welchen Beträgen sich das noch lohnt –, ermitteln Sie später im Rahmen der Objektanalyse, wenn Sie ein konkretes Objekt

Zur Streuung des Vermögens siehe „Nicht alle Eier in einen Korb", S. 15.

VERMIETETE IMMOBILIE

Geeignet für langfristig denkende Anleger mit größerem Vermögen, die Zeit investieren können.

PRO

Eine vermietete Immobilie ist ein Sachwert, der zur Risikostreuung des Gesamtvermögens, insbesondere auch gegen Inflationsgefahren, beitragen kann. Eine vernünftig kalkulierte Immobilie bietet langfristige Renditechancen.

CONTRA

Immobilien lassen sich nicht jederzeit schnell wieder zu Geld machen, sind also eine relativ unflexible Anlageform. Der Aufwand für den Kauf und die Verwaltung ist meist erheblich höher als für andere Geldanlagen.

gefunden haben. Im ersten Schritt geht es darum festzustellen, in welchem Preisbereich Sie nach Immobilien suchen sollten.

Vergessen Sie dabei aber nicht, dass die Investitionshöhe für die Immobilie in Ihr Gesamtvermögen passen muss.

Beispiel: Sie kaufen eine Immobilie im Wert von 200 000 Euro (ohne Berücksichtigung der Darlehenshöhe). Ihr sonstiges Anlagevermögen (festverzinsliche Anlagen und Aktien) beträgt 100 000 Euro. Das wäre eine Immobilienquote von 67 Prozent (200 000 Euro : 300 000 Euro).

Zur Risikoeinstellung siehe „Welche Anlagen für welchen Anlegertyp?", S. 21.

Eine solche Immobilienquote im Gesamtvermögen ist sehr hoch. Passt dies nicht zu Ihrer persönlichen Anlagementalität und Risikoeinstellung, sollten Sie einen Teil Ihrer Anlagesumme in andere Anlageklassen (zum Beispiel Festverzinsliche oder Aktien) investieren und nach einer kleineren Immobilie Ausschau halten.

Mehr zu offenen Immobilienfonds siehe S. 239.

Können oder wollen Sie nicht so viel Geld in eine Immobilie stecken, sind offene Immobilienfonds eine Alternative. Offene Immobilienfonds investieren in viele verschiedene Gewerbeimmobilien im In- und Ausland, in Bürohäuser, Einkaufszentren oder Hotels. Durch die Streuung ist das Risiko der Anlage recht gut verteilt. Diese Anlageform eignet sich aber nur zur Beimischung.

Daneben werden geschlossene Immobilienfonds als Möglichkeit der indirekten Immobilienanlage angeboten. Geschlossene Fonds setzen alles auf wenige oder gar eine einzige Gewerbeimmobilie. Das erhöht die Renditechancen, aber auch das Risiko. Anleger können während der gesamten Laufzeit – meist etliche Jahre – nicht an ihr Geld heran. Als Mitunternehmer haften sie für Verluste des Fonds, etwa wenn sich die gekaufte Immobilie als Fehlinvestition entpuppt. Schlimmstenfalls droht ihnen sogar der Totalverlust, weil die Fonds meist noch hohe Kredite tilgen müssen. Von dieser Anlageform rät die Stiftung Warentest grundsätzlich ab.

Was suchen Sie?

Nachdem Sie bestimmt haben, wie viel Immobilie Sie sich leisten können, sollten Sie überlegen, wie Ihr Immobilienengagement im Einzelnen aussehen soll.

Zunächst lässt sich zwischen Wohn- und Gewerbeimmobilien unterscheiden:

- Gewerbeimmobilien sind Immobilien, die ganz oder überwiegend für das produzierende Gewerbe oder für Dienstleistungsunternehmen genutzt werden. Hierzu zählen beispielsweise Lagerhallen, Einkaufszentren, Supermärkte, Ladengeschäfte, Büroimmobilien oder Spezialimmobilien wie Tankstellen oder Bahnhöfe. Die Bewertung, Finanzierung und Verwaltung von Gewerbeimmobilien erfordern spezielle Fachkenntnisse und eignen sich daher meist nicht für Privatanleger.
- Bei den Wohnimmobilien haben Sie die Wahl zwischen vermieteten Eigentumswohnungen, Ein- und Mehrfamilienhäusern, reinen Mietwohnhäusern und Wohn- und Geschäftshäusern. Mietwohnhäuser (auch Miet- oder Zinshäuser genannt) erfordern hohe Anlagesummen. Für „Normalanleger" kommen vor allem Eigentumswohnungen als Anlageobjekte in Betracht. Je nach Lage, Wohnfläche und Ausstattung lassen sich hier schon Objekte ab einer mittleren fünfstelligen Anlagesumme finden.

Die nächste Frage, die sich Kapitalanleger, die in Immobilien investieren möchten, stellen können, ist, ob sie eine Neubau- oder eine Bestandsimmobilie erwerben möchten. Beide Immobilienarten haben ihre Vor- und Nachteile. Käufer müssen überlegen, was ihnen wichtig ist.

Die Neubauwohnung wird oft von einem Bauträger angeboten und verkauft, bevor der erste Spatenstich erfolgt. Man spricht hier von projektierten oder im Bau befindlichen Wohnungen. Der Bauträger entwickelt die Wohnung in der Regel vom Kauf des Grundstücks bis zur Fertigstellung und schlüsselfertigen

Übergabe an den Käufer. Bestimmte Änderungs- und Ausstattungswünsche des Käufers können während der Bauphase noch berücksichtigt werden. Trotz gesetzlicher Schutzvorschriften bestehen für Käufer gewisse Risiken, soweit sie finanziell gegenüber dem Bauträger in Vorleistung gehen. Die Hauptrisiken sind, dass der Bauträger Insolvenz anmeldet und sie nicht die gewünschten Leistungen erhalten oder der geplante Fertigstellungstermin nicht eingehalten wird. Anleger sollten daher nur mit renommierten und bonitätsstarken Bauträgern Verträge abschließen.

Neubauwohnungen werden mitunter auch erst nach Fertigstellung verkauft. Hat der Käufer dann noch Änderungswünsche, muss er diese in der Regel selbst veranlassen und gesondert bezahlen.

Der Vorteil von Neubauwohnungen ist natürlich, dass diese nach dem neuesten Stand der Technik gebaut sind. Probleme kann es hier neben der pünktlichen Fertigstellung vor allem mit der Beseitigung von Baumängeln und der Erfüllung von Gewährleistungsansprüchen geben.

Bestandsimmobilien zeigen aufgrund ihres Alters meist gewisse Abnutzungserscheinungen. Altbauten weisen zudem häufig die typischen Schwächen ihrer Entstehungszeit bezüglich Konstruktion, Material und äußerem Erscheinungsbild auf. Energiewerte neuesten Standards lassen sich für Altbauwohnungen oft nicht mehr oder nur nach aufwändigen Sanierungen erreichen. Der Zustand der Bausubstanz lässt sich für Laien bei einer Besichtigung nicht erkennen.

Für Bestandsimmobilien spricht hingegen oft ihre Lage. Diese Objekte findet man häufiger in innerstädtischen Wohngebieten und Zentrumslagen, während Neubau-Eigentumswohnungen oft in neuen und abgelegeneren Vierteln entstehen. Käufer können die Umgebung und Bewohnerstruktur von Bestandsimmobilien vorab prüfen. Bei einer noch nicht fertiggestellten Wohnung auf der „grünen Wiese“ werden sich diese Faktoren erst in der Zukunft entwickeln. Auch sind Bestandswohnungen in der Regel günstiger als Neubauwohnungen in vergleichbarer Lage. Hier müssen potenzielle Käufer dann die noch erforderlichen Modernisierungskosten mit in ihre Überlegungen einbeziehen.

30 SEKUNDEN FAKTEN

96 %

aller Deutschen stimmen nach einer Umfrage des Baufinanzierers Interhyp zu, dass ein Heim, in dem man sich wohlfühlt, zu den wichtigsten Voraussetzungen für ein glückliches Leben gehört. Nur die Gesundheit wurde mit 99 % noch wichtiger eingeschätzt.

69 %

nannten „Behaglichkeit“ als wichtig für die Traumwohnung.

57 %

fanden Lage und Umgebung besonders wichtig.

78 %

aller Mieter wollen irgendwann in ihre eigene Immobilie ziehen.

Risiken einer Immobilienanlage

Schon diese ersten Vorüberlegungen zu einer Immobilienanlage zeigen, dass sie nichts für

Bequeme ist. Der Aufwand für die Suche, Finanzierung, Verwaltung und Vermietung ist – zumindest anfangs – hoch. Wenn ein guter Mieter gefunden wurde, der pünktlich zahlt, und ein professioneller Hausverwalter die Immobilie verwaltet, in der die Wohnung liegt, ist der Aufwand jedoch überschaubar. Bedenken sollten Sie allerdings: Anders als Wertpapiere lässt sich eine Immobilie meist nicht kurzfristig verkaufen. Wie jede Kapitalanlage birgt eine Immobilie Risiken, derer Sie sich bewusst sein sollten.

Spezifische Risiken einer Immobilieninvestition sind:

- **Objektwertänderungs- und Bewertungsrisiko:** Es gibt zahlreiche äußere Einflüsse, die sich eventuell in der Zukunft negativ auf den Wert der Immobilie auswirken könnten. Das Paradebeispiel ist die neugebaute Straße, die zu erheblichen Lärmbelästigungen und damit Wertminderungen führt. Auch kann es sein, dass der jetzige Käufer von zu optimistischen Bewertungsparametern (wie zukünftiger Wertsteigerung, Inflation, Wirtschaftsentwicklung) ausgegangen ist und daher bei einem späteren Verkauf nicht mehr den gewünschten Verkaufserlös erzielen kann. Vorsichtige Kapitalanleger sollten eine mögliche Wertsteigerung nicht einrechnen oder diese nur sehr moderat mit durchschnittlich 0,5 bis 1 Prozent pro Jahr kalkulieren.
- **Ertragsausfallrisiko:** Findet der Vermieter längere Zeit keine Mieter oder muss er bei der Miete erhebliche Abschläge gewähren, um die Immobilie vermieten zu können, kann dies die Rendite erheblich verschlechtern. Das zur Finanzierung aufgenommene Darlehen muss der Anleger auch bedienen, wenn die Immobilie keine oder weniger als die geplanten Einnahmen bringt.
- **Entwicklung der Mietpreise:** In der Vergangenheit war es zwar häufig so, dass die Mietpreise im Durchschnitt ähnlich wie die allgemeine Preissteigerung (Inflation) gestiegen sind, eine Garantie dafür gibt es aber nicht.
- **Refinanzierungsrisiko:** Die Zinsen für die Immobilienfinanzierung können nach Ablauf der Zinsbindung deutlich über dem jetzigen Zinsniveau liegen. Das kann die Finanzierung dann erheblich verteuern.
- **Rechtsänderungsrisiko:** Rechtliche Rahmenbedingungen können sich ändern. Dies kann zum Beispiel das Mietrecht und damit die Vermietbarkeit der Wohnung betreffen. Vor allem aber steuerliche Änderungen können die Renditeerwartungen beeinflussen. Das könnte zum Beispiel bei einer Änderung der Absetzbarkeit von Werbungskosten, der Abschreibungsmöglichkeiten oder der Besteuerung von Veräußerungsgewinnen der Fall sein. Derzeit sind Veräußerungsgewinne nach einer Haltedauer von zehn Jahren steuerfrei.

Wer den Aufwand und die Risiken nicht scheut und entsprechend einkalkuliert, kann aber mit einer Immobilie zum Vermieten eine Anlagemöglichkeit finden, die sich insbesondere zur Streuung des Gesamtrisikos innerhalb eines großen Anlagevermögens eignet.

Spezifische Vorteile der Immobilie zum Vermieten sind:

- Sie bietet gute Renditechancen über einen langen Zeitraum.
- Die Finanzierung einer Immobilie ist derzeit aufgrund der niedrigen Zinsen sehr günstig möglich.
- Eine abbezahlte Immobilie bietet die Möglichkeit, durch regelmäßige monatliche Mieteinnahmen ein Zusatzeinkommen zu generieren.
- Eine Immobilie ist – anders als beispielsweise eine Festgeldanlage – ein Sachwert, also ein Anlagegut, das von Geldwertschwankungen weitgehend unabhängig ist und oft die Inflation im Wert kompensiert.

Wo soll die Immobilie liegen?

Der richtige Standort ist einer der wichtigsten Faktoren einer erfolgreichen Immobilieninvestition. Eine gründliche Recherche hilft bei der Konzentration auf aussichtsreiche Lagen.

Da sie „immobil" ist, sind die drei wichtigsten Entscheidungsfaktoren für eine Immobilie die Lage, die Lage und nochmals die Lage. So abgedroschen dieser Satz ist, so richtig ist er immer noch. Die Lage einer Immobilie ist nicht veränderbar, der Zustand oder die Ausstattung lassen sich hingegen meist durch entsprechende Ausbau- und Renovierungsmaßnahmen verbessern. Für Kapitalanleger ist entscheidend, die Immobilie zu einem Preis vermietet zu bekommen, der zumindest eine angemessene Rendite einbringt. Der Standort sollte daher so attraktiv sein, dass dort aktuell und zukünftig ausreichend solvente Mieter eine Wohnung suchen werden.

Der Makrostandort

Kapitalanleger müssen sich daher zunächst Gedanken über den gewünschten Makrostandort der Immobilie machen. Der Makrostandort ist das großräumige Verflechtungsgebiet (Stadt, Gemeinde, Region). Dabei sollten sie auf verschiedene Faktoren achten:

▸ Bevölkerungsstruktur und wirtschaftliche Rahmenbedingungen

In Gegenden, in denen (auch) zukünftig viele Menschen leben wollen, werden vermutlich weiterhin Wohnungen gesucht sein. Das lässt stabile oder steigende Mietpreise erwarten. Denn diese werden von Angebot und Nachfrage bestimmt. In zunehmend „verlassenen" Gegenden kann man kaum steigende Mieten durchsetzen, da potenzielle Mieter dort viele günstige Wohnungen zur Auswahl haben. In Deutschland zieht es die Menschen immer mehr in die Großstädte. Auch Bundesländer wie Bayern und Baden-Württemberg werden vermutlich weiterhin von einer positiven Bevölkerungsentwicklung profitieren. Das führt in strukturschwachen Räumen zu einer sinkenden Nachfrage nach Wohnraum.

Regelmäßig erscheinende Studien wie zum Beispiel vom Bundesinstitut für Bau-, Stadt- und Raumforschung geben Prognosen über die Entwicklung der Bevölkerung, der Zahl der Haushalte und des Wohnungsmarkts in den Regionen Deutschlands. Flexiblere Anleger, die nicht nur in der Nähe ihres Wohnortes nach Immobilien suchen, finden hier eine erste Orientierung, wo es erfolgversprechend sein könnte, genauer zu suchen. Häufig sind wachsende Städte sowie Universitätsstädte, die viele Studenten mit Wohnraum versorgen müssen, interessante Makrostandorte. Besonders

Gut zu wissen

Beobachten Sie den Markt. Ein gutes Gefühl für Angebot und Nachfrage in bestimmten Orten bekommen Sie, wenn Sie bei Immobilienportalen wie immobilienscout24.de oder immowelt.de sogenannte Suchagenten einrichten, mit denen Sie sich über genau definierte Objektangebote informieren lassen. Beobachten Sie eine Weile, wie lange Vermietungsangebote für Immobilien mit bestimmten Ausstattungsmerkmalen online sind und wie viele vergleichbare Konkurrenzangebote es am Ort gibt. Zu welchem Preis werden Mietobjekte (erfolgreich) angeboten?

gefährdet, immer größere Abwanderungen verkraften zu müssen, sind – bis auf wenige Ausnahmen wie Leipzig oder Dresden – vor allem Orte in den neuen Bundesländern. Selbst wenn hier die Kaufpreise wesentlich günstiger sind als in den meisten Regionen der alten Bundesländer, müssen Anleger immer daran denken, dass eine leerstehende Wohnung keine Erträge einbringt.

Gründe für das Boomen mancher Regionen sind vor allem wirtschaftliche Rahmenbedingungen. Die wichtigsten Faktoren sind hier die Arbeitsmarktsituation und die Wirtschaftskraft. Florierende Unternehmen in einer Region ziehen Arbeitskräfte an und sorgen für Wohlstand, denn sie zahlen Gewerbesteuer, und die Menschen, die dort beschäftigt sind, kurbeln den Konsum an. So schneiden häufig Städte, in denen große Automobilhersteller produzieren, sehr gut bei Regionenrankings ab, die beispielsweise das Institut der Deutschen Wirtschaft Köln einmal im Jahr erstellt (www.iwkoeln.de). Ländliche Räume, die wirtschaftlich auf einem hohen Niveau sind, eine gute Verkehrsanbindung zu nahegelegenen Wirtschaftszentren und Hochschulen bieten, weisen mitunter ein attraktiveres Preis-Leistungsverhältnis bei Immobilien auf als teilweise schon sehr hoch bewertete Metropolen.

Indikatoren für die gegenwärtige und zukünftige Kauf- und Mietkraft bestimmter Regionen sind auch die Alters-, Haushalts- und Einkommensstruktur dieser Standorte. Finanzzeitschriften und Zeitungen informieren regelmäßig über solche Themen.

▸ Infrastruktur

Wichtig ist auch die Infrastruktur einer Region. Auch die schönste und günstigste Wohnung wird sich nur schlecht vermieten lassen, wenn Mieter zu viel Zeit aufwenden müssten, um jeden Tag benötigte Leistungen in Anspruch nehmen zu können. Bei der Beurteilung der Infrastruktur ist besonders wichtig:

- **Verkehrsanbindung:** Liegt eine Wohnung auf dem Land oder weiter weg von Arbeitsstätten, ist es für Pendler wichtig, dass sie gut an den öffentlichen Nahverkehr angebunden oder die Autobahn schnell erreichbar ist. Aber auch in der Großstadt macht es einen Unterschied, ob die U-Bahn-Station um die Ecke liegt oder man erst einen längeren Fußmarsch dafür einplanen muss.
- **Einkaufsmöglichkeiten:** Nicht nur ältere Menschen wollen möglichst nicht erst weit fahren müssen, um den nächsten Supermarkt zu erreichen.
- **Schulen und Kindergärten:** Weiterführende Schulen im gleichen Ort oder zumindest eine gute Anbindung an den Nahverkehr sammeln Pluspunkte bei potenziellen Mietern mit Kindern.
- **Sportstätten, Freizeit- und Erholungsmöglichkeiten:** Vor allem für Mieter mit Kindern ist es wichtig, dass sie nicht für jede Freizeitaktivität der Kinder weite Autofahrten auf sich nehmen müssen. Auch ein reges Vereinsleben oder kulturelle Einrichtungen steigern die Attraktivität eines Ortes.
- **Medizinische Versorgung:** Wie weit ist der nächste Hausarzt oder ein Krankenhaus für Notfälle entfernt?

▸ Immobilienmarkt

Nicht zuletzt ist der Immobilienmarkt selbst am Makrostandort ein wichtiges Kriterium, um interessante Immobilien zum Vermieten zu finden. Wie ist das Verhältnis von Angebot und Nachfrage? Gibt es in der Region einen hohen Leerstand bei dem Immobilientyp, den Sie ins Auge gefasst haben (wie zum Beispiel Studentenappartement, 4-Zimmer-Wohnung, Reihenhaus)? Werden vielleicht eher gewerbliche Flächen oder 3-Zimmer-Wohnungen gesucht? Welche Anforderungen müssen diese Immobilien erfüllen? Ist das Preisniveau zum Kauf von Immobilien noch attraktiv? Wenn die Kaufpreise so hoch sind, dass mit den erzielbaren Mieten keine ausreichende Rendite möglich ist, sollte die Wahl besser auf eine andere Regionen fallen.

Checkliste

Den Makrostandort prüfen

Versehen Sie die Punkte dieser Checkliste mit einem Plus- oder Minuszeichen, um einschätzen zu können, wie attraktiv ein Standort ist.

- ☐ **Bevölkerungswachstum (Zuzug)**
- ☐ **Bevölkerungsstruktur (Einwohnerzahl, Altersstruktur, Wohnsituation)**
- ☐ **Wirtschaftskraft**
- ☐ **Arbeitsplätze**
- ☐ **Beschäftigung (geringe Arbeitslosigkeit)**
- ☐ **Kommunalpolitik**
- ☐ **Aktivitäten der öffentlichen Hand (Planungsvorhaben, Förderungen)**
- ☐ **Immobilienmarkt (Immobilienbestände, Preisniveau)**
- ☐ **Infrastruktur**
- ☐ Verkehrsanbindung durch Straßen, Eisenbahn, Flughafen, öffentlicher Nahverkehr
- ☐ Geschäfte, Dienstleistungsangebot
- ☐ Ärztliche Versorgung
- ☐ Schulen, Kitas, Kindergärten
- ☐ Freizeitangebote, Sportstätten
- ☐ Kulturelles Angebot
- ☐ **Landschaftliche Qualität**
- ☐ **Weiche Faktoren (Image, Lebensqualität, Sicherheit)**

▶ **Weiche Faktoren**
Neben diesen „harten" Merkmalen können „weiche" Faktoren wichtig sein, um interessante Makrostandorte herauszufiltern. So haben manche Orte und Gegenden ein gutes Image hinsichtlich der Einwohnermentalität wie zum Beispiel das Rheinland. Auch Berge, Seen, Wälder oder das Meer in der Nähe sorgen dafür, dass eine Region für Mieter attraktiv ist. Für eine hohe Lebensqualität spricht zum Beispiel ein geringerer Prozentsatz an Straftaten je 100 000 Einwohner als in anderen Regionen.

Den Makrostandort prüfen

Anleger haben heutzutage vielfältige Möglichkeiten, um festzustellen, ob ein Makrostandort eine sogenannte „Lila"-Lage ist, also eine, wo die **L**andschaft schön, die **I**nfrastruktur gut, die **L**ebensqualität hoch und das **A**rbeitsangebot reichlich sind. Es ist natürlich vorteilhaft, wenn Sie sich in der Stadt oder Region, in der Sie nach Anlageobjekten suchen, gut auskennen. Vielleicht gehört Ihr Wohnort oder die Nachbarstadt zu den aussichtsreichen Makrostandorten oder Sie suchen dort, wo nahe Verwandte leben oder Sie regelmäßig Ihren Urlaub verbringen?

Aber auch in „fremden" Regionen können Anleger gute Renditeobjekte finden, wenn sie ihre Hausaufgaben machen. Eine gute Einstiegsmöglichkeit bei der Bewertung des Makro-, aber auch des Mikrostandorts bieten die Daten, die Finanztest regelmäßig veröffentlicht. Dort finden Sie die Preise und Mieten in mehr als 100 Städten und Kreisen anhand der Statistik des vdp, die auf abgeschlossenen Kauf- und Mietverträgen beruht. Im Netz erhalten Sie die Daten auf der Homepage der Stiftung Warentest (www.test.de) wenn Sie in die Suche „Immobilienpreise" eingeben.

Genauere Zahlen und Daten über einen Ort finden Anleger oft auf den Homepages von

HÄTTEN SIE'S GEWUSST?

Bei Immobilienanzeigen zwischen den Zeilen lesen:

Liebhaberobjekt kann „stark renovierungsbedürftig" heißen.

Zentrale verkehrsgünstige Lage bedeutet mitunter stark frequentierte Straße, Autobahn oder Bahnhof in der Nähe; mit Lärm und Abgasen ist zu rechnen.

Luxuriöse Sanierung kann ein Rechtfertigungsversuch für einen überhöhten Preis sein.

Wohnanlage mit Zukunft bedeutet mitunter Neubaugebiet, in dem noch jahrelang gebaut werden wird.

Seriöses Umfeld bedeutet oft Bürohausviertel ohne Einkaufsmöglichkeit, tagsüber Parkplatzmangel, abends „tote Hose".

Denkmalgeschützt kann heißen, dass bauliche Änderungen nur schwer möglich sind.

Städten und Kreisen, auch Wikipedia erweist sich oft als nützliche Quelle.

So finden Sie Immobilien

Wenn Sie sich über den Großraum, in dem Ihre Immobilie liegen sollte, und die Art und Größe der Immobilie im Klaren sind, können Sie sich auf die Suche nach einem konkreten Objekt machen. Dazu können Sie einen Makler vor Ort beauftragen oder selbst aktiv werden.

Wenn Sie die Suche selbst in die Hand nehmen, ist der erste Schritt die Suche über die großen Immobilienportale immobilienscout24.de und immowelt.de. Dort können Sie Suchaufträge für verschiedene Standorte eingeben und genau definieren, nach was Sie bis zu welchem Höchstpreis suchen. Per E-Mail können Sie sich dann immer informieren lassen, wenn neue für Sie passende Angebote eingestellt wurden.

In Lokalzeitungen inserieren häufig Verkäufer von Immobilien, die sich im Internet nicht so gut auskennen oder den Aufwand scheuen, eine Verkaufsanzeige bei den Immobilienportalen einzustellen. Auch kostenlose Lokalblättchen sind bei vielen Verkäufern beliebt, da sie günstig eine breite Lesermasse ansprechen können. Die Immobilienanzeigen ihrer Tageszeitungen sind somit Pflichtlektüre für Anleger, die in der Nähe ihres Wohnortes nach Anlageobjekten suchen. Flexible Anleger, die auch in weiter entfernten Regionen investieren wollen, abonnieren häufig zum Beispiel die Wochenendausgabe mit den Immobilienanzeigen der dortigen Tageszeitung.

Weiterhin können Anleger auf den Internetseiten der Banken und Sparkassen der Zielregion interessante Objekte finden. Nicht immer werden diese zusätzlich bei Immowelt oder Immobilienscout24 eingestellt. Insbesondere die Sparkassen haben ein eigenes Immobilienportal, bei dem Sie sich registrieren und über neue interessante Objekte per Mail oder Post informieren lassen können.

Zu guter Letzt können Anleger, die den Aufwand nicht scheuen, auch direkt vor Ort suchen. Bei einer „Stadtbesichtigung" bekommen sie einen ersten Eindruck über den Ort und können sich die Aushänge von Maklern und Banken ansehen.

Die Immobilie bewerten

Haben Anleger ein interessantes Anlageobjekt gefunden, gilt es, dieses einer eingehenden Prüfung zu unterziehen. Sie sollten sich genau ansehen, wie es mit dessen Qualität und der Rentabilität aussieht. Soll sich eine Investition rechnen, reicht es nicht, dass die Immobilie schön aussieht.

Den Standort unter die Lupe nehmen

Ein Teil der Hausaufgaben von Immobilieninvestoren besteht darin, die konkrete Lage eines potenziellen Anlageobjekts zu bewerten.

Nun geht es daran, potenzielle Anlageobjekte zu bewerten. Dazu müssen sich Anleger zunächst das nähere Umfeld der Immobilie, den sogenannten Mikrostandort, genauer ansehen. Das kann je nach Art der Immobilie der Stadtteil oder nur ein bestimmter Teilraum mit bestimmten Merkmalen sein. Sie sollten möglichst detaillierte Informationen über das nähere Umfeld zusammentragen, um den Mikrostandort bewerten zu können.

Die Prüfung des Mikrostandortes kann unter anderem umfassen:

- Grundstückslage, -zuschnitt und -beschaffenheit
- Anbindung im regionalen Straßenverkehr und an öffentliche Verkehrsmittel
- Nachbarschaft
- Erschließung des Grundstücks
- Vorgeschichte der Immobilie
- Einkaufsmöglichkeiten

- Einrichtungen für Bildung, Kultur, Sport, Freizeit und Erholung
- Umweltfaktoren wie Lärm, Gestank oder Hochwasser

Teilweise finden sich hier ähnliche Faktoren wie beim Makrostandort. Anders als bei diesem geht es jetzt aber darum, nicht nur zu beurteilen, ob der Ort oder die Region ausreichend mit diesen Standortfaktoren versorgt ist, sondern ob diese auch in der nahen Umgebung des konkreten Objekts zu finden sind. So nützt es beispielsweise wenig, wenn eine größere Stadt mit einer Vielzahl von Einkaufs- und Naherholungsmöglichkeiten punktet, die konkrete Immobilie aber am anderen Ende der Stadt in einer heruntergekommenen Wohngegend steht.

Die Wohnlage

Die ideale Wohnlage ist abhängig von den Anforderungen und Wünschen der Bewohner. Während beispielsweise viele ältere Leute Wert auf eine ruhige Wohnlage mit kurzen Wegen zu Ärzten und Einkaufsmöglichkeiten legen, sind für junge Menschen Ausgehmöglichkeiten und Einrichtungen zur Freizeitgestaltung wichtig. Bei der Beurteilung der Wohnlage sollten Anleger daher einbeziehen, welche Bevölkerungsstruktur der Makrostandort aufweist. Auch die Größe, der Preis und die Ausstattung der Wohnung müssen zur Wohnlage passen. In einem hippen Ausgehviertel werden sich große 5-Zimmer-Wohnungen oder Wohnungen mit seniorengerechter Ausstattung wahrscheinlich schlechter vermieten lassen als kleinere Wohnungen für Ein- und Zwei-Personen-Haushalte. Familien, die größere Wohnungen oder Doppelhaushälften suchen, werden hingegen Kindergärten, Schulen und Sportstätten in der Nähe als Vorteil ansehen.

Für viele Menschen sind aber zentrale und dennoch ruhige Wohnlagen, beispielsweise in ruhigen Seitenstraßen und Sackgassen, attraktiv. Eine gute Anbindung an Fernverkehrsstraßen oder die Bahn erhöht zusätzlich die Chancen auf gute Vermietbarkeit.

Neben der „subjektiven" Wohnlage, die stark von den Bedürfnissen und Wünschen der Eigentümer und Mieter abhängt, gibt es allgemein gebräuchliche Kriterien für die Einteilung von Wohnlagen.

- **Sehr gute und gute Lagen** bieten für gewöhnlich ein besonders attraktives Umfeld, kaum Abgase, sehr gute bis gute Verkehrsanbindung, Stellplätze auf oder am Grundstück, Läden sowie Schulen und kulturelle Einrichtungen in der Nähe.
- **Mittlere Lagen** sind typische Wohngegenden mit ausgeglichener Sozialstruktur. Busse und Bahnen sind zu Fuß erreichbar, Stellplätze sind ebenfalls auf dem oder am Grundstück, Schulen und Supermärkte befinden sich in angemessener Entfernung.

Der Immobilien-Kompass (capital.de/immobilien-kompass.html) teilt Wohnlagen in fünf Kategorien ein und markiert diese auf Karten unterschiedlich:

- Einfache Wohnlage
- Mittlere Wohnlage
- Gute Wohnlage
- Sehr gute Wohnlage
- Top Wohnlage

Die Bewertung erfolgt dabei in drei Schritten. Im ersten Schritt werden sogenannte Preislagen ermittelt, für die vier Faktoren relevant sind: örtliche Preise, Arbeitslosenquote im jeweiligen Bezirk, Einkommen der Anwohner und Wohnwert der Gebäude (ermittelt anhand von Typ- und Baujahrklassen). Danach prüft das iib-Institut, das hinter der Bewertung steht, jede Preislage nach einem umfangreichen Kriterienkatalog, der städtebauliche Faktoren, Anbindung, Versorgung, Umwelt und Soziales berücksichtigt. In Schritt drei werden Sonderfälle, wie architektonisch hochwertige oder denkmalgeschützte Viertel, historische Altstadtlagen oder besondere Lagen am Wasser geprüft.

Ein weiterer wichtiger Punkt ist die Lagequalität des konkreten Grundstücks: Wie ist die Topographie des Grundstücks? Liegt es zum Beispiel auf einem steilen Berg oder an einem Fluss? Wie gut lässt es sich von außen einsehen, wie viele Fußgänger oder Autos kommen vorbei?

Nachbarschaft

Nicht jeder möchte neben einer Kneipe oder einem Fußballplatz wohnen, wo regelmäßige Ruhestörungen programmiert sind. Auch die Aussicht ist für die meisten Mieter wichtig. Eine Wohnung mit Berg- oder Seeblick wird sich besser vermieten lassen, als wenn der Mieter auf einen verwahrlosten Hinterhof blicken muss. Wie ist die Sozialstruktur der Nachbarschaft oder des Wohnviertels?

Umweltfaktoren

Lärmbelästigungen sind in vielerlei Hinsicht denkbar, beispielsweise Verkehrslärm, Lärm durch Sportanlagen, Gewerbebetriebe oder Fluglärm. Bevor Sie sich zum Kauf einer Immobilie entscheiden, sollten Sie diese mindestens einmal besichtigen und darauf achten.

Auch die Gefahr von Schäden durch Hochwasser ist ein Umweltfaktor, den Immobilienkäufer abklären sollten. Ob die Immobilie in einem gefährdeten Gebiet liegt, lässt sich oft durch Nachfragen beim Bauamt der Stadt oder Gemeinde klären.

Geruchsbelästigungen durch eine Fabrik oder möglicherweise gesundheitsschädliche Belästigungen durch Mobilfunkmasten, Windräder oder Hochspannungsleitungen sollten Sie ebenfalls als negative Faktoren des Mikrostandorts berücksichtigen.

Anleger sollten sich immer auch informieren, ob mit Altlasten auf dem Grundstück zu rechnen ist. Beispielsweise werden etliche ehemalige Industriegebiete oder Militärgelände in letzter Zeit in Wohngebiete umgewandelt. Wenn Altlasten entdeckt werden, kann der jetzige Eigentümer zur Sanierung herangezogen werden. Der ursprüngliche Verursacher kann bei Verunreinigungen des Bodens, die viele Jahrzehnte zurückliegen, meist nicht mehr zur Verantwortung gezogen werden. Häufig sind Grundstücke mit Altlasten sowie Altlasten-Verdachtsfälle in einem Altlastenkataster erfasst, welches bei den Bezirksregierungen vorliegt. Endgültige Sicherheit bringt im Verdachtsfall allerdings nur eine Bodenuntersuchung.

Bebauung

Liegt die Immobilie in einer in kurzer Zeit hochgezogenen Trabantenstadt oder in einem harmonisch gewachsenen Wohnviertel? Viele Menschen und potenzielle Mieter bevorzugen Wohnlagen mit etwas Flair. Enge Straßen mit wenigen Parkmöglichkeiten oder eine zu enge Bebauung mit wenig Grünflächen oder öffentlichen Plätzen können ebenfalls die Qualität der Mikrolage beeinträchtigen.

Gut zu wissen

Eine gute oder sehr gute Wohnlage garantiert noch kein gutes Anlageobjekt. Wenn Sie eine überteuerte Wohnung in einer sehr guten Lage kaufen, die Sie dann aber nicht zu den Preisen vermieten können, die Sie für eine rentable Investition erzielen müssten, nützt Ihnen die gute Lage wenig. Häufig haben gute Objekte in mittleren Wohnlagen ein besseres „Preis-Leistungs-Verhältnis".

Die Immobilie unter die Lupe nehmen

Wenn die Gegend und der konkrete Standort eines potenziellen Anlageobjekts passen, geht es daran, die Immobilie selbst zu analysieren. Eine Besichtigung ist dabei Pflicht.

Entscheiden Sie sich nie allein auf Grundlage bunter Verkaufsprospekte oder vollmundiger Makler-Exposés für den Kauf einer Immobilie. Anleger, die so fahrlässig handeln, erhalten selten ein Anlageobjekt, das sich rentiert.

Die Immobilie besichtigen

Sie sollten nie auf eine eingehende Außen- und Innenbesichtigung verzichten. Denn diese ist Grundlage einer Kaufentscheidung, die oftmals für Anleger zu den finanziell wichtigsten Entscheidungen ihres Lebens zählen. Gibt es ein Exposé oder haben Anleger vor dem Besichtigungstermin Informationen zu dem Objekt erhalten, sollten sie sich schon vor der Besichtigung überlegen, worauf sie besonders achten und was sie nachfragen sollten.

Auch ist es sinnvoll, sich bereits vor dem Termin das Umfeld der Immobilie, wie zum Beispiel den Stadtteil und die Nachbarschaft, anzuschauen, um einen ersten Eindruck zu bekommen. Dann können Anleger bei der Be-

Checkliste

Worauf Sie bei der Besichtigung achten sollten

- ☐ **Allgemeine Daten:** Adresse, Baujahr, Etagen
- ☐ **Grunddaten des konkreten Objekts** (z. B. Eigentumswohnung): In welcher Etage gelegen? Wohnfläche? Zimmeranzahl? Keller vorhanden und trocken? Gehört ein Stellplatz zur Wohnung/welche Parkmöglichkeiten gibt es? Gibt es einen Aufzug?
- ☐ **Balkon oder Garten:** Gibt es einen Balkon oder einen Gartenanteil?
- ☐ **Zustand der Immobilie:** Wie ist der Zustand des Mauerwerks und des Daches? Besitzt das Haus eine Wärmedämmung?
- ☐ **Ausstattung:** Wie alt und in welchem Zustand sind die Fenster, die Heizung und die Sanitäranlagen? Wie steht es mit der Elektrik und den Wasser- und Heizungsleitungen? In welchem Zustand ist der Bodenbelag? Wird eine Einbauküche mitverkauft?
- ☐ **Räume:** Wie ist Raumaufteilung? Wie ist die Besonnung/Lage der Wohnung?
- ☐ **Lage:** Wie ist der Ausblick? Gibt es Lärm- oder Geruchsbelästigung, beispielsweise durch eine vielbefahrene Straße oder Industriebetriebe?
- ☐ **Sonstiges:** Gibt es sonstige Plus- oder Minuspunkte, die förderlich oder hinderlich für eine Vermietung sind?

sichtigung den Makler oder Eigentümer konkret über beispielsweise fehlende Parkplätze oder Industriebetriebe in der Nachbarschaft befragen, die ihnen bei ihrem Streifzug aufgefallen sind.

Sie sollten die Immobilie grundsätzlich bei Tageslicht besichtigen. Dies ist vor allem wichtig, um den Zustand von Dach und Fassade beurteilen zu können sowie zum Beispiel Schimmelbefall oder Ähnliches erkennen zu können. Wichtig ist auch, dass Sie die Immobilie mit den Augen eines Mieters oder späteren Selbstnutzers ansehen. Diesen sind vor allem der äußere Zustand sowie die Ausstattung des Objektes wichtig.

Starten Sie Ihre Besichtigung mit einem Rundgang um das Haus und die Außenanlagen, verschaffen Sie sich einen Überblick über die Anzahl der Geschosse, die Größe der Wohnanlage und die Qualität der Außenanlagen. Machen Sie sich so einen erstes Bild vom Zustand und der Ästhetik des Hauses. Bei der Innenbesichtigung können Sie sich an der Checkliste „Worauf Sie bei der Besichtigung achten sollten“ orientieren.

Besonderheiten bei Eigentumswohnungen

Bei einer Eigentumswohnung zählen das Grundstück sowie die tragenden Gebäudeteile wie Dach, Keller und Außenwände, außerdem Treppenhaus, Aufzug, Fenster und Heizungsanlage typischerweise zum „Gemeinschaftseigentum“. Das bedeutet, für Sanierungen und Reparaturen dieser Bestandteile sind alle Eigentümer im Haus gemeinsam zuständig und die Kosten werden auf alle umgelegt. Dennoch sollten Anleger, die eine Wohnung kaufen wollen, auch auf diese Gebäudeteile achten. Dies ist zum einen hilfreich, um den Gesamtzustand der Immobilie zu beurteilen und einzuschätzen, ob die finanziellen Rücklagen der Eigentümergemeinschaft ausreichen. Zum anderen müssen Anleger immer daran denken, wie sie eine Wohnung gut vermietet bekommen. Sind zum Beispiel die Fenster schlecht isoliert, vermerkt dies ein potenzieller Mieter negativ. Der Anleger und Vermieter muss hingegen so lange auf eine Sanierung der Fenster warten, bis die Eigentümergemeinschaft sie beschließt. Dies kann Jahre dauern.

Wichtige Unterlagen beim Kauf einer Eigentumswohnung

Beim Kauf einer Eigentumswohnung, bei der Sie sich in eine Hausgemeinschaft einkaufen, sollten Sie vorher die wichtigsten Unterlagen kennen und prüfen.

Bei vielen Maklern, die für den Verkäufer einer Wohnung handeln, müssen Sie mehrfach nachfragen, bis Sie alle Dokumente vorliegen haben. Hier sollten Sie aber hartnäckig sein: Dafür wird der Makler bezahlt, und Sie müssen wissen, worauf Sie sich einlassen.

Die Teilungserklärung

Die Teilungserklärung ist das Grundgesetz einer Wohnungseigentumsanlage. In ihr ist geregelt, welche Räume und Gebäudeteile (zum Beispiel Keller, Garten, Terrasse) zu welcher Wohnung gehören. Die Teilungserklärung

Siehe Checkliste „Worauf Sie bei der Besichtigung achten sollten“, S. 292.

Muster-Teilungserklärung als Prüfleitfaden. Der Verein Wohnen im Eigentum stellt unter www.wohnen-im-eigentum.de/gemeinschaftsordnung eine Muster-Teilungserklärung zum Download bereit, die als beispielhafte Sammlung wichtiger, ausgewogener Regelungen dienen soll. Käufer von Eigentumswohnungen können sie als Prüfleitfaden für Teilungserklärungen nutzen.

wird im Grundbuch eingetragen, wenn eine Eigentümergemeinschaft erstmalig entsteht. Mit der Teilungserklärung muss ein Aufteilungsplan eingereicht werden, aus dem sich ergibt, was Sonder- oder Teileigentum und was Gemeinschaftseigentum ist. Danach kann die Teilungserklärung nur noch einstimmig geändert werden. Das bedeutet für Käufer einer Eigentumswohnung, dass sie die Teilungserklärung akzeptieren müssen, wie sie ist – oder vom Kauf Abstand nehmen sollten.

Die Unterscheidung von Sonder- oder Teil- und Gemeinschaftseigentum ist typisch für eine Wohneigentumsgemeinschaft.

- **Sondereigentum.** Als Sondereigentum wird das Alleineigentum an der Wohnung oder an nicht zu Wohnzwecken dienenden Räumen bezeichnet. Über sein Sondereigentum kann der Wohnungseigentümer grundsätzlich allein verfügen, es also selbst nutzen oder vermieten.
- **Teileigentum.** Als Teileigentum bezeichnet man das Alleineigentum an Räumen, die nicht Wohnzwecken dienen. Das können beispielsweise Büroräume oder Ladengeschäfte sein.
- **Gemeinschaftseigentum.** Gemeinschaftliches Eigentum ist alles, was nicht Sonder- oder Teileigentum ist. Typischerweise zählen das Grundstück, Außenwände, Keller, Dach, Gänge, Flure, Aufzüge und Heizungsanlage zum Gemeinschaftseigentum. Auch Fenster, Türen, Balkone oder Rasenflächen werden häufig dem Gemeinschaftseigentum zugeordnet.

Alle Räume, die Sonder- oder Teileigentum sind, müssen baulich vom Gemeinschaftseigentum eindeutig getrennt und in sich abgeschlossen sein.

In manchen Teilungserklärungen finden sich Regelungen zum „Sondernutzungsrecht“. Mit einem Sondernutzungsrecht wird einem Eigentümer ein exklusives Recht zur Nutzung beispielsweise des Gartens oder eines Kfz-Stellplatzes eingeräumt. Der Sondernutzungsberechtigte darf dieses Recht aber nur so ausüben, wie es in der Gemeinschafts- oder Hausordnung festgelegt ist.

Weiterer Bestandteil der Teilungserklärung ist die Gemeinschaftsordnung. In dieser ist – ähnlich einer Vereinssatzung – geregelt, welche Rechte und Pflichten die Eigentümer untereinander haben und wie ihr Verhältnis zum Verwalter der Immobilie ist. Sie enthält weiterhin Nutzungsvorgaben. Das kann zum Beispiel die Frage betreffen, ob in einer Wohnung ein Gewerbe oder eine freiberufliche Tätigkeit ausgeübt werden darf.

Drei wichtige Punkte, auf die Sie in einer Gemeinschaftsordnung achten sollten, sind:

1. Wie ist der Kostenverteilungsschlüssel für gemeinschaftliche Kosten?
2. Muss der Verwalter dem Verkauf einer Wohnung zustimmen?
3. Wie ist das Stimmrecht in der Eigentümerversammlung geregelt?

Das Stimmrecht bemisst sich häufig nach der Höhe der Miteigentumsanteile der jeweiligen Eigentümer (sogenanntes Wertprinzip). Ist hingegen nichts dazu geregelt, gilt das „Kopfprinzip", wonach jeder Eigentümer eine Stimme hat – unabhängig davon, wie viele Wohnungen welcher Größe er im Objekt besitzt. Richtet sich das Stimmrecht nach der Zahl der Wohnungen, spricht man vom Objektprinzip.

Protokolle der letzten Eigentümerversammlungen

In der Regel wird einmal jährlich eine ordentliche Eigentümerversammlung vom Verwalter einberufen. Bei Bedarf, wenn zum Beispiel größere bauliche Maßnahmen durchgeführt werden müssen, können auch außerordentliche Versammlungen stattfinden.

Die Eigentümerversammlung ist das oberste Beschlussorgan der Wohnungseigentümer. Unter anderen hat sie folgende Aufgaben:

- Sie trifft grundlegende Entscheidungen. über das gemeinschaftliche Eigentum
- Sie bestellt einen Verwalter oder beruft ihn ab.
- Sie verabschiedet den vom Verwalter vorgelegten Wirtschaftsplan und genehmigt die Jahresabrechnung.
- Sie legt die Instandhaltungsrücklage fest.
- Sie beschließt die Hausordnung.

Für jede Versammlung muss der Verwalter ein eigenes Protokoll anfertigen, aus dem Anleger wichtige Informationen über das potenzielle Anlageobjekt herauslesen können. So lässt sich aus dem Protokoll häufig erkennen, ob es aktuell Streit in der Gemeinschaft gibt und ob eventuell kostspielige Projekte oder Sanierungen beschlossen wurden oder anstehen. Auch lässt sich abschätzen, ob diese möglicherweise sogar über eine Sonderumlage der Eigentümer – also eine zusätzliche Zahlung neben der Instandhaltungsrücklage – finanziert werden sollen. Interessant ist hierbei auch, ob etwaige Maßnahmen weitgehend einstimmig beschlossen wurden oder ob es viele Gegenstimmen gab.

Potenzielle Käufer einer Eigentumswohnung sollten sich immer mindestens die Protokolle der letzten drei Jahre vorlegen lassen, um einen umfassenden Einblick zu bekommen. Dazu gehören auch die Wirtschaftspläne. Diese sind eine Aufstellung der für das Kalenderjahr zu erwartenden Einnahmen und Ausgaben des Gemeinschaftseigentums. Der Wirtschaftsplan ist Grundlage für die Vorauszahlungen auf die Betriebskosten des Gemeinschaftseigentums (Hausgeldzahlungen), die die Eigentümer leisten müssen. Anhand der Wirtschaftspläne sowie der Abrechnungen der letzten Jahre können Anleger sehen, ob geplante Einnahmen/Ausgaben eingehalten wurden und wie sich die Einnahmen-/Ausgabensituation im Objekt entwickelt hat.

Gut zu wissen

Instandhaltungsrücklage im Notarvertrag ausweisen
Wenn Sie eine Eigentumswohnung kaufen, achten Sie darauf, dass im notariellen Kaufvertrag die aktuelle Höhe Ihrer Instandhaltungsrücklage ausgewiesen ist. Auf diesen Teil des Kaufpreises müssen Sie nämlich keine Grunderwerbsteuer zahlen.

„Käufer einer Eigentumswohnung sollten sich immer mindestens die Protokolle der letzten drei Jahre vorlegen lassen.

Nebenkostenabrechnungen und Energieausweis

Zwar müssen Mieter Nebenkosten wie Heizung, Wasser und Strom selbst zahlen, Anleger als zukünftige Vermieter sollten sich aber dennoch die Nebenkostenabrechnungen (Hausgeldabrechnungen) der letzten Jahre zeigen

Checkliste

Haben Sie diese Unterlagen erhalten und geprüft?

- ☐ Grundbuchauszug
- ☐ Lageplan
- ☐ Teilungserklärung
- ☐ Protokolle der Eigentümerversammlungen
- ☐ Wirtschaftspläne
- ☐ Nebenkostenabrechnungen
- ☐ Energieausweis
- ☐ Kopie des Versicherungsscheins der Gebäudeversicherung
- ☐ Mietvertrag
- ☐ Baubeschreibung

lassen. Denn sie spielen für die Vermietbarkeit eine wichtige Rolle. Potenzielle Mieter werden Wohnungen mit geringeren Nebenkosten bevorzugen. Meist ersehen Sie aus den Jahresabrechnungen auch den der Wohnung zugeordneten Rücklagenstand. Diesen übernehmen Sie bei einem Kauf vom Voreigentümer. Achten Sie darauf, dass dieser hoch genug ist, um die regelmäßig auf Ihren Wohnungsanteil entfallenden Instandhaltungskosten zu decken.

Wohnungen mit guter Wärmedämmung oder neuen Fenstern sparen Heizkosten. Um den Energiebedarf einer Immobilie einschätzen zu können, müssen Vermieter ihren Mietinteressenten einen Energieausweis vorlegen, aus dem sie diesen ablesen können. Auch jeder Verkäufer eines Hauses oder einer Wohnung muss ihn dem Kaufinteressenten zur Verfügung stellen.

Kopie des Mietvertrages

Ein Käufer einer bereits vermieteten Eigentumswohnung tritt in die Rechte und Pflichten des Verkäufers ein. Auch den Mietvertrag, den der Voreigentümer mit dem Mieter abgeschlossen hat, muss er übernehmen. Anleger sollten daher vor einem Kauf prüfen, ob sie mit diesem Vertrag und insbesondere der vereinbarten Miete einverstanden sind, denn kurzfristige Änderungen sind grundsätzlich nur im Einvernehmen mit dem Mieter möglich. Mieterhöhungen sind an gesetzliche Vorgaben gebunden und nicht nach Gutdünken des neuen Eigentümers möglich. Zwar ist eine Mieterhöhung bis zur ortsüblichen Vergleichsmiete möglich, aber nicht unbedingt auf einen Schlag. Die Miete darf in drei Jahren höchstens um 20 Prozent steigen. In Städten, in denen der Wohnraum knapp ist, kann diese Grenze bei 15 Prozent liegen.

Weitere Unterlagen

Weitere Unterlagen, die Sie sich vor dem Kauf einer Eigentumswohnung vom Makler oder Eigentümer vorlegen lassen sollten und die auch jede finanzierende Bank grundsätzlich sehen will, sind ein Lageplan, ein Grundbuchauszug und eine Kopie des Versicherungsscheines zur Gebäudeversicherung. Prüfen Sie, ob die im Lageplan eingezeichneten Grenzen den tatsächlichen Grenzen entsprechen, und fragen Sie beim Vermessungsamt nach, ob der Lageplan noch korrekt ist. Mitunter kommt es hier später zu Überraschungen, wenn die Grenzlinie in einem Streit mit dem Nachbarn relevant wird.

Vor allem beim Kauf einer noch zu bauenden Wohnung oder einem Renovierungsobjekt ist die Baubeschreibung ein wichtiges Dokument. Sie enthält die exakte Umschreibung der Leistungspflichten des Bauträgers, also auch, welche Materialien und Qualitäten verwendet werden müssen.

Den Preis und die Rentabilität unter die Lupe nehmen

Mit der Auswahl des richtigen Standortes und der Besichtigung Ihrer potenziellen Immobilie ist es noch nicht getan. Natürlich müssen auch Preis und Rendite stimmen.

Vergleichen Sie den geforderten Kaufpreis mit dem von anderen Immobilien am Standort. Sammeln Sie dazu Kaufpreise und Mieten von Objekten mit vergleichbarer Ausstattung in Immobilienanzeigen der Zeitungen und Immobilienportale im Internet. Wenn Sie den örtlichen Markt eine Weile beobachten, bekommen Sie ein gutes Gespür für angemessene Kaufpreise und Mieten dort. Sie können auch Immobilienbewertungen im Internet oder Preisspiegel der Maklerverbände heranziehen.

Gibt es keine Vergleichswerte, können Sie zumindest den Bodenwert einer Immobilie ermitteln. Gutachterausschüsse der Städte und Gemeinden führen ein Verzeichnis der Bodenrichtwerte. Der Bodenrichtwert ist ein aus Kaufpreisen ermittelter durchschnittlicher Lagewert für ein Gebiet mit im Wesentlichen gleichen Nutzungs- und Wertverhältnissen. Er ist auf ein Grundstück bezogen, dessen Eigenschaften für dieses Gebiet typisch sind (ein sogenanntes Richtwertgrundstück). Der Gutachterausschuss ermittelt den Bodenrichtwert anhand von Kopien aller abgeschlossenen Immobilienkaufverträge, die ihm die Notare seines Zuständigkeitsbereichs übersenden und die er anonymisiert unter mathematisch-statistischen Gesichtspunkten auswertet.

Müssen Sie bei einem Kaufobjekt vermutlich noch größere Sanierungen vornehmen oder wollen Sie die Immobilie umbauen, ziehen Sie Fachleute wie Architekten und Immobiliensachverständige zurate, um realistische Vorstellungen zu erhalten, wie hoch Ihr zusätzlicher finanzieller Aufwand neben den Kaufkosten noch sein wird.

Eine Immobilie zur Kapitalanlage dient zwar der Streuung Ihres Vermögens, muss sich aber vor allem auch nach Renditegesichtspunkten mit anderen Kapitalanlagen messen lassen.

Erst auf die Rentabilität schauen

Erfahrenere Anleger, die den gewünschten Standort und den gewünschten Immobilientyp kennen, nutzen die Rentabilitätsanalyse schon zur Vorauswahl von interessanten Objekten. Sie betrachten nur Immobilien, die die Chance haben, attraktive Renditen zu erwirtschaften, näher und besichtigen diese auch. Das spart viel Zeit bei der Immobiliensuche.

Anleger müssen immer beachten, dass eine Rentabilitätsanalyse zwar eine wichtige Orientierung für den Verlauf einer Investition und die Renditeerwartungen geben kann, aber keine umfassende Sicherheit. In die Ergebnisse fließen zwangsläufig unsichere Annahmen ein, wie zum Beispiel die über die Wert- und Mietpreisentwicklung. Schon kleine Änderungen der Prognosen können die Ergebnisse erheblich verändern. Sie sollten deshalb stets mehrere Szenarien durchrechnen und eher von vorsichtigen Annahmen ausgehen. Rechnet sich aber eine Immobilie nur bei sehr optimistischen Annahmen, ist das ein Zeichen dafür, dass sie zu teuer ist und Sie lieber nach anderen Objekten Ausschau halten sollten.

Checkliste

Anhand der folgenden Daten prüfen Sie die Rentabilität einer Immobilie

- ☐ Kaufpreis und Kaufnebenkosten
- ☐ Angenommene Wertsteigerung und Inflationsrate
- ☐ Höhe Ihres Eigenkapitals
- ☐ Ihr Grenzsteuersatz (Belastung an der oberen Grenze des zu versteuernden Einkommens. Er gibt an, wie hoch die Besteuerung des „letzten Euros" in Prozent ist.)
- ☐ Jährliche Mieteinnahmen
- ☐ Unterhaltskosten (nicht auf den Mieter umlegbare Nebenkosten und Instandhaltung)
- ☐ Zinsaufwand und Tilgung pro Jahr
- ☐ Abschreibungen pro Jahr

Die Rentabilität prüfen: ein Beispiel

Anhand des folgenden Beispiels erläutern wir die Rentabilitätsanalyse Schritt für Schritt:

Objekt: Eigentumswohnung, 75 qm, Baujahr 2008

Kaufkosten: Der Kaufpreis beträgt 150 000 Euro, die Kaufnebenkosten (Notar- und Grundbuchgebühren, Grunderwerbsteuer, Makler) laufen sich auf 18 000 Euro. Die Kaufkosten summieren sich also insgesamt auf 168 000 Euro. Von den gesamten Anschaffungskosten entfallen 134 400 Euro (80 Prozent) auf das Gebäude.

Mieteinnahmen: Die Bruttomiete für die Wohnung beträgt 8 Euro pro Quadratmeter, also 7200 Euro pro Jahr.

Die Instandhaltungskosten werden mit 1,50 Euro pro Quadratmeter Wohnfläche, mithin mit 112,50 Euro monatlich (1350 Euro pro Jahr) angesetzt. Die Kosten für die Verwaltung der Eigentumswohnung betragen 270 Euro jährlich. Aus den Mieteinnahmen abzüglich der Verwaltungs- und Instandhaltungskosten ergibt sich im ersten Jahr eine Nettokaltmiete von 5580 Euro, also 465 Euro pro Monat.

Finanzierung: Eigenkapital 48 000 Euro, Darlehen 120 000, Zinssatz 1,8 Prozent fest für 20 Jahre, Anfangstilgung 2 Prozent.

Steuern: 2688 Euro Abschreibung pro Jahr (2 Prozent von 134 400 Euro). Der Anleger ist verheiratet, und das Ehepaar hat ein zu versteuerndes Einkommen von 70 000 Euro.

Prognosen: Die nicht auf den Mieter umlegbaren Kosten (Instandhaltungs- und Verwaltungskosten) steigen jährlich um 1 Prozent, die Miete steigt erst nach dem dritten Jahr um durchschnittlich 1 Prozent pro Jahr.

Mietfaktor und Mietrendite

Dividiert man den Kaufpreis (ohne Nebenkosten) durch die jährlichen Mieteinnahmen, ergibt sich der Brutto-Mietfaktor. Daraus lässt sich wiederum die anfängliche Brutto-Mietrendite berechnen, indem man 100 durch den Mietfaktor teilt.

Mietfaktor und -rendite in unserem Beispiel:

Der Brutto-Mietfaktor beträgt 20,83 (150 000 Euro geteilt durch 7200 Euro). Ein Käufer der Immobilie würde also das rund 21-fache der Jahresmiete für die Immobilie bezahlen.
Die anfängliche Brutto-Mietrendite beträgt dann 4,8 Prozent (100/20,83), was auf den ersten Blick und verglichen mit derzeitigen Festgeldangeboten nach einem sehr interessanten Angebot aussieht.

Makler und Werbeanzeigen für Immobilienprojekte weisen häufig die Brutto-Mietrendite aus. Allerdings ist diese nicht besonders aussagekräftig. Denn Kapitalanleger müssen bei

Eine Prognose für 20 Jahre

So sieht die Prognoserechnung mit den Daten unseres Beispiels von S. 298 aus (in Euro).

Jahr	Mieteinnahmen	Instandhaltung und Verwaltungskosten	Jahresreinertrag	Kreditrate (Zins + Tilgung)	Restschuld	Steuern	Überschuss bzw. Unterdeckung
1	7200	1620	5580	4560	117600	248	772
2	7200	1636	5564	4560	115157	256	748
3	7200	1653	5547	4560	112670	266	721
4	7272	1669	5603	4560	110138	300	743
5	7345	1686	5659	4560	107560	334	765
6	7418	1703	5716	4560	104936	370	786
7	7492	1720	5773	4560	102265	404	809
8	7567	1737	5830	4560	99546	440	830
9	7643	1754	5889	4560	96778	478	851
10	7719	1772	5948	4560	93960	514	874
11	7797	1789	6007	4560	91091	552	895
12	7875	1807	6067	4560	88171	590	917
13	7953	1825	6128	4560	85198	630	938
14	8033	1844	6189	4560	82171	668	961
15	8113	1862	6251	4560	79090	708	983
16	8194	1881	6314	4560	75954	748	1006
17	8276	1900	6377	4560	72761	790	1027
18	8359	1919	6440	4560	69511	832	1048
19	8443	1938	6505	4560	66202	874	1071
20	8527	1957	6570	4560	62834	918	1092

vermieteten Immobilien auch die nicht auf den Mieter umlagefähigen Verwaltungs- und Instandhaltungskosten tragen. Wir empfehlen, für die Instandhaltungskosten mindestens 1,00 bis 1,50 Euro pro Quadratmeter Wohnfläche und Monat anzusetzen. Die nicht auf den Mieter umlegbaren Kosten für die Verwaltung der Immobilie (insbesondere die Kosten für den Hausverwalter) können Sie aus den Jahresabrechnungen ersehen.

Außerdem müssen noch die Nebenkosten beim Kauf einer Immobilie berücksichtigt werden:

- **Die Notarkosten,** die der Käufer zahlt, betragen inklusive Grundbuchkosten zirka 1,5 Prozent des Kaufpreises (für den

Kauf und die Eigentumsumschreibung). Für eine Grundschuldbestellung und -eintragung werden zirka 0,5 Prozent der Darlehenssumme fällig.

- **Die Grunderwerbsteuer** beträgt je nach Bundesland, in dem die Immobilie liegt, zwischen 3,5 und 6,5 Prozent des Kaufpreises. Erst wenn der Käufer sie gezahlt hat, erteilt das Finanzamt eine sogenannte Unbedenklichkeitsbescheinigung. Ohne diese Bescheinigung wird er nicht als Eigentümer ins Grundbuch eingetragen.
- **Eine Provision** von 3,57 bis 7,14 Prozent des Kaufpreises fällt in der Regel für den Käufer an, wenn ein Makler die Immobilie vermittelt. Nur bei der Vermietung von Wohnungen gilt das sogenannte Bestellerprinzip, wonach derjenige (meist der Vermieter), der den Makler beauftragt, diesen zahlen muss.

Der Nettomietfaktor in unserem Beispiel:

Setzt man 12 Prozent an Kaufnebenkosten an, betragen diese 18 000 Euro. Zieht man von der Bruttomiete von 7200 Euro die Verwaltungs- und Instandhaltungskosten von 1 620 Euro ab, verbleibt eine Nettomiete (auch als Jahresreinertrag bezeichnet) von 5 580 Euro. Der Jahresreinertrag dividiert durch die Gesamtanschaffungskosten von 168 000 Euro ergibt eine anfängliche Netto-Mietrendite von 3,32 Prozent, also schon bedeutend weniger als die Brutto-Mietrendite von 4,80 Prozent. Der Netto-Mietfaktor beträgt jetzt rund 30 (100/3,32).

Es gilt die Regel: Je höher das Vielfache der Jahresmiete, desto geringer die Mietrendite.

Anleger sollten also immer streng zwischen Brutto-Mietrendite und Netto-Mietrendite unterscheiden. Für Kapitalanleger und Vermieter ist wichtig, was unter dem Strich übrig bleibt. Das zeigt Ihnen nur die Netto-Mietrendite.

Die Steuerrechnung

Mieteinnahmen müssen versteuert werden, und Verluste wirken sich steuermindernd aus. Mit einer Steuerrechnung können Anleger die steuerlichen Auswirkungen einer Immobilieninvestition einschätzen.

Vermieter können ihre Verwaltungs- und Instandhaltungskosten steuerlich absetzen. Daneben wirkt sich die Abschreibung – kurz AfA (Absetzung für Abnutzungen) genannt – von üblicherweise 2 Prozent der Anschaffungs- oder Herstellungskosten jährlich steuermindernd aus. Höhere Abschreibungen sind möglich, wenn eine Immobilie vor 1925 fertiggestellt wurde oder eine besondere Denkmalschutz-Abschreibung vorliegt. Auch die Zinsen, die ein Vermieter für das Darlehen zahlen muss, mit dem er die Immobilie finanziert, kann er absetzen. Nicht abziehbar ist hingegen die Tilgung, denn dabei handelt es sich letztlich nur um eine Umschichtung von Fremd- zu Eigenkapital.

Die Steuerrechnung im ersten Jahr für unser Beispiel:

Mieteinnahmen	7 200 €
Verwaltungskosten	–270 €
Instandhaltungskosten	–1 350 €
Abschreibung	–2 688 €
Zinsaufwand	–2 160 €
steuerpflichtiger Gewinn	**732 €**
zu zahlende Steuern	**248 €**

Die Liquiditätsrechnung

Wichtig für einen Immobilieninvestor ist auch, dass er nach dem Kauf nicht noch regelmäßig Geld in das Objekt nachschießen muss. Eine Immobilie soll sich im Wesentlichen durch die Mietzahlungen tragen. Eine Liquiditätsrechnung summiert die aus der Immobilie resultierenden liquiden Zu- und Abflüsse auf. Hier geht beispielsweise die Abschreibung nicht ein, da diese nur ein steuerlicher Abzugsposten ist, aber keinen Liquiditätsabfluss beim Anleger bewirkt. Die Tilgung hingegen stellt einen Liquiditätsabfluss dar.

Die Liquiditätsrechnung im ersten Jahr für unser Beispiel

Rechnung mit Unbekannten

So wirkt sich in unserem Beispiel die Veränderung einiger Prognoseparameter aus, wenn die Miete 8 Euro pro Quadratmeter beträgt.

Veränderter Wert	Eigenkapitalrendite (Prozent)	Überschuss/Unterdeckung im 10. Jahr (Euro)
Keine Änderung	4,60	874
Mieterhöhung 2 Prozent pro Jahr	6,30	1235
Keine Mieterhöhung	2,62	530
Verkaufserlös 16 x Jahresmiete	3,66	874
Verkaufserlös 20 x Jahresmiete	5,40	874
Verkaufserlös 22 x Jahresmiete	6,09	874
Eigenkapital 30000 Euro	5,68	278
Eigenkapital 60000 Euro	4,14	1270
Eigenkapital 80000 Euro	3,60	1930

Mieteinnahmen	7200 €
Verwaltungskosten	−270 €
Instandhaltungskosten	−1350 €
Kreditrate (Zins + Tilgung)	−4560 €
Steuerwirkung	−248 €
Überschuss	**772 €**

Die Immobilie erwirtschaftet einen Überschuss und wird also mit der erzielten Miete „bezahlt". Der Anleger erhält im ersten Jahr mehr laufende Einnahmen aus seiner vermieteten Wohnung, als er laufend dafür aufwenden muss.

Von der Miete zur Rendite

Natürlich reicht es nicht, sich nur die Kennzahlen des ersten Jahres einer Immobilieninvestition anzusehen. Eine Immobilienanlage ist ein langfristiges Investment von mindestens zehn Jahren. Ein früherer Verkauf lohnt sich schon deshalb meist nicht, weil die hohen Kauf-Nebenkosten erst wieder „verdient" werden müssen und Steuern auf einen Veräußerungsgewinn sowie Vorfälligkeitsentschädigungen für das Darlehen zu zahlen wären.

Sie als Anleger wollen zum einen wissen, ob sich die Immobilie langfristig trägt, also laufende Überschüsse erwirtschaftet, zum anderen, ob Sie dabei eine angemessene Rendite auf Ihr eingesetztes Kapital erwirtschaften. In der ➚ Tabelle „Eine Prognose für 20 Jahre" sehen Sie, wie sich die Immobilie im Beispielfall entwickeln könnte. Sie weist in allen Jahren einen Liquiditätsüberschuss aus. Sofern also die Annahmen zur Entwicklung der Einnahmen und Ausgaben zutreffen, muss der Anleger kein Geld nachschießen, sondern erzielt jährlich laufende Einnahmen. Durch die Tilgung des Kredits und (erwartete) Wertsteigerungen der Immobilie baut er zugleich Vermögen auf.

Siehe Tabelle „Eine Prognose für 20 Jahre", S. 299.

Um die zu erwartende Rendite einer Immobilieninvestition zu kalkulieren, können Sie mit Prognosen zum möglichen Verkaufserlös arbeiten. In den letzten Jahren gab es zwar teilweise hohe Wertsteigerungen bei Immobilien, garantiert sind diese aber nicht. Vorsichtige Anleger setzen den Wiederverkaufswert mit dem 15- bis 20-Fachen der künftigen Jahresmiete an.

Die Eigenkapitalrendite in unserem Beispiel

Rechnet man mit einem Verkauf nach 20 Jahren zum 18-Fachen der dann angenommenen Miete, erhält man einen prognostizierten Verkaufserlös von (8527 Euro x 18 =) 153486 Euro. Zieht man davon die verbleibende Restschuld von 62834 Euro ab, erhält man das Vermögen aus der Immobilienanlage, das dann 90652 Euro betragen würde. Das Eigenkapital betrug 48000 Euro. Die Eigenkapitalrendite nach Steuern beträgt über den Anlagezeitraum von 20 Jahren 4,6 Prozent – ein gutes Ergebnis.

Verkaufserlös	153486 €
– Kreditrestschuld	– 62834 €
= Vermögen aus Immobilienanlage	90652 €
Eigenkapitalrendite nach Steuern	**4,6 Prozent**

Bei einer Immobilieninvestition müssen Sie immer einige Annahmen zur zukünftigen Entwicklung treffen. Ändern sich beispielsweise der zu erzielende Verkaufserlös oder die Steigerungsraten der Mieten, hat dies Auswirkungen auf die Eigenkapitalrendite. Bringen Sie mehr Eigenkapital ein, sinkt zwar regelmäßig Ihre Eigenkapitalrendite, dafür steigen die jährlichen Überschüsse. Die I Tabelle „Rechnung mit Unbekannten" zeigt, wie sich im Beispiel die Veränderungen einiger Prognoseparameter auswirken, wenn die für das erste Jahr angenommene Miete von 8 Euro pro Quadratmeter erzielt werden kann.

Gelingt es dem Anlegerpaar im Beispielsfall aber nicht, die erstrebte Miete von 8 Euro/qm zu erzielen, sondern nur 6,50 Euro, besteht schon im ersten Jahr eine Liquiditäts-Unterdeckung von 120 Euro und die Eigenkapitalrendite sinkt auf 1,14 Prozent. Dies zeigt bereits, wie wichtig es ist, mit realistischen Mietpreisen zu kalkulieren. Wie sich bei einer Jahresmiete von 5850 Euro darüber hinaus Änderungen bei möglichen Mieterhöhungen und erzielbaren Verkaufsfaktoren auswirken würden, zeigt die ➚ Tabelle „Rechnung mit weiteren Unbekannten".

Gut zu wissen

Die Berechnung der Eigenkapitalrendite sowie Liquiditäts-, Steuer- und Renditeberechnungen können Sie leicht mit unserem Rechner unter www.test.de/vermietete-eigentumswohnung durchführen.

Rechnung mit weiteren Unbekannten

So wirkt sich in unserem Beispiel die Veränderung einiger Prognoseparameter aus, wenn die Miete nur 6,50 Euro pro Quadratmeter beträgt.

Veränderter Wert	Eigenkapitalrendite (Prozent)	Überschuss/Unterdeckung im 10. Jahr (Euro)
Nur 6,50 Euro/qm Miete	1,14	–82
Mieterhöhung 2 Prozent pro Jahr	3,23	214
Keine Mieterhöhung	–1,49	–362
Verkaufserlös 16 x Jahresmiete	–0,14	–82
Verkaufserlös 20 x Jahresmiete	2,17	–82
Verkaufserlös 22 x Jahresmiete	3,04	–82

Planen Sie langfristig

Natürlich reicht es nicht, die Rentabilität einer Immobilie für die ersten Jahre zu berechnen. Anleger benötigen immer eine langfristige Finanzierung, und ein Veräußerungsgewinn aus dem Verkauf der Immobilie ist erst nach zehn Jahren steuerfrei. Schon aus diesen Gründen sollten Sie immer eine Langfristrechnung über 15 bis 20 Jahre erstellen oder sich von einem erfahrenen Finanzberater erstellen lassen. Die genannten Kennzahlen müssen auch einer solch langfristigen Prognose standhalten. Wichtig ist, dass sie realistisch ist. Mit anderen Worten: Anleger sollten sich die Rentabilität der Immobilie nicht schönrechnen.

- Oft kaufen Anleger überteuerte Immobilien und rechtfertigen dies mit der erwarteten Wertsteigerung. Eine Wertsteigerung sollte aber immer nur das Sahnehäubchen einer Immobilienanlage sein. Diese sollte sich also auch ohne oder mit einer nur geringen Wertsteigerung rechnen. Wenn dann bis zum Verkauf eine Wertsteigerung dazugekommen ist – umso besser.
- Die angenommene jährliche Mietsteigerung sollte nicht höher sein als die erwartete Inflationsrate von beispielsweise 1 oder 2 Prozent und nicht schon im ersten Jahr beginnen. Realistisch erscheint es vielmehr, frühestens ab dem dritten Jahr mit möglichen Mietsteigerungen zu rechnen.
- Sie sollten die Kostenseite nicht vergessen: Auch hier sollten Sie mit Steigerungen rechnen, die etwa der Inflationsrate entsprechen.
- Nach Ablauf der Zinsbindung müssen Anleger eventuell teuer weiterfinanzieren. Vorsichtshalber sollten sie mit einem Anschluss-Zinssatz von mindestens 5 Prozent kalkulieren.
- Sie sollten einen möglichen Verkauf mit höchstens dem 20-bis 22-Fachen der Jahresnettokaltmiete planen. Auf keinen Fall sollte der Verkaufs-Faktor höher sein als beim Kauf.

Gut zu wissen

Mietpreisbremse als Kaufpreisbremse? Nach der im März 2015 vom Bundestag verabschiedeten „Mietpreisbremse“ für Gebiete mit angespannten Wohnungsmärkten darf ein Vermieter bei einer Wiedervermietung höchstens eine Miete in Höhe von 10 Prozent über der ortsüblichen Vergleichsmiete verlangen. Hat der Vormieter mehr gezahlt, darf der Vermieter weiter die alte Miete berechnen, sie aber nicht erhöhen. Kapitalanleger, die eine bezugsfreie Bestandsimmobilie kaufen, können danach in vielen Städten weniger Miete einnehmen als vor Einführung der Mietpreisbremse. Insoweit kann die Mietpreisbremse auch eine Kaufpreisbremse sein, da viele Wohnungen sich dann nur noch bei sinkenden Kaufpreisen rechnen. Bei der Kalkulation der Mieteinnahmen für eine Immobilie als Kapitalanlage müssen Sie die Mietpreisbremse berücksichtigen.

Wichtig ist auch, die Immobilie unter dem Gesichtspunkt der Liquidität langfristig zu betrachten. Anleger müssen sich fragen, ob sie eventuelle jährliche Unterdeckungen nach Steuern aus ihrem Einkommen tragen können und wollen. Auch unter dem Gesichtspunkt einer möglichen Wertsteigerung sollte eine Immobilienanlage kein „Zuschussbetrieb“ sein.

Siehe Tabelle „Rechnung mit weiteren Unbekannten“, S. 302.

Die Immobilie finanzieren

Eine passende Finanzierung ist ein weiteres Teilstück einer erfolgreichen Immobilieninvestition. Hier können Anleger viel Geld sparen, wenn sie sich nicht für das erstbeste Angebot entscheiden. Das hat natürlich weitreichende Auswirkungen auf die Rentabilität der Anlage.

Finanzierung mit Konzept

Zu einer erfolgreichen Finanzierung gehört ein schlüssiges Gesamtkonzept, das auf die individuellen Verhältnisse des Anlegers und auf die Art der geplanten Objektnutzung ausgerichtet ist.

Am Anfang des Finanzierungskonzeptes steht die Frage nach dem Fremdfinanzierungsanteil und damit nach der Höhe des Darlehens. Anders als Eigenheimbesitzer können Vermieter die Schuldzinsen für das Darlehen steuerlich absetzen. Es muss aber bei jedem Objekt nachgerechnet werden, ob eine höhere Verschuldung sinnvoll ist. Eine hohe Verschuldung oder gar eine 100-Prozent-Finanzierung führt zu höheren Risiken, wenn sich zum Beispiel kein Mieter für die Immobilie findet oder nach Ablauf der Zinsbindung die Zinsen stark gestiegen sind, aber noch eine hohe Restschuld besteht. Der Vermieter muss trotzdem seine Zins- und Tilgungsraten bei der Bank bedienen. Der „richtige" Fremdkapitalanteil einer Finanzierung hängt insofern vor allem auch von der Risikobereitschaft und Renditeerwartung ab. Wenn für Sie wichtig ist, von Anfang an deutliche Liquiditätsüberschüsse zu erwirtschaften, muss der Eigenkapitalanteil höher sein, damit die Mieteinnahmen über den Darlehenskosten liegen.

Anleger können hingegen ihre Rendite auf das eingesetzte Eigenkapital steigern, wenn sie einen höheren Kaufpreisanteil finanzieren, also ihren Eigenkapitalanteil reduzieren. Dies nennt man den Hebeleffekt des Fremdkapitals (man spricht auch vom „Leverage-Effekt“: Englisch lever = Hebel). Je höher der Fremdkapitalanteil im Verhältnis zum Eigenkapital ist, desto stärker ist die Hebelwirkung. Dieser Hebel funktioniert aber nur dann zugunsten des Anlegers, wenn der effektive Darlehenszins nach Steuern unter der Objektrendite nach Steuern liegt. Die Objektrendite erfasst alle Einnahmen und Ausgaben aus der Immobilienanlage, nicht aber die Finanzierung. Sie wird also so ermittelt, als wäre die Immobilie vollständig aus Eigenkapital finanziert. Damit sollen Verzerrungen der Bewertung durch die Finanzierungsstruktur eliminiert werden. Sollte der Darlehenszins nach Steuern über die Objektrendite steigen – etwa weil bei einer Nachfinanzierung die Darlehenszinsen stark gestiegen sind oder der Ertrag der Immobilie gesunken ist –, wirkt der Leverage-Effekt in die andere Richtung und führt zu einer schnelleren Vermögensvernichtung.

Der Hebeleffekt

Bei einer niedrigeren Eigenkapitalquote sind die laufenden Überschüsse geringer, dafür ist aber Ihre Rendite grundsätzlich höher. Denn solange die Objektrendite über den Darlehenszinsen liegt, nutzen Sie den Hebeleffekt.

Anleger fahren meist gut mit einer Eigenkapitalquote von mindestens 20 Prozent bezogen auf den reinen Kaufpreis. Die Kaufnebenkosten sollten sie zusätzlich aus Eigenmitteln aufbringen. Ziel muss sein, dass Zins, Tilgung und Unterhalt der Immobilie weitgehend durch die Mieteinnahmen und eine eventuelle Steuerersparnis finanziert werden. Bei einer Fremdfinanzierung von 100 Prozent verlangen Banken überdies meist einen kräftigen Zinsaufschlag von bis zu einem Prozent und mehr.

Darlehenszins und Zinsbindung

Zins, Zinsbindungsdauer und Tilgung sind wichtige Stellschrauben einer optimalen Finanzierung.

Dass sich ein möglichst geringer Darlehenszins positiv auf die Rendite einer Immobilienanlage auswirkt, ist wohl jedem klar. Aber auch die Wahl der richtigen Zinsbindungsdauer und der Tilgungssatz sind wichtige Komponenten einer optimalen Finanzierung. In einer Niedrigzinsphase, wie sie derzeit herrscht, sind grundsätzlich lange Zinsbindungen von zehn bis 20 Jahren empfehlenswert. Denn je länger die Zinsbindung, umso weniger muss sich der Anleger Gedanken um die Anschlussfinanzierung machen. Es gilt die Faustregel: „Niedrige Zinsen – lange Bindungsdauer“. Für eine Zinsbindung von mindestens zehn Jahren spricht auch, dass erst nach dieser Zeit ein Veräußerungsgewinn aus dem Verkauf der Immobilie steuerfrei ist. Ein kürzerer Anlage- und Finanzierungshorizont macht insofern wenig Sinn. Eine Zinsbindung unter zehn Jahren kann lediglich für Anleger sinnvoll sein, die in einigen

Gut zu wissen

Kündigungsrecht nach § 489 BGB
Wenn Anleger ein Immobiliendarlehen mit einem festen Zins über eine längere Laufzeit als zehn Jahre abschließen, können sie gemäß § 489 BGB zehn Jahre nach vollständiger Kreditauszahlung jederzeit mit einer Frist von sechs Monaten kündigen. Der Darlehensgeber ist hingegen an die vereinbarte Laufzeit gebunden.

Jahren mit einer größeren Kapitalzahlung (zum Beispiel aus einer Lebensversicherung oder einer Erbschaft) rechnen können und diese zur Entschuldung der Immobilie nutzen möchten.

Wollen Anleger vor Ablauf der zehn Jahre aus einem Hypothekendarlehen mit fester Zinsbindung aussteigen, müssen sie dafür in der Regel eine Vorfälligkeitsentschädigung an den Darlehensgeber zahlen. Da diese meist sehr hoch ist, lohnt der Ausstieg selten, auch wenn ein neues Darlehen bessere Zinskonditionen bieten würde.

„Mutigere" Anleger können in Niedrigzinsphasen auch über variable Darlehen (Geldmarktdarlehen) nachdenken. Bei diesen richtet sich der Zins nach dem aktuellen Marktzins (häufig dem Dreimonats-Euribor) zuzüglich eines Aufschlages. Ein variables Darlehen kann mit einer Frist von drei Monaten gekündigt werden. Solange der variable Zins geringer ist als ein Festzins, können Anleger darauf spekulieren, erst dann in ein Festzinsdarlehen umzuschichten, wenn die Marktzinsen wieder anziehen. Das setzt aber voraus, dass sie die Zinsentwicklung genau beobachten.

Die Zinswaage

Eine lange Zinsbindung schützt dauerhaft vor Erhöhungen – hat aber auch Nachteile:

- Je länger die Zinsbindung, desto höher ist der Zinssatz. Für einen Kredit mit 20 Jahren Zinsbindung zahlten Kreditnehmer beispielsweise Anfang 2020 in den ersten zehn Jahren im Schnitt gut 30 Prozent mehr Zinsen als für einen Kredit mit zehn Jahren Zinsbindung.
- Eine vorzeitige Kreditrückzahlung innerhalb der ersten zehn Jahre wird besonders teuer. Sie müssen dann nicht nur eine um mehrere Tausend Euro höhere Restschuld begleichen, es fällt auch eine höhere Vorfälligkeitsentschädigung an.

Was fällt stärker ins Gewicht: Die Sicherheit der längeren Zinsbindung oder der niedrigere Zinssatz der kürzeren? Eine Entscheidungshilfe bietet der Grenzzinssatz. Er gibt an, wie hoch die Zinsen mindestens steigen müssen, damit Kreditnehmer mit der längeren Zinsbindung die anfangs höheren Zinsen wieder einsparen. Je kleiner der Grenzzins, desto eher lohnt sich die lange Bindung.

Wie sich die Zinswaage auswirkt, lässt sich im besten an einem Beispiel zeigen (siehe die Grafik „Die Zinswaage"):

Ein Immobilienkäufer steht vor der Entscheidung, ob er seinen Kredit mit 10 oder 20 Jahren Zinsbindung abschließt. Die Monatsrate steht fest: Er möchte 750 Euro monatlich abzahlen. Auf der Zinswaage werden jeweils die Zinsen gewogen, die der Kreditnehmer insgesamt in 20 Jahren zahlt.
Beim Kredit mit 20 Jahren Zinsbindung steht die Summe fest. Beim Zehn-Jahres-Kredit kommt es darauf an, welchen Zinssatz er für den Anschlusskredit nach 10 Jahren bezahlen muss.
Die Zinswaage zeigt: Bei einem Anschlusszinssatz von 3,52 Prozent, dem Grenzzinssatz, sind beide Kreditvarianten gleich. Steigen die Zinsen so stark, dass der Immobilienkäufer für den Anschlusskredit mehr als 3,52 Prozent zahlt, wäre die 20-jährige Zinsbindung nicht nur sicherer, sondern auch günstiger.

Die Zinswaage

Je nachdem, wie sich die Zinsen nach Ablauf der kürzeren Darlehenszeit entwickeln, neigt sich die Zinswaage. Liegt der Anschlusszins über dem Grenzzinssatz, kann eine längere Zinsbindung dem Anleger einiges an Geld sparen.

Kreditsumme **200 000 Euro**

Zinsbindung 10 Jahre
Zinssatz: 1,50 Prozent
Tilgung: 3,00 Prozent
Monatsrate: 750 Euro

Zinsbindung 20 Jahre
Zinssatz: 2,20 Prozent
Tilgung: 2,30 Prozent
Monatsrate: 750 Euro

- Darlehenszinsen (Euro) während der Zinsbindung
- Darlehenszinsen (Euro) für Anschlusskredit nach 10 Jahren
- Zinssatz (Prozent) für Anschlusskredit

Zwischenbilanz nach 10 Jahren

Der Kreditnehmer hat nach zehn Jahren 13 290 Euro mehr Schulden, wenn er den Kredit mit 20 statt 10 Jahren Zinsbindung wählt. Entscheidend ist aber die Bilanz nach 20 Jahren. Sie hängt von der Zinsentwicklung ab.

Bilanz nach 20 Jahren

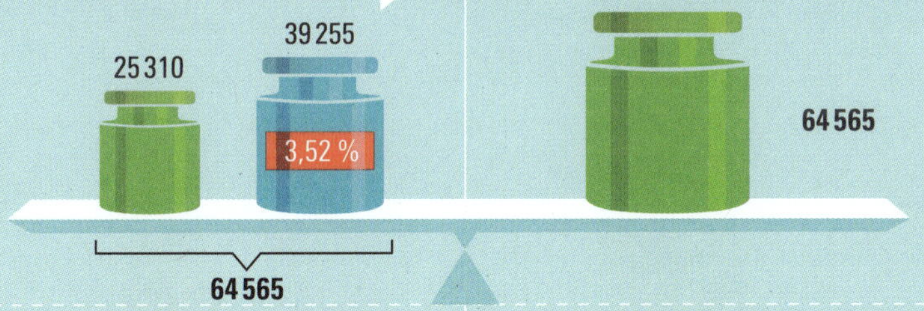

Beide Kredite sind gleich

Beim Kredit mit zehn Jahren Zinsbindung benötigt der Kunde nach zehn Jahren einen Anschlusskredit von 135 310 Euro. Beträgt der Zinssatz dafür 3,52 Prozent für weitere zehn Jahre, zahlt er – bei gleicher Monatsrate – insgesamt genauso viel Zinsen wie für den Kredit mit 20 Jahren Bindung.

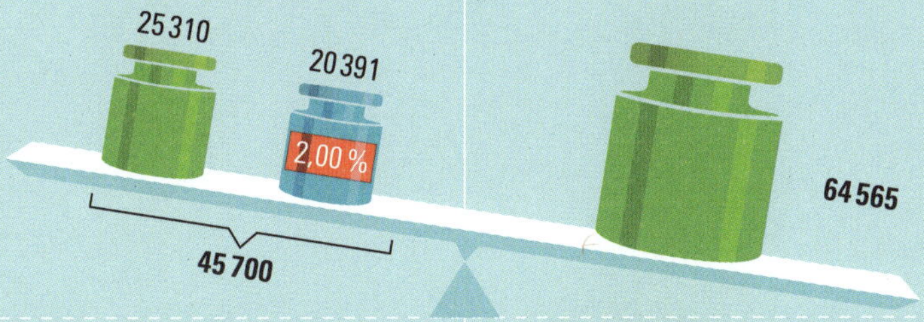

Nachteil für 20 Jahre Zinsbindung: 18 864 Euro

Liegt der Anschlusszins unter dem Grenzzins von 3,52 Prozent, neigt sich die Zinswaage zugunsten der zehnjährigen Zinsbindung. Bei 2 Prozent Anschlusszins ist die kürzere Zinsbindung klar im Plus.

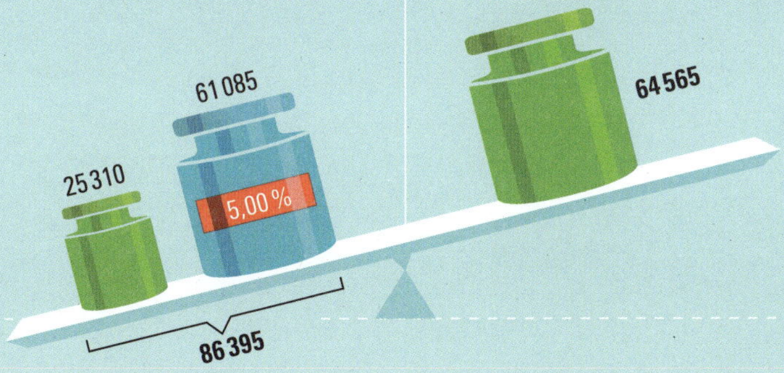

Vorteil für 20 Jahre Zinsbindung: 21 830 Euro

Liegt der Anschlusszins über dem Grenzzins, neigt sich die Zinswaage zugunsten der 20-jährigen Bindung. Bei einem Zinsanstieg auf 5 Prozent spart der Kreditnehmer mehr als 20 000 Euro, wenn er sich die aktuellen Zinsen für 20 Jahre sichert.

Zwar erscheinen 3,52 Prozent Zinsen im Jahr derzeit sehr hoch. Doch der langjährige Vergleich zeigt, dass die Zinsen für Immobilienkredite nur in den Jahren ab 2012 niedriger waren. Davor waren sie immer teurer. Im Durchschnitt der letzten 20 Jahre mussten Hauseigentümer rund 5 Prozent für einen Kredit mit zehn Jahren Zinsbindung zahlen.

Auch die Tilgung sollten Sie berücksichtigen, wenn Sie die richtige Zinsbindung bestimmen. Können und möchten Sie sich eine hohe Tilgung leisten, ist die Restschuld am Ende der Zinsbindung relativ klein. Das Zinserhöhungsrisiko nimmt mit wachsender Tilgung ab und damit der Nutzen der längeren Zinsbindung. Wenn Sie viel tilgen, ist eine lange Zinsbindungsfrist weniger wichtig.

▶ Unter www.test.de/zinsbindungs-rechner finden Sie einen kostenlosen Rechner, mit dem Sie Kreditangebote mit unterschiedlicher Zinsbindung vergleichen können. Er berechnet den Grenzzins der Anschlussfinanzierung für das Darlehen mit der kürzeren Zinsbindung. Nur wenn der Anschlusszins unter diesem Grenzzinssatz liegt, ist das Darlehen mit der kürzeren Zinsbindung insgesamt günstiger.

Vorsicht bei einem Zinsbindungsmix

Kreditnehmer müssen nicht alles auf eine Karte setzen. Sie können ihre Darlehenssumme auch auf Kredite mit mehreren Zinsbindungen verteilen, etwa einen Drittelmix aus 10, 15 und 20 Jahren Zinsbindung wählen. Sie profitieren dann teilweise von den niedrigen Zinsen für kürzere Zinsbindungen, und eine Zinserhöhung betrifft immer nur einen Teil des Gesamtdarlehens.

Möglich ist auch ein Mix aus variablem und Festzinsdarlehen. Dabei werden zum Beispiel ein Drittel des Fremdfinanzierungsbedarfs mit einem variablen Darlehen und zwei Drittel mit 10-jähriger oder längerer Zinsbindung finanziert. Steigen die variablen Zinsen, wird auch der variable Teil in ein Festzinsdarlehen umgewandelt.

Aber Vorsicht: Läuft die Zinsbindung eines Teildarlehens aus oder soll ein variables Darlehen in ein Festzinsdarlehen umgewandelt werden, sitzt die Bank bei den Verhandlungen um den Anschlusskredit am längeren Hebel. Banken geben nur günstige Angebote für Kredite ab, die im Grundbuch im ersten Rang gesichert sind. Doch den blockiert die alte Bank, und damit sinkt die Chance auf eine günstige Umschuldung. Das nutzen viele Banken aus. Oft bleibt nichts anderes übrig, als ein schlechtes Verlängerungsangebot zu akzeptieren.

Kreditnehmer sollten sich deshalb nur in Ausnahmen auf verschiedene Fristen einlassen. Viele Förderdarlehen der staatlichen KfW-Bank etwa sind sehr günstig, aber nur mit einer Zinsbindung von längstens zehn Jahren zu haben. Weil danach ein marktüblicher Zinssatz gilt, ist das Zinserhöhungsrisiko relativ hoch. Deshalb ist es meist sinnvoll, KfW-Darlehen mit einem Bankdarlehen zu kombinieren, dessen Zinssatz für mindestens 15 Jahre festgeschrieben ist.

Gute Zinsen für später sichern

Auch wenn ein vorzeitiger Ausstieg aus einem laufenden Darlehen nicht möglich oder sehr teuer ist, müssen Kreditnehmer nicht bis kurz vor Ende der Zinsbindung warten, bis sie ihre Anschlussfinanzierung unter Dach und Fach bringen. Mit einem Forwarddarlehen (forward = vorwärts) können sie den künftigen Zinssatz, die Rate und die neue Zinsbindung bereits bis zu fünf Jahre im Voraus vereinbaren. So wissen Sie heute schon genau, wie viel Zinsen Sie für Ihren Anschlusskredit zahlen werden. Der Preis der Sicherheit: Ein Forwarddarlehen ist teurer als ein Darlehen, das sofort oder in wenigen Monaten ausgezahlt wird. Je länger die Vorlaufzeit bis zur Ablösung des alten Darlehens, desto höher ist der Zinsaufschlag. Bis zu zwölf Monate im Voraus kann man sein Anschlussdarlehen bei vielen Banken ohne Zinsaufschlag abschließen.

Die Tilgung richtig bestimmen

Die Art und die Höhe der Tilgung eines Darlehens beeinflussen auch die Zinszahlungen und deren steuerliche Absetzbarkeit.

Anders als Eigenheimnutzer können Vermieter Zinsen, die sie für ihr Darlehen gezahlt haben, steuerlich absetzen. Wie viel sie an Zinsen zahlen, hängt neben dem Zinssatz von der Restschuld des Darlehens ab. Die Restschuld wiederum wird durch die Art und die Höhe der Tilgung beeinflusst. Grundsätzlich können Anleger zwischen zwei Tilgungsmethoden wählen.

Annuitätendarlehen

Hinter dem Fachbegriff „Annuitätendarlehen" verbirgt sich die am häufigsten genutzte Kreditform. Um den Kredit abzuzahlen, überweisen Sie regelmäßig (in der Regel monatlich) einen konstanten Betrag an die Bank, die sogenannte Annuität. Diese setzt sich aus den beiden Komponenten Tilgung und Zins zusammen. Da sich die Restschuld durch jede Tilgungszahlung verringert, müssen Sie jedes Jahr weniger Zinsen zahlen.

Ein Vorteil des Annuitätendarlehens ist, dass Anleger die Restschuld zum Ende der Zinsbindung genau berechnen können.

Der Tilgungsanteil erhöht sich von Monat zu Monat, weil die Rate, die Sie an die Bank zahlen, nicht abnimmt, sondern konstant bleibt.

Beispiel: Für ein Darlehen über 100 000 Euro vereinbart ein Anleger 2 Prozent Zinsen und eine Anfangstilgung von 2 Prozent. Damit beträgt seine Monatsrate 333,34 Euro. Bei der ersten Rate entfallen jeweils 166,67 Euro auf Zins und Tilgung, bei der zweiten entfallen auf die Zinsen nur noch 166,39 Euro, auf die Tilgung 166,95 Euro. Nach zehn Jahren beträgt der Zinsanteil 130,14 Euro, der Tilgungsanteil 203,20 Euro und die Restschuld 77 879,17 Euro.

Ein Vorteil des Annuitätendarlehens ist, dass Anleger die Restschuld zum Ende der Zinsbindung genau berechnen können. Wird der Tilgungssatz einer Finanzierung so gewählt, dass das Darlehen bis zum Ende der Zinsbindungszeit komplett zurückgezahlt wird, spricht man von einem Volltilgerdarlehen.

Für Vermieter sind Annuitätendarlehen in der Regel die richtige Wahl. Wie Zinssatz und Tilgungssatz bei diesen Darlehen hinsichtlich der Dauer der Kredittilgung zusammenhängen, zeigt die Tabelle „Kredittilgung".

Endfällige Tilgung

Eine andere Tilgungsmethode ist die endfällige Tilgung. Dabei wird das Festdarlehen am Ende der vereinbarten Laufzeit durch die Ablaufleistung eines Anlagesparplans, einer Rentenversicherung mit Kapitalwahlrecht oder einer Lebensversicherung (fondsgebundene Lebensversicherung oder Kapitallebensversicherung) auf einen Schlag abgelöst. Angesichts der anhaltenden Niedrigzinsphase sind aber mit einem Anlagesparplan nur geringe Renditen zu erzielen, die unter dem Effektivzins für Hypothekendarlehen liegen.

Bei Kapitallebensversicherungen ist der Garantiezins mit 0,9 Prozent für den Sparanteil bei Neuabschlüssen ebenfalls so gering, dass dieses Modell kaum noch lohnt, zumal darin die Kosten der Versicherung nicht berücksichtigt sind. Denn der Sparanteil macht nur 70 bis 80 Prozent der Versicherungsprämie aus, der

Kredittilgung

Zeitraum (Jahre)	Diesen Tilgungssatz benötigen Anleger, um ein Annuitätendarlehen bei einem Zinssatz von ... Prozent in einem bestimmten Zeitraum abzuzahlen.				
	1,0	1,5	2,0	2,5	3,0
15	6,18	5,95	5,72	5,50	5,29
20	4,52	4,29	4,07	3,86	3,66
25	3,52	3,30	3,09	2,88	2,69
30	2,86	2,64	2,44	2,24	2,06

restliche Beitrag wird für die Kosten der Versicherung verwendet.

Auf die möglichen Ablaufrenditen, mit denen die Versicherer werben, sollten Anleger sich nicht verlassen. Erreichen die Versicherungen diese nicht, müssen Anleger möglicherweise teuer nachfinanzieren. Bei Aktienfondssparanlagen oder fondsgebundenen Lebensversicherungen kann die Ablaufleistung naturgemäß nicht genau prognostiziert werden, da sie von der Entwicklung der Aktienmärkte abhängt. Vermieter sollten daher grundsätzlich Annuitätendarlehen den Vorzug geben.

Sondertilgung vereinbaren

Um bei der Entschuldung eines Darlehens flexibler zu sein, sollten Anleger immer das Recht auf Sondertilgungen vereinbaren. Eine Sondertilgung ist eine außerplanmäßige Rückzahlung eines Teils des Darlehens, die zusätzlich zu den fest vereinbarten Monatsraten möglich ist. Fast alle Immobilienfinanzierer erlauben Sondertilgungen, ohne dafür einen Aufschlag auf das Darlehen zu verlangen. Üblich ist, dass einmal jährlich 5 Prozent der Darlehenssumme zusätzlich getilgt werden können. Mitunter werden bis zu 10 Prozent kostenlos angeboten. Falls Sie erweiterte Sondertilgungsrechte mit einem Zinsaufschlag erkaufen wollen, sollten Sie überlegen, ob Sie die Sondertilgungen immer leisten können. Sonst lohnt sich dies nicht. Sondertilgungen sind immer jährlich vereinbart. Eine ausgelassene Sondertilgung kann nicht im folgenden Jahr nachgeholt werden.

Anleger können zusätzlich zur Sondertilgung eine Option auf einen Tilgungssatzwechsel (zum Beispiel zweimalige Erhöhung oder Verminderung des Tilgungssatzes während der Zinsbindung) vereinbaren. Das erhöht ihre Flexibilität hinsichtlich der Tilgung.

Vergleichen Sie Finanzierungs-angebote

Viele machen den Fehler, nur bei ihrer Hausbank ein Angebot für eine Immobilienfinanzierung einzuholen. Doch diese bietet selten die besten Konditionen – zumindest solange Sie kein Gegenangebot vorlegen.

Kleinste Zinsunterschiede bedeuten in der Summe viel Geld für Anleger und können darüber entscheiden, ob die Investition rentabel ist.

Beispiel: *Ein Anleger benötigt ein Darlehen über 100 000 Euro und kann monatlich 500 Euro abzahlen. Eine Bank offeriert ihm einen Kredit mit einem Zinssatz von 2 Prozent. Findet er eine Bank, bei der er statt 2 Prozent nur 1,5 Prozent Zinsen zahlt, bringt ihm dieser Unterschied von 0,5 Prozentpunkten innerhalb von 10 Jahren die erkleckliche Ersparnis von 4 278 Euro.*

Mit anderen Worten: Die Mühe, nach einem guten Angebot zu suchen, lohnt sich. Die Stiftung Warentest ermittelt regelmäßig die Zinssätze von über 75 Immobilienfinanzierern. Mit dabei sind Banken und Sparkassen, Versicherer und Kreditvermittler. Sie finden die aktuellen Auswertungen im Serviceteil der Zeitschrift Finanztest und im Internet unter www.test.de/hypothekenzinsen. Holen Sie sich für eine Finanzierung immer mehrere Angebote der günstigsten Anbieter ein. Fragen Sie auch bei Ihrer Hausbank und Banken in Ihrer Region.

Um eine Vergleichbarkeit der Angebote zu gewährleisten, sollten Sie bei allen Anbietern die gleichen Vorgaben machen. Welche das sind, sehen Sie in der Checkliste „Finanzierungsangebote einholen“.

Checkliste

Finanzierungsangebote einholen

Diese Punkte gehören in eine Anfrage für ein Finanzierungsangebot:

- ☐ Exakte Kreditsumme
- ☐ Gewünschte Anfangstilgung oder monatliche Belastung
- ☐ 5 oder 10 Prozent Sondertilgung
- ☐ Gewünschte Laufzeit

▶ Neben den günstigen Baufinanzierern bieten die Experten der Stiftung Warentest Ihnen unter www.test.de/hypothekenzinsen zusätzlich und kostenlos einen ständig aktualisierten Überblick über staatliche Kredite und Zuschüsse der bundeseigenen Förderbank KfW als Download. Besonders attraktiv sind die KfW-Kredite für energiesparendes Bauen und Modernisieren.

Konditionen richtig vergleichen

Immobilienkäufern wird meist geraten, beim Vergleich von Kreditangeboten vor allem auf den effektiven Jahreszins zu achten. Der effektive Jahreszins, auch Effektivzins genannt, drückt die jährlichen Gesamtkosten eines Kredits aus. Nach einer neuen Richtlinie für Wohnimmobilienkredite müssen nun auch die Kosten, die für die Bestellung der Sicherheiten anfallen, in den Effektivzins hineingerechnet werden. Dies gilt für alle Kosten, die der Bank bei Vertragsabschluss bekannt sind (mit Ausnahme von Notarkosten). Darunter fallen vor allem Wertermittlungskosten und Gebühren des Grundbuchamtes für die Eintragung der Grundschuld, die die Bank fordert.

Kreditvergleich in vier Schritten

Die Grafik zeigt Ihnen, wie Sie Angebote zur Immobilienfinanzierung richtig vergleichen.

1 BASISDATEN FESTLEGEN

KREDITSUMME. Wie viel Kredit benötigen Sie genau? Geben Sie den Betrag fest vor. Je mehr Eigenkapital Sie einsetzen, desto günstiger ist der Zinssatz.

ZINSBINDUNG. Auch die Dauer der Zinsbindung sollten Sie fest vorgeben. Nur wenn die Zinsbindungsfrist identisch ist, lassen sich die Kredite wirklich vergleichen.

MONATSRATE. Die Monatsrate ist der dritte Punkt, den Sie festlegen sollten. Errechnen Sie, was Sie sich maximal leisten können. Berücksichtigen Sie dabei laufende Nebenkosten.

TILGUNGSSATZ. Der Tilgungssatz ergibt sich aus der Kreditsumme, dem Zinssatz und der Monatsrate. Achten Sie darauf, dass er mindestens 2, besser 3 Prozent beträgt.

2 RÜCKZAHLUNG VEREINBAREN

SONDERTILGUNGEN. Fragen Sie, ob und in welcher Höhe Sondertilgungen möglich sind und ob dafür ein Zinsaufschlag berechnet wird. Sondertilgungen sind ideal, um beispielsweise das Baukindergeld einzubinden.

TILGUNGSSATZWECHSEL. Die Möglichkeit, den anfangs vereinbarten Tilgungssatz später zu ändern, macht flexibel. Klären Sie, ob und wenn ja wie oft und in welcher Spanne die Bank das erlaubt. Erkundigen Sie sich, welche Kosten damit verbunden sind.

3 ANGEBOTE VERGLEICHEN

SOLLZINSSATZ. Die Bank muss angeben, wie der Kredit zu verzinsen ist. Da zusätzliche Kreditkosten nicht berücksichtigt sind, ist der Sollzinssatz für den Kreditvergleich aber nur eingeschränkt relevant.

EFFEKTIVZINSSATZ. Der Effektivzins ist der Maßstab, anhand dessen sich Kreditangebote vergleichen lassen – vorausgesetzt die Zinsbindungsfrist ist identisch. Er berücksichtigt fast alle Kosten, die mit dem Kredit verbunden sind, etwa Vermittlerprovisionen und Wertermittlungskosten. Die Banken müssen den Effektivzins angeben.

RESTSCHULD. Kreditnehmer sollten wissen, wie hoch die Restschuld am Ende der Zinsbindung ist. In dieser Höhe brauchen sie später einen Anschlusskredit. Und dessen Zinssatz hängt von der Entwicklung am Kapitalmarkt ab. Für den Kreditvergleich ist die Höhe der Restschuld nur aussagekräftig, wenn Auszahlungsbetrag und Monatsrate identisch sind.

4 ZUSATZKOSTEN PRÜFEN

BEREITSTELLUNGSZINSEN. Die meisten Banken verlangen Zinsen für einen bereitgestellten, aber noch nicht abgerufenen Kredit. Üblich sind 0,15 oder 0,25 Prozent pro Monat. Das kann vor allem bei Bauvorhaben im ersten Jahr den Kredit verteuern. Fragen Sie, ab welchem Monat Bereitstellungszinsen fällig werden.

Auf diese Weise soll gewährleistet werden, dass der angegebene Zins möglichst realistisch ist. Da Kreditgeber inzwischen kaum noch Nebenkosten wie zum Beispiel Schätz- und Bearbeitungskosten verlangen dürfen, ist ein Vergleich des Sollzinssatzes, der einfach die Höhe der Verzinsung eines Kredites wiedergibt, inzwischen oft genauso aussagekräftig wie der Effektivzins. Ein direkter Zinsvergleich ist allerdings nur sinnvoll, wenn die Kredite die gleiche Zinsbindung haben und die Raten gleich oder ähnlich hoch sind.

Achten Sie auch auf die Nachkommastelle

Auch geringe Zinsunterschiede machen sich über die Zeit stark bemerkbar. So sieht die Rechnung aus bei einem Darlehen von 100 000 Euro und einer Monatsrate von 500 Euro.

Zins (in Prozent)	Zinsaufwand in 10 Jahren (in Euro)	Restschuld nach 10 Jahren (in Euro)
0,5%	3614	43614
0,6%	4361	44361
0,7%	5118	45118
0,8%	5882	45882
0,9%	6655	46655
1,0%	7438	47438
1,1%	8228	48228
1,2%	9028	49028
1,3%	9837	49837
1,4%	10655	50655
1,5%	11482	51482
1,6%	12318	52318
1,7%	13164	53164
1,8%	14020	54020
1,9%	14885	54885
2,0%	15760	55760
2,1%	16644	56644
2,2%	17539	57539
2,3%	18443	58443
2,4%	19358	59358
2,5%	20283	60283

INFOGRAFIK: RENÉ REICHELT

Immobilien und Steuern

Eine vermietete Immobilie bringt Steuervorteile durch absetzbare Kosten und Abschreibungen. Wer grundlegende Regeln einhält, kann daneben steuerfreie Veräußerungsgewinne erzielen.

Werbungskosten absetzen

Bei vermieteten Immobilien erzielen Sie Einnahmen, die Sie in Ihrer Steuererklärung in der Regel bei den Einnahmen aus Vermietung und Verpachtung angeben müssen. Im Gegenzug können Sie aber einige Posten absetzen und damit Steuern sparen. Das Steuersparen fängt für Vermieter bei der Finanzierung der Immobilie an. Sie können die jährlichen Sollzinsen für das Darlehen als Werbungskosten absetzen. Die gezahlten Zinsen entnehmen Sie den Bescheinigungen Ihrer Bank. Mit diesen können Sie die Werbungskosten auch gegenüber dem Finanzamt belegen. Nicht absetzen können Sie hingegen die Tilgungsraten.

Ein weiterer jährlicher Posten ist die Abschreibung für das Gebäude. Meist dürfen Vermieter jedes Jahr 2 Prozent des Kaufpreises für das Gebäude geltend machen. Für Häuser, die vor 1925 erbaut wurden, sind es 2,5 Prozent. Zu den Anschaffungskosten, auf die die Abschreibung erfolgt, gehören neben dem Kaufpreis die Nebenkosten wie Grunderwerbsteuer, Maklergebühren und Notarkosten. Für neu geschaffenen und vermieteten Wohnraum hat der Gesetzgeber daneben eine neue Sonderabschreibung (§ 7b EStG) von bis zu 5 Prozent der Bemessungsgrundlage für das Jahr der Anschaffung und die folgenden drei Jahre eingeführt. Sie gilt für Baumaßnahmen, für die nach dem 31. August 2018 und vor dem 1. Januar 2022 ein Bauantrag gestellt wurde.

Der Wert des Grundstücks muss bei dieser Rechnung aber außen vor bleiben. Immobilieninvestoren sollten beim Kauf darauf achten, dass die Kaufpreise von Haus und Grundstück gleich im Kaufvertrag gesplittet ausgewiesen sind. Dann bleibt das Finanzamt an die Aufteilung gebunden, wenn der Wert für den Boden angemessen ist. Fehlt die Angabe des Gebäudepreises, wird der Bodenwert meist im „Sachwertverfahren" ermittelt. Oft werden dabei 20 Prozent des Kaufpreises für den nicht abschreibbaren Bodenwert angesetzt.

So werden die Abschreibungsbeträge ermittelt

Kaufpreis	**140 000 €**
Anschaffungsnebenkosten	+ 14 000 €
Summe	**154 000 €**
minus 20 Prozent davon	
für Grund und Boden	−30 800 €
Anschaffungskosten Gebäude	**123 200 €**
davon 2 Prozent im Jahr	
Abschreibung	**2 464 €**

Im ersten Jahr zählen nur die Monate , die das Haus bereits im Besitz des Käufers war. Kauft er es im November, kann er also nur die Abschreibung für zwei Monate ansetzen. Im Beispiel würde sie für das erste Jahr dann etwas mehr als 410 Euro betragen.

Ausgaben für Renovierungen und Sanierungen dürfen Vermieter als Werbungskosten absetzen, sofern diese den Standard der Immobilie erhalten. Dann können die Kosten auf einen Schlag oder gleichmäßig verteilt über zwei bis fünf Jahre abgerechnet werden. Erhöhen die Baumaßnahmen dagegen den Standard oder die Nutzfläche, müssen sie über 40 oder 50 Jahre verteilt abgeschrieben werden.

Aufpassen müssen Vermieter, wenn sie größere Instandhaltungsaufwendungen kurz nach dem Kauf ausführen. Das Finanzamt nimmt einen „anschaffungsnahen Herstellungsaufwand" an, wenn die Netto-Instandsetzungskosten (Rechnungsbetrag ohne Umsatzsteuer), die innerhalb von drei Jahren nach der Anschaffung des Gebäudes anfallen,

15 Prozent der Anschaffungskosten des Gebäudes übersteigen. Dann können Vermieter auch diese Kosten nur über 40 oder 50 Jahre abschreiben – je nach Baujahr der Immobilie und dem daraus resultierenden AfA-Satz von 2,5 oder 2 Prozent. Nach den ersten drei Jahren entfällt die 15-Prozent-Grenze.

Immobilien steuerfrei verkaufen

Halten Sie eine vermietete Immobilie weniger als zehn Jahre, müssen Sie einen Veräußerungsgewinn – das ist die Differenz aus Verkaufserlös und Anschaffungskosten – mit Ihrem persönlichen Steuersatz versteuern. Auch Ihre Abschreibungen werden dann wieder hinzugerechnet. Das nachfolgende Beispiel zeigt, welche Spekulationssteuer anfällt, wenn eine Immobilie nach acht Jahren wieder verkauft wird. Anders als im vorherigen Beispiel hat das Finanzamt bei dieser Immobilie nur 70 Prozent Gebäudeanteil für die Abschreibungen anerkannt.

So errechnet sich die Spekulationssteuer

Verkaufspreis	150 000 €
Kosten für Verkauf	–5 000 €
Verkaufserlös	**145 000 €**
Kaufpreis	100 000 €
Kaufnebenkosten	
(Notar, Makler, GrESt)	+ 10 000 €
Anschaffungskosten	**110 000 €**
davon 70 % für das Gebäude	77 000 €
Abschreibungen (2 % p.a.)	
über acht Jahre	12 320 €
Verkaufserlös	145 000 €
Anschaffungskosten	– 110 000 €
Abschreibungen	+ 12 320 €
Zu versteuern	47 320 €
Spekulationssteuer	
(angenommener Steuersatz 42 %)	**19 874 €**

Veräußern Privatpersonen innerhalb von fünf Jahren mehr als drei Objekte, kann das Finanzamt einen „gewerblichen Grundstückshandel" annehmen und Gewerbesteuer fordern. Ererbte Grundstücke werden dabei nicht mitgezählt. Beim Verkauf von Mehrfamilienhäusern oder Fabrikgrundstücken können nach Ansicht der Finanzverwaltung schon weniger als drei Verkäufe in fünf Jahren auf einen gewerblichen Grundstückshandel hindeuten. Bei den Verkäufen muss ein enger zeitlicher Zusammenhang bestehen, der grundsätzlich bei Kauf und Verkauf innerhalb von fünf Jahren angenommen wird. Diese Frist ist jedoch keine absolute Grenze und kann mitunter ausgedehnt werden.

Sie müssen mit Ihrer Immobilie auf lange Sicht Geld verdienen. Machen Sie ohne Grund Verluste, wirft das Finanzamt Ihnen „Liebhaberei" vor. Liebhaberei liegt vor, wenn mit der Vermietung nach den Gesamtumständen des Einzelfalls auf lange Sicht gesehen ein Gewinn oder Überschuss der Einnahmen über die Werbungskosten nicht erstrebt wird. Dann müssen Sie zwar nichts versteuern, dürfen aber auch keine Steuern sparen. Das kann passieren, wenn eine Wohnung lange leer steht. Für solche Zeiten sollten Eigentümer Belege wie Inserate, Maklleraufträge und Aushänge parat haben. Damit können sie beweisen, dass sie ernsthaft Mieter gesucht haben (Bundesfinanzhof, Az. IX R 102/00).

Gut zu wissen

Vermietung an Familienmitglieder. Vermieten Sie Ihre Immobilie an Verwandte, müssen Sie mindestens 66 Prozent der ortsüblichen Miete und umlagefähigen Nebenkosten verlangen. Nur dann können Sie Ihre Werbungskosten voll beim Finanzamt geltend machen. Welche Miete ortsüblich ist, erfahren Sie zum Beispiel beim Mieter- oder beim Haus- und Grundbesitzerverein. Sie können sich auch bei Ihrer Stadt- oder Gemeindeverwaltung nach einem Mietspiegel erkundigen.

Zertifikate und Derivate

Anlage-Zertifikate

Mit Zertifikaten können erfahrenere Anleger spezielle Strategien und kurzfristige Spekulationen umsetzen, die mit anderen Finanzprodukten zu teuer oder zu aufwendig wären. Sie sind aber teilweise riskante und schwer zu verstehende Produkte.

Basiswissen Zertifikate

Das Angebot an Zertifikaten ist kaum überschaubar. Umso wichtiger ist es, dass Anleger verstehen, was Zertifikate sind und wie sie funktionieren, bevor sie über einen Kauf nachdenken.

Mehr zu Indizes siehe „Indizes schaffen Vergleichbarkeit", S. 37 und „Aktienindizes", S. 146.

Zertifikate sind nur etwas für erfahrene Anleger. Die Auswahl ist riesig, und die Konstruktion mancher Zertifikate ist selbst für Fachleute eine Herausforderung. Es handelt sich dabei um Wertpapiere, die an die Entwicklung eines Basiswertes gekoppelt sind. Basiswerte können zum Beispiel Aktien oder ➚Indizes sein. Rechtlich sind Zertifikate Schuldverschreibungen (Anleihen) der Bank, die sie herausgibt („Emittent"). Der Emittent verspricht eine Zahlung oder Leistung, die abhängig ist von bestimmten Bedingungen. Diese Bedingungen können ganz unterschiedlich ausgestaltet sein und sind im Prospekt des jeweiligen Zertifikates festgelegt.

Zertifikate sind noch relativ neue Produkte. Zeitweilig schickten sie sich an, zu einer ernsthaften Konkurrenz für Fonds zu werden. Denn vor der Pleite der amerikanischen Investmentbank Lehman Brothers dachte niemand über das Risiko mancher Zertifikate-Konstruktionen nach. Das hat sich mittlerweile geändert. Zertifikate sind in der Regel nicht wie Sparanlagen und Girokonten durch eine Einlagensicherung der Banken geschützt. Bei Zertifikaten besteht das Risiko, dass Anleger einen Totalverlust erleiden, wenn die herausgebende Bank Insolvenz anmeldet, das sogenannte Emittentenrisiko. Vor dem Jahr 2008 hat kaum jemand damit gerechnet, dass eine große Bank pleitegehen könnte. Aber genau das ist mit der Insolvenz der Investmentbank Lehman Brothers eingetreten. Anleger, die Zertifikate dieser Bank gekauft hatten, verloren viel

Geld, da die Bank ihre in den Lehman-Zertifikaten zugesagten Versprechen nicht einlöste. Das kann bei Investmentfonds nicht passieren. Denn bei Fonds sind die Anlegergelder im Fall einer Pleite der Fondsgesellschaft als Sondervermögen gesichert.

Zertifikatekäufer sollten daher das Emittentenrisiko stets im Hinterkopf behalten und nur Papiere von Emittenten guter Bonität wählen. Wie bei klassischen Anleihen gibt das ↗ Bonitätsrating einer Ratingagentur dazu eine Entscheidungshilfe.

Siehe die Tabelle „Die Notenskala der Bonitätsprüfer", S. 77.

Die herausgebenden Banken informieren in der Regel über ihr Rating. Daneben geben auch die vom Deutschen Derivate Verband auf seiner Homepage (www.derivateverband.de) veröffentlichten „Credit Default Swaps" (CDS) von Zertifikate-Herausgebern Hinweise auf deren Bonität. Credit Default Swaps sind sozusagen Versicherungsprämien, die ein Marktteilnehmer zahlen müsste, um sich gegen den Ausfall eines Emittenten abzusichern: Je geringer der CDS (die Risikoprämie), desto höher dessen Bonität.

Vorsicht: Anbieter ist nicht gleich Herausgeber

Wenn Sie Zertifikate kaufen, sollten Sie immer beachten, dass ein Geldinstitut, das ein Zertifikat anbietet, nicht zwangsläufig dessen Herausgeber ist. So haben seinerzeit beispielsweise auch viele Sparkassen Zertifikate von Lehman Brothers verkauft.

Zertifikate sind vielseitig

Zertifikate werden von ihren Herausgebern aus verschiedenen Finanzprodukten zusammengesetzt (strukturiert) und weisen dann spezielle Eigenschaften auf. Sie gehören daher zu den sogenannten strukturierten Produkten. Ziel ist es, Anlegern ein Produkt für bestimmte Markterwartungen und Risikoneigungen an die Hand zu geben, für die sich sonst nur schwer ein entsprechendes Finanzprodukt finden ließe.

Wer eine bestimmte Marktmeinung hat, kann mit einem Zertifikat auf die von ihm prognostizierte Entwicklung setzen. So gibt es Zertifikate, mit denen man auf steigende, fallende oder sich seitwärts entwickelnde Märkte, Wertpapiere oder Rohstoffe setzen kann. Je nach Ausgestaltung können Zertifikate dazu dienen, das Risiko zu minimieren, wenn man in einen bestimmten Basiswert – wie beispielsweise einen Index – investieren möchte. Sie können aber auch die Chance auf eine höhere Gewinnbeteiligung als bei einer Direktanlage bieten und erhöhte Risiken aufweisen.

Der Basiswert eines Zertifikates

Die vielen verschiedenen Arten von strukturierten Produkten weisen unterschiedliche Ausstattungsmerkmale auf, die einen Einfluss auf die Wertentwicklung haben. Ein Element findet sich jedoch bei allen Zertifikaten: der Basiswert, auch „Underlying" genannt.

„Wenn Sie in Zertifikate investieren möchten, müssen Sie sich zunächst einmal Gedanken machen, auf welchen Basiswert Sie setzen wollen.

Der Wert eines Zertifikates leitet sich immer vom Basiswert ab, das heißt, es besteht eine Verbindung zwischen der Entwicklung des Basiswertes und dem abgeleiteten Zertifikat. Basiswerte können Aktien, Indizes, Währungen, Devisen, Anleihen, Rohstoff-Futures oder Körbe von verschiedenen Basiswerten („Baskets") sein. Ein Basket kann zum Beispiel aus einzelnen Aktien, Anleihen oder Indizes bestehen. Es sind nahezu unendlich viele Kombinationen möglich, wie der Wert des Zertifikates vom Basiswert abgeleitet wird. Wenn Sie also in Zertifikate investieren möchten, müssen Sie sich zunächst einmal Gedanken machen, auf welchen Basiswert Sie setzen wollen und welche Marktmeinung Sie zu diesem haben.

Die wichtigsten Zertifikatetypen

Nahezu für jede Markteinschätzung und für Anleger jeden Risikoprofils finden sich passende Zertifikate. Grob lassen sich Zertifikate in die beiden Gruppen Anlage- und Hebelprodukte einteilen. Anlageprodukte richten sich eher an mittel- bis langfristig ausgerichtete Privatanleger, Hebelprodukte dienen hingegen vor allem der kurzfristigen Spekulation.

Aber auch bei den Anlageprodukten gibt es defensivere und mehr oder weniger offensive Produkte. Strukturierte Anleihen und Garantiezertifikate (auch Kapitalschutz-Zertifikate genannt) sind defensivere Varianten. Sie versprechen eine Garantie auf die Rückzahlung des eingezahlten Kapitals – zumindest wenn die Papiere bis zum Fälligkeitszeitpunkt gehalten werden. Daher sind sie bei vielen Anlegern beliebt. Daneben gibt es offensivere Zertifikate ohne Kapitalschutz in zahlreichen Ausgestaltungen und unterschiedlichster Komplexität. Bei diesen riskanteren Produkten haben Aktienanleihen, Expresszertifikate und Bonitätsanleihen den höchsten Marktanteil.

Wer die Möglichkeiten und Risiken der Zertifikate-Produkttypen kennt, findet sich im Zertifikatedschungel besser zurecht. Er kann gezielt bei den entsprechenden Zertifikatearten suchen, um das richtige Produkt für seine Markteinschätzung zu finden.

Indexzertifikate

Indexzertifikate sind die einfachste Zertifikateform. Wie bei Indexfonds (ETF) können Anleger mit ihnen an der Kursentwicklung eines Index teilhaben. Anders als ETF weisen sie aber ein Emittentenrisiko auf.

Am einfachsten zu verstehen sind Indexzertifikate. Man spricht auch von Partizipationszertifikaten, denn sie ermöglichen es Anlegern, eins zu eins an der Wertentwicklung eines Index teilzunehmen (zu partizipieren). Steigt der Index, steigt das Zertifikat im selben Verhältnis. Nur die Verwaltungskosten gehen eventuell ab.

Ausstattungsmerkmale eines Indexzertifikats

→ Basiswert
→ Bezugsverhältnis
→ Laufzeit
→ Mitunter gibt es auch eine Währungsabsicherung.

Als Basiswert für Indexzertifikate sind zum Beispiel die bekannten Aktienindizes Dax, EuroStoxx, Dow Jones und S&P 500 sowie Nikkei 225 und Hang Seng beliebt. Aber auch für viele andere – zum Teil exotische – Aktienindizes werden Indexzertifikate angeboten. Daneben findet sich unter anderem ein breites Angebot für Zertifikate auf Gold, Silber und Öl.

Indexzertifikate sind eine Möglichkeit, mit relativ geringen Anlagebeträgen in ganze Märkte zu investieren. Ausgabeaufschläge fallen beim Kauf meist nicht an, und die Spreads, also der Unterschied zwischen Kauf- und Verkaufskurs, sind oft sehr gering. In der Regel sind Zertifikate auf exotische Indizes als Basiswert teurer als solche auf bekannte Indizes.

Das Bezugsverhältnis

Das Bezugsverhältnis eines Indexzertifikats gibt an, mit welchem Anteil sein Inhaber an der Wertentwicklung des Basiswerts teilnimmt. Das Bezugsverhältnis ist häufig 1:100, der Wert des Zertifikats bewegt sich also um einen Euro, wenn der Index um 100 Punkte steigt.

Die Laufzeit

Bei der Laufzeit unterscheidet man zwischen Zertifikaten mit fester Laufzeit und solchen ohne Laufzeitbegrenzung („Open End Zertifikate"). Indexzertifikate sind häufig Open End Zertifikate. Oft sehen die Bedingungen dieser Open End Zertifikate vor, dass der Anleger diese zu bestimmten – häufig jährlichen – Ausübungstagen einlösen und vom Emittenten die Rückzahlung verlangen kann. Löst der Anleger sie ein, wird ihm über seine Depotbank der Geldbetrag gutgeschrieben, der sich nach den Bedingungen des Zertifikats ergibt. Aber nicht nur Anleger, auch die Emittenten können Open End Zertifikate in der Regel zu bestimmten Terminen kündigen.

INDEXZERTIFIKATE

Geeignet für risikobereite Anleger, die an der Wertentwicklung eines Index teilhaben wollen.

PRO

Indexzertifikate sind häufig eine der wenigen Möglichkeiten, um in Nischenmärkten wie zum Beispiel exotische Länder oder spezielle Branchen zu investieren. Die Wertentwicklung des Zertifikats ist leicht nachvollziehbar, da sie dem zugrunde liegenden Index eins zu eins folgt.

CONTRA

Indexzertifikate auf Aktienindizes schütten im Gegensatz zu Indexfonds oft keine Dividenden aus. Bei einer Insolvenz des Herausgebers werden Indexzertifikate wertlos.

Dividenden im Index?

Bei einfachen Produkten wie den Indexzertifikaten ist es wichtig, dass der Anleger an den Erträgen partizipiert, die ein Basiswert abwerfen kann. Das heißt bei Aktienindizes, dass er an den Dividenden in irgendeiner Form teilhaben sollte. Ob das so ist, lässt sich meistens an den Zusätzen erkennen, die den zugrunde liegenden Index in verschiedenen Unterlagen beschreiben. „Total Return", „Performance" oder „Gross Return" beschreiben Indizes, die auch die Dividenden der Indexmitglieder berücksichtigen.

Wenn ein Index nur die reine Kursentwicklung der enthaltenen Aktien beinhaltet, spricht man von einem „Preis/Price-" oder „Kursindex".

Zum Unterschied Kurs- und Preisindex siehe „Aktienindizes", S. 146.

Da je nach Herkunft der Aktien in einem Index Quellensteuern auf Dividenden fällig werden können, gibt es auch dafür eine Index-Variante: man nennt sie „Net Return-", „Net Total Return-" oder „Total Return Net-Index". Wenn man vom Dax spricht, meint man üblicherweise die Variante mit Dividenden, also „Total Return" (TR), aber der Dax wird auch als Preisindex berechnet (PR). Umgekehrt ist es beim Euro Stoxx 50 Index. Von ihm spricht man meistens in seiner Variante als Preisindex, aber der Indexanbieter berechnet nebenbei auch die Variante mit Berücksichtigung der Dividenden.

Währungsabsicherung

Wenn die Basiswerte nicht in Euro, sondern in einer anderen Währung notieren, kann es zu Währungsverlusten, aber auch Währungsgewinnen kommen. Die Währungsverluste sind

Gut zu wissen

Indexfonds vor Indexzertifikaten. Wenn es auf einen Index auch Indexfonds (ETF) gibt, sind diese meist die bessere Alternative, denn bei Fonds besteht anders als bei Zertifikaten kein Emittentenrisiko. Die Wertpapiere im Fonds sind bei einer Pleite des ETF-Anbieters als Sondervermögen geschützt. Für manche exotischen Märkte und deren Börsenindizes gibt es aber keine ETF. Dann können Sie Indexzertifikate für kurz- und mittelfristige Anlageideen nutzen.

bei manchen Indexzertifikaten abgesichert. Dazu schließt der Emittent zum Beispiel monatlich rollierend Geschäfte zur Währungsabsicherung ab.

Beispiel: Bei einem Indexzertifikat auf einen Index, der in US-Dollar gemessen wird, wie dem S & P 500 (er beinhaltet die 500 größten US-Aktien), würde das bedeuten: Steigt er um 10 Prozent, steigt auch der Zertifikatepreis ziemlich genau um 10 Prozent. Der Wechselkurs von Dollar zu Euro spielt dann keine Rolle.

Solche währungsgesicherten Zertifikate erkennen Sie an der zusätzlichen Bezeichnung „Quanto". Wie hoch der Preis der Quanto-Absicherung ist, lässt sich nicht pauschal sagen. Denn für die Berechnung spielt vor allem die Zinsdifferenz zwischen der abzusichernden Währung und der eigenen Währung eine Rolle. Ist das Zinsniveau im Land der Fremdwährung niedriger als im Euroraum, kann eine Absicherung auch Geld einbringen. Ob und in welcher Höhe der Emittent Absicherungskosten berechnet, wird in den Zertifikatebedingungen oder im Prospekt beschrieben.

Aktien-Partizipationszertifikate

Neben Indexzertifikaten gibt es Partizipationszertifikate auf einzelne Aktien. Hier nehmen Anleger eins zu eins an der Entwicklung der zugrunde liegenden Aktie teil. Die Zertifikatekäufer sind aber im Gegensatz zum Aktionär nicht dividendenberechtigt. Diese Zertifikate sind allerdings selten und spielen kaum eine Rolle.

Basket-Zertifikate

Da Emittenten für ausgefallene Anlageideen keinen passenden Index finden, konstruieren sie gerne sogenannte Basket-Zertifikate. Dies sind Zertifikate, denen nicht nur ein Basiswert zugrunde liegt, sondern ein Korb von verschiedenen Werten, häufig Aktien bestimmter Branchen oder Themen. Mitunter kann sich auch die Zusammensetzung des Korbes zu bestimmten Stichtagen ändern. Dann spricht man von „aktiven Baskets". Bei aktiven Baskets berechnen die Emittenten in der Regel Managementgebühren für die Verwaltung des Korbes. Basket-Zertifikate haben manchmal eine festgelegte Laufzeit. Die Kosten solcher exotischen Basket-Zertifikate sind meist höher als bei Standardindizes. Anleger sollten bei diesen Produkten die Zertifikatebedingungen besonders genau studieren.

Discountzertifikate

Anleger kaufen den Basiswert mit einem Preisabschlag und verzichten im Gegenzug auf größere Gewinnchancen. Das ist das Prinzip von Discountzertifikaten.

Mit Discountzertifikaten kaufen Anleger indirekt den Basiswert – also eine Aktie, einen Index oder einen Rohstoff – mit einem Abschlag (Discount). Der Preis für das Discountzertifikat liegt also unter dem des Basiswerts. Der Abschlag dient als Risikopuffer: Je höher der Abschlag, umso geringer das Risiko. Im Gegenzug für das geringere Risiko sind die Gewinnchancen von Discountzertifikaten begrenzt.

Das Discountzertifikat besitzt einen „Cap", das ist ein Höchstbetrag, der bei Fälligkeit gezahlt wird. Steigt also der Basiswert bis zum Laufzeitende des Zertifikats über den Cap, profitieren Anleger nicht mehr von dieser Wertsteigerung. Sie erhalten dann nur den Cap-Preis ausbezahlt. Solange der Kurs des Basiswerts höher ist als der Preis des Discountzertifikats beim Kauf, erzielen Anleger einen Gewinn. Erst wenn der Discount aufgezehrt ist und der Basiswert unter den Zertifikate-Kaufpreis fällt, verlieren sie Geld, und das Zertifikat macht im gleichen Maß wie der Basiswert Verluste. Trotz des Risikopuffers ist daher ein Totalverlust möglich. Denn das Zertifikat nimmt nach unten unbegrenzt an Kursverlusten des Basiswertes teil.

DISCOUNT-ZERTIFIKATE

Geeignet für erfahrene Anleger, die leicht steigende, leicht fallende oder stagnierende Börsenkurse erwarten.

PRO

Der Preis für ein Discountzertifikat liegt unter dem seines Basiswertes. Der Discount dient als Sicherheitspuffer.

CONTRA

Die Gewinnchancen sind im Gegenzug für den Sicherheitspuffer begrenzt. Wenn der Discount aufgezehrt ist, fällt das Zertifikat wie der Basiswert. Auch ein Totalverlust ist möglich.

Beispiel: *Eine Aktie steht bei 43,96 Euro. Ein Discountzertifikat auf diese Aktie kostet aber nur 37,62 Euro. Das entspricht einem Discount von 14,4 Prozent. Der Cap, die Gewinnobergrenze, liegt bei 48 Euro.*
Steigt die Aktie bis zur Fälligkeit des Discountzertifikats in einem Jahr auf 48 Euro oder sogar darüber, erhält der Anleger immer 48 Euro – mehr nicht. Das entspricht einem Gewinn von immerhin 27,6 Prozent auf das eingesetzte Geld.
Bleibt der Kurs der Aktie unter 48 Euro, erhält der Anleger den entsprechenden Wert.
Einen Verlust macht er erst, wenn der Kurs unter 37,62 Euro fällt. Der Discount dient insoweit als Sicherheitspuffer.
Bricht der Kurs der Aktie ein und fällt beispielsweise auf 5 Euro, nutzt ihm dieser Sicherheitspuffer aber nichts. Er bekommt dann nur die 5 Euro.

Ausstattungsmerkmale eines Discountzertifikats

- → Basiswert
- → Bewertungstag
- → Cap und
- → Bezugsverhältnis.

Discountzertifikate eignen sich vor allem für Anleger, die von einer Seitwärtsbewegung oder nur leicht steigenden oder fallenden Kursen des Basiswertes ausgehen. Trifft diese Erwartung ein, erzielen sie oftmals ein besseres Ergebnis als mit der Direktanlage.

Erwarten Sie stärker steigende Kurse, sollten Sie besser den Basiswert direkt kaufen, da dann die Gewinnmöglichkeiten nicht begrenzt sind.

Erwarten Sie stärker steigende Kurse, sollten Sie besser den Basiswert direkt kaufen, da dann die Gewinnmöglichkeiten nicht begrenzt sind. Je größer die Schwankungen (die Volatilität) am Markt sind, desto billiger werden Discountzertifikate in der Regel, denn der Discount ist umso höher, je höher die Volatilität des Basiswerts ist.

Papiere mit geringem Risiko sind daran zu erkennen, dass die Gewinnobergrenze weit unter dem aktuellen Kurs des Basiswerts liegt. Denn selbst wenn der Basiswert zum Laufzeitende bis auf den Cap sinkt, erhalten Sie den Cap-Preis ausbezahlt. Sofern es nicht zum Absturz des Basiswertes unter den Cap kommt, steht Ihre Rendite von vornherein fest.

Beispiel:
- → *Aktueller Kurs Basiswert: 80*
- → *Cap: 64*
- → *Kurs Zertifikat: 61*
- → *Restlaufzeit: 1 Jahr*

Sofern der Basiswert nicht unter 64 fällt, erzielt der Anleger eine Rendite von 4,9 Prozent:

(64 – 61) x 100
/ 61
= 4,9

Einen Verlust erleidet er erst, wenn der Kurs unter seinen Kaufpreis von 61 fällt. Der Discount beträgt hier 23,75 Prozent

(1 – (61 : 80))
x 100
= 23,75

Bei Papieren mit mittlerem Risiko liegt die Gewinnobergrenze ungefähr auf Höhe des Basiswerts. Muss der Basiswert erst noch steigen, ehe er die Gewinnobergrenze erreicht, ist das Risiko hoch.

Bei Aktien-Discountzertifikaten erhalten Anleger die Aktien geliefert, wenn der Kurs des Basiswertes am Bewertungstag unterhalb des Caps liegt. Wie viele Aktien sie erhalten, bestimmt sich nach dem Bezugsverhältnis. Die Bank bucht am Ende dann die Aktien in das Depot des Anlegers. Wer die Einbuchung der Aktie vermeiden will, verkauft sein Discountzertifikat vor Fälligkeit. Die wenigsten Anleger behalten es bis zum Schluss und lassen sich die Papiere liefern.

Anleger, die Index-Discountzertifikate gekauft haben, erhalten bei Fälligkeit einen Geldbetrag oder bekommen Open-End-Indexzertifikate geliefert, wenn der Kurs des Basisindex unter dem Cap liegt sollte. Für Discountzertifikate auf Rohstoffe gibt es in diesen Fällen immer Geld, nie den Rohstoff.

Bonuszertifikate

Komplexer als Index- oder Discountzertifikate sind Bonuszertifikate. Hier müssen Sie zwei Kursschwellen beachten.

Bonuszertifikate bieten die Möglichkeit, auch in Seitwärtsmärkten etwas zu verdienen. Zusätzlich bieten sie einen teilweisen Schutz vor Kursverlusten. Als Basiswert kommen Aktien, Indizes, Währungen und Rohstoffe infrage. Bewegt sich der Basiswert in einer vorab festgelegten Spanne (die untere Grenze ist die „Barriere", die obere Grenze der „Bonuslevel"), erhalten Anleger einen Bonus ausgezahlt. Steigt der Basiswert über den Bonuslevel hinaus, steigt auch der Wert des Zertifikats. Einen zusätzlichen Bonus gibt es dann aber nicht mehr. Solange der Basiswert die untere Grenze der Spanne während der Laufzeit des Zertifikats nicht berührt oder unterschreitet, sind Anleger vor Verlusten geschützt. Deshalb nennt man diese Untergrenze auch „Sicherheitsschwelle". Berührt oder unterschreitet der Basiswert allerdings die Sicherheitsschwelle, wird aus dem Bonuszertifikat ein Papier, das sich genauso entwickelt wie der Basiswert. Bonus und Sicherheitsschwelle sind dann verloren.

Beispiel: *Ein Bonuszertifikat auf eine Aktie kostet 19,62 Euro und läuft noch rund ein Jahr. Die Aktie steht bei 16,49 Euro. Wenn die Aktie während der Laufzeit des Zertifikats nie unter die Sicherheitsschwelle von 11,90 Euro sinkt, bekommt der Anleger auf jeden Fall 21,60 Euro zurück – auch wenn die Aktie nur bei 18,70 Euro steht. Das ist der Bonus, den der Herausgeber festgelegt hat. Bis zur Fälligkeit kann der Anleger so rund 10,1 Prozent verdienen.*

Sollte die Aktie bei Fälligkeit über 21,60 Euro stehen, bekommt der Anleger den Gegenwert. Anders als bei einem Discountzertifikat ist der Gewinn nicht begrenzt.

Verletzt die Aktie allerdings während der Laufzeit die Sicherheitsschwelle, wird aus dem Bonuszertifikat ein Papier, das genauso steigt oder fällt wie die Aktie. Bonus und Schutz fallen dann weg.

Das heißt, wenn die Aktie die Sicherheitsschwelle einmal verletzt hat und am Ende auf 15 Euro steht, bekommt der Anleger die 15 Euro.

BONUS-ZERTIFIKATE

Geeignet für erfahrene Anleger, die weder stark steigende, noch stark fallende Börsenkurse erwarten, da Bonuszertifikate ihre Stärken vor allem in Seitwärtsmärkten ausspielen.

PRO

Solange der Basiswert die Sicherheitsschwelle nicht berührt oder unterschreitet, ist der Anleger vor Verlusten geschützt. Anleger erhalten eine Bonuszahlung, solange sich der Kurs des Basiswertes innerhalb einer festgelegten Spanne bewegt.

CONTRA

Wird die Sicherheitsschwelle berührt, steigt oder fällt das Bonuszertifikat wie der Basiswert, ein Totalverlust ist möglich. Der Anleger erhält keinen Bonus mehr, selbst wenn der Basiswert wieder steigt.

Ausstattungsmerkmale eines Bonuszertifikats

→ Basiswert
→ Barriere (Sicherheitsschwelle)
→ Bonuslevel
→ Bonusbetrag
→ Bezugsverhältnis und
→ Bewertungstag.

Bonuszertifikate sind daher nur wirklich rentabel, wenn sich der Basiswert in einer Seitwärtsphase befindet, also weder stark steigt noch stark fällt. Lediglich dann profitieren Anleger vom Bonus. Aber natürlich verlangt die emittierende Bank einen Gegenwert dafür, dass sie einen Bonus in Aussicht stellt und eine Sicherheitsschwelle einzieht. Der Preis, den sie fordert, ist die Dividende, die der Basiswert abwirft. Diese fließt dem Emittenten zu, der damit unter anderem seine Margen finanziert. Er kann bei Basiswerten, die höhere Dividenden erwarten lassen, entsprechend größere Sicherheitspuffer oder Bonusbeträge einbauen. In volatilen Märkten ist die Wahrscheinlichkeit groß, dass der Basiswert die Sicherheitsschwelle berührt – es genügt schon ein einmaliges kurzes Erreichen der Marke.

Anleger sollten beim Kauf daher besonders auf zwei Punkte achten:

1. Die Sicherheitsschwelle sollte noch nicht berührt worden, also noch intakt sein, und
2. der Abstand zur Untergrenze sollte noch komfortabel sein.

Die Finanzindustrie bietet neben den klassischen Bonuszertifikaten diverse Sonderformen dieser Papiere an:

- **Bei Capped Bonuszertifikaten** ist der Erwerbspreis oder die Barriere niedriger als bei vergleichbaren Bonuszertifikaten. Dafür sind aber auch die Gewinnmöglichkeiten begrenzt, weil die maximale Rückzahlung auf einen Höchstbetrag (Cap) festgeschrieben ist.
- **Reverse-Bonuszertifikate** funktionieren – wie der Name sagt – quasi umgekehrt wie normale Bonuszertifikate. Anleger spekulieren nicht auf steigende, sondern auf fallende Kurse. Die Barriere liegt oberhalb des aktuellen Kursniveaus des Basiswertes. Wird diese Marke während der Laufzeit nicht berührt, erhalten Anleger die Bonuszahlung. Sollte die Barriere aber gerissen werden, wandelt sich das Zertifikat in ein Short-Papier: Fällt der Basiswert, steigt das Zertifikat. Steigt der Basiswert, fällt das Zertifikat. Ein sehr großer Kursanstieg des Basiswertes kann dann zum Totalverlust des Zertifikats führen. Für Kleinanleger sind diese Papiere in der Regel nicht geeignet.

Gut zu wissen

Vor dem Absturz die Reißleine ziehen. Solange sich ein Bonuszertifikat über der Sicherheitsschwelle befindet, entwickelt sich dessen Preis noch besser als der des Basiswerts, da ihm die Chance auf den Bonus Auftrieb verleiht. Durchbricht das Zertifikat die Sicherheitsschwelle, stürzt sein Preis jedoch überproportional ab und gleicht sich dem Basiswert an. Es kann sich daher lohnen, die Reißleine zu ziehen und das Zertifikat über die Börse zu verkaufen, wenn sich abzeichnet, dass die Sicherheitsschwelle berührt werden könnte, zum Beispiel in einem starken Abwärtstrend oder bei Ereignissen, die möglicherweise Auswirkungen auf den jeweiligen Basiswert haben.

Aktienanleihen

Aktienanleihen sind keineswegs sichere festverzinsliche Wertpapiere, wie der Name suggeriert, sondern fast so riskant wie Aktien.

Aktienanleihen zahlen Zinsen wie ein festverzinsliches Wertpapier, beinhalten aber ähnliche Risiken wie Aktien. Denn Verluste im Basiswert münzen sich – ab einer gewissen Schwelle – in Verluste der Aktienanleihe um.

Konkret: Mit einer Aktienanleihe tauscht ein Anleger Dividenden und hohe Gewinnchancen der Aktien, die als Basiswerte dienen, gegen einen sicheren Zinskupon, denn meist entspricht der Kupon auch dem maximal möglichen Gewinn. Je stärker die zugrunde gelegten Aktien schwanken, desto riskanter ist das Geschäft und umso höher ist die Prämie in Form des Zinskupons.

Aktienanleihen lohnen sich, wenn die zugrunde liegenden Aktien weder stark steigen noch fallen.

Aktienanleihen sind also ähnlich wie Discountzertifikate implizit mit einem Cap ausgestattet. Oberhalb einer bestimmten Kursschwelle nehmen Anleger nicht mehr an Kurssteigerungen des Basiswertes teil. Aktienanleihen lohnen sich, wenn die zugrunde liegenden Aktien weder stark steigen noch fallen.

Wie bei allen Anleihen und Zertifikaten besteht ein Emittentenrisiko. Anleger sollten also darauf achten, dass die Solvenz des Herausgebers gewährleistet ist.

Anders als andere Zertifikate lauten Aktienanleihen wie „normale" Anleihen auf einen Nennbetrag (zum Beispiel 1000 Euro) und nicht auf Stücke. Sie werden auch mit einer Prozentnotierung gehandelt. Der Nennwert ergibt sich aus der Multiplikation des Basispreises und des Bezugsverhältnisses. Notiert der Basiswert am Ende der Laufzeit über dem Basispreis, erhalten Anleger den Nennwert ausgezahlt. Ist aber am Ende der Laufzeit der Gegenwert der Aktie mal Stückzahl laut Bezugsverhältnis niedriger als der Nennbetrag, erhalten Anleger die Aktien. Dann drohen ihnen Verluste durch einen möglichen Wertverfall der Aktien.

Beispiel: *Eine Aktienanleihe hat ein Bezugsverhältnis von 10 und einen Basispreis von 100 Euro. Der Nennbetrag ist also 1000 Euro. Notiert die als Basiswert zugrunde liegende Aktie am Laufzeitende der Aktienanleihe unter*

AKTIENANLEIHEN

Geeignet für erfahrene Anleger, die seitwärts laufende oder nur leicht steigende oder fallende Aktienkurse erwarten.

PRO

Aktienanleihen bieten zum Teil hohe Verzinsungen.

CONTRA

Die Gewinnchancen sind begrenzt. Anleger sind aber im hohen Maße an etwaigen Verlusten der Aktie beteiligt, die Basiswert der Aktienanleihe ist, wenn deren Aktienkurs unter den Basispreis fällt.

dem Basispreis von 100 Euro, beispielsweise bei 90 Euro, erhält der Anleger zehn Aktien, hier also einen Gegenwert von 900 Euro. Sofern der zu Beginn festgelegte Zinskupon nicht mindestens 10 Prozent (100 Euro) beträgt, erleidet der Anleger also einen Verlust.

Notiert die Aktie über dem Basispreis, zum Beispiel bei 120 Euro, erhält der Anleger nur den Nennbetrag von 1000 Euro zurück. Daneben erhält er unabhängig vom Kursverlauf des Basiswerts den bei der Emission versprochenen Zinssatz.

Mehr zu Stückzinsen siehe Abschnitt „Was sind Anleihen?", S. 74.

Ausstattungsmerkmale einer Aktienanleihe

→ Basiswert
→ Nennbetrag
→ Basispreis
→ Zinssatz
→ Laufzeit
→ Bewertungstag und
→ Bezugsverhältnis.

Das Risiko einer Aktienanleihe liegt vor allem darin, dass der Kurs des Basiswerts unter den Basispreis fällt und der Anleger dann Aktien geliefert bekommt. Je weiter also der Basispreis vom Kurs der Aktie entfernt liegt, umso niedriger ist das Risiko der jeweiligen Aktienanleihe. Dafür ist aber auch die Renditechance geringer, da dann der Erwerbspreis höher oder der Zinssatz niedriger sein wird.

Beziehen sich Aktienanleihen auf einen Index, spricht man auch von Indexanleihen. Diese werden üblicherweise durch Zahlung eines Geldbetrags oder durch die Lieferung einer festgelegten Anzahl von Indexzertifikaten zurückgezahlt.

Beim Kauf von Aktienanleihen nach dem Emissionstag müssen Käufer eventuell noch Stückzinsen an den Verkäufer bezahlen – das hängt davon ab, ob der Börsenpreis der Aktienanleihe die ausgelaufenen Zinsansprüche bereits beinhaltet („dirty price") oder nicht („clean price"). Im letzten Fall zahlt der Käufer die bis zum Erwerbszeitpunkt aufgelaufenen Zinsansprüche separat zur Aktienanleihe.

Das Risiko einer Aktienanleihe liegt vor allem darin, dass der Kurs des Basiswerts unter den Basispreis fällt und der Anleger dann Aktien geliefert bekommt.

Strukturierte Anleihen

Kreative Produktnamen sowie komplexe Zusatzbedingungen, die auch Fachleute oft nicht verstehen, sind häufig ein Merkmal von Strukturierten Anleihen.

Strukturierte Anleihen ist der Oberbegriff für verzinsliche Wertpapiere (Inhaberschuldverschreibungen), die mit Zusatzbedingungen ausgestattet sind. Diese Zusatzbedingungen können die Zinszahlung oder die Rückzahlung der Anleihe beeinflussen. So kann die Höhe der Zinszahlung beispielsweise davon abhängen, dass bestimmte in den Zertifikate-Bedingungen festgelegte Unternehmen nicht pleitegehen. Oder die Verzinsung eines Zertifikats hängt davon ab, dass alle Papiere eines Aktienkorbs nie unter eine bestimmte Kursschwelle fallen (solche Konstrukte zählen auch zu den Garantiezertifikaten).

Gemeinsam ist allen Produkten, dass Anleger die Emissionsbedingungen genau lesen und verstehen (!) müssen, da jedes Produkt individuell ausgestattet ist.

Dem Einfallsreichtum der Banken, die solche strukturierten Papiere herausgeben, sind keine Grenzen gesetzt. Die Geldinstitute können mit komplizierten Konstruktionen meist mehr verdienen als mit bekannten Produkten, die Anleger leicht miteinander vergleichen können. Gemeinsam ist allen strukturierten Produkten, dass Anleger die Emissionsbedingungen genau lesen und verstehen (!) müssen, da jedes Produkt individuell ausgestattet ist. Nur wenn sie Glück haben und alle Bedingungen erfüllt werden, die die Herausgeber sich ausgedacht haben, erhalten sie attraktive Renditeaufschläge.

Beispiele für Strukturierte Anleihen sind Stufenzinsanleihen sowie Aktienanleihen, Anleihen mit Bonuszahlungen oder Bonitätsanleihen.

Mehr zu Stufenzinsanleihen siehe „Spezielle Anleiheformen", S. 98.

Bonitätsanleihen (Credit Linked Notes) sind Anleihen, deren gesamte Rückzahlungshöhe von bestimmten vertraglich vereinbarten Kreditereignissen abhängig ist. Ein Kreditereignis bezeichnet den Fall, dass ein Schuldner seinen Zahlungsverpflichtungen gegenüber dem Gläubiger nicht oder nicht vollständig nachkommt. Tritt kein Kreditereignis ein, kommt der Anleger in den Genuss einer meist attraktiven Rendite, da diese Papiere höher verzinst werden sollten. Allerdings ist die Rendite nur dann attraktiv, wenn Provisionen und Margen für die Herausgeber und für die Banken, die sie vertreiben, sie nicht auffressen.

Die Bundesanstalt für Finanzdienstleistungsaufsicht (Bafin) hatte ein Verbot des Vertriebs von Bonitätsanleihen an Privatpersonen geplant. Das konnte die Branche mit einer umfassenden Selbstverpflichtung abwenden.

Kritisch hinterfragen

Anleger können die Attraktivität von Bonitätsanleihen leichter beurteilen, wenn sie sie mit mindestens zwei anderen Anlagen vergleichen: mit der Effektivverzinsung einer normalen Anleihe des Herausgebers und mit den besten aktuell erhältlichen Zinsen für Festgeld, jeweils mit vergleichbarer Laufzeit. In der Regel ist es aber besser, sich für einfachere Produkte zu entscheiden.

Garantiezertifikate (Kapitalschutz-Zertifikate)

Zertifikate mit Garantie: Das klingt vielversprechend. Doch meist profitieren nur die Banken vom Geschäft mit der Angst vor Kapitalverlusten.

GARANTIE-ZERTIFIKATE

Geeignet für niemanden. Garantiezertifikate sind stets nur Kompromisslösungen. Sie eignen sich weder für sicherheitsorientierte noch für risikobereite Anleger.

PRO

Geld-zurück-Garantie, wenn Anleger das Zertifikat bis zur Fälligkeit halten.

CONTRA

Die Renditechancen sind wegen der hohen Kosten sehr bescheiden.

Teilhabe an den Kurschancen der Aktienmärkte und volle Absicherung bei Verlusten – diesen Traum hegen viele Anleger, die in Garantiezertifikate investieren. Dieser Traum ist aber schwerer zu erfüllen, als es nette Produktbeschreibungen suggerieren.

Wie bei anderen Zertifikaten setzen Anleger bei einem Garantiezertifikat auf die Entwicklung eines Basiswerts, in der Regel eines Aktienindex, Aktienkorbs oder einer Einzelaktie. Anders als bei anderen Schuldverschreibungen oder bei Aktien, sichern die Herausgeber bei Garantiezertifikaten aber für den Tag der Fälligkeit die Rückzahlung eines Mindestbetrags zu.

Im Unterschied zur direkten Anlage in den Basiswert nimmt der Anleger an möglichen Kursgewinnen oder -verlusten nur in beschränktem Umfang teil. Die Verluste sind durch die Garantiezusage begrenzt. Der Emittent garantiert bestenfalls die vollständige Rückzahlung des eingesetzten Kapitals zum Ende der Laufzeit. In einem Umfeld mit niedrigen Zinsen garantieren viele Zertifikate aber nicht das ganze Kapital, sondern nur einen Teil davon, zum Beispiel 90 Prozent des Nennwerts. Aber selbstverständlich gibt es auch hier ein Emittentenrisiko. Geht die herausgebende Bank pleite, können Anleger einen Totalverlust erleiden.

Manchmal sind die Gewinnmöglichkeiten gedeckelt („Cap") oder ein sogenannter Partizipationsfaktor gibt an, mit welchem Prozentsatz der Anleger an der positiven Kursentwicklung des Basiswerts teilnimmt.

Ausstattungsmerkmale eines Garantiezertifikats

→ Basiswert
→ Mindestbetrag (Garantie)
→ Basispreis
→ Bewertungstag
→ Bezugsverhältnis
→ Partizipationsfaktor und
→ Schwellen für die Basiswerte (die Ausstattungsmerkmale sind allerdings je nach Emittent sehr unterschiedlich).

Garantiezertifikate sind fast immer Vertriebsprodukte, das heißt, sie beinhalten eine Marge und Provision für den Herausgeber und die Bank, die sie vertreibt. Da Garantiezertifikate recht unterschiedlich ausgestattet sind, fällt ein Vergleich schwer. Es ist davon auszugehen, dass Margen und Provisionen höher ausfallen als in Standardprodukten wie Discount- oder Bonuszertifikaten. Je höher die Margen in einem Produkt, desto geringer sind natürlich die Ertragschancen für Anleger.

Garantiezertifikate setzen sich fast immer aus einer Nullkuponanleihe des Emittenten und einer mehr oder weniger exotischen Option zusammen. Eine Nullkuponanleihe zahlt keine Zinsen, sie wird bei Fälligkeit einfach zu 100 Prozent zurückgezahlt, kostet aber vorher entsprechend weniger. Die Option verspricht eine irgendwie geartete Partizipation am Basiswert. Die Nullkuponanleihe gewährleistet den Kapitalerhalt bei Laufzeitende.

Besser selbst kombinieren

Wer (einlagengesicherte) Festzinsanlagen mit Aktien oder Aktienfonds oder Aktien-ETF kombiniert, erzielt einen ähnlichen Effekt wie mit einem Garantiezertifikat. Die Festzinsanlagen dienen als Sicherheitsnetz. Sie reduzieren die Risiken aus der Aktienanlage und sorgen für eine Kapitalgarantie in Höhe der festverzinslich angelegten Beträge. Die Vorteile: Die Kosten sind deutlich geringer. Außerdem besteht nicht das Risiko, dass das Geld weg ist, wenn die herausgebende Bank pleitegeht.

Outperformance-Zertifikate

Mit diesen Papieren können Anleger an erwarteten Kursgewinnen überproportional teilhaben, dafür verzichten sie auf die Dividenden.

Outperformance-Zertifikate richten sich an Anleger, die von steigenden Kursen eines Basiswertes ausgehen und daran überproportional teilhaben wollen. Oft sind diese Produkte mit einer Partizipationsrate von 120 bis 200 Prozent ausgestattet. Notiert der Basiswert am Ende der Laufzeit über einem bestimmten Kurs (Basispreis), wird die Differenz aus Basispreis und Kurs des Basiswertes mit der Partizipationsrate multipliziert. Unterhalb des Basispreises entwickelt sich das Zertifikat wie der Basiswert.

Ausstattungsmerkmale eines Outperformance-Zertifikats

→ Basiswert
→ Basispreis
→ Laufzeit
→ Bezugsverhältnis
→ Partizipationsfaktor und
→ Bewertungstag.

Beispiel: *Ein Anleger geht davon aus, dass die A-Aktie steigen wird. Er kauft daher ein Outper-*

OUTPERFORMANCE-ZERTIFIKATE

Geeignet für risikobereite, erfahrene Anleger, die an Kurssteigerungen eines Basiswertes gehebelt teilhaben wollen.

PRO

Hohe Gewinnmöglichkeiten, wenn der Basiswert über den Basispreis steigt. An Kursverlusten partizipieren Anleger aber nur eins zu eins, nicht gehebelt.

CONTRA

Ein möglicher Dividendenanspruch wie beim Direktinvestment in eine Aktie entfällt. Es besteht ein Totalverlustrisiko.

formance-Zertifikat mit einer Restlaufzeit von einem Jahr und folgenden Merkmalen:

- *Basiswert: A-Aktie, aktueller Kurs 55 Euro*
- *Basispreis: 55 Euro*
- *Bezugsverhältnis: 1 zu 1*
- *Partizipationsrate: 140 Prozent*

Zum Bewertungstag am Laufzeitende steht die A-Aktie zum Beispiel bei 70 Euro, also 15 Euro über dem Basispreis. Die Differenz zwischen Aktienkurs und Basispreis wird mit der Partizipationsrate von 140 Prozent multipliziert, was 21 Euro ergibt. Dieser Gewinn wird zu dem Basispreis addiert, und der Anleger erhält 76 Euro ausbezahlt, was einer Rendite von rund 38 Prozent entspricht.

Steht die A-Aktie am Laufzeitende nur bei 49 Euro, erhält der Anleger nur 49 Euro zurück.

Wenn das Zertifikat beim Kauf so viel kostet wie der Kurs des Basiswertes, entspricht das Risiko des Zertifikatekäufers grundsätzlich dem eines Direktanlegers in den Basiswert. Steht der Kurs des Basiswerts beim Kauf über dem Basispreis, kostet das Zertifikat also mehr als der Basispreis, würde der Anleger überproportional an Kursverlusten des Basiswertes teilnehmen, sein Risiko wäre also höher als das des Direktanlegers.

Das Zertifikat hat eine begrenzte Laufzeit. Der Zertifikatekäufer kann daher nicht zwischenzeitliche Verluste aussitzen, wie ein Direktanleger.

Überdies hat das Zertifikat eine begrenzte Laufzeit. Der Zertifikatekäufer kann daher nicht zwischenzeitliche Verluste aussitzen, wie ein Direktanleger. Der Zertifikateanleger erhält auch keine Dividendenzahlungen des Basiswerts.

Neben den Outperformance-Zertifikaten bieten sogenannte Sprint-Zertifikate Anlegern ebenfalls die Möglichkeit, oberhalb des Basispreises überproportional vom Anstieg des Basiswerts zu profitieren. Die überproportionale Gewinnpartizipation ist allerdings auf eine bestimmte Bandbreite oberhalb des Basispreises und einen Cap begrenzt.

Expresszertifikate

Expresszertifikate stehen weit oben auf der Komplexitätsskala. Zahlreiche Bedingungen sind zu beachten.

Expresszertifikate sind eine Wette, bei der Anleger ihr eingesetztes Kapital plus einen hohen Zins erhalten, wenn ein vorher festgelegtes Ereignis in einem bestimmten Zeitraum eintritt. Dieses Ereignis kann zum Beispiel sein, dass eine Aktie oder ein Index zu einem Stichtag einen bestimmten Wert erreicht hat. Tritt dies nicht ein, läuft das Zertifikat ein Jahr weiter, und es wird dann wieder geschaut, ob das definierte Ereignis erreicht wurde. Das Ganze kann sich mehrere Jahre bis zur Fälligkeit des Zertifikats wiederholen.

Sobald das Ereignis bei einem Stichtag eingetreten ist, endet das Zertifikat, und der Anleger erhält seinen Einsatz zuzüglich des versprochenen Zinses. Geht die Wette bis zum Laufzeitende nicht auf, wird eine Sicherheitsschwelle wichtig, die Kursrückschläge bis zu einer bestimmten Marke auffängt. Sofern der Verlust über der Schwelle bleibt, erhält der Anleger wenigstens sein eingesetztes Geld zurück. Erst bei darüber hinausgehenden Verlusten verliert er im gleichen Maß wie bei einer Direktanlage in den Basiswert.

Am Markt gibt es Expresszertifikate mit kaum noch verständlichen Bedingungen und auch schwer durchschaubare Kombinationen aus Express- und Bonuszertifikat.

Ausstattungsmerkmale eines Expresszertifikats

- → Basiswert
- → Laufzeit mit Fälligkeitstagen
- → Bewertungstage
- → vorzeitige und maximale Auszahlungsbeträge
- → Sicherheitsschwelle und
- → Referenzpreis des Basiswerts am Bewertungstag.

EXPRESS-ZERTIFIKATE

Geeignet für spekulative Anleger, die darauf wetten wollen, möglichst schnell eine festgelegte Zielrendite zu erreichen.

PRO

Expresszertifikate bieten eine definierte Zielrendite – wenn der Basiswert an einem der Beobachtungstage das festgelegte Niveau erreicht. Bei Kursverlusten greift in der Regel ein gewisser Sicherheitspuffer.

CONTRA

Sie weisen meist ein schlechtes Chancen-Risiko-Profil auf. Nur wenn der Basiswert kaum ansteigt und sich am Beobachtungstag über dem festgelegten Wert hält, besteht die Chance auf eine bessere Rendite als mit einem Direktinvestment in den Basiswert.

Beispiel für ein Standard-Expresszertifikat: Ein Expresszertifikat bezieht sich auf einen Index mit einem aktuellen Stand von 100. Das Zertifikat läuft vier Jahre. Einmal jährlich wird zu einem bestimmten Beobachtungstag geschaut, ob der Index auf oder über seinem Startniveau

von 100 notiert. Die Sicherheitsschwelle liegt bei 75. Notiert der Index am ersten Beobachtungstag über dem Startniveau von 100, endet das Zertifikat vorzeitig und der Anleger erhält 106 Euro ausbezahlt. Notiert der Index unter 100, läuft das Zertifikat weiter, und beim zweiten und gegebenenfalls weiteren Beobachtungstagen wird der Indexstand wieder mit dem Startniveau verglichen. Liegt er dann darüber, endet das Zertifikat, und der Anleger erhält 112 Euro beim zweiten Beobachtungstag oder gegebenenfalls 118 Euro beim dritten und 124 Euro beim vierten Beobachtungstag.
Sollte der Index allerdings zu allen Beobachtungstagen unter 100 notieren, erhält der Anleger seine eingesetzten 100 Euro zurück, aber nur wenn der Index zum letzten Beobachtungstag nicht unter der Sicherheitsschwelle von 75 notiert. Liegt der Index dann beispielsweise nur bei 72, bekommt er auch nur 72 Euro zurück.

Wie auch Garantiezertifikate sind Expresszertifikate typische Vertriebsprodukte, die Banken ihren Kunden gern verkaufen, weil sie gut daran verdienen. Von erfahrenen Privatanlegern, die ohne Beratung darüber entscheiden, wo sie ihr Geld investieren möchten, werden sie hingegen kaum nachgefragt.

Und so kommen die Banken auf ihre Kosten: Wird für ein Expresszertifikat ein einmaliger Ausgabeaufschlag fällig, schmälert dieser den Ertrag bei früher Rückzahlung deutlich. Dadurch mindert sich ein Vorteil des Expresszertifikates: Es verspricht eine eventuell kurze Kapitalbindung und dennoch attraktive Verzinsung. Berücksichtigt man aber den Ausgabeaufschlag (zum Beispiel 3 Prozent), wird eine Verzinsung nach einem Jahr (zum Beispiel 4 Prozent) deutlich geschmälert (es bleiben zirka 1 Prozent Ertrag „netto"). Deshalb ist es ökonomisch sinnvoll, dass ein Expresszertifikat so lange wie möglich läuft. Das heißt, vorteilhaft ist, dass der Basiswert jährlich immer leicht in der Verlustzone liegt, aber nicht zu sehr, weil sonst keine attraktive Rückzahlung bei Fälligkeit gewährleistet ist. Das verdeutlicht ein wenig das sehr spezielle Marktszenario, auf das man mit Expresszertifikaten setzt.

Der Weg zum Zertifikat

Wie und wo finden Anleger passende Zertifikate, und worauf sollten sie beim Kauf achten?

Die meisten Zertifikate haben eine feste Laufzeit, können in der Regel allerdings auch vor Fälligkeit über die Börse an den Anbieter verkauft werden. Bei Produkten, bei denen es zu einer physischen Lieferung kommen kann, wie zum Beispiel bei Aktienzertifikaten, sollten Anleger einplanen, dass sie länger nicht an ihr eingesetztes Geld kommen, wenn sie abwarten wollen, bis sich der Preis des gelieferten Wertes (bei der Aktienanleihe die Aktie) wieder erholt. Zertifikate ohne Laufzeitende (Open End Zertifikate) gibt es vor allem bei Indexzertifikaten und anderen Partizipationszertifikaten.

Zertifikate für jede Marktlage

Anleger finden Zertifikate für jede Marktlage verschiedenster Basiswerte. Schätzen sie die Marktlage positiv ein, können sie zum Beispiel Produkte wählen, die sich stärker als der Basis-

Welches Zertifikat für welche Marktlage?

Die nachfolgende Übersicht gibt einen groben Überblick, welche Zertifikatetypen bei welcher Markteinschätzung in Betracht kommen. Die Aufzählung erfolgt in der Reihenfolge des Risikos der Papiere, also der Wahrscheinlichkeit, einen Verlust zu erleiden. Sie beginnt immer mit dem am wenigsten riskanten Zertifikatetyp.

Der Basiswert tendiert seitwärts oder steigt nur leicht	Der Basiswert steigt	Der Basiswert fällt
Discountzertifikate: Durch den Discount haben Anleger die Möglichkeit, den Basiswert mit Rabatt und damit mit höherer Renditechance und Risikopuffer zu kaufen. Steigt der Basiswert über den Cap, partizipiert der Anleger an dieser Entwicklung nicht mehr. In jedem Fall verzichtet er auf die Dividenden des Basiswerts.	**Garantiezertifikate:** Der Anleger geht bei Garantiezertifikaten meist von steigenden Basiswerten aus, möchte aber eine Kapitalsicherheit, falls er sich irrt. Exotischere Garantiezertifikate setzen auch auf komplexere Kursbewegungen des Basiswerts. In jedem Fall verzichtet der Anleger auf die Dividenden des Basiswerts.	**Reverse Bonus Zertifikate:** Wird die oberhalb des aktuellen Kursniveaus liegende Barriere nicht berührt, erhält der Anleger den Bonus.
Aktienanleihen: Sie bieten höhere Zinsen als klassische Anleihen, aber ihre Gewinnchancen sind meist eben auch auf die Zinskupons begrenzt. In jedem Fall verzichtet der Anleger auf die Dividenden des Basiswerts.	**Indexzertifikate** (Partizipationszertifikate): Der Anleger nimmt eins zu eins an der Entwicklung des Basiswertes teil. Hier sollten Sie prüfen, ob der Basiswert auch Dividenden umfasst, damit Sie von ihnen profitieren.	
Expresszertifikate: Bei keinen bis leichten (aber späteren) Kursanstiegen ist ein höherer Ertrag durch die Prämien möglich. Bei größeren Anstiegen ist der Ertrag über die Prämie begrenzt. In jedem Fall verzichtet der Anleger auf die Dividenden des Basiswerts.	**Outperformance-Zertifikate:** Mit diesen Papieren sind überproportionale Beteiligungen am Kursgewinn des Basiswerts über einem Basispreis möglich.	
Bonuszertifikate: Durch den Bonus hat der Anleger in einer definierten Spanne höhere Ertragschancen als bei der Direktanlage, wenn seine Einschätzung zutrifft. In jedem Fall verzichtet er auf die Dividenden des Basiswerts.		

wert entwickeln. Manche Zertifikatetypen spielen hingegen ihre Stärken in Seitwärtsmärkten aus. Grundvoraussetzung für eine Anlage in Zertifikate ist also immer, dass Sie eine explizite Meinung haben, wie sich ein Basiswert und der zugrunde liegende Markt entwickeln werden. Sie sollten dabei immer bedenken, dass solche Vorhersagen oft einem Glücksspiel gleichen.

Gut zu wissen

Der Deutsche Derivate Verband (DDV) hat zusammen mit der Deutschen Schutzvereinigung für Wertpapierbesitz (DSW) eine Checkliste mit insgesamt 18 Fragen und Erläuterungen entwickelt, mit deren Hilfe Anleger die wichtigsten Punkte vor dem Kauf eines Zertifikats klären können.
Anhand dieser Checkliste können Sie noch einmal überprüfen, ob Sie alle wesentlichen Informationen eingeholt und verstanden haben, die für die Anlage in ein Zertifikat relevant sind. Sie finden sie unter www.derivateverband.de/DEU/Wissen/Checkliste.

Zertifikate finden und bewerten

Auf den Internetseiten der Zertifikate-Börsen in Frankfurt und Stuttgart sowie verschiedener Börsenportale können Anleger nach passenden Papieren suchen. Auch die Seiten der Zertifikate-Emittenten bieten hilfreiche Suchfunktionen. Hier bekommen Sie aber nur deren hauseigene Produkte angezeigt.

Hier können Sie nach passenden Produkten suchen:

- www.boerse-frankfurt.de/derivatives unter Suchen & Finden
- www.boerse-stuttgart.de/de-de/tools/produktsuche/anlagezertifikate-finder/
- www.finanztreff.de/zertifikate/
- www.onvista.de/derivate/finder
- www.godmode-trader.de/zertifikate
- www.ariva.de/zertifikate/

Die Zertifikatefinder sind so aufgebaut, dass Sie zunächst einen Basiswert und einen Zertifikatetyp eingeben müssen. Je nachdem, wie der gewählte Zertifikatetyp ausgestattet ist, können Sie dann weitere Filter wie Sicherheits-, Bonuslevel, Cap, Laufzeit und Emittent eingeben. Sie können auch die Vorgabe machen, dass beispielsweise ausschließlich Bonuszertifikate angezeigt werden, deren Sicherheitslevel noch intakt ist, oder dass Ihnen nur währungsgesicherte Quanto-Zertifikate angezeigt werden.

Aus der angezeigten Übersicht wählen Sie dann die Produkte, die Ihren Vorstellungen am ehesten entsprechen. Sie können auch mehrere Zertifikate miteinander vergleichen. Suchen Sie beispielsweise nach einem Discountzertifikat und haben den Discount vorgegeben, der Ihrem Risikoprofil entspricht, kommen alle Zertifikate infrage, die in etwa den gleichen Discount haben. Danach können Sie das Zertifikat mit dem höchsten Cap wählen und danach das mit der höchsten Seitwärtsrendite. Achten Sie auch auf einen bonitätsstarken Emittenten und einen engen Spread.

Danach müssen Sie sich mit den Details des Produktes befassen, das Sie ins Auge gefasst haben. Auf den meisten Internetseiten von Zertifikate-Börsen und –Portalen können Sie sich Einzelheiten zum Zertifikat und zum Basiswert anzeigen lassen. Mitunter finden Sie auch Auszahlungsprofile, anhand derer Sie ablesen können, welche Zahlungen Sie bei welchem Stand des Basiswertes erwarten können. Gelegentlich finden Sie auch ein Rating des Zertifikates der European Derivatives Group (EDG). Dabei werden Zertifikate zunächst hinsichtlich ihrer Qualität anhand der Kriterien Kosten, Handel, Bonität und Information bewertet. Darüber hinaus erfolgt eine Risiko/Nutzen-Einstufung des Produkts. Diese beiden Faktoren führen dann zu einem Gesamturteil, bei dem das Zertifikat in die Risikoklassen 1 (sicherheitsorientiert) bis 5 (spekulativ) eingeordnet und mit Sternen geratet wird. Das Sternerating sagt aus, ob das Produkt in der jeweiligen Risikoklasse das Urteil „nicht geeignet“ (0 Sterne) bis „sehr gut“ (5 Sterne) erhält.

Der Zertifikatemarkt

Ungefähr 20 Banken bieten in Deutschland Zertifikate an, die sich an verschiedene Zielgruppen richten. Auf der einen Seite gibt es die Gruppe der privaten Anleger, die selbst ihre Zertifikate aussuchen und im Internet Preise vergleichen. Auf der anderen Seite gibt es den klassischen Bankkunden, dem im Rahmen eines Beratungsgespräches Zertifikate verkauft werden. Zu den größten Anbietern zählen in Deutschland die Deka Bank, DZ Bank, die LBBW, Helaba, Deutsche Bank und HypoVereinsbank. Die Produkte dieser Banken wurden am meisten an der Börse gehandelt.

Über 70 Milliarden Euro sind in Zertifikate investiert. Zum Vergleich: Für Publikumsfonds weist der BVI (Bundesverband Investment und Asset Management) über 1000 Milliarden Euro investiertes Vermögen aus.

Handelsplätze und Market Making

Wenn Anleger über die Ordermaske bei ihrem Onlinebroker oder bei ihrem Bankberater eine Kauforder aufgeben, haben sie zwei Optionen: Sie können die Order über eine Börse oder über den außerbörslichen Handel (Direkthandel) abwickeln. Das müssen sie entsprechend angeben. Beide Wege haben ihre Vor- und Nachteile:

▶ Börslicher Zertifikatehandel

Der börsliche Zertifikatehandel wird zu rund 99 Prozent über die Börsen Frankfurt (ehemals Scoach) und Stuttgart (Euwax) abgewickelt. Diese aktualisieren und veröffentlichen die An- und Verkaufskurse der Zertifikate im Sekundentakt. Im börslichen Handel sind alle Orders reguliert und werden offiziell überwacht. Der Emittent der Zertifikate sorgt dafür, dass sie ständig gehandelt werden können, indem er permanent Kauf- und Verkaufskurse stellt (Market Making). Findet sich für einen Verkaufsauftrag eines Anlegers kein passender Kaufauftrag eines anderen Anlegers, übernimmt gegebenenfalls der Market Maker die Gegenposition und tritt als Käufer auf. Die Preise kommen dabei nicht unmittelbar durch Angebot und Nachfrage zustande, sondern werden vom Zertifikateanbieter anhand interner Preisbildungsmodelle berechnet. Der börsliche Handel findet wochentags von 9.00 bis 20.00 Uhr statt.

▶ Außerbörslicher Zertifikatehandel

Beim außerbörslichen Handel stellt der Anleger über seine Onlinebank eine Kursanfrage direkt an den Emittenten des Zertifikates. Fachleute sprechen vom Quote-Request-Verfahren. Der Emittent zeigt daraufhin einen Kurs. Dieser „indikative Kurs" gilt ein paar Sekunden. Zu diesem Preis ist meist ein Kauf oder Verkauf möglich.

Gibt der Anleger dann die Order zum angezeigten Kurs auf, kommt aber noch kein Kaufvertrag mit dem Direkthandelspartner zustande. Dieser hat die Wahl, das Angebot anzunehmen oder es abzulehnen. Er wird es zum Beispiel dann ablehnen, wenn sich der Kurs des Finanzinstruments zwischenzeitlich während der Orderaufgabe geändert hat und der Direkthandelspartner zum ursprünglich angezeigten Kurs nicht mehr handeln möchte. Nimmt der Direkthandelspartner das Angebot jedoch an, kommt das Geschäft zwischen Anleger und Emittent zustande.

Der Direkthandel ist auch zu Zeiten möglich, in denen die Börsen geschlossen sind (oftmals bis 22 oder 23 Uhr und auch am Wochenende). Die direkte Orderausführung sorgt dafür, dass der Handel einfach und schnell funktioniert. Eine Maklercourtage fällt nicht an. Nachteilig ist, dass die Kunden bei Direktbanken und Brokern nicht die ganze Palette an Zertifikaten angeboten bekommen, sondern jeweils nur die bestimmter Emittenten. Außerdem gibt es beim außerbörslichen Handel keine Börsenaufsicht, die den Handel und die Preisstellung überwacht.

Kosten und Gebühren

Je nachdem, wo und wann ein Anleger ein Zertifikat kauft, fallen wie bei jedem Wertpapierkauf Kosten und Gebühren an. Kaufen Sie ein Zertifikat noch in der Zeichnungsphase, wird in der Regel wie bei Investmentfonds ein Ausgabeaufschlag (auch Agio genannt) fällig. Die Zeichnungsphase ist die Zeit, bevor ein neu aufgelegtes Zertifikat an der Börse notiert wird und in der Anleger ihre „Bestellung" der gewünschten Stückzahl aufgeben können und sich das Zertifikat so reservieren. Das Agio hängt vom Emittenten ab und wird im Produktinformationsblatt ausgewiesen. Meistens fließt es vollständig der Bank zu, die das Zertifikat vertreibt. Deshalb können Kunden probieren, mit ihr über das Agio zu verhandeln. Unter Umständen lässt die Bank über die Höhe mit sich reden.

Mit der Vertriebsprovision und dem Agio soll die Beratungsleistung der Bank abgegolten werden.

Wenn das Zertifikat bereits börsennotiert ist, bestimmt der Börsenkurs den Preis. An den Börsen und auch im Direkthandel stellen Market Maker Kauf- und Verkaufskurse. Die Kaufkurse („Briefkurse" genannt) sind in der Regel höher als die Verkaufskurse („Geldkurse"). Würde ein Anleger also ein Zertifikat kaufen und im gleichen Moment wieder verkaufen, würde er einen Verlust machen. Der Abstand zwischen Brief- und Geldkurs ist der „Spread" (Geld-Brief-Spanne). Der Spread kann eine Marge für den Emittenten darstellen, er deckt aber auch die Absicherungskosten des Zertifikateanbieters ab, wenn dieser wiederum Optionen, Aktien oder Ähnliches zur eigenen Absicherung kaufen muss.

Bei Zertifikaten auf gängige Basiswerte wie bei Indexzertifikaten gibt es mitunter keinen oder nur einen geringen Spread, weil hier ein starker Wettbewerb unter den Emittenten herrscht. Exotischere, selten gehandelte Zertifikate weisen hingegen höhere Spreads auf. Üblich sind bei Anlagezertifikaten häufig Spreads in Höhe von 1 Prozent des Kurswertes.

Beispiel: Beträgt der Briefkurs eines Zertifikats 101 Euro und der Geldkurs 100 Euro, beträgt der Spread 1 Euro oder 1 Prozent.

Kaufen Sie ein Zertifikat als Beratungskunde über das hauseigene Filialnetz eines Emittenten oder über einen Vertriebspartner, steckt in dem Zertifikatepreis (zusätzlich zum eventuellen Agio) meist noch eine Vertriebsprovision, über die Sie der Bankberater informieren muss und die auch im Produktinformationsblatt des Zertifikates steht. Damit und mit dem Agio soll die Beratungsleistung der Bank abgegolten werden.

In manchen Fällen – zum Beispiel bei Zertifikaten ohne fest definierte Laufzeit – werden wie bei Investmentfonds laufende Gebühren berechnet, die den Zertifikatewert mit der Zeit schmälern.

Beim börslichen Handel fallen im Gegensatz zum Direkthandel noch Fremdspesen wie Börsenplatzgebühr oder Maklercourtage an. Viele Banken reichen die Fremdspesen der Börsen direkt an die Anleger weiter. Manche verlangen Pauschalpreise, die aber nicht immer alle Fremdspesen enthalten. Die Fremdspesen fallen je nach Börsenplatz und Wertpapiergattung unterschiedlich aus: Bei einer 5000-Euro-Order liegen sie meist zwischen 2 und 6 Euro.

Weitere Derivate – Hebelprodukte

Derivate sind Produkte oder Finanzinstrumente, die sich auf andere Finanzinstrumente als Basiswerte beziehen und deren Kursentwicklung sich von diesen ableitet. Neben den Anlagezertifikaten gibt es verschiedene Produkte, die sich nicht an Einsteiger oder konservative Anleger richten, sondern eher an Anlageprofis. Die Profis nutzen sie zum Spekulieren, aber auch zum Absichern anderer Anlagepositionen.

Was sind Hebelprodukte?

Hebelprodukte reagieren überproportional auf Kursänderungen des zugrunde liegenden Basiswerts. Deshalb sind sie besonders riskant.

Neben den Anlagezertifikaten gibt es noch deutlich riskantere Zertifikatevarianten. Papiere wie Optionsscheine, Knock-Out-Produkte und Faktorzertifikate sind sogenannte Hebelprodukte. Sie bieten die Chance, mit geringem Kapitaleinsatz hohe Gewinne zu erzielen. Mit ihnen können mögliche Gewinne „gehebelt“, also vervielfacht, werden. Aber auch die Risiken dieser Derivate sind überdurchschnittlich hoch. Denn, wenn die Wette nicht aufgeht, werden auch die Verluste gehebelt bis hin zum Totalverlust. Auch bei Hebelprodukten ist die Kursentwicklung von der Preisentwicklung eines Basiswerts, beispielsweise einer Aktie, eines Index oder eines Rohstoffs, abhängig.

Optionsscheine

Mit Optionsscheinen können Anleger sowohl auf steigende als auch auf fallende Kurse setzen.

OPTIONSSCHEINE

Geeignet für erfahrene Anleger, die Wertpapierpositionen handeln wollen, deren Volumen um ein Vielfaches höher ist als der Kapitaleinsatz („Hebel"). Für Kleinanleger sind Optionsscheine nicht geeignet.

PRO

Mit Optionsscheinen können erfahrene Anleger auf steigende und fallende Kurse spekulieren, aber auch eigene Wertpapierpositionen absichern.

CONTRA

Der Wert eines Optionsscheins wird von zahlreichen Faktoren beeinflusst und ist nur schwer zu berechnen. Liegt der Kurs des Basiswertes bei Fälligkeit unter (Call) oder über (Put) dem Basispreis, erleidet der Anleger einen Totalverlust.

Mit einem Optionsschein, auch „Warrant" genannt, erwerben Anleger das Recht, (bis) zu einem festen Termin in der Zukunft den Basiswert zu dem Kurs zu kaufen oder zu verkaufen, den der Optionsschein verspricht („Basispreis"). Scheine, die auf einen Kauf hinauslaufen, heißen „Call", Verkaufsoptionen „Put".

Optionsscheinkäufer können auf den künftigen Kurs einer Aktie, eines Index, einer Währung oder eines Rohstoffs spekulieren. Da Anleger mit ihnen auf die Entwicklung eines Basiswertes innerhalb eines festgelegten Zeitraums setzen, gehören sie zu den Termingeschäften.

Optionsscheine sind rechtlich gesehen Wertpapiere und können wie andere Zertifikate im börslichen Handel oder im außerbörslichen Direkthandel gekauft und verkauft werden. Die Emittenten von Standard-Optionsscheinen betreiben ein „Market Making", stellen also laufend An- und Verkaufskurse. In der Regel handelt es sich um sogenannte gedeckte Optionsscheine. Das heißt, die Emittenten sichern die Optionsscheine durch parallele Sicherungsgeschäfte am Terminmarkt (oder hausintern) ab.

Üblicherweise haben Optionsscheine eine Laufzeit von einigen Monaten bis mehreren Jahren. Man unterscheidet „europäische" und „amerikanische" Optionstypen. Bei den europäischen können Anleger das Optionsrecht nur am Ende der Laufzeit ausüben, bei den amerikanischen jederzeit bis zur Fälligkeit. Standard-Optionsscheine haben meist ein amerikanisches Optionsrecht. Meist erfolgt zum Ende der Laufzeit keine Lieferung des Basiswertes, sondern ein Barausgleich, auch „Cash Settlement" genannt. Die wenigstens Anleger kaufen Optionsscheine, um sie später wirklich einzulösen. Überwiegend hoffen sie auf schnelle, hohe Kursgewinne und kaufen die Optionen nur, um sie bald wieder abzustoßen.

Ausstattungsmerkmale eines Optionsscheins

- → Basiswert
- → Basispreis (Strike)
- → Ausübungsfrist (amerikanischer Typ) oder Ausübungstag (europäischer Typ)
- → Bezugsverhältnis

Die Hebelwirkung

Von Kurssteigerungen des Basiswertes können Anleger mithilfe von Optionsscheinen überproportional profitieren. Denn die Papiere sind in aller Regel preiswerter als die Basiswerte, reagieren aber sensibel und mit großen Kursausschlägen auf deren Veränderungen – auch wenn diese nur gering sind. Ein Anleger, der beispielsweise damit rechnet, dass eine Aktie steigen wird, und mit einem geringen Kapitaleinsatz hohe Gewinne erzielen will, kann mit Optionsscheinen an dem Kursanstieg mitverdienen. Dafür sorgt die Hebelwirkung des Optionsscheins. Wie sie funktioniert, zeigt das folgende vereinfachte Beispiel. Der Zeitwert, den jeder Optionsschein hat, ist nicht berücksichtigt.

Beispiel: Ein Anleger kauft einen Kauf-Optionsschein (Call) zu einem Preis von 10 Euro. Dieser hat einen Basispreis von 40 Euro. Der Kurs des Basiswerts, eine Aktie, steht bei 50 Euro. Der Geldbetrag, den er investieren muss, um die Aktie direkt oder über den Optionsschein zu kaufen, ist also gleich hoch. Über die Ausübung des Optionsscheins müsste der Anleger nur 40 Euro für die Aktie zahlen, dazu kommt aber noch der Preis des Optionsscheins von 10 Euro. Steigt die Aktie auf 52 Euro und der Preis des Optionsscheins auf 12 Euro, wäre die Kursveränderung bei Aktie und Optionsschein absolut gesehen zwar jeweils 2 Euro. Prozentual ist aber die Aktie nur um 4, der Optionsschein hingegen um 20 Prozent gestiegen. Würden Aktie und Optionsschein jeweils um 6 Euro fallen, betrüge der Verlust eines Direktanlegers 12 Prozent, der des Optionsscheininhabers jedoch 60 Prozent.

Das Verlustrisiko ist maximal so hoch wie die Summe, die man für den Optionsschein ausgegeben hat. Würde die Aktie im Beispiel unter den Basispreis von 40 Euro fallen, wäre der Optionsschein wertlos und der Anleger müsste mit einem Totalverlust klarkommen.

> **Sie sollten immer nur so viel Geld in Optionsscheine investieren, dass Sie mögliche Totalverluste gut verkraften können.**

Sie sollten immer nur so viel Geld in Optionsscheine investieren, dass Sie mögliche Totalverluste gut verkraften können. Außerdem muss, wer mit Optionsscheinen spekulieren will, ständig über das Börsengeschehen auf dem Laufenden sein.

Der Preis eines Optionsscheins

Der Wert eines Optionsscheins wird nicht nur von der Kursentwicklung des Basiswerts, sondern von anderen Preisbildungsfaktoren erheblich beeinflusst. Das macht es sehr schwer, diese Papiere zu beurteilen. So setzt sich der Preis eines Optionsscheins, die sogenannte Optionsprämie, aus dem „inneren Wert“ und dem „Zeitwert“ zusammen.

	innerer Wert
+	Zeitwert
=	**Optionsscheinpreis**

Der innere Wert ist der Geldbetrag, den der Anleger bei sofortiger Ausübung des Optionsrechts realisieren würde. Er entspricht also der Differenz zwischen dem aktuellen Kurs des Basiswerts und dem Basispreis des Optionsscheins. Zusätzlich verbrieft ein Optionsschein ein Kaufrecht für den Anleger. Dieses Recht hat immer einen Preis, den Zeitwert. Der innere Wert nimmt zu, wenn der Basiswert

Der Preis eines Optionsscheins

Die Grafik zeigt den Zeitwertverlust je nach Restlaufzeit am Beispiel eines Call-Optionsscheins. Der Basispreis beträgt 100 Euro, der Kurs des Basiswerts konstant 105 Euro.

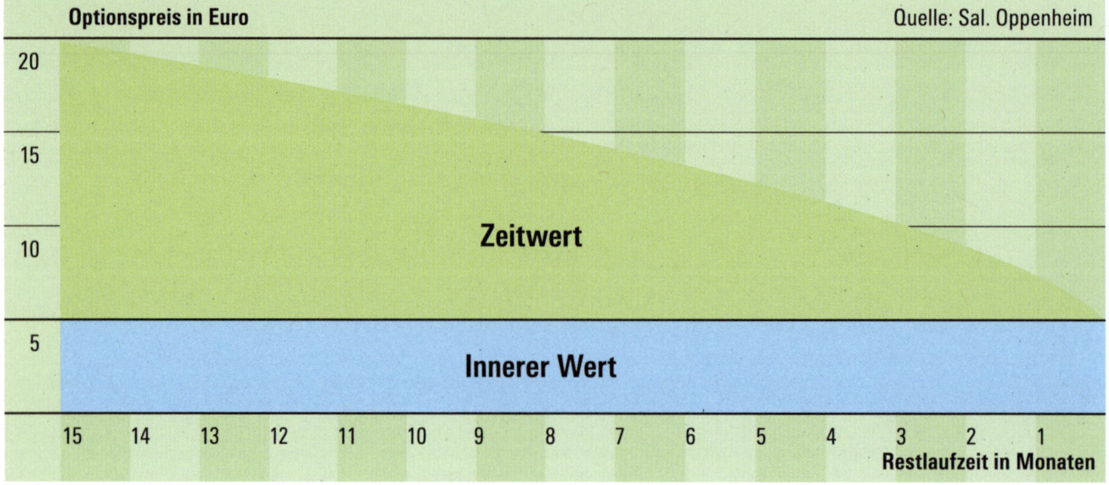

im Kurs steigt, und nimmt ab, wenn der Basiswert fällt.

Der Zeitwert sinkt mit abnehmender Restlaufzeit und abnehmender Volatilität. Auch das Zinsniveau und sich ändernde Dividendenerwartungen haben einen Einfluss auf den Zeitwert und damit auf den Optionspreis.

Am Laufzeitende besteht der Wert des Optionsscheins nur noch aus seinem inneren Wert.

	(Kurs des Basiswerts – Basispreis)
x	Bezugsverhältnis
=	**Innerer Wert eines Calls**

	(Basispreis – Kurs des Basiswerts)
x	Bezugsverhältnis
=	**Innerer Wert eines Puts**

Optionen werden in der Praxis sehr selten ausgeübt. Sie auszuüben lohnt sich nur dann, wenn der Optionsschein „im Geld“ (in the money) ist. Das ist der Fall

- bei einem Call, wenn der aktuelle Kurs des Basiswerts über dem Basispreis liegt,
- bei einem Put, wenn der aktuelle Kurs des Basiswerts unter dem Basispreis liegt.

Der Zeitwert, den ein Optionsschein immer hat, solange er noch ein paar Tage läuft, geht beim Ausüben verloren – man bekommt nur den inneren Wert. Deshalb ist ein Verkauf über die Börse meist vorteilhaft. Dort umfasst der Optionsscheinpreis sowohl inneren Wert als auch Zeitwert.

Ist der Optionsschein „am Geld“ (at the money), ist bei Call und Put der Basispreis identisch mit dem Basiswert. Der Optionsschein hat keinen inneren Wert und nur den Zeitwert.

Liegt der aktuelle Kurs des Basiswerts unter dem Basispreis eines Calls oder über dem Basispreis eines Puts, spricht man davon, dass der Optionsschein „aus dem Geld“ (out of the money) ist. Das Optionsrecht wahrzunehmen macht für den Anleger in diesem Fall keinen Sinn – er bekäme seinen Basiswert günstiger an der Börse (Call) beziehungsweise könnte ihn über die Börse teurer verkaufen (Put), als es ihm sein Optionsrecht ermöglicht.

Optionsscheinpreis
– innerer Wert
= Zeitwert

Der Zeitwert ist die Differenz zwischen dem Preis des Optionsscheins und dem inneren Wert. Er ist ein Aufschlag zum inneren Wert, der sich aus der Chance ergibt, dass der Optionsschein am Ende der Laufzeit einen positiven Wert aufweist. Diese Chance und damit der Optionspreis werden durch verschiedene Faktoren beeinflusst, wie die ↗Tabelle „Was beeinflusst den Optionspreis?" im Überblick zeigt. Diese Faktoren sind:

- **Der Basiswert:** Dass der Wert eines Calls steigt, wenn der Basiswert steigt (umgekehrt beim Put), ist leicht verständlich.
- **Die Restlaufzeit:** Je länger die Restlaufzeit des Optionsscheins, umso größer ist die Chance, dass dieser am Laufzeitende einen positiven Wert besitzt. Der Zeitwertanteil ist somit umso höher, je länger die Laufzeit des Papiers ist. Je näher der Fälligkeitstag rückt, umso geringer wird diese Chance. Der Zeitwert nimmt zum Laufzeitende überproportional ab.
- **Die Volatilität:** Die Volatilität misst, wie stark der Basiswert im Preis schwankt. Je stärker diese Schwankung ist, umso höher ist die Wahrscheinlichkeit, dass der Optionsschein am Laufzeitende einen positiven Wert erlangt. Bei einem Optionsschein ist das Verlustrisiko auf den gezahlten Preis für den Optionsschein begrenzt, die Gewinnchancen sind aber theoretisch unbegrenzt. Aus diesem Grund sind Optionsscheininhaber von Kursschwankungen in die „falsche" Richtung weniger stark betroffen, als sie von Schwankungen in die „richtige" Richtung profitieren. Sie profitieren also von einer größeren Volatilität.
- **Die Zinsen:** Wenn die Zinsen steigen, können Optionsscheininhaber die Differenz zwischen ihren Kaufkosten für einen Call-Optionsschein und den im Vergleich höheren Kosten für ein Direktinvestment in den Basiswert gewinnbringender anlegen. Bei höheren Zinsen steigt also die Nachfrage nach Calls und damit der Preis. Bei Puts ist es umgekehrt. Das Zinsniveau hat im Vergleich zu den anderen Faktoren aber nur einen geringen Einfluss auf den Optionspreis.
- **Die Dividendenerwartung:** Bei Aktien- und Indexoptionen sind die erwarteten Dividenden des Basiswerts eingepreist. Kommt es hingegen zu einer Veränderung der Dividendenerwartung, wirkt sich dies auf den Preis des Optionsscheins aus. Erwarten die Unternehmen der Basiswerte plötzlich höhere Dividenden, verbilligen sich theoretisch die Preise von Call-Optionsscheinen, da unter anderem der Dividendenabschlag im Kurs des Basiswerts größer ausfällt.

Was beeinflusst den Optionspreis?

Einflussfaktor	Veränderung des Einflussfaktors	Veränderung Preis eines Calls	Veränderung Preis eines Puts
Basiswert	↑	↑	↓
Restlaufzeit	↓	↓	↓
Volatilität	↑	↑	↑
Zinsen	↑	↑	↓
Dividendenerwartung	↑	↓	↑

Gut zu wissen

Das Bezugsverhältnis kann täuschen
Das Bezugsverhältnis, das aussagt, wie viele Optionsscheine Anleger benötigen, um einen Basiswert zu beziehen, ist selten 1 zu 1. Häufig wird eine Quote von 10 zu 1 oder 100 zu 1 benutzt. Das bedeutet, ein Anleger benötigt 10 oder 100 Optionsscheine, um beispielsweise eine Aktie zu beziehen. Auf die Art und Weise, wie der Optionsschein an den Änderungen des Basiswertes partizipiert, hat das grundsätzlich keinen Einfluss. Die Scheine wirken dadurch aber optisch günstiger und sollen damit Anleger zum Kauf verleiten.

Optionsscheine sind sehr defensiv und verhalten sich nahezu wie der Kurs des Basiswertes, wenn sie tief im Geld sind, das heißt der Basispreis liegt deutlich unter dem aktuellen Börsenkurs des Basiswertes. Im Extremfall liegt der Basispreis bei null und der Optionsschein entspricht quasi der Aktie – ohne Dividendenanrechte.

Optionsscheine sind sehr riskant, wenn sie weit aus dem Geld sind, das heißt der Basispreis deutlich über dem aktuellen Börsenkurs des Basiswerts liegt.

Optionsscheine sind sehr riskant, wenn sie weit aus dem Geld sind, das heißt der Basispreis deutlich über dem aktuellen Börsenkurs des Basiswerts liegt. Solche Optionsscheine kosten oftmals nur ein paar Cent, aber die sind mit hoher Wahrscheinlichkeit verloren.

Optionsscheine zur Absicherung

Interessant sind Optionsscheine für Anleger auch, weil sie nicht nur hohe Gewinne ermöglichen, sondern genutzt werden können, um sich gegen Verluste abzusichern. Wer beispielsweise bereits Aktien besitzt und einen Kurssturz seiner Papiere befürchtet, erwirbt rechtzeitig die Option, eben jene Aktien zu einem bestimmten Kurs abzustoßen – einen „Put". Damit kann er seine Verluste gering halten, schließlich kann er die Aktien ja zu dem per Optionsschein garantierten Kurs verkaufen, auch wenn der Börsenwert niedriger liegt. Je höher allerdings der Kurs ist, den der Aktienbesitzer absichern möchte, desto teurer ist der Optionsschein. Fallen die Aktien nicht, war das Options-Investment vergebens.

Knock-Out-Zertifikate

Knock-Out-Zertifikate gehören zu den aggressivsten Spekulationspapieren. Liegen Sie mit Ihrer Einschätzung der Marktlage falsch, kommt es schnell zum Totalverlust.

Knock-Out-Hebelprodukte werden von verschiedenen Emittenten angeboten, die sie unterschiedlich nennen. Sie heißen beispielsweise Turbo-Zertifikate, Turbo-Optionsscheine, Bull- und Bear-Zertifikate, Long- und Short-Zertifikate oder Mini-Future-Zertifikate. Im Unterschied zu Optionsscheinen funktionieren Knock-Out-Zertifikate sehr einfach – insbesondere spielt der Einfluss der Volatilität hier keine Rolle. Deshalb werden sie häufig von spekulativ orientierten Tradern und Anlegern genutzt, die mit geringem Kapitaleinsatz in kurzer Zeit hohe Gewinne erzielen wollen. Mit Knock-Outs können Anleger auf steigende („Knock-Out-Call" oder „Long") oder fallende Märkte („Knock-Out-Put" oder „Short") setzen. Die Preisbildung des Scheins hängt weitgehend von der Differenz zwischen dem aktuellen Kurs des Basiswerts und dem Basispreis ab.

KNOCK-OUT-PRODUKTE

Geeignet für sehr spekulative, erfahrene Anleger, die überproportional an steigenden oder fallenden Kursen eines Basiswertes partizipieren wollen. Für Kleinanleger sind Knock-Out-Produkte nicht geeignet.

PRO

Knock-Out-Produkte sind einfacher zu verstehen als Optionsscheine.

CONTRA

Wird die Knock-Out-Schwelle verletzt, erleidet der Anleger einen Totalverlust.

Ausstattungsmerkmale eines Knock-Out-Zertifikats

- → Basiswert
- → Basispreis
- → Laufzeit (begrenzt oder Open End)
- → Knock-Out-Schwelle und
- → gegebenenfalls Stopp-Loss-Schwelle.

Die Produkte haben neben einem Hebel eine sogenannte Knock-Out-Schwelle. Unterschreitet der Kurs des Basiswertes bei einem Call- beziehungsweise Long-Zertifikat diese Schwelle, wird dieses „ausgeknockt", also sofort beendet. Es verfällt wertlos, und der Anleger erleidet einen Totalverlust. Put- beziehungsweise Short-Produkte werden ausgeknockt, wenn der Basiswert die Knock-Out-Schwelle überschreitet.

Manche Produkte besitzen auch noch eine Stop-Loss-Schwelle, die dafür sorgt, dass zumindest ein Restwert ausgezahlt wird, wenn sie erreicht wird.

Knock-Out-Produkte sind extrem aggressive Spekulationspapiere: Durch die Hebelwirkung sind hohe Gewinne möglich, ein Reißen der Knock-Out-Schwelle führt zum sofortigen Totalverlust.

Faktorzertifikate

Zocker können mit Faktorzertifikaten Beträge handeln, die um ein Vielfaches das eingesetzte Kapital übersteigen. Aber: Je größer der Hebel, desto größer das Risiko.

FAKTORZERTIFIKAT

Geeignet für sehr spekulative, erfahrene Anleger, die überproportional an steigenden oder fallenden Kursen eines Basiswertes partizipieren wollen. Für Kleinanleger sind Faktorzertifikate nicht geeignet.

PRO

Durch die Wahl des entsprechenden Faktors kann der Anleger bestimmen, mit welchem Hebel er die tägliche Kursveränderung des Basiswertes nachvollzieht. Faktorzertifikate haben eine unbegrenzte Laufzeit.

CONTRA

Über längere Zeiträume verläuft die Wertentwicklung des Faktorzertifikats nicht proportional zum Basiswert und ist für Anleger nur schwer nachvollziehbar. Auch das Verlustrisiko ist entsprechend dem Faktor gehebelt.

Faktorzertifikate haben sich als neueste Gattung der Hebelprodukte am Markt durchgesetzt. Sie unterscheiden sich von den Knock-Out-Zertifikaten zum einen dadurch, dass sie keine Knock-Out-Schwelle haben. Neu ist zudem, dass bei Faktor-Zertifikaten der Hebel (Faktor) täglich konstant bleibt. Dies wird dadurch erreicht, dass diesen Zertifikaten als Basiswert nicht eine Aktie, ein Index oder ein Rohstoff selbst zugrunde liegt. Vielmehr berechnet die emittierende Bank einen Referenzindex. Dieser spiegelt die Kursveränderungen des Basiswertes wider.

Ausstattungsmerkmale eines Faktorzertifikats

- → Basiswert
- → Basispreis
- → Laufzeit unbegrenzt (Open end)
- → Faktor (Hebel) und
- → Anpassungsschwelle.

Basiswerte sind zum Beispiel der Dax-Future, der Euro-Bund-Future, der Gold-Future oder der Erdöl-Future (Brent oder WTI).

Beispiel: Steigt der Basiswert an einem Tag um 2 Prozent, steigt ein Faktor-Zertifikat mit dem Hebel 4 um 8 Prozent. Fällt der Basiswert um 3 Prozent, fällt das Zertifikat um 12 Prozent.

Faktor-Zertifikate sind stark trendabhängig und bieten in Trendphasen des Basiswertes gehebelte Gewinnmöglichkeiten – oder Verlustrisiken. Aufgrund der Hebelwirkung sind bei diesen Produkten überproportionale Verluste möglich, aber ein Totalverlust kann nicht eintreten. Denn um ein Totalverlustrisiko zu begrenzen, haben Faktorzertfikate eine Anpassungsschwelle.

In Seitwärtsmärkten haben Faktorzertifikate allerdings Nachteile gegenüber anderen Hebelprodukten, wie das folgende Beispiel zeigt.

Beispiel: Sinkt der Basiswert eines Faktorzertifikats an einem Tag von 100 auf 97 (minus 3 Prozent) und steigt darauf am nächsten Tag wieder auf 100 (plus 3,09 Prozent), hat ein Direktanleger in den Basiswert nichts verloren. Das Faktor-3-Long-Zertifikat auf den gleichen Basiswert sinkt hingegen zunächst um 9 Prozent auf 91 Prozent und steigt dann wieder um 9,27 Prozent auf 99,44.

Das Faktorzertifikat macht also in Seitwärtsphasen Verlust, obwohl der Basiswert wieder ausgeglichen ist.

Der Weg zum Hebelprodukt

Nur wer eine klare Marktmeinung hat, sollte überhaupt in Erwägung ziehen, Hebelprodukte zu kaufen.

Sie müssen bei Hebelprodukten eine noch eindeutigere Meinung haben, wie sich ein bestimmter Basiswert entwickelt, als bei den Anlagezertifikaten. Hier gibt es nur „aufwärts" oder „abwärts" – und das mit Hebel. Die Anlagedauer bei den Hebelprodukten ist grundsätzlich kürzer als bei den Anlagezertifikaten, vor allem Knock-out- und Faktorzertifikate richten sich an Anleger, die kurzfristig auf Auf- oder Abwärtstrends setzen wollen.

Sie finden Hebelzertifikate über die gleichen Informations- und Kaufquellen, wie sie schon bei den Anlage-Zertifikaten beschrieben sind. So können Anleger beispielsweise auf den Internetseiten der Zertifikate-Börsen in Frankfurt und Stuttgart über deren Zertifikate-Finder sowie bei verschiedener Börsenportalen nach passenden Papieren suchen. Auch hier können sie Seiten der Zertifikate-Emittenten nutzen, die nützliche Suchfunktionen bieten, bekommen dort aber nur deren hauseigene Produkte angezeigt.

Da diese Produkte noch sehr viel riskanter sind als Anlagezertifikate, sollten Sie besonders aufmerksam und vorsichtig agieren und einen Höchstbetrag festlegen, mit dem Sie spekulieren wollen. Diesen Betrag sollten Sie so wählen, dass Sie einen Totalverlust verschmerzen können.

Da diese Produkte sehr riskant sind, sollten Sie besonders aufmerksam und vorsichtig agieren und einen Höchstbetrag festlegen, mit dem Sie spekulieren wollen.

Anleger, die mit Hebelprodukten handeln wollen, müssen die sogenannte Termingeschäftsfähigkeit besitzen. Sie müssen dazu ihrer Bank auf einem Formular bestätigen, dass sie genug Erfahrungen im Handel mit Wertpapieren haben und sich über die Risiken von Hebelprodukten und vergleichbaren Spekulationspapieren bewusst sind.

Informationen zum Kauf von Zertifikaten finden Sie unter „Der Weg zum Zertifikat" ab S. 334.

Futures, Optionen und CFD

Produkte wie Optionen, Futures oder CFD richten sich noch mehr als andere Derivate an professionelle Spekulanten oder sehr fortgeschrittene Anleger mit großem Vermögen.

Neben den Anlagezertifikaten, Hebelzertifikaten und Optionsscheinen gibt es noch einige andere Derivate, also Finanzinstrumente, die auf einen Basiswert aufbauen. Sie sind in aller Regel nicht für Privatanleger geeignet. Wir stellen sie hier der Vollständigkeit halber kurz vor.

Optionen

Optionen haben wie Optionsscheine eine feste Laufzeit, und es gibt sie als Kauf-Option (Call) oder Verkauf-Option (Put). Sie unterscheiden sich vor allem darin, dass Optionen nur an speziellen Terminbörsen gehandelt werden. Die wichtigste Terminbörse für deutsche Anleger ist die Eurex. Optionen werden wegen des Namens leicht mit Optionsscheinen verwechselt. Im Gegensatz zu Letzteren sind Optionen aber keine Wertpapiere, sondern Rechte, deren Rahmenbedingungen für den Handel standardisiert von den Terminbörsen festgelegt sind. Während bei Optionsscheinen nur die Emittenten als Verkäufer der Produkte auftreten, können Anleger an den Terminbörsen auch Verkäufer einer Call- oder Put-Option sein und Optionsprämien einnehmen. Bei ausgeübten Optionen werden die Basiswerte auf Wunsch auch geliefert, während bei Optionsscheinen in der Regel ein Barausgleich erfolgt.

Futures

Futures werden ebenfalls über Terminbörsen gehandelt. Sie sind standardisierte, verbindliche Terminkontrakte, die beide Vertragsparteien verpflichten, eine bestimmte Anzahl oder Menge eines Basiswertes zu einem festgelegten Preis an einem vereinbarten Abwicklungsort und zu einem festgelegten Datum zu liefern oder zu übernehmen. Im Gegensatz zu Optionen lassen sie den Parteien also kein Wahlrecht.

Basiswerte sind vor allem Aktien, Anleihen, Rohstoffe und Währungen. Der Kurs des Futures hängt direkt vom Wert des Basiswertes ab und beinhaltet zusätzlich einen Aufschlag für den Liquiditätsvorschuss, da nur ein Bruchteil des Wertes des Basiswertes zu Beginn als Sicherheit hinterlegt wird. Der Aufschlag hängt also vom Zinsniveau ab. Außerdem können bei Rohstoff-Futures Lagerungskosten einfließen. Ein Abschlag wird berechnet für Erträge des Basiswertes, die bis zur Fälligkeit anfallen (Dividenden oder Zinsen).

Beim Futurehandel besteht eine Einschusspflicht, die sogenannte Margin. Beide Vertragspartner müssen eine Vorschusszahlung als Sicherheit leisten. Je nachdem wie sich der gekaufte Basiswert entwickelt, kann der Anleger einen Gewinn erzielen oder aufgefordert werden, Geld nachzuschießen (Margin Call). Schießt der Anleger nichts nach, wird die Position zwangsgeschlossen. Um einen Future-Kontrakt zu eröffnen, ist nur ein Bruchteil seines Wertes nötig. Daher handelt es sich auch um Hebelinstrumente. Wie stark der Hebel ist, hängt vom Basiswert ab und wird von der jeweiligen Börse bestimmt, an der der Future gehandelt wird.

CFD

Bei CFD (kurz für „Contract for Difference") erhalten Anleger den Unterschied zwischen Kauf- und Verkaufskurs des zugrunde liegenden Basiswertes, der beim Schließen einer Position entsteht.

Beispiel: *Kauft ein Anleger einen CFD auf eine Aktie für 100 Euro und verkauft ihn kurze Zeit später für 110 Euro, ist die Differenz von 10 Euro sein Gewinn. Ein Recht auf den Erwerb der Aktie hat er nicht. Die CFD-Position folgt dem Basiswert 1 zu 1.*

Für den Kauf eines CFD müssen Anleger direkt beim CFD-Broker eine Margin hinterlegen, die – abhängig von der Volatilität des Basiswerts – nur einen Teil des Gesamtwertes des zugrunde liegenden Basiswertes beträgt. Daraus ergeben sich mitunter hohe Hebeleffekte, die auch zuungunsten des Anlegers wirken und starke Verluste verursachen können.

CFD-Anbieter sind oft kaum gegen Insolvenz abgesichert. Anleger erhalten keine „echten" Werte und haben daher ein Totalverlustrisiko.

Aufgrund einer Allgemeinverfügung der Bundesanstalt für Finanzdienstleistungsaufsicht sind die maximalen Hebel beim Handel mit Privatanlegern beschränkt und CFD-Handelsplattformen dürfen keine Nachschüsse verlangen, wenn sich der Basiswert zu Ungunsten des Anlegers entwickelt. Sie müssen gewährleisten, dass Kleinanleger nie mehr als ihre gezahlte Sicherheitsleistung verlieren können (Negativsaldoschutz). Wenn der Wert eines CFD nur noch weniger als die Hälfte der vom Anleger hinterlegten Sicherheitsleistung (Initial Margin) beträgt, müssen die CFD-Anbieter die Position schließen (Margin-Glattstellungsschutz).

Beim CFD-Handel ist – anders als bei Futures – ein Market Maker zwischengeschaltet. Die Preisstellung der CFD ist mitunter intransparent. Überdies sind CFD-Anbieter oft kaum gegen Insolvenz abgesichert. Anleger erhalten keine „echten" Werte und haben daher ein Totalverlustrisiko.

CFD-Geschäfte sind Spekulationen, keine Geldanlagen. Mitunter können sie aber als Absicherungsinstrument für Aktienpositionen genutzt werden. Je nach Anbieter können hohe Transaktionskosten – auch in Form von großen Geld-Brief-Spannen – anfallen.

Gold und andere Rohstoffe

Gold: Edel, aber spekulativ

Weltweit ausufernde Staatsverschuldungen, schwelende Konflikte, Terrorgefahr und Notenbanken, die das Zinsniveau künstlich niedrig halten: Das alles sind für Goldfans Argumente, warum Goldinvestments gute Renditechancen versprechen. Doch gab es in der Vergangenheit auch lange Perioden, in denen mit Gold nichts zu verdienen war.

Für und Wider der Goldanlage

Bei der Entscheidung über ein Goldinvestment sollten Sie vor allem die Gesichtspunkte Renditeerwartung und Krisenschutz gegeneinander abwägen.

Angesichts zahlreicher schwelender Konflikte, Terrorgefahr und ausufernder Staatsverschuldungen setzen viele Anleger auf Goldanlagen zur Krisenvorsorge. Aber auch zur Renditeverbesserung der Gesamtanlagen kann sich eine Goldanlage lohnen – sofern man zur rechten Zeit kauft und verkauft. So stieg der Goldpreis zwischen den Jahren 2004 und 2012 von rund 400 auf rund 1 800 Dollar je Feinunze. Danach fiel er aber wieder für einige Jahre auf ein Niveau von rund 1 200 Dollar. Das hätte bei einem Kauf 2004 und einem Verkauf zehn Jahre später immer noch eine ordentliche Rendite von 11,6 Prozent bedeutet – ohne Berücksichtigung des Euro/Dollar-Wechselkurses. Goldanleger haben aber keine Garantie auf eine positive Rendite oder darauf, mindestens ihr Geld wiederzubekommen. Dazu auch ein Bei-

Das Auf und Ab des Goldpreises

Die Wertentwicklung des Goldpreises in den vergangenen zehn Jahren. Sein Allzeithoch in US-Dollar erreichte das Edelmetall im August 2011. Wie sich der Wert in Euro entwickelt, hängt auch vom Wechselkurs ab.

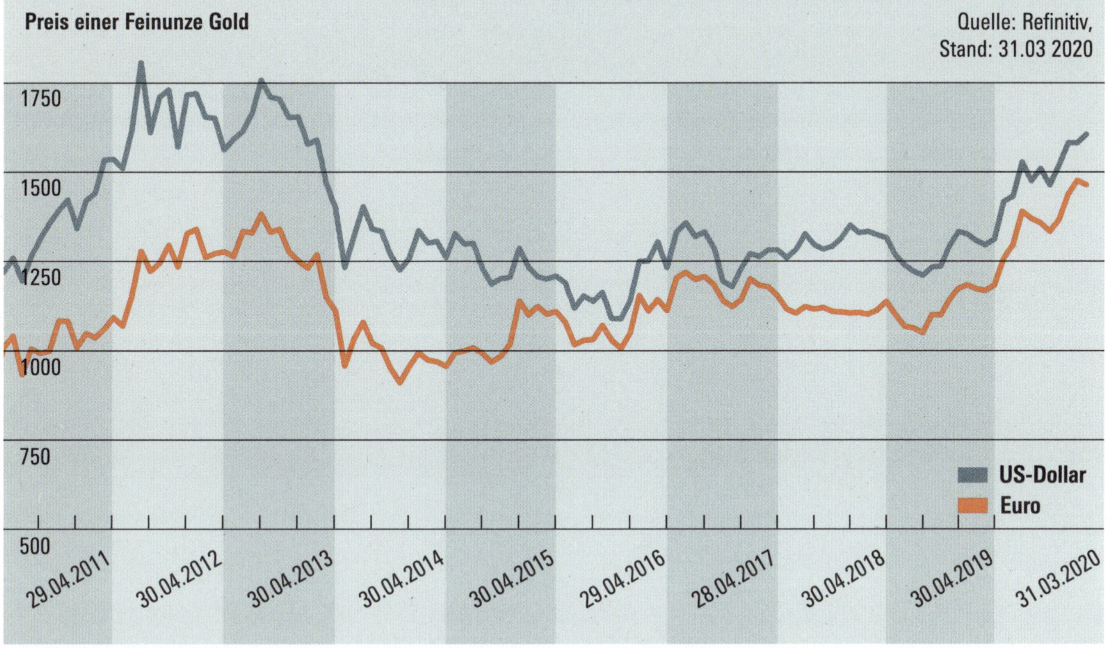

spiel: Wäre im Jahr 1980 ein damals 40-Jähriger auf die Idee gekommen, für sein Alter mit Gold vorzusorgen, hätte er einen üblen Fehlgriff getan. Bei seinem Rentenbeginn 25 Jahre später hätte er noch tief im Minus gesteckt.

Gold bringt keine Zinsen

Das Hauptmanko von Goldanlagen ist, dass diese keine Zinsen oder Dividenden abwerfen. Gold ist also nicht „produktiv". Können Sie Ihr Gold nicht wieder mit Gewinn verkaufen, erzielen Sie nicht nur keinen Gewinn und keine Erträge, Sie machen Verluste. Trotz dieser Unsicherheit ist Gold weiter für viele ein begehrtes Anlageobjekt. So wurden im Jahr 2015 nach einer Schätzung der Degussa Goldhandel allein in Deutschland rund 120 Tonnen Goldbarren und Goldmünzen im Wert von 3,8 Milliarden Euro gekauft.

Eine Feinunze als Maßeinheit

Die übliche Maßeinheit, in der der Goldpreis angegeben wird, ist eine Feinunze. Diese entspricht einem Gewicht von zirka 31,1 Gramm.

Inflations- und Krisenschutz mit Gold?

Die „Gelddruckaktionen" vieler Notenbanken haben die Zinsen in den betroffenen Ländern auf ein extrem niedriges Niveau gedrückt. Der Nachteil von Goldanlagen – dass sie keine regelmäßigen Erträge abwerfen – verliert damit stark an Bedeutung. Denn sichere Festzinsanlagen als Anlagealternativen bringen auch kaum noch etwas. Zum anderen können durch die Maßnahmen der Notenbanken die Geld-

HÄTTEN SIE'S GEWUSST

Das gesamte bisher geförderte Gold passt in einen Würfel mit einer Kantenlänge von **21,4 Metern.**

Nachgefragt wird Gold außer von Anlegern hauptsächlich von Hochtechnologieunternehmen und vom Schmuckgewerbe.

Gold lässt sich extrem fein verarbeiten und ist sehr widerstandsfähig.

Ein Großteil des Goldes dieser Welt lagert in Tresoren von Privatpersonen, aber vor allem auch von Staaten, die es als Währungsreserve halten.

Die weltweit offiziell gemeldeten Goldbestände einzelner Staaten belaufen sich nach Zahlen des World Gold Council (WGC) auf knapp **34 000 Tonnen.**

Davon entfallen unter anderem auf die Eurozone (inklusive Europäischer Zentralbank) rund 11 000 Tonnen, auf die USA rund 8 000 Tonnen und auf China rund 1 800 Tonnen.

mengen ansteigen. Nimmt man die weltweit umlaufenden Geldmengen von heute und vor rund 30 Jahren als Maßstab, ließe sich auch ein Goldpreis von mehreren Tausend US-Dollar je Feinunze rechtfertigen. Gold ist anders als Papiergeld nicht endlos vermehrbar. Es ist ein seltenes Edelmetall, dessen Förderung nicht beliebig ausgeweitet werden kann. Die besten Vorkommen sind bereits abgebaut.

Wegen seiner Seltenheit gilt Gold bei vielen Anlegern schon immer als Krisenwährung und Inflationsschutz. Von Inflation sprechen Volkswirte bei einer signifikanten Erhöhung des allgemeinen Preisniveaus und einer damit verbundenen Entwertung des Geldes. Der Goldpreis ist aber in der Vergangenheit nicht immer besonders stark gestiegen, als die Inflationsraten höher waren. Als die Inflation Anfang der siebziger und Anfang der achtziger Jahre stark angestiegen war, schwankte der Goldpreis deutlich. Während die Inflationsrate in Deutschland nach der Wiedervereinigung Anfang der neunziger Jahre deutlich stieg, ging es mit dem Goldpreis sogar abwärts. Anleger sollten sich also nicht darauf verlassen, dass sie eine künftige Geldentwertung mit Gold ausgleichen können.

> **Wie sich der Goldpreis langfristig entwickeln wird, ist nicht vorhersehbar.**

In Zeiten, in denen die Aktienmärkte stark eingebrochen sind, war die Rendite von Gold oft positiv. Das liegt vermutlich daran, dass Gold dann als „sicherer Hafen" gesucht wurde. In Krisenzeiten, wenn viele Leute Gold kaufen wollen, kann aber auch eine Spekulationsblase entstehen. Platzt die Blase, können Anleger, die zu spät eingestiegen sind, empfindliche Verluste erleiden. Allerdings hat Gold seit Menschengedenken ein sehr hohes Ansehen. Ein völliger Wertverfall gilt als praktisch ausgeschlossen. Gold lässt sich relativ schnell zu Geld machen, ist also insofern eine liquide Anlage.

Wie sich der Goldpreis langfristig entwickeln wird, ist nicht vorhersehbar. Wenn Sie nicht auf das investierte Kapital angewiesen sind, ist ein Goldanteil von bis zu 10 Prozent in einem breit gestreuten Vermögen gut vertretbar. Die Beimischung von Gold kann die Stabilität Ihrer Vermögensanlage erhöhen. Denn der Goldpreis und die Kurse von Anleihen oder Aktien entwickeln sich selten parallel. Sie senken somit das Gesamtrisiko Ihrer Anlagen, wenn Sie zum Teil auch auf Gold setzen.

Wechselkurschancen und -risiken

Der Preis für eine Feinunze Gold wird traditionell zwei Mal täglich in London festgestellt. Dabei wird Gold grundsätzlich in Dollar gehandelt und die Goldpreise werden in Dollar notiert. Anleger, die Gold als Münzen oder Barren kaufen, haben daher immer auch ein Währungsrisiko – oder eine Währungschance. Wenn der Euro gegenüber dem Dollar zulegt, verliert ein Gold-Investment deutscher Anleger an Wert, denn sie erhalten für ihre Euros weniger Dollar-Gegenwert. Andererseits kann der Goldpreis in Euro weitgehend auf seinem Niveau bleiben, selbst wenn der Goldpreis in Dollar fällt. Voraussetzung dafür wäre, dass der Dollar gegenüber dem Euro zulegt.

Physisches Gold

Wer Gold für Krisenzeiten halten will, setzt überwiegend auf physisches Gold. Aber wie und wo kann man es kaufen, wie lässt es sich aufbewahren und was sagt das Finanzamt dazu?

Wer sein Gold sehen und anfassen will, also physisches Gold kaufen möchte, kann Münzen oder Barren kaufen. Bei Münzen sind gängige Goldanlagemünzen wie zum Beispiel der südafrikanische „Krügerrand", die kanadische „Maple Leaf", der „Wiener Philharmoniker", der „China Panda" oder das „australische Känguru" erste Wahl. Für diese Münzen gibt es einen großen Zweitmarkt, und Anleger können sie im Bedarfsfall leicht wieder verkaufen. Diese Goldmünzen werden in den Größen 1/25, 1/20, 1/10, ¼, ½ und 1 Unze angeboten. Der Preis ergibt sich dann aus dem aktuellen Goldpreis zuzüglich einer Marge für den Händler.

Nicht als Anlage geeignet sind hingegen Sammlermünzen, weil diese neben dem Materialwert einen ideellen Sammlerwert haben. Ein späterer Verkaufserlös hängt damit nicht nur vom Goldkurs, sondern auch stark von der Nachfrage nach der speziellen Münze ab. Auch Goldschmuck eignet sich nicht für Anlagezwecke, da es für diesen keinen verlässlichen Marktpreis gibt.

Bei Goldbarren sollten Anleger nur solche mit einem Feingoldgehalt von 999,9, also von 99,99 Prozent kaufen. Gold geringerer Qualität lässt sich schwerer wieder verkaufen. Manche Goldhändler nehmen zwar auch Barren mit niedrigerem Reinheitsgrad zurück, aber nur mit einem gehörigen Abschlag. Denn diese Barren müssen eingeschmolzen werden, ehe sie weiterverkauft werden können. Auf der sicheren Seite sind Anleger überdies, wenn sie nur Barren mit einem Goldprägestempel von Heraeus, Umicore, Valcambi oder Perth Mint kaufen. Diese Firmen haben ein Zertifikat der Londoner Bullion Market Association (LBMA). Goldbarren gibt es in vielen Größen zwischen 1 Gramm und rund 12 Kilogramm.

Der Kauf von Goldbarren oder Goldmünzen in Kleinstgrößen von 10 Gramm oder gar 1 Gramm macht wirtschaftlich aber kaum Sinn, da hier der Unterschied zwischen An- und Verkaufspreis (Spread) sehr hoch ist. Im schlimmsten Krisenfall wäre man aber mit Goldmünzen vermutlich liquider, da man von

PHYSISCHES GOLD

Geeignet für Anleger zur Streuung des Anlagevermögens und als eine Art Risikoversicherung gegen Finanzmarktkatastrophen.

PRO

Gold ist anders als Papiergeld nicht vermehrbar und gilt seit Jahrtausenden als wertvoll und krisensicher. Goldbarren mit einem Feingoldgehalt von 99,99 Prozent oder gängige Anlagemünzen lassen sich problemlos zu Bargeld machen.

CONTRA

Der Goldpreis kann sehr stark schwanken. Für den vermeintlichen Inflationsschutz von Gold gibt es keine Garantie. Gold bietet keinen Ertrag in Form von Zinsen oder Dividenden.

großen Barren schlecht etwas abschneiden kann. Eine vernünftige Mischung dürfte daher meist angebracht sein.

Steuerfreie Veräußerungsgewinne möglich

Steuerlich hat der Kauf und Besitz von physischem Gold einen großen Vorteil: Wer seine Münzen oder Barren nach mindestens einem Jahr verkauft und dabei einen Gewinn erzielt, kann diesen ohne Abzug behalten. Anders als bei Fonds, Wertpapieren oder Zinsanlagen gibt es für Gold keine Abgeltungsteuer auf Veräußerungsgewinne. Dafür können Anleger aber auch eventuelle Verluste, die sie bei einem Verkauf realisieren, steuerlich nicht geltend machen.

Wo Sie Gold kaufen können

Kaufen Sie Gold am besten bei einem Edelmetallhändler vor Ort. Er wird mit hoher Wahrscheinlichkeit deutlich günstiger sein als die Hausbank. Wer Barren oder Münzen im Internet kauft, muss meist in Vorkasse gehen. Damit riskieren Sie, dass Sie Ihr Geld verlieren, wenn der Händler pleitegeht. Allerdings können Sie das Internet gut nutzen, um die Preise zu vergleichen. Die Unterschiede beim Aufgeld (Spread) können je nach Anbieter erheblich sein. Bei einem Kauf im Wert von 10 000 Euro sind oftmals über 100 Euro Ersparnis möglich.

Im Internet finden Sie bei seriösen Edelmetallhändlern wie Proaurum, Degussa oder Westgold Preislisten aller gängigen Münzen und Barren. Auf der Internetseite www.gold.de gibt es eine Übersicht von Händlern, deren Vertrauenswürdigkeit durch verschiedene Maßnahmen wie Testbestellungen, Fragebögen und persönliche Kontakte überprüft wurde und die zum Teil dem Berufsverband des deutschen Münzfachhandels angehören.

Seit Beginn des Jahres 2020 werden beim Goldkauf bei Goldhändlern die Personalien der Käufer bereits ab Beträgen von 2 000 Euro (Geldwäsche-Grenze) aufgenommen. Bis dahin war ein anonymer Kauf bis 10 000 Euro möglich.

Wo Sie Gold aufbewahren sollten

Wer größere Mengen Gold (eine Unze sind nur 31,1 Gramm) zu Hause lagern möchte, sollte sich einen guten Tresor zulegen, den Einbrecher nicht unter den Arm klemmen und mitnehmen können. Die Alternative ist ein Bankschließfach, das je nach Größe zwischen 20 und einigen Hundert Euro pro Jahr kostet. Mitunter sind Schließfächer bei Banken in der Region schwer zu bekommen, da diese bereits alle vermietet sind oder nur an eigene Kunden vermietet werden. Bedenken Sie auch, dass Sie in einem Krisen- oder Katastrophenfall mögli-

Vorsorge für den Schadensfall. Werden Wertsachen aus dem Bankschließfach gestohlen oder beschädigt, bekommen Sie diese von der entsprechenden Versicherung nur ersetzt, wenn Sie nachweisen können, was Sie im Schließfach deponiert hatten. Erstellen Sie daher eine Liste der im Fach gelagerten Sachen und heben Sie Kaufbelege auf. Fragen Sie die Bank, ob sie dafür spezielle Anforderungen stellt, und machen Sie am besten zusätzlich Fotos.

cherweise nicht gleich an Ihr Schließfach kommen. Wenn Sie Gold zur Vorsorge für solche Fälle kaufen, ist das Schließfach daher womöglich nicht der richtige Aufbewahrungsort.

Sofern Sie ein Schließfach mieten können und wollen, fragen Sie, ob im Mietpreis eine Versicherung enthalten ist, die im Falle eines Einbruchs oder Feuers zahlt. Bei einigen Banken ist der Inhalt des Faches nicht versichert. Sie können jedoch eine Versicherung dazukaufen oder den vorhandenen Schutz aufstocken, wenn Sie für jeden Fall gewappnet sein wollen.

Gold aus sauberem Abbau?

Der Abbau von Gold erfolgt häufig unter schrecklichen Umständen: Kinderarbeit, unmenschliche Arbeitsbedingungen, Umweltschäden, zerstörte Landschaften und kriegerische Auseinandersetzungen, die mit der Goldförderung finanziert werden.

Auch wenn sich viele Verbraucher mittlerweile Gedanken über die Herkunft ihrer Goldanlagen machen, ist das Bewusstsein bei den Goldkonzernen, Händlern und Banken noch nicht so stark ausgeprägt, dass Anleger sicher auf „sauberes" Gold ausweichen könnten. Auch die diversen Siegel und Zertifizierungen, mit denen die Goldbranche Vertrauen gewinnen will, treffen oft keine eindeutigen Aussagen bezüglich ethischer, ökologischer oder sozialer Standards der Goldgewinnung. Fragen Sie dennoch bei Ihren Banken und Händlern nach, unter welchen Bedingungen ihr Gold gewonnen worden ist.

Eine Alternative ist, gezielt Recyclinggold zu wählen. Damit fördern Sie zumindest nicht den Neuabbau und seine möglicherweise schädlichen Folgen für Umwelt und Menschen, und Sie unterstützen die Wiederverwertung des Edelmetalls.

Auch die diversen Siegel treffen oft keine eindeutigen Aussagen bezüglich ethischer, ökologischer oder sozialer Standards der Goldgewinnung.

Weitere Anlagemöglichkeiten mit Gold

Wer den Aufwand scheut oder Angst vor Diebstahl hat, kann Gold auch als Wertpapier kaufen.

GOLD-ETC

Geeignet für sehr erfahrene Anleger zur Streuung des Anlagevermögens und als eine Art Risikoversicherung gegen Finanzmarktkatastrophen.

PRO

Sie ermöglichen die Investition in Gold ohne Lagerproblem und Diebstahlrisiko. Gold-ETC können in der Regel werktäglich an den Börsen gehandelt werden.

CONTRA

Der Goldpreis kann sehr stark schwanken. Für den vermeintlichen Inflationsschutz von Gold gibt es keine Garantie.

Mehr zu Zertifikaten siehe S. 318.

Für Goldinvestoren gibt es verschiedene Anlageinstrumente ohne Lagerprobleme.

Gold-ETC

Gold-ETC (Englisch: Exchange Traded Commodities – börsengehandelte Rohstoffe) sind Wertpapiere, die den Goldpreis genau nachzeichnen. Rechtlich handelt es sich bei ETC um Inhaberschuldverschreibungen, also ➚ Zertifikate. Sie haben daher grundsätzlich ein Emittentenrisiko: Bei einer Insolvenz des Herausgebers ist das Kapital der Anleger nicht gesichert. Dadurch unterscheiden sie sich von ETF, die rechtlich Investmentfonds sind und bei denen das Sondervermögen geschützt ist,

Um eine vergleichbare Sicherheit wie die Investmentfonds mit ihrem Sondervermögen bieten zu können, hinterlegen die Herausgeber der ETC Sicherheiten bei einem Treuhänder. So soll das Emittentenrisiko eingeschränkt werden. Edelmetall-ETC werden in der Regel mit den entsprechenden Edelmetallen besichert. Das heißt, der Emittent hinterlegt physische Edelmetalle und besichert damit die Schuldverschreibung. Bei anderen Rohstoff-ETC werden zum Beispiel Wertpapiere hoher Bonität als Sicherheit hinterlegt.

Anleger sollten sich die Gold-Wertpapiere genau anschauen. An den Börsen sind etliche Gold-ETC gelistet, die sich auf den ersten Blick sehr ähneln. In ihrer Ausgestaltung unterscheiden sich die Papiere jedoch. Manche Zertifikate hebeln den Goldpreis und erhöhen damit das Verlustrisiko. Andere sind währungsgesichert; sie bilden den Goldpreis in Euro statt in US-Dollar ab. Viele Gold-ETC bilden den Goldpreis zwar nach, sind aber nicht mit echtem Gold besichert. Was wirklich passiert, wenn ein Emittent pleitegeht, der das ETC mit echtem Gold besichert hat, lässt sich nicht mit Sicherheit sagen. Wann bekommt der Anleger sein Geld zurück? Und bekäme er einen Geldbetrag ausbezahlt oder das hinterlegte Gold?

Die in der obigen ➚ Tabelle aufgeführten ETC Euwax Gold, Euwax Gold II, Gold Bullion und Xetra-Gold sind mit Gold hinterlegt und bieten die Möglichkeit, sich das verbriefte

Die wichtigsten mit Gold hinterlegten Wertpapiere

Gold wird in US-Dollar gehandelt. Euro-Anleger haben deshalb neben dem Kurs- auch ein Währungsrisiko. Bei ETC mit Währungsabsicherung können sie es ausschalten, dafür sind aber die Kosten dieser Produkte höher.

Name des Produkts	Emittent	Isin	Jährliche Kosten (Prozent)	Auslieferung in Barren möglich (1)
ETC ohne Währungsabsicherung				
Euwax Gold	Boerse Stuttgart Securities	DE 000 EWG 0LD 1	0,00	ja
Euwax Gold II	Boerse Stuttgart Securities	DE 000 EWG 2LD 7	0,00	ja
Xetra-Gold	Deutsche Börse Commodities	DE 000 A0S 9GB 0	0,36	ja
Gold Bullion Securities	Gold Bullion Securities	DE 000 A0L P78 1	0,40	ja
Amundi Physical Gold ETC	Amundi Physical Metals	FR 001 341 671 6	0,19	nein
Xtrackers Physical Gold ETC	DB ETC	DE 000 A1E 0HR 8	0,25	nein
iShares Physical Gold ETC	iShares Physical Metals	IE 00B 4ND 360 2	0,25	nein
Invesco Physical Gold ETC	Invesco Physical Markets	DE 000 A1M ECS 1	0,24	nein
ETC mit Währungsabsicherung				
Xtrackers Physical Gold Hedged ETC	DB ETC	DE 000 A1E K0G 3	0,59 (2)	nein
Wisdomtree Physical Gold - EUR Daily Hedged Physical Gold	Wisdomtree Hedged Metal Securities	DE 000 A1R X99 6	0,55 (2)	nein

(1) Die Kosten für die Auslieferung hängen vom Goldpreis, von der Stückelung und von weiteren Faktoren ab.
(2) Einschließlich der Kosten für Währungssicherung.
Quelle: Thomson Reuters, Produktinformationsblätter, eigene Recherche. Stand: Februar 2020

Gold nach Hause liefern zu lassen. Wenn auf die Lieferung verzichtet wird, sind Kauf- und Verwahrkosten eines Gold-ETC günstiger als echte Goldbarren oder -münzen. Als Wertpapier sind sie leicht ins Depot integrierbar.

▸ Xetra-Gold

Ein Anteil Xetra-Gold bezieht sich auf ein Gramm des Edelmetalls. 95 Prozent werden in einem Tresor verwahrt, für den Rest bestehen Lieferansprüche. Der Herausgeber ist die Deutsche Börse Commodities, ein Gemeinschaftsunternehmen von Deutscher Börse, fünf Banken und dem Goldhersteller Umicore. Die Deutsche Börse Commodities kümmert sich um den Verkauf von Xetra-Gold und das Hinterlegen mit Gold. Für Xetra-Gold hat der Bundesfinanzhof klargestellt, dass Finanzämter durch Verkauf des ETC realisierte Kursgewinne nach einem Jahr Haltedauer als steuerfrei behandeln müssen. Denn Xetra-Gold sei wegen der physischen Besicherung mit Gold und der Auslieferungsmöglichkeit steuerlich echtem Gold gleichgestellt. Wenn Anleger sich das verbriefte Gold liefern lassen, ist dies keine steuerpflichtige Veräußerung, da sich ihre wirtschaftliche Leistungsfähigkeit nicht geändert habe und sie weiterhin das Risiko eines fallenden Goldpreises tragen, so die BFH-Richter in einem anderen Urteil (IX R 33/17).

▸ Gold Bullion Securities

Der Gold Bullion Securities ETC wird von der Gold Bullion Securities Limited auf Jersey herausgegeben, einer Tochter der britischen Fondsgesellschaft ETF Securities. Wer dieses Gold-ETC kauft, kann sich den Gegenwert in Form von mindestens zehn britischen Goldmünzen „Britannia" oder 25 „Sovereigns" ausliefern lassen. Zur Orientierung: Ende April 2018 musste ein Anleger mindestens 10866 Euro (10 Britannias) oder 6461 Euro (25 Sovereigns) in dem ETC angelegt haben, um eine physische Auslieferung der Münzen verlangen zu können. Dafür müsste er 4,5 Prozent Gebühren vom Kurswert bezahlen. Das Thüringer Finanzgericht bescheinigte auch dem Gold Bullion ETC die Steuerfreiheit für Kursgewinne nach einem Jahr, da der Emittent seinen Kunden grammgenaue Lieferansprüche gewähre. Endgültig wird dies der BFH im derzeit anhängigen Verfahren (Az. VIII R 7/17) entscheiden.

▸ Euwax-Gold

Euwax Gold, herausgegeben von der Börse Stuttgart Securities, ist ähnlich wie Xetra-Gold strukturiert. Er hat keine laufenden Kosten, dafür liegen An- und Verkaufskurs an der Börse weiter auseinander. Die Auslieferung des verbrieften Goldes ist kostenlos. Mit Auslieferungen erst ab 100 Gramm erfüllt der ETC nicht die Bedingungen für eine Gleichbehandlung mit physischem Gold, realisierte Kursgewinne sind unabhängig von der Haltedauer abgeltungsteuerpflichtig. Der neue Euwax-Gold II ETC soll hingegen die Vorgaben des BFH für die Steuerfreiheit nach einem Jahr erfüllen.

Physisches Gold mit WKN und Goldkonten

Die Consorsbank bietet in Zusammenarbeit mit dem Goldhändler Proaurum die Möglichkeit, über die Ordermaske des Wertpapierdepots Goldmünzen und -barren wie ein Wertpapier zu kaufen und verkaufen. Jede Münze oder jeder Barren im Angebot der Bank ist dazu mit einer eigenen Wertpapierkennnummer (WKN) versehen. Mit dem Kauf wird der Anleger rechtlicher Eigentümer eines Barrens oder einer Münze mit einem definierten Gewicht und vermeidet dadurch das bei Gold-ETC bestehende Emittentenrisiko. Das erworbene Gold wird in einem Hochsicherheitstresor bei Proaurum gegen eine Gebühr von 0,6 Prozent jährlich verwahrt. Anleger können sich das Gold auch ausliefern lassen. Dann entfällt aber die Handelsmöglichkeit über das Depot.

Einige Sparkassen bieten sogenannte Goldkonten, über die sich Käufe und Verkäufe von Gold in standardisierter Form wie Anlagemünzen oder Barren abwickeln lassen. Anleger haben auch hier einen Auslieferungsanspruch.

Beteiligung an Goldminen

Eine Möglichkeit, indirekt an der Entwicklung des Goldpreises teilzuhaben, ist ein Investment in Aktien eines Goldminen-Betreibers. Deren Kurse schwanken jedoch noch stärker als der Goldpreis, da noch viele weitere Faktoren den Wert der Aktien bestimmen, etwa die allgemeine Entwicklung des Aktienmarktes und die wirtschaftliche Situation des Unternehmens. Hinzu kommt oft ein Währungsrisiko: Viele Minenaktien sind in US-Dollar notiert, Anleger aus Euroland kaufen die Aktien aber in Euro. Fällt der Dollar, machen sie Verlust. Kaufen Anleger Goldfonds, die in verschiedene Goldminenaktien investieren, ist wegen der breiteren Streuung ein Totalverlust eher unwahrscheinlich. Allerdings sind die Wertschwankungen oft genauso groß wie bei einzelnen Goldminenaktien.

Aufgrund des hohen Risikos sollten Goldminenaktien oder Goldfonds immer nur als Beimischung dienen und zusammen mit anderen Goldanlagen (physisch oder als ETC) maximal 10 Prozent des Anlagevermögens ausmachen.

Weitere Rohstoffe

Spekulativer als die Anlage in Gold ist das Investment in andere Edelmetalle oder Rohstoffe wie Silber, Platin, Kupfer, Rohöl oder sogenannte Agrarrohstoffe. Manche Anleger sehen aber nicht nur in Gold-, sondern in Rohstoffanlagen allgemein eine Absicherung gegen eine mögliche steigende Inflation aufgrund überbordender Staatsschulden in den Industrienationen.

Mit Zertifikaten in Einzelrohstoffe anlegen

Gold kann man ins Bankschließfach legen, bei Silber ist das schon schwieriger, da schon für 10 000 Euro einige Kilogramm Silber zusammenkommen. Für Öl oder Nahrungsmittel bräuchten Anleger riesige Tanks oder Kühlhäuser.

Früher war der Handel mit Rohstoffen vor allem professionellen Anlegern und Händlern an den internationalen Terminmärkten vorbehalten. Beim Terminhandel schließen zwei Parteien einen Terminkontrakt (das heißt einen standardisierten Future-Vertrag über die Terminbörse). Dieser verpflichtet die Vertragspartner, eine bestimmte Menge eines Rohstoffs zu einem festgelegten Preis an einem vereinbarten Abwicklungsort und zu einem festgelegten Datum zu liefern beziehungsweise zu übernehmen. Der Terminhandel diente ursprünglich dazu, dass Landwirte ihre Ernte im Voraus „auf Termin" verkaufen konnten,

ROHSTOFF-ZERTIFIKATE UND -ETC

Nicht geeignet für Kleinanleger. Allenfalls für sehr erfahrene, spekulative Anleger geeignet, die auf die Wertentwicklung bestimmter Rohstoffe wetten wollen.

PRO

Rohstoff-Zertifikate und -ETC ermöglichen Investitionen in einzelne Rohstoffe, ohne diese selbst lagern zu müssen. Sie können in der Regel werktäglich an den Börsen gehandelt werden.

CONTRA

Rohstoffpreise schwanken stark, hohe Verluste sind möglich. Rohstoffe bieten keine Verzinsung. Da die Kurse der Zertifikate und ETC von den Rohstoff-Futures abgeleitet sind, ist die Wertentwicklung zudem häufig schwer nachvollziehbar.

Zu den verschiedenen Zertifikateformen siehe das Kapitel „Anlage-Zertifikate“ ab S. 318.

Zu ETF siehe das Kapitel „ETF - die besseren Fonds?“ ab S. 209.

um sich auf diese Weise gegen Preisschwankungen abzusichern.

Neue Anlagevehikel wie Exchange Traded Commodities (ETC) und Rohstoffzertifikate ermöglichen es heutzutage auch Kleinanlegern, in Rohstoffe zu investieren, ohne selbst die Rohstoffe lagern zu müssen. Daneben bieten Futures, CFD und Optionsscheine Anlagemöglichkeiten für erfahrene Anleger und Trader. Wegen der starken Preisschwankungen sollten Anleger Rohstoffe aber stets nur als Beimischung im Rahmen eines breit gestreuten Anlagevermögens ansehen.

Die infrage kommenden Rohstoffe kann man wie folgt kategorisieren:

- Metallmärkte (zum Beispiel Gold, Silber, Platin, Kupfer)
- Energiemärkte (zum Beispiel Erdöl, Heizöl, Erdgas)
- Getreidemärkte (zum Beispiel Weizen, Soja, Mais, Reis)
- Softs-Märkte (zum Beispiel Kaffee, Zucker, Kakao, Baumwolle)
- Fleischmärkte (zum Beispiel Mast-Rind, Lebend-Rind, Schweinebäuche)

Was bestimmt den Wert von Rohstoffzertifikaten?

Statt spezieller Zertifikate-Konstruktionen mit festen Laufzeiten und Zusatzbedingungen (wie zum Beispiel Discount-, Bonus- und Expresszertifikate) bieten sich für Anleger, die einen bestimmten Prozentsatz ihres Anlagevermögens in Rohstoffe investieren wollen, eher Partizipationszertifikate (Indexzertifikate) mit unbegrenzter Laufzeit an, die den Preis des Rohstoffs einfach nachzeichnen. Auf Rohstoffindizes gibt es auch ETF. Da Rohstoffe weltweit grundsätzlich in US-Dollar gehandelt werden, können sich bei den auf Euro lautenden Zertifikaten Währungskursgewinne oder -verluste ergeben. Wollen Anleger dies ausschließen, können sie sogenannte Quanto-Zertifikate kaufen, bei denen die Herausgeber die Währungsrisiken eliminieren. Die Kosten für die Absicherung reichen die Anbieter natürlich an die Anleger weiter, weshalb bei Quanto-Varianten die Renditechancen verringert sind.

Anders als bei Gold- und Edelmetall-ETC entwickeln sich Zertifikate auf andere Rohstoffe wie beispielsweise Öl oder Getreide nicht genau wie ihr Basiswert. Denn während sich die Kurse bei Zertifikaten auf Edelmetalle an den aktuellen Marktpreisen (Spot- oder Kassamarkt) orientieren, beziehen sich die Kurse bei diesen Zertifikaten auf den Preis eines Terminkontrakts, englisch Future. Dafür werden in der Regel die nächstfälligen Futures herangezogen, da diese die höchste Liquidität aufweisen, also am meisten gehandelt werden.

Um die tatsächliche physische Lieferung des Rohstoffs zu vermeiden, muss der Emittent des Zertifikats den Future-Kontrakt, der ihm zugrunde liegt, kurz vor Fälligkeit verkaufen und den nächstfälligen Kontrakt kaufen. Da sich der Verkaufserlös des alten und der Kaufpreis des neuen Futures meist unterscheiden, kann es beim Zertifikat zu sogenannten Rollverlusten oder -gewinnen kommen. Wenn der aktuelle Kurs eines Rohstoffs über dem zukünftigen Terminkurs liegt, spricht man von Backwardation und es entsteht ein Rollgewinn. Gibt es im umgekehrten Fall einen Rollverlust, spricht man von Contango.

Rollverluste und -gewinne bei Rohstoffzertifikaten

Contango = aktueller Marktpreis eines Rohstoffs < Terminpreis (Liefertermin in der Zukunft) des Rohstoffs
Backwardation = aktueller Marktpreis eines Rohstoffs > Terminpreis (Liefertermin in der Zukunft) des Rohstoffs

Entscheidend für die Entwicklung eines Zertifikats auf einen Rohstofffuture ist daher nicht nur die Entwicklung des Marktpreises, sondern auch die im Future-Kontrakt ausgedrückte Markterwartung. Vermeiden lassen sich Rollverluste bei Zertifikaten mit fester Laufzeit, bei denen während der Laufzeit kein „Rollen“ von einem in den anderen Future notwendig ist. Dafür reagieren diese Zertifikate auf Preissteigerungen des Rohstoffs während der Laufzeit weniger, wenn die Laufzeit des Zertifikats noch länger ist.

Silber, Platin und Palladium

Silber hat ähnlich wie Gold in verschiedenen Kulturen eine jahrhundertelange Tradition als Zahlungs- und Wertaufbewahrungsmittel. Im Gegensatz zu Gold ist es darüber hinaus auch als Werkstoff in der Industrie wichtig. Allerdings unterliegt der Silberpreis extremen Wertschwankungen. Wie die ➚Grafik „Das Auf und Ab des Silberpreises“ zeigt, bewegte sich der Silberpreis bis 2004 fast gar nicht. Danach stieg er vor allem nach der Finanzkrise ab 2009 extrem an und stürzte dann ähnlich stark ab. Als Industriemetall hängt sein Preis auch stark von der Konjunktur ab.

Anleger, die Silbermünzen oder -barren kaufen, müssen beim Kauf seit dem 1. Januar 2014 zusätzlich 19 Prozent Umsatzsteuer zahlen. Viele Händler nutzen inzwischen jedoch die Möglichkeit der sogenannten Differenzbesteuerung (Margenbesteuerung), wodurch Silbermünzen, die aus Nicht-EU-Ländern importiert werden, dem Endkunden günstiger angeboten werden können. Das betrifft die meisten gängigen Anlagesilbermünzen wie den „Kookaburra“ und den „Koala“ aus Australien, den „Maple Leaf“ aus Kanada sowie den American „Eagle“ aus den USA. Durch die Differenzbesteuerung zahlen Anleger letztlich weiterhin 7 Prozent Umsatzsteuer auf ihren Kauf. Dieser Steuersatz galt vor 2014.

Das Aufgeld beim Silberkauf ist im Vergleich zu Gold oftmals sehr hoch. Weil es weniger wert ist, müssen Anleger größere Mengen davon verwahren – was wiederum zu höheren Schließfachkosten führen kann. Daher sollten Anleger, die vor allem auf Wertsteigerungen beim Silber setzen wollen, Zertifikate oder ETC vorziehen, die den Silberpreis abbilden. Diese Papiere haben oft überhaupt keine laufenden Verwaltungskosten und eine sehr geringe Handelsspanne (Spread). Realisierte Kursgewinne sind allerdings immer steuerpflichtig, im Gegensatz zum physischen Silber, das nach einem Jahr steuerfrei veräußert werden kann.

Neben Zertifikaten, die den Preis einer Feinunze Silber in Euro wiedergeben, gibt es auch Produkte, die den US-Dollarpreis abbilden, also in der Währung, in der es an der Börse notiert ist. Damit lassen sich Währungsschwankungen vermeiden.

Platin ist das wertvollste Edelmetall. Es ist seltener als Gold und Silber und wird in viel geringeren Mengen gewonnen. Es wird zur Schmuckherstellung sowie in der Chemie- und Elektronikindustrie genutzt. Insbesonde-

Siehe die Grafik „Das Auf und Ab des Silberpreises“, S. 364.

Das Auf und Ab des Silberpreises

Lange Zeit war der Silberpreis vergleichsweise stabil. Nach 2004 und vor allem nach der Finanzkrise 2009 stieg er steil an und brach dann nach einigen Kurskapriolen deutlich ein.

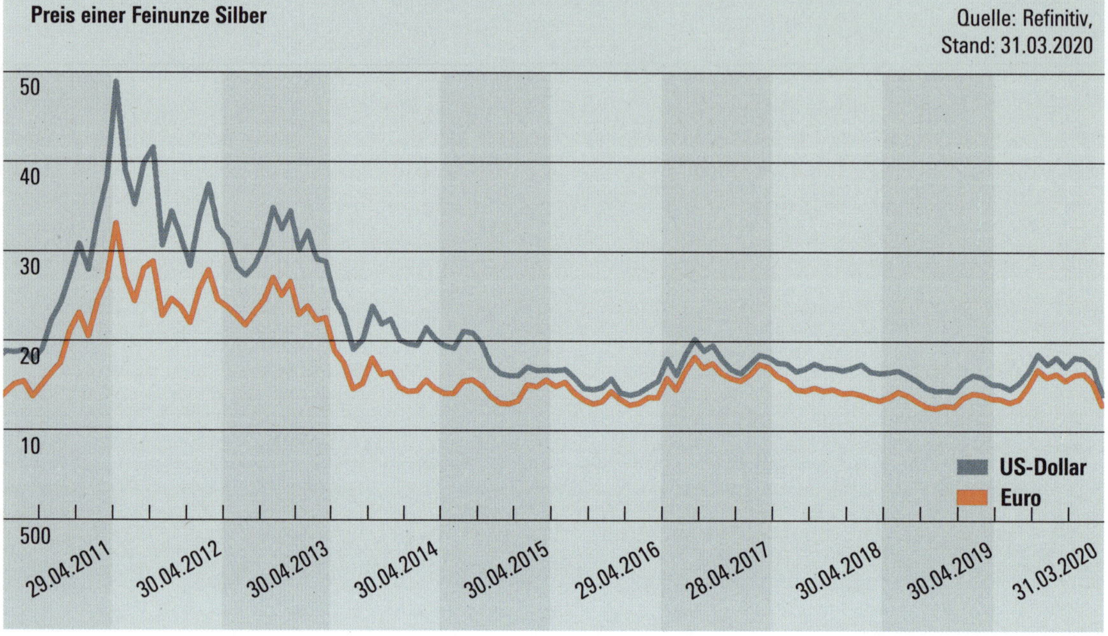

re bei Dieselmotoren wird es in der Katalysatortechnik benutzt.

Das silberweiß glänzende Palladium ist ebenfalls sehr selten, kommt aber häufiger vor als Gold und Platin. Rund 80 Prozent der weltweiten Produktion kommen aus Russland und Südafrika. Die chemischen Eigenschaften von Palladium sind ähnlich wie die von Platin. Die Preise von Platin und Palladium werden stark von der industriellen Nachfrage, der Furcht vor Lieferengpässen und Spekulationen bestimmt.

Noch keine Reserve

Auch wenn Platin und Palladium einen hohen Eigenwert haben, konnten sie sich bisher nicht als Reserve für Krisenzeiten gegenüber Gold und Silber durchsetzen. Anleger, die diese Edelmetalle dennoch dafür nutzen wollen, finden bei Edelmetallhändlern Münzen und Barren. Zertifikate auf den Platin- oder Palladiumpreis werden meist eher zur kurzfristigen Spekulation genutzt.

Erdöl

Wie unvorhersehbar Rohstoffpreise sein können, hat sich Mitte 2014 beim Erdölpreis gezeigt. Als jeder mit immer weiter steigenden Preisen rechnete, da die Ölvorkommen endlich sind, stürzte der Preis um bis zu 75 Prozent ab und betrug zwischenzeitlich nur noch unter 30 Dollar je Barrel (Fass mit rund 160 Litern Inhalt), statt zuvor um die 110 Dollar.

Anleger können über Zertifikate auf die Sorten Nordseeöl (Brent Crude Oil) oder WTI Light Crude Oil setzen. Aber Vorsicht: Steigende Ölpreise bedeuten nicht automatisch steigende Zertifikatepreise. Da die Bank, die das Zertifikat herausgibt, kein Öl geliefert haben will, muss sie fortlaufend alte Futures in neue tauschen (rollen). Dabei können Rollverluste entstehen. Sie können sogar so hoch sein, dass sie den Gewinn aus einem gestiegenen Spotmarktpreis für Öl übersteigen. Anleger erleiden dann Verluste, obwohl sie die Entwicklung des Basiswertes richtig eingeschätzt haben.

Um die ethische Vertretbarkeit von Anlagen im Bereich der Agrarrohstoffe wie Weizen, Reis und Mais gibt es lebhafte Diskussionen.

Industriemetalle und Agrarrohstoffe

Auch im Bereich der Industriemetalle und Agrarrohstoffe können Anleger unter anderem mit ETC auf eine Vielzahl von Rohstoffen setzen. Für die meisten Rohstoffe gibt es hier ETC-Produkte am Markt. Auf Rohstoffindizes werden auch ETF angeboten, die wie die anderen Zertifikate in Futures investieren.

Neben einfachen Indexzertifikaten gibt es eine Vielzahl von Produkten, die zusätzlich spezielle Strategien verfolgen, wie zum Beispiel eine gehebelte (leveraged) Teilnahme an den Auf- und Abwärtsbewegungen des Futures oder Short-Strategien, deren Wertentwicklung umgekehrt zum Basiswert erfolgt.

Zu den Hebelprodukten siehe unter „Weitere Derivate – Hebelprodukte" ab S. 339.

Um die ethische Vertretbarkeit von Anlagen im Bereich der Agrarrohstoffe wie Weizen, Reis und Mais gibt es lebhafte Diskussionen, die durch eine im Oktober 2011 veröffentlichte Studie „Die Hungermacher" der Organisation Foodwatch ausgelöst wurden. Die einen machen vor allem Spekulanten für die steigenden Agrarrohstoffpreise und damit letztlich für wachsenden Hunger bei den Ärmsten der Welt verantwortlich, andere argumentieren, dass der größte Teil der an den Terminbörsen gehandelten Kontrakte auf Agrarrohstoffe die gestiegene Nachfrage nachbildet. Diese Nachfrage werde vor allem vom Bevölkerungswachstum und von der Zunahme von Biokraftstoffen angetrieben. Auch die heftigeren Wetterextreme durch die weltweite Klimaveränderung hätten weit mehr Auswirkungen auf das Angebot und damit den Preis von Agrarrohstoffen als Spekulationen von Anlegern. Beide Positionen sind nachvollziehbar.

Beispiele für an den Terminmärkten gehandelte Rohstoffe

Neben Öl, Gas und Edelmetallen werden an den Terminmärkten auch folgende „exotischere" Rohstoffe gehandelt.

Industriemetalle	Agrarrohstoffe (Getreidemärkte)	Agrarrohstoffe (Softs- und Fleisch-Märkte)
Kupfer	Mais	Kaffee
Aluminium	Weizen	Zucker
Blei	Sojabohnen	Kakao
Zink	Sojaöl	Orangensaft
Nickel	Sojamehl	Baumwolle
Zinn	Reis	Bauholz
		Mast-Rind
		Lebend-Rind
		Mageres Schwein

Zumindest die Lagerung von Nahrungsmitteln dürfte den Preis beeinflussen, denn dadurch verknappt sich das Angebot. Es gibt Banken, die Lagerhäuser besitzen oder an Lagerhausgesellschaften beteiligt sind. Wenn Anleger Zertifikate kaufen, horten sie zumindest keine Nahrungsmittel, sondern wetten darauf, ob der Preis von Weizen, Mais oder Soja in der Zukunft steigt. Sie müssen letztlich selbst entscheiden, ob Sie es mit Ihrem Gewissen vereinbaren können, im Bereich der Agrarrohstoffe und hier speziell der Grundnahrungsmittel anzulegen. In Deutschland sind einige Banken und Fondsgesellschaften dazu übergegangen, keine börsennotierten Produkte auf Grundnahrungsmittel mehr aufzulegen.

In Rohstoffindizes investieren

Eine breitere Streuung und damit geringere Risiken als Investments in Einzelrohstoffe versprechen Anlagen in Rohstoffindizes. Die Palette an börsengehandelten Zertifikaten und Fonds ist groß.

Rohstoffpreise unterliegen großen Schwankungen und mitunter langen Auf- oder Abwärtstrends. Neben Wetterbedingungen bei den Agrarrohstoffen und Förderquoten bei anderen Rohstoffen wirken sich politische Entwicklungen oder Lagerbestände in wichtigen Exportländern immer wieder stark auf den Preis eines Rohstoffes aus. Statt in Einzelrohstoffe empfiehlt es sich daher für die meisten Anleger, in breit gestreute Rohstoffindizes oder Rohstoffkörbe zu investieren. Auch bei Rohstoff-Indexzertifikaten und Rohstoff-ETF gibt es das Risiko von Währungsverlusten, das Anleger mit Quanto-Papieren ausschließen können.

Verschiedene Anbieter haben Indizes auf Rohstoffe und Rohstoffkörbe entwickelt, die sich mehr oder weniger stark unterscheiden. Anleger können die verschiedenen Schwerpunkte der Preisbarometer für sich nutzen. Die wichtigsten breiten Indizes sind der S&P Goldman Sachs Commodity Index (S&P GSCI), der Rogers International Commodity Index (RICI), der Thomson Reuters Jefferies CRB (TRJ/CRB) Index und der Bloomberg Commodity Index. Sie unterscheiden sich vor allem in ihrer Zusammensetzung und ihrer Methode zur Neugewichtung einzelner Rohstoffe (➚ Grafik „Rohstoffindizes und ihre Gewichtung“).

S & P Goldman Sachs Commodity Index (S & P GSCI)

Der S&P Goldman Sachs Commodity Index (S&P GSCI) ist der weltweit am meisten genutzte und wohl bekannteste Rohstoffindex. Er spiegelt die Entwicklung von 24 Rohstoff-Futures wider, die eine ausreichend hohe Liquidität aufweisen müssen. Seine Gewichtung richtet sich nach der durchschnittlichen Weltproduktion der letzten fünf Jahre. Der Anteil der Energierohstoffe, vor allem von Erdöl, ist daher bei diesem Index besonders hoch. Einmal jährlich wird die Gewichtung der Rohstoffe im Index überprüft.

Für die einzelnen Sektoren Energie, Edelmetalle, Industriemetalle und Agrargüter gibt es auch eigene Subindizes, in denen dann jeweils nur die Rohstoffe dieser Sektoren abgebildet werden. Daneben gibt es noch verschiedene Unterindizes des S&P GSCI, bei denen

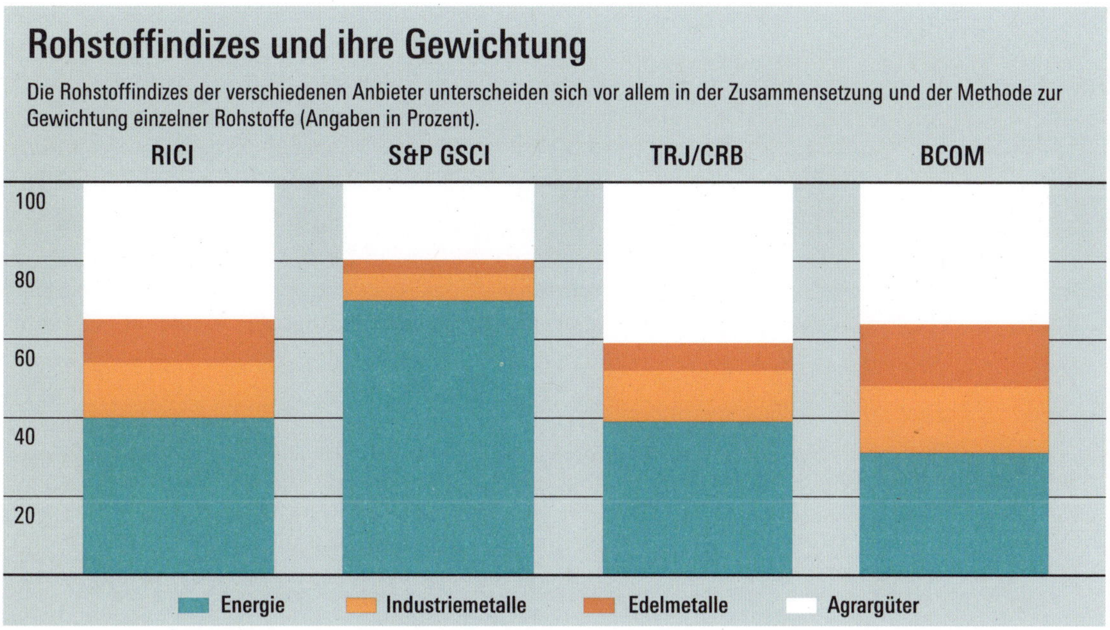

der Anteil der Energieträger unterschiedlich stark reduziert ist (Reduced-, Light-, Ultra-Light- und Non-Energy Index). Diese Indizes bieten sich an, wenn Anleger die Übergewichtung der Energieträger im Hauptindex vermeiden wollen.

Rogers International Commodity Index (RICI)

Der Rogers International Commodity Index (RICI) wurde 1998 von der Investmentlegende Jim Rogers ins Leben gerufen. Sein Index weist mit derzeit 37 Einzelrohstoffen die breiteste Abdeckung von unterschiedlichen Rohstoffen auf. Die Gewichtung der einzelnen Positionen orientiert sich an deren Bedeutung im weltweiten Verbrauch und Handel. Die Zusammensetzung des Index wird jährlich von einem Indexkomitee überprüft.

Es werden drei Subindizes zum RICI angeboten, bei denen sich die Gewichtung der Rohstoffe nach dem jeweiligen Rohstoffanteil im RICI im Verhältnis zum Gesamtgewicht des Sektors im RICI richtet.

Beispiel: Der Anteil der Industriemetalle im RICI beträgt 14 Prozent, wovon Aluminium 4 Prozent ausmacht. Im Subindex RICI-IM (Industrial Metals) beträgt die Gewichtung von Aluminium daher (4 Prozent / 14 Prozent =) 28,57 Prozent.

Weitere Subindizes des RICI sind Agrar (RICI-A), Energie (RICI-E), Metalle (RICI-M) und Edelmetalle (RICI-PM).

Thomson Reuters Jefferies CRB (TRJ/CRB) Index

Der Thomson Reuters Jefferies CRB (TRJ/CRB) Index geht auf den ältesten Rohstoffindex, den 1957 erstmals berechneten CRB Index, zurück. Die Berechnungsmethode des Index wurde 2005 umgestellt. Er bildet 19 unterschiedlich stark gewichtete Rohstoffe ab, die monatlich so umgeschichtet werden, dass wieder das Ausgangsverhältnis erreicht wird. Die Agrarrohstoffe sind im TRJ/CRB Index stärker gewichtet als in den anderen großen Rohstoffindizes. Die ursprüngliche Form des CRB Index läuft unter der Bezeichnung Continuous Commodity Index (CCI, auch Old CRB Index) weiter.

30 SEKUNDEN FAKTEN

90 %

des verarbeiteten Erdöls werden als Energielieferant für Autos, Heizung etc. verbraucht. 10 % finden sich als chemische Stoffe in Alltagsprodukten.

31 %

des Benzinpreises ist vom Rohstoffpreis abhängig (Stand: Februar 2020). Hingegen entfallen 63 % auf Steuern und Abgaben. 6 % ist der Kostenanteil und Deckungsbeitrag der Mineralölkonzerne.

15,9

Milliarden Liter Erdöl wurden 2018 täglich verbraucht. Die USA sind dabei die größten Verbraucher (etwa 3,1 Milliarden Liter), gefolgt von China und Indien.

Siehe Grafik „Rohstoffindizes und ihre Gewichtung", S. 367.

Bloomberg Commodity Index (BCOM)

Der Bloomberg Commodity Index (ursprünglich DJ AIG Commodity Index, von 2009 bis 2014 Dow Jones-UBS Commodity Index, kurz DJ-UBSCI) beinhaltet 22 Rohstoffe. Der Anteil einzelner Rohstoffe muss mindestens 2 Prozent ausmachen und darf höchstens 15 Prozent betragen. Der Anteil eines einzelnen Rohstoffsektors ist auf maximal 33 Prozent beschränkt, wobei der Index in sechs Gruppen unterteilt ist. Das ist in der Grafik „Rohstoffindizes und ihre Gewichtung" vereinfacht dargestellt. Den Agrargütern sind in der Grafik die beiden Gruppen Softs (Zucker, Kaffee, Baumwolle) und Livestock (Lebendrind, Schweine) zugeschlagen. Weil ein Rohstoffsektor auf maximal 33 Prozent beschränkt ist, ist der Anteil an Energierohstoffen beim BCOM geringer als bei den anderen Indizes. Erdöl allein kann maximal mit 15 Prozent gewichtet sein.

Rohstoffindizes in unterschiedlichen Varianten

Viele Rohstoffindizes werden in verschiedenen Varianten angeboten.

- → Ein Spot Return Index zeigt den aktuellen Preis eines Rohstoffes in seinem am nächsten liegenden Liefermonat an. Rollgewinne und -verluste, die bei der Abbildung eines Index über Futures entstehen, werden nicht berücksichtigt. Dieser Index ist allerdings nicht direkt investierbar.
- → Ein Excess Return Index hingegen berücksichtigt diese sogenannte Rollperformance. In Zeiten, in denen die Rollgewinne die Rollverluste überwiegen, entwickelt sich der Excess Return Index grundsätzlich besser als der Spot Return Index.
- → Ein Total Return Index rollt ebenfalls den Rohstoff aus dem aktuellen in den nächsten Liefermonat und berücksichtigt die Rollperformance. Darüber hinaus berücksichtigt ein Total Return Index, dass beim Kauf eines Rohstoff-Futures nur die sogenannte Margin hinterlegt werden muss. Der Zertifikateanbieter kann den vom Anleger des Zertifikats erhaltenen, über die Margin hinausgehenden Geldbetrag verzinslich anlegen. Die daraus resultierenden Zinseinnahmen werden bei der Berechnung des Total Return Index berücksichtigt.

Optimierte Rohstoffindizes

Indexanbieter versuchen mittlerweile auch, mit speziell konstruierten Indizes Rollverluste zu minimieren und Rollgewinne möglichst zu maximieren, die bei der Abbildung der Indizes über Rohstoff-Futures entstehen. Eine Möglichkeit dazu ist, in Futures mit längerer Laufzeit zu investieren, da damit seltener ein Austauschen (Rollen) der Futures nötig ist. Eine andere Methode ist, statt nur in den nächstfälligen Future in Futures verschiedener Laufzeiten entlang der gesamten Futures-Kurve zu investieren. Diese sogenannten Curve-Indizes folgen bei der Auswahl der Futures und der Rollmethode einem vorher festgelegten Regelwerk. Eine wiederum etwas andere Methode verfolgen sogenannte Enhanced-Rohstoffindizes. Bei diesen sind die Rollmethode und die Laufzeiten der Futures nicht von vornherein festgelegt, sondern werden anhand eines vorgegebenen Algorithmus berechnet. Enhanced Indizes laufen auch unter der Bezeichnung „Optimum Yield" (OY).

Mit ETF und aktiven Fonds in Rohstoffe investieren

Anleger können auch aktiv und passiv gemanagte Investmentfonds für ihre Rohstoffinvestments nutzen. Das ist grundsätzlich sicherer als die Anlage in Rohstoffzertifikate.

Nach europäischem Recht dürfen Investmentfonds nicht oder nur in bestimmten Grenzen in einzelne Rohstoffe anlegen. Daher können Anleger in Einzelrohstoffe nicht über Fonds und ETF investieren. Anlagen in Rohstoffindizes sind aber möglich, da dabei der Grundsatz der Risikostreuung gewahrt wird.

ETF (Indexfonds) bieten gegenüber den Zertifikaten den Vorteil, dass kein Emittentenrisiko besteht.

Hier bieten ETF (Indexfonds) gegenüber den Zertifikaten den Vorteil, dass kein Emittentenrisiko besteht. Das heißt, das Fondsvermögen bleibt unangetastet, falls die Fondsgesellschaft Insolvenz anmeldet. ETF auf Rohstoffindizes kaufen keine Rohstoff-Futures, um die Entwicklung der Rohstoffe im Index nachzubilden. Sie arbeiten stattdessen mit Swap-Konstruktionen. Dabei kauft der ETF ein beliebiges Aktienportfolio und stellt über eine Tausch-Vereinbarung (Swap-Geschäft) mit einer großen Bank sicher, dass die Rendite des Aktienportfolios gegen die Entwicklung des Rohstoff-Index getauscht und damit nachgebildet wird. Rohstoff-ETF gibt es mittlerweile auf diverse Indizes und Subindizes.

Mehr zu Swaps siehe unter „Wie ETF einen Index nachbauen", S. 211.

Neben Rohstofffonds gibt es auch ETF, die die Entwicklung eines Korbes von Rohstoffaktien widerspiegeln. So bildet beispielsweise der Amex Gold Bugs Index die Wertentwicklung der 15 größten Goldminenbetreiber nach. Der Dow Jones Stoxx 600 Basic Resources In-

ROHSTOFFFONDS UND -ETF

Geeignet für erfahrene Anleger, die ihr Anlagevermögen mit Rohstoffen streuen wollen und auch hohe Verluste verkraften können.

PRO

Mit Rohstofffonds sind hohe Gewinne (aber auch Verluste) möglich. Sie sind juristisch Sondervermögen, das Geld der Anleger ist also bei einer Pleite der Fondsgesellschaft geschützt.

CONTRA

Rohstoffpreise schwanken stark. Rohstoffe bringen weder Zinsen noch Dividenden. Fonds und ETF auf Rohstoffe sind daher riskant. Fonds auf Unternehmen im Rohstoffbereich weisen auch ein Aktienrisiko auf.

dex orientiert sich an der Wertentwicklung der größten europäischen Unternehmen im Bereich Grundstoffe.

Anleger müssen sich aber dessen bewusst sein, dass sich Aktien von Energie- und Rohstoffunternehmen und Rohstoffpreise nicht zwangsläufig immer in die gleiche Richtung bewegen.

Wer die Auswahl von vielversprechenden Rohstoffaktien nicht selbst übernehmen will, kann dies Profis überlassen und auf aktiv gemanagte Investmentfonds setzen. Anleger sollten bei Rohstofffonds auf deren Schwerpunkte achten. Häufig konzentrieren sich die Fondsmanager vor allem auf ein Thema, vor allem Öl (Energy) oder Metall (Metals and Mining).

Rohstofffonds und -ETF finden

- → ETF auf Rohstoffindizes finden Sie unter anderem auf der Internetseite der Börse Stuttgart (www.boerse-stuttgart.de). Klicken Sie hier auf „Menü ->Produktsuche“ und dann „ETFs finden“. Wenn Sie in diesem ETF-Finder unter „Anlageklasse“ „Rohstoffe“ auswählen, bekommen Sie die dort handelbaren ETF auf Rohstoffindizes angezeigt. Klicken Sie auf die Wertpapierkennnummer der Indizes, erhalten Sie weitere Informationen zu den Produkten.
- → Unter www.boerse-frankfurt.de/etfs/suche können Sie sich die an der Börse Frankfurt handelbaren Rohstoff-ETF anzeigen lassen.
- → Auch in der Fondsdatenbank der Stiftung Warentest (www.test.de/fonds) können Sie Rohstofffonds und -ETF nach verschiedenen Kriterien sortieren und auswählen.

Rohstoff-ETF ohne Nahrungsmittel

Wer auf Rohstoffe setzen will, aber Nahrungsmittel ausschließen möchte, muss ETF wählen, die den Zusatz „ex-Agriculture“ tragen. Hier gibt es derzeit nur wenige Produkte. Alternativ können Anleger auch Einzelindizes kombinieren, zum Beispiel je einen auf Edel- und Industriemetalle sowie Energieträger.

Mischfonds und Rohstoff-Pantoffel

Anleger, die sich nicht ständig um ihre Anlagen kümmern wollen, aber auch einen Rohstoff-Anteil wünschen, können auch in Mischfonds investieren, die einen Rohstoff-Anteil halten. Denn diese Fonds dürfen neben Aktien und Anleihen auch in Rohstoffe investieren. Einer der bekanntesten Mischfonds, der FvS Multiple Opportunities, investiert beispiels-

Der Rohstoff-Pantoffel von Finanztest

Mit dem Rohstoff-Pantoffel können Sie bequem und kostengünstig einen Rohstoffanteil ins Depot holen. Dafür kaufen Sie drei ETF mit unterschiedlichen Anteilen (Angaben in Prozent).

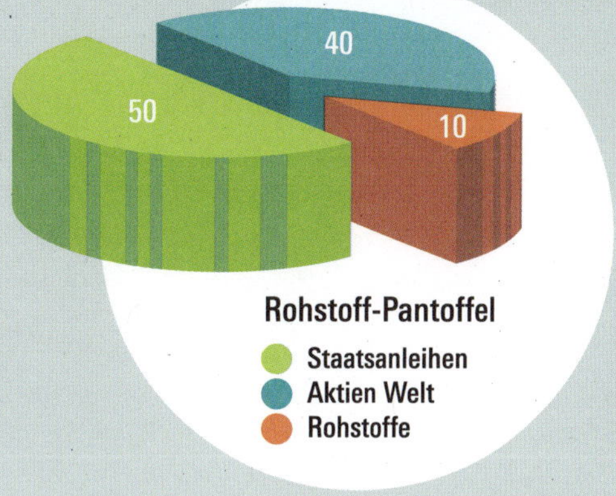

weise 10 bis 15 Prozent seines Vermögens in Gold und sieht dieses als Versicherung gegen Extremrisiken. Der ARERO Weltfonds investiert über die Abbildung verschiedener Indizes (Aktien: MSCI Pazifik, Europa, Nordamerika, Schwellenländer; Renten: iBoxx Euro Sovereign; Rohstoffe: Bloomberg Commodity Index) in die Anlageklassen weltweite Aktien (A), europäische Renten (RE) und Rohstoffe (RO). Zum jährlichen Rebalancierungstermin des Fonds beträgt die Gewichtung von Aktien 60 Prozent, von Renten 25 Prozent und von Rohstoffen 15 Prozent. Die Rohstoffkomponente deckt die Warengruppen Energie, Edel- und Industriemetalle sowie Agrarrohstoffe und Lebendvieh ab.

Die Rendite vieler Mischfonds ist aber unterdurchschnittlich. Daher müssen Anleger bei der Auswahl genauer hinschauen. Eine kostengünstige, einfache und langfristig erfolgversprechende Möglichkeit für ein gestreutes Anlageportfolio mit Rohstoffen ist der Rohstoff-Pantoffel der Stiftung Warentest. Anleger, die für eine längere Zeit, etwa zehn Jahre, breit gestreut und bequem anlegen wollen, kaufen dazu drei ETF: einen Renten-ETF auf europäische Staatsanleihen, einen weltweit orientierten Aktien-ETF und einen Rohstoff-ETF. Die Gewichtung eines ausgewogenen Pantoffel-Portfolios beträgt 50 Prozent Staatsanleihen, 40 Prozent Aktien Welt und 10 Prozent Rohstoffe (↗ Grafik „Der Rohstoff-Pantoffel von Finanztest“).

▶ **Welche ETF die Stiftung Warentest aktuell dafür empfiehlt, können Sie gegen eine geringe Gebühr unter www.test.de/pantoffel portfolio nachsehen.**

Weitere Geldanlagen

Neue Formen der Geldanlage: Fintechs

Mit dem Internetzeitalter nehmen auch Geldanlagen neue Formen an. Sogenannte Fintech-Firmen drängen auf den Markt und revolutionieren das Bankgeschäft. Viele Start-ups bringen hier mit der Entwicklung von Software und Apps neuen Schwung in die Banken- und Kundenwelt.

Was sind Fintechs?

Fintech ist ein Kunstwort aus Finanzen und Technologie und steht für die Möglichkeiten, die Internet und Smartphones bieten.

Fintechs – die meisten haben den Begriff schon gehört. Manchen ist er bereits mehr oder weniger geläufig, viele fragen sich aber, was sich dahinter eigentlich verbirgt. Hierzulande kommen Verbraucher insbesondere in den Bereichen Finanzierung, Vermögensverwaltung, Zahlungsverkehr und Versicherungen mit Fintechs in Berührung – und das immer häufiger. Über Computerprogramme im Internet oder Apps bieten sie Kunden einen einfachen und zeitgemäßen Zugang zu diversen Finanzdienstleistungen. Ansprechende Benutzeroberflächen sowie direkte und schnelle Prozesse eröffnen den Kunden kostengünstig neue Anlagemöglichkeiten und Finanzdienstleistungen, die sie ohne klassische Vermittler wie Finanz- oder Bankberater in Anspruch nehmen können. Dadurch steigt der

Fintechs – ein Überblick

Fintechs gibt es für zahlreiche Finanzdienstleistungen. Die Grafik bietet einen groben Überblick und Beispiele. Für die Geldanlage sind vor allem die Bereiche „Finanzierung“ und „Vermögensverwaltung“ interessant.

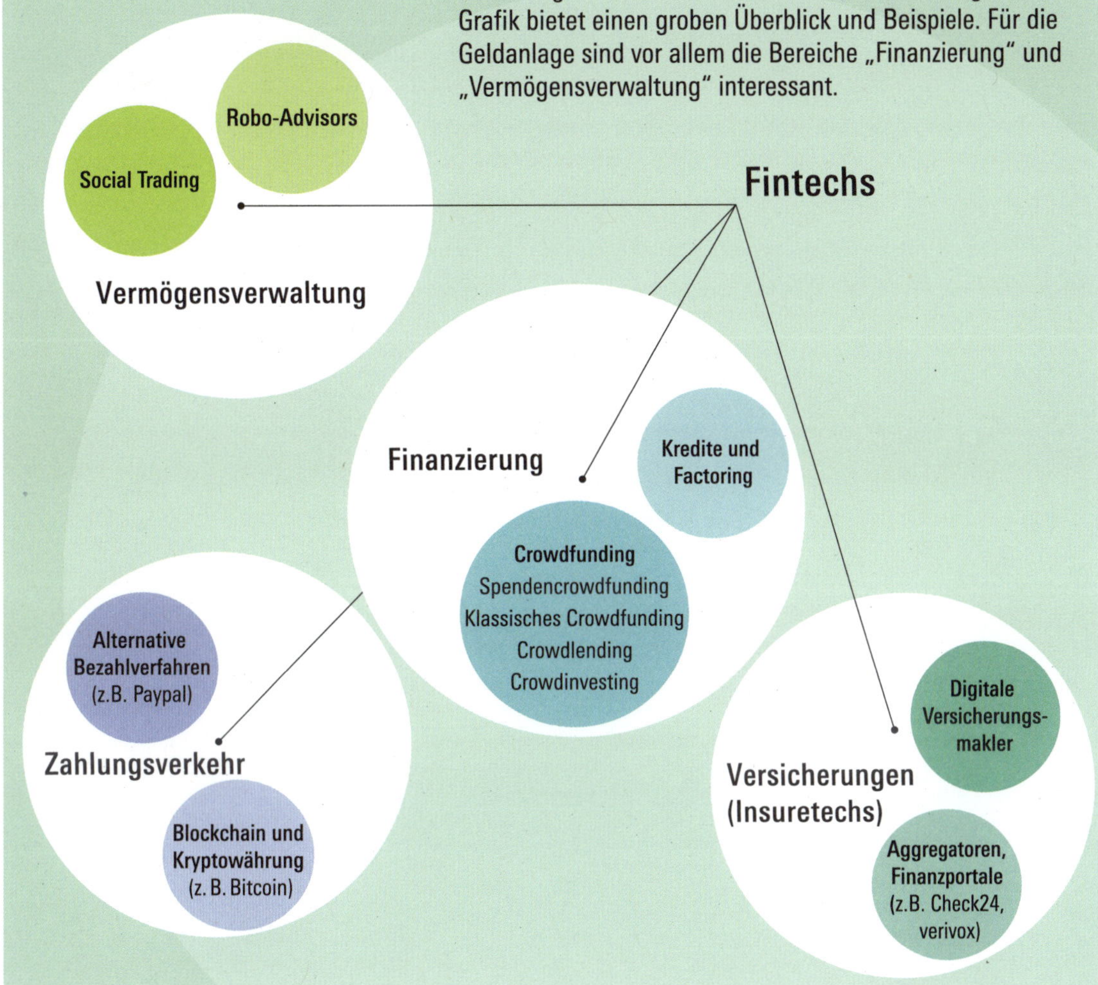

Wettbewerbs- und Margen-Druck in einigen Geschäftsbereichen bei alteingesessenen Finanzdienstleistern wie Banken und Versicherern. Viele von ihnen gehen zunehmend Kooperationen mit Fintech-Unternehmen ein, übernehmen diese oder entwickeln eigene Lösungen, um ihren Kunden Zugang zu mobilen Anwendungen zu verschaffen. Experten erwarten, dass bis zum Jahr 2030 zwei Milliarden Nutzer ihre Handys zum Bezahlen, Anlegen oder Geldleihen nutzen.

Für die Geldanlage sind vor allem Robo-Advisors, Social Trading und die unterschiedlichen Formen des Crowdfundings von Interesse. Hier tun sich zahlreiche neue Möglichkeiten auf. Unkritisch sollten sie Anleger jedoch nicht nutzen. Auch hier sollten sie sich mit den Chancen und Risiken vertraut machen.

Kryptowährungen

Bitcoin, Ethereum und Co. versprachen auf dem Höhepunkt des Hypes große Gewinne. Doch Kryptowährungen sind hochspekulativ.

Mit Kryptowährungen soll ein digitaler Zahlungsverkehr zwischen zwei Personen ermöglicht werden. Kryptographische Verschlüsselungsmethoden sollen dabei einen sicheren Datenaustausch gewährleisten. Die Abwicklung des bargeldlosen Zahlungsverkehrs erfolgt dabei dezentral, also ohne die Zwischenschaltung und Kontrolle einer Zentralinstanz wie Regierungen, Notenbanken oder anderer Finanzinstitutionen.

Wie funktionieren Kryptowährungen?

Von Kryptowährungen gibt es weder Münzen noch Scheine, sie existieren nur virtuell, als digitale Zeichenfolge. Das heißt, hinter ihnen steht kein realer Wert. Ein Zahlungssystem, bei dem das Zahlungsmittel anders als etwa Gold keinen eigenen Wert hat, kann jedoch nur funktionieren, wenn die Teilnehmer diesem System vertrauen. Es muss sichergestellt sein, dass die Summe der Beträge, die von Konten abgezogen wird, der Summe der Beträge entspricht, die auf Konten eingehen. Dies geschieht durch das allen Kryptowährungen zugrundeliegende System der Blockchain (Englisch für „Kette aus Blöcken"). Die Blockchain ist, vereinfacht gesagt, ein dezentrales Computernetzwerk, das die Kontostände sowie alle bisherigen Transaktionen in einer gemeinschaftlichen Buchhaltung aller Benutzer speichert. Jede neue Transaktion wird als sogenannter Block gespeichert und an die Kette bisheriger Transaktionen angehängt. Die einzelnen Blöcke sind miteinander verbunden und kryptographisch verschlüsselt. Wird versucht, die Daten in der Kette zu ändern, unterbricht dies die Verbindungen zwischen den Blöcken und die Computer im Netzwerk beziehungsweise das Netzwerk können dies als Betrugsversuch erkennen.

Bitcoin

Das wohl bekannteste digitale Geld ist der Bitcoin (laut Duden wäre auch „die Bitcoin" zulässig, die männliche Form ist aber gebräuchlicher). Der Name Bitcoin setzt sich zusammen aus dem Wort für die kleinste digitale Einheit, dem Bit, und dem englischen Wort Coin für Münze. Als Erfinder gilt ein gewisser Satoshi Nakamoto, allerdings ist bis heute nicht geklärt, welcher Kopf sich dahinter verbirgt, vielleicht handelt es sich auch um eine ganze Gruppe. Die erste Bitcoin-Transaktion fand 2009 statt.

Die Summe der maximal verfügbaren Bitcoins wurde vom Bitcoin-Netzwerk auf 21 Millionen festgesetzt. Mittlerweile gibt es nach Angaben der Internetseite Coinmarketcap bereits gut 18 Millionen Bitcoins. Weitere digitale Münzen können durch sogenanntes Mining („digitales Schürfen") erzeugt werden. Dabei verifizieren Mitglieder des Bitcoin-Netzwerks, die die gesamte Blockchain auf ihrem Computer gespeichert haben, die Transaktionen, indem sie ihre Computer extrem komplizierte Rechenaufgaben lösen lassen. Wer als erstes einen eindeutigen Lösungsweg gefunden hat, erhält zur Belohnung neue Bitcoins. Die Lösung wird dem Block hinzugefügt und „versiegelt" ihn gewissermaßen: Würde ein Block nachträglich verändert, würde sich auch der Lösungsweg verändern – und zwar sichtbar für alle Mitglieder des Bitcoin-Netzwerks.

Das Bitcoin Mining ist aber mittlerweile längst nicht mehr so einfach und so rentabel wie in seinen Anfängen. Ein Miner braucht nicht nur technisches Know-How, sondern vor

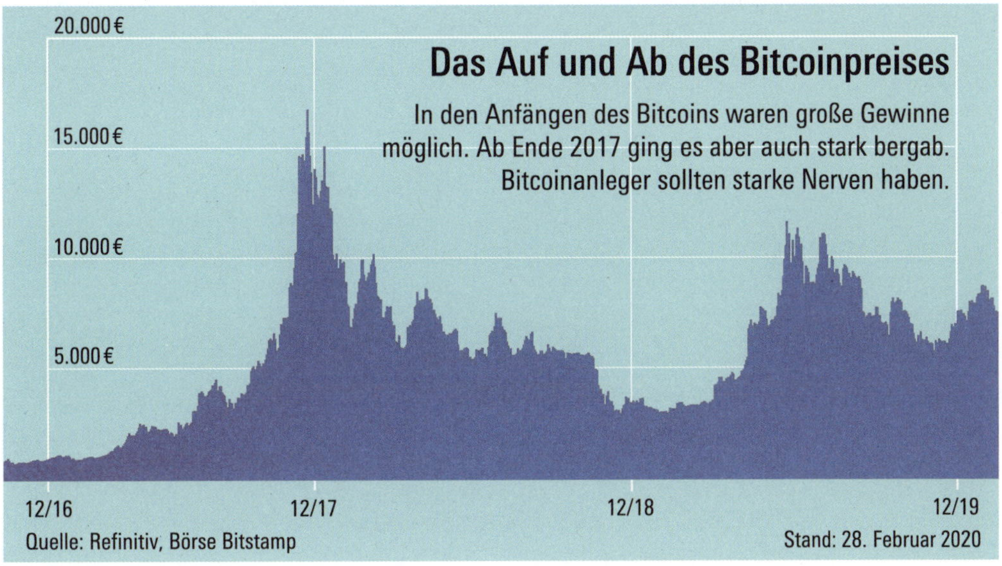

allem eine entsprechende Computerausrüstung.

Mittlerweile sind die Anforderungen an die Rechenleistung der Computer so hoch, dass es nahezu unmöglich ist, am heimischen PC mitzumischen. Das Mining liegt daher weitgehend in den Händen von Mining-Pools oder eigens dafür gegründeten Firmen. Viele große Rechnerfarmen mit spezialisierter Hardware stehen in China und werden mit Kohlestrom betrieben. Nach einer Schätzung der Universität Cambridge verbraucht der Handel mit Bitcoin derzeit bereits so viel Strom wie Länder wie Österreich, die Schweiz oder Tschechien. Nicht wenige sehen daher im Bitcoin-System einen Klimakiller.

Die Kursentwicklung des Bitcoins

Der Kurs des Bitcoins hat sich rasant entwickelt. Anfangs lag der Wert bei wenigen Cent, Anfang 2011 erreichte er erstmals die Marke von 1 Dollar. 2013 wurde die 100-Dollar-Marke geknackt, ein Jahr später lag der Preis zeitweilig bei 1000 Dollar. Ende 2017 war der Bitcoin kurzzeitig sogar rund 20000 Dollar wert. Anschließend fiel der Preis aber binnen weniger Tage auf rund 11000 Dollar. Dies zeigt, dass Anleger mit Bitcoins nicht nur immense Gewinne, sondern auch hohe Verluste erzielen können. Wenn Sie auf Bitcoins setzen wollen, sollten Sie nur Geld einsetzen, das Sie nicht benötigen. Sie können auch alles verlieren.

Dunkle Machenschaften

Das Fehlen einer zentralen Kontrollinstanz und die Möglichkeit, Transaktionen weitgehend anonym abwickeln zu können, macht Kryptowährungen auch für Waffen- und Drogenhändler im Darknet attraktiv. Auch im Zusammenhang mit Lösegeldforderungen geriet Bitcoin in die Schlagzeilen.

Auch wenn sie nur virtuell existieren, sind Bitcoins und andere Kryptowährungen nicht vor Diebstahl gefeit. Hacker greifen regelmäßig Kryptobörsen und Handelsplattformen an, was mitunter erhebliche Kursschwankungen hervorrufen kann. Aber auch wer seine Kryptowährungen auf dem heimischen PC aufbewahrt, sollte an der Sicherheit nicht sparen.

Die digitale Geldbörse

Wer das Risiko eingehen will, das Bitcoins mit sich bringen, muss sich zunächst ein Bitcoin-Wallet zuzulegen. Das ist eine elektronische Geldbörse, in der die Bitcoins gespeichert werden und mit der sie sich – ähnlich einem Bankkonto – erhalten, verschicken und verwalten lassen. Das Wallet hat eine öffentliche Kontonummer („public key") und einen privaten Schlüssel, den nur der Eigentümer hat. Ohne diesen privaten Schlüssel kein Zugang zum Krypto-Guthaben – verwahren Sie ihn daher gut! Für private Nutzer sind im Wesentlichen drei Arten von Wallets relevant: Desktop-Wallets, die auf dem heimischen PC installiert werden (oder in Form einer App als mobiles Wallet auf dem Smartphone), Online-Wallets von Handelsplattformen oder Kryptobörsen, mit denen sich die gehandelten Bitcoins direkt verwahren lassen, und Hardware-Wallets, bei denen die Bitcoins mit einem physischen Gerät verwaltet werden.

Als sicherste Variante gelten Desktop-Wallets, sofern der Computer gut gegen Hackerangriffe abgesichert ist. Bei mobilen Wallets wird der private Schlüssel auf dem Handy gespeichert. Bei Verlust hat man keinen Zugang zum Guthaben mehr. Zudem können sich Hacker unter Umständen auch Zugang zum Speicher des Mobiltelefons verschaffen.

Online-Wallets sind zwar eine komfortable Variante, doch wird die Plattform oder Kryptobörse Opfer eines Hackerangriffs oder geht pleite, ist das Guthaben verloren.

Bitcoins handeln

Wer eine Wallet besitzt, kommt über Bitcoin-Handelsplattformen im Internet wie www.bitcoin.de, www.coinbase.com oder www.bitstamp.net an die Kryptowährung. Sie müssen sich bei der Plattform registrieren und eine Legitimationsprüfung zur Verhinderung von Geldwäsche wie bei der Kontoeröffnung bei einem Kreditinstitut durchlaufen. Danach können Sie über die Plattform mit anderen verifizierten Nutzern handeln und Kauf- oder Verkaufsaufträge erteilen. Wie bei Online-Brokern für Aktien sind auch Orderzusätze hinsichtlich Dauer und Kurshöhe der Aufträge möglich.

Eine weitere Möglichkeit, mit Bitcoins zu spekulieren, ist der Kauf von Zertifikaten, mit denen Anleger an der Kursentwicklung von Bitcoin im Verhältnis 1:1 oder mit einer Hebelwirkung teilnehmen können.

Der Vorteil von Zertifikaten ist: Es sind Wertpapiere, die jeder, der ein Depot hat, auf dem üblichen Weg an der Börse kaufen kann. Neben dem Verlustrisiko, das besteht, wenn Bitcoin nicht wie erwartet läuft, sollten Anleger bei Zertifikaten immer das Emittentenrisiko beachten. Im Falle einer Insolvenz des Zertifikateherausgebers werden die Papiere wertlos.

Wer Bitcoins direkt kauft oder indirekt zum Beispiel mit Zertifikaten auf Kursgewinne spekuliert, sollte dazu nur Geld verwenden, das er nicht braucht. Ein Totalverlust ist möglich.

Weitere Kryptowährungen

Natürlich lockt der Erfolg von Bitcoin auch Nachahmer an. Mehr als 1000 Kryptowährungen soll es inzwischen geben. Marktführer nach der Marktkapitalisierung ist Bitcoin, gefolgt von Ethereum mit der Recheneinheit Ether und XRP (Ripple). Die Marktkapitalisierung ergibt sich aus der Anzahl der Coins multipliziert mit dem aktuellen Wert. Nur wenige digitale Währungen erreichen eine Marktkapitalisierung von mehr als einer Milliarde Dollar, der Großteil schafft noch nicht einmal die Eine-Million-Marke.

Sind Kryptowährungen überhaupt Währungen?

Neben der Spekulation ist ein möglicher Grund für den Erfolg von Kryptowährungen auch ein sinkendes Vertrauen bei einigen Anlegern in das traditionelle Geldsystem, bei dem Zentralbanken Geld gleichsam aus dem Nichts schaffen können (sogenanntes fiat-Geld, aus dem lateinischen „es werde"). Im Gegensatz zu Bitcoins, die lediglich in einer virtuellen Welt existieren, stehen hinter Währungen wie dem Euro oder dem Dollar jedoch reale volkswirtschaftliche Werte.

Klassischerweise dient Geld drei Funktionen:

- als Tausch-/Zahlungsmittel.
- als Recheneinheit zur Bewertung von Gütern und Leistungen (Wertübertragung)
- als Wertaufbewahrungsmittel.

Ob Bitcoin alle diese Funktionen erfüllt, darf bezweifelt werden. Es ist kein gesetzliches Zahlungsmittel. Niemand ist verpflichtet, Bitcoins anzunehmen. Nur in wenigen Geschäften kann man mit ihnen bezahlen. Dafür ist es allerdings (noch) weitgehend unabhängig von

Top 10 der Kryptowährungen nach Börsenwert

Name	Marktkapitalisierung in Mrd. Dollar
Bitcoin	176,5
Ethereum	28,1
XRP	12,3
Bitcoin Cash	7,4
Bitcoin SV	5,7
Litecoin	4,6
Tether	4,6
EOS	4,1
Binance Coin	3,5
Tezos	2,2

Quelle: coinmarketcap.com, Stand: 17.02.2020

staatlichen Eingriffen und Kontrollen. Durch die Blockchain-Technologie ist es weitgehend fälschungssicher.

Auch die Wertübertragungsfunktion von Bitcoin ist zumindest fraglich. Angesichts seiner hohen Schwankungen ist es nicht wertstabil. Kein Arbeitnehmer würde sich beispielsweise darauf einlassen, monatlich in Bitcoins bezahlt zu werden. In Ländern mit hoher Inflation oder Kapitalverkehrskontrollen kann es sich jedoch lohnen, die Landeswährung in Bitcoin zu tauschen.

Davor, Bitcoins als Wertaufbewahrungsmittel anzusehen, warnen unter anderem Bundesbank und Finanzaufsicht Bafin. Anleger könnten ihr Geld komplett verlieren.

Vorsicht bei Initial Coin Offerings

Einige Firmen nutzen den Hype um Bitcoin, Ethereum und Co., um mit Initial Coin Offerings (ICOs) Kapital aufzunehmen und dabei die sonst streng regulierten Prozesse bei Finanzierungen über Banken oder die Börse zu umgehen. Je nachdem, wie die Angebote strukturiert sind, müssen die Unternehmen bei dieser neuartigen Art der Kapitalbeschaffung unter Umständen keine Verkaufsprospekte erstellen und der Bundesanstalt für Finanzdienstleistungsaufsicht (Bafin) vorlegen.

Bei einem ICO, manchmal auch Initial Token Offering oder Token Sale genannt, bieten Firmen über das Internet oder soziale Medien einem Schwarm von Anlegern (Crowdinvesting) Coins oder Tokens an, also digitale Einheiten auf Basis bestehender oder neu geschaffener Kryptowährungen. Zahlungen akzeptieren sie in etablierten Kryptowährungen oder in gesetzlichen Zahlungsmitteln wie Euro oder US-Dollar.

Die ausgegebenen Coins oder Tokens dienen verschiedenen Zwecken. Manche gewähren Stimmrechte oder Anteile an künftige Einnahmen der Unternehmen, zum Teil können Anleger damit auch Produkte oder Dienstleistungen kaufen. Die Unternehmen, die die Coins ausgeben, sind oft sehr jung und ihre Vorhaben noch wenig ausgereift. Für Anleger ist es daher höchst riskant, sich an ICOs zu beteiligen. Sie setzen in der Regel nicht nur auf Geschäftsmodelle, die sich noch nicht am Markt bewährt haben, sondern wagen sich in einen kaum geregelten Bereich.

Die Bundesanstalt für Finanzdienstleistungsaufsicht warnt: „Wie bei den meisten Trends zieht das hohe öffentliche Interesse an ICOs auch Betrüger an." Sie stellt eine „systembedingte Anfälligkeit von ICOs für Betrug, Geldwäsche und Terrorismusfinanzierung" fest. Anleger können nur schwer überprüfen, ob die Coins und Tokens so funktionieren wie behauptet, denn sie können den zugrunde liegenden Programmiercode (Smart Contract) nicht überprüfen. Auch können Anleger nicht sicher sein, Abnehmer für ihre Coins oder Tokens zu finden.

Auch die Schweizer Finanzmarktbehörde Finma bezeichnet „Scheinkryptowährungen", bei denen es anders als bei etablierten Kryptowährungen eine zentrale Instanz gibt, also ein Unternehmen, das die Coins ausgibt, als gefährliche Spielart digitaler Währungen. Diese virtuellen Währungen sind hochspekulativ und Anleger sollten sich darauf nicht einlassen.

Robo-Advisors

Unter dem Begriff „Robo-Advisory" gibt es verschiedene Technologien, Apps und Internetplattformen, die das Ziel haben, traditionelle Finanzberatung und -vermittlung zu digitalisieren und automatisieren.

Auch Anleger, die ihre Geldgeschäfte online abwickeln und selten oder gar nicht mehr in eine Bankfiliale gehen, benötigen manchmal Unterstützung und Beratung bei der Geldanlage. Hier wollen Robo-Advisors punkten. Die „Roboter-Berater" sind keine Berater im herkömmlichen Sinne, sondern technische Lösungen, die anhand bestimmter Algorithmen fertige Anlageempfehlungen geben. Hinter der computergestützten Beratung und Vermittlung von Finanzprodukten stecken Banken und häufig sehr junge Firmen (Start-ups), die die Möglichkeiten des Internets und der digitalen Welt nutzen. Die ersten Robo-Advisors kamen um das Jahr 2014 auf den Markt.

Wie bei einem Finanzberater oder -vermittler auch, müssen Anleger bei einem Robo-Advisor anfangs einige standardisierte Fragen beantworten, etwa zu Alter, gewünschter Anlagedauer, Finanzkenntnissen, Anlagezielen und Risikomentalität. Sie werden zum Beispiel gefragt, wie sie damit umgehen würden, wenn die Aktienkurse fallen. Anhand der abgefragten Parameter erstellen die „Robos" dann Anlagevorschläge, die je nach Anbieter unterschiedlich komplex ausfallen können. Je nach Anlagedauer und Risiko sind Quoten für Aktien- und Rohstoffanlagen zwischen 0 und 100 Prozent möglich. Häufig werben die Anbieter der Computer-Berater damit, wissenschaftliche Erkenntnisse bei der Zusammenstellung der Anlagevorschläge zu nutzen.

Von Self- bis Full-Service

Robo-Advisors bieten unterschiedliche Servicegrade. Je nachdem, wie viel Arbeit der Robo-Advisor dem Anleger abnehmen soll, kann man Full-Service-, Half-Service- und Self-Service-Robos unterscheiden:

- **Full-Service-Robos** unterbreiten ihren Kunden Anlagevorschläge und betreuen fortan die Geldanlage. Anleger erhalten eine vollständige Vermögensverwaltung. Bei Marktschwankungen sorgen sie etwa dafür, dass die Depots nicht aus dem Gleichgewicht geraten. Sie werden direkt von der Finanzaufsicht Bafin überwacht.
- **Half-Service-Robos** machen Vorschläge fürs Depot und vermitteln Depots und Anlageprodukte. Eventuellen Umschichtungen müssen die Kunden aber erst zustimmen. Sie sind in der Regel als Finanzanlagenvermittler zugelassen oder sind vertraglich gebundene Vermittler.

Das Geld stecken die digitalen Vermögensverwalter in gemischte Portfolios. Die meisten arbeiten mit ETF, börsengehandelten Fonds, die in der Regel einen Index abbilden. Einige Robos nutzen auch aktiv gemanagte Fonds der US-Firma Dimensional, die auf der Idee eines marktbreiten Investments fußen und etwas teurer sind als ETF. Einige Full- oder Half-Service-Robos bieten darüber hinaus auch andere Produkte wie Versicherungen oder Beteiligungskapital (Private Equity) an.

- **Self-Service-Robos:** Wer seine Geldanlage in den eigenen Händen behalten oder in die Welt der Robo-Advisors nur einmal hineinschnuppern möchte, ist bei Self-Service-Robos an der richtigen Stelle. Sie sind reine Tippgeber. Anleger können sich über Fonds informieren und erhalten Vorschläge für die eigenen Anlagepläne – mehr aber auch nicht. Um die Abwicklung müssen sie sich selbst kümmern.

Vielfältiges Angebot

Die Robos unterscheiden sich oft deutlich hinsichtlich der Auswahl der angebotenen Portfolios und Anlageprodukte. Je größer die Anzahl der Portfolios und Produkte, die der Robo-Advisor vorschlagen kann, desto genauer kann er seinen Anlagevorschlag auf den Anleger abstimmen – zumindest theoretisch. Eine komplexe Lösung muss aber nicht zwingend besser sein als eine einfache.

„Bei der Zusammenstellung der Portfolios mischen einzelne Anbieter auch recht riskante Produkte bei.

Bei der Zusammenstellung der Portfolios mischen einzelne Anbieter auch recht riskante Produkte bei, etwa Rentenfonds mit Fremdwährungsanleihen in den Sicherheitsbaustein oder in den Risikobaustein einen hohen Anteil an Schwellenländeraktien, Rohstoffen oder Gold.

Auch die Mindestanlagesummen unterscheiden sich je nach Anbieter zuweilen erheblich. Die Spannbreite geht von 0 bis 100 000 Euro. Häufig sind Mindestsummen im Bereich zwischen 500 und 10 000 Euro.

Bei den Full- und Half-Service-Advisors ist die depotführende Stelle, also die Stelle, wo die Fonds und ETF verwahrt werden, in der Regel vorgegeben. Anders bei den Self-Service-Robos: Da der Kunde die Geschäfte selbst ausführt, kann er sein Depot bei einer Bank seiner Wahl führen.

Auch wenn es sich um eine Geldanlage per Computer handelt – um ein wenig Papierkram kommen Sie trotzdem kaum herum. Für die Konto- oder Depoteröffnung müssen Sie in der Regel zur Post gehen, um sich im sogenannten Post-Ident-Verfahren auszuweisen.

Kosten

Full- und Half-Service-Advisors sind zwar günstiger als klassische Vermögensverwalter, gratis sind sie aber nicht. Für die Anlagevorschläge selbst zahlen Anleger oft einmal zwischen rund 0,4 und 1,2 Prozent des Depotwerts pro Jahr. Dazu kommen rund 0,2 bis 0,4 Prozent pro Jahr für die fondsinternen Kosten der ETF. Zudem ziehen einige Anbieter Handelskosten ab, wenn sie Fonds aus dem Portfolio umschichten. Wie oft sie das tun, hängt von Strategie und Anzahl der Fonds ab. Unterm Strich fallen diese Handelskosten aber im Vergleich zur Robo-Gebühr kaum ins Gewicht – zumal Anleger davon profitieren, dass die Anbieter gute Preise aushandeln können. Häufig sind die Beratungskosten vom Depotwert abhängig. Das führt dazu, dass sie für kleinere Anlagesummen prozentual pro Jahr teurer sind als für große – obwohl die Beratungsleistung sich nicht unterscheidet.

Achten Sie vor allem auf die Robo-Kosten

Die Robo-Kosten sollten nicht mehr als zirka 0,5 Prozent pro Jahr betragen – vorausgesetzt, Sie wählen zumindest ein ausgewogenes Depot mit etwa der Hälfte Aktienanlagen. Bei einem geringeren Aktienanteil schlagen 0,5 Prozent pro Jahr so stark zu Buche, dass sich die Robo-Anlage womöglich kaum noch lohnt.

Vorsicht vor Prognosen

Einige Robo-Advisors rechnen ihren Kunden vor, was die Geldanlage bei ihnen in Zukunft bringen könnte. Manche rechnen dabei mit Vergangenheitsrenditen – doch Wertentwicklungen von früher sind keine Prognose. Vor allem bei Rentenfonds sollten Anleger vorsichtig sein. Sie entwickelten sich wegen der seit Langem fallenden Marktzinsen prächtig. Dass das so weitergeht, ist unwahrscheinlich. Wahrscheinlicher ist, dass die Erträge niedrig sein werden und zeitweise sogar negativ – falls die

Zinsen wieder steigen sollten. Einige Robos verwenden für die Prognosen keine Vergangenheitswerte, sondern schätzen die Zukunft anhand anderer Kriterien. Auch diese Vorhersagen sind ungewiss. Sie sollten die Prognosen auf keinen Fall als Auswahlkriterium heranziehen. Der Advisor mit der höchsten Prognose muss nicht der beste sein und die Historie der Robo-Advisors ist noch sehr kurz.

Nur für Fortgeschrittene

Computerprogramme eignen sich für Geldanlagegeschäfte nur, wenn Sie sich mit Fonds und anderen Anlagen bereits auskennen. Sie sollten die Anlagevorschläge der Robo-Advisors einschätzen können und verstehen.

Social Trading

Niedrigzins, schwindendes Vertrauen in Banken und Finanzberater und eine ständig steigende Affinität zum Internet und sozialen Netzwerken begünstigen neue Spielarten der Geldanlage wie Social Trading.

Beim Social Trading – frei übersetzt „Gemeinschaftlicher Handel" – veröffentlichen Privatanleger oder auch professionelle Vermögensverwalter auf speziellen Internetplattformen ihre Einschätzungen und auch eigenen Handelsstrategien und -transaktionen. Andere Anleger können diese nachvollziehen und kopieren. Durch den Austausch von Meinungen und Informationen wie in einem sozialen Netzwerk wie Facebook können Anlageentscheidungen mit vielen Gleichgesinnten in einer interaktiven Onlinegemeinschaft diskutiert und entwickelt werden. Anleger können sich an anderen Tradern und Anlegern orientieren. Auf Social-Trading-Plattformen wie Sharewise werden die Empfehlungen von Mitgliedern ausgewertet und Ranglisten der Tippgeber erstellt. Indem beispielsweise ausgewertet wird, welcher Aktie die meisten Mitglieder das größte Kurspotenzial zutrauen, wird auf die „Weisheit der Masse" gesetzt. Dass diese aber nicht unbedingt richtig liegen muss, zeigte ein Aktienfonds, der sich an den besten Sharewise-Nutzern („best of crowd") orientierte. Er erzielte nur unterdurchschnittliche Ergebnisse und wurde wieder geschlossen.

Andere Anleger kopieren

Eine Spielart des Social Tradings ist das Copy Trading. Hierbei kopieren Geldanleger als Follower (Nachfolger) einen anderen Anleger (Signalgeber oder Popular Investor genannt). Auf verschiedenen Plattformen wie etoro, wikifolio oder ZuluTrade kann man Strategieportfolios anderer Händler und Privatanleger übernehmen. Die Käufe und Verkäufe der „Vorbilder" werden automatisch beim Follower umgesetzt. Dazu müssen Anleger ein Konto bei der Plattform einrichten und darauf einzahlen. Gemäß der gewünschten Gewichtung und dem Kontovolumen werden alle Aktionen des Signalgebers skaliert und umgesetzt. Die Plattformen nutzen dazu vor allem CFD. Bis zum Frühjahr 2018 waren auch Binäroptionen beliebt, das sind Derivate, mit denen man nur auf das Steigen oder Fallen eines Basiswertes wetten kann. Die europäische Wertpapieraufsicht ESMA hat aber Ende März 2018 den Verkauf von Binäroptionen an Kleinanleger wegen des hohen Verlustrisikos verboten. Mitunter werden auch Portfolios in eigenen Zertifikaten verbrieft, die dann gehandelt werden können. Handelbare Basiswerte sind meist Aktien, Währungen und Rohstoffe.

„Die Anlageprodukte, mit denen das Copy Trading umgesetzt wird, weisen in der Regel ein Totalverlustrisiko auf.

Anleger können sich eine individuelle Anlagestrategie zulegen, indem sie mehreren Signalgebern folgen und diese unterschiedlich gewichten. Die Signalgeber sollten dabei Handelsstrategien verfolgen, die den individuellen Bedürfnissen des Anlegers möglichst nahekommen. Dazu müssen sich Anleger die Profile, Strategien und Ergebnisse der Signalgeber genauer anschauen. Dabei sollten sie nicht nur auf deren kurzfristige Performance achten, sondern sich neben der längerfristigen Historie auch Risikokennziffern wie den sogenannten Drawdown ansehen. Dieser beschreibt den kumulierten Verlust des Signalgeberportfolios in einer bestimmten Periode. Daraus lässt sich unter anderem schließen, wie risikobereit der Signalgeber agiert. Manche Social-Trading-Plattformen versuchen mögliche Verluste der Anleger durch Beschränkungen des Drawdowns der Signalgeber in Grenzen zu halten.

Erfolgreiche Signalgeber können sich durch die Veröffentlichung ihrer Anlageentscheidungen ein Zusatzeinkommen erarbeiten, denn sie erhalten eine Provision für erfolgreiche und kopierte Portfolios. Signalgeber kann jeder werden. Sie werden weder staatlich überwacht, noch gibt es Vorschriften, welche Erfahrungen oder Ausbildung ein Signalgeber vorweisen muss. Eine gewisse Kontrolle gibt es von Seiten der Plattformen dadurch, dass nur Anleger Signalgeber werden können, deren Portfolio bereits eine Zeit lang veröffentlicht und deren Identität überprüft wurde.

Gut zu wissen

Die Stiftung Warentest hält Angebote aus dem Bereich Social Trading für die langfristige Geldanlage für ungeeignet. Auch für kurzzeitige Investments ist Vorsicht geboten. Anleger, die Spaß am Trading und Investieren haben, können sich auf solchen Plattformen austauschen und Ideen holen. Jeder Anleger sollte beachten, dass man bei anderen, erfolgreichen Tradern nicht unterscheiden kann, ob sie einfach nur Glück hatten oder tatsächlich Können zeigen. Das dort investierte Geld sollte als „Spielgeld" betrachtet werden, und ein Totalverlust dieses Einsatzes sollte verkraftbar sein. Insbesondere unerfahrene Anleger sollten lieber die Finger davon lassen, weil sie nicht einschätzen können, wie sinnvoll die vorgeschlagenen Strategien sind.

Anders als bei einem Vermögensverwalter oder Investmentfonds können Anleger jede einzelne Transaktion des Signalgebers leicht nachverfolgen und bei manchen direkt nachfragen. Zudem können sich Anleger, die sich nicht tiefer mit den Märkten beschäftigen, aber chancen- und risikoreichere Investments eingehen wollen, einfach an den ausgewählten Signalgeber anhängen. Sie sollten aber zumindest verstehen, wie die Finanzinstrumente funktionieren, in die sie investieren. Die Anlageprodukte, mit denen vor allem das Copy Trading umgesetzt wird, weisen in der Regel ein Totalverlustrisiko auf. Follower sollten daher nur mit einem geringen Teil ihres Gesamtvermögens Copy Trading betreiben. Wer auf andere Anleger vertraut – und waren ihre Ergebnisse in der Vergangenheit noch so gut –, muss sich bewusst sein, dass diese nicht allwissend sind und Fehler machen.

Crowdfunding

Bei manchen Anlegern steht der Renditewunsch an zweiter Stelle. Sie wollen gemeinwohlorientiert investieren oder neue Ideen voranbringen. Andere möchten diese Ziele mit höheren Renditen verbinden.

Viele gute Ideen ließen sich früher nicht realisieren, weil das Geld fehlte und eine Finanzierung über Bankkredite nicht möglich war. Das hat sich in den letzten Jahren, vor allem durch die Möglichkeiten des Internets, geändert.

Viele Menschen finanzieren ein interessantes Projekt

Crowdfunding bringt Projekte und Kapitalgeber zusammen. Der Begriff setzt sich aus den Worten „crowd“ (Menschenmenge) und „funding“ (Finanzierung) zusammen. Im Deutschen spricht man auch von „Schwarmfinanzierung“. Das ist eine ganz passende Übersetzung: Wenn viele Menschen einen kleinen Geldbetrag beisteuern, können damit große Summen finanziert und geniale oder sinnstiftende Pläne verwirklicht werden. Das können beispielsweise innovative Erfindungen, die Finanzierung eines Start-up-Unternehmens, ein Kinofilm oder ein soziales Projekt sein.

Ein Beispiel eines erfolgreichen Crowdfundings war die Finanzierung des Kinofilms „Stromberg“. Innerhalb einer Woche hatte die Produktionsfirma die benötigte Plansumme bei der „Crowd“ aus Fans und anderen Interessierten eingesammelt. In einem anderen Fall kauften 40 000 Neuseeländer über Crowdfunding einen Strand für rund 1,2 Millionen Euro, um ihn der Öffentlichkeit zu erhalten.

Und so funktioniert es: Die Initiatoren (Starter) stellen ihr Projekt im Internet vor. Sie nennen die Summe, die sie brauchen, und den Zeitraum, in dem Unterstützer (Supporter) ihnen Geld zusagen können. Während dieser Zeit ist in der Regel zu sehen, wie viele mitmachen und wie viel Geld schon zusammengekommen ist. Wird das Mindestziel nicht erreicht, bekommen die Unterstützer ihr Geld zurück.

Man kann im Wesentlichen vier Arten des Crowdfundings unterscheiden.

1. Spenden-Crowdfunding,
2. Klassisches Crowdfunding,
3. Crowdlending und
4. Crowdinvesting.

Mittlerweile gibt es zahlreiche Plattformen im Internet, die sich auf eine dieser Crowdfunding-Arten spezialisiert haben. Eine Plattform-Suche und Plattform-Übersicht finden Sie unter www.crowdfunding.de/plattformen.

Crowdfunding für Geldgeber mit immateriellem Schwerpunkt

Beim Spenden-Crowdfunding sammeln Organisationen und Privatpersonen Spenden für soziale Projekte. Wie bei anderen Crowdfunding-Formen auch, nennen sie die benötigte Summe und wie viel davon schon zusammengekommen ist. Eine Gegenleistung bekommen die Spender nicht. Ihnen bleibt aber das schöne Gefühl, etwas Gutes zu tun und einem Projekt ins Leben zu verhelfen, das sonst vielleicht nie hätte verwirklicht werden können. Die Projektinitiatoren sehen am jeweiligen Interesse der Geldgeber, welche Bedeutung „ihr“ Thema hat. Erfährt das Projekt nicht genügend Unterstützung, wird der gute Zweck nicht erzielt – oder das Geld erreicht diejenigen gar nicht, denen es zugutekommen sollte. Schwarze Schafe unter Spendenorganisationen, die in die eigene Tasche wirtschaften, sorgen ab und an für Skandale. So etwas kann auch bei Crowdfunding-Projekten immer passieren.

Über Plattformen für Spenden-Crowdfunding wurde zum Beispiel Geld gesammelt für Ausrüstungen, mit denen sich Mediziner in Afrika vor Ebola schützen können, für die handwerkliche Ausbildung Jugendlicher in Kamerun oder für eine Initiative gegen Nazis.

Beispiele einiger Plattformen im Bereich Spenden-Crowdfunding sind:

- www.kiezhelden.com
- www.socialfunders.org
- www.betterplace.org

Anders als beim Spenden-Crowdfunding erhalten die Kapitalgeber beim klassischen Crowdfunding ein nicht-finanzielles Dankeschön. Das kann eher symbolischer oder ideeller Natur sein, aber auch ein neuartiges Produkt, das in dieser Form noch gar nicht auf dem Markt ist. Weitere Beispiele können eine Eintrittskarte, eine Nennung im Abspann eines Kinofilms oder eine Einladung zu einer Startparty sein. Der Fokus des klassischen Crowdfundings liegt unter anderem auf speziellen Erfindungen, Designentwürfen sowie kulturellen Projekten und der Unterstützung von Sportlern.

Beispiele einiger Plattformen im Bereich klassisches Crowdfunding sind:

- www.kickstarter.com
- www.indiegogo.com
- www.startnext.com
- www.visionbakery.com
- www.fairplaid.org

CROWDFUNDING

Geeignet für spekulative Anleger, die neue Ideen fördern möchten und einen Totalverlust verkraften können (Crowdlending, Crowdinvesting), oder für Geldgeber, die für ein bestimmtes Projekt spenden möchten (Spenden-Crowdfunding, klassisches Crowdfunding).

PRO

Mit Crowdfunding können Anleger innovative Projekte unterstützen. Die Renditechancen beim Crowdlending und -investing sind hoch.

CONTRA

Die Risiken eines Totalverlusts sind für Anleger erheblich. Crowdfunding ist noch weniger gesetzlich geregelt als geschlossene Fonds.

Schwarmfinanzierung für Anleger

Wollen die Unterstützer eines Crowdfunding-Projekts auch eine Rendite auf ihr eingesetztes Kapital erzielen, müssen sie sich nach Projekten aus den Bereichen Crowdlending und Crowdinvesting umsehen.

Beim Crowdlending leihen Geldgeber einem Projekt oder Unternehmen Geld. Den Kreditbetrag wollen sie mit einem fest vereinbarten Zins zurückhaben. Man spricht auch von Peer-to-Peer- (P2P-) Krediten. Kreditnehmer erhalten so ohne Zwischenschaltung einer Bank Geld von privaten Kreditgebern.

Einige Kreditnehmer versprechen dabei Zinsen, die höher als bei vielen anderen Geldanlageangeboten sind, und beteiligen die Geldgeber am Erfolg ihrer Projekte. Andere werben mit Transparenz: Die Darlehensgeber erfahren genau, wohin ihr Geld fließt. Anleger sollten beachten, dass es sich in der Regel um Nachrangdarlehen und partiarische Darlehen handelt, die besonders riskant sind. Oft dürfen die Kreditnehmer im Krisenfall Zahlungen aussetzen, um eine Insolvenz zu vermeiden. Kommt es doch zu einem Insolvenzverfahren, werden erst die Forderungen aller vorrangigen Gläubiger erfüllt. Für die nachrangigen Gläubiger ist in den meisten Fällen nichts mehr übrig. Ist die Verzinsung an den wirtschaftlichen Erfolg geknüpft und läuft es nicht gut, bekommen die Gläubiger keine oder geringere Zinsen als erhofft. Vor Laufzeitende ist es schwer bis unmöglich, an das eigene Geld heranzukommen.

Gut zu wissen

Crowdfunding ist eine sehr junge Art, Geld einzuwerben. Der Gesetzgeber hat den Anbietern Ausnahmen zugestanden. Wenn sie diese nutzen, müssen sie weniger strenge Informationspflichten gegenüber den Geldgebern einhalten als viele andere Anbieter von Geldanlagen. Sie müssen zum Beispiel für Nachrangdarlehen keinen Verkaufsprospekt erstellen. Hinzu kommt, dass die Initiatoren zum Teil nur Ideen vorweisen können. Es ist nicht sicher, ob je marktreife Produkte daraus entstehen und die erhofften Erfolge erzielt werden. Anleger sollten sich daher darüber im Klaren sein, dass das Risiko eines Totalverlusts sehr real ist. Sie sollten nur Geld in solche Projekte stecken, wenn sie den Verlust gut verschmerzen könnten.

Kreditvermittlungsplattformen im Internet bündeln Crowdlending-Projekte. Hier können kleine und mittelständische Unternehmen, Freiberufler, aber auch private Kapitalsuchende ihre Kreditgesuche einer breiten Öffentlichkeit vorstellen. Dafür müssen sie gegenüber der jeweiligen Plattform zunächst Angaben zu ihrer Bonität machen und angeben, wofür sie den Kredit benötigen. Die Plattformen bewerten das Ausfallrisiko und versehen die Kreditprojekte mit einem dazu passenden Zins. Dann werden die Kreditgesuche online gestellt. Anleger können so oft schon mit geringen Beträgen in solche Projekte investieren. Kommen innerhalb einer vorgegebenen Zeit genügend Zusagen durch Anleger zusammen, wird der Kredit ausbezahlt.

Mehr zu partiarischen Darlehen siehe „Nachrangdarlehen und partiarische Darlehen", S. 398.

Die Plattform kümmert sich um die Auszahlung der Zinsen an die Anleger sowie um Mahn- und Inkassoverfahren bei ausbleibenden Zahlungen der Schuldner. Manche Anbieter bieten zudem Sicherheitsmechanismen, falls Zins- und Tilgungszahlungen ausfallen. Eine Insolvenz der Plattform würde sich nicht unmittelbar auf den Anleger auswirken, da eine Abwicklung der ausgezahlten Kredite dann von externen Servicepartnern übernommen wird.

Beispiele einiger Plattformen im Bereich Crowdlending sind:

- www.lendico.de
- www.auxmoney.com
- www.kapilendo.de
- www.smava.de
- www.giromatch.com
- www.crosslend.com

Beim Crowdinvesting – auch equity-based Crowdfunding genannt – werden die Kapitalgeber finanziell am Erfolg des Projektes oder Start-up-Unternehmens beteiligt. Zeichnen sie Aktien oder Genossenschaftsanteile, werden sie zu Mitunternehmern. Sie tragen dann Gewinne und Verluste mit. Andere Formen wie Genussrechte und stille Beteiligungen gewähren Geldgebern zwar keine Mitbestimmungsrechte, knüpfen Zinsen, Ausschüttungen oder die Rückzahlung aber trotzdem an den Erfolg der Projekte. Zum Teil müssen die Geldgeber auch hier Verluste mittragen. Die Grenzen zum Crowdlending sind mitunter fließend.

Über die Plattform Seedmatch.de etwa schließen die Unterstützer „partiarische Darlehen" ab, bei denen die fest vereinbarten Zinsen und die gewinnabhängigen Zinsen eher gering sind. Dafür locken hohe Bonuszinsen. Sie fließen zum Beispiel, wenn die Gründer eines Projekts Investoren finden, die ihnen einen Großteil der Anteile abkaufen. Anleger können sich schon mit Beträgen ab 250 Euro beteiligen.

Aktionäre der ersten Stunde von Microsoft, Google und Facebook haben mit geringem Einsatz ein Vermögen gemacht. Viele Anleger träumen davon, dass ihnen ein solcher Coup gelingt. Über Crowdinvesting-Projekte haben sie die Chance, sich an vielversprechenden Unternehmen zu beteiligen. Damit erfüllen sie auch gesellschaftlich eine wichtige Aufgabe.

Sie geben jungen, innovativen Unternehmen mit ihrem Kapital finanzielle Starthilfe. Allerdings werden Investments in junge Unternehmen nicht umsonst Risikokapital genannt. Viele Gesellschaften scheitern, obwohl die Macher professionell und engagiert ans Werk gehen. Selbst renommierten Risikokapitalgebern gelingt es nicht, nur erfolgreiche Unternehmen herauszupicken. Es ist mühselig, Unterlagen wie Investmentverträge, Jahresabschlüsse und Wertpapierverkaufsprospekte zu studieren und die richtigen Schlüsse für die eigene Anlage daraus zu ziehen. Außerdem müssen sich die Geldgeber für Jahre binden. Wollen sie vorzeitig verkaufen, steht in den Sternen, ob und zu welchem Kurs das möglich ist.

Das mit rund 80 Prozent Marktanteil größte Segment im Crowdinvesting-Bereich sind Immobilienprojekte. Die Plattformen stellen dabei Informationen über Projektentwickler, Lage, Finanzierungsstruktur und Sicherheiten zur Verfügung. Anleger können sich meist in Form von Nachrangdarlehen beteiligen. Daher erklärt sich auch die Vorliebe von Projektentwicklern für das Crowdinvesting. Banken und professionelle Investoren würden höhere Zinsen für nachrangige Finanzierungen verlangen

Beispiele einiger Plattformen im Bereich Crowdinvesting sind:

- www.seedmatch.de
- www.bergfuerst.de
- www.exporo.de
- www.companisto.de

Nur 25 000 Euro für Privatpersonen

Mit dem am 1. Juli 2015 in Kraft getretenen Kleinanlegerschutzgesetz wurden Crowdfunding-Portale verpflichtet, dafür Sorge zu tragen, dass Anleger während des Investitionsprozesses über Risiken aufgeklärt werden. Dazu muss jeder Investor pro Investment in ein Crowdfunding-Projekt ein vierseitiges Vermögensanlagen-Informationsblatt erhalten. Eine Prospektpflicht für kapitalsuchende Unternehmen besteht erst bei Projekten mit einem Volumen von über 6 Millionen Euro.

Daneben hat der Gesetzgeber Einzelanlageschwellen für Privatpersonen eingeführt: Ein Einzelanleger darf danach grundsätzlich nur 1000 Euro in ein Crowdfunding-Projekt investieren. Ein höherer Anlagebetrag, maximal 25 000 Euro, ist möglich, wenn der Anleger in Form einer Selbstauskunft gegenüber der Plattform bestätigt, dass er über ein Vermögen von mindestens 100 000 Euro verfügt, beziehungsweise maximal zwei Netto-Monatsgehälter investiert.

Die Steuer beim Crowdfunding

Beim Crowdlending und Crowdinvesting zählen alle Einnahmen wie Dividenden, Zinsen, Ausschüttungen, Gewinne aus dem Verkauf von Aktien, Genussrechten, Genossenschaftsanteilen und Ähnlichem zu den Einkünften aus Kapitalvermögen. Es fallen 25 Prozent Abgeltungsteuer plus Solidaritätszuschlag und gegebenenfalls Kirchensteuer an.

Bei den Crowdfunding-Arten, die nicht renditeorientiert sind (Spenden-Crowdfunding und klassisches Crowdfunding), erzielen die Unterstützer grundsätzlich keine Einnahmen und müssen daher auch keine versteuern. Bekommen steuerbegünstigte Spendenorganisationen das Geld, berücksichtigt das Finanzamt die Spende als Sonderausgabe. Ab 200 Euro ist eine Zuwendungsbestätigung als Beleg nötig. Bei Beträgen bis 200 Euro reicht in der Regel der Zahlungsbeleg. Es kann sein, dass noch eine Bescheinigung über den steuerbegünstigten Zweck, die Befreiung von der Körperschaftsteuer und die Einzahlung angefordert wird. Zuwendungen an Privatleute oder Organisationen, die nicht als gemeinnützig anerkannt sind, können nicht abgesetzt werden. Die Plattformen weisen darauf hin, ob Spenden steuerlich absetzbar sind oder nicht. Im Zweifel sollten Spendenwillige nachfragen.

Erhalten Privatleute beim klassischen Crowdinvesting eine Gegenleistung für ihr Geld, schließen sie rechtlich einen Vertrag mit Gegenleistung ab – unabhängig vom Wert. Einen steuerpflichtigen Ertrag stellt die Gegenleistung nicht dar.

Beteiligungs-modelle

Es gibt viele Beteiligungsmodelle, die von Finanzvertrieben, Banken und Sparkassen gerne verkauft werden, da sie vor allem diesen hohe Provisionen einbringen. Die in den Werbebroschüren und Hochglanzprospekten versprochenen Renditen für Anleger werden nur selten erreicht. Wenn Sie diese Anlagen sehr kritisch prüfen und im Zweifel einfach links liegen lassen, machen Sie nichts falsch.

Geschlossene Fonds

Die Anbieter geschlossener Fonds versprechen sichere Sachwertanlagen mit hohen Renditen. Die Risiken dieser Anlageform sind jedoch für Anleger meist wesentlich höher als die Chancen.

Bei einem geschlossenen Fonds können sich Anleger mit einer Einlage an einer Gesellschaft – meist einer Kommanditgesellschaft (KG) – beteiligen. Sie werden damit Gesellschafter und Mitunternehmer. Die Gesellschaft finanziert mit den Einlagen der Anleger/Gesellschafter und meist zusätzlichen Krediten einen oder wenige zumindest nach Art und Höhe feststehende Vermögensgegenstände.

Viele geschlossene Fonds sind seit dem 22. Juli 2013 erstmals zusammen mit den offenen Investmentfonds im Kapitalanlagegesetzbuch (KAGB) geregelt. Damit wurde eine europäische Richtlinie in deutsches Recht umgesetzt. Die zuvor dem weitgehend unregulierten Grauen Kapitalmarkt zugeordneten geschlossenen Fonds wurden strengeren Gesetzesregeln unterworfen.

Geschlossene Fonds werden im KAGB als „geschlossene Investmentvermögen" oder „geschlossene Alternative Investmentfonds (AIF)" bezeichnet. Nach dem KAGB kommen folgende Sachwerte als Investitionsobjekte für geschlossene Fonds, an denen sich auch Privatanleger beteiligen können, in Betracht:

1. Immobilien, einschließlich Wald, Forst und Agrarland,
2. Schiffe, Schiffsaufbauten und Schiffsbestand- und -ersatzteile,
3. Luftfahrzeuge, Luftfahrzeugbestand- und -ersatzteile,
4. Anlagen zur Erzeugung, zum Transport und zur Speicherung von Strom, Gas oder Wärme aus erneuerbaren Energien,
5. Schienenfahrzeuge, Schienenfahrzeugbestand- und -ersatzteile,
6. Fahrzeuge, die im Rahmen der Elektromobilität genutzt werden,
7. Container,
8. für Vermögensgegenstände im Sinne der Nummern 2 bis 6 genutzte Infrastruktur.

Grundsätzlich muss der Fonds nach den neuen gesetzlichen Regelungen in drei gleichwertige Sachwerte investieren, die vorher extern bewertet wurden. Unter Umständen reicht es aber auch aus, wenn er nur in ein Objekt investiert, dieses aber zum Beispiel bei Immobilien an verschiedene Mieter vermietet wird oder unterschiedliche Nutzungsarten aufweist.

Im Gegensatz zu einem offenen Investmentfonds ist das Anlagevolumen bei einem geschlossenen Fonds von vornherein festgelegt. Hat der Fonds die benötigten Geldmittel eingesammelt, wird er geschlossen. Auch bei weiterer Nachfrage von potenziellen Anlegern können nicht einfach zusätzliche Fondsanteile herausgegeben werden. Die Mindestanlagesummen bei geschlossenen Fonds liegen in der Regel zwischen 10 000 und 25 000 Euro. Üblicherweise müssen Anleger, darüber hinaus beim Abschluss ein Agio von 3 bis 5 Prozent der Beteiligungssumme zahlen.

GESCHLOSSENE FONDS

Geeignet für sehr vermögende Anleger, die einen Totalverlust verkraften können.

PRO

Geschlossene Fonds entwickeln sich weitgehend unabhängig von den Kapitalmärkten und können so zur Streuung der Geldanlagen beitragen.

CONTRA

Es handelt sich um langjährige Unternehmensbeteiligungen mit hohen Risiken, die meist nicht vor Ablauf der Fondslaufzeit gekündigt werden können. Viele geschlossene Fonds erreichen ihre Renditeprognosen nicht oder bereiten ihren Anlegern Verluste.

Der Beteiligung liegt ein Gesellschaftervertrag zugrunde, der die Rechte und Pflichten der Gesellschafter regelt. Diesen können Anleger vor einem Beitritt zu der Gesellschaft nicht verändern, sondern nur akzeptieren oder vom Beitritt absehen. Gesellschafter eines geschlossenen Fonds erzielen je nach Art und Konstruktion des Investmentvermögens steuerlich Einkünfte aus Vermietung und Verpachtung oder aus Gewerbebetrieb.

KVG und Verwahrstelle

Nach den Regelungen im KAGB muss das Investmentvermögen durch eine Kapitalverwaltungsgesellschaft (KVG) verwaltet werden. Dies kann eine eigene KVG des Initiators des geschlossenen Fonds oder ein externer Verwalter sein, die jeweils von der Bundesanstalt für Finanzdienstleistungsaufsicht (Bafin) zugelassen sein müssen. Die KVG muss der Bafin unter anderem regelmäßig über das verwaltete Vermögen und die getätigten Investitionen berichten.

Daneben muss die KVG eine Verwahrstelle beauftragen, die alle wichtigen Geschäftsabläufe und Zahlungsströme des geschlossenen Fonds kontrollieren soll. Verwahrstellen sind meist Kreditinstitute, die nachweisen müssen, dass sie ihre Funktion als „Überwacher" des geschlossenen Fonds erfüllen können.

Ungewisse Ausschüttungen und Totalverlust

Erträge in Form von Ausschüttungen erhalten Anleger üblicherweise erst, wenn die Beteiligung in der sogenannten Bewirtschaftungsphase laufende Erträge aus der operativen Tätigkeit und der Bewirtschaftung der Vermögensgegenstände erzielt, wie zum Beispiel Mieten bei Immobilien oder Frachtraten bei Schiffen. Nach der Bewirtschaftungsphase werden die Vermögensgegenstände veräußert und ein nach Abzug von Verbindlichkeiten möglicherweise verbleibender Veräußerungsgewinn an die Anleger verteilt. Ausschüttungen und Erlöse aus der Veräußerung sind dabei aber keineswegs sicher. Rentiert sich beispielsweise eine Immobilie bei einem geschlossenen Immobilienfonds nicht, weil Mieten sinken oder Flächen leer stehen, können die Ausschüttungen an die Anleger abnehmen oder sogar ganz ausbleiben. Im schlimmsten Fall verlieren die am Fonds Beteiligten ihre gesamte Einlage.

Eingeschränkter Zweitmarkt

Nach der Anteilszeichnung sind Anleger oft für eine lange Zeit an die Beteiligung gebunden. Je nachdem, in welches Wirtschaftsgut der Fonds investiert, sind Anlagedauern zwischen 7 und 20 Jahren durchaus üblich. Aufgrund der langfristigen Investitionen eines geschlossenen Fonds sind ordentliche Kündigungsrechte des Anlegers gesetzlich ausgeschlossen. Einen Börsenhandel oder eine regelmäßige Rückgabemöglichkeit an den Fondsinitiator wie beispielsweise bei offenen Immobilienfonds gibt es nicht. Die Laufzeit des Fonds endet in der Regel erst, wenn das Anlageobjekt, also zum Beispiel das Schiff oder die Immobilie, verkauft und der Fonds aufgelöst wird.

Zwar gibt es im Internet einen Zweitmarkt für geschlossene Fonds, auf dem Anleger versuchen können, ihre Beteiligungen zu verkaufen. Jedoch finden dort längst nicht alle Angebote einen Käufer oder werden nur mit hohen Abschlägen gehandelt. Marktführer ist die Internet-Handelsplattform www.zweitmarkt.de. Wenn Anleger dort ihre Beteiligung verkaufen wollen, veröffentlicht die Fondsbörse Deutschland, die die Plattform betreibt, das Verkaufsangebot im Internet und sucht nach Interessenten. Solange kein Verkauf zustande gekommen ist, entstehen für den Anleger keine Kosten. Erst wenn eine Vermittlung erfolgreich war, erhält zweitmarkt.de vom Käufer und vom Verkäufer eine Provision.

Einige Anbieter von geschlossenen Fonds bieten hauseigene Zweitmarkt-Plattformen an, aber auch hier kommt nicht jeder Verkaufswillige zu einem angemessenen Preis zum Zug.

Hohe Fremdfinanzierung – erhöhte Risiken

Neben dem Eigenkapital der Anleger setzen geschlossene Fonds häufig hohe Fremdkapitalbeträge für den Kauf der Anlageobjekte ein. Die Initiatoren, die die Fondskonzeption erstellen und für die Verwaltung der Fonds zuständig sind, argumentieren, dass sich eine hohe Fremdkapitalaufnahme positiv auf die Rendite auswirkt. Nach dem KAGB dürfen Alternative Investmentfonds zwar Kredite bis zu 60 Prozent des Verkehrswertes der im Fonds befindlichen Vermögensgegenstände aufnehmen. Nimmt ein Fonds neben dem Eigenkapital hohe Kredite auf, um mehr und teurere Vermögensgegenstände kaufen zu können, erhöhen sich aber nicht nur die Chancen, son-

So verändert sich die Rendite bei sinkenden Einnahmen

Ob die prognostizierte Rendite eines geschlossenen Fonds eingehalten wird, hängt vor allem davon ab, ob dieser auch die erwarteten Einnahmen erzielen kann. Die Tabelle zeigt, wie sich Mindereinnahmen auswirken würden.

Abweichung von prognostizierten Einnahmen (in % p. a.)	Abweichung von prognostiziertem Verkaufspreis (in % p. a.)	Rendite in % p. a. bei Fremdkapitalanteil von … %			
		0	30	40	50
0,0	0	4,9	5,4	5,7	6,0
–0,6	–10	4,2	4,5	4,6	4,9
–1,2	–20	3,4	3,4	3,4	3,4
–1,9	–30	2,6	2,2	2,0	1,7
–2,5	–40	1,7	0,8	0,2	–0,7
–3,1	–50	0,6	–1,0	–2,3	–4,7

dern auch die Risiken der Anleger beträchtlich.

Läuft der Fonds gut, verdienen die Anleger nicht nur mit dem selbst eingesetzten Geld. Mit der kreditfinanzierten Immobilie wird zusätzlich verdient, die Rendite der Anleger für ihren Einsatz erhöht sich. Man nennt dies Leverage-Effekt. Der Zins für den Bankkredit muss dafür aber niedriger sein als die Netto-Objektrendite. Läuft der Fonds aber nicht so gut wie prognostiziert, verdient nur das Kreditinstitut einfach weiter. Im schlechtesten Fall müssen auch die Einlagen der Anleger zur Tilgung der Bankkredite und Zinsen verwendet werden. So kann die Anlage in einem geschlossenen Fonds im Totalverlust enden.

Die ➚ Tabelle „So verändert sich die Rendite bei sinkenden Einnahmen“ zeigt, wie sich die prognostizierte Rendite eines geschlossenen Fonds je nach Fremdkapitalanteil ändern kann, wenn die erwarteten Einnahmen nicht erzielt werden können. Wenn die Einnahmen Jahr für Jahr niedriger ausfallen als prognostiziert, wird auch der Verkaufspreis niedriger sein, weil sich jeder Käufer an den erzielten Einnahmen orientiert.

Häufig unklare Anlagebedingungen

Die Einlage des Anlegers wird nicht nur für das geplante Anlageobjekt verwendet. Ein erheblicher Teil – oft bis zu 15 Prozent des Fondsvolumens – geht für Nebenkosten ab. Zu diesen sogenannten Weichkosten zählen hohe Kosten für Vertrieb, Prospekterstellung, Treuhänder und Steuerberatungsgebühren des Fonds.

Die Bestimmungen des Kapitalanlagegesetzbuches verpflichten die Anbieter, die Kriterien für ihre Investitionen in Anlageobjekte in sogenannten Anlagebedingungen genau zu beschreiben. In den Anlagebedingungen müssen die Fondsanbieter auf wenigen Seiten unter anderem zusammenfassen, wie sie das Geld der Anleger investieren wollen und welche Kosten auf diese zukommen. Die Bundesanstalt für Finanzdienstleistungsaufsicht prüft, ob die Anlagebedingungen den Vorschriften entsprechen.

Oft sind diese für Anleger allerdings sehr unklar formuliert und durch viele Gesetzesverweise schwer lesbar. Wie ein Test von 18 geschlossenen Immobilienfonds durch Finanztest im Juni 2016 gezeigt hat, liefern die meisten Anlagebedingungen zu so wichtigen Punk-

Gut zu wissen

Geschlossene Ökofonds sind bei Anlegern, die einen Beitrag zum Umweltschutz leisten wollen, beliebt. Sie bieten Investitionsmöglichkeiten beispielsweise in Wind- und Solarparks, Wasserkraftwerke oder Biogasanlagen an. Investoren können sich als Kommanditisten mit Summen meist ab 10 000 Euro (plus 5 Prozent Abschlussprovision) beteiligen. Der Fonds will durch den Verkauf des erzeugten Stroms eine hohe Rendite erzielen und über jährliche Ausschüttungen an die Anleger auszahlen. Trotz der hehren Beweggründe müssen sich Anleger bewusst sein, dass sie mit einem Investment ein unternehmerisches Risiko eingehen, das zum Totalverlust führen kann, wenn der Fonds pleitegeht. Geschlossene Ökofonds sind daher bestenfalls für vermögende Anleger als Beimischung geeignet.

ten wie Lage, Nutzungsart, Mieterstruktur, Kosten und Gewinnaussichten nur nebulöse Informationen. Dies ist besonders für Anleger misslich, die in sogenannte Blindpools investieren wollen. Blindpools sind geschlossene Immobilienfonds, bei denen zum Vertriebsstart nur die Art des Investitionsobjekts (zum Beispiel ein Schiff oder eine Windkraftanlage), nicht aber das konkrete Anlagegut feststeht. Hat ein Fonds noch nichts oder wenig gekauft, wenn Anleger Anteile zeichnen, können sie sich auch mit den Anlagebedingungen kein genaues Bild machen. Reine Blindpools, also geschlossene Fonds, die überhaupt nicht konkretisieren, welche Kriterien bei einer Investition des Fonds zu beachten sind, sind nicht erlaubt.

Vorsicht Blindpools

Anleger sollten Blindpool-Fonds meiden, deren konkrete Investments noch nicht feststehen. Dies gilt vor allem für solche mit unklaren Anlagebedingungen. Hier kaufen Sie die Katze im Sack.

Chancen und vor allem Risiken von geschlossenen Fonds

Anleger in geschlossenen Fonds müssen sich immer bewusst sein, dass sie in eine unternehmerische Beteiligung investieren und entsprechend Chancen, aber auch Risiken wie ein Unternehmer tragen. Das Ziel geschlossener Fonds ist, dass Anleger über in der Regel jährliche Ausschüttungen mehr als ihr eingesetztes Kapital zurückerhalten. Wenn der Fonds besonders gut wirtschaftet, weil er beispielsweise höhere Mieten durchsetzen kann, der Wind stark bläst, die Sonne kräftig scheint oder die Schiffe viel Fracht transportieren, können Anleger sogar eine höhere als die in Aussicht gestellte Rendite erzielen. Läuft ein Fonds allerdings schlechter als prognostiziert, werden Ausschüttungen gesenkt, gestrichen oder zurückverlangt. Können dann zusätzlich zum Ende der Laufzeit keine oder nur geringe Verkaufserlöse erzielt werden, besteht ein Totalverlustrisiko.

Trotz der hohen Risiken haben Anleger in den vergangenen Jahrzehnten in Deutschland mehrere Milliarden Euro in geschlossene Fonds investiert. Während geschlossene Fonds bis vor einigen Jahren noch mit steuerlichen Vorteilen aufwarten konnten, verließen sich Anleger zuletzt vor allem auf Renditeprognosen der Fondsanbieter von bis zu 10 Prozent pro Jahr. Doch nur äußerst selten wurden diese Prognosen eingehalten, wie eine Untersuchung von Finanztest ergeben hat. Bei dieser wurden die Ergebnisse von 1139 geschlossenen Fonds, die von 1972 bis 2015 aufgelegt wurden, unter die Lupe genommen. Das erschreckende Ergebnis: Im Schnitt haben nur 6 Prozent der geschlossenen Immobilien-, Umwelt-, Schiffs-

und Medienfonds ihre Gewinnprognose erfüllt – gemessen am investierten Anlegergeld. Weitere 25 Prozent haben ihre Prognose verfehlt, aber wenigstens noch die Gewinnzone erreicht. Satte 69 Prozent schafften selbst das nicht. Sie bescherten ihren Anlegern Kapitalverluste. Insgesamt verbrannten die untersuchten, bereits aufgelösten Fonds Anlegergeld in Höhe von knapp 4,3 Milliarden Euro, statt einen Gewinn von 15,4 Milliarden Euro zu liefern – wie ihn ihre Prospekte zusammengenommen in Aussicht gestellt hatten. Dabei erfasste die Untersuchung eher noch die besseren der seit 1972 aufgelegten Fonds. Nur wenige Fonds schafften Renditen von 4 Prozent.

Die Gründe, warum Hunderte geschlossene Fonds ihre Renditeziele verfehlten, sind vielfältig.

Die Gründe, warum Hunderte geschlossene Fonds ihre Renditeziele verfehlten, sind vielfältig. Neben schlecht laufenden Märkten, Änderungen von Steuergesetzen und Subventionskürzungen bei alternativen Energien sowie kriminellen Taten waren es zu positive Annahmen der Anbieter wie zu hoch angesetzte Erträge oder zu knapp kalkulierte Kosten für Kredite zur Finanzierung der Fonds. Die Marktwächter der Verbraucherzentrale haben überdies bei einer Untersuchung aller von Oktober 2016 bis September 2017 aufgelegten inländischen Publikumsfonds festgestellt, dass Anleger aufgrund intransparenter Kostenbeschreibungen und Texte kaum eine Chance haben, die Kosten komplett zu erfassen und zu vergleichen.

Die neuen Vorschriften für geschlossene Fonds im KAGB werden zwar vermutlich einige Verbesserungen bringen und dafür sorgen, dass vollkommen unseriöse Anbieter vom Markt verschwinden. Durch die neuen Vorgaben – zum Beispiel eine Kapitalverwaltungsgesellschaft und eine Verwahrstelle einschalten zu müssen und Zulassungen der Bafin zu haben – entstehen den Anbietern aber auch weitere Kosten. Das wirkt sich negativ auf die Gewinne der Fonds aus.

Informationsquellen

Anleger, die trotz der Risiken mit dem Gedanken spielen, sich an einem geschlossenen Fonds zu beteiligen, sollten sich mit den Informationsmaterialien eingehend auseinandersetzen, die ihnen kostenlos zur Verfügung gestellt werden müssen. Diese müssen von der Kapitalverwaltungsgesellschaft (KVG) während der Platzierungsphase aktuell gehalten werden, also bis alle Gelder für den Fonds eingesammelt sind und dieser geschlossen wird. Interessierte Anleger finden neben den Anlagebedingungen noch folgende Unterlagen auf den Homepages der KVGs oder können sich diese in Papierform aushändigen lassen.

▶ Der Verkaufsprospekt

Im Verkaufsprospekt muss alles stehen, was für die Anlage wichtig ist. Dazu gehören Erläuterungen zum Fonds, zur KVG, zur Verwahrstelle und auch eine Beschreibung aller Risiken. Sein Aufbau muss gesetzlichen Vorschriften entsprechen, und für den Inhalt haften die Prospektverantwortlichen. Interessenten sollten ihn idealerweise lesen und alle offenen Fragen klären, bevor sie investieren. Leider schaffen das nur wenige, denn die Prospekte sind in der Regel dick, schwer verständlich und zähe Lektüre. Weiterer Wermutstropfen: Neuerdings verzichten viele Anbieter geschlossener Fonds darauf, eine Prognoserechnung aufzunehmen. Daran könnten Interessenten sehen, ob die Anbieter optimistisch oder eher realistisch kalkulierten.

▶ Die wesentlichen Anlegerinformationen

Auf maximal drei Seiten müssen die Anbieter in den „wesentlichen Anlegerinformationen" alles Wesentliche zusammenfassen und über die Risiken des Angebots aufklären. Sie müssen auch einen Überblick über die im Fonds anfallenden Kosten enthalten. Mindestens die wesentlichen Anlegerinformationen sollten alle Interessenten lesen und bei ihrem Berater beziehungsweise Vermittler nachfragen, wenn sie etwas nicht verstehen. Für Anleger, die gar nicht mit dem Inhalt zurechtkommen, eignet sich das Angebot von vornherein nicht, da die wesentlichen Anlegerinformationen als erster Anhaltspunkt für die Anlageentscheidung dienen sollen.

▶ Vorsicht bei Fondsanalysen und Werbeflyern
Mitunter finden sich in Finanzzeitschriften und im Internet Bewertungen von Fondsangeboten durch externe Analysten. Hier gilt wie bei allen Analysteneinschätzungen: Fragen Sie sich zunächst, ob die Analysten unabhängig sind oder möglicherweise Vorteile aus einer positiven Beurteilung ziehen. Vergleichen Sie die Analysen der gleichen Analysten oder Analyseunternehmen anhand verschiedener Fondsangebote. Wenn sie beispielsweise fast alle Angebote als „gut" bewerten, spricht dies für einen nicht allzu kritischen Analysten. Einige Fondsanbieter bezahlen auch Geld für die Analysen oder das Recht, die Studien zu verbreiten.

Selbstverständlich sollten sich Anleger schon gar nicht auf leicht verständliche und hübsch bebilderte Werbeflyer verlassen, in denen die Angebote angepriesen werden. Auch wenn „Prospekt" auf dem Titel steht, dürfen sie solche Hefte nicht mit dem offiziellen Verkaufsprospekt verwechseln.

Höchstens 5 Prozent

Wenn überhaupt, sollten Anleger wegen der hohen Risiken höchstens 5 Prozent ihres Anlagevermögens in geschlossene Fonds investieren und notfalls einen Verlust verkraften können.

Bürgerbeteiligungen

Besonders im Bereich der neuen Energien gibt es zahlreiche kommunale Projekte, an denen sich Bürger beteiligen können, um die Entwicklung ihrer Region zu fördern.

Viele Bundesbürger engagieren sich auf kommunaler Ebene, um bei politischen Entscheidungen und Projekten, die sie direkt betreffen, mitzuwirken und diese vorwärts zu bringen. Eine Bürgerbeteiligung kann in Form der Einbindung der Bürger in den politischen Willensbildungs-, Planungs- und Umsetzungsprozess erfolgen. Daneben existieren aber auch Formen der finanziellen Beteiligung der Bürgerschaft. Vor allem im Bereich „Neue Energien" gibt es deutschlandweit Initiativen, um die regionale Energieversorgung unter Einbeziehung der Bürger umzusetzen. Häufig sind es Windkraft- und Photovoltaikanlagen sowie Blockheiz- und Biomassekraftwerke, die so errichtet und betrieben werden.

Die finanzielle Beteiligung kann rechtlich unterschiedlich ausgestaltet sein: zum Beispiel als geschlossener Fonds, als Genussscheinanlage oder als Genossenschaft. Die sogenannten Energiegenossenschaften sind selbstständige Vereinigungen von Bürgern, die sich auf freiwilliger Basis zusammenschließen und das Ziel haben, Energie dezentral, unabhängig und umweltfreundlich zu produzieren. Daneben bieten sie häufig Anlage- und Investitionsmöglichkeiten in lokale und regionale Energieprojekte. Da sich die Beteiligten bei solchen Projekten häufig kennen und sie die Ziele des Projekts gemeinsam planen, kalkulieren sie meist vorsichtiger als beispielsweise geschlossene Fonds. Hohe Provisionen, die Banken und Vermittler für den Vertrieb geschlossener Fonds erhalten, fallen nicht an. Weil alle Anleger Mitspracherechte haben, können sie Fehlentwicklungen oft leichter erkennen. Mit welchen Beträgen sich Bürger an den regionalen Genossenschaften beteiligen können, legt jede Genossenschaft selbst fest.

Im Rahmen der Energiewende unterstützt der Staat grundsätzlich die Bürgerbeteiligung. Mecklenburg-Vorpommern etwa hat mit einem Bürgerbeteiligungsgesetz Betreiber von Windkraftanlagen verpflichtet, Einwohner und Gemeinden im Umkreis von fünf Kilometern um die Anlage an ihrem Unternehmen zu beteiligen. Danach müssen mindestens 20 Prozent der Anteile an neuen Windparks den unmittelbaren Nachbarn angeboten werden, wobei ein Anteil maximal 500 Euro kosten darf. Alternativ müssen die Anwohner ein Sparprodukt des Projektträgers wählen können. Beim Sparprodukt kann der Windanlagenbetreiber entscheiden, Gewinne in Höhe von 10 Prozent der Projektgesellschaft einer Bank zu übertragen. Bei dieser Bank können die Bürger beispielsweise Sparbriefe oder Festgeldanlagen einrichten, deren Zinsen aus dem Gewinn des Windpark-Betriebs bezahlt werden.

Auch wenn die Motive der Geldanlagen in Bürgerbeteiligungen jeder Art meist „edel und gut“ sind, sollten Anleger im Hinterkopf behalten, dass sie sowohl am Erfolg als auch am unternehmerischen Risiko des Unternehmens beteiligt sind. So sind beispielsweise Windkraftinvestments riskant, da immer das Windrisiko besteht. Bleibt die tatsächliche Windleistung der Windkraftanlage hinter der prognostizierten zurück, können die Renditeprognosen nicht eingehalten werden. Dies war in der Vergangenheit sehr oft der Fall. Auch bei den Energiegenossenschaften gibt es keine Sicherungseinrichtung, anders als beispielsweise bei der Einlagensicherung der genossenschaftlichen Volks- und Raiffeisenbanken. Anleger sollten sich daher nicht von hohen Renditeversprechen blenden lassen und jede Form der Bürgerbeteiligung genau prüfen oder von einem Finanzexperten bewerten lassen.

BÜRGER-BETEILIGUNGEN

Geeignet für risikobereite Anleger, die sich an regionalen Projekten beteiligen wollen, insbesondere zur Energieversorgung.

PRO

Anleger können „vor Ort“ meist umweltfreundliche Projekte unterstützen. Die Projekte haben oft nur geringe Verwaltungskosten und Provisionen.

CONTRA

Anleger sind am unternehmerischen Risiko beteiligt. Auch Totalverluste sind möglich.

Halbseidene Genussrechte und Nachrangdarlehen

Besonders in Zeiten magerer Zinsen lassen sich unerfahrene Anleger gern von hohen Renditeversprechen blenden.

Gerade in Zeiten niedriger Marktzinsen nutzen einige Anbieter die Möglichkeit aus, Anleger mit Zinsversprechen zu ködern, die weit über denen von üblichen Festgeldangeboten liegen. Dazu bieten sie Genussrechte und Nachrangdarlehen an, die sie flexibel – das heißt meistens zu Lasten der Anleger – ausgestalten.

Genussrechte sind riskant

Mehr zu Genussscheinen siehe „Genussscheine", S. 102.

Genussrechte sind im Gegensatz zu Genussscheinen, die häufig von Banken herausgegeben werden, nicht als Wertpapiere verbrieft.

GENUSSRECHTE

Geeignet für spekulative Anleger, die einen Totalverlust verkraften können.

PRO

Die Anbieter versprechen hohe Zinsen.

CONTRA

Die versprochenen Zinsen sind häufig unsicher und können ausbleiben. Ansprüche der Anleger sind gegenüber anderen Gläubigern des Unternehmens nachrangig und können im Insolvenzfall ganz ausfallen.

Es handelt sich um nicht gesicherte Kredite. Der Anleger ist Gläubiger eines Unternehmens, wird aber zugleich ähnlich wie ein Gesellschafter an dessen Gewinnen oder Verlusten beteiligt. Er hat allerdings keine Mitbestimmungsrechte im Unternehmen und kann keinen Einfluss auf dessen Entscheidungen nehmen. Genussrechte werden häufig von kleineren – oft dubiosen – Firmen zur Kapitalbeschaffung genutzt. Bei vielen von ihnen ist der Jahresabschluss die einzige Informationsquelle für Anleger.

Nicht selten handelt es sich bei Genussrechten um Angebote im Bereich der erneuerbaren Energien, die von einzelnen Projektgesellschaften oder von Unternehmen herausgegeben werden. Genussrechte sind gesetzlich nicht fest geregelt und werden im nicht überwachten – dem sogenannten grauen – Kapitalmarkt angeboten. Wie und wann Auszahlungen an den Anleger erfolgen, regeln die Unternehmen in den jeweiligen Genussrechtsbedingungen sehr unterschiedlich. Lediglich das Recht auf die Rückzahlung seiner Anlagesumme am Ende der Laufzeit und auf eine jährliche Zinszahlung sind bei Genussrechten grundsätzlich immer festgelegt. Die Regelungen zur Laufzeit, zu Kündigungsmöglichkeiten oder zur Rückzahlungsmodalität sind hingegen je nach Anbieter sehr individuell.

Weil die Unternehmen Genussrechte so flexibel gestalten können, gehören sie zu den sogenannten Mezzanine-Finanzierungen. Der italienische Begriff bedeutet „Zwischengeschoss" und steht im Finanzbereich für den wechselnden Charakter zwischen Eigen- und Fremdkapital. Genussrechte dürfen von Unternehmen als Eigenkapital bilanziert werden, wenn drei Voraussetzungen erfüllt sind: Das Genussrechtskapital muss mindestens fünf Jahre investiert werden, es muss nachrangig sein und an Verlusten teilnehmen.

Beliebt sind Genussrechte bei Windkraftfirmen. Diese nutzen Genussrechte oft, um sich künftige Erträge durch das Repowering, also den Austausch alter Anlagen, zu sichern. Die Anlagen bleiben dabei im Eigentum der Firmen. Wenn sie durch neue, leistungsstärkere ersetzt werden, profitieren allein die Firmen von zusätzlichen Erträgen und möglichen Subventionen. Die Investitionskosten werden mit Anlegergeldern finanziert.

„Bei allen Genussrechten sind die Ansprüche der Anleger nachrangig. Das heißt, diese bekommen ihr Geld erst nach allen anderen Kreditgebern wieder zurück.

Den versprochenen Ertragschancen stehen hohe Risiken gegenüber. Zum einen sind die Zinsen bei Genussrechten alles andere als sicher. Erwirtschaftet das ausgebende Unternehmen keine Gewinne, erhält der Anleger oft auch keine Zinsen. Erwirtschaftet die Firma gar Verluste, schrumpft das eingezahlte Kapital entsprechend mit. Im Falle der Insolvenz des Genussrechtsemittenten besteht für den Anleger ein Totalverlustrisiko. Denn bei allen Genussrechten sind die Ansprüche der Anleger nachrangig. Das heißt, diese bekommen ihr eingezahltes Geld erst nach allen anderen Kreditgebern wieder zurück und erhalten auch keine Sachwerte oder sonstigen Sicherheiten. Eine Einlagensicherung wie bei Festgeldanlagen gibt es nicht.

Ein bekanntes abschreckendes Beispiel ist die Insolvenz der Firma Prokon Regenerative Energien GmbH. Durch offensive Werbung – die bei unseriösen Genussrechtsanbietern oft vorzufinden ist – in Postwurfsendungen, Fernsehspots und Aufklebern in S-Bahnen sowie eine geschickte Vermarktung köderte sie unerfahrene Anleger. Dabei wurde der Eindruck erweckt, sie könnten überdurchschnittliche Renditen ohne Risiken erzielen und jederzeit aus der Anlage wieder aussteigen.

HÄTTEN SIE'S GEWUSST?

„Rentabel, Flexibel, Einfach“
Mit diesem Slogan warb die Firma Prokon für die Anlage in Windparkprojekte und stellte 8 Prozent Zinsen in Aussicht.

Anleger konnten schon mit Beträgen ab 100 Euro dabei sein.

Mehr als 75 000 Anleger beteiligten sich mit rund 1,4 Milliarden Euro – und das, obwohl die Stiftung Warentest und die Verbraucherzentralen frühzeitig vor einer Anlage warnten.

Durch die Insolvenz des Unternehmens verloren sie einen Großteil ihres eingesetzten Kapitals.

Genussrechte sind hochriskant

In der Regel sollten Sie die Finger von Genussrechten lassen. Sie sind Geldanlagen mit hohem Risiko. Ein Totalverlust ist möglich. Zum Aufbau einer Altersvorsorge sind sie – entgegen den blumigen Versprechungen in den Werbeflyern der Anbieter – schon gar nicht geeignet. Lassen Sie sich dennoch nicht von einer Anlage abhalten, investieren Sie nicht mehr als 5 bis 10 Prozent Ihres Barvermögens in solche Beteiligungen.

Schauen Sie sich immer das ausgebende Unternehmen genau an:

→ Ist das Eigenkapital gering, werden Anleger stärker an Verlusten beteiligt.

→ Hat die Firma in den vergangenen Jahren gut gewirtschaftet oder gar Verluste erzielt? Bei Verlusten können Sie Zinsen oder im schlimmsten Fall Ihr eingesetztes Kapital verlieren.

→ Lesen Sie die Genussrechtsbedingungen und die Risiken im Prospekt genau. Wann sollen Zinszahlungen fließen und wie nimmt Ihr Kapital an Verlusten teil?

Nachrangdarlehen und partiarische Darlehen

Mindestens genauso riskant wie Genussrechte sind Geldanlagen in Darlehen. Auch solche Angebote versprechen wie die Genussrechte hohe Zinsen, wenn Anleger meist kleineren Unternehmen Geld für „besonders aussichtsreiche" Projekte leihen. Der Haken dabei ist, dass es sich meist um sogenannte Nachrangdarlehen oder partiarische Darlehen handelt. Bei diesen müssen Anleger im Insolvenzfall ebenfalls hinter vorrangigen Gläubigern zurückstehen. Erst wenn alle anderen Gläubiger befriedigt sind, erhalten sie etwas von ihrem Geld zurück – sofern noch etwas übrig ist. Bei partiarischen Darlehen hängt die Höhe der Zahlungen an die Anleger darüber hinaus vom Erfolg des Unternehmens ab. Oft gehen Anbieter von Darlehensanlagen noch weiter und schreiben im Beteiligungsvertrag fest, dass das Unternehmen eine Rückzahlung an die Anleger verweigern kann, wenn diese dazu führt, dass es insolvent zu werden droht. Anleger sollten sich auch bei diesen Kapitalanlagen stets fragen, ob die versprochenen hohen Zinsen wirklich ein angemessener Ausgleich für das hohe Risiko des Kapitalverlustes sind. In den letzten Jahren hat es etliche Fälle gegeben, in denen Anbieter solcher Darlehensanlagen Insolvenz anmelden mussten und Anleger leer ausgingen oder weit weniger zurückerhielten, als sie investiert hatten.

Das Kleinanlegerschutzgesetz

Aufgeschreckt durch die Prokon-Insolvenz hat der Gesetzgeber das Kleinanlegerschutzgesetz verabschiedet, das am 10. Juli 2015 in Kraft getreten ist und Änderungen in verschiedenen Gesetzen aus dem Kapitalanlagebereich, insbesondere dem Vermögensanlagengesetz (VermAnlG) brachte.

Durch die Änderungen soll die Transparenz von Vermögensanlagen erhöht werden. Das soll dadurch erreicht werden, dass sich Anleger besser über deren Laufzeit und Kündigungsmöglichkeiten sowie die personellen Verflechtungen bei Emittenten informieren können. Auch Anlagen wie Unternehmensbeteiligungen, Beteiligungen an Treuhandvermögen, Genussrechte und Namensschuldverschreibungen wurden dem Vermögensanlagengesetz und damit der Prospektpflicht unterworfen.

Mit dem Kleinanlegerschutzgesetz wurden zudem gewinnabhängige (partiarische) Darlehen sowie Nachrangdarlehen und sämtliche wirtschaftlich vergleichbaren Anlagen als Vermögensanlagen im Sinne des VermAnlG eingestuft. Die Anbieter müssen jetzt zu fast allen Geldanlageprodukten ausführliche, nach festen Regeln verfasste Verkaufsprospekte veröffentlichen und die Dokumente aktuell halten. Dazu gehören auch detaillierte Vorgaben für die Darstellung des Geschäftsmodells und der Vermögenslage im Prospekt.

Checkliste

So schützen Sie sich vor unseriösen Angeboten

- ☐ Viele Anbieter und Berater stellen hohe Renditen in Aussicht und schüren damit die Gier ihrer Kunden oder machen mit Horrorszenarien Angst. Lassen Sie sich davon nicht verunsichern. Überlegen Sie in Ruhe, ob die Anlage zu Ihnen passt.
- ☐ Hohen Renditeversprechen für angeblich sichere oder flexible Anlageangebote sollten Sie nicht trauen. Renditen über 3 Prozent ohne jedes Risiko gibt es derzeit nicht.
- ☐ Investieren Sie nie, wenn Sie ungebeten heiße Tipps über Werbe-E-Mails, Faxe oder Anrufe erhalten.
- ☐ Investieren Sie nie, bevor Sie nicht die Grundzüge der Anlage verstanden haben. Lesen Sie mindestens die Abschnitte zu Risiken, Kosten und Kündigungsmöglichkeiten im Prospekt. Legen Sie nur so viel an, dass Sie einen Totalverlust verkraften könnten.
- ☐ Prüfen Sie den Geschäftssitz. Wo sitzen die beteiligten Gesellschaften? Im Ausland ist es oft kompliziert, Ansprüche rechtlich durchzusetzen.
- ☐ Sehen Sie die Warnliste der Stiftung Warentest ein. Sie enthält Anbieter, die negativ aufgefallen sind, und riskante Angebote mit hohen Kosten oder noch nicht feststehenden Anlageobjekten. Sie finden Sie unter www.test.de/warnliste.

Für Vermögensanlagen gilt jetzt eine Mindestlaufzeit von zwei Jahren und eine Kündigungsfrist von sechs Monaten. Das soll verhindern, dass Anbieter wie Prokon Kunden mit kurzen Kündigungsfristen locken, obwohl sie selbst das Geld lang- und mittelfristig investieren.

Sowohl in die Werbung für Vermögensanlagen als auch in das Vermögensanlagen-Informationsblatt (VIB) müssen die Anbieter Warnhinweise aufnehmen, die auf die Möglichkeit eines vollständigen Verlustes hinweisen. Wird Anlegern das VIB nicht ausgehändigt oder fehlt dort der Warnhinweis, steht ihnen ein Rückabwicklungsanspruch der Vermögensanlage zu.

Die Bundesanstalt für Finanzdienstleistungsaufsicht (Bafin) kann die Vermarktung oder den Vertrieb von bestimmten komplexen Produkten einschränken oder verbieten. Damit sollen Anleger vor aggressiver Werbung und dem Vertrieb von schwer kontrollierbaren Produkten geschützt werden.

Für Vermögensanlagen gilt jetzt eine Mindestlaufzeit von zwei Jahren und eine Kündigungsfrist von sechs Monaten.

Nicht empfehlenswerte Angebote

Von den Euro-Tages- und Festgeldangeboten dieser Banken rät Finanztest ab.

Bank	Abschluss möglich über …	Land der Einlagensicherung	Ausschlussgründe			
EU-Banken mit Niederlassung in Deutschland						
Piraeus Bank	Filiale, Piraeusbank.de	Griechenland	A	–	–	–
Südtiroler Sparkasse	Filiale, Suedspa.de	Italien	A	–	–	–
EU-Banken ohne Niederlassung in Deutschland, aber mit deutschsprachigem Internetauftritt						
AS Privatbank	Privatbankdirect.eu	Lettland	A	B	C	D
Bigbank	Bigbank.de	Estland	A	–	–	–
FCA Bank	Sparen.fcabank.de	Italien	A	–	–	–
Ferratum Bank	Ferratumbank.de	Malta	A	–	–	–
EU-Banken, deren Angebote ausschließlich über Zinsplattformen vertrieben werden						
Aegean Baltic Bank (ABBank)	Check24.de, Zinspilot.de	Griechenland	A	–	–	D
Alior Bank	Weltsparen.de	Polen	A	B	C	D
Allied Irish Banks (AIB)	Weltsparen.de	Irland	A	–	–	–
Alpha Bank Romania	Check24.de, Zinspilot.de	Rumänien	A	–	–	–
APS Bank	Check24.de, Zinspilot.de	Malta	A	–	C	D
Baltic International Bank	Weltsparen.de	Lettland	A	–	–	D
Banca Popolare di Cortona (bpc)	Weltsparen.de	Italien	A	B	C	–
Banca di Cividale (CiviBank)	Weltsparen.de	Italien	A	B	C	–
Banca Farmafactoring (BFF) 1)	Weltsparen.de	Italien	A	B	C	–
Banca Finint	Weltsparen.de	Italien	A	B	C	–
Banca Kovanica	Savedo.de	Kroatien	A	–	C	–
Banca Progetto	Weltsparen.de	Italien	A	B	C	–
Banca Sistema	Weltsparen.de	Italien	A	B	C	–
Banca UBAE	Check24.de, Zinspilot.de	Italien	A	–	–	–
Banco BAI Europa	Weltsparen.de	Portugal	A	B	C	D
Banco BNI Europa	Weltsparen.de	Portugal	A	B	C	D
Banco de Investimento Global (BiG)	Check24.de, Savedo.de, Zin spilot.de	Portugal	A	–	–	D
Banco Finantia	Savedo.de	Portugal	A	B	C	D
Banco Finantia Spain	Weltsparen.de	Spanien	A	–	C	–
Banco Português de Gestão	Weltsparen.de	Portugal	A	B	C	D
Banco Privado Atlântico - Europa (Atlantico)	Savedo.de	Portugal	A	–	C	D
BlueOrange	Check24.de, Weltsparen.de, Zinspilot.de	Lettland	A	B	C	D
BNF Bank	Check24.de, Zinspilot.de	Malta	A	–	–	–
bpf Bank (Banca Popolare di Fondi)	Check24.de, Zinspilot.de	Italien	A	–	–	–

Bank	Abschluss möglich über …	Land der Einlagensicherung	Ausschlussgründe			
Bo Bank	Weltsparen.de	Polen	A	B	C	D
Bulgarian-American Credit Bank (BACB)	Weltsparen.de	Bulgarien	A	B	C	D
CBL Bank	Check24.de, Zinspilot.de	Lettland	A	B	C	D
Coop Pank	Weltsparen.de	Estland	A	B	C	–
Crederox Bank	Weltsparen.de	Malta	A	B	C	–
Expobank	Weltsparen.de	Tschechien	A	B	C	–
Fibank (First Investment Bank)	Weltsparen.de	Bulgarien	A	B	C	D
Fimbank	Check24.de, Zinspilot.de	Malta	A	B	C	–
First Bank	Check24.de, Zinspilot.de	Rumänien	A	–	C	–
GBM Banca	Weltsparen.de	Italien	A	B	C	–
Haitong Bank	Weltsparen.de	Portugal	A	B	C	D
Holm Bank	Weltsparen.de	Estland	A	B	C	–
illimity Bank	Weltsparen.de	Italien	A	B	C	–
Imprebanca	Savedo.de	Italien	A	–	C	–
Inbank	Weltsparen.de	Estland	A	B	C	–
International Asset Bank	Weltsparen.de	Bulgarien	A	B	C	D
Izola Bank	Check24.de, Weltsparen.de, Zinspilot.de	Malta	A	B	C	–
J&T Banka	Savedo.de	Tschechien	A	–	C	–
J&T Banka	Weltsparen.de	Tschechien	A	B	C	–
J&T Banka Kroatien (ehemals Vaba Banka)	Savedo.de	Kroatien	A	–	C	–
Kentbank	Savedo.de	Kroatien	A	–	C	–
Kentbank	Weltsparen.de	Kroatien	A	B	C	–
LHV	Weltsparen.de, Zinspilot.de	Estland	A	–	–	–
Libra Internet Bank	Savedo.de	Rumänien	A	–	C	–
Medicinos Bancas	Weltsparen.de	Litauen	A	B	C	D
Novo Banco 2)	Weltsparen.de	Portugal	A	–	–	–
Novum Bank	Check24.de, Zinspilot.de	Malta	A	–	–	–
Podravska banka	Weltsparen.de	Kroatien	A	B	C	–
Poštová banka	Weltsparen.de	Slowakei	A	–	–	–
Praxia Bank	Weltsparen.de	Griechenland	A	B	C	D
Privatbanka	Savedo.de	Slowakei	A	B	C	–
RCB Bank 2)	Weltsparen.de	Zypern	A	B	C	–
Regional Investment Bank (RIB)	Check24.de, Zinspilot.de	Lettland	A	–	–	D
Rietumu Bank	Check24.de, Zinspilot.de	Lettland	A	B	C	D
Signet Bank	Zinspilot.de	Lettland	A	–	–	D
Šiauli Bankas	Weltsparen.de	Litauen	A	B	C	D
Solution Bank	Weltsparen.de	Italien	A	B	C	–

Bank	Abschluss möglich über …	Land der Einlagen-sicherung	Ausschlussgründe			
TBI Bank	Weltsparen.de	Bulgarien	A	B	C	D
ViViBanca	Weltsparen.de	Italien	A	B	C	–
Banken außerhalb der EU						
Union Bank	Check24.de	Liechtenstein	A	–	–	–

Ausschlussgründe:
A = Einlagensicherung. Die Einlagensicherung in der Europäischen Union (EU) ist national organisiert. Es gibt derzeit noch keine gemeinsame Haftung. Reicht die Einlagensicherung nicht aus, müsste das entsprechende Land mit seiner Wirtschaftskraft einspringen. Angebote von Banken aus EU-Ländern und Ländern des Europäischen Wirtschaftsraumes (EWR), die nicht von allen drei großen Ratingagenturen Fitch, Moody`s und Standard & Poor`s eine Topbewertung für ihre Wirtschaftskraft erhalten haben, empfehlen wir nicht (siehe Tabelle). Wir haben Bedenken, ob diese Länder im Falle einer größeren Bankenpleite Anleger so zeitnah entschädigen könnten, wie es im EU-Recht vorgeschrieben ist.
B = Kein Zinseszins. Bei einer Anlagedauer von mehr als einem Jahr werden die Zinsen nicht jährlich gutgeschrieben und mitverzinst, sondern am Ende der Laufzeit ohne Zinseszins gutgeschrieben, sodass die Rendite pro Jahr (Effektivzins) niedriger ausfällt als der Nominalzins.
C = Steuerlich endfällig. Bei einer Anlagedauer von mehr als einem Jahr werden die Zinsen gesammelt, am Ende der Laufzeit in einer Summe ausgezahlt und sind dann steuerpflichtig. Der Sparerpauschbetrag wird schneller überschritten als bei jährlicher Auszahlung. Dann wird Abgeltungssteuer fällig.
D = Quellensteuerabzug. In diesen Ländern kann man einen sofortigen Quellensteuerabzug bei Zinszahlung nicht vermeiden. Diesen kann man zwar in der Steuererklärung geltend machen. Nicht in jedem Fall bekommt man aber die gezahlten Quellensteuern vollständig angerechnet. Im günstigsten Fall kommt der Anleger über die Einkommmensteuererklärung zeitversetzt an die vollständigen Zinserträge.
1) Die Anlage erfolgt über die spanische Niederlassung.
2) Die Anlage erfolgt über die luxemburgische Niederlassung.

Stand Januar 2020

Fachbegriffe erklärt

Abgeltungsteuer: Kapitalerträge, das heißt, Gewinne aus Wertpapierverkäufen sowie Zinsen und Dividenden, die oberhalb eines Sparerpauschbetrags von 801 Euro für Singles und 1 602 Euro für Verheiratete liegen, werden pauschal mit 25 Prozent besteuert. Hinzu kommen der Solidaritätszuschlag und gegebenenfalls Kirchensteuer.

Agio: Aufgeld oder Aufschlag, um den der Ausgabepreis eines Wertpapiers, zum Beispiel eines Zertifikats, den Nennwert oder Rückzahlungspreis übersteigt. Davon wird in der Regel der Vertrieb bezahlt.

Aktie: Aktien sind Wertpapiere. Sie verbriefen Anteile an Unternehmen und sind meistens mit einem Stimmrecht verbunden, das auf der jährlichen Hauptversammlung ausgeübt wird. Aktionäre sind die Eigentümer von Aktiengesellschaften. Aktien großer Firmen sind meistens an einer Börse gelistet und können dort gehandelt werden.

Aktiv gemanagter Fonds: Fondsmanager wählen die Titel im Fonds aus, in die sie das Geld der Anleger investieren. Sie orientieren sich dabei mehr oder weniger eng an einem Index. Je nachdem, wie sie bei der Auswahl der Titel vorgehen, spricht man zum Beispiel von Growth- oder Value-Ansatz. Siehe auch: Passiv gemanagter Fonds.

Anleihe: Verzinsliche Schuldverschreibung mit meist fester Laufzeit. Anleihen werden von Einrichtungen der öffentlichen Hand (Bund, Länder, Gemeinden), Unternehmen oder Banken herausgegeben und an der Börse gehandelt. Die Zinshöhe ist abhängig von der Laufzeit und Kreditwürdigkeit des Herausgebers (Emittent). Der Emittent ist verpflichtet, dem Gläubiger (Anleger) zum Laufzeitende den Nominalwert, also den bei Emission der Anleihe verbrieften Betrag, zurückzuzahlen. Wird die Anleihe während der Laufzeit verkauft, kann der Kurswert vom Nominalwert abweichen, Anleger können also einen Kursgewinn oder -verlust erzielen.

Annuität: Jährlich gleichbleibende Zahlung für Zins und Tilgung bei Darlehen. Der Tilgungsanteil steigt in dem Maße, wie der Zinsanteil infolge sinkender Restschulden sinkt. Fast immer wird die Annuität in Form von monatlichen oder vierteljährlichen Zins- und Tilgungsraten erhoben (unterjährige Zahlung).

Annuitätendarlehen: Darlehen, für die während der vereinbarten Zinsbindung gleichbleibend hohe Raten aus Zins und Tilgung zu zahlen sind.

Anschaffungskosten: Kosten beim Kauf einer Immobilie, bestehend aus dem reinen Kaufpreis und den Kaufnebenkosten (Grunderwerbsteuer, Notar- und Grundbuchkosten, eventuell Maklerprovision). Kredit- beziehungsweise Finanzierungsnebenkosten zählen nicht zu den Anschaffungs-, aber zu den Gesamtkosten.

Anschlussfinanzierung: Finanzierung im Anschluss an das Auslaufen der Zinsbindung für ein Annuitätendarlehen.

Asset Allocation: Die prozentuale Aufteilung der Geldanlagen eines Anlegers in Anlageklassen und Anlagemärkte.

Assetklasse: Asset ist das englische Wort für Vermögenswert. Aktien sind eine Asset- oder Anlageklasse, Anleihen eine andere. Dazu kommen zum Beispiel noch Immobilien oder Rohstoffe. Je nach Definition können die einzelnen Klassen weiter unterteilt werden, zum Beispiel Aktien in Werte großer, mittlerer und kleiner Unternehmen oder Anleihen in Staats- und Unternehmenspapiere.

Ausgabeaufschlag: Differenz zwischen Ausgabe- und Rücknahmepreis eines Fonds. Je nach Kaufquelle gibt es auf den Ausgabeaufschlag einen Rabatt oder der Aufschlag entfällt komplett. Der Ausgabeaufschlag ist eine Vergütung für den Vertrieb.

Ausschüttender Fonds: Ein ausschüttender Fonds zahlt Erträge aus Wertpapieren wie Zinsen oder Dividenden regelmäßig an die Anleger aus. Anders verfahren thesaurierende Fonds.

Basiswert: Als Basiswert, englisch underlying, bezeichnet man ein Wertpapier, auf das sich ein Derivat bezieht. Als Basiswerte können außer Wertpapieren wie Aktien und Anleihen auch Rohstoffe, Indizes, Währungen oder Zinssätze dienen.

Benchmark: Maßstab, um die Leistung von Fonds zu messen. Meist wird dazu ein Index herangezogen, der die Marktentwicklung widerspiegelt, wie zum Beispiel der Dax oder der Weltaktienindex MSCI World.

Blue Chips: Blue Chips ist die Bezeichnung für Aktien von großen Unternehmen mit tendenziell hoher Bonität und Ertragskraft, auch Standardwerte genannt.

Börse: Die Börse ist ein Marktplatz für den Handel von Wertpapieren. Früher waren es Menschen, die schnell Angebot und Nachfrage erfassen und einen Preis festsetzen mussten, um möglichst viele Käufer und Verkäufer zusammenzubringen. Heute wird der Großteil der Aktiengeschäfte nicht mehr von Börsenhändlern, sondern automatisch von Computern abgewickelt. Anleihen werden immer noch häufig direkt zwischen zwei Parteien, zum Beispiel einer Bank und einer Fondsgesellschaft, und damit nicht über eine Börse gehandelt.

Bond: Englisch für Anleihe.

Bonität: Die Bonität bezeichnet die Kreditwürdigkeit eines Unternehmens, eines Staates oder auch eines Bankkunden. Gute Bonität bedeutet hohe Kreditwürdigkeit.

Bottom-up-Analyse: Ein Fondsmanager oder Aktienanalyst untersucht zunächst die einzelnen Unternehmen ausführlich, bevor er deren gesamtwirtschaftliches Umfeld betrachtet. Er geht also „von unten nach oben vor". Oft geht die Bottom-up-Analyse mit dem Value-Ansatz einher.

Briefkurs: Preis, zu dem Verkäufer bereit sind, Wertpapiere zu verkaufen. Der Briefkurs liegt immer über dem Geldkurs.

Bürgerbeteiligungen: Das Einbinden der Bürger in den politischen Willensbildungs-, Planungs- und Umsetzungsprozess, daneben aber auch finanzielle Beteiligung der Bürgerschaft. Eine finanzielle Beteiligung kann rechtlich zum Beispiel als geschlossener Fonds, Genussscheinanlage oder Genossenschaft ausgestaltet sein.

Crowdfunding: Form der Finanzierung („funding") von Projekten durch viele Personen (crowd, englisch: Menge), häufig über Internetplattformen. Man unterscheidet Spenden-Crowdfunding, klassisches Crowdfunding, Crowdlending und Crowdinvesting. Während bei den ersten beiden Varianten für die Geldgeber immaterielle Beweggründe im Vordergrund stehen, sind diese bei den letztgenannten auch finanziell am Erfolg der finanzierten Projekte beteiligt.

Dachfonds: Fonds, der nicht direkt in Aktien, Anleihen oder Immobilien investiert, sondern in andere Fonds – etwa in mehrere Aktienfonds oder auch in Aktien- und Rentenfonds.

Dax: Der deutsche Aktienindex, abgekürzt Dax, ist der Leitindex der Deutschen Börse. Er enthält die 30 wichtigsten Aktiengesellschaften Deutschlands. Sein offizieller Start war am 1. Juli 1988.

Dax-Werte: Aktien, die im Leitindex der Deutschen Börse (Dax) gelistet sind.

Depot: Wertpapiere, etwa Aktien, Anleihen und Fonds, werden in einem Depot verwahrt. Es ist eine Art Konto, auf dem Zu- und Abgänge verbucht werden. Die Depotstelle – eine Bank oder Investmentgesellschaft – kümmert sich darum, dass Geld aus Verkäufen oder Ausschüttungen dem Girokonto gutgeschrieben oder wieder angelegt wird; sie schickt an den Anleger regelmäßig Abrechnungen über alle Buchungen sowie einen Depotauszug. Für diesen Service verlangt sie meist Depotgebühren.

Derivat: Wertpapiere, deren Wertentwicklung von der Wertentwicklung anderer Wertpapiere wie Aktien oder Anleihen abhängt, der sogenannten Basiswerte. Derivate sind etwa Zertifikate, Futures, Optionen oder Swaps.

Diversifikation: Streuung von Geldanlagen auf mehrere Anlageklassen wie zum Beispiel Aktien, Festzinsanlagen, Immobilien, Rohstoffe mit dem Ziel, das Risiko zu reduzieren.

Dividende: Der Anteil am Gewinn einer Aktiengesellschaft (AG), der pro Aktie an den Anleger ausgeschüttet wird. Die Höhe der Dividende wird auf der Hauptversammlung der AG festgelegt.

Dividendenrendite: Kennzahl zur Bewertung von Aktien. Sie ergibt sich, wenn man die Höhe der Dividende durch den aktuellen Aktienkurs dividiert.

Drawdown: Auch maximum drawdown. Englische Bezeichnung für den maximalen Verlust.

Duration: Englisch für Dauer. Die Duration beschreibt, wie lange das Geld in einer Anleihe oder einem Rentenfonds im Schnitt gebunden ist. Sie ist kürzer als die Restlaufzeit der Anleihen, weil der Anleger während der Laufzeit Zinsen bekommt. Je länger die Duration, desto empfindlicher reagieren Anleihen und Rentenfonds auf Zinsänderungen.

Effektivzins: Tatsächliche Verzinsung eines Darlehens unter Berücksichtigung verschiedener Kostenbestandteile wie Sollzins, Zinsbindungsdauer, Art der Zins- und Tilgungsverrechnung.

Eigenkapital: Kapital, das aus eigenen finanziellen Mitteln aufgebracht wird (zum Beispiel Bank- und Bausparguthaben, Wertpapierguthaben, Wert des eigenen Grundstücks).

Emerging Markets (Schwellenländer): Staaten, die den Stand eines Entwicklungslandes verlassen haben und sich auf der Schwelle zu einer bedeutsamen industrialisierten Volkswirtschaft befinden. Dazu zählen zum Beispiel die Türkei, China, Südkorea oder Brasilien.

Emissionsrendite: Rendite von festverzinslichen Wertpapieren bei ihrer erstmaligen Ausgabe (Emission).

Emittent: Der Herausgeber eines Wertpapiers, zum Beispiel einer Anleihe oder eines Zertifikats.

Emittentenrisiko: Gefahr, dass sich die Kreditwürdigkeit des Herausgebers einer Schuldverschreibung (Anleihe, Zertifikat) verschlechtert oder er pleitegeht. Dies kann zum (teilweisen) Ausfall von Zinszahlungen und im Pleitefall zum Totalverlust führen.

Erfolgsgebühren: Fondsgebühren, die abhängig davon sind, wie gut der Manager gewirtschaftet hat.

Ertragsverwendung: Ein thesaurierender Fonds behält Erträge wie Dividenden oder Zinsen im Fondsvermögen. Ausschüttende Fonds zahlen ihre Erträge regelmäßig an Anleger aus.

ETC: Abkürzung für Exchange Traded Commodity.

ETF: Abkürzung für Exchange Traded Funds.

Euribor: Abkürzung für Euro Interbank Offered Rate. Der Euribor gibt an, zu welchem Zinssatz sich Banken im Euroraum gegenseitig kurzfristig Geld ausleihen. Er wird für verschiedene Laufzeiten berechnet und veröffentlicht.

Exchange Traded Commodity: Abgekürzt ETC. Börsengehandelte Wertpapiere, mit denen Anleger auf Rohstoffe setzen können. Im Unterschied zu ETF handelt es sich bei ETC nicht um Fonds, sondern um Schuldverschreibungen. Das heißt, das Geld der Anleger ist bei einer Insolvenz des Emittenten nicht durch ein Sondervermögen geschützt.

Exchange Traded Funds: Abgekürzt ETF. Börsengehandelte Fonds. In der Regel bilden ETF einen Index ab. Es handelt sich um börsengehandelte Indexfonds. Für ETF gelten im Vergleich zu anderen Fonds höhere Anforderungen an den Börsenhandel. Ein oder mehrere sogenannte Market Maker müssen an der Börse für bestimmte Ordergrößen verbindliche An- und Verkaufskurse stellen. Das – zusammen mit weiteren Regeln – soll gewährleisten, dass ETF so liquide und präzise bewertet wie möglich an der Börse gehandelt werden können.

Festzins: Zins, der für einen vereinbarten Zeitraum (Zinsbindungsfrist) oder für die gesamte Laufzeit eines Darlehensvertrags festgeschrieben ist. Ist die Zinsbindungsfrist länger als zehn Jahre, kann der Darlehensnehmer dennoch nach Ablauf von zehn Jahren unter Einhaltung einer Kündigungsfrist von sechs Monaten kündigen.

Finanzierungskosten: Kosten, die im Zusammenhang mit der Aufnahme des Fremdkapitals stehen. Dazu zählen vor allem die laufenden Schuldzinsen und die Kreditnebenkosten.

Fintech: Abkürzung für Finanztechnologie. Der Begriff umfasst die Entwicklungen der modernen digitalen Technologien im Bereich der Finanzdienstleistungen.

Fonds (Investmentfonds): Eine Fondsgesellschaft (Kapitalverwaltungsgesellschaft) sammelt Geld der Anleger und bündelt es in einem Sondervermögen, dem Investmentfonds. Ein Fondsmanager entscheidet, in welche Werte entsprechend der Strategie des Fonds angelegt wird. In Betracht kommen vor allem Investitionen in Aktien (Aktienfonds), festverzinsliche Wertpapiere (Rentenfonds), beides (Mischfonds), Geldmarktinstrumente (Geldmarktfonds), Immobilien (offene Immobilienfonds) und andere Investmentfonds (Dachfonds).

Fondsanteil: Das Vermögen eines Investmentfonds wird in kleine Fondsanteile gestückelt – gewissermaßen die kleinsten handelbaren Einheiten des Fondsvermögens. Bei Fondssparplänen können allerdings auch Bruchteile gehandelt werden.

Fondsgesellschaft: Offiziell heißen Fondsgesellschaften Kapitalverwaltungsgesellschaften, früher Kapitalanlagegesellschaften.

Fondsmanager: Fondsmanager verwalten das Vermögen der Anleger eines Fonds und entscheiden, oft gemeinsam mit Analysten aus ihrem Team, welche Wertpapiere sie kaufen oder verkaufen.

Fondsvermögen: Wert eines Investmentfonds, das heißt, die Summe aller Vermögensgegenstände und Forderungen, die dem Fonds gehören, abzüglich der Verbindlichkeiten.

Forwarddarlehen: Besondere Form der Anschlussfinanzierung, bei der bereits bis zu fünf Jahre vor Ablauf der Zinsbindungsfrist ein neues Darlehen aufgenommen wird (forward, englisch: vorwärts). Hierfür berechnen die Banken Zinsaufschläge, die umso höher ausfallen, je länger noch die Zinsbindung läuft.

Freistellungsauftrag: Anleger können ihrer Investmentgesellschaft oder Bank einen Freistellungsauftrag erteilen (Alleinstehende: bis 801 Euro, Ehepaare: bis 1 602 Euro). Dann werden bis zu dieser Summe keine Steuern von den jährlichen Erträgen, etwa Zinsen, Dividenden und realisierte Wertsteigerungen bei Wertpapieren, abgezogen. Der Betrag kann auf mehrere Banken verteilt werden.

Futures: Futures sind börsengehandelte und standardisierte Terminkontrakte. Sie beziehen sich auf einen Basiswert. Mit Futures können sich Unternehmen etwa gegen Preis- oder Wechselkursänderungen absichern. Finanzinvestoren nutzen Futures zum Beispiel, um auf fallende oder steigende Kurse zu spekulieren.

Geldkurs: Preis, zu dem Käufer bereit sind, Wertpapiere zu erwerben. Der Geldkurs liegt stets unter dem Briefkurs.

Genussrechte: Im Gegensatz zu Genussscheinen, die Banken häufig herausgeben, sind Genussrechte nicht als Wertpapiere verbrieft. Es handelt sich um nicht gesicherte Kredite, der Anleger ist also Gläubiger, wird aber zugleich ähnlich wie ein Gesellschafter an Gewinnen oder Verlusten beteiligt. Er hat aber keine Mitbestimmungsrechte im Unternehmen und kann keinen Einfluss auf die Unternehmensentscheidungen nehmen.

Geschlossener Fonds: Geschlossene Fonds werden nicht an der Börse gehandelt. Es handelt sich meist um unternehmerische Beteiligungen, bei denen der Käufer Mitunternehmer (in der Regel Kommanditist) mit allen Chancen und Risiken wird. Wenn sich an dem Fonds genügend Anleger (Mitunternehmer) beteiligt haben, um in ein geplantes Investitionsgut zu investieren, wird er geschlossen, es werden also keine weiteren Mitunternehmer mehr aufgenommen. Investitionsgüter für geschlossene Fonds können neben Immobilien unter anderem auch Schiffe, Flugzeuge oder Windkraftanlagen sein. Während der Beteiligungsdauer von in der Regel sieben und mehr Jahren ist ein Verkauf der Beteiligung meist kaum möglich.

Growth-Ansatz: Beim Growth-Ansatz wählt der Fondsmanager oder Aktienanleger Unternehmen, von denen er eine besondere Wachstumsdynamik erwartet, sogenannte Wachstumswerte.

Grundbuch: Öffentliches Register über alle Grundstücke, das beim zuständigen Amtsgericht (Grundbuchamt) geführt wird, in Baden-Württemberg beim jeweiligen Notar.

Grundschuld: Die am häufigsten vorkommende Sicherung eines Immobiliendarlehens. Sie wird in der III. Abteilung des Grundbuches eingetragen. Kommt der Darlehensnehmer seinen Zahlungspflichten nicht nach, kann der Darlehensgeber das Grundstück zwangsversteigern.

Handelsspanne: Siehe Spread.

Hebel, gehebelt: Eine Geldanlage ist gehebelt, wenn sie stärker steigt oder stärker fällt als ihr Basiswert.

Hebelzertifikat: Mit einem Hebelzertifikat können Anleger überproportional an der Kursentwicklung eines Basiswerts teilnehmen. Da die Hebel in beide Richtungen wirken, also sowohl höhere Gewinne als auch höhere Verluste verursachen können, sind gehebelte Produkte riskanter als nicht gehebelte.

Hedged: Hedged, abgesichert, steht oft als Namenszusatz bei Fonds mit Währungsabsicherung. Ein Fonds, der zum Beispiel US-Anleihen kauft, das Dollar-Risiko aber in Euro absichert, trägt den Namenszusatz „Euro hedged".

Hedgefonds: Hedge heißt auf Deutsch absichern. Heute benutzt aber nur ein kleiner Teil von Hedgefonds Absicherungen, die der Gattung den Namen gaben. Einige sind sehr riskant. Im Unterschied zu normalen Investmentfonds benutzen sie oft einen größeren Hebel, können nicht täglich gehandelt werden, verwenden eventuell in großem Maße Leerverkäufe oder dürfen in Vermögensgegenstände wie nicht börsennotierte Firmen, Rohstoffe oder Immobilien investieren. Sie gelten als eigene Anlageklasse.

Herstellungskosten: Alle Aufwendungen, die für die Fertigstellung eines Gebäudes erforderlich sind, also insbesondere die typischen Bau- und Baunebenkosten.

High-Yield-Fonds: Yield ist die englische Bezeichnung für Ertrag, high yield bedeutet hohe Erträge. High-Yield-Fonds sind Rentenfonds, die in Hochzinsanleihen investieren. Allerdings bieten sie nicht nur höhere Ertragsmöglichkeiten, sondern bergen entsprechend auch höhere Risiken.

Hochzinsanleihe: Anleihen mit hohen Zinsen als Ausgleich für die schlechtere Bonität des Herausgebers. Siehe auch High-Yield-Fonds.

Index: In einem Index werden bestimmte ausgewählte Basiswerte zusammengefasst und deren Wertentwicklung über einen bestimmten Zeitraum dargestellt. Der Index dient als eine Art Marktbarometer. Paradebeispiel ist der Deutsche Aktienindex Dax. Er ist das Marktbarometer für den deutschen Aktienmarkt.

Indexfonds: Fonds, der einen Index abbildet. Da so aktive Managemententscheidungen überflüssig werden, nennt man Indexfonds auch passive Fonds. Zu den bekanntesten Indexfonds zählen ETF (börsengehandelte Indexfonds), wobei nicht alle ETF Indexfonds sind. Dennoch werden die beiden Begriffe meist synonym verwendet.

Indexzertifikat: Eine Schuldverschreibung, deren Wertentwicklung von der Entwicklung eines Index abhängt. Anders als bei einem ETF, der sich auf einen Index bezieht, handelt es sich bei Indexzertifikaten nicht um Sondervermögen und es besteht ein Emittentenrisiko, also das Risiko eines Totalverlusts, wenn der Herausgeber pleitegeht.

Instandhaltungskosten: Kosten, die während der Nutzungsdauer eines Gebäudes aufgewendet werden, um die durch Abnutzung oder Alterung entstehenden baulichen oder sonstigen Mängel ordnungsgemäß zu beseitigen.

Investmentfonds: Siehe Fonds.

Investment Grade: Bezeichnung für Anleihen mit guter Bonität beziehungsweise gutem Rating. Der Investment Grade umfasst die Noten AAA, AA, A und BBB (nach der Definition der Ratingagentur Standard & Poor's).

Isin: Abkürzung für International Securities Identification Number. International gültige zwölfstellige Kennnummer für Wertpapiere.

Junk Bonds: Englische Bezeichnung für Ramschanleihen, also Anleihen mit schlechter Bonität.

Kapitalverwaltungsgesellschaft: Eine Kapitalverwaltungsgesellschaft (KVG) – auch Fondsgesellschaft genannt – verwaltet die Fonds für die Anleger.

Kaufnebenkosten: Kosten, die mit dem Kauf einer Immobilie im Zusammenhang stehen und steuerlich zu den Anschaffungskosten zählen (beispielsweise Grunderwerbsteuer, Notargebühren, Grundbuchgebühren, Maklerprovision).

KfW (Kreditanstalt für Wiederaufbau): Staatliche Bank, die zinsgünstige Darlehen und Zuschüsse insbesondere für selbstgenutzte Immobilien bereitstellt.

KGV: Abkürzung für Kurs-Gewinn-Verhältnis. Kennzahl zur Bewertung von Aktien. Man erhält es, indem man den aktuellen Kurs einer Aktie durch den erwarteten Jahresüberschuss je Aktie teilt.

KIID: Abkürzung für Key Investors Information Document. Auch KID genannt, Key Investors Document. Siehe auch Wesentliche Anlegerinformationen.

Korrelation: Die Korrelation misst die Beziehung, die die Wertentwicklungen zweier verschiedener Anlagen (zum Beispiel Gold und Aktien) haben. Liegt keine gemeinsame Entwicklung zwischen beiden Werten vor, ergibt sich eine Korrelation von 0. Bei einem Korrelationsgrad von 1 entwickeln sich beide Werte gleich, bei minus 1 gegenläufig.

Kupon: Der Kupon bezeichnet die Nominalverzinsung einer Anleihe und wird in Prozent ausgedrückt.

Laufende Kosten: Die laufenden Kosten (englisch Ongoing Charges) werden in den Wesentlichen Anlegerinformationen ausgewiesen. Dazu zählen die Vergütung für das Management, die Kosten für die Geschäftsführung oder den Wirtschaftsprüfer sowie Betriebskosten. Handelskosten für den Kauf oder Verkauf der Wertpapiere sind nicht enthalten. Auch Erfolgsgebühren gehören nicht dazu. Die laufenden Kosten berücksichtigen im Unterschied zur Kennzahl TER bei Dachfonds die laufenden Kosten der enthaltenen Zielfonds.

Leerverkauf: Verkauf von Wertpapieren, die einem nicht gehören. Dazu leiht sich der Leerverkäufer meist gegen eine Leihgebühr die Wertpapiere, zum Beispiel von Fondsgesellschaften oder Versicherungen. Das Ziel ist, die Wertpapiere später, wenn der Kurs gefallen ist, billiger zurückzukaufen und an den Verleiher zurückzugeben.

Limit: Zusatzangabe bei einer Wertpapierorder, dass nur zu einem bestimmten Preis gekauft oder verkauft werden soll.

Liquidität: Fähigkeit, Zahlungsverpflichtungen kurzfristig erfüllen zu können.

Long: Englische Bezeichnung für eine Käuferposition. Wer „long" geht, kauft Wertpapiere in Erwartung steigender Kurse.

Market Maker: Professionelle Börsenhändler, die für bestimmte Wertpapiere kontinuierlich verbindliche Kauf- und Verkaufspreise stellen und damit eine ausreichende Marktliquidität (Handelbarkeit) sicherstellen.

Marktkapitalisierung: Die Marktkapitalisierung zeigt den Börsenwert von Aktiengesellschaften. Sie berechnet sich aus der Anzahl der ausgegebenen Aktien multipliziert mit dem Börsenkurs. Davon abgeleitet wird auch der Streubesitz.

Marktnähe: Die Marktnähe zeigt, wie stark die Entwicklung eines Investmentfonds vom Marktgeschehen beeinflusst war. Am größten ist die Marktorientierung bei marktbreiten ETF (Indexfonds). Je geringer die Marktorientierung, desto mehr eigene Ideen und Strategien verfolgt der Manager des Fonds.

Maximaler Verlust: Er bezeichnet den größten Kursverlust eines Fonds in einem bestimmten Zeitraum.

Mid Caps: Aktien von mittelgroßen Unternehmen. Für Mid Caps gibt es eigene Fonds und Indizes.

Mikrofinanzfonds: Investmentfonds, die den Mikrofinanzinstituten (MFI) meist über Schuldverschreibungen Geld zur Verfügung stellen, für die die MFI Zinsen zahlen. Mit dem Kapital können die MFI wiederum Mikrokredite an Kleinstgewerbetreibende meist in Schwellen- und Entwicklungsländern vergeben.

Mischfonds: Fonds, die in Aktien und Anleihen investieren.

MSCI World: Index der Firma MSCI, der aus über 1600 Werten besteht. MSCI ist ein bekannter amerikanischer Indexanbieter. Viele ETF, die weltweit investieren, bilden den MSCI World ab.

Nennwert: Der Wert, auf den eine Anleihe lautet, auch Nennbetrag oder Nominalwert genannt. Am Ende der Laufzeit zahlt der Anleiheherausgeber den Nennwert an die Anleger zurück.

Nettoinventarwert: Anderer Begriff für Fondsvermögen. Das sind die Wertpapiere des Fonds abzüglich seiner Verbindlichkeiten. Manchmal steht Nettoinventarwert auch gleichbedeutend für Anteilswert.

Nominalwert: Siehe Nennwert.

Nominalzins: Zins, der auf den Nennwert einer Anleihe gezahlt wird. Mit Nominalverzinsung bezeichnet man allgemein die Verzinsung vor Abzug von Steuern und Inflation.

Offene Immobilienfonds: Offene Immobilienfonds investieren in Immobilien (meist gewerbliche). Sie legen außerdem einen Teil des Geldes flüssig an, damit Anleger, die ihre Anteile verkaufen, ausgezahlt werden können. Im Unterschied dazu sind geschlossene Immobilienfonds keine Investmentfonds, sondern unternehmerische Beteiligungen.

Optionen: Spekulative Finanzinstrumente, mit denen Anleger auf steigende oder fallende Kurse zum Beispiel von Aktien, Indizes oder Rohstoffen setzen können. Gewinne oder Verluste steigen dabei überproportional zum Basiswert.

Passiv gemanagter Fonds: Fonds, der kein aktives Management betreibt, sondern – passiv – einen Index abbildet. Siehe auch Indexfonds bzw. ETF.

Performance-Index: Ein Performance-Index misst nicht nur Kursbewegungen, sondern berücksichtigt alle Erträge die die Papiere im Index erwirtschaften, also Dividenden oder Zinsen. Der Dax ist zum Beispiel ein Performance-Index.

Pfandbrief: Festverzinsliches Wertpapier, das zusätzlich abgesichert ist, zum Beispiel mit einer Hypothek.

Portfolio: Bezeichnung für den Gesamtbestand an Geldanlagen eines Anlegers. Ein breit gestreutes Portfolio beinhaltet eine Mischung aus Aktien, Anleihen, Immobilien, Rohstoffen und liquiden Geldanlagen.

Quellensteuer: Steuer, die direkt an der Quelle abgezogen wird, zum Beispiel auf Dividendenzahlungen im Ausland.

Rating: Bei Zinsanlagen ist ein Rating eine Einschätzung der Kreditwürdigkeit des Herausgebers (Emittent).

Ratingagentur: Unternehmen, das Wertpapiere wie zum Beispiel Anleihen und deren Herausgeber bewertet.

Realzins: Nominalzins nach Abzug der Inflation.

Rendite: Die Wertentwicklung einer Anlage in einem bestimmten Zeitraum. Sie wird in der Regel für ein Jahr berechnet.

Renten: Anderer Ausdruck für Anleihe.

Restschuld: Höhe des noch zu tilgenden Darlehens nach Ablauf der Zinsbindungsfrist. Die Restschuld ergibt sich, indem man die bereits erfolgten Tilgungen von der Darlehenssumme abzieht.

Robo-Advisor: Technische Lösungen, die anhand bestimmter Algorithmen fertige Anlageempfehlungen geben („Roboter-Berater").

Rücknahmepreis: Der Rücknahmepreis entspricht üblicherweise dem Anteilwert eines Fonds. Der Anteilwert ergibt sich aus dem Fondsvermögen dividiert durch die Anzahl der ausgegebenen Fondsanteile. Manche Fondsgesellschaften erheben einen Rücknahmeabschlag, wenn Anleger ihre Fondsanteile zurückgeben. Dann liegt der Rücknahmepreis unter dem Anteilwert.

Schuldverschreibung: Anderer Begriff für Anleihe.

Schwellenländer: Siehe Emerging Markets.

Short: Englische Bezeichnung für eine Verkäuferposition. Wer „short" geht, kauft Wertpapiere per Leerverkauf oder per Derivat in Erwartung fallender Kurse.

Small Caps: Aktien kleiner Unternehmen. Für Small Caps gibt es eigene Fonds und Indizes.

Sollzins: Jährlicher Zinssatz, der vom vereinbarten Darlehensnennbetrag (Nominaldarlehen) berechnet wird.

Sondertilgung: Zahlung des Kreditnehmers, die über die im Vertrag vereinbarte regelmäßige Tilgung hinausgeht. Das Recht auf Sondertilgung muss im Darlehensvertrag ausdrücklich vereinbart werden, sonst kann die Bank Sondertilgungen ablehnen oder eine Vorfälligkeitsentschädigung dafür verlangen. Die meisten Banken sind bereit, ein Recht auf Sondertilgung von 5 bis 10 Prozent der Darlehenssumme pro Jahr vertraglich zu gewähren.

Sondervermögen: Investmentfonds werden typischerweise als Sondervermögen aufgelegt. Die Vermögensgegenstände des Sondervermögens werden von einer Kapitalverwaltungsgesellschaft verwaltet und von einer von ihr unabhängigen Verwahrstelle verwahrt, der Depotbank. Die Kapitalverwaltungsgesellschaft verwaltet das Sondervermögen treuhänderisch für die Anleger und getrennt von ihrem eigenen Vermögen. Der Anleger ist dadurch bei einer Insolvenz der Kapitalverwaltungsgesellschaft vor dem Verlust seiner Fondsanteile geschützt.

Spread: Handelsspanne bei börsennotierten Wertpapieren. Der Spread ist der Unterschied zwischen dem An- und dem Verkaufskurs. Ein geringer Spread zeigt an, dass ein Papier häufig gehandelt wird, was für Anleger günstig ist.

Staatsanleihen: Anleihen, die von Staaten herausgegeben werden.

Stop-Loss-Limit: Auftrag an die depotführende Bank, eine Aktie automatisch zu verkaufen, sobald ein bestimmter Kurs unterschritten wird.

Streubesitz: Ähnlich zur Marktkapitalisierung berechnet sich der Streubesitz. Er dient als Maß für den Anteil an Aktien einer Gesellschaft, die frei gehandelt werden. Dazu werden Aktien nicht berücksichtigt, die voraussichtlich langfristig von Investoren gehalten werden. Die Zahl der übrigen Aktien multipliziert mit dem Börsenkurs ergibt den Streubesitz.

Stückzinsen: Zinsen, die vom letzten Zinszahlungstermin bis zum Kauftag einer Anleihe anfallen. Der Käufer der Anleihe muss dem Verkäufer diese Zinsen zahlen, da er für den seit der letzten Zinszahlung vergangenen Zeitraum den Zinsanspruch des Verkäufers mit erwirbt und beim nächsten Zinstermin die volle Zinszahlung vom Anleiheherausgeber erhält.

Substanzwerte: Aktien von Unternehmen mit guter Marktstellung, die weiterhin ein stabiles Geschäft versprechen. Siehe auch: Value-Ansatz.

Swap: Ein Swap ist ein Tauschgeschäft. Ein Swap-ETF enthält beliebige Wertpapiere und tauscht deren Wertentwicklung gegen die des Index, den er abbilden will. Tauschpartner ist meist die Mutterbank des Fondsanbieters. Bekannt sind Swaps zum Beispiel auch für den Tausch fester gegen variable Zinsen.

TER: Abkürzung für Total Expense Ratio, deutsch: Gesamtkostenquote. Sie zeigt, welche Kosten bei einem Investmentfonds jährlich zusätzlich zum Ausgabeaufschlag anfallen. Die TER enthält Verwaltungsgebühren, wie für die Fondsgeschäftsführung, Wirtschaftsprüfer und Betriebskosten, jedoch ohne Transaktionskosten für den Kauf und Verkauf von Wertpapieren. Auch erfolgsabhängige Gebühren sind nicht enthalten. Die TER ist mittlerweile durch die Kennzahl der laufenden Kosten abgelöst worden.

Terminkontrakt: Verabredung, ein Geschäft in Zukunft abzuschließen zu einem jetzt schon festgelegten Preis.

Thesaurierende Fonds: Thesaurierende Fonds zahlen im Gegensatz zu ausschüttenden Fonds die laufenden Erträge der im Fonds enthaltenen Werte nicht an die Anleger aus, sondern legen sie im Fondsvermögen an, sodass sich das Fondsvermögen erhöht.

Tilgung: Anteil der Rate, mit dem ein Darlehen zurückgezahlt wird.

Tilgungsdauer: Laufzeit des Darlehens bis zur völligen Entschuldung.

Top-down-Analyse: Ein Fondsmanager oder Aktieninvestor analysiert für die Unternehmensauswahl das wirtschaftliche Umfeld der Regionen und Branchen.

Underlying: Siehe Basiswert.

Unternehmensanleihen: Anleihen, die Unternehmen herausgeben.

Unze: Gewichtseinheit. Bei Edelmetallen wird die „Feinunze" verwendet. Sie bezieht sich nur auf den Edelmetallanteil, Verunreinigungen werden also vom Gesamtgewicht abgezogen. Eine Feinunze entspricht rund 31,1 Gramm. Gold- und Silberpreise werden üblicherweise in US-Dollar pro Feinunze angegeben.

Value-Ansatz: Ein Fondsmanager oder Aktieninvestor bevorzugt werthaltige Unternehmen mit guter Marktstellung, die weiterhin ein stabiles Geschäft versprechen. Er setzt auf sogenannte Substanzwerte.

Variabler Zins: Veränderlicher Zins, der während der Laufzeit eines Darlehens an den neuen Marktzins angepasst werden kann. Im Gegensatz zum Festzins entfällt also eine Zinsbindungsfrist.

Vergleichsindex: Siehe Benchmark.

Verkehrswert: Wert eines Vermögensgegenstandes (zum Beispiel Grundstück oder Gebäude), der bei einem freihändigen Verkauf jederzeit zu erzielen ist.

Verwaltungsgebühren: Gebühren für das Management eines Fonds.

Verwaltungskosten: Kosten, die bei Eigentumswohnungen für die Verwaltung des Gebäudes anfallen. Sie werden in der Regel an den Hausverwalter gezahlt.

Volatilität: Statistisches Maß für Marktschwankungen. Die Volatilität zeigt an, welche Wertschwankungen ein Wertpapier, insbesondere eine Aktie, über einen bestimmten Zeitraum aufweist. Je stärker und häufiger die Wertschwankungen, desto höher ist die Volatilität und damit auch das Risiko.

Volltilgerdarlehen: Annuitätendarlehen, das innerhalb der Zinsbindungsfrist vollständig getilgt wird.

Vorfälligkeitsentschädigung: Ablösesumme, die eine Bank verlangt, wenn ein Kreditnehmer ein Festzinsdarlehen vor Ablauf der Zinsbindung zurückzahlen will.

Wachstumswerte: Unternehmen mit besonderer Wachstumsdynamik. Siehe Growth-Ansatz.

Währungsabsicherung: Absicherung einer Anlage gegen Wechselkursrisiken. Währungsgesicherte Fonds erkennt man oft an dem Zusatz „hedged".

Werbungskosten: Begriff für Aufwendungen, die ein Steuerzahler für den Erwerb, die Sicherung und die Erhaltung von Einnahmen hat.

Wertpapier: Urkunde, die ein Vermögensrecht verbrieft. Dazu gehören zum Beispiel Aktien, Anleihen, Schecks und Wechsel.

Wertpapierdepot: Siehe Depot.

Wertpapierkennnummer: In Deutschland gebräuchliche sechsstellige Kennzahl für Wertpapiere. Siehe auch Isin.

Wertpapierleihe: Fonds verleihen Wertpapiere gegen Gebühr an Investoren, die spekulieren oder Absicherungsgeschäfte betreiben. Die Fonds wollen dadurch Zusatzerträge erwirtschaften. Sowohl ETF als auch aktiv gemanagte Fonds können Leihgeschäfte betreiben.

Wesentliche Anlegerinformationen: Die Wesentlichen Anlegerinformationen (WAI) sollen den Anleger bei Investmentfonds auf zwei Seiten über die wichtigsten Details wie Ziele und Anlagepolitik, Risiko und Ertragsprofil, Kosten und die frühere Wertentwicklung des Fonds aufklären. Die WAI werden von den Fondsgesellschaften erstellt. Der englische Begriff ist KIID.

WKN: Abkürzung für Wertpapierkennnummer.

Yield: Englisch für Ertrag.

Zertifikat: Ein Zertifikat ist rechtlich gesehen eine Schuldverschreibung (Anleihe). Ihre Wertentwicklung hängt von der Entwicklung eines Basiswerts ab. Bekannte Beispiele sind Indexzertifikate oder Hebelzertifikate.

Zins: Der Zins einer Anleihe setzt sich aus mehreren Bestandteilen zusammen. Je länger die Laufzeit der Anleihe, desto höher ist er. Der Zins würdigt zudem das Risiko, dass Anleger ihr Geld nicht wiederbekommen. Je unzuverlässiger der Herausgeber, desto höher ist er. Und er schafft einen Ausgleich für die Inflation, die allgemein für die Laufzeit angenommen wird. Je höher die Inflationserwartungen, desto höher der Zins.

Zinsänderungsrisiko: Wenn sich am Markt die Zinsen ändern, verändert sich auch der Preis der umlaufenden Anleihen. Steigen die Zinsen, sinkt ihr Kurs. Der Effekt ist umso stärker, je länger eine Anleihe noch läuft. Sinkt der Zins, ist der Effekt genau umgekehrt.

Zinsbindungsdauer: Zeitraum, für den der Zins entsprechend der Vereinbarung im Darlehensvertrag festgeschrieben ist. Nach Ablauf der Zinsbindung muss über Zinssatz und weitere Festschreibung neu verhandelt werden.

Zinskupon: Siehe Kupon.

Stichwortverzeichnis

A

B

C

D

E

V

W

X

Y

Z

Die Stiftung Warentest wurde 1964 auf Beschluss des Deutschen Bundestages gegründet, um dem Verbraucher durch vergleichende Tests von Waren und Dienstleistungen eine unabhängige und objektive Unterstützung zu bieten.

Wir kaufen – anonym im Handel, nehmen Dienstleistungen verdeckt in Anspruch.

Wir testen – mit wissenschaftlichen Methoden in unabhängigen Instituten nach unseren Vorgaben.

Wir bewerten – von sehr gut bis mangelhaft, ausschließlich auf Basis der objektivierten Untersuchungsergebnisse.

Wir veröffentlichen – anzeigenfrei in unseren Büchern, den Zeitschriften test und Finanztest und im Internet unter www.test.de

Die Autoren: Stefanie Kühn und Markus Kühn sind Honorarberater und Finanzfachwirte (FH). Markus Kühn ist zudem Rechtsanwalt, Stefanie Kühn Diplom-Wirtschaftsingenieurin. Beide haben bereits mehrere Bücher zum Thema Geldanlage veröffentlicht. Bei der Stiftung Warentest ist ihr Buch „Geldanlage für Fleißige“ erschienen. Sie sind gefragte Dozenten und Ratgeber in Presse, Funk und Fernsehen.

3., aktualisierte Auflage 2020

Stiftung Warentest
Lützowplatz 11–13
10785 Berlin
Telefon 0 30/26 31–0
Fax 0 30/26 31–25 25
www.test.de
email@stiftung-warentest.de

USt-IdNr.: DE136725570

Vorstand: Hubertus Primus
Weitere Mitglieder der Geschäftsleitung:
Dr. Holger Brackemann, Julia Bönisch, Daniel Gläser

Programmleitung: Niclas Dewitz

Autoren: Stefanie Kühn, Markus Kühn

Projektleitung/Lektorat: Ursula Rieth; Philipp Sperrle
Mitarbeit: Merit Niemeitz
Korrektorat: Christoph Nettersheim
Fachliche Unterstützung: Karin Baur, Simeon Gentscheff. Außerdem: Roland Aulitzky, Renate Daum, Uwe Döhler, Stefan Fischer, Tom Krüger, Stephan Kühnlenz, Ariane Lauenburg, Jörg Sahr, Yann Stoffel
Titelentwurf: Josephine Rank, Berlin
Layout, Satz: Martina Römer, Berlin; Anne-Katrin Körbi
Bildnachweis Getty Images/Tetra images – David Arky (Titel)
Infografiken/Diagramme: Christian Königsmann, Anne-Katrin Körbi, Martina Römer, René Reichelt,
Produktion: Vera Göring
Verlagsherstellung: Rita Brosius (Ltg.), Susanne Beeh, Romy Alig
Litho: tiff.any, Berlin
Druck: Westermann Druck Zwickau GmbH

ISBN: 978-3-7471-0205-3

Wir haben für dieses Buch 100 % Recyclingpapier und mineralölfreie Druckfarben verwendet. Stiftung Warentest druckt ausschließlich in Deutschland, weil hier hohe Umweltstandards gelten und kurze Transportwege für geringe CO_2-Emissionen sorgen. Auch die Weiterverarbeitung erfolgt ausschließlich in Deutschland.